新譯

史記(五)世家(二)

韓兆琦 注譯
王子今 原文總校勘

三民書局

國家圖書館出版品預行編目資料

新譯史記／韓兆琦注譯;王子今原文總校勘.——增訂二版二刷.——臺北市：三民，2021
面； 公分.——(古籍今注新譯叢書)
參考書目：面
ISBN 978-957-14-6205-9 （第五冊：精裝）
1.史記 2.注釋

610.11 105019291

古籍今注新譯叢書

新譯史記（五）世家㈡

注　譯　者　韓兆琦
原文總校勘　王子今

發　行　人　劉振強
出　版　者　三民書局股份有限公司
地　　　址　臺北市復興北路386號（復北門市）
　　　　　　臺北市重慶南路一段61號（重南門市）
電　　　話　(02)25006600
網　　　址　三民網路書店 https://www.sanmin.com.tw

出版日期　初版一刷 2008年2月
　　　　　初版二刷 2013年11月
　　　　　增訂二版一刷 2016年11月
　　　　　增訂二版二刷 2021年12月
書籍編號　S032561
I S B N　978-957-14-6205-9

三民書局

新譯史記　目次

第五冊

卷四十四

魏世家第十四

【題解】〈魏世家〉先是記述了魏氏家族自春秋時代在晉國興起，逐漸擴大權勢，到戰國初期魏氏與韓氏、趙氏三家打敗其他貴族，瓜分晉國領土，為魏國正式建立奠定基礎的過程；而作品的主要部分則是譜列了自魏文侯建立魏國，前後歷八世共二百多年，至魏王假被秦國所滅的歷史過程。魏文侯是作品的中心人物，是戰國初期最有作為的政治家，在他身上體現著司馬遷的許多社會理想。

1 魏之先，畢公高❶之後也。畢公高與周同姓❷，武王之伐紂❸，而高封於畢，於是為畢姓。其後絕封，為庶人，或在中國❹，或在夷狄❺。其苗裔曰畢萬，事晉獻公❻。

2 獻公之十六年❼，趙夙❽為御❾，畢萬為右❿，以伐霍、耿、魏⓫，滅之。以耿封趙夙，以魏封畢萬，為大夫⓬。卜偃⓭曰：「畢萬之後必大矣。萬，滿數也⓮；魏⓯，大名也。以是始賞⓰，天開之矣⓱。天子曰兆民，諸侯曰萬民⓲。今命之大⓳，以從滿數，其必有眾⓴。」初，畢萬卜事晉㉑，遇屯之比㉒。辛廖㉓占之曰：「吉。

屯固，比入㉔，吉孰大焉？其必蕃昌㉕。」

3 畢萬封十一年㉖，晉獻公卒。四子爭更立，晉亂㉗。而畢萬之世㉘彌大，從其國名，為魏氏㉙。生武子㉚。魏武子以魏諸子㉛事晉公子重耳㉜。晉獻公之二十一年㉝，武子從重耳出亡㉞。十九年反㉟，重耳立為晉文公㊱，而令魏武子襲魏氏之後㊲，封列為大夫㊳，治於魏㊴。生悼子㊵。

4 魏悼子徙治霍㊶，生魏絳㊷。

5 魏絳事晉悼公㊸。悼公三年㊹，會諸侯㊺。悼公弟楊干亂行㊻，魏絳僇辱楊干㊼。悼公怒，曰：「合諸侯以為榮，今辱吾弟！」將誅魏絳。或說悼公㊽，悼公止㊾，卒任魏絳政㊿。使和戎、翟，戎、翟親附(51)。悼公之十一年，曰：「自吾用魏絳，八年之中，九合諸侯(52)，戎、翟和，子之力也。」賜之樂(53)，三讓然後受之。徙治安邑(54)。魏絳卒，謚為昭子(55)。生魏嬴。嬴生魏獻子(56)。

6 獻子事晉昭公(57)。昭公卒，而六卿彊，公室卑(58)。

7 晉頃公之十二年(59)，韓宣子老(60)，魏獻子為國政(61)。晉宗室祁氏、羊舌氏(62)相惡(63)，六卿誅之，盡取其邑，為十縣(64)。六卿各令其子為之大夫(65)。獻子與趙簡子(66)、中行文子(67)、范獻子(68)並為晉卿(69)。

8 其後十四歲(70)而孔子相魯(71)。後四歲(72)，趙簡子以晉陽之亂(73)也，而與韓、魏共攻范、中行氏(74)。魏獻子生魏侈(75)。魏侈與趙鞅共攻范、中行氏(76)。

9 魏侈之孫曰魏桓子(77)，與韓康子(78)、趙襄子(79)共伐滅知伯，分其地(80)。

【章　旨】以上為第一段，寫魏氏在晉國的發展壯大，以至與韓、趙分掌晉權。

【注　釋】❶畢公高　名高，封地在畢（今咸陽東北）。❷與周同姓　畢公為文王之子。❸武王之伐紂　事在西元前一〇四六年。❹中國　指當時的華夏地區。❺夷狄　指當時的少數民族地區。周初建國時，周王國與其所封的各個諸侯國與原來的各少數民族錯落相處，非如後世之華夏在中原，少數民族處四裔也。❻晉獻公　名詭諸，武公之子，西元前六七六－前六五一年在位。當時晉國的都城在絳，也稱作「翼」，在今山西絳縣東北。❼獻公之十六年　西元前六六一年。❽趙夙　晉文公臣趙衰之父。❾御　趕車。❿右　後來也叫「參乘」，與帝王或主帥同車，站在車右，充當警衛。⓫霍耿魏　霍，古代小國名，在今山西霍縣西南。耿，古代小國名，在今山西河津東南。魏，古代小國名，在今山西芮城西北。⓬大夫　諸侯國內的下一級封君，有自己的領地，而在諸侯屬下稱臣。⓭卜偃　晉國諸侯身邊的卜者，姓郭名偃，是《左傳》中的重要「智者」與「預言家」之一。⓮萬二句　服虔曰：「數從一至萬為滿。」⓯魏　喻「巍」，高大的樣子。⓰以是始賞　以此作為獎賞的開頭。⓱天開之矣　開，《左傳》原文作「啟」，「天啟之」猶言老天爺為其家族的興旺作了引導。⓲天子曰兆民二句　天子之民稱作「兆民」，諸侯之民稱作「萬民」。其實天子之民也有稱「萬民」的。⓳命之大　謂以大數名之。命，名也。⓴有眾　得眾，意謂日後將成為大國。(21)卜事晉　占卜往仕晉國是否吉利。(22)遇屯之比　先得到〈屯〉卦，後變化成〈比〉卦。(23)辛廖　周大夫。(24)屯固二句　杜預曰：「屯，險難，所以為堅固；比，親密，所以得入。」(25)蕃昌　人物眾多，事業發達。(26)畢萬封十一年　西元前六五一年。(27)四子爭更立二句　謂奚齊、卓子、夷吾、重耳四人爭位，更相取代，一直亂了許多年。過程詳見《左傳》與〈晉世家〉。(28)畢萬之世　畢萬的後代。(29)從其國名二句　因其封地在魏，遂以「魏」為其家族之姓。(30)生武子　據史公文意，「武子」即畢萬之子，名犨。但據《世本》：畢萬生芒季，芒季生武仲州，即武子犨，故魏犨乃畢萬之孫。(31)諸子　非嫡長子。(32)公子重耳　晉獻公的「諸子」，太子申生之庶弟。(33)晉獻公之二十一年　西元前六五六年。(34)重耳出

亡　是年晉獻公受驪姬蠱惑，殺害了太子申生，並要殺害夷吾、重耳諸人，於是夷吾、重耳等逃出國外。㉟反　同「返」。㊱重耳立為晉文公　魏犨等跟隨重耳十九年，先後曾到過翟、衛、曹、齊、宋、鄭、楚，最後由秦國出兵將重耳納入晉國為君。事見《左傳》僖公二十三年、二十四年及〈晉世家〉，此年即文公元年，西元前六三六年。㊲襲魏氏之後　繼承了魏氏家族的封爵與領地。襲，繼承。魏犨不是嫡長子，按慣例他無此繼承權，但因他隨文公出亡有功，故文公遂令其取代了嫡子的地位。㊳封列為大夫　似應作「封為列大夫」，意即使其成為了晉國的諸執政大臣之一。㊴治於魏　設都城於魏邑（今山西芮城西北）。㊵生悼子　文意為魏犨生悼子。㊶魏悼子徙治霍　將魏氏家族的都城由魏邑遷至今霍縣西南。㊷生魏絳　魏絳是《左傳》中的重要人物，對於晉悼公的稱霸有重大貢獻。㊸晉悼公　名周，景公之子，厲公之弟，西元前五七二－前五五八年在位。㊹悼公三年　西元前五七〇年。㊺會諸侯　召集諸侯會盟。春秋時期自文公稱霸後，晉國曾長期把持霸主地位，時晉悼公為霸主，故有權召集諸侯會盟。㊻亂行　擾亂了軍陣秩序。㊼僇辱楊干　是時悼公會諸侯於雞澤，魏絳為司馬，悼公弟楊干不守秩序，擾亂軍陣，於是魏絳戮其僕（車夫）。僇，誅。㊽或說悼公　悼公聽說魏絳戮辱楊干，要派人去殺魏絳。羊舌赤說：不用你麻煩，魏絳自己會來的。㊾悼公止　魏絳戮楊干之僕後，自行至悼公門外請罪，悼公明白了事情原委，親自出來向魏絳道歉賠禮。㊿任魏絳政　使其主持晉國政事。(51)使和戎翟二句　悼公想對其西北邊境的少數民族用兵，魏絳主張友好安撫，經過魏絳的努力，使晉國的西北邊陲得以安定。(52)九合諸侯　多次召集諸侯會盟，意即晉國一直居於霸主地位。(53)賜之樂　據《左傳》襄公十一年，當時鄭國送給晉國「歌鍾二肆，及其鎛磬，女樂二八」，悼公為獎勵魏絳的興霸和戎之功，遂「以樂之半賜魏絳」。(54)徙治安邑　謂魏氏家族的都城在魏絳時代又由霍縣遷到了安邑（今山西夏縣西北）。(55)謚為昭子　《左傳》作「莊子」。(56)魏獻子　名舒。據史公此文，魏舒為魏絳之孫；然據《左傳》杜預注及《國語》韋昭注，皆謂魏舒為魏絳之子。(57)晉昭公　名夷，悼公之孫，平公之子，西元前五三一－前五二六年在位。(58)六卿彊二句　意謂晉國的六家大夫勢大，而其國君卑弱，逐步成為傀儡。六卿，指范氏、中行氏、知氏、韓氏、趙氏、魏氏六家大夫，長期以來在晉國把持政權。(59)晉頃公之十二年　西元前五一四年。晉頃公，名棄疾，昭公之子，西元前五二五－前五一二年在位。(60)韓宣子老　韓宣子，名起，韓厥之子，「宣」字是謚。老，致仕，退休。按：此處「老」字應作「卒」。(61)為國政　謂其在晉國執政，任「首相」。(62)祁氏羊舌氏　晉國的兩家宗室貴族，祁氏的首領叫祁盈（祁奚之孫），羊舌氏的首領叫楊食我（叔向之子）。(63)相惡　據《左傳》昭公二十八年，祁盈欲殺其族人祁勝，祁勝賄賂荀躒，荀躒言之於頃公，反而將祁盈捉起。祁盈的黨人憤而殺祁勝，於是頃公（實乃六卿）遂將祁氏和與之交好的羊舌氏一起滅掉。然則「相惡」者乃祁盈與祁勝，非祁氏與羊舌氏也，史公誤讀。(64)盡

取其邑二句　當時祁氏的領地有七個縣，羊舌氏的領地有三個縣，共十個縣。65六卿各令其子為之大夫　梁玉繩曰：「十縣大夫除趙朝、韓固、魏戊、知徐吾四姓外，其六人者皆以賢舉，豈盡六卿之子姓族屬哉？《史》誤。」大夫，縣大夫，相當於後世之縣令。66趙簡子　名鞅，趙武之孫。67中行文子　荀寅，荀偃之孫，荀吳之子。68范獻子　范吉射，士鞅之子。69竝為晉卿　諸侯國的大臣原稱「大夫」，其勳高位盛受過周天子任命者始稱為「卿」。後來隨著諸侯僭越，大夫勢大，諸侯國的大臣遂也大量稱「卿」。中井曰：「六卿不數智、韓氏者，脫文耳。」70其後十四歲　晉定公十二年，西元前五〇〇年。71孔子相魯　〈魯周公世家〉、〈六國年表〉等均載此事，但多數歷史家認為孔子只是以「儐相」的身分曾佐魯定公與齊景公會盟於夾谷，而從未為魯國之相。72後四歲　「四」當作「三」，即晉定公十五年，西元前四九七年。73晉陽之亂　趙簡子為謀私利而殺邯鄲大夫趙午；范氏、中行氏為黨於趙午而起兵圍攻趙簡子於晉陽。因為趙簡子之殺趙午與范氏、中行氏之攻趙簡子皆未請於晉君，故稱曰「亂」。晉陽，在今太原西南，當時為趙氏家族的都城。74與韓魏共攻范中行氏　別有用心的知伯想趁機打擊范氏、中行氏，遂打著晉定公的旗號以討伐叛亂為名率領韓氏、魏氏進攻范氏、中行氏，將范氏、中行氏逐出了國外。此處行文不提「知伯」似欠明晰。75魏獻子生魏侈　按范《世本》：獻子生簡子，簡子生襄子，此少「簡子」一代。按：「魏侈」即「魏襄子」。76魏侈與趙鞅共攻范中行氏　此句乃補敘上文。77魏桓子　名駒。78韓康子　名虎。79趙襄子　名毋恤，趙簡子之子。80共伐滅知伯二句　事在西元前四五三年。智伯，名瑤，亦稱「荀瑤」，知氏家族的首領。范、中行氏二族被逐出晉國後，在所剩的四大貴族中，知氏的勢力最強。知伯向趙襄子索取土地，趙襄子不給，知伯遂挾持韓、魏二族共伐趙氏。趙襄子暗中拉攏韓、魏兩族倒戈，三家遂滅掉知氏而將其領地瓜分。

【語　譯】魏的祖先是畢公高的後代。畢公高與周同姓，周武王征伐商紂王的時候，將畢這個地方分封給高，於是就將畢作為姓。後來，封爵被取消，畢氏的後代子孫便淪為平民百姓，有的居住在中原地區，有的居住在夷狄地區。其後代子孫中有一人叫做畢萬，侍奉晉獻公。

2　晉獻公十六年，趙夙擔任駕車任務，畢萬做車右，護衛晉獻公討伐霍、耿、魏，並滅掉了這三個小國。於是，晉獻公將耿賜給了趙夙，將魏賜給了畢萬，二人都成了大夫。當時晉國掌管占卜的人叫做偃，偃說：「畢萬的後代必定會強大昌盛起來啊。因為『萬』是個滿數，『魏』是個大名號。用這樣的大名號賞賜人，這是上天有意替他開創基業呀。天子統治兆民，諸侯統治萬民。現在用這麼大的名號封賞他，又與他名字中『萬』

這個滿數相契合，將來畢氏必定會擁有眾多的民眾。」當初，畢萬占卜在晉做官的吉凶，得到的是從〈屯〉卦變為〈比〉卦。辛廖解釋卦象說：「是個吉卦。〈屯〉卦象徵堅固，堅固則寵祿不衰；〈比〉卦象徵親密而能進入，進入則君臣親密無間。哪裡還有比這更吉利的卦象啊？其後代必定繁衍昌盛。」

3 畢萬受封後的第十一年，晉獻公去世。他的四個兒子爭奪君位，晉國大亂。而畢萬的後代卻更加繁盛起來，依據他的封地之名，稱為魏氏。畢萬生魏武子。魏武子以魏氏庶子的身分侍奉晉公子重耳。晉獻公二十一年，魏武子跟隨重耳出國流亡。在外流亡了十九年才回到晉國，重耳被立為國君，就是晉文公。武子作為魏氏的後代，晉文公讓他繼承了先人的封爵，並封他為大夫，都城設在魏邑。魏武子生悼子。

4 悼子將都城遷到霍，悼子生魏絳。

5 魏絳侍奉晉悼公。晉悼公三年，與諸侯會盟。晉悼公的弟弟楊干擾亂了軍隊的行列，魏絳殺了楊干的僕人以示懲戒。晉悼公非常惱怒，說：「與諸侯會盟，本來是晉國的榮耀，而我的弟弟卻受到侮辱！」就要殺掉魏絳。有人勸阻晉悼公，晉悼公才作罷，後來悼公任命魏絳當政。派他去與戎、翟和好，於是戎、翟都紛紛歸附晉國。晉悼公十一年，悼公說：「自從我任用魏絳以後，八年當中，我們晉國多次招集諸侯會盟，戎、翟也與我國和好相親，這都是魏絳的功勞啊。」於是賜給魏絳女樂歌鍾，魏絳再三謙讓後才接受了這些賞賜。魏絳這時將都城遷到了安邑。魏絳去世後謚為昭子。魏絳生魏嬴。魏嬴生魏獻子。

6 魏獻子侍奉晉昭公。晉昭公死後，晉國的六卿逐漸強盛起來，而晉公室漸趨卑弱。

7 晉頃公十二年，韓宣子退休，魏獻子執掌晉國的大權。這時晉公室的祁氏、羊舌氏互相攻擊誹謗，六卿就將他們誅滅了，並沒收了他們的封邑，又將這些封邑劃分為十個縣。六卿分別讓自己的子弟做這十個縣的大夫。這時，魏獻子與趙簡子、中行文子、范獻子同時任晉卿。

8 又過了十四年，孔子任魯國的儐相。再往後四年，趙簡子因為晉陽之變，於是和韓、魏一起進攻范氏、中行氏。魏獻子生魏侈。他與趙鞅共同進攻范氏、中行氏。

9 魏侈的孫子叫做魏桓子，魏桓子與韓康子、趙襄子共同討伐知伯，將知伯消滅，三家瓜分了知氏的封地。

1 桓子之孫曰文侯都❶。魏文侯元年❷，秦靈公❸之元年也，與韓武子❹、趙桓子❺、周威王❻同時。

2 六年❼，城少梁❽。十三年，使子擊❾圍繁龐❿，出其民⓫。十六年，伐秦，築臨晉、元里⓬。

3 十七年，伐中山⓭，使子擊守之⓮，趙倉唐傅之⓯。子擊逢文侯之師田子方⓰於朝歌⓱，引車避⓲，下謁⓳。田子方不為禮⓴。子擊因問曰：「富貴者驕人㉑乎？且㉒貧賤者驕人乎？」子方曰：「亦貧賤者驕人耳。夫諸侯而驕人，則失其國；大夫而驕人，則失其家㉓。貧賤者，行不合，言不用，則去之楚、越㉔，若脫躧㉕然。柰何其同之哉！」子擊不懌㉖而去。西攻秦㉗，至鄭㉘而還，築雒陰、合陽㉙。

4 二十二年，魏、趙、韓列為諸侯㉚。

5 二十四年，秦伐我，至陽狐㉛。

6 二十五年，子擊生子罃㉜。

7 文侯受子夏經藝㉝，客㉞段干木㉟，過其閭㊱，未嘗不軾㊲也。秦嘗欲伐魏，或曰㊳：「魏君賢人是禮，國人稱仁，上下和合㊴，未可圖也。」文侯由此得譽於諸侯。

8 任西門豹[40]守鄴[41]，而河內[42]稱治。

9 魏文侯謂李克[43]曰：「先生嘗教寡人曰：『家貧，則思良妻；國亂，則思良相。』今所置，非成則璜[44]，二子何如？」李克對曰：「臣聞之，『卑不謀尊，疏不謀戚[45]』。臣在闕門之外[46]，不敢當命[47]。」文侯曰：「先生臨事勿讓。」李克曰：「君不察故也[48]。居視其所親[49]，富視其所與[50]，達視其所舉[51]，窮視其所不為，貧視其所不取。五者足以定之矣，何待克哉[52]！」文侯曰：「先生就舍，寡人之相定矣。」李克趨而出[53]，過翟璜之家[54]，翟璜曰：「今者聞君召先生而卜相[55]，果誰為之？」李克曰：「魏成子為相矣。」翟璜忿然作色，曰：「以耳目之所覩記，臣何負[56]於魏成子？西河之守[57]，臣之所進也；君內以鄴為憂，臣進西門豹；君謀欲伐中山，臣進樂羊[58]；中山以拔，無使守之，臣進先生[59]；君之子無傅，臣進屈侯鮒[60]。臣何以負於魏成子？」李克曰：「且子之言克於子之君[61]者，豈將比周[62]以求大官哉？君問而置相[63]：『非成則璜，二子何如？』克對曰：『君不察故也。居視其所親，富視其所與，達視其所舉，窮視其所不為，貧視其所不取。五者足以定之矣，何待克哉！』是以知魏成子之為相也。且子安得與魏成子比乎？魏成子以食祿千鍾[64]，什九在外，什一在內[65]，是以東得卜子夏、田子方、段干木。此三人者，君皆師之；子之所進五人者，君皆臣之。子惡得(66)與魏成子比也？」翟璜逡巡(67)再拜，曰：「璜，鄙人也，失對(68)，願卒為弟子(69)。」

10 二十六年，虢山(70)崩，壅河(71)。

11 三十二年，伐鄭(72)。城酸棗(73)。敗秦于注(74)。三十五年，齊伐取我襄陵(75)。三十六年，秦侵我陰晉(76)。

12 三十八年，伐秦，敗我武下(77)，得其將識(78)。是歲，文侯卒(79)，子擊立，是為武侯。

【章旨】以上為第二段，寫魏國賢君魏文侯的為人與其政績。

【注釋】❶文侯都　《世本》與〈六國年表〉皆作「斯」，此作「都」者誤。又，《世本》稱文侯斯乃魏駒之子，與此稱「桓子之孫」者異。❷魏文侯元年　據〈六國年表〉，為西元前四二四年。近代學者陳夢家、楊寬等據《竹書紀年》推算，魏文侯元年應是周定王二十四年，西元前四四五年，西元前四二四年已是魏文侯之二十二年。❸秦靈公　西元前四二四—前四一五年在位。❹韓武子　名啟章，韓虎之子，西元前四二四—前四〇九年在位。❺趙桓子　名嘉，無恤之子，西元前四二四年在位。❻周威王　也稱「周威烈王」，西元前四二五—前四〇二年在位。按：《史記》有關魏國諸侯的繫年，多有訛誤，今於〈魏世家〉與〈六國年表〉皆隨文注明之。❼六年　應作二十七年，西元前四一九年。❽少梁　後也稱「夏陽」，在今陝西韓城西南。❾子擊　文侯的太子，名擊，即日後的魏武侯。❿繁龐　秦邑名，在今韓城東南。⓫出其民　將其居民逐出，而獨取其地。⓬築臨晉元里　在新攻取的臨晉、元里築城而守。臨晉，在今陝西大荔東南。元里，在今陝西澄城東南。⓭伐中山　據〈樂毅列傳〉，魏國伐中山的將領是樂毅的先祖樂羊。中山，戰國前期鮮虞人建立的國名，國都顧，即今河北定縣。⓮使子擊守之　意謂樂羊攻滅中山後，文侯乃改派太子擊前往鎮守。⓯趙倉唐傅之　傅，官名，即「太傅」、「少傅」之類，是帝王或太子的輔導官員。此處「傅」字用為動詞，意即輔導、協助。⑯田子方　當時著名的學者、隱士，字無擇，曾被魏文侯尊以為師。⑰朝歌　魏縣名，即今河南淇縣。⑱引車避　令自己的車子讓開正路，以表示對來者的敬意。⑲下謁　下車拜見。謁，拜見；進見。⑳不為禮　不還禮；不以禮相答。㉑驕人　對人表現傲氣。㉒且　抑；還是。㉓大夫而驕人二句　而，若。失其家，喪失其封地與爵號。古代天子分封諸侯曰「建國」，諸侯分封大夫曰「建家」。此所謂「家」即包括有封號、有領土、有軍隊等等，與今之所謂「家庭」的概念不同。㉔去之楚越　離開中原某國而南往楚、越。楚的國都在郢（今湖北荊州江陵之紀南城），越的都城即今浙江紹興，當時被認為是生番化外的地方。㉕脫躧　甩掉破鞋子，極言其不吝惜。躧，草鞋。㉖不懌　不快；不高興。㉗西攻秦　時當秦簡公七年。㉘鄭　秦縣名，即今陝西華縣。西周後期鄭國初建時即都於此，故稱「鄭」。㉙築雒陰合陽　在新奪取的雒陰、合陽二縣築城。雒陰，縣名，即今陝西大荔，原屬秦。合陽，縣名，在今陝西合陽東南，原屬秦。㉚魏趙韓列為諸侯　在此以前魏、韓、趙三家雖已儼然大國，但均屬自立，而此年周威烈王則正式策命三家為諸侯。㉛陽狐　魏縣名，倉修良以為在今山西垣曲東南，此說可疑。㉜子罃　即日後之梁惠王。㉝受子夏經藝　向子夏學習過儒家經典。受，受教；學習。子夏，姓卜名商，字子夏，孔子弟子，以學術優良見稱，見〈仲尼弟子列傳〉。經藝，指儒家經典。儒家用以講學之《詩》、《書》、《禮》、《樂》、《易》、《春秋》被稱為「六經」，也稱「六藝」。㉞客　視之為客，即尊敬的意思。㉟段干木　姓段干，名木，當時有名的高士。㊱閭　里巷，這裡指里巷的門。㊲軾　車前橫木。古者立乘，凡言「軾車」者，謂手扶車前橫木，以禮致人。㊳或曰　《淮南子・脩務訓》作「司馬庾諫曰」；《呂氏春秋・期賢》作「司馬唐」；《新序・雜事》作「司馬唐且」。㊴和合　和睦相處，配合緊密。㊵西門豹　姓西門，名豹，當時有名的地方官。㊶鄴　魏縣名，在今河北磁縣南。㊷河內　地區名，即指今河北臨漳、磁縣和與之鄰近的河南安陽等一帶地區，因其處於當時的古黃河西北，故稱「河內」。㊸李克　也稱「李悝」，當時著名的法家人物（與儒家之「李克」非一人），曾在魏國推行過發展農業的政策。由此處文侯稱李克曰「先生」，與李克對翟璜稱文侯為「子之君」看，李克此時似尚未為魏臣。楊寬以為「李克」與「李悝」不是一個人，見《戰國史》。㊹非成則璜　不是公子成就是翟璜。成，公子成，文侯之弟，即下文所稱的「魏成子」。璜，翟璜，魏國大臣。㊺卑不謀尊二句　地位低的人不議論地位高的人，關係遠的人不議論關係近的人。戚，親近。㊻闕門之外　王宮大門以外的路人，極言自己的卑賤和與帝王關係之疏遠。闕門，宮門，因宮門前往往有雙闕，故稱「闕門」。㊼當命　應命。㊽君不察故也　意謂你之所以還要問我，是因為你自己沒有注意觀察。㊾居視其所親　平時都親近什麼人。居，平居；平時。㊿富視其所與　富貴了都交結什麼人。與，交結。(51)達視其所舉　職位高了都舉薦什麼人。(52)何待克哉　還用得著問我嗎？(53)趨而出　趨，小步疾行，這是古人在君父面前行走的一種禮節姿勢。(54)過翟璜之家　來到翟璜家。過，到。(55)卜相　徵詢應以誰為相。卜，占測；詢問。(56)何負　哪一點不如。負，虧；不如。(57)西河之守　西河郡的郡守，此指吳起，事見〈孫子吳起列傳〉。西河郡指今陝西東部鄰近黃河的大荔、澄城、韓城等一帶地區，當時屬魏。(58)樂羊　戰國初期的魏國名將，其伐中山事，見〈樂毅列傳〉。(59)中山以拔二句　以，通「已」。按：上文明言「使子擊守之」，此曰「臣進先生」，前後失連絡。(60)君之子無傅二句　按：前文明作「趙倉唐傅之」，今乃曰「臣進屈侯鮒」，前後失連絡。(61)且子之言克於子之君　且，發語詞，此處同「夫」。您將我推薦給您的國君。(62)比周　不正當、不講原則地相互依附、相互援助，即今之所謂「狼狽為奸」。(63)君問而置相　按：「而」字不順，似應削。(64)以食祿千鍾　極言其所食俸祿之多。以，同「已」。鍾，古稱六斛（石）四斗為一鍾。(65)什九在外二句　十分之九用於家庭以外，十分之一用於家庭之內。(66)惡得　如何能夠。惡，也寫作「烏」，如何。(67)逡巡　徘徊、退卻的樣子。(68)失對　剛才的話說得不得體。(69)願卒為弟子　按：〈六國年表〉載卜相事於文侯二十年（應作四十一年，西元前四〇五年）。又翟璜不服魏成子事，與吳起不服田文事相同，可參見〈孫子吳起列傳〉。(70)虢山　《正義》引《括地志》曰：「虢山在陝州陝縣（今河南三門峽西北）西二里，臨黃河。今臨河有岡阜，似是穎山之餘也。」(71)壅河　堵塞了黃河。(72)伐鄭　當時鄭國的國君為鄭康公，國都即今河南新鄭。(73)酸棗　魏縣名，在今河南延津西南。(74)敗秦于注　楊寬以為「注」乃「汪」之訛。汪，秦縣名，在今陝西澄城西南。(75)襄陵　魏縣名，即今河南睢縣。(76)陰晉　魏縣名，在今陝西華陰東。(77)武下　武城縣城下。武城，秦縣名，在今陝西華縣東。(78)得其將識　將識，秦將名識，史失其姓。黃式三曰：「既獲秦將，又言敗我，疑有訛奪。」王叔岷曰：「秦雖敗魏，魏亦得秦一將，固可能之事，此文無訛奪。」(79)是歲二句　按：文侯卒於西元前三九六年，此言「是歲，文侯卒」，誤。

【語　譯】魏桓子的孫子是魏文侯，名字叫都。魏文侯元年，也就是秦靈公元年，魏文侯與韓武子、趙桓子、周威王同時。

2　魏文侯六年，魏氏修建少梁城。十三年，文侯派太子擊攻取了秦國的繁、龐二城，將城中的居民逐出而占有其地。十六年，又進攻秦國，在新獲取的臨晉、元里兩邑築城。

3　十七年，魏國滅掉了中山國，文侯派太子擊鎮守中山，派趙倉唐為子擊的輔佐。有一次子擊在朝歌的路上遇見了魏文侯的老師田子方，子擊趕緊引車讓開道路，並下車恭敬的拜見。田子方不還禮。子擊問田子方說：「是富貴之人有資格擺架子呢？還是貧賤之人有資格擺架子呢？」田子方說：「當然是貧賤之人有資格擺架子。比如，一個諸侯要是擺架子，那他就會亡國；一個大夫要是擺架子，那他就會亡家。而貧賤之人就不同了，行為不相投合，意見不被採納，就可以馬上離開你到楚國去、到越國去，丟棄你就如同丟掉一雙破鞋子。這兩者怎麼能相提並論呢！」子擊聽了之後就不高興的離開。魏國繼續向西攻秦，一直打到鄭縣才撤回來，同時又在新奪到的雒陰、合陽二縣築城據守。

4 二十二年，魏與趙、韓三家同時被周天子封為諸侯。

5 二十四年，秦國前來進犯，秦軍到達陽狐。

6 二十五年，子擊生子罃。

7 魏文侯曾向孔子的弟子子夏學習儒家經典，他以貴客之禮對待段干木，魏文侯每次經過段干木的里門時，都要手扶車前橫木表示敬意。秦國曾經想伐魏，有人勸諫秦王說：「魏國的國君禮賢下士，國內的人都稱頌他是一個仁德的君主。魏國上下和睦，團結一心，不要輕易的去圖謀它。」魏文侯由此在諸侯中享有很高的聲譽。

8 魏文侯任命西門豹為鄴城長官，於是整個河內地區都被治理得很好。

9 魏文侯對李克說：「先生曾教導我說：『當家境貧寒的時候，就需要有個賢良的妻子；當國家混亂的時候，就需要賢良的輔相。』如今可任魏國宰相的人選，不是公子成就是翟璜，你覺得這兩個人誰更合適？」李克回答說：「我聽說『地位低的人不議論尊貴的人，關係疏遠的人不能議論關係親近的人』。我是一個宮廷外面的路人，不可能對您所問的這種問題發表意見。」魏文侯說：「既然碰上了這種事情，先生也就不要謙讓了。」李克說：「您所以拿不定主意，是因為您沒有對他們留心觀察。您應該觀察他們平常的時候親近什麼人，富貴的時候結交什麼人，顯達的時候舉薦什麼人，窘迫的時候能不做哪些事情，貧賤的時候能不要哪些東西。從這五個方面觀察就足以確定國相的人選了，哪裡還用得著問我呢！」魏文侯說：「先生請回吧，選誰做國相我已經決定了。」李克離開文侯走出宮門，來到了翟璜家裡，翟璜說：「聽說國君召您去商量國相的人選，最後確定的是誰呀？」李克說：「是魏成子。」翟璜一聽變了臉色，生氣地說：「憑我耳聞目見，我哪一點比不上魏成子？西河守將吳起，是我推薦的；國君憂慮鄴城的問題，我舉薦了西門豹；君主要滅中山，我又舉薦了樂羊；中山攻取之後，無人鎮守，我又向國君推舉了您；國君的太子沒有合適的師傅，我舉薦了屈侯鮒。我哪一點比不上魏成子？」李克說：「您把我推薦給您的君主，難道就是為了結黨營私，以撈取做大官的資本嗎？君主跟我談起設置國相的事，國君說：『不是魏成子就是翟璜，這兩個人誰更合適呢？』我說：『您只是沒有留心觀察罷了。您只要觀察他們平常的時候親近什麼人，富貴的時候結交什麼人，顯達的時候舉薦什麼人，窘迫的時候他能不做什麼事情，貧賤的時候他能不要什麼東西。從這五個方面觀察就足以確定國相的人選了，您哪裡還用得著問我呢！』就是因為這個我就知道魏成子要做國相了。再說，您怎麼能和魏成子相比呢？魏成子食祿千鍾，其中的十分之九是用在家庭之外，只有十分之一用在自己家裡，所以他從東方得到了卜子夏、田子方、段干木。這三位賢者國君都尊之為師；而您所推薦的五個人，國君則只是把他們當做臣子。您又怎麼能和魏成子相比呢？」翟璜悵然若失地向李克拜謝，說：「我是個粗陋淺薄的人，剛才的話說得不對，我心甘情願終身做您的弟子。」

10　二十六年，魏國的虢山崩塌，壅塞了黃河河道。

11　三十二年，魏國討伐鄭國。又在自己的酸棗縣築城。同年又進攻秦國的注縣打敗秦軍。三十五年，齊軍入侵魏國，攻占了襄陵縣。三十六年，秦軍進犯魏國的陰晉。

12　三十八年，魏軍伐秦，在秦國的武城縣被秦軍打敗，但是魏國也俘獲了秦國的將領名識。這一年，魏文侯死，太子擊即位，這就是魏武侯。

1　魏武侯元年❶，趙敬侯❷初立，公子朔為亂❸，不勝，奔魏。與魏襲邯鄲，魏敗而去❹。

2 二年，城安邑❺、王垣❻。

3 七年，伐齊，至桑丘❼。九年，翟❽敗我于澮❾。使吳起伐齊，至靈丘❿。齊威王初立⓫。

4 十一年，與韓、趙三分晉地，滅其後⓬。

5 十三年，秦獻公⓭縣櫟陽⓮。十五年，敗趙北藺⓯。

6 十六年，伐楚，取魯陽⓰。武侯卒⓱，子罃立，是為惠王⓲。

7 惠王元年⓳，初，武侯卒也，子罃與公中緩⓴爭為太子。公孫頎㉑自宋入趙，自趙入韓，謂韓懿侯㉒曰：「魏罃與公中緩爭為太子，君亦聞之乎？今魏罃得王錯㉓，挾上黨㉔，固半國也㉕。因而除之㉖，破魏必矣。不可失也。」懿侯說，乃與趙成侯㉗合軍并兵以伐魏。戰于濁澤㉘，魏氏大敗，魏君圍㉙。趙謂韓曰：「除魏君，立公中緩，割地而退㉚，我且利㉛。」韓曰：「不可。殺魏君，人必曰暴；割地而退，人必曰貪。不如兩分之㉜。魏分為兩，不彊於宋、衛㉝，則我終無魏之患矣。」趙不聽，韓不說，以其少卒夜去㉞。惠王之所以身不死、國不分者，二家謀不和也。若從一家之謀，則魏必分矣。故曰：「君終無適子㉟，其國可破也㊱。」

8 二年[37]，魏敗韓于馬陵[38]，敗趙于懷[39]。三年，齊敗我觀[40]。五年，與韓會宅陽[41]。城武堵[42]。為秦所敗。六年，伐取宋儀臺[43]。九年，伐敗韓于澮[44]。與秦戰少梁，虜我將公孫痤[45]，取龐[46]。秦獻公卒，子孝公[47]立。

9 十年，伐取趙皮牢[48]。彗星見。十二年，星晝墜，有聲[49]。

10 十四年，與趙會鄗[50]。十五年，魯、衛、宋、鄭君來朝[51]。十六年，與秦孝公會杜平[52]。侵宋黃池[53]，宋復取之。

11 十七年，與秦戰元里，秦取我少梁[54]。圍趙邯鄲[55]。十八年，拔邯鄲[56]。趙請救于齊，齊使田忌、孫臏[57]救趙，敗魏桂陵[58]。

12 十九年，諸侯圍我襄陵[59]。築長城，塞固陽[60]。

13 二十年，歸趙邯鄲，與盟漳水[61]上。二十一年，與秦會彤[62]。趙成侯卒[63]。二十八年，齊威王卒[64]。中山君[65]相魏。

14 三十年，魏伐趙，趙告急齊[66]。齊宣王[67]用孫子[68]計，救趙擊魏[69]。魏遂大興師，使龐涓[70]將，而令太子申[71]為上將軍[72]。過外黃[73]，外黃徐子[74]謂太子曰：「臣有百戰百勝之術。」太子曰：「可得聞乎？」客曰[75]：「固願效[76]之。」曰：「太子自將攻齊，大勝并莒[77]，則富不過有魏[78]，貴不益為王[79]；若戰不勝齊，則萬世無魏[80]矣。此臣之百戰百勝之術也[81]。」太子曰：「諾。請必從公之言而還矣。」客曰：「太子雖欲還，不得矣。彼[82]勸太子戰攻，欲啜汁[83]者眾。太子雖欲還，恐不得矣。」太子因欲還，其御[84]曰：「將出而還[85]，與北同[86]。」太子果與齊人戰，敗於馬陵[87]。齊虜魏太子申[88]，殺將軍涓[89]，軍遂大破。

15 三十一年，秦、趙、齊共伐我[90]。秦將商君詐我將軍公子卬，而襲奪其軍[91]，破之。秦用商君，東地至河[92]。而齊、趙數破我。安邑近秦，於是徙治大梁[93]。以公子赫[94]為太子。

16 三十三年，秦孝公卒[95]。商君亡秦，歸魏[96]。魏怒，不入[97]。三十五年，與齊宣王會平阿南[98]。

17 惠王數被於軍旅[99]，卑禮厚幣[100]以招賢者。鄒衍、淳于髡、孟軻皆至梁[101]。梁惠王[102]曰：「寡人不佞[103]，兵三折[104]於外。太子虜，上將死，國以空虛，以羞先君宗廟社稷。寡人甚醜之。叟不遠千里，辱幸[105]至弊邑之廷，將何以利吾國？」孟軻曰：「君不可以言利若是。夫君欲利，則大夫欲利；大夫欲利，則庶人欲利。上下爭利，國則危矣。為人君，仁義而已矣，何以利為[106]？」

18 三十六年，復與齊王會甄[107]。是歲，惠王卒[108]，子襄王立[109]。

19 襄王元年[110]，與諸侯會徐州[111]，相王[112]也。追尊父惠王為王[113]。

20 五年，秦敗我龍賈[114]軍四萬五千于雕陰，圍我焦、曲沃[115]。予秦河西之地[116]。

21 六年，與秦會應[117]。秦取我汾陰[118]、皮氏[119]、焦。魏伐楚，敗之陘山[120]。七年，魏盡入上郡于秦。秦降我蒲陽[121]。八年，秦歸我焦、曲沃。

22 十二年，楚敗我襄陵[122]。諸侯執政與秦相張儀[123]會齧桑[124]。十三年，張儀相魏[125]。魏有女子化為丈夫[126]。秦取我曲沃、平周[127]。

23 十六年，襄王卒，子哀王立[128]。張儀復歸秦[129]。

24 哀王元年[130]，五國共攻秦[131]，不勝而去。

25 二年，齊敗我觀津[132]。五年，秦使樗里子[133]伐取我曲沃[134]，走犀首岸門[135]。六年，秦求立公子政為太子[136]。與秦會臨晉[137]。七年，攻齊[138]。與秦伐燕[139]。

26 八年，伐衛[140]，拔列城二[141]。衛君[142]患之。如耳[143]見衛君，曰：「請罷魏兵，免成陵君[144]，可乎？」衛君曰：「先生果能，孤請世世以衛事先生。」如耳見成陵君，曰：「昔者魏伐趙，斷羊腸[145]，拔閼與[146]，約斬趙[147]，趙分而為二[148]。所以不亡者，魏為從主也[149]。今衛已迫亡，將西請事於秦。與其以秦醳衛[150]，不如以魏醳衛[151]。衛之德魏[152]，必終無窮。」成陵君曰：「諾。」如耳見魏王，曰：「臣有謁於衛[153]。衛，故周室之別[154]也。其稱小國，多寶器[155]。今國迫於難而寶器不出者，其心以為攻衛、醳衛不以王為主[156]，故寶器雖出，必不入於王也。臣竊料之，先言醳衛[157]者，必受衛[158]者也。」如耳出，成陵君入，以其言見魏王[159]。魏王聽其說，罷其兵，免成陵君，終身不見[160]。

27 九年，與秦王會臨晉。張儀、魏章皆歸于魏[161]。魏相田需[162]死，楚害張儀、犀首、薛公[163]。楚相昭魚[164]謂蘇代[165]曰：「田需死，吾恐張儀、犀首、薛公有一人相魏者也。」代曰：「然相者欲誰，而君便之[166]？」昭魚曰：「吾欲太子[167]之自相也。」代曰：「請為君北[168]，必相之[169]。」昭魚曰：「柰何[170]？」對曰：「君其為梁王，代請說君[171]。」昭魚曰：「柰何？」對曰：「代也從楚來，昭魚甚憂，曰：『田需死，吾恐張儀、犀首、薛公有一人相魏者也。』代曰：『梁王，長主[172]也，必不相張儀。張儀相，必右秦而左魏[173]；犀首相，必右韓[174]而左魏；薛公相，必右齊[175]而左魏。梁王，長主也，必不便也[176]。』王曰：『然則寡人孰相？』代曰：『莫若太子之自相。太子之自相，是三人者皆以太子為非常相[177]也，皆將務以其國事魏[178]，欲得丞相璽[179]也。以魏之彊，而三萬乘之國輔之，魏必安矣。故曰莫若太子之自相也。』」遂北見梁王，以此告之。太子果相魏[180]。

28 十年，張儀死[181]。十一年，與秦武王[182]會應[183]。十二年，太子朝於秦[184]。秦來伐我皮氏，未拔而解。十四年，秦來歸武王后[185]。十六年，秦拔我蒲反[186]、陽晉[187]、封陵[188]。十七年，與秦會臨晉，秦予我蒲反[189]。十八年，與秦伐楚[190]。二十一年，與齊、韓共敗秦軍函谷[191]。

29 二十三年，秦復予我河外及封陵[192]為和。哀王卒[193]，子昭王立[194]。

30 昭王元年[195]，秦拔我襄城[196]。二年，與秦戰，我不利[197]。三年，佐韓攻秦。秦將白起[198]敗我軍伊闕二十四萬[199]。六年，予秦河東[200]地方四百里。芒卯[201]以詐重[202]。七年，秦拔我城大小六十一[203]。八年，秦昭王為西帝，齊湣王為東帝[204]，月餘，皆復稱王歸帝[205]。九年，秦拔我新垣[206]、曲陽[207]之城。

31 十年，齊滅宋。宋王死我溫[208]。十二年，與秦、趙、韓、燕共伐齊，敗之濟西[209]。湣王出亡[210]。燕獨入臨菑[211]。與秦王會西周[212]。

32 十三年，秦拔我安城[213]，兵到大梁，去[214]。十八年，秦拔郢[215]，楚王徙陳[216]。

33 十九年，昭王卒，子安釐王[217]立。

【章旨】以上為第三段，寫魏國在戰國中期的由強轉弱。

【注釋】❶魏武侯元年　應作武侯十年，西元前三八六年。❷趙敬侯　名章，烈侯之子，西元前三八六—前三七五年在位。❸公子朔為亂　「公子朔」應作「公子朝」。據〈趙世家〉，烈侯臨終傳位於其弟武公，武公臨終又還位於烈侯之子章，武公之子朝不平，遂作亂也。據楊寬考訂，趙國無「武公」其人，此作亂之公子朝，即敬侯之弟也。參見〈趙世家〉。❹與魏襲邯鄲二句　瀧川曰：「此趙、魏開釁之始。」❺安邑　魏國都城，在今山西夏縣西北。❻王垣　也稱「垣」、「武垣」，在今山西垣曲東南。❼桑丘　齊縣名，在今山東兗州西。❽翟　也寫作「狄」，當時居住在今山西西北部與陝西北部的少數民族。❾澮　澮水，流經今山西翼城南，西經曲沃，匯入汾水。❿使吳起伐齊二句　按：吳起已於武侯十五年（楚悼王二十一年，西元前三八一年），因在楚變法而被殺害，〈六國年表〉但言「伐齊，至靈丘」，而不言「吳起」。王叔岷曰：「『使吳起』三字衍。」靈丘，齊縣名，在今山東高唐南。⓫齊威王初立　齊威王名因齊，西元前三五六—前三二〇年在位，其「初立」尚在二十二年之後。《史記》所譜列戰國時期齊國諸侯的繫年亦多有訛誤，故除在〈六國年表〉、〈田敬仲完世家〉統一修訂外，其他有關篇章亦隨文注明。⓬與韓趙三分晉地二句　按：參照〈趙世家〉、〈韓世家〉與錢穆、楊寬等人之考證，此年為魏、趙、韓三國第一次瓜分晉國之餘地，將晉桓公遷至屯留；至十七年後，三國又二次瓜分晉君之餘地，並將晉桓公由屯留改遷至端氏；又十年後（趙肅侯元年），晉君再次被由端氏趕回屯留，又十年後（趙肅侯十年），晉君（或即靜公）被韓女所殺，晉國絕祀。⓭秦獻公　名師隰，西元前三八四—前三六二年在位。⓮縣櫟陽　在櫟陽設縣。櫟陽，在今陝西臨潼東北。梁玉繩曰：「獻公徙都櫟陽，不應以為縣，疑『縣』字乃『徙』之誤。蓋二年城之，至是始徙居耳。」⓯北藺　趙縣名，在今山西離石西。⓰魯陽　楚縣名，即今河南魯山。⓱武侯卒　《索隱》曰：「按《紀年》，武侯二十六年卒。」現代戰國史家多從此說。此句應移入「武侯二十六年」下。⓲子罃立二句　此武侯二十六年事。⓳惠王元年　應作武侯二十六年，西元前三七〇年。⓴公中緩　武侯之子，惠王之弟。㉑公孫頎　宋國的辯士。宋，西周以來的諸侯國名，春秋時為大國，此時已行將滅亡，國都睢陽（今河南商丘東南）。據錢穆、楊寬等考據，此時的宋國已遷都彭城。㉒韓懿侯　哀侯之子，西元前三七四—前三六三年在位。㉓王錯　魏國大臣。㉔上黨　韓郡名，約當今山西長治地區的南半部。㉕固半國也　等於控制了魏國的半個國家。㉖除之　《正義》曰：「除魏罃與王錯也。」㉗趙成侯　敬侯之子，名種。㉘濁澤　鄭縣名，在今河南新鄭西南。㉙魏君圍　魏惠王遭到圍困。㉚割地而退　令魏國向我們割地，而後我們退兵。㉛我且利　這樣將對我等有利。且，將。㉜兩分之　謂使魏惠王與公中緩同時並立，使魏國一分為二。㉝不彊於宋衛　使之成為宋、衛一樣的小國。衛，西周以來的諸侯國名，始封之君為武王之弟康叔姬封，春秋時尚為中等國家，此時已行將滅亡。㉞以其少卒夜去　意謂此次韓、趙聯軍，韓國來的人數本來不多，現遂全部撤回。㉟君終無適子　老國君去世時，接班人沒有事先確定。適，通「嫡」。法定繼承人，通常指嫡長子。觀此語知魏惠王亦原非嫡子。㊱其國可破也　《索隱》曰：「此蓋古人之言及俗說，故云『故曰』。」㊲二年　應作惠王元年，西元前三六九年。㊳馬陵　韓縣名，在今河南新鄭東南。㊴懷　韓縣名，在今河南武陟西南。㊵觀　魏縣名，在今河南清豐西南。㊶與韓會宅陽　與韓懿侯會晤於宅陽（今河南滎陽東北）。㊷武堵　方位不詳，據文意應屬秦地，或魏地之近秦者。牛鴻恩以為或者即上文之「武下」，即武城，在今陝西華縣東，當時屬魏，後屬秦。㊸儀臺　也寫作「義臺」，宋縣名，在今河南虞城西南。㊹伐敗韓于澮　謂伐韓敗之於澮水。伐敗，動詞連用。㊺虜我將公孫痤　此役被虜者，為魏太子與公孫痤。㊻龐　梁玉繩以為即上文所說之「繁龐」（今陝西韓城東南），離少梁不遠。㊼孝公　名渠梁，西元前三六一—前三三八年在位。秦孝公元年，相當於魏惠王九年。㊽皮牢　趙縣名，在今山西翼城東北。㊾星晝墜二句　此與上文之「彗星見」，皆古人所認為的「災變」現象，預示該地區將有災難降臨，故書之於史。㊿與趙會鄗　與趙成侯會晤於鄗（今河北高邑東南）。(51)魯衛宋鄭君來朝　來朝者為魯恭侯、宋桓侯、衛成侯、鄭釐侯。「鄭釐侯」即「韓昭侯」。「韓」可以稱「鄭」，猶如「魏」之可以稱「晉」也。「韓昭侯」之所以也稱「鄭釐侯」，因其謚為「昭」「釐」二字。(52)杜平　秦縣名，在今陝西澄城東。原作「社平」。張文虎《札記》卷四曰：「《秦紀》、《國表》並作『杜平』，此疑誤。」據改。(53)黃池　宋縣名，在今河南封丘西南。(54)秦取我少梁　少梁當時為秦、魏雙方的拉鋸地區，前後曾多次易主。(55)圍趙邯鄲　魏軍圍趙之邯鄲，其將軍即龐涓。(56)拔邯鄲　梁玉繩曾懷疑此事之可能性，今戰國史研究者皆認為確有其事，楊寬曰：「魏攻入趙都邯鄲。」(57)田忌孫臏　都是齊國的名將。(58)敗魏桂陵　詳見〈孫子吳起列傳〉。桂陵，魏縣名，在今河南長垣西北。(59)諸侯圍我襄陵　梁玉繩曰：「襄陵之役，因趙為魏所攻，求救於齊，故齊圍魏襄陵，在齊敗魏桂陵前數月，皆魏惠王十八年事。」(60)築長城二句　即在固陽一帶修築長城。固陽，倉修良懷疑應作「合陽」（今陝西合陽東南），此距當時的魏長城比較挨近。魏長城南起華山，北行經大荔、澄城、洛川，至今甘泉西南。(61)漳水　發源於山西東南部之太行山，流經今河北磁縣、肥鄉，東北流入黃河。(62)與秦會彤　與秦孝公在彤縣會晤。彤，秦縣名，在今陝西華縣西南。(63)趙成侯卒　趙成侯名種，在位二十五年。(64)齊威王卒　按：此誤，此年為齊威王十四年。齊威王，名因齊，西元前三五六—前三二〇年在位，共二十八年。(65)中山君　中山國的國君，史失其名，中山國於西元前四〇八年被魏文侯所滅。黃式三曰：「魏滅中山守之，封其後以數邑，服于魏。至周安王末年與趙戰，則中山必強矣。至是為魏相，如靖郭君相齊之例，其國必益強矣，然猶臣于魏也。」(66)魏伐趙二句　據〈孫子吳起列傳〉，本年之事乃「魏與趙攻韓，韓告急齊」。而「魏伐趙，趙請救齊」乃惠王十七年桂陵之役所山起。(67)齊宣王　應作「齊威王」，是年為齊威王十六年。宣王即位尚在此二十二年之後。(68)孫子　即孫臏。(69)救趙擊魏　應作「救韓擊魏」。(70)龐涓　魏將，生平事跡詳見〈孫子吳起列傳〉。(71)太子申　魏惠王的太子，名申。(72)上將軍　非正式官名，只表示他是軍中的最高統帥。(73)外黃　縣名，在今河南蘭考東南，當時屬宋。(74)徐子　徐先生，史失其名。(75)客曰　按：前稱「徐子」，此又稱「客」，應統一。(76)效　呈；貢獻出來。(77)大勝并莒　大勝齊國，吞併莒縣。莒，當時齊國最有名的大縣之一。(78)不過有魏　不會超過占有魏國。(79)不益為王　不會比當魏王更多什麼。(80)萬世無魏　意即永遠失去接替做魏王的資格。(81)此臣之百戰百勝之術也　意即讓其收兵回去。(82)彼　謂太子部下的諸將。(83)啜汁　以喻跟著沾光。(84)御　僕；車夫。(85)將出而還　統兵出征，不戰而撤回。(86)與北同　與戰敗而回相同。北，敗。(87)敗於馬陵　過程詳見〈孫子吳起列傳〉。關於馬陵的位置，眾說不一。有說在今河南濮陽附近；有說在今范縣西南。至於有說在今河北大名東南，甚至有說在今山東郯城者，都無須考慮，因與史公所謂「進兵減灶」意思不合。(88)虜魏太子申　《孟子·梁惠王上》：「及寡人之身，東敗於齊，長子死焉。」(89)殺將軍涓　據《孫臏兵法·擒龐涓》，乃謂龐涓前已被齊人所擒於桂陵之役，在此十一年前。然則龐涓此次又為魏將，是上次齊人於桂陵之戰後已將龐涓放回，或是被魏人贖回。王閣森、唐致卿《齊國史》曰：「馬陵之戰是齊、魏爭霸過程中的決定性戰爭，這次戰爭使魏國喪失十萬軍隊，軍事實力嚴重削弱。魏惠王恃強驕傲，只尚武功，只重稱霸，失去了其先輩尊賢禮士的精神，拒商鞅、孫臏等人才于國門之外，不謀政治革新，因而在齊、秦、趙三面夾擊下喪失了霸主地位。」(90)秦趙齊共伐我　時為秦孝公二十二年，趙肅侯十年，齊威王十七年。(91)詐我將軍公子卬二句　商鞅偽作要與公子卬在軍前會晤而將其襲捕事，詳見〈商君列傳〉。(92)東地至河　秦國的地盤向東擴展到了黃河邊上。(93)徙治大梁　將魏國的國都由安邑東遷到了大梁（今河南開封）。關於魏國遷都事，〈魏世家〉繫於惠王三十一年（應作三十年），〈六國年表〉不載；〈商君列傳〉之《索隱》以為在惠王二十九年。今戰國史研究者皆依《竹書紀年》以為應在魏惠王九年，秦孝公元年（西元前三六一年）。若魏國於秦孝公元年即已遷都大梁，則魏國遷都與商君變法、秦國富強無關。(94)公子赫　即日後之魏襄王，前太子申有馬陵之敗，故改立公子赫為太子。(95)秦孝公卒　秦孝公在位共二十四年。(96)商君亡秦二句　秦孝公死後，秦國貴族作亂欲殺商鞅，商鞅欲逃亡魏國。(97)魏怒二句　魏人以商鞅前曾襲捕公子卬，故憤不接納，商君回秦後被殺，過程詳見〈商君列傳〉。(98)與齊宣王會平阿南　按：魏惠王三十四年相當於齊威王二十一年，此與會者應是「威王」，「宣王」上臺尚在此十六年之後。平阿，齊縣名，在今安徽懷遠西南。或曰即指「東阿」，在今山東東阿西南。(99)數被於軍旅　屢遭外國軍隊的進攻。(100)厚幣　厚禮。幣，禮品，通常指珪、璧、帛、馬等。(101)鄒衍淳于髡孟軻皆至梁　鄒衍，戰國時期的陰陽五行家。淳于髡，以滑稽聞名。孟軻，戰國時期最有影響力的儒派學者。

梁，此指魏國的首都大梁。(102)梁惠王　即魏惠王，因此時魏國都於大梁，故亦稱魏國、魏王曰「梁國」、「梁王」。(103)不佞　此處同「不肖」、「不才」。(104)三折　屢次失敗。三，泛指多次。(105)辱幸　謙詞，意謂使你蒙辱，使我有幸。(106)何以利為　按：以上孟子反對梁惠王言利語，見《孟子·梁惠王上》。(107)甄　通「鄄」。齊縣名，在今山東鄄城北。(108)是歲二句　此年為惠王改元，惠王之後元尚有十六年。(109)子襄王立　按：襄王之立尚在此十六年後。(110)襄王元年　應作惠王後元元年，西元前三三四年。(111)徐州　也稱「薛縣」，在今山東滕縣南，與後來之稱「彭城」者不是一地。徐，通「俆」。(112)相王　魏國與齊國彼此相互承認對方為王。王閣森、唐致卿曰：「早在十年前的逢澤之會上魏已稱王，因而這次『會徐州相王』實際是魏國尊齊國為王，是向各諸侯國宣告齊國為王國。魏惠王不惜變服折節對齊國委曲求全，表明此時齊國已取代魏國成為中原地區最強大的國家。」(113)追尊父惠王為王　按：此因史公誤以惠王改元為惠王死，以為魏之首先稱王者為襄王，而《孟子》書中又分明載孟軻呼惠王為「王」，故於此加「追謚」以自圓。(114)龍賈　魏將。(115)雕陰二句　雕陰，魏縣名，在今陝西甘泉南。焦，魏縣名，在今河南三門峽西。曲沃，魏縣名，在今三門峽西南，有以山西聞喜東北之曲沃當之者，非。(116)予秦河西之地　即今陝西大荔、宜川等黃河以西之地。(117)與秦會應　與秦惠文王會晤於應。應，魏縣名，在今河南魯山東。時為秦惠文王九年。(118)汾陰　魏縣名，在今山西河津西南。(119)皮氏　魏縣名，即今河津。(120)陘山　楚山名，在今河南漯河東。(121)魏盡入上郡于秦二句　梁玉繩曰：「按〈張儀傳〉，秦既取蒲陽而復歸之，故魏以上郡為謝也。乃此倒其文曰『魏盡入上郡于秦，秦降蒲陽』，則所書之事不全，且似秦既得上郡，又降蒲陽也。夫魏豈無故而獻地哉！」上郡，魏郡名，約當今陝西甘泉、延安、延長、綏德等一帶地區。蒲陽，魏縣名，即今山西隰縣。(122)襄陵　魏縣名，即今河南睢縣。(123)秦相張儀　張儀，戰國時代著名的縱橫家，一生主張連橫，對秦國發展有重大貢獻，事跡詳見〈張儀列傳〉。楊寬以為張儀為秦相自秦惠文王十年（西元前三二八年）開始。(124)齧桑　齊縣名，在今江蘇沛縣西南。(125)張儀相魏　到魏國來為秦國做奸細。(126)有女子化為丈夫　古人往往把這種事情視為妖異、災變，故書之於史。(127)平周　魏縣名，在今山西介休西。(128)襄王卒二句　按：是年梁惠王死，其子赫立，是為「襄王」。(129)張儀復歸秦　張儀在魏國任事數年，說惠王親秦，惠王不聽；襄王立，說襄王，襄王又不聽，張儀只好離去。(130)哀王元年　應作襄王元年，西元前三一八年。魏國無「哀王」其人。(131)五國共攻秦　韓、魏、楚、趙、燕。按：此時公孫衍為魏相，聯合其他四國共攻秦。公孫衍也叫「犀首」，張儀在魏所以不能得逞，與犀首很有關係。張儀走後，犀首繼任為魏相。(132)觀津　梁玉繩曰：「『津』乃『澤』之誤。」觀津，應作「觀澤」。魏縣名，在今河南清豐西南。(133)樗里子　名疾，秦國的謀臣，惠文王之弟。(134)曲沃　此指三門峽市西南之曲沃。(135)走犀首岸門　將犀首打敗，犀首逃到岸門。犀首，即公孫衍。岸門，魏縣名，在今山西河津南。(136)秦求立公子政為太子　意謂秦國強制魏國立公子政為太子。(137)與秦會臨晉　與秦惠文王會晤於臨晉。臨晉，秦縣名，在今陝西大荔東。(138)攻齊　〈六國年表〉曰：「擊齊，虜聲子于濮。」(139)與秦伐燕　當時燕國正有燕相子之篡其君位之亂，齊人大舉進攻之，魏與秦亦不甘寂寞。時為燕王噲九年。(140)伐衛　當時衛國的國都在濮陽（今河南濮陽西南）。(141)拔列城二　四字原無。據武英殿本、凌稚隆《史記評林》補。(142)衛君　衛嗣君，西元前三三七－前二九六年在位。(143)如耳　衛大夫。(144)免成陵君　使魏國免成陵君之職。黃式三曰：「謀伐衛者，蓋成陵君。」(145)羊腸　羊腸坂，太行山路名，南端為今山西晉城，北端為今山西壺關。(146)閼與　趙縣名，即今山西和順。(147)約斬趙　預訂計畫是將趙國分割開。(148)趙分而為二　趙國被分割成了東西兩塊。(149)魏為從主也　意即魏國當時主事，不想把趙國逼得太急。從主，結盟諸國的首腦。從，通「縱」。(150)以秦醳衛　在秦國的干涉下魏國不得已放棄吞衛計畫。醳，通「釋」。(151)以魏醳衛　魏國見好就收，自己撤兵。(152)德魏　感謝魏國的恩德。(153)有謁於衛　意即我曾到過衛國，見過衛君。謁，求見；進見。(154)周室之別　周王朝宗室的別支。衛國的始封之君為武王之弟康叔姬封，故曰今之衛君是「周室之別」。(155)其稱小國二句　雖然至今已被人們稱為小國，但其國君手裡寶器不少。(156)不以王為主　不是由魏王做主，是下面的執政大臣說了算。(157)先言醳衛　首先向魏王建言釋衛。(158)受衛　接受衛國的賄賂。(159)以其言見魏王　將如耳向他建議的「以魏醳衛」報告魏王。(160)免成陵君二句　岡白駒曰：「疑受衛賂也。」徐孚遠曰：「衛君本意欲釋圍耳，何恨乎成陵君而欲免之？蓋如耳害（恨）成陵君，故假衛事而讒之。」按：如耳之計絕妙，可謂一舉兩得，既解自己之圍，又除掉魏之用事者。然此事今本《戰國策》不載，不知史公采自何處。(161)張儀魏章皆歸于魏　是時秦惠文王死，秦武王即位，諸臣讒害張儀，張儀遂再次離秦入魏。魏章，原魏人，後為秦將，有大功，惠文王死後，與張儀一同被逐，遂歸魏也。(162)田需　魏國大臣。(163)楚害張儀犀首薛公　意謂擔心此三人中任何一個繼田需為魏相。薛公，即孟嘗君田文。今戰國史家多認為田文第一次入魏為相在西元前三一七年或西元前三一六年。(164)昭魚　也稱「昭奚恤」，楚國的宗室大臣。(165)蘇代　據史公意蘇代乃蘇秦之弟，詳情見〈蘇秦列傳〉注。(166)相者欲誰二句　你覺得誰當魏相對你有利？(167)太子　名遬，即日後之魏昭王。(168)北　謂北至魏國。(169)必相之　使其一定為相。(170)柰何　如何；你準備如何實行你的計畫？(171)君其為梁王二句　請你裝做梁王，我來向你進說。(172)長主　年長、有閱歷的君主。(173)右秦而左魏　把秦國利益放在前頭，把魏國利益放在後頭，因為張儀一生為秦。(174)右韓　把韓國利益放在前頭，因為犀首是親韓派。(175)右齊　把齊國利益放在前頭，因為田文是齊國的宗室重臣。(176)必不便也　《戰國策》作「必不使相也」。(177)非常相　不能長期為相，因其日後要做魏王。(178)務以其國事魏　努力讓他所親的國家討好魏國。(179)欲得丞相璽　希望自己不久能繼任為相。(180)太子果相魏　按：以上蘇代巧說魏王任太子為相事，見《戰國策・魏策二》。181張儀死　張儀死於魏國。按：張儀也是一個悲劇人物，一生為秦，且對秦國之發展有大功，但卻受秦臣之排擠，最後客死魏國。182秦武王　名蕩，惠文王之子，西元前三一〇—前三〇七年在位。183應　魏縣名，在今河南寶豐南。184太子朝於秦　魏對秦已幾乎淪落至稱臣狀態。185秦來歸武王后　是時為秦昭王二年，秦武王於前年死，其異母弟公子則依靠其母宣太后與其舅穰侯的力量奪得王位，為排除反對勢力，故將其嫂「武王后」逐出秦國。武王后原是魏女，故曰「來歸」。186蒲反　即「蒲坂」，魏縣名，在今山西永濟西的黃河邊上。187陽晉　魏邑名，在當時的蒲坂南。188封陵　即今山西黃河拐角之風陵渡。以上三地均相隔不遠。189予我蒲反　又將蒲坂還給魏國。190與秦伐楚　楊寬《戰國史年表》作：「齊派匡章、魏派公孫喜、韓派暴鳶共攻楚方城，殺楚將唐眜，韓、魏取得宛、葉以北地。」191與齊韓共敗秦軍函谷　函谷，即函谷關，在今河南靈寶東北，當時秦國東部的關塞。192秦復予我河外及封陵　楊寬《戰國史年表》曰：「齊、韓、魏聯軍攻入秦國的函谷關，秦求和，歸還韓河外及武遂，歸還魏河外及封陵。」193哀王卒　應作「襄王卒」。194子昭王立　昭王名遬，西元前二九五—前二七七年在位。195昭王元年　西元前二九五年，時為秦昭王十二年。196襄城　即今河南襄城，當時屬魏。197與秦戰二句　《通鑑・周紀四》於此年有所謂「秦敗魏師于解」。198白起　秦國名將，佐昭王破六國有大功。199敗我軍伊闕二十四萬　按：「我軍」應作「韓、魏聯軍」。伊闕，山口名，在今河南洛陽東南，因其地兩山對立如門，中有伊水通過，故稱伊闕。200河東　魏郡名，約當今山西省之臨汾、侯馬、運城等一帶地區。201芒卯　也作「孟卯」，魏將。202以詐重　因其狡詐被魏王所重。203秦拔我城大小六十一　〈白起王翦列傳〉云：「白起為大良造，攻魏，拔之，取城小大六十一。」204秦昭王為西帝二句　春秋時代只有周天子稱「王」，各國諸侯都只能稱「公」、稱「侯」。到戰國中期，周天子成為傀儡，各諸侯則一律改號稱「王」。至戰國後期，最強大的秦、齊兩國又不滿於與諸小國同用「王」號，於是兩國相約，秦稱「西帝」，齊稱「東帝」。齊湣王，名地，宣王之子，西元前三〇〇—前二八四年在位。205皆復稱王歸帝　又都取消了「帝號」，仍恢復稱「王」。據《戰國策》與〈齊太公世家〉，齊國採納蘇秦的建議，首先取消了帝號；秦國見齊國取消，遂也相繼取消。206新垣　依錢穆說，也稱「王垣」，在今山西垣曲東南。207曲陽　魏縣名，在今河南濟源西。208齊滅宋二句　宋，西周初期建立的諸侯國，始封之君為紂王的庶兄微子開，國都在今河南商丘南。宋國的亡國之君名偃，西元前三二八—前二八六年在位。溫，魏縣名，在今河南溫縣西南。209與秦趙韓燕共伐齊二句　即燕將樂毅率五國聯軍伐齊，大破齊軍於濟西事。濟西，濟水以西，即今山東聊城、茌平、高唐一帶。210湣王出亡　五國聯軍破齊軍於濟西後，遂各自撤軍回國，只有燕國繼續長驅深入，攻占齊國都城臨淄，齊城之未下者，只有莒與即墨兩地。齊湣王由國都臨淄逃出後，曾到過衛、魯、鄒諸小國，最後回到莒縣，被楚將淖齒所殺。211燕獨入臨菑　燕軍攻入臨淄、占據齊國大片領土後，大量掠奪齊國財寶，齊人紛起反抗，田單在即墨大破燕軍後，乘勝追擊，遂收復失地，重建了齊國。212與秦王會西周　與秦昭王在王城會晤。西周，戰國後期的諸侯小國名。東周王朝的周天子。至周顯王（西元前三六八—前三二一年在位）時代，其僅有的一點領土又落入其手下的兩個貴族之手，一個占據王城（今洛陽市），稱西周君；一個占據鞏縣，稱東周君。以後的周天子（慎靚王、周赧王）遂成為寄人籬下的傀儡。213安城　魏縣名，在今河南原陽西南。214兵到大梁二句　秦軍已打到了魏都大梁，但又退兵而去。215秦拔郢　郢，楚國的國都，即今湖北荊州江陵城西北之紀南城。此役秦軍的統帥為大將白起。216楚王徙陳　楚頃襄王將國都由郢遷到陳縣（今河南淮陽）。頃襄王名橫，懷王之子，西元前二九八—前二六三年在位。217安釐王　名圉，信陵君無忌之兄。西元前二七六—前二四三年在位。釐，也寫作「僖」。

【語譯】魏武侯元年，時趙敬侯剛剛即位，公子朔發動叛亂，失敗後逃到魏國。公子朔引魏軍襲擊邯鄲，結果大敗而回。

2 二年，魏國在安邑、王垣兩縣築城。

3 七年，魏軍伐齊，前鋒抵達齊國的桑丘縣。九年，翟族人在澮水一帶打敗了魏國軍隊。同年魏國派吳起率軍攻齊，前鋒抵達齊國的靈丘縣。當時齊威王剛即位不久。

4 十一年，魏與韓、趙三分晉地，滅絕了晉的後裔。

5 十三年，秦獻公修築櫟陽城。十五年，魏軍在北藺打敗趙軍。

6 十六年，魏軍伐楚，奪取了魯陽縣。此年魏武侯卒，子罃即位，這就是魏惠王。

7 魏惠王元年，當武侯去世的時候，武侯的兩個兒子子罃與公中緩爭當太子。宋國的辯士公孫頎從宋國進入趙國，又從趙國進入韓國，對韓懿侯說：「魏罃與公中緩爭奪太子，您聽說了吧？魏罃得到王錯的輔佐，控制著上黨地區，已經擁有半個魏國。現在韓國若能趁著魏國內亂除掉魏罃，攻破魏國就十拿九穩了。不可失去寶貴的機會。」韓懿侯聽了很高興，於是就與趙成侯聯合起來攻打魏國。與魏軍大戰於濁澤，結果魏軍大敗，魏罃被包圍。趙王對韓王說：「除掉魏罃，立公中緩為魏君，逼著魏國向我們割讓土地，然後退兵，這樣對我們兩國有利。」韓王說：「不行。如果殺掉魏罃，人們會說我們殘暴；割取土地而後退兵，人們會說我們貪婪。不如將魏國一分為二，這樣它就不會比宋國、衛國這樣的小國更強大，我們將永遠不會有魏國的威脅。」趙王不聽，韓王不高興，於是率領韓國為數不多的軍隊連夜撤走了。魏惠王之所以沒被殺死，魏國之所以沒被一分為二，就是因為韓、趙兩國當時的意見不一致。如果當時聽從了任何一家的計謀，魏國都將造成分裂。這就是俗話所說的：「國君去世的時候，如果沒有明確的接班人，那麼這個國家就有滅亡的危險。」

8 二年，魏國在馬陵打敗了韓國，在懷縣打敗了趙國。三年，魏軍在觀縣被齊軍打敗。五年，魏惠王與韓懿侯在宅陽會晤。魏國修築武堵城。後魏軍被秦軍所敗。六年，魏軍攻打宋國，占領儀臺。九年，魏軍攻韓，在澮水旁打敗了韓國的軍隊。接著又與秦軍戰於少梁，秦軍俘獲了魏將公孫痤，並奪取了魏國的龐邑。本年秦獻公死，其子秦孝公即位。

9 十年，魏軍攻趙，占領了趙國的皮牢。此年有彗星出現。十二年，有隕星在白天墜落，落地有聲。

10 十四年，魏惠王與趙成侯在趙國的鄗邑會晤。十五年，魯、衛、宋、鄭四國國君來魏國朝見。十六年，魏惠王與秦孝公在秦國的杜平會晤。魏軍侵伐宋國，占領了宋國的黃池，不久，黃池又被宋國收復。

11 十七年，魏軍與秦軍戰於元里，秦軍占領了魏國的少梁。魏軍包圍了趙國的都城邯鄲。十八年，魏軍占領邯鄲。趙國向齊國求救，齊國派田忌、孫臏率軍救趙，大破魏軍於桂陵。

12 十九年，諸侯聯軍包圍魏國的襄陵。魏國在黃河西側修築長城，同時在固陽縣築城。

13 二十年，魏又將邯鄲歸還趙國，並與趙國在漳水旁簽定盟約。二十一年，魏惠王與秦孝公在彤城會晤。此年趙成侯卒。二十八年，齊威王卒。舊日的中山君出任魏相。

14 三十年，魏軍攻趙，趙國向齊國求救。齊宣王採用孫臏的計謀，出兵伐魏救趙。魏國於是大舉興兵，使龐涓為將，而讓太子申為上將軍。魏軍東出經過外黃時，外黃人徐子對太子申說：「我有百戰百勝的辦法。」太子申說：「能說給我聽聽嗎？」徐子說：「本來就是想說給您聽的。」他說：「您親自率軍攻打齊國，即使您打敗齊國，吞併齊國的莒縣，其收穫也超不過擁有魏國，其尊貴也超不過做魏王；倘若一旦作戰失敗，恐怕您就永遠得不到魏國了。這就是我百戰百勝的辦法。」太子申說：「那好。我就聽從您的意見班師回國。」徐子說：「您現在即使想回去，恐怕也回不去了。現在您身邊有許多人都鼓動您勇往直前，都想在這一戰中撈取更多的利益。您即使想回，恐怕也回不去。」果然，當太子申想要班師時，為他趕車的人就說：「大將率兵出征，如果不戰而還，那跟打了敗仗是一樣的。」太子申不得已只好與齊軍開戰，結果魏軍大敗於馬陵。太子申被齊軍所俘，大將龐涓被齊軍所殺，魏軍大敗。

15 三十一年，秦國、趙國、齊國聯合伐魏。秦將商君欺騙、俘虜了魏國的將軍公子卬，突襲魏軍，將魏軍打敗。秦國任用商君，使秦國的國境向東擴展到了黃河沿岸。與此同時齊國、趙國也屢次打敗魏國。由於魏國的都城安邑靠秦國太近，於是魏國遂將都城向東遷到了大梁。本年又立公子赫為太子。

16 三十三年，秦孝公去世。秦國發生政變，商君從秦國出逃，來到魏國。魏國人恨他，拒不接納。三十五年，魏惠王與齊宣王在齊國的平阿縣城南會晤。

17 梁惠王因為多次在戰爭中遭受挫折，於是謙恭的用豐厚的待遇招攬賢才。這時鄒衍、淳于髡、孟軻等人都來到魏國。魏惠王對孟軻說：「由於我自身的愚蠢笨拙，造成了軍事上的連續失敗。以至於太子被俘，上將被殺，國庫空虛，給祖先、給宗廟社稷都帶來恥辱。我實在是感到慚愧。先生您不遠千里，屈尊來到魏國，您將給魏國帶來什麼利益呢？」孟軻說：「大王您不該帶頭談『利』。如果您想獲利，您國家的大夫也就跟著想獲利；大夫們想獲利，那麼平民百姓也就跟著想獲利。這樣上上下下都爭著想獲利，那國家就危險了。作為國君，只要施行仁義就行了，何必要談利呢？」

18 三十六年，魏惠王與齊威王在齊國的甄城會晤。這一年，梁惠王去世，他的兒子襄王即位。

19 襄王元年，魏襄王與齊威王在徐州會晤，相互承認對方為王。襄王追尊他的父親惠王為王。

20 五年，秦國在雕陰打敗了龍賈領軍的魏國的軍隊四萬五千，接著又包圍了魏國焦、曲沃等地。魏國無奈只好將黃河以西之地割讓給秦國。

21 六年，魏襄王與秦惠文王在魏國的應縣會晤。秦軍攻占了魏國的汾陰、皮氏、焦三城。這年內魏軍伐楚，在陘山打敗楚國。七年，魏國將上郡全部劃歸給秦國。秦軍又攻占了魏國的蒲陽縣。八年，秦國將焦、曲沃二城歸還魏國。

22 十二年，楚軍在魏國的襄陵打敗魏軍。東方各國的執政大臣在齊國的齧桑與秦相張儀會晤。十三年，張儀來魏國任宰相。魏國有一個女子變為男子。秦軍奪取了魏國的曲沃、平周二城。

23 十六年，襄王去世，他的兒子哀王即位。張儀又回到秦國。

24 哀王元年，魏、韓、趙、楚、燕五國聯合伐秦，沒有取勝就撤退了。

25 二年，魏軍在觀津被齊軍打敗。五年，秦國派遣樗里子攻打並奪取了魏國的曲沃，魏國守將犀首逃到岸門去了。六年，秦國來人強迫魏國立公子政為太子。魏襄王與秦惠文王會晤於秦國的臨晉。七年，魏軍攻打齊國。其後又與秦軍一起攻打燕國。

26 八年，魏軍攻打衛國，攻占了與魏國相鄰的兩個城邑，衛君很是憂慮。衛大夫如耳去見衛君，說：「我能夠讓魏國罷兵，並讓魏國罷免其執政者成陵君，您看如何？」衛君說：「您如果真能做到，我們整個衛國將永遠聽從您的吩咐。」於是如耳到魏國見成陵君，對成陵君說：「過去魏國攻伐趙國，斷了羊腸坂的交通，占領了閼與城，準備將趙國一分為二。趙國最後所以沒有滅亡，就是因為魏國當時是合縱的盟主。現在衛國眼看就要滅亡，必然要西去投靠秦國。與其讓秦國來解救衛國，還不如由魏國解救衛國呢。這樣衛國必定會永遠的感激魏國。」成陵君說：「行。」如耳隨即又去見魏王，說：「我曾到過衛國，見過衛君。衛國，原本是周室的一個分支。雖然被稱做小國，但卻擁有許多寶器。如今國家處於危難之中，卻不肯將寶器送出來，這是因為它認為不論是攻打衛國還是解救衛國，都不是大王您能做主的，所以即使送寶器，也一定不會送給大王您。我私下估計，誰最先向您提出解救衛國，他一定就是接受了衛國賄賂的人。」如耳剛從魏王那裡出來，成陵君就到魏王那裡去了，他在魏王面前將如耳跟他說的話說了一遍。魏王聽信他的話，就撤回了攻打衛國的軍隊，罷免了成陵君，並終身不再見他。

27 九年，魏哀王與秦武王在臨晉會晤。張儀、魏章因為秦國形勢變化都離開秦國，到了魏國。剛好這時魏相田需死了，楚國害怕當時在魏國的張儀、犀首、田文三個人中的任何一個人當魏國宰相。於是楚相昭魚對蘇代說：「田需死了，我怕現時在魏國的張儀、犀首、田文三個人中會有一個做魏相。」蘇代說：「您覺得誰當魏國宰相，對您最有利呢？」昭魚說：「我想讓魏國太子自己當魏國宰相。」蘇代說：「那我就為您去魏國一趟，保證讓他們的太子做魏相。」昭魚說：「你準備怎麼做呢？」蘇代說：「您就假裝是梁王，我來遊說您。」昭魚說：「您怎麼遊說呢？」蘇代說：「我剛從楚國來，楚相昭魚正在發愁，他說：『田需死了，我怕張儀、犀首、田文三個人中會有一人擔任魏相。』我說：『梁王是一個有閱歷的君主，一定不會讓張儀擔任魏相。張儀擔任魏相，就一定會偏袒秦國而不顧魏國；如果讓犀首任魏相，犀首就必定偏袒韓國而不顧魏國；如果讓田文做魏相，田文必定偏袒齊國而不顧魏國。梁王是個有閱歷的君主，這三個人必定不合魏王的心意。』梁王問：『那麼我該讓誰做我的宰相呢？』我說：『不如讓太子做魏國宰相。太子自己做宰相，這三個人都知道太子不會長久的做宰相，那他們必然都將努力讓他們所偏向的國家和魏國搞好關係，以求自己將來能夠得到魏國的相印。這一來魏國既有自己的強大，再加上三個萬乘之國做幫襯，魏國必定獲得安寧。所以說不如太子自己當魏國宰相。』」於是蘇代北上到魏國見梁哀王，將上述的話跟梁哀王說了一遍。梁國太子果然做了魏國宰相。

28 十年，張儀死在魏國。十一年，魏哀王與秦武王在應縣會晤。十二年，魏太子到秦國朝見秦王。秦國派軍隊攻打魏國的皮氏縣，沒攻下就撤走了。十四年，秦國將秦武王的王后送回了魏國。十六年，秦國攻占了魏國的蒲反、陽晉、封陵。十七年，魏哀王與秦昭王在臨晉會晤，秦國將蒲反歸還給魏國。十八年，魏國與秦國共同攻打楚國。二十一年，魏國、齊國、韓國三國聯合在函谷關打敗了秦軍。

29 二十三年，秦國為了和解，又將河外之地以及封陵歸還魏國。魏哀王去世，他的兒子魏昭王即位。

30 魏昭王元年，秦軍攻占了魏國的襄城。二年，魏軍與秦軍交戰，魏軍不利。三年，魏國幫助韓國攻打秦國。秦將白起在伊闕大敗魏軍二十四萬。六年，魏國將河東方圓四百多里的領土割給秦國。芒卯以善用詐謀在魏國受到重用。七年，秦國奪取了魏國大小城邑六十一個。八年，秦昭王稱西帝，齊湣王稱東帝。一個多月以後，又都去掉帝號恢復稱王。九年，秦國攻占魏國的新垣、曲陽二城。

31 十年，齊國滅掉了宋國。宋王死在魏國的溫邑。十二年，魏與秦、趙、韓、燕共同討伐齊國，在濟西大破齊軍。齊湣王出逃。燕國單獨攻入臨淄。魏昭王與秦昭王在西周會晤。

32 十三年，秦軍攻占了魏國的安城，秦兵東至大梁而回。十八年，秦軍攻占了楚國的都城郢，楚頃襄王將都城遷到陳邑。

33 十九年，魏昭王去世，其子安釐王繼位。

1 安釐王元年❶，秦拔我兩城❷。二年，又拔我二城，軍大梁下。韓來救，予秦溫以和❸。三年，秦拔我四城，斬首四萬❹。四年，秦破我及韓、趙，殺十五萬人，走我將芒卯❺。魏將段干子❻請予秦南陽以和❼。蘇代❽謂魏王曰：「欲璽者❾，段干子也；欲地❿者，秦也。今王使欲地者制璽⓫，使欲璽者制地⓬，魏氏地不盡⓭則不知已⓮。且夫以地事秦，譬猶抱薪救火，薪不盡，火不滅⓯。」王曰：「是則然也。雖然，事始已行⓰，不可更⓱矣。」對曰：「王獨不見夫博之所以貴梟⓲者，便則食，不便則止矣。今王曰『事始已行，不可更』，是何王之用智不如用梟⓳也？」

2 九年，秦拔我懷⓴。十年，秦太子外質於魏死㉑。十一年，秦拔我郪丘㉒。

3 秦昭王謂左右曰：「今時韓、魏與始孰彊？」對曰：「不如始彊。」王曰：「今時如耳㉓、魏齊㉔與孟嘗㉕、芒卯孰賢？」對曰：「不如。」王曰：「以孟嘗、芒卯之賢，率彊韓、魏以攻秦，猶無柰寡人何也。今以無能之如耳、魏齊，而率弱韓、魏以伐秦，其無柰寡人何亦明矣。」左右皆曰：「甚然。」中旗㉖馮琴㉗而對曰：「王之料天下，過矣。當晉六卿之時，知氏最彊。滅范、中行，又率韓、魏之兵以圍趙襄子於晉陽，決晉水㉘以灌晉陽之城，不湛者三版㉙。知伯行水㉚，魏桓子御㉛，韓康子為參乘㉜。知伯曰：『吾始不知水之可以亡人之國也，乃今知之。汾水可以灌安邑，絳水可以灌平陽㉝。』魏桓子肘韓康子，韓康子履魏桓子。肘足接於車上，而知氏地分㉞，身死國亡，為天下笑。今秦兵雖彊，不能過知氏㉟；韓、魏雖弱，尚賢其在晉陽之下也。此方其用肘足之時也，願王之勿易㊱也。」於是秦王恐㊲。

4 齊、楚相約而攻魏㊳，魏使人求救於秦，冠蓋相望㊴也，而秦救不至。魏人有唐雎㊵者，年九十餘矣，謂魏王曰：「老臣請西說秦王，令兵先臣出㊶。」魏王再拜，遂約車㊷而遣之。唐雎到，入見秦王。秦王曰：「丈人㊸芒然㊹乃遠至此，甚苦矣。夫魏之來求救數㊺矣，寡人知魏之急已。」唐雎對曰：「大王已知魏之急而救不發者，臣竊以為用策[46]之臣無任[47]矣。夫魏，一萬乘之國也。然所以西面而事秦，稱東藩[48]，受冠帶[49]，祠春秋[50]者，以秦之彊足以為與[51]也。今齊、楚之兵已合於魏郊矣，而秦救不發，亦將賴其未急也。使之大急，彼且割地而約從[52]，王尚何救焉？必待其急而救之，是失一東藩之魏，而彊二敵之齊、楚[53]，則王何利焉？」於是秦昭王遽[54]為發兵救魏，魏氏復定[55]。

5 趙使人謂魏王曰：「為我殺范痤[56]，吾請獻七十里之地[57]。」魏王曰：「諾。」使吏捕之，圍而未殺。痤因上屋騎危[58]，謂使者曰：「與其以死痤市[59]，不如以生痤市。有如痤死，趙不予王地，則王將柰何？故不若與先定割地[60]，然後殺痤。」魏王曰：「善。」痤因上書信陵君[61]，曰：「痤，故魏之免相也。趙以地殺痤，而魏王聽之。有如彊秦亦將襲趙之欲[62]，則君且柰何？」信陵君言於王而出之[63]。

6 魏王以秦救之故，欲親秦而伐韓，以求故地[64]。无忌謂魏王曰：

7 「秦與戎、翟同俗，有虎狼之心，貪戾[65]好利無信，不識禮義德行。苟有利焉，不顧親戚、兄弟，若禽獸耳，此天下之所識也。非有所施厚[66]積德也。故太后[67]母也，而以憂死；穰侯[68]舅也，功莫大焉[69]，而竟逐之；兩弟[70]無罪，而再奪之國[71]。此於親戚若此，而況於仇讎[72]之國乎？今王與秦共伐韓，而益近秦患。

臣甚惑之。而王不識[73]則不明，羣臣莫以聞[74]則不忠。

8 「今韓氏以一女子奉一弱主[75]，內有大亂[76]，外交彊秦、魏之兵[77]，王以為不亡乎？韓亡，秦有鄭地[78]，與大梁鄰[79]，王以為安乎？王欲得故地，今負彊秦之親[80]，王以為利乎？

9 「秦非無事[81]之國也。韓亡之後，必將更事[82]，更事必就易與利[83]，就易與利必不伐楚與趙[84]矣。是何也？夫越山踰河[85]，絕韓上黨[86]而攻彊趙，是復閼與之事[87]，秦必不為也；若道河內[88]，倍鄴、朝歌[89]，絕漳、滏水[90]，與趙兵決於邯鄲之郊，是知伯之禍也[91]，秦又不敢；伐楚，道涉谷[92]，行三千里，而攻冥阸之塞[93]，所行甚遠，所攻甚難，秦又不為也；若道河外[94]，倍大梁，右上蔡、召陵[95]，與楚兵決於陳郊[96]，秦又不敢。故曰秦必不伐楚與趙矣，又不攻衛與齊矣[97]。

10 「夫韓亡之後，兵出之日，非魏無攻已[98]。秦固有懷、茅、邢丘[99]，城垝津[100]以臨河內，河內共、汲[101]必危。有鄭地[102]，得垣雍[103]，決熒澤[104]水灌大梁，大梁必亡。王之使者出[105]過而惡安陵氏於秦[106]，秦之欲誅之[107]久矣。秦葉陽[108]、昆陽[109]與舞陽[110]鄰，聽使者之惡之[111]，隨安陵氏而亡之[112]，繞舞陽之北[113]，以東臨許，南國[114]必危。國無害已[115]？夫憎韓、不愛安陵氏，可也；夫不患秦之不愛南國[116]，非也。

11 「異日[117]者，秦在河西[118]，晉國去梁千里[119]，有河、山[120]以闌[121]之，有周、韓以間[122]之。從林鄉軍以至于今[123]，秦七攻魏，五入囿中[124]，邊城盡拔，文臺墮，垂都焚[125]，林木伐，麋鹿盡，而國繼以圍[126]。又長驅梁北，東至陶[127]、衛[128]之郊，北至平監[129]。所亡於秦者，山南山北[130]，河外河內[131]，大縣數十[132]，名都數百[133]。秦乃在河西，晉去梁千里，而禍若是矣；又況於使秦無韓，有鄭地[134]，無河、山而闌之，無周、韓而間之，去大梁百里，禍必由此矣[135]。

12 「異日者，從之不成[136]也，楚、魏疑，而韓不可得也[137]。今韓受兵三年，秦橈之以講[138]。識亡不聽[130]，投質於趙[140]，請為天下鴈行頓刃[141]。楚、趙必集兵[142]，皆識秦之欲無窮也，非盡亡天下之國而臣海內，必不休矣。是故臣願以從事王[143]，王速受楚、趙之約[144]，而挾韓之質以存韓[145]，而求故地[146]，韓必效[147]之。此士民不勞而故地得，其功多於與秦共伐韓，而又與彊秦鄰之禍也[148]。

13 「夫存韓安魏而利天下，此亦王之天時[149]已。通韓上黨於共、甯[150]，使道安成，出入賦之[151]，是魏重質韓以其上黨也[152]。今有其賦，足以富國。韓必德魏、愛魏、重魏、畏魏，韓必不敢反魏。是韓則魏之縣也[153]。魏得韓以為縣，衛大梁，河外必安矣。今[154]不存韓，二周[155]、安陵必危，楚、趙大破，衛、齊甚畏[156]，天下西鄉(157)而馳秦，入朝而為臣不久矣(158)。」

14 二十年，秦圍邯鄲。信陵君無忌矯奪將軍晉鄙兵以救趙(159)，趙得全。無忌因留趙(160)。二十六年，秦昭王卒(161)。

15 三十年，無忌歸魏(162)，率五國兵攻秦。敗之河外，走蒙驁(163)。魏太子增質於秦，秦怒，欲囚魏太子增。或為增謂秦王(164)曰：「公孫喜(165)固謂魏相(166)曰：『請以魏疾擊秦。秦王怒，必囚增。魏王又怒，擊秦，秦必傷(167)。』今王囚增，是喜之計中也。故不若貴增而合魏(168)，以疑之於齊、韓(169)。」秦乃止增(170)。

16 三十一年，秦王政(171)初立。

17 三十四年，安釐王卒，太子增立，是為景湣王(172)。信陵君無忌卒(173)。

18 景湣王元年(174)，秦拔我二十城，以為秦東郡(175)。二年，秦拔我朝歌(176)。衛徙野王(177)。三年，秦拔我汲(178)。五年，秦拔我垣、蒲陽、衍(179)。十五年，景湣王卒，子王假(180)立。

19 王假元年(181)，燕太子丹(182)使荊軻(183)刺秦王，秦王覺之(184)。

20 三年，秦灌大梁，虜王假(185)，遂滅魏以為郡縣(186)。

【章　旨】以上為第四段，寫魏國在戰國後期的合縱、連橫中幾經反覆，終至滅亡。

【注　釋】❶安釐王元年　秦昭王三十　年，西元前二七六年。❷秦拔我兩城　兩城的名字不詳。據〈秦本紀〉，是年「白起伐魏，取兩城。」❸韓來救二句　韓將暴鳶救魏，為秦相魏冉所敗，斬韓、魏軍四萬。魏與秦溫以求和。溫，魏縣名，在今河南溫縣西南。❹秦拔我四城二句　據〈秦本紀〉與〈穰侯列傳〉，「斬首四萬」與破韓將暴鳶是一件事，皆在上一年；拔魏四城是另一件事，在本年，此役秦軍的將領是客卿胡陽，所取四城為卷、蔡、中陽、長社。❺秦破我及韓趙三句　此即有名的華陽之戰，起因為趙、魏攻韓華陽，秦救韓而伐趙、魏，自不當言秦破「韓」也。芒卯，也寫作「孟卯」，魏將名。❻段干子　姓段干，名崇。❼請予秦南陽以和　南陽，地區名，約當今河南之濟源、武陟一帶，當時屬魏。因其地處黃河之北、太行山之南，故稱南陽。瀧川曰：「段干欲得秦封，故請魏割地。」❽蘇代　《戰國策》「蘇代」作「孫臣」。❾欲璽者　指段干子。欲璽，想要得到秦國的爵賞。❿欲地　想得到魏國的土地。⓫欲地者制璽　想得魏土地者掌管著給魏國奸細的授璽之權。⓬欲璽者制地　讓想獲秦國爵賞的奸細掌管著支配魏國土地之權。⓭不盡　不割削完畢。⓮不知已　沒個完。已，終止；結束。⓯抱薪救火三句　鍾惺曰：「六國割地賂秦之害，人能言之，莫透于此二語。」按：蘇洵〈六國論〉即推演此旨以諷宋之曲膝事遼。⓰事始已行　事情已經開始實行。⓱不可更　無法再改變。⓲貴梟　喜歡得到梟。按：「梟」頗如今撲克牌中的「大王」、「小王」與麻將牌裡的「混兒」，可以當大牌吃人，也可以不吃。⓳何王之用智不如用梟　為什麼決定國家大事還不如玩牌靈活？按：以上蘇代（孫臣）為魏王折穿段干子陰謀事，見《戰國策・魏策三》。⓴懷　魏縣名，在今河南武陟西南。㉑秦太子外質於魏死　外質，在國外當人質。〈秦本紀〉曰：「悼太子死魏，歸葬芷陽。」㉒郪丘　當作「邢丘」。魏縣名，在今河南溫縣東北。㉓如耳　原魏人，前曾仕衛，此時仕韓。㉔魏齊　魏國宗室，此時為魏相。㉕孟嘗　孟嘗君田文，襄王時曾為魏相。㉖中旗　《戰國策》作「中期」，秦國辯士，初仕秦武王，後事昭王。㉗馮琴　停止撫琴，雙手搭在琴上。馮，通「憑」。㉘晉水　古水名，源於今太原西南之懸甕山，東流經古晉陽側入汾水。㉙不湛者二版　只差三版就把晉陽淹沒了。湛，同「沉」。古代築牆用的版高度為二尺，三版即六尺高。按：古時尺小，一尺相當今之六寸多。㉚行水　視察大水灌城的情景。行，巡視。㉛御　趕車。㉜參乘　站在車上的右側為知伯當警衛。㉝汾水可以灌安邑二句　汾水源於今山西西北部之寧武西南，南流經今太原、臨汾、侯馬，西折入黃河。絳水源於今山西絳縣，至聞喜以下改稱涑水，經當時的魏氏都城安邑西北流入黃河。平陽，韓氏家族的都城，在今臨汾西南。因平陽靠近汾水，安邑靠近絳水下游的涑水，而相反平陽距絳水遠，安邑距汾水遠，故梁玉繩等都懷疑應作「汾水可以灌平陽，絳水可以灌安邑」。㉞附足接於車上二句　極生動形象之文學語，以言其串通、倒戈之快，與三家聯合打敗知氏之易。㉟今秦兵雖彊二句　說客打比方，師其意可也；倘就實而論，豈能說此時之秦尚不如當年之知氏！㊱勿易　不要對之掉以輕心。易，輕。㊲於是秦王恐　按：以上中旗諫秦昭王事，見《戰國策・秦策四》。㊳齊楚相約而攻魏　史公繫此事於安釐王十一年（西元前二六六年）至十九年（西元前二五八年）之間，其時齊則為齊襄王或齊王建，楚則為頃襄王或考烈王也。㊴冠蓋相望　極言派出的使者之多，後一批可以望見前一批的影子。冠，帽子。蓋，車篷。㊵唐雎　《戰國策》作「唐且」。㊶令兵先臣出　意即我還沒有回到魏國，秦國的援兵就已經到了，極言其辦事之靈，把握之大。㊷約車　準備車子。約，收拾；裝備。㊸丈人　對老人的敬稱。㊹芒然　疲倦的樣子。㊺數　屢；多次。㊻用策　猶言「用事」，主管決策。㊼無任　不事事，即今之所謂「不管事」、「不負責任」。㊽稱東藩　自稱是秦國東部的屏藩，亦即自認是秦國屬下的一個侯國。㊾受冠帶　接受秦國的冠帶，奉行秦國的禮俗。㊿祠春秋　春秋貢奉，以助秦祭祀。按：此數句乃後人假託「蘇秦」合縱六國語，非此時已有之事。西元前二五四年〈秦本紀〉始有魏對秦「委國聽命」、「韓王入朝」事。(51)足以為與　能作為可依賴的盟國。與，黨與。這裡指盟國，結好之國。(52)約從　謂轉而與東方諸國結盟合縱，共同對付秦國。(53)彊二敵之齊楚　使敵對的齊、楚兩個國家增強。(54)遽　遂；立即。(55)魏氏復定　按：以上唐雎為魏說秦昭王出兵事，見《戰國策・魏策四》。(56)范痤　魏人，曾為魏相，後退任家居。(57)請獻七十里之地　據《戰國策》，虞卿對趙王說，魏國所以能成為東方諸侯的盟主就在於曾任用范痤，如能讓魏國殺掉范痤，趙國就能成為諸侯盟主，於是趙王向魏國獻地以求魏國殺范痤。(58)騎危　騎著屋脊。(59)以死痤市　拿被殺死的范痤與趙人做交易。市，交易；交換。(60)先定割地　意即先讓趙國把做交換的七十里地割給你。(61)信陵君　名無忌，魏昭王之子，安釐王之弟。(62)襲趙之欲　也提出類似趙國的要求，暗指要求殺信陵君。襲，因襲；模仿。(63)言於王而出之　按：以上范痤機智地為自己解圍事，見《戰國策・趙策四》。(64)以求故地　鮑彪曰：「蓋嘗喪地于韓，今欲取之。」(65)貪戾　貪婪暴戾。戾，乖張；喜怒無常。(66)施厚　施惠；施恩。(67)太后　即宣太后，昭王之母。(68)穰侯　魏冉，宣太后之弟，昭王之舅。(69)功莫大焉　昭王之異母兄武王去世後，昭王之所以能奪位上臺，完全是靠了宣太后與穰侯的力量；昭王即位後，穰侯多年為相，於秦國的開疆拓土也有巨大功勞。(70)兩弟　指涇陽君公子市、高陵君公子悝，秦昭王的胞弟。(71)再奪之國　被削去朝權，斥歸封地。之國，云領地。宣太后、穰侯等在范雎進說後被昭王疏斥驅逐事，見〈范雎蔡澤列傳〉。至於宣太后是否「憂死」，史無明載，被剝奪執政權力應該是真的。(72)仇讎　最初都是「匹」、「對」、「對立」的意思，後來都引申為「仇恨」、「對頭」之義。(73)而王不識　如果大王自己看不出來。而，若；如果。[74]莫以聞　不把這種利害關係對你講。[75]以一女子奉一弱主　當時韓國的國君是韓桓惠王，魏安釐王十一年，相當於韓桓惠王七年。呂祖謙曰：「〈韓世家〉不載其事，必是時韓王少，母后用事也。」[76]內有大亂　〈韓世家〉未云此時韓國國內有何變故。[77]外交彊秦魏之兵　外面又遭到秦、魏兩個大國的攻擊。交，逢；遭，遭受。[78]鄭地　即韓國的地盤。因鄭被韓滅，韓又都於新鄭，故當時常稱韓曰「鄭」。[79]與大梁鄰　與魏國領地相接。鄰原作「鄰」，《索隱》曰：「《戰國策》『鄰』作『鄰』字，為得。」王叔岷曰：「景祐本南宋補版、黃善夫本、殿本『鄰』并作『鄰』。」今據改。按：當時韓都新鄭，魏都大梁，兩地相隔不遠，故曰秦滅韓後即與魏相「鄰」。[80]負彊秦之親　靠著與強秦國親近以攻伐韓國。負，仗恃。[81]無事不想生事。[82]更事　再挑起別的事端。[83]就易與利　從容易、有利的地方下手。[84]必不伐楚與趙　因為楚、趙兩國都較魏國強大，地理形勢也比魏國險要。[85]越山踰河　翻越太行山，渡過漳水。[86]絕韓上黨　穿過韓國的上黨地區，即今晉東南一帶，經此路須翻越太行山。絕，橫渡；翻越。[87]復閼與之事　重複當年在閼與的失敗。閼與，趙縣名，即今山西和順。秦昭王三十八年（西元前二六九年），秦將胡陽率軍圍趙軍於閼與，趙派趙奢率軍往救，大破秦軍於閼與。詳見〈廉頗藺相如列傳〉。[88]道河內　即經由今河南之新鄉、淇縣一帶（當時稱「河內」）北上。[89]倍鄴朝歌　越過鄴縣、朝歌。倍，通「背」。將其置於背後。鄴，魏縣名，在今河北臨漳西南。朝歌，魏縣名，即今河南淇縣。[90]絕漳滏水　渡過漳水、滏水。漳水，源於山西和順西，東南流經當時的鄴縣，東北流，入黃河。滏水，源於今河北武安南，東南流，經今磁縣，至肥鄉匯入漳水。二水皆在趙都邯鄲南。[91]是知伯之禍也　和當年知伯伐趙結果自己被人消滅是一樣的下場。[92]道涉谷　經由涉谷。涉谷，險路名，具體方位不詳，大體是指從武關或漢中一帶出兵，經由今河南西南部殺向楚都陳縣（今河南淮陽）。[93]冥阸之塞　在今河南信陽南。[94]道河外　經由黃河以南，即由函谷關出兵，經由今之鄭州一帶殺向楚都陳縣。河外，指今黃河以南的鄭州、開封等一帶地區。[95]右上蔡召陵　上蔡，楚縣名，在今河南上蔡西南。召陵，楚縣名，在今河南漯河東北。上蔡、召陵都在楚都陳縣的西側，秦兵由北而南，故稱上蔡、召陵曰「右」。原作「右蔡左召陵」。梁玉繩《志疑》卷二四：「《策》作『右上蔡召陵』，則『蔡左』二字當作『上蔡』，傳寫譌耳。」據改。[96]陳郊　陳縣（今河南淮陽）之郊。[97]又不攻衛與齊矣　按：《戰國縱橫家書》於此作「燕與齊」。「衛」在春秋時代尚屬於二等國家，至戰國後期則已行將滅亡，不宜與「齊」並稱，似應作「燕」。[98]非魏無攻已　除了魏國，秦國不會再攻別國。已，此處通「矣」。[99]固有懷茅邢丘　早已占據了懷、茅、邢丘。懷，縣名，在今河南武陟西南。茅，縣名，在今河南獲嘉西北。邢丘，縣名，在今河南溫縣東北。以上三地原皆屬魏，現已屬秦。[100]城垝津　在垝津築城。垝津，也稱「白馬津」，黃河渡口名，在今河南浚縣的古黃河上。[101]共汲　共，魏縣名，即今河南輝縣。

汲，魏縣名，在今河南汲縣西。102有鄭地　《國策》「有」上有「秦」字，意即秦國消滅韓國後。103垣雍　縣名，在今河南原陽西南，原屬韓。104熒澤　古湖泊名，在當時的垣雍西南，魏國的首都大梁以西。105王之使者出　謂出使秦國。106過而惡安陵氏於秦　錯誤地向秦國說安陵氏的壞話。過，錯誤。謝孝苹將「出過」二字連讀，以為是「大過」之訛，《戰國策》於此作「大過矣」。惡，說人壞話。安陵氏，安陵縣（在今河南鄢陵北）的封君，是魏國的附屬小國，但也有其相對的獨立性。107欲誅之　〈魏策〉作「欲許之」，《戰國縱橫家書》作「欲許」，意即想得到許縣（今河南許昌東）。108葉陽　也稱「葉縣」，在今河南葉縣西南，當時已屬秦。109昆陽　縣名，即今河南葉縣，當時已屬秦。110舞陽　魏縣名，在今河南舞陽西北。111聽使者之惡之　聽，放任不管。惡之，又說葉陽與舞陽的壞話。112隨安陵氏而亡之　意謂聽任安陵為秦所滅。隨，任，與上文「聽」字同義。《戰國縱橫家書》「隨」作「墮」，同「毀」。113繞舞陽之北　謂秦兵行經舞陽以北東出。114南國　指魏國的南部地區。115國無害已　這豈不對國家造成危害嗎？116不患秦之不愛南國　「之」字似應作「與」，《戰國縱橫家書》作「不患秦，不愛南國」。117異日　猶言「前者」、「當初」。118秦在河西　秦國的疆域只局限於黃河以西。119晉國去梁千里　當初魏國的國都安邑距離後來的國都大梁有千里之遙。晉國，指魏國國都。120河山　通常以為即黃河、崤山（或華山），瀧川以為應指黃河與太行、王屋山。121闌　同「攔」。阻隔。122間　隔絕。123從林鄉軍以至于今　意謂自林鄉戰役以來。林鄉，地名，也稱「林」、「林中」，在今河南尉氏西。關於林鄉戰役，《戰國縱橫家書》注以為在秦昭王二十四年，西元前二八三年。124圃中　即「圃田」，藪澤名，在今河南中牟西北。125文臺墮二句　《戰國縱橫家書》注與《戰國策新校注》都以為「文臺」、「垂都」都是「圃中」的臺名；就上下文看，「文臺」、「垂都」似不應解釋為在「圃中」。墮，同「隳」。毀損；毀壞。126國繼以圍　國都接著被秦兵包圍。127陶　魏縣名，在今山東定陶西北。128衛　國都在今河南濮陽西南。129北至平監　《戰國策》作「北至平闞」。「平」蓋「乎」字之訛。「監」、「闞」二字古通用。監，縣名，在今山東汶上西南。130山南山北　有謂山指「華山」，有謂指「太行」、「王屋」。131河外河內　河南；河北。132大縣數十　「十」字一作「百」。133名都數百　「百」字一作「十」。按：《戰國策》正作「大縣數百，名都數十」。134無韓二句　滅掉了韓國，占據了韓國的全部土地。135禍必由此矣　《戰國策》、《戰國縱橫家書》皆作「禍必百此矣」，謂百倍於此，較《史》文義長。136從之不成　合縱抗秦的聯盟所以形不成。從，通「縱」。東方六國間的聯盟。137楚魏疑二句　意謂楚、魏兩國對合縱持懷疑態度，而韓國則不敢與東方諸國合縱。韓國是因為弱小又與秦國相鄰，故不敢跟著東方諸國一起反秦；而楚、魏雖亦與秦國接壤，但國力較強，地域遼闊，故能時而連衡、時而合縱。138秦橈之以講　秦國脅迫韓國與其訂立屈辱之盟。橈，同「撓」。壓之使屈服。講，講和；和解。或曰，「講」同「媾」，即媾和。[139]識亡不聽　意謂現在韓國意識到再這樣下去國家就要滅亡，因而不再答應秦國的條件。[140]投質於趙　派人質到趙國，與趙國聯合抗秦。[141]請為天下鴈行頓刃　意即願意跟著東方諸國一道抗秦。鴈行，以喻序列，此指加入序列。頓刃，磨損兵器，這裡即指作戰。[142]楚趙必集兵　意謂楚、趙見韓國如此，必集聚兵力與之聯合。[143]臣願以從事王　意即願協助您開展合縱抗秦的事業。按：此句特別不像信陵君的口吻。[144]受楚趙之約　答應楚、趙聯合抗秦的約定。[145]而挾韓之質以存韓　瀧川曰：「挾韓之質，以上黨為質也，事見下文。」「而」原作「趙」。梁玉繩《志疑》卷二四：「『趙』字《策》作『而』，是也。」據改。[146]而求故地　如果要求韓國歸還以往占去的土地。而，若；如果。[147]效　呈；交出。[148]又與彊秦鄰之禍也　王念孫、梁玉繩等皆引《戰國策》以為應作「無與彊秦鄰之禍」。按：《戰國縱橫家書》「又」字亦作「無」。[149]天時　《戰國策》與《戰國縱橫家書》皆作「大時」，即大好時機。[150]通韓上黨於共甯　意謂把魏國的共、甯二縣與韓國的上黨地區相互溝通。共，即今河南輝縣。甯，即今河南獲嘉。[151]使道安成二句　派人經由安成到上黨地區徵收賦稅。安成，也作「安城」，魏縣名，在今河南原陽西。[152]是魏重質韓以其上黨也　這就等於讓韓國把上黨郡給我們做了抵押。[153]是韓則魏之縣也　這一來韓國就像是魏國的一個縣了。[154]今　若；假如。[155]二周　謂東周、西周兩個小國。[156]衛齊甚畏　《戰國縱橫家書》作「燕、齊甚卑」。按：應依前例作「燕、齊」為是。[157]西鄉　向西。鄉，通「向」。[158]入朝而為臣不久矣　按：以上無忌說魏王勿親秦伐韓事，見《戰國策・魏策三》與《戰國縱橫家書》，然兩書之說話人不作「無忌」，而作「朱己」。主張應作「無忌」者，有鮑彪、吳師道、繆文遠等；主張應作「朱己」而非信陵君者，有金正煒、朱起鳳等。關於這段文字，鍾惺曰：「信陵君上書魏王，所謂涕泣而道之者也。其旨與蘇秦合縱無大異，而立言之意不同，蘇秦規其利，羈旅之人，事成分其利，故其言夸；信陵規其害，同姓之臣，國亡與共其戚，故其言苦。信陵此論不入本傳，而載〈魏世家〉中，見魏之存亡繫乎此也，可謂觀其大矣。」[159]矯奪將軍晉鄙兵以救趙　晉鄙，魏國老將。信陵君用侯嬴計，盜兵符，以矯奪晉鄙兵，率以救趙事，詳見〈魏公子列傳〉。[160]無忌因留趙　信陵君救趙後，因得罪了魏土，自己遂暫時留在了趙國，事見〈魏公子列傳〉。[161]秦昭王卒　秦昭王在位共五十六年，昭王卒後，其子孝文王繼位。[162]無忌歸魏　據〈魏公子列傳〉：「秦聞公子在趙，日夜出兵東伐魏。魏王患之，使使往請公子。」公子乃歸。[163]蒙驁　秦將名，蒙恬的祖父。[164]或為增謂秦王　按：蘇秦亦早在三十多年前死去，史公只用「或謂」，大有學問。秦王，即莊襄王，名子楚，西元前二四九－前二四七年在位。[165]公孫喜　其人不詳。[166]魏相　不知何人，據文意乃與太子增為敵者。[167]秦必傷　謂秦必加害於太子增。[108]合魏　與魏國聯合。[169]疑之於齊韓　使齊、韓兩國疑魏，以離間其聯盟關係。[170]秦乃止增　「增」字疑衍。[171]秦王政　即日後之秦始皇，莊襄王子楚之子，西元前二四六－前二一〇年在位。(172)是為景湣王　名增，又名「午」。「景」、「湣」二字都是諡。(173)信陵君無忌卒　據〈魏公子列傳〉：魏安釐王聽信秦國的反間計，罷去了魏公子的兵權，魏公子乃「謝病不朝，與賓客為長夜飲，飲醇酒，多近婦女。日夜為樂飲者四歲，竟病酒而卒」。(174)景湣王元年　西元前二四二年。(175)秦拔我二十城二句　〈秦始皇本紀〉云：「將軍蒙驁攻魏，定酸棗、燕、虛、長平、雍丘、山陽城，皆拔之，取二十城，初置東郡。」東郡，秦郡名，郡治即下年所攻占之衛都濮陽，今河南濮陽西南。(176)朝歌　即今河南淇縣。(177)衛徙野王　〈秦始皇本紀〉云：「拔衛，迫東郡，其君角率其支屬徙居野王，阻其山以保魏之河內。」野王，魏縣名，今河南沁陽。(178)汲　魏縣名，今河南汲縣西南。(179)秦拔我垣蒲陽衍　垣，今山西垣曲東南。蒲陽，即今山西隰縣。衍，今鄭州北。以上三者皆魏縣名。(180)王假　魏王名假，亡國之君無諡，故以名稱之。(181)王假元年　西元前二二七年。(182)燕太子丹　燕王喜之太子，名丹。(183)荊軻　具有俠客精神的刺客。(184)秦王覺之　太子丹使荊軻刺秦王未成事，詳見〈刺客列傳〉。荊軻之行刺不成，乃因其劍術疏，非因秦王「覺之」也。(185)秦灌大梁二句　魏公子無忌前於安釐王十四年上書曾預言：「秦如有鄭，將決滎澤水灌大梁，大梁必亡。」時歷三十八年，魏果亡於此。(186)遂滅魏以為郡縣　魏國自文侯強大，西元前四〇三年被正式列為諸侯，至王假三年被秦所滅，共歷時一百七十八年。

【語　譯】魏安釐王元年，秦軍攻取了魏國的兩個城邑。二年，秦軍又攻取了魏國的兩個城邑，並直逼大梁城下。韓國派軍前來救援，魏國將溫邑割給秦國以求和。三年，秦國拔取了魏國的四個城邑，斬殺魏軍四萬人。四年，秦國打敗了魏、韓、趙三國聯軍，斬殺十五萬人，趕跑了魏將芒卯。魏將段干子請求將南陽割給秦國以求和。蘇代對魏王說：「想得到秦國封賞的，是段干子；想得到魏國土地的，是秦國。現在大王如果讓想得到土地的人控制著印璽，讓想得到秦國爵賞的奸細控制著土地，那麼魏國的土地不喪失淨盡是不會停止的。況且，用土地賄賂秦國以求取和平，就好像是抱著柴火去救火，柴火不燒盡，火就不會熄滅。」魏王說：「你的看法是對的。但是，割地求和之事已經開始執行，不能再更改了。」蘇代說：「大王難道沒有玩過六博嗎？玩家都看重『梟』子，有利的時候就出『梟』，讓它吃掉對方的子，而不利的時候就不出『梟』了。如今大王卻說什麼『事情已開始進行，不能再更改』，難道大王在運用智謀決斷國家大事上還不如玩六博時的用『梟』嗎？」

2 九年，秦國奪取了魏國的懷邑。十年，在魏國做人質的秦國太子死在魏國。十一年，秦國占領了魏國的郪丘。

3 秦昭王問左右大臣說：「現在的韓國、魏國和當年的韓國、魏國相比，哪個時期的更強大？」左右都說：「如今的韓、魏不如當年的韓、魏強大。」秦王又問：「現在的如耳、魏齊，與過去的孟嘗君、芒卯相比，誰更賢能？」大臣們都說：「如耳、魏齊比不上當年的孟嘗君、芒卯。」秦王說：「過去用孟嘗、芒卯那樣賢能的人，率領強大的韓、魏聯軍攻打秦國，對我都無可奈何。如今讓如耳、魏齊這樣無能之輩，率領疲弱的韓、魏聯軍攻打秦國，其無奈我何就更顯而易見了。」左右大臣們都說：「對極了。」。這時中旗停止了彈琴說：「大王對天下形勢的分析，是有問題的。當年晉國六卿執政時，六卿當中的知伯最強大。他先消滅了范氏、中行氏，又率領韓、魏之兵將趙襄子包圍在晉陽，他決開晉水以灌晉陽城，晉陽的城牆只差幾尺就被淹沒了。知伯乘車察看水勢，魏桓子在左邊為他趕車，韓康子在右邊為他做參乘。知伯轉頭對二人說：『早先我還不知道水可以滅亡人的國家，現在知道了。小心汾水可以淹沒魏都安邑，絳水可以淹沒韓都平陽。』魏桓子聽了這話以後，悄悄地用胳膊肘碰了一下韓康子，韓康子則用腳踩了一下魏桓子。當二人用胳膊肘和腳在車上悄悄通過消息後，知伯的封地就被三家瓜分了，強大的知伯只落得個身死國亡，被天下人所恥笑。如今秦國雖然強大，還超不過當時的知氏；韓、魏雖然弱小，還是比在晉陽城下的時候強大得多。現在正是它們用足肘暗通消息的時候，希望大王不要掉以輕心。」於是秦王立刻警惕起來。

4 齊、楚兩國聯合攻打魏國，魏國派人向秦國求救，派出的使者絡繹不絕，一批接著一批，而秦國救兵就是不到。魏國有位名叫唐雎的先生，已經九十多歲了，他對魏王說：「老臣請求西行說服秦王，讓秦國的救兵先於我到達魏國。」魏王向他表示深深的感謝，為他安排車輛，派他出使秦國。唐雎到了秦國，拜見秦王。秦王說：「老人家從大老遠的地方來到這裡，辛苦啦。魏國已經多次派人前來求救，我已經知道魏國情況的緊急。」唐雎說：「大王既然知道魏國的緊急而不肯發兵相救，我覺得這是為您出謀劃策的大臣不負責任。魏國，是一個擁有萬乘兵車的國家。它之所以西來侍奉秦國，願意做秦國東部的藩籬，接受秦國賜予的冠帶，春秋兩次向秦國供奉祭品，還不是因為秦國強大，可以給魏國做依靠。現在齊、楚聯軍已經兵臨魏國城下，而秦國遲遲不發救兵，認為魏國現在還沒到最危急的時候。假使到了最危急的時候，魏國就將向齊、楚割地求和。等到那時，大王還去救誰呢？一定要等到魏國危急了再去救，那就等於失掉了一個可做東方屏障的魏國，而使齊、楚兩個敵對國家強大起來，這對大王您又有什麼好處呢？」於是秦昭王馬上發兵救魏，魏國重又獲得安定。

5 趙國派人來對魏王說：「您要能為我殺掉范痤，我願給您獻地七十里。」魏王說：「行。」於是派人去抓范痤，派去的人將范痤的住宅包圍起來，還沒殺死他。范痤爬上屋頂，騎在屋脊上對前來抓捕他的人說：「與其拿一個死范痤去換取土地，不如用活的范痤去換土地。假如我先死了，而趙國不給七十里地，那時大王又能怎麼辦呢？所以不如讓趙國先割讓土地，然後再殺范痤。」魏王說：「好。」范痤於是上書給信陵君，裡面寫道：「范痤是一個免了職的魏國宰相。趙國以土地賄賂魏王讓魏王殺掉我，魏王採信了。假如有一天，強大的秦國對魏國也採取同樣的做法，那時您將怎麼辦呢？」於是信陵君勸說魏王，將范痤釋放了。

6 魏王因為秦國曾對魏國出兵相救，於是想與秦國結盟而共同伐韓，以討回被韓國攻占的土地。魏公子無忌對魏王說：

7 「秦國與夷翟的風俗相同，有虎狼一樣的心腸，它貪婪殘暴，喜好功利，不守信用，不懂禮儀，不講道德。只要有利可圖，就不顧親戚兄弟，像禽獸一樣，這是天下所有的人都知道的。秦國從來就不講什麼仁義道德。已經去世的宣太后是秦王的母親，卻被逼得憂傷而死；穰侯是秦王的舅舅，論功勞沒有誰比得上，而最後卻被放逐；秦王的兩個弟弟根本沒有過錯，也被一再削奪封地。對待親戚尚且如此，更何況對待敵對的國家呢？現在您要與秦國結盟共同伐韓，而離秦國的禍患更近。這實在是我不能理解的。有關這個問題的嚴重性如果您認識不到那是不明智，而群臣不把這裡邊的危害說給您聽，那就是他們的不忠誠。

8 「現在的韓國是由一個年輕的母后帶著一個幼弱的君主，國內本來就動盪不安，對外要與強大的秦、魏兩國作戰，您說它還能夠不滅亡嗎？韓國滅亡後，秦國占有了韓國原有的地盤，這樣它就和我們魏國相鄰了，您以為我們魏國以後還有安全嗎？您本來是想收復韓國占去的土地，卻沒想讓自己肯上了一個與強秦為鄰的包袱，您以為這是得到了好處嗎？

9 「秦國可不是一個安分守己的國家。韓國滅亡以後，秦國一定會繼續尋釁生事，再尋釁生事就必定要選一個做起來容易而好處又大的對象，這做起來容易而好處又大的，一定不是去攻打楚國和趙國。為什麼呢？因為翻山越河，跨過韓國的上黨去攻強大的趙國，這就將是閼與之戰的重演，秦國一定不會那樣做；如果取道河內，那就要跨過鄴城、朝歌，渡過漳水、滏水，然後才能與趙軍決戰於邯鄲，假如這樣，那它就要重蹈知氏的覆轍，秦國也不敢這樣做；如果想攻打楚國，那它就要越過涉谷，奔走到三千里外去進攻冥阨要塞，這樣路途又遠，要塞又很難攻下，秦國肯定不會去做；如果取道河外，那就得越過魏都大梁，右邊擦過蔡國、召陵，而後才能與楚國會戰於陳縣的郊野，這也是秦國所不敢想的。所以說秦國一定不會攻打楚國與趙國，也不會攻打衛國與齊國。

10 「韓國滅亡之後，秦國要出兵攻打的目標除了魏國不會再有別的國家。秦國本來就已經占領了我們的懷縣、茅縣、邢丘，如果它一旦在垝津築城，威逼河內，那我們河內的共縣、汲縣就要危險了。秦國滅韓以後，既占有了原來韓國的地盤，又占據了鴻溝北側的垣雍，如果它決開熒澤之水以灌大梁，那我們魏國就只有滅亡了。您派往秦國的使者，總愛在秦王面前說安陵君的壞話，秦國早就想要吞併安陵了。秦國的葉陽、昆陽與魏國的舞陽毗鄰，如果我們聽任那些使者繼續中傷安陵君，聽任秦國滅掉安陵縣，那時秦兵就可以繞過舞陽東下，直接威脅許縣，到那時我國的南部地區就要告急。這不是我們國家的巨大危害嗎？憎惡韓國、不喜歡安陵君，是可以的；不擔心秦國並忽視我國南部地區的安全，就不行了。

11 「當初秦國的東界遠在河西，原來魏國的西部地區離大梁相距千里，中間有黃河、崤山做屏障，有周、韓兩國隔在秦、魏之間。自從秦國侵伐林鄉到現在，秦國七次打敗魏國，五次進入囿田澤，邊界城邑全部被攻占，文臺被摧毀，垂都被焚燒，林木被砍伐，麋鹿被殺盡，接著國都大梁又被包圍。秦軍長驅直入，攻擊大梁以北，向東打到了陶、衛的城郊，向北打到了監縣。魏國的國土已被秦國占領的有山南山北、河外河內，大縣幾十個，都城數百座。這些還都是發生在秦國東界遠在河西，魏國的西部地區還遠距大梁上千里的時候，其禍害尚如此之大；更何況讓秦國滅掉韓國，讓秦占有當初鄭國的全部領地，秦與魏國之間再沒有黃河、崤山相阻隔，再沒有周、韓兩國隔在中間，到那時秦國的東界離大梁只剩下百里之遙，魏國的亡國之禍必定由此而起。

12 「以前東方的合縱所以沒有成功，就是因為楚國、魏國懷疑動搖，韓國又不肯加入聯盟造成的。現在，韓國飽受戰爭之苦已經三年了，秦國不斷地進攻它，脅迫它訂立屈辱之盟。韓國明知道自己面臨滅亡的危險，但仍然不向秦國屈服，而是將質子送到趙國，請求與諸侯聯盟，願為抗秦打頭陣而不惜犧牲。楚、趙看到韓國的這種情形一定會集結軍隊，與韓國共同合力。因為它們都知道秦國的欲望沒有止境，不把所有的國家消滅乾淨，不把普天下的人都變成它的臣民，它是不會停止的。因此，我願意幫助您實行合縱的政策，請大王趕緊答應楚、趙兩國訂立盟約的請求。可以利用韓國的上黨地區作為援助韓國的根據地，在這樣的情況下，我們再向韓國索取以前被占的土地，韓國一定會歸還給我們。這樣用不著出兵出力就能收回失地，功效要比跟著秦國伐韓顯著得多，而且又能避免造成與強秦為鄰的危險局面。

13 「既能保全韓國，又能安定魏國，而又能有利於天下，對您來說這可真是天賜的良機呀。將韓國的上黨地區和我們的共、甯兩縣連成一片，讓我們的使者經由安成縣到韓國的上黨地區徵收賦稅，這就等於是叫韓國將其上黨地區給我們作為抵押。我們享有上黨的賦稅之利，足以使我們的國家富強。同時還讓韓國感激魏國、熱愛魏國、尊重魏國、懼怕魏國，永遠也不敢背叛魏國。這樣一來，韓國就幾乎成了魏國的屬縣。魏國一旦把韓國變為屬縣，保衛大梁一帶，整個的河外地區就獲得了安寧。假如不能保全韓國，那麼二周和我們的安陵一帶立刻就有了危險，一旦楚國、趙國被秦國打敗，衛君、齊君就會越發恐懼，到那時就離所有東方國家都西向去朝見秦國，都向秦國俯首稱臣的日子不遠了。」

14 魏安釐王二十年，秦軍包圍了趙國的都城邯鄲。魏公子無忌假傳魏王之命奪取了魏國將軍晉鄙的軍權，率領魏軍救趙，趙國得到保全。事後魏公子也留在了趙國。安釐王二十六年，秦昭王去世。

15 三十年，魏公子回到魏國，率領五國聯軍攻秦。在黃河以南大破秦軍，秦將蒙驁敗走。當時魏國的太子增在秦國當人質，秦王因秦軍被打敗而發怒，想把魏太子囚禁起來。這時，有人在秦王面前為魏太子講情，說：「太子增的政敵公孫喜早就勸魏國的宰相說：『請趕快命令魏軍進攻秦軍。這樣秦王就會憤怒，就會囚禁太子增。太子在秦國被囚，魏王又發怒攻秦，秦國必定傷害太子。』現在大王您將魏太子囚禁起來，是中了公孫喜的計了。所以，不如優待太子增而與魏國和好，以便讓齊國、韓國對魏國產生懷疑。」秦王於是打消了囚禁太子增的念頭。

16 安釐王三十一年，秦王嬴政即位。

17 三十四年，安釐王去世，太子增即位，這就是魏景湣王。這年魏公子無忌去世。

18 景湣王元年，秦軍攻取了魏國的二十個城，在其地設立東郡。二年，秦軍攻占魏國的朝歌。秦國將魏國所屬的衛君從濮陽遷到了野王縣。三年，秦軍攻占魏國的汲縣。五年，秦軍攻占魏國的垣、蒲陽、衍。十五年，魏景湣王去世，其子名假即位。

19 王假元年，燕太子丹派荊軻往刺秦王，被秦王發覺沒有成功。

20 三年，秦軍引水灌魏都大梁，魏王假被俘虜，魏國滅亡，魏地都變為秦國的郡縣。

太史公曰：吾適故大梁之墟，墟中人曰：「秦之破梁，引河溝❶而灌大梁，三月城壞，王請降，遂滅魏。」說者皆曰魏以不用信陵君故，國削弱至於亡。余以為不然。天方令秦平海內，其業未成，魏雖得阿衡之佐，曷益乎❷？

【章旨】以上為第五段，是作者的論贊，作者對魏國不用信陵君致使國家滅亡表現了深深感慨。

【注　釋】❶河溝　即鴻溝，魏國所修的運河名，西自滎陽城北的黃河中引水東下，至開封折向南流，經淮陽入潁水。❷天方令秦平海內四句　翁元圻曰：「〈信陵傳〉曰：『秦聞公子死，日夜出兵東伐魏，十八年而虜魏王，屠大梁。』蓋深惜信陵君之以毀廢，而咎魏王之自毀長城也。合觀此贊，史公意自見。」鍾惺曰：「此正悲魏不用信陵以亡其國，而為此誕語也，讀本傳自知。古人文字反說處，今人多不解。」阿衡，指商湯的名相伊尹。

【語　譯】太史公說：我曾經到過大梁城的廢墟，住在廢墟上的人說：「秦軍圍攻大梁的時候，是引鴻溝的水以灌大梁城，城在水中泡了三個月，城牆倒陷，魏王求降，於是魏國滅亡。」有人議論魏國的事情說魏國是由於不重用信陵君，所以才導致逐漸削弱以至於滅亡。我認為不是這樣。讓秦國統一天下這是天意，在秦國統一大業沒有完成的時候，魏國即使有伊尹那樣的聖賢作輔作弼，又有什麼用呢？

【研　析】〈魏世家〉記述了魏氏家族自春秋時代在晉國逐漸發展壯大，至戰國初期與韓、趙兩家共同瓜分晉國，三家各自建立國家的過程。在春秋時期，作品著重寫了魏絳在晉國嚴明執法，和輯諸戎，輔佐晉悼公建立霸業的詳情。魏絳是帶有司馬遷理想光輝的「良臣」形象。

作品對魏國的開國君主文侯魏都的一系列政治活動多所著墨，他好學善問，尊賢下士，使當時各國的許多賢才都匯集到魏國，使魏國成為戰國初期最開明、最強大的國家。魏文侯是司馬遷筆下不多見的富有理想色彩的「明君」之一。

魏惠王是魏國由強到弱的轉折點，在他即位第九年，他將魏國的都城由山西安邑東遷到大梁，這對於壯大魏國，提高魏國在當時諸國間的地位是大有關係的。但由於他過於好戰，使國家受到削弱，尤其嚴重的是在桂陵、馬陵兩次戰役中慘敗於齊，從此遂使魏國一蹶不振。魏惠王的嚴重教訓是值得後代治國者深思的。

作品的最後部分滿懷感情的批判了魏安釐王的昏庸無能，由於他不聽「蘇代」的勸告，不採納信陵君的政治方略，遂使東方諸國失去最後的聯合抗秦、以維持自己獨立的機會。蘇代的所謂「以地事秦，譬猶抱薪救火，薪不盡，火不滅」；信陵君的長篇巨文意在告誡魏王不要親秦，要看到「秦之欲無窮也，非盡亡天下之國而臣海內，必不休矣」。這兩篇文章都見於《戰國策》，而主名都不是蘇代與信陵君。但其內容卻是金玉良言，後來宋代蘇洵寫作〈六國論〉，就是推衍了這兩篇文章的基本思想。司馬遷為了突出信陵君的政治遠見，遂將這封長篇書信歸到了信陵君頭上，這是司馬遷喜愛信陵君的結果。作品最後的論贊仍是圍繞著信陵君的問題發表議論，只是說話的方式、韻味做了一些變換，其對信陵君的惋惜之情，仍是溢於言表的。信陵君是《史記》中使司馬遷最動感情的人物之一。

應該指出的是，由於司馬遷依據的資料有問題，故而〈魏世家〉所譜列的魏國諸侯的世襲與年代都錯誤很多，而且非常嚴重，請讀者務必注意與之相關的本篇注釋。

卷四十五

韓世家第十五

【題解】〈韓世家〉先是記述了韓氏家族在晉國興起，其後權勢逐漸擴大，到戰國初期韓氏與趙氏、魏氏三家打敗其他貴族，瓜分晉國領土，為韓氏建國奠定基礎的過程；〈韓世家〉的中心部分則是譜列了自韓景侯建立韓國，前後歷十一世共一百八十來年，到韓王安時被秦國所滅的歷史過程。史公寫戰國時事，材料缺乏，而年代又多混亂，許多篇章都表現出過這方面的問題，而〈韓世家〉則是突出簡略的一篇。好在其諸侯繫年尚錯訛不算太多，使人能大致看出其近二百年的發展變化線索。

1 韓之先與周同姓，姓姬氏❶。其後苗裔事晉❷，得封於韓原❸，曰韓武子❹。武子後三世有韓厥❺，從封姓為韓氏❻。

2 韓厥❼：晉景公之三年，晉司寇❽屠岸賈❾將作亂，誅靈公之賊趙盾❿。趙盾已死⓫矣，欲誅其子趙朔⓬。韓厥止賈，賈不聽。厥告趙朔令亡⓭。朔曰：「子必能不絕趙祀⓮，死不恨矣⓯。」韓厥許之。及賈誅趙氏，厥稱疾不出。程嬰、公孫杵臼⓰之藏趙孤趙武⓱也，厥知之。

3 景公十一年，厥與郤克[18]將兵八百乘伐齊，敗齊頃公于鞍[19]，獲逢丑父[20]。於是晉作六卿[21]，而韓厥在一卿之位，號為獻子[22]。

4 晉景公十七年，病，卜。大業之不遂者為祟[23]。韓厥稱趙成季[24]之功，今後無祀[25]，以感[26]景公。景公問曰：「尚有世[27]乎？」厥於是言趙武[28]，而復與故趙氏田邑，續趙氏祀[29]。

5 晉悼公之七年[30]，韓獻子老[31]。獻子卒，子宣子代[32]。宣子徙居州[33]。

6 晉平公十四年，吳季札使晉[34]，曰：「晉國之政卒歸於韓、魏、趙矣[35]。」晉頃公十二年[36]，韓宣子與趙、魏共分祁氏、羊舌氏十縣[37]。晉定公十五年[38]，宣子與趙簡子[39]侵伐范、中行氏[40]。宣子卒，子貞子代立[41]。貞子徙居平陽[42]。

7 貞子卒，子簡子[43]代。簡子卒，子莊子[44]代。莊子卒，子康子[45]代。康子與趙襄子[46]、魏桓子[47]共敗知伯，分其地[48]。地益大，大於諸侯[49]。

8 康子卒，子武子[50]代。武子二年，伐鄭，殺其君幽公[51]。十六年，武子卒，子景侯[52]立。

9 景侯虔元年，伐鄭，取雍丘[53]。二年，鄭敗我負黍[54]。

10 六年，與趙、魏俱得列為諸侯[55]。

【章　旨】以上為第一段，寫韓氏由一個晉國貴族逐步發展成一個獨立諸侯國的過程。

【注　釋】❶與周同姓二句　與周天子同姓。《索隱》曰：「《左傳》（僖公二十四年）云：『邘、晉、應、韓，武之穆。』是武王之子。」❷苗裔事晉　苗裔，後代子孫。晉，西周初期以來的諸侯國名，首封之君為武王之子、成王之弟虞。春秋時代晉國成為大國，國都絳。❸韓原　春秋時晉地名，在今陝西韓城南。❹韓武子　名萬，「武」字是謚。春秋初期晉國曲沃武公之部將，曾為曲沃武公殺死了晉哀侯。人約因為佐曲沃桓叔篡晉有功，被封於韓原。❺武子後三世有韓厥　《索隱》引《世本》云：「萬生賕伯，賕伯生伯簡，簡生輿，輿生獻子厥。」則是四世也，與史公說不同。韓厥，春秋中期晉景公（西元前五九九－前五八一年在位）時的大臣。❻從封姓為韓氏　封韓之前別有姓氏，但無所考。按：前已云韓萬有功封於韓原「曰韓武子」，今又稱其四世孫韓厥「從封姓為韓氏」，殊覺繁複。❼韓厥　梁玉繩引王孝廉曰：「『韓厥』字疑衍。」謝孝苹認為「晉景公之三年」以下所述皆韓厥事，標出「韓厥」二字，不嫌與上文重。❽司寇　官名，主管緝捕盜賊，維持國家治安。❾屠岸賈　姓屠岸，名賈，《左傳》與〈晉世家〉皆無此人。❿誅靈公之賊趙盾　清算趙盾當年殺害晉靈公的罪行。誅，討；清算。靈公，名夷皋，襄公之子，西元前六二〇－前六〇七年在位。趙盾，趙國的權臣。晉襄公死時，靈公甚幼，趙盾原不欲立靈公。由於靈公之母的求助於諸大臣，趙盾才不得不立靈公。靈公即位後曾幾次地想殺趙盾，結果被趙氏所殺。⓫趙盾已死　趙盾的死年不詳，據〈晉世家〉，死於景公三年之前。⓬欲誅其子趙朔　趙朔娶成公之姊（景公之姑）。據《左傳》，景公為清算殺害靈公之罪犯而誅滅趙氏家族時，趙朔已死，所殺者乃趙同、趙括。⓭令亡　讓他逃跑。亡，逃。⓮子必能不絕趙祀　如果你能不斷趙氏的香火，意即留下後代。王叔岷曰：「必，猶『若』也。」⓯死不恨矣　猶言死而無憾。恨，遺憾。⓰程嬰公孫杵臼　趙氏家族的門客，然《左傳》、〈晉世家〉亦皆無其人。⓱藏趙孤趙武　趙武，趙朔之子，後於平公（西元前五五七－前五三二年在位）時執掌晉政。按：關於屠岸賈誅滅趙氏家族，與程嬰、公孫杵臼救援趙氏孤兒離奇故事，詳見〈趙世家〉，明顯屬於小說演義。⓲郤克　晉國的執政大臣。⓳敗齊頃公于鞍　齊頃公，名無野，西元前五九八－前五八二年在位。鞍，齊邑名，在今濟南市西北。⓴獲逢丑父　逢丑父是齊頃公的車夫，〈齊太公世家〉作「逄丑父」。韓厥隨郤克敗齊師於鞍時，韓厥在戰場上撞到了齊頃公的車子。由於逢丑父化裝成齊頃公掩護其主子逃跑，韓厥誤將逢丑父當做齊頃公俘獲。㉑晉作六卿　《左傳》成公三年：「晉作六軍，韓厥、趙括、鞏朔、韓穿、荀騅、趙旃皆為卿。」晉國此時首建「六軍」，以見其強而不守舊禮。有六軍則有六帥，帥在當時為卿職，有戰事則出兵為帥，無戰事則在朝為卿。㉒號為獻子　郭嵩燾曰：

「『獻子』，韓厥之謚，史公云生號『獻子』，誤也。」㉓卜二句　卜辭告知被「屠岸賈」所讒殺的「趙朔」諸人作祟。大業，夏禹時人，趙氏的祖先，曾佐禹平水土有功。不遂，不順心；有志不獲騁，有冤不能申。㉔趙成季　趙衰，趙朔的祖父，「成季」是謚，趙衰佐助晉文公歷經險難，終使其成為霸主。㉕無祀　無人祭祀，意即他的後代現在斷絕了。㉖感　打動。㉗世嗣；後代。㉘厥於是言趙武　《左傳》成公八年：「韓厥言於晉侯曰：『成季之勳、宣孟之忠而無後，為善者其懼矣。三代之令王皆數百年保天之祿，夫豈無辟王？賴前哲以免也。』乃立武而反其田焉。」㉙續趙氏祀　重建趙氏家族，恢復了趙氏家族在晉國的地位。㉚晉悼公之七年　西元前五六六年。晉悼公，名周，晉襄公的曾孫。晉景公的兒子晉厲公於西元前五七三年被欒書所弒，朝臣乃迎公子周而立之，是為悼公。「七年」原作「十年」。《左傳》韓獻子告老在襄公七年，即晉悼公七年。梁玉繩《志疑》：「『十』乃『七』之譌。」據此改。㉛老　致仕；退休。㉜獻子卒二句　具體年月不詳。宣子，名起，「宣」字是謚。㉝州　晉邑名，在今河南沁陽東南。㉞吳季札使晉　吳，西周以來的諸侯國名，國都即今江蘇蘇州。季札，吳王壽夢（西元前五八五—前五六一年在位）的第四子，以博學多聞著稱。㉟卒歸於韓魏趙矣　據《左傳》襄公二十九年，季札適晉，說趙文子（武）、韓宣子（起）、魏獻子（舒）曰：「晉國其萃於三族乎！」按：此等「預言」是後人附會。㊱晉頃公十二年　西元前五一四年。晉頃公，名棄疾，平公之孫，昭公之子，西元前五二五—前五一二年在位。㊲共分祁氏羊舌氏十縣　事見《左傳》昭公二十八年，當時晉國的祁氏、羊舌氏兩族鬧矛盾，於是魏舒遂乘機將兩族滅掉，將其地分為十縣，由朝廷派出十人，分別為各縣的大夫。此云韓、趙、魏三家分此十縣，與《左傳》不同。而〈晉世家〉則說「六卿」欲弱公室，將兩家分為十縣後，「各令其子為大夫」，又與此、與《左傳》皆不同。㊳晉定公十五年　西元前四九七年。晉定公，名午，頃公之子，西元前五一一—前四七五年在位。㊴趙簡子　名鞅，景叔之子，趙武之孫。「簡」字是謚。㊵侵伐范中行氏　范氏是晉國名臣士會的後代，中行氏是晉國權臣荀首的後代，此二族關係緊密，而與趙、魏、韓三家有矛盾，於是三家聯合將范氏（范吉射）、中行氏（荀寅）二家趕出國外，與知氏四家將范氏、中行氏的領地瓜分。梁玉繩曰：「此誤『十六年』為『十五年』。」㊶宣子卒二句　貞子，名須，韓起之子，謚曰貞。㊷平陽　晉邑名，在今山西臨汾西南。㊸簡子　名不信，〈趙世家〉作「不佞」，韓起之孫，韓須之子。㊹莊子　名庚，韓不信之子，「莊」字是謚。㊺康子　名虎，韓庚之子，「康」字是謚。㊻趙襄子　名毋恤，趙鞅之子，「襄」字是謚。西元前四七五—前四二五年在位。㊼魏桓子　名駒，魏侈之孫，「桓」字是謚。㊽共敗知伯二句　事在周貞定王十六年（西元前四五三年）。知伯，名瑤。范氏、中行氏兩家被瓜分後，在晉國的四大家族中以知氏為最強。知氏與趙氏矛盾尖銳，拉著韓、魏兩家共同伐趙；趙氏策動韓、魏兩家反知氏，於是三家聯合滅掉了知氏，將其領土瓜分。㊾大於諸侯　意謂當時韓、趙、魏三家大夫的領地，比起當時晉國諸侯的領地還要多。㊿武子　名啟章，韓虎之子，「武」字是諡，西元前四二四—前四〇九年在位。51伐鄭二句　幽公，名已，共公之子，也稱「康公」，在位一年，被韓武子所殺。鄭是西周末期建立的諸侯國名，開始都於今陝西華縣，西周滅亡後，東遷於今河南新鄭。52景侯　名虔，韓啟章之子，西元前四〇八—前四〇〇年在位。梁玉繩曰：「景侯一名『處』。」53雍丘　鄭縣名，即今河南杞縣。54負黍　韓縣名，在今河南登封西南。55與趙魏俱得列為諸侯　在此以前，韓、趙、魏三家的勢力雖大，但在名義上卻仍是晉國諸侯屬下的大夫；自此之後趙、韓、魏正式成為獨立國家。

【語　譯】韓的祖先與周同姓，姓姬。他的後代在晉國做官，被封在韓原，稱為韓武子。武子傳世三代有個叫韓厥的，隨其封邑姓韓氏。

2 韓厥：晉景公即位的第三年，晉司寇屠岸賈將作亂，藉口要清算趙盾殺害晉靈公的罪行。其時趙盾已經去世，於是便要殺他的兒子趙朔。韓厥勸阻屠岸賈，屠岸賈不採納。韓厥便告訴趙朔讓他趕快逃跑。趙朔說：「如果你能不使趙氏香火斷絕，我就死而無憾了。」韓厥答應了他。等到屠岸賈誅滅趙氏的時候，韓厥假稱有病，沒有露面。但程嬰、公孫杵臼掩藏孤兒趙武的事，他是知道的。

3 景公十一年，韓厥與郤克統率八百輛兵車進攻齊國，在鞍邑打敗齊頃公，俘獲了頃公的車夫逢丑父。這時候晉國設置六卿，韓厥是六卿之一，號為獻子。

4 景公十七年得了大病，占卜。結果是被屠岸賈所讒殺之人蒙冤作祟。於是韓厥向晉景公講述了趙成季對晉國的貢獻，而如今卻絕了香火的情形以感動景公。景公問：「他們還有後代嗎？」韓厥這才說出了趙武。於是晉景公重新恢復了趙氏家族的爵位與領地，令趙武為趙氏的首領，主持趙氏的祭祀。

5 晉悼公七年，韓獻子退休。獻子死後，其子宣子繼位。宣子將韓氏的都城遷到了州邑。

6 晉平公十四年，吳國的公子季札出使晉國，說：「晉國的政權最後將被韓、魏、趙三家所瓜分。」晉頃公十二年，韓宣子與趙、魏兩家瓜分了祁氏、羊舌氏的十個縣。晉定公十五年，韓宣子同趙簡子侵伐范氏、中行氏。宣子死後，兒子韓貞子繼位。貞子將韓氏的都城遷到了平陽城。

7 貞子死後，其子簡子繼位。簡子死後，其子莊子繼位。莊子死後，其子康子繼位。康子與趙襄子、魏桓子一起打敗了知伯，瓜分了知伯的領土。地盤大為擴大，占有的土地比當時的晉侯還多。

8 康子死後，其子武子繼位。武子二年，攻打鄭國，殺了鄭國的國君幽公。十六年，武子死，其子景侯繼位。

9 景侯名虔，其元年，又攻打鄭國，占領了雍丘。二年，韓氏在負黍被鄭國打敗。

10 景侯六年，韓虔與趙烈侯、魏文侯同時被周天子策命為諸侯。

1 九年，鄭圍我陽翟[1]。景侯卒，子列侯取[2]立。

2 列侯三年[3]，聶政殺韓相俠累[4]。九年，秦伐我宜陽[5]，取六邑。十三年，列侯卒，子文侯立[6]。是歲，魏文侯卒[7]。

3 文侯二年[8]，伐鄭，取陽城[9]。伐宋[10]，到彭城[11]，執宋君[12]。七年，伐齊，至桑丘[13]。鄭反晉[14]。九年，伐齊，至靈丘[15]。十年，文侯卒，子哀侯立[16]。

4 哀侯元年[17]，與趙、魏分晉國[18]。二年，滅鄭，因徙都鄭[19]。

5 六年[20]，韓嚴弒其君哀侯[21]。而子懿侯立[22]。

6 懿侯二年[23]，魏敗我馬陵[24]。五年，與魏惠王會宅陽[25]。九年，魏敗我澮[26]。十二年，懿侯卒，子昭侯立[27]。

7 昭侯元年[28]，秦敗我西山[29]。二年，宋取我黃池[30]。魏取朱[31]。六年，伐東周[32]，取陵觀、邢丘[33]。

8 八年，申不害[34]相韓，脩術行道[35]，國內以治，諸侯不來侵伐。

9 十年，韓姬弒其君悼公[36]。十一年，昭侯如秦[37]。二十二年，申不害死[38]。二十四年，秦來拔我宜陽[39]。

10 二十五年，旱，作高門[40]。屈宜臼[41]曰：「昭侯[42]不出此門。何也？不時[43]。吾所謂時者，非時日[44]也，人固有利不利時[45]。昭侯嘗利矣，不作高門。往年秦拔宜陽，今年旱，昭侯不以此時卹[46]民之急，而顧[47]益奢，此謂『時絀舉贏』[48]。」二十六年，高門成，昭侯卒[49]，果不出此門。子宣惠王立[50]。

11 宣惠王五年，張儀相秦[51]。八年，魏敗我將韓舉[52]。十一年，君號為王[53]。與趙會區鼠[54]。十四年，秦伐敗我鄢[55]。

12 十六年，秦敗我脩魚[56]，虜得韓將鯫、申差[57]於濁澤[58]。韓氏急，公仲[59]謂韓王曰：「與國[60]非可恃也。今秦之欲伐楚久矣。王不如因張儀[61]為和於秦[62]，賂以一名都，具甲，與之南伐楚[63]。此以一易二[64]之計也。」韓王曰：「善。」乃警公仲之行[65]，將西購[66]於秦。楚王[67]聞之大恐，召陳軫[68]告之。陳軫曰：「秦之欲伐楚久矣。今又得韓之名都一而具甲[69]，秦、韓并兵而伐楚，此秦所禱祀而求也。今已得之矣，楚國必伐矣。王聽臣為之警四境之內[70]，起師言救韓，命戰車滿道路，發信臣[71]，多其車，重其幣[72]，使信王之救己也。縱韓不能聽我[73]，韓必德王[74]也，必不為鴈行以來[75]。是秦、韓不和[76]也，兵雖至[77]，楚不大病[78]也。為能聽我絕和於秦[79]，秦必大怒，以厚怨韓[80]。韓之南交楚，必輕秦[81]；輕秦，其應秦必不敬。是因秦、韓之兵[82]而免楚國之患也。」楚王曰：「善。」乃警四境之內，興師言救韓。命戰車滿道路，發信臣，多其車，重其幣。謂韓王曰：「不穀國雖小，已悉發之[83]矣。願大國遂肆志[84]於秦，不穀將以楚殉韓[85]。」韓王聞之大說，乃止公仲之行[86]。公仲曰：「不可。夫以實伐我者，秦也；以虛名救我者，楚也。王恃楚之虛名，而輕絕彊秦之敵[87]，王必為天下大笑。且楚、韓非兄弟之國也，又非素約[88]而謀伐秦也。已有伐形，因發兵言救韓[89]，此必陳軫之謀也。且王已使人報於秦[90]矣，今不行，是欺秦也。夫輕欺彊秦而信楚之謀臣，恐王必悔之。」韓王不聽，遂絕於秦。秦因大怒，益甲伐韓，大戰，楚救不至韓[91]。十九年，大破我岸門[92]，太子倉質於秦以和[93]。

13 二十一年，與秦共攻楚，敗楚將屈丐[94]，斬首八萬於丹陽[95]。是歲，宣惠王卒，太子倉立，是為襄王96。

【章旨】以上為第二段，寫韓國在戰國中期曾一度變法圖強，其後也尚能自立的情景。

【注釋】❶陽翟　即今河南禹縣，當時韓國的都城。❷列侯取　名取。「列」字也作「烈」。《索隱》曰：「《系本》作『武侯』。」❸列侯三年　西元前三九七年。❹聶政殺韓相俠累　〈世家〉以為「列侯」時，疑誤。按：〈刺客列傳〉繫聶政事於哀侯時，應是，然其刺俠累乃在相府，亦無兼中哀侯事。且列侯三年與哀侯三年有兩次韓相被殺，繆文遠以為乃一事，繫之於哀侯三年。❺宜陽　韓國早期的都城，遺址在今宜陽縣城西之韓城鎮宜水東。❻子文侯立　韓文侯史失其名。❼是歲魏文侯卒二句　魏文侯名斯，戰國初期最有作為的國君，西元前四四五—前三九六年在位，卒於韓列侯十三年乃魏武侯九年。❽文侯二年　西元前三八五年。❾陽城　鄭縣名，在今河南登封東南。❿宋　西周初期以來的諸侯國名，國都商丘（今河南商丘西南）。⓫彭城　宋縣名，即今江蘇徐州。⓬執宋君　捕獲了宋國國君。宋君，瀧川曰：「休公。」據〈宋微子世家〉，休公名田，悼公之子，在位二十三年。⓭伐齊二句　桑丘，燕縣名，在今河北徐水西南。當時齊軍攻燕之桑丘，韓、趙、魏三國救燕，遂擊齊軍於桑丘。⓮鄭反晉　梁玉繩曰：「〈表〉作『敗晉』，是。」按：所謂「晉」，此處即指韓。當時常以「晉」稱韓，或稱魏，晉國的諸侯早已名存實亡。⓯靈丘　齊縣名，在今山東高唐南。⓰哀侯立　韓哀侯史失其名。⓱哀侯元年　西元前三七六年。⓲與趙魏分晉國　〈晉世家〉：「靜公二年，魏武侯、韓哀侯、趙敬侯滅晉後而三分其地，靜公遷為家人，晉絕不祀。」⓳徙都鄭　韓國在此以前都陽翟（今河南禹縣）；滅鄭後遂遷都於鄭，今河南新鄭。⓴六年　戰國史家考據應作「二年」，西元前三七四年，韓哀侯在位只有二年。㉑韓嚴弒其君哀侯　即前文所說過的聶政刺俠累而兼中哀侯事。史公誤以為二，一繫於前之「列侯三年」，一繫於後之「哀侯六年」，其實哀侯二年遇刺即死，無「六年」也。韓嚴，即〈刺客列傳〉所說之「嚴仲子」。㉒子懿侯立　〈六國年表〉作「莊侯」。㉓懿侯二年　西元前三七二年。㉔魏敗我馬陵　按：舊表混亂，依今戰國史家重新譜列，魏敗韓於馬陵在懿侯六年（西元前三六九年）。馬陵，韓縣名，在今河南新鄭東南。㉕與魏惠王會宅陽　梁玉繩曰：「惠王二字衍，前後皆只書魏，不應此獨書王，且是時魏未王也。」按：據戰國史家新譜，韓、魏兩國會於宅陽在韓懿侯九年，西元前三六六年。宅陽，也稱「北宅」，韓縣名，在今河南滎陽東北。㉖魏敗我澮　澮，水名，在今山西曲沃東，西流入汾水。據楊寬認為，當在韓昭侯元年（西元前三六二年）。㉗昭侯立　韓昭侯史失其名。㉘昭侯元年西元前三六二年。㉙秦敗我西山　胡三省曰：「自宜陽熊耳東連嵩高，南至魯陽，皆韓之『西山』。」據楊寬認為秦敗韓於西山事在韓昭侯五年（西元前三五八年）。㉚黃池　韓縣名，在今河南封丘西南。㉛魏取朱　朱，韓縣名，錢穆以為「當在今沁陽縣境」。據楊寬認為宋取韓黃池、魏取韓朱，在韓昭侯六年（西元前三五七年）。㉜東周　周室小國，都於鞏（今河南鞏縣西南）。㉝陵觀邢丘　梁玉繩曰：「陵觀無考，邢丘是魏地，後入於秦，俱非東周之地，韓安得取之？東周止有鞏耳，疑所書誤。」按：「邢丘」，〈六國年表〉作「廩丘」。㉞申不害　當時著名的法家學派人物。楊寬繫申不害以法治韓在昭侯八年，牛鴻恩以為在昭侯十二年（西元前三五一年）。㉟脩術行道　即以法家的學說治理國家。術，法術；法家學說。細分之，則「法」偏於講治民，而「術」則偏於講駕馭官吏。道，法家的治國之道。㊱韓姬弒其君悼公　悼公，晉國的末代國君。晉國被韓、趙、魏瓜分後，開始被遷到屯留，十年後又由屯留被遷到端氏，又十年後，再次由端氏被遷到屯留，至此乃被韓人所殺，晉國徹底滅亡。㊲昭侯如秦　秦國的都城在櫟陽（今陝西臨潼東北）。牛鴻恩以為昭侯如秦應在昭侯十五年（西元前三四八年）。㊳申不害死　牛鴻恩以為應在昭侯二十六年（西元前三三七年）。㊴拔我宜陽　疑「拔」乃「攻」字之誤。按：楊寬繫秦攻韓宜陽在昭侯二十八年（西元前三三五年）。㊵高門　當是宮殿之門。牛鴻恩以為應在昭侯二十九年（西元前三三四年）。㊶屈宜臼　許慎曰：「楚大夫，在魏也。」㊷昭侯　陳仁錫曰：「俱當作『君侯』。」㊸不時　興師動眾得不合時宜。㊹時日　陰陽家所講的「吉時良辰」。㊺利不利時　指迷信說法的宜不宜於做此事。㊻卹　憂慮。㊼顧　反。㊽時絀舉贏　《集解》引徐廣曰：「時衰耗而作奢侈。」時絀，時機不好。絀，通「詘」、「屈」。不足；不良。㊾昭侯卒　依戰國史家考據，昭侯乃卒於其即位之三十年（西元前三三三年），還繼續在位四年。㊿子宣惠王立　事在西元前三三三年。宣惠王元年為西元前三三二年。(51)張儀相秦　張儀是當時著名的縱橫家，其不同於蘇秦、陳軫諸人者，乃在於張儀的一生活動只效忠於秦國。(52)韓舉　此韓國將領，當時趙國亦有「韓舉」，於前二年死去。(53)十一年二句　戰國時期，各國諸侯先後皆改號稱「王」，韓國的改侯稱王即從本年開始。梁玉繩曰：「〈表〉在十年，與〈楚世家〉書于懷王六年正合，此誤。」(54)與趙會區鼠　區鼠，趙縣名，在今河北大名東北。與會的趙王是趙武靈王（西元前三二五—前二九九年在位）。(55)秦伐敗我鄢　秦伐我，敗我於鄢，「伐」、「敗」二動詞連用。鄢，韓縣名，在今河南鄢陵北。(56)脩魚　韓縣名，在今河南原陽西南。(57)韓將鯁申差　《索隱》曰：「鯁、申差，二將。」按：〈六國年表〉云「得將軍申差」，無「鯁」字。(58)濁澤　韓縣名，在今河南新鄭西南。(59)公仲　韓相國，名侈。《戰國縱橫家書》「侈」字作「倗」。韓侈、韓倗、公仲侈、公仲倗同是一人。(60)與國　同盟國，此指東方諸國。與，交；交好。(61)因張儀　通過張儀的搭橋。張儀當時為秦相。(62)和於秦　向秦國求和。(63)具甲二句　意謂派出全副武裝的軍隊跟著秦國去打楚國。具甲，把軍隊武裝起來。64以一易二　《索隱》曰：「『一』，謂名都也；『二』，謂使不伐韓，而又與之伐楚也。」65警公仲之行　為公仲出行預做警備。警，戒；警備。66購　求和；講和。67楚王　楚懷王，名槐，西元前三二八—前二九九年在位。68陳軫　當時著名的縱橫家，事跡詳見〈張儀列傳〉。69又得韓之名都一而具甲　《韓非子・十過》敘此事作「秦得韓之都一，驅其練甲」，較此順暢。70警四境之內　向全國發布命令。警，告；動員。71發信臣　派可以令其信任的大臣出使韓國。72幣　禮品，常以璧、帛、馬等為之。73縱韓不能聽我　縱，即使。聽，相信。74德王　感戴大王您的好處。75必不為鴈行以來　必定不會再如雁行一樣地跟著秦國來打我們。76秦韓不和　韓對秦不唯命是聽，故兩國不和。77兵雖至　即使日後韓國還跟著秦國進攻我們。78楚不大病　楚國也不致遭受大害，因其兩國之間已有矛盾。79為能聽我絕和於秦　如果韓國聽信了我們所虛張的救韓的空話。李笠曰：「『為』，猶『如』也。」80厚怨韓　深恨韓國。81韓之南交楚二句　韓國誤以為楚國是它的可靠聯盟，必然輕視秦國。82因秦韓之兵　李笠曰：「《韓策》『因』作『困』，謂困頓秦韓之兵。」83不穀國雖小二句　我們楚國雖小，但已經全部動員起來了。不穀，猶言「寡人」，帝王自稱的謙詞。「不穀」的意思是「不善」；「寡人」的「寡」字指「寡德」。悉，盡。84肆志　隨心所欲，想怎麼對付它就怎麼對付它。85以楚殉韓　意即要和你們韓國同生死、共存亡。《索隱》曰：「殉，從死也，謂以死助韓。」86止公仲之行　意即不向秦國求和了。87輕絕彊秦之敵　隨隨便便和一個強大的處於敵對狀態的秦國斷交。輕，不重視。88素約　平時早有約定。89已有伐形二句　楚國已經看到了自己即將受到秦韓聯軍的討伐，這才放出話來說要救韓。90報於秦　說好要向秦國求和。91楚救不至韓　按：「韓」字當削。92岸門　韓縣名，在今河南許昌北。93太子倉質於秦以和　黃式三曰：「據〈秦紀〉，韓太子質秦在前年石章之役，與此異。」梁玉繩曰：「〈秦紀〉言『敗韓太子奐』，乃韓宣十十六年事，而此稱『倉』者，蓋『奐』敗沒而別立太子也。」94丐　也寫作「匄」。95丹陽　即指丹水以北的今河南內鄉、西峽一帶。96是為襄王　也稱「襄哀王」，張良祖父張開地所事之君。

【語　譯】景侯九年，鄭國包圍了韓國的都城陽翟。這年景侯死，其子列侯名取繼位。

2　列侯三年，聶政刺殺了韓國丞相俠累。九年，秦軍攻打韓國的宜陽，占領了六個城。十三年，列侯死，其子文侯繼位。這一年，魏文侯去世。

3　韓文侯二年，韓伐鄭，占領了陽城。伐宋，一直打到彭城，俘獲了宋國的國君。七年，攻齊，直逼桑丘。這時鄭國乘機反韓。九年，韓軍攻齊，逼近靈丘。十年，韓文侯死，子哀侯繼位。

4 哀侯元年，與趙敬侯、魏武侯瓜分了晉國。二年，韓國滅了鄭國，將國都遷往鄭國的都城新鄭。

5 六年，韓嚴殺掉了國君哀侯。哀侯子懿侯繼位。

6 懿侯二年，魏軍在馬陵打敗韓軍。五年，懿侯與魏惠王在宅陽會晤。九年，魏軍於澮水打敗韓軍。十二年，懿侯死，子昭侯繼位。

7 昭侯元年，秦軍於西山打敗韓軍。二年，宋軍占領了韓國的黃池。魏軍又奪取了韓國的朱縣。六年，韓軍攻打東周，占領了陵觀、邢丘二縣。

8 昭侯八年，申不害為韓相。申不害用法家的學說治理國家，韓國的形勢比較穩定，周邊諸國不敢前來侵伐。

9 十年，韓姬弒晉君悼公。十一年，韓昭侯前往秦國朝拜。二十二年，申不害去世。二十四年，秦軍攻占了韓國的重鎮宜陽。

10 二十五年，韓國發生旱災，韓昭侯還要修建宮殿的高門。楚人屈宜臼說：「韓昭侯恐怕不可能在這道門下通過了。為什麼呢？因為他建造得不是時候。我所講的『時候』不是指良辰吉日，因為人本來就難得什麼事都趕上好時候。昭侯曾經有過好時候，那時他不建高門。等到去年秦國攻占了宜陽，今年又遇大旱，昭侯不在此時認真撫恤百姓的苦難，反而奢華浪費的建什麼高門。這就是所謂『時勢不好反而大肆鋪張』的行為。」二十六年，高門建成，昭侯死了，果然沒能從這道大門下走過。其子宣惠王繼位。

11 宣惠王五年，張儀為秦相。八年，魏軍打敗了韓國的將領韓舉。十一年，韓君改號稱王。宣惠王與趙武靈王相會於趙國的區鼠。十四年，秦攻韓，敗韓於鄢。

12 十六年，秦軍在脩魚打敗韓軍，在濁澤俘獲了韓將鯫和申差。韓王十分著急，公仲侈對韓王說：「那些盟國是靠不住的。秦攻楚的想法由來已久。您不如通過張儀與秦國媾和，拿一座名都賄賂秦國，並且派出全副武裝的軍隊，跟著秦國去攻打楚國。這將是以一換二的好辦法。」韓王說：「好。」於是就為公仲的出行做警備，讓他西去秦國講和。楚王聽說此事大為震恐，召陳軫來商議。陳軫說：「秦早就想攻打楚國了。如今又得到了韓國的一個大城，並且韓國也全副武裝，秦、韓合力攻楚，這是秦國夢寐以求的事。如今竟得實現，楚國挨打是免不了的了。您要是採納我的話，就馬上向全國發動員令，揚言要出兵救助韓國，把戰車都排到路上，派遣能讓韓國相信的使臣，多用些車子拉著豐厚的禮物，讓韓國相信您是真要援救他們。這樣即使韓王仍不相信我們，但至少能讓他感謝您的好處，而不像雁行一樣跟著秦國前來攻楚。秦與韓國一旦鬧翻，即使日後秦國再來進攻，楚國也不致遭受太大的危害。如果韓國聽信了我們而不與秦國講和，秦必大怒而深深結怨於韓。韓以為楚國是它可靠的聯盟，就一定會輕視秦國；輕視秦國，就必然對秦國不那麼恭敬。這樣秦韓之間一旦出現矛盾，楚國的災難就可以免除了。」楚王說：「好。」於是便通令全國發兵，揚言說是要救援韓國。他下令將兵車擺滿道路，他派出使臣，用車子拉著豐厚的禮物，對韓王說：「我們楚國雖然不大，但已經全部動員起來了。希望您想對秦國怎麼辦就怎麼辦，我們楚國將與您同生共死。」韓王見此很高興，就取消了派公仲到秦國講和的事情。公仲說：「不能這樣做。要知道，倚仗實力來攻打我們的是秦國，靠說空話來救我們的是楚國。您憑著楚國的這些空話，就輕易地和一個強大而處於敵對狀態的秦國斷交，勢必將成為天下的笑柄。況且楚與韓並非兄弟之國，平時也從未有過共同謀劃攻秦的事。它只是在看到自己即將挨打的情況下，才說出發兵救韓的話，這一定是陳軫的主意。而且您已經派人把講和的事向秦國說了，如今變卦，這不是欺騙秦國嗎？隨便地欺騙一個強大的秦國而聽信一個楚國的謀臣，怕您將來要後悔的。」韓王不採信，終於與秦國絕交。秦王大怒，立即增兵討伐韓國，秦、韓大戰而楚國坐視不救。十九年，秦軍大破韓軍於岸門，韓王只好派太子倉到秦國當人質重新向秦國求和。

13 二十一年，韓與秦聯合攻楚，打敗了楚將屈丐，在丹陽地區消滅了楚兵八萬。這一年，宣惠王死，太子倉繼位，是為韓襄王。

1 襄王四年❶，與秦武王❷會臨晉❸。其秋，秦使甘茂❹攻我宜陽。五年，秦拔我宜陽，斬首六萬。秦武王卒⑤。六年，秦復與我武遂⑥。九年，秦復取我武遂。十年，太子嬰朝秦而歸⑦。十一年，秦伐我，取穰⑧。與秦伐楚，敗楚將唐昧⑨。

2 十二年，太子嬰死，公子咎、公子蟣蝨⑩爭為太子。時蟣蝨質於楚⑪。蘇代⑫謂韓咎⑬曰：「蟣蝨亡在楚⑭，楚王欲內之⑮甚。今楚兵十餘萬在方城之外⑯，公何不令楚王築萬室之都雍氏之旁⑰？韓必起兵以救之⑱，公必將⑲矣。公因以韓、楚之兵奉蟣蝨而內之，其聽公必矣⑳，必以楚、韓封公㉑也。」韓咎從其計㉒。

3 楚圍雍氏㉓，韓求救於秦。秦未為發㉔，使公孫昧入韓㉕。公仲曰：「子以秦為且救韓乎？」對曰：「秦王之言曰：『請道南鄭、藍田，出兵於楚㉖以待公。』殆不合矣㉗。」公仲曰：「子以為果乎㉘？」對曰：「秦王必祖張儀之故智㉙。楚威王攻梁㉚也，張儀謂秦王曰㉛：『與楚攻魏，魏折而入於楚㉜，韓固其與國㉝也，是秦孤也㉞。不如出兵以到之㉟，魏、楚大戰，秦取西河之外以歸㊱。』今其狀陽言與韓㊲，其實陰善楚㊳。公待秦而到，必輕與楚戰㊴。楚陰得秦之不用㊵也，必易與公相支㊶也。公戰而勝楚，遂與公乘楚㊷，施三川㊸而歸；公戰不勝楚，楚塞三川守之㊹，公不能救也。竊為公患之。司馬庚㊺三反於郢㊻，甘茂與昭魚㊼遇於商於㊽，其言收璽㊾，實類有約㊿也。」公仲恐，曰：「然則柰何？」曰：「公必先韓而後秦，先身而後張儀[51]。公不如亟[52]以國合於齊、楚[53]，齊、楚必委國於公[54]。公之所惡者張儀也，其實猶不無秦也[55]。」於是楚解雍氏圍[56]。

4 蘇代又謂秦太后[57]弟芈戎[58]曰：「公叔、伯嬰[59]恐秦、楚之內蟣蝨也，公何不為韓求質子於楚[60]？楚王聽入質子於韓[61]，則公叔、伯嬰知秦、楚之不以蟣蝨為事[62]，必以韓合於秦、楚[63]。秦、楚挾韓以窘魏[64]，魏氏不敢合於齊[65]，是齊孤也。公又為秦求質子於楚，楚不聽，怨結於韓[66]。韓挾齊、魏以圍楚，楚必重公[67]。公挾秦、楚之重以積德於韓，公叔、伯嬰必以國待公[68]。」於是蟣蝨竟不得歸韓。韓立咎為太子。齊、魏王來[69]。

5 十四年，與齊、魏王共擊秦，至函谷[70]而軍焉。十六年，秦與我河外及武遂[71]。襄王卒，太子咎立，是為釐王。

6 釐王三年[72]，使公孫喜[73]率周、魏攻秦[74]，秦敗我二十四萬[75]，虜喜伊闕[76]。五年，秦拔我宛[77]。六年，與秦武遂地二百里[78]。十年，秦敗我師于夏山[79]。十二年，與秦昭王會西周[80]，而佐秦攻齊[81]。齊敗，湣王出亡[82]。十四年，與秦會兩周間[83]。二十一年，使暴鳶[84]救魏，為秦所敗，鳶走開封[85]。

7 二十三年，趙、魏攻我華陽[86]。韓告急於秦，秦不救。韓相國[87]謂陳筮[88]曰：

「事急。願公雖病，為一宿之行(89)。」陳筮見穰侯(90)，穰侯曰：「事急乎？故使公來。」陳筮曰：「未急也。」穰侯怒曰：「是可以為公之主使乎(91)？夫冠蓋相望(92)，告敝邑(93)甚急。公來言未急，何也？」陳筮曰：「彼韓急則將變而佗從(94)，以未急，故復來(95)耳。」穰侯曰：「公無見王(96)，請今(97)發兵救韓。」八日而至，敗趙、魏於華陽之下(98)。是歲，釐王卒，子桓惠王立。

8 桓惠王元年(99)，伐燕(100)。九年，秦拔我陘(101)，城汾旁(102)。十年，秦擊我於太行(103)。我上黨郡守以上黨郡降趙(104)。十四年(105)，秦拔趙上黨，殺馬服子卒四十餘萬於長平(106)。十七年，秦拔我陽城、負黍(107)。二十二年，秦昭王卒(108)。二十四年，秦拔我城皋(109)、滎陽(110)。二十六年，秦悉拔我上黨(111)。二十九年，秦拔我十三城(112)。

9 三十四年，桓惠王卒，子王安立(113)。

10 王安五年(114)，秦攻韓。韓急，使韓非(115)使秦。秦留非，因殺之(116)。

11 九年，秦虜王安，盡入其地，為潁川郡(117)。韓遂亡(118)。

【章旨】以上為第三段，寫韓國在戰國後期日益衰落，直至滅亡的情形。

【注釋】❶襄王四年　西元前三〇八年。❷秦武王　名蕩，惠文王之子，西元前三一〇—前三〇七年在位。❸臨晉　縣名，在今陝西大荔東。原來屬韓，此時已屬秦。❹甘茂　原楚人，後為秦相，對秦國發展甚有貢獻。❺秦武王卒　秦武王為了通三川而伐韓，取宜陽；而後身至周國，因舉鼎絕臏而卒。❻復與我武遂　又將武遂縣還給了韓國。武遂，縣名，在今山西垣曲東南，原屬韓，後被秦占。❼太子嬰朝秦而歸　〈六國年表〉作「太子嬰與秦王會臨晉，因至咸陽而歸」。❽穰　韓縣名，即今河南鄧縣。❾敗楚將唐眛　唐眛，也寫作「唐蔑」。楊寬〈戰國史年表〉謂此役「齊派匡章，魏派公孫喜，韓派暴鳶，共攻楚方城，殺楚將唐眛，韓、魏取得宛、葉以北地」。❿公子咎公子蟣蝨　皆韓襄王之子。蟣蝨，也作「幾瑟」。⓫蟣蝨質於楚　瀧川曰：「蟣蝨亡在楚，非質于楚也，下文及《策》可證。」⓬蘇代　〈蘇秦列傳〉以為是蘇秦之弟。⓭韓咎　即前文出現過的「公仲」。⓮亡在楚　逃亡在楚國，時楚國的國都在郢（今湖北荊州江陵西北之紀南城）。⓯楚王欲內之　指欲以武力送其回國為太子。內，通「納」。⓰方城之外　方城山以北。方城，山名，在今河南方城東北，當時是楚國的北境，並有楚之長城。⓱築萬室之都雍氏之旁　意將立蟣蝨於此為韓君。雍氏，韓縣名，在今河南禹縣東北，韓都新鄭之西南。⓲起兵以救之　謂救雍氏，不使楚人於此築城。按：《戰國策》於此作「起兵以禁之」，較此顯豁。⓳將　為將統兵。⓴其聽公必矣　其，指韓王與韓之執政諸臣。按：《戰國策》於此作「德公」。㉑必以楚韓封公　意謂蟣蝨將因此次韓楚聯合的結果而大大封賞於你。㉒韓咎從其計　按：以上「蘇代」為韓咎設謀立蟣蝨事，見《戰國策・韓策二》。㉓楚圍雍氏　按：楚國此舉與上文「蘇代」為韓咎設謀事不相連貫，或以為中有舛誤，其說見後。㉔秦未為發　秦未發兵助韓。㉕使公孫眛入韓　郭嵩燾曰：「『使』字疑衍。公孫眛亦當時說士，非秦使也。」按：郭說於本文甚好。公孫眛與秦之執政有矛盾，故乘出使之機以沮其事也。㉖道南鄭藍田二句　謂由南鄭、藍田兩路出兵伐楚。道，經由。南鄭，即今陝西漢中，其兵可順漢水而下。藍田，秦縣名，在今陝西藍縣西，其兵可出武關。㉗殆不合矣　看來不是直接出兵雍氏與韓合力抗楚。㉘子以為果乎　你看秦王真是要兩路出兵襲楚嗎？㉙必祖張儀之故智　必然是採用當年張儀用過的老辦法。祖，祖述；沿用。㉚楚威王攻梁　楚威王，名商，懷王之父，西元前三三九—前三二九年在位。梁，即魏國，因其後來遷都大梁（今河南開封），故也稱梁國。㉛張儀謂秦王曰　當時的秦王為惠文王（西元前三三七—前三一一年在位）。㉜與楚攻魏二句　如果我們再幫著楚國打魏國，那就必然促使魏國迅速倒向楚國。㉝韓固其與國　韓國本來就是楚國的同盟國。與國，同盟國。㉞是秦孤也　這樣就把我們秦國孤立起來了。㉟出兵以到之　意指表面出兵，實際並不援魏。《索隱》曰：「到，欺也。」梁玉繩引趙岐曰：「『到』，古『倒』字，當是顛倒意，謂惑之也。」又引陳太僕云：「『到』者，但至其處，而從壁上觀耳。」㊱魏楚大戰二句　西河之外，今陝西東部的黃河以西地區，如大荔、宜川等縣，當初屬魏，此次遂被秦所占。㊲陽言與韓　表面上說是援助韓國。陽，通「佯」。假裝。與，交好；援助。㊳陰善楚　暗中與楚國交好。㊴輕與楚戰　輕易地與楚國開戰。㊵楚陰得秦之不用　楚國暗中知道秦國不會助韓。不用，繆文遠引吳曾祺曰：「不為韓用。」㊶必易與公相支　也就不怕與韓國對抗了。支，拒；對抗。㊷乘楚　乘楚之敗而攻之。㊸施三川　即施惠於韓，因當時黃河、伊水、洛水流域的今河南西部地區主要屬於韓國。中井曰：「施，言揚威也。」㊹楚塞三川守之　按：此「楚」字或為「秦」字之訛。而所謂「守之」者，即將三川地區據為秦有，故下文有所謂「公不能救也」。㊺司馬庚　《戰國策》作「司馬康」，秦國使者。㊻三反於郢　多次地往來於秦、楚兩國之間。郢，楚國都城。㊼昭魚　《集解》引徐廣曰：「楚相國。」㊽遇於商於　在商於地區舉行會談。遇，會晤。商於，指今陝西商南、河南內鄉等一帶地區。㊾收璽　鮑彪注：「璽，軍符。收之者，言欲止楚之攻韓。」《索隱》曰：「詐言昭魚來秦，欲得秦官之印璽。」㊿實類有約　鮑彪曰：「疑秦、楚約攻韓。」(51)先韓而後秦二句　吳師道曰：「先韓者，急圖其國；後秦者，不望其救；先身者，善己之謀；後儀者，不墜人之詐。」(52)亟　迅即。(53)合於齊楚　脫離秦國，與齊、楚交好。(54)齊楚必委國於公　意謂齊、楚兩國必然聽從你的使喚。(55)公之所惡者張儀也二句　中井曰：「所惡在張儀之計，其實非敢疏秦也。」按：「猶不無秦」，《戰國策》作「猶不失秦」，以此解除韓國害怕開罪於秦的恐懼心理。(56)於是楚解雍氏圍　沈家本曰：「此一段乃錯簡也，上文書『公子咎、公子蟣蝨爭為太子，蘇代謂韓咎』云云，下文『又謂』云云，其文勢相接，不應中間插入楚圍雍氏之事，其為錯簡甚明，第不知當何屬耳。」按：〈秦本紀〉惠文王後元十三年書有「楚圍雍氏」事，然〈楚世家〉與〈六國年表〉皆不載，蓋史公已對之「闕疑」矣。今乃竄入襄王十二年，實無道理可尋。(57)秦太后　即宣太后，昭王之母，於昭王之得以上臺關係至巨。(58)芈戎　原楚人，宣太后之弟，靠其姐在秦貴盛，號新城君，即范雎所說的「四貴」之一。(59)伯嬰　即「太子嬰」，前已死，與蟣蝨爭位者乃公子咎。(60)求質子於楚　請求讓在楚為質的蟣蝨回韓，無使其在外招搖生事。(61)聽入質子於韓　即令蟣蝨回韓國。中井曰：「『入質子』與前文『內蟣蝨』意不同，入者，只是放還矣，內者，以兵護送，必立為太子也。」(62)不以蟣蝨為事　瀧川曰：「無意於立蟣蝨也。」(63)以韓合於秦楚　意即以國聽命於秦、楚。(64)窘魏　威脅魏國。(65)魏氏不敢合於齊　意即也勢必得依附於秦、楚。(66)又為秦求質子於楚三句　王叔岷曰：「『為』猶『使』也。」金正煒曰：「此《策》文多淆誤，故致義不可通。疑當作『又令魏求質子於楚，楚不聽，則怨結於魏，秦挾韓、魏以眄楚，楚王必重公矣』。」(67)楚必重公　《正義》曰：「楚必尊重芈戎以求秦救矣。」(68)必以國待公　待，猶言「事」，侍奉。《戰國策‧韓策二》文末云說者為誰，而史公乃冠之以「蘇代」也。前段為韓咎（即公仲）設謀者，乃蟣蝨一黨；此段勸芈戎行事者，乃公子咎一黨。史公皆冠以「蘇代」之名，則「蘇代」前後自相違戾矣。陳仁錫曰：「太子嬰死，公子咎、公子蟣蝨爭為太子。大略二公子各有所主，公叔挾齊、魏以主咎，公仲挾秦、楚以主蟣蝨也。」(69)齊魏王來　梁玉繩曰：「此上缺書『十三年』，〈表〉可證。」

⑦⓪函谷　函谷關，秦國的東部要塞，在今河南靈寶東北。⑦①秦與我河外及武遂　楊寬《戰國史年表》曰：「齊、韓、魏聯軍攻入秦的函谷關，秦求和，歸還韓河外及武遂，歸還魏河外及封陵。」⑦②釐王三年　西元前二九三年。⑦③公孫喜　魏將名。但有的地方也寫得像是韓國之將，故《通鑑》也於〈周紀四〉書作「韓公孫喜、魏人伐秦」。⑦④率周魏攻秦　梁玉繩曰：「此時之周豈能從伐秦乎？可疑也。」⑦⑤秦敗我二十四萬　似應作「秦敗我，斬首二十四萬」。梁玉繩曰：「楚、韓、魏三世家各言二十四萬，失其實矣。」⑦⑥伊闕　山門名，在今洛陽西南。按：破殺韓、魏聯軍二十四萬，虜其將公孫喜之秦將，即武安君白起。⑦⑦宛　韓縣名，即今河南南陽。⑦⑧與秦武遂地二百里　與此同時，魏亦獻給秦國河東地四百里。⑦⑨夏山　今山西夏縣附近。⑧⓪與秦昭王會西周　西周，此指西周君的國都王城，即今洛陽。楊寬《戰國史年表》書作：「秦昭王和韓釐王在新城（今河南伊川西南）相會。」⑧①佐秦攻齊　此即燕昭王二十八年，樂毅率五國軍隊大破齊軍於濟西事。⑧②齊敗二句　五國聯軍大破齊軍於濟西後，四國各自撤軍，獨燕軍長驅平齊，攻破臨淄，齊湣王先出逃至衛、鄒、魯，後回至齊國的莒縣，被前來援齊的楚將淖齒所殺。⑧③與秦會兩周間　東周君的國都鞏縣之西，西周君的國都王城之東，約在當時的雒陽附近。楊寬《戰國史年表》仍書曰「秦昭王和韓釐王在新城相會」。⓪④暴鳶　韓將名。⑧⑤開封　魏縣名，在今開封西南。⑧⑥華陽　韓縣名，在韓國都城新鄭北。⑧⑦韓相國　不知何人。⑧⑧陳筮　也作陳筌，《戰國策》作「田苓」。陳直曰：「陳筮必為齊人而仕韓者。」⑧⑨願公雖病二句　意謂雖然勞累，好在路還不甚遠，請你去一趟。一宿，一夜。或謂「一宿」即「一舍」，指三十里。⑨⓪穰侯　魏冉，昭王之舅，時為秦相。⑨①是可以為公之主使乎　像您這樣難道還能夠為您的主子當使臣嗎？公之主，您的主子，指韓王。牛鴻恩曰：「《韓策》『可』字作『何』。」如此則意為事既未急您又為何來替您主子出使呢？⑨②冠蓋相望　極言派出的使臣之多，後一批可以望見前一批的車馬。冠，帽子。蓋，車篷。⑨③敝邑　謙稱自己的國家。⑨④變而佗從　改換門庭，投靠別的國家。⑨⑤復來　還來求你們秦國。⑨⑥無見王　用不著拜見我們的君主了。⑨⑦今　立即。⓪⓪敗趙魏於華陽之下　楊寬《戰國史年表》稱此役為「趙、魏聯合攻韓到華陽，秦派白起、胡陽救韓，大勝于華陽，打跑魏將芒卯，攻取卷、蔡陽等城。又戰敗趙將賈偃，秦又圍攻魏的大梁」。⑨⑨桓惠王元年　西元前二七二年。⑩⓪伐燕　是年為燕惠王七年，燕的都城薊縣，即今北京。⑩①陘　韓縣名，在今山西曲沃東北。⑩②城汾旁　在汾水旁邊另築陘縣新城。⑩③太行　山名，此指今山西東南部與河南交界的太行山段。⑩④上黨郡守以上黨郡降趙　韓之上黨郡約當於今山西長治地區之南半部，秦國為奪取這一地區，首先派兵占領了上黨南面的太行山路，使上黨郡與韓國的首都新鄭斷絕聯繫，而後進擊上黨。上黨郡的郡守馮亭在孤立無援的形勢下，不願降秦，而率領上黨軍民投降了趙國。⑩⑤十四年　梁玉繩曰：「上黨降趙，在十一年，非十年也；長平之事，在十三年，

非十四年也。」(106)殺馬服子卒四十餘萬於長平　馬服子，趙將趙括的稱號。長平，縣名，在今山西高平西北。原屬韓，後歸趙。(107)陽城負黍　陽城，韓縣名，在今河南登封東南。負黍，韓縣名，在今登封西南。(108)秦昭王卒　是年為秦昭王五十六年。(109)城皋　通常作「成皋」，在今河南滎陽西北。(110)滎陽　韓縣名，在今滎陽東北。(111)悉拔我上黨　全部占領了上黨地區。(112)秦拔我十三城　王叔岷曰：「〈年表〉作『十二城』」。(113)桓惠王卒二句　梁玉繩曰：「《大事記》云：『〈韓世家〉不載其事，必是時韓王少，母后用事。』余考魏安釐王十二當桓惠八年，是時秦宣太后、趙惠文后、齊君王后皆臨朝用事，韓亦當然也。」(114)王安五年　梁玉繩曰：「韓非使秦，〈紀〉、〈表〉在六年。」按：韓王安六年為西元前二三三年。(115)韓非　韓國的公子，法家學派的代表人物，著有《韓非子》。(116)秦留非二句　按：關於韓非被殺事，據《戰國策・秦策五》，韓非入秦乃是為了分化挑撥秦國的用事諸臣，因此被秦王所殺；而據〈老子韓非列傳〉，則是由於李斯忌妒韓非之才，故讒之於秦王而殺之。二說不同，戰國史家多以《史記》所云為非。(117)潁川郡　秦郡名，郡治陽翟，即今河南禹縣。(118)韓遂亡　按：韓氏自西元前四〇三年韓虔受周天子策命為諸侯，至西元前二三〇年韓王安亡國，共歷十一世，共計一百七十三年。

【語　譯】襄王四年，與秦武王會晤於臨晉。這年的秋天，秦派甘茂攻打韓國的宜陽。五年，秦軍占領宜陽，殺死韓兵六萬。這年秦武王去世。六年，秦把武遂歸還給韓國。九年，秦又攻占了武遂。十年，韓太子嬰朝見秦王後回到韓國。十一年，秦軍進攻韓國，占領了穰縣。這年，韓協同秦國攻打楚國，打敗了楚將唐眛。

2　十二年，太子嬰死，公子咎與公子蟣蝨爭做太子。當時蟣蝨正在楚國當人質。蘇代對韓咎說：「蟣蝨逃亡在楚國，楚王很想送他回國繼承王位。如今楚兵十多萬正駐紮在方城山的北面，您何不讓楚王在雍氏附近建一座萬戶都城，立蟣蝨為王？韓王一定會出兵阻止，而您又一定是這支部隊的統帥。您乘機以韓、楚之兵把蟣蝨迎了進來，蟣蝨肯定是聽信您的，韓王與楚王亦將有封賞於您。」韓咎採納了他的計謀。

3　楚軍包圍了雍氏，韓國向秦國請求援助。秦國沒有出兵，只派了公孫昧前來韓國。公仲問道：「您認為秦國會援助韓國嗎？」公孫昧說：「秦王說：『秦軍將兵分兩路，經南鄭和藍田進入楚國，在那裡等待您的到來。』看來不是直接出兵雍氏與韓合力抗楚。」公仲說：「您認為秦王真會這樣做嗎？」公孫昧說：「秦王必然會採用張儀的故技。當年楚威王進攻魏國，張儀對秦王說：『如果聯楚攻魏，勢必迫使魏國投身於楚，而韓本來就是魏的盟國，這樣秦就形成孤立。不如假意出兵援魏，等魏、楚大戰之後，秦乘機取西河以外的土地而回。』如今秦國表面上說是援助韓國，實際上暗裡與楚國勾結。您如果相信了秦國與韓策應伐楚的空話，必然會輕易與楚國開戰。楚國一旦知道了秦國不會真的策應韓國攻楚，它就會集中力量來與韓國相抗。這樣，如果您打敗了楚國，它就乘勝和您一起攻楚，白落一個對韓國有恩；如果韓國打不贏，楚國便會趁機控制韓國三川地區的要塞，到那天您想援救都來不及。我實在是替您擔心。秦國的使者司馬庚已經三次到達楚國的郢都，秦相甘茂與楚相昭魚已經相約在商於會晤，說是為了不讓楚國攻打韓國，其實像是訂立兩國之間的密約。」公仲一聽慌了，說：「那怎麼辦？」公孫昧說：「您一定要依靠韓國自己的力量，然後再考慮秦國的救援；您要自己拿好主意，而不要輕信他人的辭令。您不如趕快回頭跟齊、楚聯合，齊、楚兩國將會聽命於您。這樣就能表明您所討厭的只是張儀的欺詐，而不是想得罪秦國。」於是楚國遂解除了對雍氏的包圍。

4 蘇代又對秦太后的弟弟芈戎說：「公叔與伯嬰生怕秦、楚合力護送蟣蝨回國，您何不替韓國向楚國要回它的質子蟣蝨？楚王如果送還質子蟣蝨，則公叔與伯嬰就會認為秦、楚沒有另立蟣蝨的打算，就一定會以韓國聽命於秦、楚。秦、楚挾持韓國以威脅魏國，魏國就不敢倒向齊國，這樣齊國就孤立了。而後您再為秦國要求楚國派出質子，楚國不答應，必然結怨於韓。這時韓國再挾持齊國、魏國以圍楚，楚國必然會倒向您、求助於您。到那時，您就可以依仗秦、楚兩個大國對韓國略施小恩，則公叔與伯嬰必將率韓國以侍奉您。」結果蟣蝨最終還是未能回韓。韓國遂立公子咎為太子。齊王、魏王果然來到韓國。

5 十四年，韓與齊、魏合力攻秦，前進至函谷關而止。十六年，秦將河外地區及武遂縣歸還給韓國。這年，韓襄王去世，太子咎繼位，是為釐王。

6 釐王三年，韓派公孫喜統領周、魏的軍隊進攻秦國，被秦國打敗，斬首二十四萬，公孫喜在伊闕山口被俘。五年，秦軍攻占宛縣。六年，韓國將武遂一帶的地區二百里割給秦國。十年，秦軍在夏山打敗了韓軍。十二年，韓釐王與秦昭王在西周會晤，而後跟著秦國攻打齊國。結果齊國戰敗，齊湣王出逃。十四年，韓釐王與秦昭王在雒陽一帶會晤。二十一年，釐王派暴鳶救魏，被秦國打敗，暴鳶逃到魏國的開封。

7 二十三年，趙、魏聯軍進攻韓國之華陽。韓向秦國告急，秦不出兵援救。韓相國對陳筮說：「事情危急了。雖然辛苦，也得勞您出使一遭。」陳筮來到秦國，見了穰侯，穰侯問：「事情很急吧？要不怎麼會派您來呢？」陳筮道：「不急。」穰侯生氣地說：「您這種態度還能為您的主子出使嗎？您們連連地派人來告急。您來了卻說不急，這是怎麼一回事？」陳筮說：「韓國要是急了，就會改換門庭投奔他國。正因為不急，所以才到你們這裡來。」穰侯說：「您不必去見我們大王了，我這就給您出兵。」秦國的救兵八天之後抵達韓國，在華陽城下打敗了趙、魏聯軍。這年韓釐王去世，其子桓惠王繼位。

8 桓惠王元年，韓國討伐燕國。九年，秦軍攻陷了韓國的陘縣後，在汾水邊上另建了一座陘縣城。十年，秦軍在太行山一帶進攻韓國。上黨郡守馮亭率領全郡歸降了趙國。十四年，秦軍攻陷了趙國的上黨，在長平坑殺了馬服子趙括的士卒四十餘萬。十七年，秦攻陷了韓國的陽城和負黍二縣。二十二年，秦昭王去世。二十四年，秦軍攻陷了韓國的城皋與滎陽。二十六年，秦軍占領韓國上黨郡的全部。二十九年，秦軍又攻陷了韓國十三座城。

9 三十四年，韓桓惠王去世，其子韓安繼位。

10 韓王安五年，秦攻韓，情況危急，韓派韓非出使秦國。秦國扣留了韓非，並藉故將韓非殺害。

11 九年，秦軍俘虜韓王安，把韓國的土地全部併入秦國，在其地設置了潁川郡。韓國從此滅亡。

太史公曰：韓厥之感晉景公，紹趙孤之子武❶，以成程嬰、公孫杵臼之義❷，此天下之陰德也。韓氏之功，於晉未覩其大者❸也，然與趙、魏終為諸侯十餘世，宜乎哉❹！

【章　旨】以上為第四段，司馬遷對韓氏之所以能受封建國並能維持統治百多年，做了感性的解釋。

【注　釋】❶紹趙孤之子武　梁玉繩引《史詮》曰：「『孤』字當在『之』下。」使孤兒趙武將趙氏家族的統祀承繼了下來。紹，接續。❷成程嬰公孫杵臼之義　助成了程嬰、公孫杵臼救援趙氏孤兒的義舉。❸韓氏之功二句　沒見韓氏家族在晉國有過什麼大功勞。❹終為諸侯十餘世二句　明郝敬曰：「子長歸功於韓厥存趙孤陰德之報，苟存一大夫孤，而食報千里之國二百年，天眷趙盾不多於堯舜乎？」李景星曰：「以韓之長世歸厥之陰德，深得史家勸戒之意。」

【語　譯】太史公說：韓厥感化晉景公，使孤兒趙武重新獲得爵位，同時也成就了程嬰、公孫杵臼的義舉，這是一件積陰德的人事。韓氏家族在晉國本沒有什麼太大的功勞，但卻能與趙國、魏國一樣綿延十餘代為諸侯，這也是應該的吧！

【研　析】韓國在戰國七雄中最為弱小，又處於天下要衝之地，是秦國進兵山東的必經之地，也是東方各國聯合抗秦的主戰場，其左右支吾、備受蹂躪、反覆倉皇之情是可以想像的。

作者寫韓國只有在韓昭侯執政的短暫期間任用申不害實行變法，使韓國得到一定功效，「國內以治，諸侯不來侵伐」。其後申不害一死，變法的事情也就煙消雲散了，這是令人遺憾的。宋代司馬光說：「韓以卑弱之國，居天下之衝，首尾腹背莫不受敵，然猶社稷血食幾二百年，豈非昭侯奉法之謹，賞不加無功，罰不失有罪，後世雖不肖，猶得蒙遺烈以自存乎？」

在〈蘇秦列傳〉、〈張儀列傳〉中都有他們遊說韓國的說辭，而此篇竟隻字未及，似全無其事者。蘇秦、張儀之相繼遊說六國，今戰國史研究者已經指出是《戰國策》作者的偽造，說司馬遷是根據錯誤的資料寫成了〈蘇秦列傳〉與〈張儀列傳〉。是不是由於司馬遷當時自己也對〈蘇秦列傳〉、〈張儀列傳〉的寫法不能堅信，所以才使得他在寫諸國世家時往往略去不提呢？但彼此之間不相呼應，畢竟不是好寫法。

太子咎與蟣蝨爭奪太子位事，《戰國策》中材料頗多，史公錄入兩段。前段乃助蟣蝨者，後段乃助太子咎者，於《國策》中皆未言說者為誰；而史公錄入兩段文字時皆冠之以「蘇代」，於是遂使「蘇代」一人之說，前後立場不一，思想矛盾。史公既已弄錯，後人又欲為其彌縫，於是遂在理解這兩段文字上各執一詞。《正義》云：「蘇代數計皆不成，故韓竟立咎為太子也。」此認為蘇代乃一貫助蟣蝨者；郭嵩燾曰：「蘇代始終為韓咎謀，其云『奉蟣蝨內之』，所以誑楚也；其後之告新城君者，乃其本謀也。」其強為調和之跡，不亦過為顯露乎？其實都是讓司馬遷鬧的。

司馬遷在〈韓世家〉的論贊中稱道韓厥掩護趙氏孤兒的「陰功」，說他因此而使韓氏傳國十餘世是應該的，對此明代郝敬引司馬光語盛讚韓昭侯與申不害之功，而駁斥司馬遷說：「苟存一大夫孤，而食報千里之國二百年，天眷趙盾不多於堯舜乎？」其實司馬遷稱道韓厥的濟人於危難，乃是出於自己的身世之感；至於誇張到能讓韓氏傳國十餘世，這只能說是一種個人的抒情。

卷四十六

田敬仲完世家第十六

【題解】〈田敬仲完世家〉記述了陳國貴族陳完（後代改姓田）因在陳國難以立足而逃到齊國，在齊國逐漸發展，逐步把持齊國政權，至田和遂篡奪姜氏之政，建立田氏齊國；至威王、宣王，齊國強盛一時；至湣王，因驕縱好戰，被五國聯軍所破，湣王被殺，從此齊國一蹶不振；在其後的幾十年中，齊國被秦國的「遠交近攻」政策所迷惑，採取「孤立政策」，希求苟安，不助韓、趙、魏、楚抗秦，待至其他諸國被滅，齊國最後也被秦國所併吞的歷史過程。田氏齊國自田和起共歷八世，總計一百八十餘年。

1 陳完者，陳厲公他❶之子也。完生，周太史❷過陳，陳厲公使卜完❸，卦得觀之否❹：「是為『觀國之光，利用賓于王❺』，此其代陳有國乎！不在此而在異國乎！非此其身也，在其子孫。若在異國，必姜姓❻。姜姓，四嶽之後❼。物莫能兩大，陳衰，此其昌乎❽？」

2 厲公者，陳文公❾少子也，其母蔡女❿。文公卒，厲公兄鮑立，是為桓公⓫。桓公與他異母⓬。及桓公病，蔡人為他殺桓公鮑及太子免而立他，為厲公⓭。厲公既立，娶蔡女⑭。蔡女淫於蔡人，數歸⑮，厲公亦數如蔡⑯。桓公之少子林怨厲公殺其父與兄，乃令蔡人誘厲公而殺之⑰。林自立，是為莊公⑱。故陳完不得立，為陳大夫⑲。厲公之殺，以淫出國。故春秋曰：「蔡人殺陳他⑳。」罪之也。

3 莊公卒，立弟杵臼，是為宣公㉑。宣公二十一年㉒，殺其太子禦寇㉓。禦寇與完相愛，恐禍及己，完故奔齊㉔。齊桓公㉕欲使為卿㉖，辭曰：「羈旅㉗之臣幸得免負檐㉘，君之惠也，不敢當高位。」桓公使為工正㉙。齊懿仲㉚欲妻完㉛，卜之，占曰㉜：「是謂鳳皇于蜚㉝，和鳴鏘鏘㉞。有嬀㉟之後，將育于姜㊱。五世其昌，並于正卿㊲。八世之後，莫之與京㊳。」卒妻完㊴。完之奔齊，齊桓公立十四年矣。

4 完卒，謚為敬仲㊵。仲生穉孟夷㊶。敬仲之如齊㊷，以陳字為田氏㊸。

5 田穉孟夷生湣孟莊㊹，田湣孟莊生文子須無㊺。田文子事齊莊公㊻。

6 晉之大夫欒逞作亂於晉，來奔齊㊼，齊莊公厚客之㊽。晏嬰㊾與田文子諫，莊公弗聽㊿。

7 文子卒，生桓子無宇(51)。田桓子無宇有力，事齊莊公，甚有寵。

8 無宇卒，生武子開(52)與釐子乞(53)。田釐子乞事齊景公(54)為大夫，其收賦稅於民，以小斗受之，其稟予民(55)以大斗。行陰德於民(56)，而景公弗禁(57)。由此田氏得齊眾心，宗族益彊，民思田氏[58]。晏子數諫景公[59]，景公弗聽。已而使於晉[60]，與叔向[61]私語，曰：「齊國之政其卒歸於田氏矣[62]！」

9 晏嬰卒後，范、中行氏反晉[63]。晉攻之急，范、中行請粟於齊。田乞欲為亂，樹黨於諸侯，乃說景公曰：「范、中行數有德於齊，齊不可不救。」齊使田乞救之而輸之粟[64]。

10 景公太子死，後有寵姬曰芮子[65]，生子荼[66]。景公病，命其相國惠子[67]與高昭子[68]以子荼為太子。景公卒[69]，兩相高、國立荼，是為晏孺子[70]。而田乞不說[71]，欲立景公他子陽生[72]。陽生素與乞歡[73]。晏孺子之立也，陽生奔魯[74]。田乞偽事[75]高昭子、國惠子者，每朝代參乘[76]，言曰：「始諸大夫不欲立孺子。孺子既立，君相之，大夫皆自危，謀作亂。」又紿[77]大夫曰：「高昭子可畏也[78]，及未發，先之[79]。」諸大夫從之。田乞、鮑牧[80]與大夫以兵入公室[81]，攻高昭子[82]。昭子聞之，與國惠子救公[83]。公師敗[84]，田乞之眾追國惠子，惠子奔莒[85]，遂返殺高昭子。晏圉[86]奔魯。

11 田乞使人之魯迎陽生。陽生至齊，匿田乞家。請諸大夫曰[87]：「常之母[88]有魚菽之祭[89]，幸[90]而來會飲。」會飲田氏。田乞盛陽生橐[91]中，置坐中央[92]。發橐，出陽生，曰：「此乃齊君矣。」大夫皆伏謁[93]。將盟立之[94]，田乞誣[95]曰：「吾與鮑牧謀共立陽生也。」鮑牧怒曰：「大夫[96]忘景公之命[97]乎？」諸大夫欲悔，陽生乃頓首曰：「可則立之，不可則已。」鮑牧恐禍及己[98]，乃復曰：「皆景公之子，何為不可？」遂立陽生於田乞之家，是為悼公[99]。乃使人遷晏孺子於駘，而殺孺子荼[100]。悼公既立，田乞為相，專齊政。

12 四年[101]，田乞卒，子常代立[102]，是為田成子[103]。

13 鮑牧與齊悼公有郤，弒悼公[104]。齊人共立其子壬，是為簡公[105]。田常成子與監止[106]俱為左右相，相簡公。田常心害[107]監止，監止幸於簡公，權弗能去[108]。於是田常復脩[109]釐子之政，以大斗出貸[110]，以小斗收。齊人歌之，曰：「嫗乎采芑，歸乎田成子[111]！」齊大夫朝，御鞅[112]諫簡公曰：「田、監不可並[113]也。君其擇焉[114]。」君弗聽。

14 子我[115]者，監止之宗人也，常[116]與田氏有郤。田氏疏族田豹事子我有寵。子我曰：「吾欲盡滅田氏適[117]，以豹代田氏宗[118]。」豹曰：「臣於田氏疏[119]矣。」不聽。已而豹謂田氏曰：「子我將誅田氏。田氏弗先，禍及矣。」子我舍公宮[120]，田常兄弟四人乘如公[121]宮，欲殺子我。子我閉門。簡公與婦人飲檀臺[122]，將欲擊田常。太史子餘[123]曰：「田常非敢為亂，將除害。」簡公乃卜。田常出，聞簡公怒，恐誅，將出亡[124]。田子行[125]曰：「需，事之賊也[126]。」田常於是擊子我。子我率其徒攻田氏，不勝，出亡。田氏之徒追殺子我及監止。

15 簡公出奔，田氏之徒追執簡公于徐州[127]。簡公曰：「蚤[128]從御鞅之言，不及[129]此難。」田氏之徒恐簡公復立而誅己，遂殺簡公[130]。簡公立四年而殺。於是田常立簡公弟驁，是為平公[131]。平公即位，田常為相。

16 田常既殺簡公，懼諸侯共誅[132]己，乃盡歸魯、衛侵地[133]，西約晉韓、魏、趙氏[134]，南通吳、越之使[135]。脩功行賞[136]，親於百姓[137]，以故齊復定。

17 田常言於齊平公曰：「德施人之所欲，君其行之；刑罰人之所惡，臣請行之[138]。」行之五年，齊國之政[139]皆歸田常。田常於是盡誅鮑、晏、監止及公族之彊者[140]，而割齊自安平[141]以東至琅邪[142]自為封邑[143]。封邑大於平公之所食。

18 田常乃選齊國中女子長七尺[144]以上為後宮[145]，後宮以百數，而使賓客[146]、舍人[147]出入後宮者不禁[148]。及田常卒，有七十餘男[149]。

19 田常卒，子襄子盤[150]代立，相齊。常謚為成子[151]。

20 田襄子既相齊宣公[152]，三晉殺知伯，分其地[153]。襄子使其兄弟、宗人盡為齊都邑大夫[154]，與三晉通使，且以有齊國[155]。

21 襄子卒，子莊子白[156]立。田莊子相齊宣公。宣公四十三年[157]，伐晉，毀黃城[158]，圍陽狐[159]。明年[160]，伐魯、葛及安陵[161]。明年[162]，取魯之一城[163]。

22 莊子卒，子太公和立[164]。田太公相齊宣公。宣公四十八年，取魯之郕[165]。明年[166]，宣公與鄭人[167]會西城[168]。伐衛，取毌丘[169]。宣公五十一年卒。田會[170]自廩丘反[171]。

23 宣公卒，子康公貸[172]立。貸立十四年[173]，淫於酒、婦人，不聽政[174]。太公乃遷康公於海上，食一城[175]，以奉其先祀[176]。明年[177]，魯敗齊平陸[178]。

24 三年[179]，太公與魏文侯[180]會濁澤[181]，求為諸侯[182]。魏文侯[183]乃使使言周天子及諸侯，請立齊相田和為諸侯。周天子許之。康公之十九年，田和立為齊侯，列於周室[184]。紀元年[185]。

【章旨】以上為第一段，寫田完由陳逃到齊國後，其後代逐漸把持齊國政權，終至篡奪姜氏，建立田氏齊國的過程。

【注釋】❶陳厲公他　據《左傳》，陳厲公名「躍」，〈陳杞世家〉與〈十二諸侯年表〉皆誤作「他」。陳厲公是春秋初期的陳國國君，西元前七〇六－前七〇〇年在位。當時陳國的都城宛丘，即今河南淮陽。❷周太史　周天子手下的史官。太史，官名，在帝王身邊記述歷史、掌管圖籍，也管天文、曆法與占卜、祭祀諸事。❸卜完　為田完占卜未來的吉凶。❹觀之否　由〈觀〉卦變而為〈否〉卦。❺觀國之光二句　二句為〈觀〉卦六四的爻辭。大意謂觀見一國的盛德光輝，有利於做君王的上賓。❻姜姓　指齊國。齊國是西周初年太公姜尚因佐助周武王滅殷而受封建立的國家，國都臨淄，在今山東淄博之臨淄西北。❼姜姓二句　呂尚是東海上人，其先祖嘗為「四嶽」，亦即四方的諸侯首領，也稱「方伯」。因其主管祭祀四方的名山大川，故稱「四嶽」。❽陳衰二句　陳國衰落下去，這個人的後代就將在齊國發達起來了。按：以上陳完出生的神話，見於《左傳》莊公二十二年，被史公采入本文與〈陳杞世家〉。❾陳文公　名圉，春秋初期的陳國君主，西元前七五四—前七四五年在位。❿蔡女　蔡國國君之女。當時的蔡國都城為上蔡，在今河南上蔡西南。⓫桓公　文公之子，名鮑，西元前七四四—前七○七年在位。⓬桓公與他異母　陳桓公與陳他為同父異母兄弟。⓭蔡人為他殺桓公鮑及太子免而立他二句　按：此處史公誤讀《左傳》，將人物關係弄得很混亂。實際情況是：陳他是桓公之弟，桓公死後，陳他殺桓公之太子免而自立。蔡人殺陳他而立太子免之弟陳躍，是為厲公，西元前七○六—前七○○年在位。厲公是蔡女所生，故蔡人熱心立之。⓮厲公既立二句　厲公之母是蔡女，非厲公又娶蔡女。⓯數歸　多次地返回蔡國。數，屢屢。⓰厲公亦數如蔡　如，往。按：以上二句，所說亦誤。⓱令蔡人誘厲公而殺之　蔡人所殺者為陳他，史公誤以陳他為厲公，故曰蔡人殺厲公，此乃大錯。⓲莊公　名林，是桓公之子，厲公陳躍之弟，西元前六九九—前六九三年在位。⓳為陳大夫　在陳國諸侯駕前稱臣。按：周天子駕前的執政大臣稱「卿」，諸侯駕前的執政大臣起初只能稱「大夫」，其特別有功而受過周天子之加封者亦可稱「卿」，如管仲是也。後來諸侯勢大，各諸侯國的執政大臣遂也稱「卿」，如晉之「六卿」是也。⓴春秋曰二句　按：厲公名「躍」，不名「他」，前注已及。《左傳》桓公十二年之「經文」但云「陳侯躍卒」，則厲公非被蔡人所殺。而《左傳》桓公六年之「經文」確有「蔡人殺陳他」語，乃因陳他殺桓公太子免而自立，故蔡人殺陳他而立太子免之弟厲公陳躍。㉑宣公　名杵臼，桓公子，厲公陳躍與莊公陳林之弟，西元前六九二—前六四八年在位。㉒宣公二十一年　西元前六七二年。原無「二」字。梁玉繩《志疑》：「《春秋》事在陳宣公二十一年，此缺『二』字。」據補。㉓殺其太子禦寇　因宣公又有寵姬生子，故殺其太子禦寇。㉔完故奔齊　事在齊桓公之十四年（西元前六七二年）。㉕齊桓公　名小白，春秋時期的第一位霸主，西元前六八五—前六四三年在位。㉖欲使為卿　此亦田氏建國後之追加粉飾，齊桓公未必就如此優待一個逃亡者。㉗羈旅　流離於外的人。㉘免負檐　指享受特權，不必從事體力勞動。負，背東西。檐，通「擔」。肩挑。㉙工正　管理各種工匠的官員。㉚齊懿仲　懿氏乃陳大夫，史公誤為齊人。後文亦同誤。㉛妻完　以其女為陳完妻。㉜卜之二句　「占」字應作「吉」。其斷句應作「齊懿仲欲妻完，卜之吉，曰：

「……」。㉝于蜚　即指飛翔。「于」字虛詞。蜚，通「飛」。㉞鏘鏘　鳴聲美好貌。㉟有嬀　即指「嬀姓」，舜的後代。周武王滅殷後，封舜的後代於陳國，陳完是陳國貴族之後，故此稱陳完與其後代亦曰「嬀姓」。㊱將育于姜　將在齊國這片姜姓的國土上發展起來。㊲五世其昌二句　指日後的陳桓子在齊國掌握政權。陳桓子，名無宇，是陳完的五世孫。㊳八世之後二句　指自陳常開始，田氏在齊國獨攬政權，無人能與之相比。莫之與京，即無人再比他強大。京，大；強大。㊴卒妻完　終於讓他的女兒嫁給了陳完。按：據《左傳》，此嫁女與陳完之「懿仲」乃陳國人；其嫁女與陳完乃陳完尚未逃離陳國時事，今史公乃將其移到陳完入齊後，且稱「懿仲」是齊人，殆誤。㊵謚為敬仲　「敬」字是謚；「仲」字是字。㊶稺孟夷　「稺」字是名，「孟夷」是字。㊷如齊　到達齊國後。㊸以陳字為田氏　《索隱》曰：「以『陳』『田』二字聲相近，遂以為『田氏』。」《集解》曰：「始食采地於田，由是改姓『田氏』。」㊹湣孟莊　名「湣」，字「孟莊」。㊺文子須無　名須無，謚為「文」。㊻齊莊公　名光，靈公之子，西元前五五三—前五四八年在位。㊼欒逞作亂於晉二句　欒逞，《左傳》作「欒盈」，晉國大族欒書之孫，因家族內部鬧矛盾，另一大族范氏乘機介入，遂將欒逞逐出國外。欒逞在此事上是受害者，而史公稱其「作亂於晉」，與事實不合，詳見《左傳》襄公二十一年。欒逞先逃到楚國，後於次年轉到齊國。㊽厚客之　以優厚的待遇將其接納下來。㊾晏嬰　春秋後期的齊國名臣，事跡見〈管晏列傳〉與〈齊太公世家〉。後人整理其事為《晏子春秋》。㊿莊公弗聽　欒逞逃出晉國後，晉國倚仗其霸主地位，通知各國不准接納欒逞。晏嬰與田文子即以此勸諫齊莊公，莊公不採納。莊公八年，送欒逞潛回晉國，使其與齊國裡應外合地在晉國作亂，事敗，欒逞被晉人所殺。51文子卒二句　「卒」字疑衍，下「無宇卒」同。桓子無宇，名無宇，謚曰「桓」。52武子開　名「開」，謚曰「武」。53釐子乞　名「乞」，謚曰「釐」。釐，通作「僖」。54齊景公　名杵臼，西元前五四七—前四九〇年在位。55稟予民　發放糧食給齊國之民。稟予，猶給予。「稟」原作「粟」。王念孫《雜志》：「粟予民以大斗文不成義，粟當為稟。稟、粟隸書相似，又涉下文請粟而誤耳。《太平御覽・器物部》引《史記》作稟是其證。」據改。56行陰德於民　暗中施惠於百姓。57景公弗禁　梁玉繩曰：「『小斗』『大斗』之言，即景公九年晏子與叔向語所謂『家量』『公量』者，正桓子時事，此以為『僖子』非。」58民思田氏　百姓們感戴田氏家族的恩德。思，懷念；感戴。59數諫景公　屢次告誡齊景公要提防田氏這伙野心家、陰謀家。60使於晉　出使到晉國。晉國的都城新田，即今山西侯馬。61叔向　姓羊舌，名肸，晉國大夫，以博聞深識著稱。62齊國之政其卒歸於田氏矣　按：叔向與晏嬰語田氏行陰德於民，並預言其將篡有齊國事，見《左傳》昭公三年。63范中行氏反晉　事在晉定公十五年，西元前四九七年。范，指范吉射。中行，指中行寅。都是晉國的大貴族。二族與趙氏鬧矛盾，起兵攻趙鞅；知氏、韓氏、魏氏聯合起兵反攻范氏、中行氏，二族被打敗，逃據朝歌（今河南淇縣）。事見《左傳》定公十三年，及〈晉世家〉、〈趙世家〉。(64)輸之粟　送糧食給他們。(65)芮子　也作「粥子」。(66)生子荼　生子曰「荼」，即「晏孺子」。(67)國惠子　名夏，「惠」字是謚。(68)高昭子　名張，「昭」字是謚。國氏、高氏是齊國的兩家世襲大貴族，猶如魯之「三桓」，世世代代為齊國之相，而管仲、晏嬰等史公稱之為「相」者，亦只是掌權而已，其實始終未曾為「相」也。(69)景公卒　事在西元前四九〇年。(70)晏孺子　在位一年，即西元前四八九年。(71)說　通「悅」。(72)陽生　即日後之齊悼公。(73)歡　指關係友好親密。(74)陽生奔魯　當時魯國的國君為魯哀公，西元前四九四—前四六六年在位。(75)偽事　假意地虛心侍候。(76)每朝代參乘　「代」字似應依《左傳》作「必」，即每次上朝時田乞總為高昭子、國惠子做保鏢。參乘，站在車上的右側，為該車的主子充當警衛。(77)紿　欺騙。(78)高昭子可畏也　梁玉繩曰：「稱『昭子』非。」人還活著不可能稱謚。瀧川曰：「『昭』當作『國』，《左傳》作『二子』。」(79)及未發二句　趁他尚未動手我們先動手。(80)鮑牧　齊國大貴族，鮑叔牙的後代。(81)公室　齊國國君（即晏孺子）的宮室。(82)攻高昭子　四字疑衍，不然與下文抵忤。(83)救公　救援齊國諸侯，即晏孺子。(84)公師敗　意即高昭子、國惠子的軍隊被田乞、鮑牧所打敗。(85)莒　當時的小國名，國都即今山東莒縣。(86)晏圉　晏嬰之子。「晏圉」原作「晏孺子」。《左傳》奔魯者乃晏圉。錢大昕《考異》卷四：「『晏孺子』乃『晏圉』之誤也。使孺子果奔魯，安得遷之駘而殺之？」據改。(87)請諸大夫曰　句首應增「田乞」二字讀。(88)常之母　田乞之子田常的母親，田乞以此稱其妻。(89)魚菽之祭　瀧川引何休曰：「齊俗婦人首祭事，言魚豆者，示薄陋無所有也。」菽，豆。家有祭祀而告人者，以祭祀後必有宴會，故請人出席。(90)幸　此處意即「希望」，希望前來參加祭祀，祭罷一同飲酒。(91)橐　口袋。(92)置坐中央　置於諸大夫環坐的座位之中央。(93)伏謁　伏地拜見。(94)將盟立之　準備與諸大夫定盟，共立陽生為君。(95)誣　假說。(96)大夫　此稱田乞。(97)景公之命　即囑高、國二相立晏孺子為君事。(98)恐禍及己　恐陽生被田乞立為君後，自己以不擁立獲罪。(99)悼公　西元前四八八—前四八五年在位。(100)乃使人遷晏孺子於駘二句　駘，齊邑名，顧棟高以為即今山東臨朐。按：以上田乞玩弄陰謀殺晏孺子改立陽生事，見《左傳》哀公六年與〈齊太公世家〉。(101)四年　悼公四年，西元前四八五年。(102)子常代立　代立為田氏家族之首領，並繼其父專齊政。(103)田成子　「成」字是田常的謚。田常也稱「田恆」、「陳恆」、「陳常」。(104)鮑牧與齊悼公有郄二句　按：據《左傳》哀公八年，為悼公殺鮑牧；據《左傳》哀公十年，為「齊人弒悼公」。所謂「齊人」者，實即田常一黨，而史公於此竟作鮑牧弒悼公，大誤。有郄，有矛盾；有過節。(105)簡公　名壬，悼公陽生之子，西元前四八四—前四八一年在位。(106)監止　也作「闞止」，齊國貴族。(107)心害　內心忌恨。(108)權弗能去　因為監止有權，所以田常無法將其排擠走。(109)復脩　重新實行。(110)出貸　借糧食給百姓。(111)嫗乎采芑二句　《索隱》曰：

「言嫗之采苢菜，皆歸入於田成子，以刺齊國之政將歸陳。」史珥曰：「時田常尚在，何遽有『成子』之號？要是後人追述耳，此蓋力摹萊人一歌。」(112)御鞅　簡公之御者名鞅。御者即車夫，此忠於簡公而又有預見者。(113)田監不可竝　田常與監止是不能並存的。(114)君其擇焉　您要挑選其中的一個，去除另一個。(115)子我　此「子我」乃齊國大夫，與孔子弟子之「宰予」字「子我」者偶同名，而〈仲尼弟子列傳〉乃誤為一人，大誤。(116)常　通「嘗」。曾經。(117)田氏適　田氏家族的合法繼承人。適，通「嫡」。(118)代田氏宗　代之為田氏家族的宗主。(119)疏　指血緣關係疏遠。(120)舍公宮　住宿在齊簡公的宮廷。(121)四人乘如公　瀧川曰：「《左傳》與〈齊世家〉無『人』字。」四乘，四輛兵車。也有說四人共乘一輛車。(122)檀臺　齊宮內的亭臺。(123)太史子餘　齊國太史名子餘，史失其姓，蓋亦田氏之黨也。(124)將出亡　準備出逃他國。亡，出逃。(125)田子行　田常的黨羽，事先潛伏於簡公之身邊者。(126)需二句　猶今所謂「遲疑不斷是辦事的大敵」。需，遲疑不決；優柔寡斷。(127)徐州　也作「舒州」，即戰國時期的薛縣，在今山東滕縣南。(128)蚤　通「早」。(129)及　遇；遭逢。(130)遂殺簡公　以上田常殺監止及弒簡公事，在齊簡公四年（西元前四八一年），見《左傳》哀公十四年與〈齊太公世家〉。(131)平公　名驁，景公之子，西元前四八〇—前四五六年在位。(132)誅　討；討伐。(133)歸魯衛侵地　將前所侵占的魯、衛兩國的地盤退還兩國。按：《左傳》與〈齊太公世家〉皆無其事。(134)西約晉韓魏趙氏　西與晉國的韓、趙、魏三家相聯合。按：當時晉國的政權由知氏、韓氏、趙氏、魏氏四家所把持。(135)南通吳越之使　吳、越都是春秋後期興起的諸侯國名，此時的吳國國君為吳王夫差，國都即今江蘇蘇州；越國的國君為越王句踐，國都即今浙江紹興。(136)脩功行賞　即按功行賞。脩，循；依照。(137)百姓　國內的各個大家族，與後世所說之「黎民百姓」意思不同。(138)德施人之所欲四句　德施，講仁德，施恩惠。與下文「刑罰」對稱。瀧川曰：「《韓非子・二柄》：『田常上請爵祿而行之，下大斗斛而施於百姓，此簡公失德而田常用之也，故簡公見弒。子罕謂宋君曰：夫慶賞賜予者，民之所喜也，君自行之；殺戮刑罰者，民之所惡也，臣請當之。於是宋君失刑而子罕用之，故宋君見劫。』此合二事歸之於田恆，恐非。」又引余有丁曰：「昔市私恩，所以結人心；今專刑罰，所以籠威權也。」(139)政　權。這裡指國家的一切權力。(140)盡誅鮑晏監止及公族之彊者　崔適曰：「『監止』下疑脫『之族』二字。」公族，國君的宗族。(141)安平　齊邑名，在今山東淄博東北。(142)琅邪　齊邑名，在今山東膠南西南，地處東海之濱。(143)自為封邑　作為自己的領地。(144)七尺　約當今之一・六二公尺。當時的一尺約等於今之二十三・一公分。(145)為後宮　指入為田氏的姬妾。後宮，指姬妾。(146)賓客　依附於權貴之門的清客、食客等。(147)舍人　權貴門下的親信用人。(148)出入後宮者不禁　以此增加其田氏私家的人口。(149)及田常卒二句　吳見思曰：「忙中插此閑事，正為田氏醜詆。」(150)襄子盤　名盤，「襄」字是諡。(151)常諡為成子　此句疑應在「田常卒」下，而句首「常」

字衍。(152)齊宣公　名積，平公之子，西元前四五五—前四〇五年在位。(153)三晉殺知伯二句　晉國六卿中的范氏、中行氏最先被其他四家消滅後，四家中以知氏為最強。知氏恃強向韓、趙、魏三家勒索土地，激起三家聯合，共同滅掉了知氏，過程詳見《戰國策．趙策一》與〈趙世家〉。三晉，即指韓、趙、魏三家。知伯，名瑤，知氏家族的首領。(154)盡為齊都邑大夫　全部控制齊宣公治下的各個城邑。都邑大夫，猶如後來的郡守、縣令。(155)且以有齊國　將通過他們來全部占有齊國。且，將。以，以之。有，占有。(156)莊子白　名「白」，也作「伯」，「莊」字是諡。(157)宣公四十三年　西元前四一三年。(158)黃城　晉邑名，在今山東冠縣南。(159)陽狐　晉邑名，在今河北大名東北。(160)明年　齊宣公四十四年，西元前四一二年。(161)伐魯葛及安陵　梁玉繩以為「葛」字應作「莒」。安陵，在今河南鄢陵北，當時為附屬魏國的一個小封君的所在地。(162)明年　齊宣公四十五年，西元前四一一年。(163)取魯之一城　取何城，史無明載。(164)莊子卒二句　太公和，名和，「太公」是田氏後人對他的稱號。按：今戰國史家皆依《世本》作莊子生悼子，悼子生和子，和子生侯剡，侯剡生桓公。悼子為西元前四一〇—前四〇五年執政。和子為西元前四〇四—前三八四年在位（自西元前三八六年始稱侯）。侯剡為西元前三八三—前三七五年在位。(165)郕　魯邑名，在今山東寧陽東北。(166)明年　齊宣公四十九年（西元前四〇七年）。(167)鄭人　鄭繻公，西元前四二二—前三九六年在位。鄭國的都城在今河南新鄭。(168)西城　方位不詳。(169)毌丘　衛邑名，在今山東曹縣西南。(170)田會　田和的族人。(171)自廩丘反　在廩丘叛變，歸附趙國。廩丘，齊邑名，在今河南范縣東南，鄄城東北。(172)康公貸　名貸，姜氏齊國的末代國君，西元前四〇四—前三七九年在位。(173)貸立十四年　西元前三九一年。(174)淫於酒婦人二句　當然是田和的誣衊之辭，其時貸公尚有「政」可聽乎？淫，沉迷；無節制。(175)遷康公於海上二句　按：此海邊一城不知究在何處，而齊國從此遂完全歸入田和之手。又，〈齊太公世家〉、〈六國年表〉皆曰：「康公十九年，田和始為諸侯，遷康公海濱。」此云「十四年」，誤。(176)奉其先祀　繼續對其祖先的祭祀。按：姜氏祖先還可享受祭祀，意即其「國號」尚未被徹底廢除。(177)明年　康公十五年，西元前三九〇年。(178)平陸　齊邑名，在今山東汶上西北。(179)三年　語意不明，疑有脫誤。《集解》以為意指「第三年」，乃針對上文之「明年」而言，實指康公十六年（西元前三八九年）。(180)魏文侯　名斯，晉國魏氏家族的首先稱侯者，西元前四四五—前三九六年在位。(181)濁澤　魏邑名，有說在今山西運城西；有說在今河南長葛西北。(182)求為諸侯　請求周天子與當時各國承認田和為諸侯。按：濁澤之會在康公十六年（西元前三八九年），相當於魏武侯七年，其時魏文侯已死多年，〈魏世家〉與〈六國年表〉亦皆誤。魏武侯，名擊，文侯之子，西元前三九五—前三七〇年在位。(183)魏文侯　按：此「魏文侯」應作「魏武侯」。(184)列於周室　列於周天子的譜籍。(185)紀元年　歷史上稱此年為田和稱諸侯的元年。按：上文「太公乃遷康公於海上，食一城，以奉其先祀」三句，似應移置此處。

【語譯】陳完是陳厲公他的兒子。陳完出生的時候，周太史經過陳，陳厲公讓他為陳完占卜未來的吉凶，得到的是從〈觀〉卦變成〈否〉卦。周太史說：「這段爻辭的意思是：『觀見一國的盛德光輝，有利於做君王的上賓。』這個孩子看來要代替陳氏擁有國家！但不是在陳國，而是在別的國家！不是在這個孩子本身，而是在他的後代子孫。若是在別的國家發達，一定是在姜姓的國家。姜姓是四嶽的後代。事物不能兩個同時強大，當日後陳國衰亡的時候，這個孩子的後代就要在別國昌盛起來了。」

2 陳厲公是陳文公的小兒子，他的母親是前任蔡侯的女兒。陳文公死了以後，厲公的兄長名鮑即位，這就是陳桓公。陳桓公與陳厲公不是同一個母親所生。在陳桓公生病的時候，蔡國人為了讓厲公他能當上國君，就將陳桓公鮑和他的太子免一起殺掉，而擁立他做了陳國國君，這就是陳厲公。陳厲公做了國君以後，又娶了現任蔡侯的女兒。蔡侯的女兒與蔡國人私通，屢次的回蔡國去與情人相會。陳厲公也屢次的追隨其夫人來到蔡國。陳桓公的小兒子叫做林，他恨陳厲公殺死了他的父親和哥哥，就買通蔡國人將陳厲公誘騙出來殺死了。陳林自己做了國君，這就是陳莊公。陳完沒能當上陳國國君，而是做了陳國的大夫。陳厲公的被殺，是由於色欲而輕易出國。所以《春秋》上對此記載說：「蔡國人殺死了陳他。」意思是責備陳厲公不該輕易的到別的國家去。

3 莊公去世以後，他的弟弟杵臼做了國君，這就是陳宣公。陳宣公二十一年，殺太子禦寇。太子禦寇和陳完關係好，陳完害怕自己受到牽連，就離開陳國逃到齊國去了。齊桓公想讓陳完任齊國的上卿，陳完推辭說：「一個流亡之人，能有幸免除體力勞動就是您的恩惠了，實在不敢竊居高位。」於是齊桓公就讓他當了一個管理各種工匠的官。齊國的懿仲想把女兒嫁給陳完，他為此進行占卜而得到吉卦，卦象說：「鳳與凰比翼飛翔，鳴聲相應，鏗鏗鏘鏘。有嬀氏的後代，在姜姓的國土上生根滋長。五代以後，位為正卿。八代以後，再沒人比他更強。」齊懿仲於是把女兒嫁給了陳完。陳完逃到齊國的時候，是齊桓公十四年。

4 陳完去世後諡為「敬仲」。敬仲的兒子叫田穉，田穉字孟夷。陳完逃到齊國後，改為姓田。

5 田穉孟夷的兒子名湣字孟莊，田湣孟莊的兒子名須無，諡曰「文」。田文子在齊莊公駕前為臣。

6 當時晉國的大夫欒逞在晉國作亂失敗，逃到齊國。齊莊公以優厚的待遇將他接納下來。晏嬰和田文子都勸阻齊莊公，齊莊公不採納。

7 田文子去世後，他的兒子桓子名無宇。田桓子無宇很有力氣，繼續在齊莊公駕下為臣，很受齊莊公寵信。

8 田桓子無宇去世後，留下兩個兒子：武子名開、釐子名乞。田釐子乞在齊景公駕前為臣，任大夫之職。田乞在向百姓徵收賦稅的時候，用小斗收進；在發給百姓糧食的時候，用大斗放出，暗中向百姓買好，齊景公沒有禁止。於是田氏在齊國越來越得人心，田氏家族也越來越興盛，齊國的百姓都感念田氏的恩德。晏嬰為此多次勸諫齊景公，齊景公不採信。後來，晏子出使來到晉國，私下對叔向說：「齊國的政權最後肯定要落入田氏之手啊！」

9 晏嬰死後，晉國的范氏、中行氏在晉國發動叛亂。被晉國軍隊圍攻得很緊急，范氏、中行氏向齊國請求支援糧食。田乞也正準備在齊國發動叛亂，正想與別國勢力相互勾結，於是就勸齊景公說：「晉國的范氏、中行氏曾經多次有恩於齊，齊國不能不救援它們。」於是齊景公便派田乞前去救援范氏、中行氏，給它們送去糧食。

10 景公的太子早死，景公的寵姬芮子生了一個兒子名荼。景公病重的時候，命令宰相國惠子和高昭子立荼為太子。齊景公去世後，兩個宰相便立荼為君，這就是晏孺子。而田乞對此不高興，他想立齊景公的另一個兒子陽生為君。因為陽生與田乞的關係親密。當晏孺子被立為君之後，陽生逃到了魯國。這時田乞便假意討好高昭子與國惠子，每當乘車上朝的時候，田乞總是親自去站到他們的車上當警衛。田乞對高昭子、國惠子說：「當初大夫們都不願意立孺子為君。孺子做了國君後，你們繼續做宰相，大夫們都人人自危，商量著要作亂。」暗地又去欺騙那些大夫們說：「高昭子太可怕了。我們必須趁他還沒動手之前先發制人。」大夫們都聽從田乞。於是，田乞、鮑牧和大夫們率兵攻入晏孺子的宮殿。高昭子得到消息後，與國惠子領兵去救齊君。結果齊國公室的軍隊被打敗，田乞的部下追殺國惠子，國惠子逃到莒國去了，於是叛軍返回來殺了高昭子。晏嬰之子晏圉逃到了魯國。

11 田乞派人到魯國迎接陽生。陽生回到齊國後，隱藏在田乞家中。田乞邀請諸位大夫說：「我兒子田常的母親要舉行祭祀，我希望大家都能一道來喝一杯。」於是大夫們都來到田乞家會飲。田乞事先將陽生裝在一個口袋裡，放在座席中間。飲酒的時候田乞突然打開口袋放出陽生說：「這就是咱齊國的國君。」大夫們沒有辦法，只好跪伏在地上拜見陽生。當田乞要與眾大夫盟誓立陽生為君時，田乞又強拉著鮑牧說：「立陽生為君是我和鮑牧一起商量的。」鮑牧生氣地說：「你們難道忘了景公當初的遺囑了嗎？」大夫們一聽這話又想反悔，這時陽生向大家叩頭說：「如果你們認為可以立我為君就立，如果認為不行就算了。」鮑牧一看這種形勢，害怕以後被陽生所殺，於是又改口說：「都是景公的兒子，有什麼不可以呢？」於是就在田乞家立陽生為齊君，這就是齊悼公。同時派人將晏孺子遷到駘邑，隨後又將晏孺子殺掉。齊悼公即位後，田乞遂任宰相，獨掌齊國大權。

12 齊悼公四年，田乞去世，田乞的兒子田常接替了他的職位，這就是田成子。

13 同年，鮑牧因與齊悼公不和，殺掉了齊悼公。齊國人遂擁立悼公之子壬為齊君，這就是齊簡公。這時田成子與監止分任左右宰相，共同輔佐齊簡公。田常內心嫉恨監止，由於監止受到簡公的寵幸，故而田常沒法將他排擠掉。於是田常便再次採用當初田釐子爭取民心的做法，當他們借給百姓們糧食的時候用大斗，當他們向百姓收回糧食的時候用小斗。於是齊國百姓歌頌田氏說：「老婆婆採苣菜呀，採來苣菜送給田成子呀。」當齊國大夫朝見簡公的時候，簡公的車夫鞅勸諫簡公說：「田氏和監氏是不能並存的。您必須選用其中的一個，去掉另一個。」簡公不採納。

14 子我是監止的族人，曾經和田氏有過矛盾。田氏的遠房族人田豹為子我效力，很受子我的寵信。子我對田豹說：「我想把田氏的嫡系全部除掉，讓你做田氏家族宗主。」田豹說：「我和田氏家族的血緣關係是很疏遠的。」沒有答應。過後田豹向田氏告密說：「子我將要誅滅田氏。田氏如果不先動手就要大禍臨頭。」

子我住宿在齊簡公的宮中，田常兄弟四人駕車趕往宮中，要殺子我。子我關閉了宮門。這時，齊簡公正和妃子們在檀臺飲酒，聽說田常率兵逼宮，想要起兵討伐田常。太史子餘勸止簡公說：「田常不敢作亂，他是來為國除害的。」齊簡公於是停止了發兵。田常由宮中退出後，聽說簡公發怒，害怕自己被殺，就準備出逃他國。這時田子行勸田常說：「猶疑不決可是辦事的大敵。」於是田常就轉頭去攻打子我。子我也率兵來攻田氏，結果子我戰敗逃去。於是田氏的部下便追殺了子我與監止。

15 簡公逃出京城，田氏的黨羽追到徐州，捉住了簡公。簡公後悔地說：「我如果早一點聽從御鞅的話，就不會遭受今天的災難了。」田氏的黨羽害怕簡公復位報復自己，就把簡公殺掉了。齊簡公在位共四年，被田氏所殺。於是田常又立簡公之弟驁為君，這就是齊平公。平公即位後，田常為齊相。

16 田常殺掉簡公後，害怕諸侯來討伐他，就將以前侵占的魯國、衛國的土地全歸還給魯、衛，同時向西與晉國的韓、趙、魏三家結盟，向南與吳、越兩國建立友好關係。在國內按功行賞，親近國內的各大家族，因此齊國又安定下來。

17 田常對齊平公說：「講仁德，施恩惠，這是受到人人歡迎的，國君您管這個方面；殺戮刑罰，這是受到人人厭惡的，請讓我去執行。」這樣過了五年，齊國的一切大權遂全部歸於田常一人之手。於是田常把鮑氏、晏氏、監止以及齊國公室中的勢力強大者都殺了個一乾二淨，又把齊國從安平以東直到琅邪的地盤劃歸自己所有。以至於田氏的地盤比齊平公所管的地盤還要大。

18 田常在齊國大量挑選身高七尺以上的女子做姬妾。他後宮的女子以百計，田常讓他的賓客、舍人隨便出入後宮，不加禁止。等到田常死的時候，他的「兒子」有七十多個。

19 田常去世後，他的兒子襄子名盤接替他做了齊國宰相。田常被諡為「成」。

20 田襄子任齊宣公的宰相，這時候晉國的韓、魏、趙三家已經滅了知伯，瓜分了知氏的領地。田襄子讓他的兄弟、族人都去做齊宣公所轄地區的都邑大夫，控制了齊國的所有城邑；他又與晉國的韓、魏、趙三家互通使節，想借此相互聲援全部占有齊國。

21 田襄子去世後，他的兒子莊子名白即位。田莊子繼續任齊宣公的宰相。齊宣公四十三年，齊國伐晉，毀壞黃城，包圍了陽狐縣。第二年，齊軍伐魯、葛及安陵。第三年，齊軍又攻取了魯國的一座城。

22 這一年田莊子去世，他的兒子太公名和即位。田太公繼續任齊宣公的宰相。宣公四十八年，齊軍奪取了魯國的郕縣。第二年，齊宣公與鄭繻公在西城會晤。同年，齊軍伐衛，占領了毋丘縣。宣公五十一年去世。這年田會在廩丘叛變。

23 齊宣公去世後，宣公的兒子康公貸即位。康公即位十四年，沉溺於酒色，不過問政事。田太公就將康公遷到海邊，只給他一個城做食邑讓他繼續供奉姜氏齊國的祖先。第二年，魯國在平陸縣打敗了齊國。

24 第三年，田太公與魏文侯在濁澤會晤，請求周天子和各國承認自己為諸侯。魏文侯就派遣使者去向周天子和各國請求立齊相田和為諸侯。周天子答應了這個請求。齊康公十九年，周天子封田和為諸侯，列在周朝諸侯的行列中。此年即為田和稱諸侯的元年。

1 齊侯太公和立二年❶，和卒，子桓公午立❷。桓公午五年❸，秦、魏攻韓，韓求救於齊❹。齊桓公❺召大臣而謀曰：「蚤救之孰與晚救之？」騶忌❻曰：「不若勿救。」段干朋❼曰：「不救，則韓且折而入於魏❽，不若救之。」田臣思❾曰：「過矣！君之謀也。秦、魏攻韓，楚、趙必救之❿，是天以燕予齊⓫也。」桓公曰：「善。」乃陰告韓使者⓬而遣之。韓自以為得齊之救，因與秦、魏戰。楚、趙聞之，果起兵而救之。齊因起兵襲燕國，取桑丘⓭。

2 六年，救衛⓮。桓公卒，子威王因齊立⓯。是歲，故齊康公卒，絕無後，奉邑皆入田氏⑯。

3 齊威王元年⑰，三晉⑱因齊喪⑲來伐我靈丘⑳。三年，三晉滅晉後而分其地㉑。六年，魯伐我，入陽關㉒。晉伐我㉓，至博陵㉔。七年，衛伐我，取薛陵㉕。九年，趙伐我㉖，取甄㉗。

4 威王初即位㉘以來，不治㉙，委政卿大夫。九年之間，諸侯並伐，國人不治㉚。於是威王召即墨大夫㉛而語之曰：「自子之居即墨也，毀言㉜日至。然吾使人視即墨，田野闢㉝，民人給㉞，官無留事㉟，東方㊱以寧。是子不事㊲吾左右以求譽㊳也。」封之萬家㊴。召阿大夫㊵語曰：「自子之守阿，譽言㊶日聞。然使使視阿，田野不闢，民貧苦。昔日趙攻甄，子弗能救㊷。衛取薛陵，子弗知㊸。是子以幣厚吾左右㊹以求譽也。」是日，亨阿大夫，及左右嘗譽者皆并烹之㊺。遂起兵西擊趙、衛，敗魏於濁澤而圍惠王㊻。惠王請獻觀以和解㊼，趙人歸我長城㊽。於是齊國震懼，人人不敢飾非，務盡其誠㊾，齊國大治。諸侯聞之，莫敢致兵於齊二十餘年㊿。

5 騶忌子(51)以鼓琴見威王，威王說(52)而舍之右室。須臾，王鼓琴，騶忌子推戶入，曰：「善哉鼓琴！」王勃然不說，去琴按劍曰：「夫子見容未察(53)，何以知其善也！」騶忌子曰：「夫大弦濁以春溫[54]者，君也[55]；小弦廉折以清[56]者，相也[57]；攫之深[58]，醳之愉[59]者，政令也[60]；鈞諧[61]以鳴，大小相益[62]，回邪[63]而不相害者，四時也[64]。吾是以知其善也。」王曰：「善語音[65]。」騶忌子曰：「何獨語音？夫治國家而弭人民[66]皆在其中。」王又勃然不說，曰：「若夫語五音之紀[67]，信[68]未有如夫子者也。若夫治國家而弭人民，又何為乎絲桐之間[69]？」騶忌子曰：「夫大弦濁以春溫者，君也；小弦廉折以清者，相也；攫之深而舍之愉者，政令也；鈞諧以鳴，大小相益，回邪而不相害者，四時也。夫復[70]而不亂者，所以治昌[71]也；連而徑[72]者，所以存亡[73]也。故曰琴音調而天下治[74]。夫治國家而弭人民者，無若乎五音者[75]。」王曰：「善。」

6 騶忌子見三月而受相印[76]。淳于髡[77]見之，曰：「善說哉！髡有愚志[78]，願陳諸前。」騶忌子曰：「謹受教。」淳于髡曰：「得全全昌[79]，失全全亡。」騶忌子曰：「謹受令[80]，請謹毋離前[81]。」淳于髡曰：「豨膏棘軸[82]，所以為滑也，然而不能運方穿[83]。」騶忌子曰：「謹受令，請謹事左右[84]。」淳于髡曰：「弓膠昔幹[85]，所以為合也，然而不能傅合疏罅[86]。」騶忌子曰：「謹受令，請謹自附於萬民。」淳于髡曰：「狐裘雖敝，不可補以黃狗之皮[87]。」騶忌子曰：「謹受令，請謹擇君子，毋雜小人其間[88]。」淳于髡曰：「大車不較[89]，不能載其常任[90]；琴瑟不較，不能成其五音。」騶忌子曰：「謹受令，請謹脩法律而督姦吏。」淳于髡說畢，趨出[91]至門，而面其僕曰[92]：「是人者，吾語之微言[93]五，其應我若響之應聲[94]。是人必封不久[95]矣。」居朞年[96]，封以下邳[97]，號曰成侯[98]。

7 威王二十三年[99]，與趙王會平陸[100]。二十四年，與魏王[101]會田[102]於郊。魏王問曰：「王亦有寶乎？」威王曰：「無有。」梁王曰：「若寡人國小也[103]，尚有徑寸[104]之珠照車前後各十二乘[105]者十枚，柰何[106]以萬乘之國[107]而無寶乎？」威王曰：「寡人之所以為寶與王異。吾臣有檀子[108]者，使守南城[109]，則楚人不敢為寇東取，泗上十二諸侯[110]皆來朝。吾臣有肦子[111]者，使守高唐[112]，則趙人不敢東漁於河[113]；吾吏有黔夫[114]者，使守徐州[115]，則燕人祭北門，趙人祭西門[116]，徙而從者[117]七千餘家；吾臣有種首[118]者，使備盜賊，則道不拾遺。將以照千里，豈特[119]十二乘哉！」梁惠王慚，不懌而去[120]。

8 二十六年，魏惠王圍邯鄲[121]，趙求救於齊[122]。齊威王召大臣而謀曰：「救趙孰與勿救？」騶忌子曰：「不如勿救。」段干朋曰：「不救則不義，且不利。」威王曰：「何也？」對曰：「夫魏氏并邯鄲，其於齊何利哉？且夫救趙而軍其郊[123]，是趙不伐[124]而魏全[125]也。故不如南攻襄陵[126]以獘魏[127]，邯鄲拔而乘魏之獘[128]。」威王從其計[129]。

9 其後成侯騶忌與田忌不善[130]，公孫閱[131]謂成侯忌曰：「公何不謀伐魏[132]？田忌必將。戰勝有功，則公之謀中也；戰不勝，非前死[133]則後北[134]，而命在公[135]矣。」於是成侯言威王，使田忌南攻襄陵。十月，邯鄲拔[136]，齊因起兵擊魏，大敗之桂陵[137]。於是齊最彊於諸侯，自稱為王，以令天下[138]。

10 三十三年，殺其大夫牟辛[139]。

11 三十五年，公孫閱又謂成侯忌曰：「公何不令人操十金卜於市[140]，曰：『我田忌之人也。吾三戰而三勝，聲威天下。欲為大事[141]，亦吉乎？不吉乎？』」卜者出，因令人捕為之卜者[142]，驗其辭於王之所[143]。田忌聞之，因率其徒襲攻臨淄，求成侯。不勝而犇[144]。

12 三十六年，威王卒，子宣王辟彊立[145]。

13 宣王元年[146]，秦用商鞅[147]，周致伯於秦孝公[148]。

14 二年，魏伐趙[149]。趙與韓親[150]，共擊魏。趙不利，戰於南梁[151]。宣王[152]召田忌復故位[153]。韓氏請救於齊。宣王召大臣而謀曰：「蚤救孰與晚救？」騶忌子曰：

「不如勿救。」田忌曰：「弗救，則韓且折而入於魏，不如蚤救之。」孫子[154]曰：「夫韓、魏之兵未弊而救之，是吾代韓受魏之兵，顧反[155]聽命於韓也。且魏有破國之志，韓見亡，必東面而愬[156]於齊矣。吾因深結韓之親[157]，而晚承魏之弊[158]，則可重利而得尊名[159]也。」宣王[160]曰：「善。」乃陰告韓之使者而遣之。韓因恃齊，五戰不勝，而東委國於齊[161]。齊因起兵，使田忌、田嬰[162]將，孫子為師[163]，救韓、趙以擊魏[164]，大敗之馬陵[165]，殺其將龐涓[166]，虜魏太子申[167]。其後三晉之王皆因田嬰朝齊王於博望[168]，盟[169]而去。

15 七年，與魏王會平阿[170]南。明年，復會甄。魏惠王卒[171]。明年，與魏襄王會徐州[172]，諸侯相王[173]也。十年，楚圍我徐州[174]。十一年，與魏伐趙[175]。趙決河水灌齊、魏，兵罷。十八年，秦惠王稱王[176]。

16 宣王喜文學、游說之士[177]，自如騶衍[178]、淳于髡、田駢[179]、接予[180]、慎到[181]、環淵[182]之徒七十六人，皆賜列第，為上大夫[183]，不治而議論[184]。是以齊稷下學士復盛[185]，且數百千人[186]。

17 十九年，宣王卒，子湣王地立[187]。

【章　旨】以上為第二段，寫田氏齊國歷桓公、侯剡至威王、宣王，齊國達到鼎盛的情景。

【注　釋】❶太公和立二年　西元前三八五年。❷和卒二句　按：應依《紀年》作「和卒，子侯剡立」，侯剡之後始為桓公午立。視文意，桓公田午蓋田侯剡之弟，乃弒其兄而即位者。❸桓公午五年　應作侯剡五年（西元前三八〇年）。❹秦魏攻韓二句　時秦國國君為秦獻公（西元前三八四—前三六二年在位），魏國國君為魏武侯（西元前三九五—前三七〇年在位），韓國的國君為韓文侯（西元前三八六—前三七五年在位）。❺齊桓公　此「齊桓公（田午）」應作「侯剡」。❻騶忌　也寫作「鄒忌」，齊國大臣。徐孚遠曰：「騶忌以鼓琴干齊威王，不宜桓公午時已與廷議。」❼段干朋　姓段干，名朋。齊國大臣。❽折而入於魏　轉過來投向魏國，成為魏國的僕從。❾田臣思　田忌，字臣思，齊國名將。❿楚趙必救之　當時楚國的國君為楚肅王（西元前三八〇—前三七〇年在位）。趙國的國君為趙敬侯（西元前三八六—前三七五年在位）。⓫天以燕予齊　謂齊國正好趁機伐燕。當時燕國的國君為燕簡公（西元前四一四—前三七三年在位），燕國的國都薊（即今北京市）。⓬陰告韓使者　告韓曰必救之。⓭取桑丘　桑丘，燕縣名，在今河北徐水西南。按：以上齊乘秦、魏伐韓，楚、趙救韓而趁機伐燕事，見《戰國策・齊策二》，史公繫之於桓公五年，考據家皆以為非。⓮救衛　當時衛國的國君為衛聲公（西元前三八六—前三七六年在位）。⓯桓公卒二句　按：此二句皆誤。⓰齊康公卒三句　事在齊康公二十六年，即侯剡之六年。⓱齊威王元年　應作侯剡七年，西元前三七八年。⓲三晉　指韓、趙、魏三國。⓳因齊喪　按：齊國是年無喪事，史公誤書。⓴靈丘　齊縣名，在今山東高唐南。㉑三晉滅晉後而分其地　按：〈六國年表〉與〈趙世家〉均繫韓、趙、魏三家分晉室於周安王二十六年，西元前三七六年，即田侯剡九年，趙敬侯十一年。今史公繫之齊威王三年，誤。且晉地於當時雖被三家所分，而晉祀絕滅則尚在被分地的十七年之後，參見〈趙世家〉注。㉒陽關　齊國關塞名，在今山東泰安東南。㉓晉伐我　此「晉」即指魏，當時魏國的國君為魏武侯（西元前三九五—前三七〇年在位）。㉔博陵　齊邑名，在今山東高唐西南。㉕薛陵　齊邑名，在今山東陽穀東北。㉖趙伐我　時為趙成侯五年。㉗甄　齊邑名，在今山東鄄城北。㉘威王初即位　威王即位在西元前三五六年，史公譜之於西元前三七八年，誤。㉙不治　二字涉下文而衍，應削。㉚諸侯竝伐二句　按：為了讓淳于髡講故事，行誅賞，故做如此鋪墊，實則無稽之談，威王時無此等事也。參見〈滑稽列傳〉。㉛即墨大夫　即墨的行政長官。即墨，齊國的「五都」之一，在今山東平度東南。齊國的「都」相當於其他國家的「郡」。㉜毀言　誹謗性的傳言。㉝田野闢　闢，開闢。此指開墾得好，耕種得好。㉞民人給　百姓們的生活富足。給，充裕。㉟無留事　沒有積壓不辦的事情。㊱東方　指即墨一帶，因即墨地處齊國東部，故云。㊲不事　不賄賂；不買通。㊳求譽　求他人幫著美言以提高聲譽。㊴封之萬家　意即封之為萬戶侯。㊵阿大夫　阿都的行政長官。阿，齊國的「五都」之一，在今山東陽穀東北。㊶譽言　讚美的傳言。㊷趙攻甄二句　甄是阿都的所屬縣，在阿之西南，相距不遠，故齊王責其不救。㊸衛取薛陵二句　薛陵在阿縣西北，也是阿都的所屬之縣。薛陵被人所占而阿大夫坐視不管，故齊王責之。弗知，不過問。㊹厚吾左右　用大量錢財收買我身邊的人。㊺烹阿大夫二句　徐孚遠曰：「威王烹阿大夫，封即墨大夫，則居其官者務盡其職。」㊻敗魏於濁澤而圍惠王　濁澤，應作「觀澤」，也稱作「觀」，魏邑名，在今河南清豐西南。據〈六國年表〉，敗魏於濁澤並圍魏王者乃趙國；楊寬〈戰國史年表〉謂「韓、趙助魏公仲緩爭立，圍魏惠王于濁澤」，皆與齊國無涉。㊼惠王請獻觀以和解　梁玉繩曰：「擊趙、衛事無考；敗魏濁澤與伐魏取觀是兩事，不得并為一端。且是齊伐而取之，非魏因敗濁澤而獻觀以和也。」㊽趙人歸我長城　齊之長城，西起平陰縣北，東行經泰山北麓，直至膠南縣南之琅邪臺海邊。此處所指乃其西段，前此被趙所占者。㊾務盡其誠　力求實話實說，實事求是。㊿莫敢致兵於齊二十餘年　〈滑稽列傳〉載淳于髡以隱語說齊威王，語罷，齊威王「乃朝諸縣令、長七十二人，賞一人，誅一人」，即指此即墨大夫與阿都大夫；又云「奮兵而出，諸侯振驚，皆還齊侵地，威行三十六年」，亦與此大體相同。大抵皆出於民間傳說。51騶忌子　即騶忌，也寫作「鄒忌」。52說　通「悅」。53見容未察　只看到了我彈琴的樣子，而並未認真品味我的彈琴。54濁以春溫　「春」字衍文。濁以溫，指聲音渾厚溫和。55君也　如同君主的寬和氣度。56廉折以清　指聲音清脆。57相也　如同宰相的精明幹練。58攫之深　攫，用手指抓絃。深，指抓得緊而有力。59醳之愉　醳，通「釋」。用手指向外撥絃。愉，義同「舒」，舒緩；舒展。60政令也　猶如國家政令的有張有弛，有緩有急。61鈞諧　和諧。62相益　相互補充。63回邪　意即曲折。64四時也　猶如一年四季的周而復始。65善語音　善於議論音樂。66弭人民　安撫黎民百姓。弭，安撫。67五音之紀　音樂方面的規律。五音，指宮、商、角、徵、羽。68信　誠然；的確。69何為乎絲桐之間　與音樂又有什麼關係？絲桐，製造琴的兩種材料，這裡即指音樂。70復　反覆，這裡指反覆演奏。71治昌　政治昌明。72連而徑　指樂音的連貫、流暢。73存亡　使危亡的局面得以穩定。74琴音調而天下治　懂得使音律協調，也就懂得了治理國家的道理。75無若乎五音者　沒有一條不像是音樂的道理。按：以上騶忌以琴理說齊威王事，不見於今本《戰國策》。76騶忌子見三月而受相印　按：戰國遊士之言，不必信以為真。77淳于髡　姓淳于，名髡，戰國時期的智者，事跡見〈滑稽列傳〉。78愚志　謙稱自己的想法。79得全全昌　得全，謂人臣事君之禮全具勿失。全昌，若全具無失則身名獲昌。80謹受令　猶言我將牢牢記住你的教導。81謹毋離前　瀧川曰：「言常在王前無所失也。」82豨膏棘軸　用豬油潤滑車軸。豨，豬。棘軸，棗木做的車軸。83方穿　方形的孔槽。此句意謂圓軸如果插到方形的孔槽裡，即使有潤滑油也還是轉動不起來。[84]謹事左右　指與周圍的人建立良好的關係。[85]弓膠昔幹　把膠塗在弓體上。《索隱》曰：「昔，久舊也。幹，弓幹也。言作弓之法，以膠被昔幹，而納諸檠中，則是以勢令合耳。」[86]傅合疏罅　傅合，彌合。疏罅，縫隙。[87]狐裘雖敝二句　即俗話之所謂不能「狗尾續貂」。[88]毋雜小人其間　不能讓小人混入在朝的君子之林。《樂府詩集・雜歌謠辭》曾嘲諷這種君子、小人混雜的局面叫「貂不足，狗尾續」。[89]較考校；檢查；調整。[90]載其常任　負荷其應當負荷起的重量。[91]趨出　小步疾行而出。趨，古人在君長面前走路的一種恭敬姿勢。[92]面其僕曰　面對著他的車夫說，極寫其認真、動心的樣子。[93]微言　隱語。[94]響之應聲　極言其反應之快。響，指回聲。[95]必封不久　不久即將成為有土封君。[96]朞年　週年；對頭一年。[97]下邳　齊縣名，在今江蘇邳縣西南。[98]號曰成侯　以上淳于髡與騶忌對答事，今本《戰國策》不載。按：史公所寫的這些與齊威王有關的故事，自可看作齊威王時代之事，但所譜之年代不對，本世家與〈六國年表〉都將齊威王之在位向前提了二十二年。[99]威王二十三年　應作威王元年，西元前三五六年。威王，名因齊，田桓公之子，西元前三五六—前三二〇年在位。[100]與趙王會平陸　參加此次會晤的除齊威王、趙成侯外，還有宋桓侯。平陸，齊縣名，在今山東汶上西北。[101]魏王　魏惠王，時為魏惠王十五年，此時魏國都城已於惠王九年由山西之安邑東遷到大梁（今河南之開封）。[102]會田　會同打獵。[103]寡人國小也　《後漢書・李膺傳》注引《史》作「寡人之國雖小」。[104]徑寸　直徑一寸。[105]照車前後各十二乘　將前邊、後邊的各十二輛車都照得通明。[106]柰何　怎麼能。[107]萬乘之國　具備萬輛兵車的大國。當時諸侯國之大者稱「千乘之國」。到戰國中期，各諸侯相繼稱「王」，於是也就稱自己的國家或尊稱人家的國家為「萬乘之國」。[108]檀子　姓檀，史失其名。子，古代對男子的敬稱，猶今所謂「先生」。[109]南城　齊縣名，在今山東費縣西南。[110]泗上十二諸侯　泗水流域的十二個小國諸侯，《索隱》曰：「鄒、莒、宋、魯之比。」[111]盼子　姓田，名盼。[112]高唐　齊縣名，在今山東高唐東北。[113]東漁於河　到趙國東境的黃河裡打魚。[114]黔夫　姓黔，名夫。[115]徐州　視文意，此「徐州」大體應在今山東之西北部或河北之東南部一帶，只有這一帶能同時威脅到燕、趙兩國。[116]燕人祭北門二句　謂燕人、趙人紛紛來徐州之北門、西門祭祀，以求福免禍。[117]徙而從者　指燕、趙之人搬遷到徐州投奔黔夫。[118]種首　姓種，名首。[119]豈特　豈止。[120]不懌而去　不懌，不樂。因本欲向人炫耀，結果丟了面子。按：以上齊威王與魏惠王論寶事，見《韓詩外傳》卷十，除齊威王作「齊宣王」外，其他文字與此全同。[121]邯鄲　趙國都城，即今河北邯鄲。[122]趙求救於齊　時為趙成侯二十二年。[123]軍其郊　屯兵於趙國的交通要衝。郊，衝要之處。[124]趙不伐　趙免去受伐。[125]魏全　魏見此形勢而退兵，亦未獲損。[126]襄陵　魏縣名，即今河南睢縣。[127]弊魏　使魏國毀敝。弊，通「敝」。指消耗、受損。[128]乘魏之弊　乘其疲敝而破之。(129)威王從其計　按：以上段干朋為齊威王設謀敝魏事，見《戰國策・齊策一》，段干朋作「段干綸」。(130)其後成侯騶忌與田忌不善　「其後」二字疑衍。田忌，齊威王時的名將。(131)公孫閱　繆文遠以為應作「公孫閈」。(132)謀伐魏　向齊王建言伐魏。(133)前死　前進戰死。(134)後北　後退逃跑。主語皆為田忌。北，背；敗。(135)命在公　田忌的性命全由您掌握。(136)邯鄲拔　趙國都城被魏軍攻克。(137)齊因起兵擊魏一句　桂陵，魏縣名，在今河南長垣西北。桂陵之役魏國的統帥為龐涓；齊方則除田忌外，尚有孫臏。據〈孫子吳起列傳〉，齊方設此圍魏救趙之謀者，即孫臏，而未云段干朋其人。(138)於是齊最彊於諸侯三句　此句似應移至後文齊破魏於馬陵之下，蓋魏國失敗於桂陵後，其國力尚不低於齊國；至威王十六年（西元前三四一年）魏軍二次被破於馬陵，將軍龐涓被斬，太子申被齊人所俘，從此魏國一蹶不振，齊國乃一躍而成為當時的最強國。齊之稱「王」實自威王二十三年（西元前三三四年）魏惠王尊齊威王為「王」始。(139)殺其大夫牟辛　「大夫」，似應作「夫人」。牟辛，威王夫人之名。(140)操十金卜於市　意即花重金求人占卜。十金，先秦時期稱黃金一鎰曰「一金」，一鎰相當於二十四兩，或曰二十兩。(141)欲為大事　指圖謀篡奪齊王之位。(142)捕為之卜者　逮捕了那個為之占卜的人。(143)驗其辭於王之所　當著齊威王的面審問其口供。(144)求成侯二句　求，尋找。按：以上公孫閱幫著騶忌誣陷田忌事，見《戰國策・齊策一》。(145)威王卒二句　按：此史公誤書，〈六國年表〉亦同誤。「威王卒，子宣王辟彊立」尚在二十三年之後。(146)宣王元年　應作威王十五年，西元前三四二年。(147)秦用商鞅　秦孝公用商鞅變法富強事，詳見〈商君列傳〉。(148)周致伯於秦孝公　據〈秦本紀〉，「孝公十九年，天子致伯。」與此文所記相差一年。致伯，授予其諸侯霸主之稱號。伯，方伯。即「霸主」。秦孝公，名渠梁，獻公之子，西元前三六一—前三三八年在位。(149)魏伐趙　當時魏國的國君為魏惠王；趙國的國君為趙肅侯。(150)趙與韓親　當時韓國的國君為韓昭侯。(151)趙不利二句　梁玉繩曰：「當云『魏伐韓，趙與魏親，共擊韓，趙不利，敗于南梁。韓氏請救于齊。』」南梁，韓縣名，在今河南臨汝西。(152)宣王　應作威王。(153)召田忌復故位　按：田忌此時原未奔他國，故此處亦不必言「復」。(154)孫子即孫臏。(155)顧反　即今所謂「反而」。「顧」「反」二字同義。(156)愬　同「訴」。求告。(157)深結韓之親　意即慨然答應相救，令其誓死抗魏。(158)而晚承魏之獘　殆至魏已疲敝不堪時，乃起兵擊之。(159)可重利而得尊名　意謂既可得重利，又可獲美名。(160)宣王　「宣王」仍應作「威王」。(161)委國於齊　將整個國家都抵押給齊國。(162)田嬰　齊國將領，孟嘗君田文之父。(163)為師　即通常所謂「為軍師」。「師」原作「帥」。梁玉繩《志疑》卷二四：「『帥』乃『師』之誤，在軍中為軍師也。〈表〉、〈傳〉可據。」據改。(164)救韓趙以擊魏　「趙」字衍文。(165)馬陵　險路名，其位置說法不一，有說在今河南范縣西南，當時屬魏；有說在今山東鄄城東北，當時屬齊，二說的實地相距不遠。(166)龐涓　魏軍統帥，事跡詳見〈孫子吳起列傳〉。(167)太子申　魏惠王的太子，名申。按：以上齊軍破魏於馬陵事，見《戰國策・齊策一》，而設謀者為「田臣思」，通篇未出現「孫臏」、「龐涓」諸人，與此頗異。168博望　齊縣名，在今山東茌平西北。169盟　盟誓定約。170平阿　齊縣名，在今安徽懷遠西南。171魏惠王卒　此年為魏惠王三十五年，「前元」的最後一年；下年為魏惠王之「後元元年」，非魏惠王卒也，〈魏世家〉與〈六國年表〉同誤。172與魏襄王會徐州　應作「與魏惠王會徐州」，魏襄王的上臺尚在十六年之後，此年乃魏惠王「後元元年」。徐州，齊縣名，當時也稱薛縣，在今山東滕州東南。173諸侯相王　其實當時稱「王」的只有魏、齊兩國。王閣森、唐致卿曰：「早在十年前的逢澤之會上魏已稱王，因而這次『會徐州相王』實際是魏國尊齊國為王，是向各諸侯國宣告齊國為王國。」174楚圍我徐州　此時的楚王為楚威王，西元前三三九－前三二九年在位。175與魏伐趙　時為魏惠王後元三年，趙肅侯十八年。176秦惠王稱王　秦惠王原稱惠公，孝公之子，西元前三三七年即位。據〈六國年表〉，此年的「四月戊午，君為王」，於明年改稱元年。177宣王喜文學游說之士　按：據〈六國年表〉，此時齊國仍是威王在位，史公將宣王提前了十八年，但此處對宣王所做的歷史評價仍為有效。文學，當時指學術，如儒、墨、道、法諸家學說都可稱「文學」。游說之士，兼指以合縱連橫遊說各國諸侯的縱橫家，和以各派政治觀點遊說當權者的文學之士。178騶衍　也寫作「鄒衍」，當時的陰陽五行學家，由於其言論「閎大不經」，被時人稱為「談天衍」，事見〈孟子荀卿列傳〉。179田駢　道家人物。180接予　道家人物。181慎到　法家人物。182環淵　道家人物。183皆賜列第二句　〈孟子荀卿列傳〉曰：「皆命曰『列大夫』，為開第康莊之衢，高門大屋，尊寵之。」列第，一座座排列成行的豪華宅舍。上大夫，僅次於「卿」，略如今之中央政府的司局級。184不治而議論　不負責具體政事，只管發表議論。185稷下學士復盛　中井曰：「前不錄稷下，而此記『復盛』，蓋前文有闕耳。」稷下，《集解》引劉向曰：「齊有稷門，城門也。」186數百千人　數百人乃至上千人。187宣王卒二句　事在二十三年之後，此處史公誤書。

【語　譯】田太公和二年去世，他的兒子齊桓公田午即位。齊桓公午五年，秦軍、魏軍聯合攻韓，韓國向齊國求救。齊桓公召集大臣商量說：「是早點去救韓國好呢？還是晚點去救韓國好呢？」騶忌說：「不如不救。」段干朋說：「不救韓國，韓國被打敗就會轉過來投靠魏國，還是救好。」田臣思說：「你們的想法都錯了。秦國、魏國攻打韓國，楚國、趙國一定會去救韓，這是上天把討伐燕國的好機會給了齊國。」齊桓公認為這個主意好，於是就悄悄的告訴韓國的使者，說齊國一定去救韓國，把韓國的使者打發走了。韓國以為得到了齊國的救援，於是就和秦國、魏國的軍隊打了起來。楚國、趙國聽到消息，果然起兵救韓。於是齊國趁機發兵襲擊燕國，攻占了燕國的桑丘。

2 六年，齊國出兵救衛。這年齊桓公去世，他的兒子齊威王因齊即位。也是在這一年齊康公貸去世，由於沒有後代，封邑全部歸了田齊。

3 齊威王元年，韓、魏、趙三國趁著齊國辦喪事，派兵攻打齊國的靈丘。三年，韓、魏、趙滅掉了晉國宗室，並瓜分了晉國宗室的土地。六年，魯軍攻齊，進入陽關。同時魏軍攻齊，抵達齊國的博陵。七年，衛軍攻齊，占領薛陵。九年，趙軍攻齊，奪取了甄。

4 齊威王從即位以來，自己從不理政事，將政事都交給了卿大夫們去處理。九年之中，各國都來進犯，百姓不得安寧。於是，齊威王將即墨縣的大夫找來，對他說：「自從你到即墨任職以來，誹謗你的話每天都傳到我的耳朵裡來。然而我派人到即墨考察，看到的卻是土地開墾得很好，百姓衣食豐足，官府沒有政事積壓，齊國的東部地區得到安寧。至於有人誹謗，那是因為你不願奉承我的左右以求得讚揚的結果。」說罷遂封給他食邑一萬戶。又將阿縣的大夫召來，對他說：「自從派你到阿縣任職以來，讚揚你的話每天都傳到我的耳朵裡。然而我派人到阿縣考察，看到阿縣的田野一片荒蕪，百姓們的生活困苦。而且當趙軍打到甄城時你不能援救；當衛軍攻占薛陵時你不過問。可是我卻總是聽到有人對你讚揚，這是你收買賄賂我身邊人的結果。」於是立即將阿縣大夫和自己身邊那些稱讚阿縣大夫的人都用開水給煮了。而後起兵向西攻打趙國、衛國，又在濁澤打敗魏軍，包圍了魏惠王。直到魏惠王請求將觀縣獻給齊國以求得和解，趙國也將前曾占領的齊國長城西段歸還了齊國。這時齊國的官吏們人人警惕起來，再也不敢說虛誇的話，一切力求盡力與忠誠，齊國得到大治。其他國家見到這種情景，在此後的二十多年不敢進犯齊國。

5 騶忌以善於鼓琴求見齊威王，齊威王很高興，就讓他留住在右邊的房間裡。過了一會兒，齊威王自己彈琴，騶忌推門進來，說：「您這琴彈得好啊！」齊威王不高興，他推開琴握起劍來說：「你只看見了我彈琴的樣子，並沒有認真品味我的琴音，憑什麼說我彈得好呢！」騶忌說：「您彈琴時，大絃的聲音渾厚溫和，如同君主寬和的氣度；小絃聲音高亢清脆，如同宰輔的精明幹練；手指持絃時緊而有力，放絃時手指舒緩，如同國家的政令有張有弛；琴聲和諧而悠揚，大絃小絃互相配合，曲折婉轉互不干擾，猶如一年四季的周而復始。我就是憑藉這個知道您彈得好。」威王說：「你很善於談論音樂。」騶忌說：「這豈只是談論音樂？治理國家、安撫百姓的道理也都包含其中了。」威王又不高興了，說：「如果談論音樂方面的事情，確實沒有人能比得上先生您。如果談到治理國家、安撫百姓，這與音樂又有什麼關係呢？」騶忌說：「大絃渾厚溫和，如同君主的寬和氣度；小絃聲音高亢清脆，如同宰輔的精明幹練；手指持絃時緊而有力，放絃時手指舒緩，如同國家政令的有張有弛；琴聲和諧而悠揚，大絃小絃互相配合，曲折婉轉而互不干擾，猶如一年四季的周而復始。反覆演奏而不混亂，顯示著國家的政治昌明；琴聲流暢而前後貫通，顯示著國家局面由動盪轉為安定。所以說懂得使音律協調，也就能懂得治理國家的道理。治理國家、安撫百姓沒有一條不像協調音樂的道理。」齊威王說：「講得好。」

6 騶忌見到齊威王僅三個月就接受了齊國的相印。這時淳于髡來對騶忌說：「您很善於說話呀！我有一些愚蠢的想法，想跟您說一說。」騶忌說：「我洗耳恭聽您的教誨。」淳于髡說：「作為臣子，如能在侍奉君主的禮節上周全而沒有過失，那麼他的身名就會昌盛；如果他的禮節不周全，他就要身敗名裂。」騶忌說：「我將牢記您的教導，在君主跟前小心謹慎不犯過失。」淳于髡說：「將豬油塗在棗木做的車軸上，可以使車軸潤滑。但如把圓形車軸插入方孔中，即使再潤滑也不能讓車輪轉動起來。」騶忌說：「我記住您的話，我將與周圍的同僚建立良好的關係。」淳于髡說：「把膠塗在弓體上，能使它粘合在一起。但卻不能用這種辦法彌合裂縫。」騶忌說：「我會牢記您的教導，把自己粘附於萬民百姓之中。」淳于髡說：「用狐皮做的袍子即使破了，也不要用黃狗的皮去打補丁。」騶忌說：「我會記住您的教導，我將謹慎地選拔君子，不讓小人混入在朝的君子之中。」淳于髡說：「大車不經常矯正，就不能負擔它所應負的重量；琴瑟不及時調整，就不能彈奏出優美的聲音。」騶忌說：「我一定牢記您的教導，我將修明法令，督察奸吏。」淳于髡說完，就小步快速走出門來，到了門口，對著他的僕人說：「這個人，我對他講了五句隱語，他回答我就像回聲一樣迅速。這個人不用多久就會成為有土的封君。」過了一年，齊威王將下邳封給騶忌，號之為成侯。

7 齊威王二十三年，與趙成侯在平陸會晤。二十四年，齊威王與魏惠王在郊外相會打獵。魏惠王問齊威王說：「大王您有寶物嗎？」齊威王說：「沒有。」梁惠王說：「像我們這樣的小國，還有十顆直徑一寸，能照亮前後十二輛車的珠子，為什麼一個擁有萬輛兵車的大國反而沒有呢？」齊威王說：「我所認為的寶物和您所認為的寶物不同。我的大臣中有一位檀子，我派他去鎮守南城，楚國人就不敢向東進犯，泗水流域的十二國諸侯都來向齊國朝拜；我的大臣中有一位朌子，我派他去鎮守高唐，趙國人就不敢再到他們東境的黃河中捕魚；我的大臣中有一位黔夫，我派他鎮守徐州，於是燕國的人就到徐州的北門祭祀，趙國人到徐州的西門祭祀，祈求天神保佑他們的國土安全，而且燕、趙之人搬到徐州投奔黔夫的就有七千餘家；我的大臣中還有一位種首，我派他在國內防備盜賊，於是齊國被治理得路不拾遺。這樣的寶物將幫我照亮千里，又何止是照亮十二輛車呢！」魏惠王聽了以後很慚愧，怏怏不樂的離開了齊國。

8 二十六年，魏惠王包圍了邯鄲，趙成侯向齊國求救。齊威王召集大臣商量，說：「救趙與不救趙，怎麼做對齊國有利？」騶忌說：「不救好。」段干朋說：「不救就顯得我們不義，而且對我們齊國也不利。」齊威王說：「為什麼呢？」段干朋說：「魏國如果吞併了邯鄲，對齊國有什麼好處呢？如果我們去救趙國，把軍隊駐紮在趙國的交通要衝，趙國就可以免受侵犯，魏國見此形勢退兵，也受不到什麼損失，我們齊國仍得不到任何好處。所以我們不如向南進攻魏國的襄陵以削弱魏國，這樣，即使魏國攻占了邯鄲，我們也可以乘其疲憊打敗它。」齊威王聽從了他的計策。

9 後來成侯騶忌與田忌不和，公孫閱對成侯騶忌說：「您何不向齊王建言征討魏國呢？如果征討魏國，田忌一定任大將。打了勝仗，是您謀劃得好；如果沒有打勝，那麼田忌不是在軍前陣亡，就是往後方逃跑，那時他的命運就掌握在您的手裡了。」於是騶忌子向威王進言，派田忌向南攻打魏國的襄陵。同年十月，邯鄲被魏國攻占，齊國趁機發兵攻打魏國，在桂陵大敗魏軍。此時的齊國在諸侯當中最為強大，於是齊威王便改號稱王，號令天下。

10 三十三年，齊國殺死了大夫牟辛。

11 三十五年，公孫閱又對成侯騶忌說：「您何不派人拿著十金到市上去占卜，就說：『我是田忌的家人。我的主人三次出國作戰三次取得勝利，威震天下。他想要舉大事，你給算算是吉利呢？還是不吉利呢？』」等前去占卜的人出去以後，騶忌就立即派人將那個占卜者抓了起來，當著齊王的面對他進行審問。田忌知道這件事後，就率領部下襲擊臨淄，想要抓成侯騶忌，沒有成功，只好逃出了齊國。

12 三十六年，齊威王去世，他的兒子辟彊即位，這就是齊宣王。

13 齊宣王元年，秦國任用商鞅，周天子授予秦孝公諸侯霸主的稱號。

14 二年，魏軍伐趙。當時趙國與韓國友好，兩國聯合反擊魏國。趙國作戰不利，敗於南梁。同年，齊宣王明白了田忌的委屈，將田忌召回官復原職。這時韓國向齊國求救，齊宣王召集大臣商議，說：「早救韓與晚救韓哪個有利？」騶忌說：「不如不救。」田忌說：「不救，韓國受到挫折就要投降魏國。不如早救。」孫臏說：「在韓國、魏國的軍事實力還沒有被削弱的時候我們去救，就等於我們代替韓國承受魏國的攻擊，到頭來我們反而要聽命於韓國。現在魏國已經準備滅掉韓國，我們要等韓國快要滅亡，向我們緊急求救時我們再出兵。這樣既可以緊緊地抓住韓國，又可以趁魏國的疲憊打敗它，這一來我們既可以獲得重大的實利，又能得到美好的名聲。」齊宣王認為這個主意好，便暗中答應韓國的請求，打發韓國的使者回去了。韓國依仗有齊國的援救，就和魏國開戰了，五戰都沒有取勝，於是把整個國家押給齊國向齊國求救。齊國這時才派田忌、田嬰為大將，派孫臏為軍師，起兵攻魏而救韓、趙，結果在馬陵大敗魏軍，殺死了魏將龐涓，俘虜了魏國的太子申。這時韓、趙、魏三國的君主都通過田嬰到齊國的博望朝見齊王，與齊國訂立盟約。

15 七年，齊王與魏惠王在平阿城南會晤。第二年，齊王又與魏惠王在甄縣會晤。同年魏惠王去世。次年齊王與魏襄王在徐州會晤，目的是為了彼此承認對方為王。十年，楚國包圍了齊國的徐州。十一年，齊國聯合魏國共同伐趙。趙國掘黃河水淹齊、魏之軍，齊、魏撤兵而回。十八年，秦惠王稱王。

16 這時，齊宣王喜好文學與遊說之士，於是騶衍、淳于髡、田駢、接予、慎到、環淵等七十六人，都被賞賜給宅第，任命為上大夫。這些人都不從事政務，只是議論是非。所以齊國稷下的讀書人又多了起來，達到數百乃至上千人。

17 十九年，齊宣王去世，他的兒子湣王地即位。

1 湣王元年❶，秦使張儀❷與諸侯執政會于齧桑❸。三年，封田嬰於薛❹。四年❺，迎婦于秦❻。七年，與宋攻魏❼，敗之觀澤❽。

2 十二年，攻魏❾。楚圍雍氏❿，秦敗屈丐⓫。蘇代⓬謂田軫⓭曰：「臣願有謁⓮於公，其為事甚完⓯，使楚利公⓰。成為福，不成亦為福。今者臣立於門⓱，客有言曰魏王謂韓馮⓲、張儀曰：『煮棗將拔⓳，齊兵又進。子來救⓴寡人則可矣；不救寡人，寡人弗能拔㉑。』此特轉辭㉒也。秦、韓之兵毋東旬餘㉓，則魏氏轉，韓從秦㉔。秦逐張儀，交臂而事齊、楚㉕。此公之事成也。」田軫曰：「柰何使無東㉖？」對曰：「韓馮之救魏之辭，必不謂韓王曰：『馮以為魏。』必曰：『馮將以秦、韓之兵東卻齊、宋㉗。馮因摶三國之兵㉘，乘屈丐之獘，南割於楚㉙，故地㉚必盡得之矣。』張儀救魏之辭，必不謂秦王曰：『儀以為魏。』必曰：『儀且以秦、韓之兵東距齊、宋。儀將摶三國之兵，乘屈丐之獘，南割於楚，名存亡國㉛，實伐三川㉜而歸，此王業㉝也。』公令楚王與韓氏地，使秦制和㉞。謂秦王曰：『請與韓地，而王以施三川[35]，韓氏之兵不用而得地於楚。』韓馮之東兵之辭且謂秦何[36]？曰：『秦兵不用而得三川[37]，伐楚、韓以窘魏[38]，魏氏不敢東[39]，是孤齊[40]也。』張儀之東兵之辭且謂何[41]？曰：『秦、韓欲地而兵有案[42]，聲威發於魏[43]，魏氏之欲不失齊、楚者有資矣[44]。』魏氏轉，秦、韓爭事齊、楚[45]，楚王欲而無與地[46]。公令秦、韓之兵不用而得地[47]，有一大德[48]也。秦、韓之王劫[49]於韓馮、張儀而東兵以徇服魏[50]，公常執左券[51]以責於秦、韓[52]，此其善於公而惡張子多資矣[53]。」

3 十三年，秦惠王卒[54]。二十三年，與秦擊敗楚於重丘[55]。二十四年，秦使涇陽君[56]質於齊[57]。二十五年，歸涇陽君于秦[58]。孟嘗君薛文[59]入秦，即相秦[60]，文亡去[61]。二十六年，齊與韓、魏共攻秦[62]，至函谷軍[63]焉。二十八年，秦與韓河外[64]以和，兵罷。二十九年，趙殺其主父[65]。齊佐趙滅中山[66]。

4 三十六年，王為東帝，秦昭王為西帝[67]。蘇代[68]自燕來，入齊，見於章華東門[69]。齊王曰：「嘻，善！子來[70]。秦使魏冄致帝[71]，子以為何如？」對曰：「王之問臣也卒[72]，而患之所從來微[73]，願王受之而勿備稱[74]也。秦稱之，天下安之[75]，王乃稱之，無後也[76]。且讓爭帝名[77]，無傷也。秦稱之，天下惡之，王因勿稱，以收天下[78]。此大資[79]也。且天下立兩帝[80]，王以天下為尊齊乎？尊秦乎？」王曰：「尊秦[81]。」曰：「釋帝[82]，天下愛齊乎？愛秦乎？」王曰：「愛齊而憎秦。」曰：「兩帝立約伐趙[83]，孰與伐桀宋之利[84]？」王曰：「伐桀宋利[85]。」對曰：「夫約鈞，然與秦為帝[86]而天下獨尊秦而輕齊，釋帝則天下愛齊而憎秦，伐趙不如伐桀宋之利。故願王明釋帝[87]以收天下，倍約賓秦[88]，無爭重[89]，而王以其間舉宋[90]。夫有宋，衛之陽地危[91]；有濟西[92]，趙之阿東國危[93]；有淮北[94]，楚之東國[95]危；有陶[96]、平陸[97]，梁門不開[98]。釋帝而貸[99]之以伐桀宋之事，國重而名尊，燕、楚所以形服[100]，天下莫敢不聽，此湯武之舉[101]也。敬秦以為名[102]，而後使天下憎之，此所謂以卑為尊[103]者也。願王孰慮之[104]。」於是齊去帝復為王，秦亦去帝位。

三十八年，伐宋[105]。秦昭王怒曰[106]：「吾愛宋與愛新城、陽晉同[107]。韓聶[108]與吾友也，而攻吾所愛，何也？」蘇代為齊謂秦王曰[109]：「韓聶之攻宋，所以為王也。齊彊，輔之以宋[110]，楚、魏必恐，恐必西事秦。是王不煩一兵，不傷一士，無事而割安邑[111]也。此韓聶之所禱於王[112]也。」秦王曰：「吾患齊之難知。一從一衡[113]，其說何也[114]？」對曰：「天下國令齊可知乎[115]？齊以[116]攻宋，其知事秦以萬乘之國自輔[117]，不西事秦則宋治不安[118]。中國白頭游敖之士[119]，皆積智[120]欲離齊、秦之交[121]。伏式結軼西馳[122]者，未有一人言善齊者也；伏式結軼東馳[123]者，未有一人言善秦者也。何則？皆不欲齊、秦之合也。何晉、楚之智[124]而齊、秦之愚也[125]！晉、楚合必議齊、秦[126]，齊、秦合必圖晉、楚。請以此決事[127]。」秦王曰：「諾[128]。」於是齊遂伐宋，宋王出亡，死於溫[129]。齊南割楚之淮北，西侵三晉，欲以并周室，為天子。泗上諸侯鄒、魯之君[130]皆稱臣。諸侯恐懼。

6 三十九年，秦來伐，拔我列城九[131]。

7 四十年，燕、秦、楚、三晉合謀，各出銳師以伐，敗我濟西[132]。王解而卻[133]。燕將樂毅遂入臨淄[134]，盡取齊之寶藏器[135]。湣王出亡，之衛[136]。衛君辟宮舍之[137]，稱臣而共具[138]。湣王不遜[139]，衛人侵之[140]。湣王去，走鄒、魯[141]，有驕色，鄒、魯君弗內[142]。遂走莒[143]。楚使淖齒[144]將兵救齊，因相齊湣王。淖齒遂殺湣王[145]，而與燕共分齊之侵地、鹵器[146]。

8 湣王之遇殺，其子法章變名姓為莒太史敫[147]家庸[148]。太史敫女奇法章狀貌，以為非恆人[149]，憐而常竊衣食之[150]，而與私通焉。淖齒既以去莒[151]，莒中人及齊亡臣[152]相聚求[153]湣王子，欲立之。法章懼其誅己也，久之乃敢自言「我湣王子也」。於是莒人共立法章，是為襄王。以保莒城[154]而布告齊國中「王已立在莒矣」。

9 襄王既立[155]，立太史氏女為王后，是為君王后[156]，生子建[157]。太史敫曰：「女不取媒因自嫁，非吾種也，汙吾世[158]。」終身不覩君王后。君王后賢，不以不覩故失人子之禮。

10 襄王在莒五年[159]，田單以即墨攻破燕軍[160]，迎襄王於莒，入臨菑。齊故地盡復屬齊。齊封田單為安平君[161]。

11 十四年，秦擊我剛、壽[162]。十九年，襄王卒[163]，子建立。

12 王建立六年[164]，秦攻趙[165]，齊、楚救之[166]。秦計曰[167]：「齊、楚救趙，親則退兵，不親遂攻之[168]。」趙無食，請粟於齊，齊不聽。周子[169]曰：「不如聽之以退秦兵，不聽則秦兵不卻，是秦之計中[170]而齊、楚之計過[171]也。且趙之於齊、楚，扞蔽[172]也，猶齒之有脣也，脣亡則齒寒[173]。今日亡趙，明日患及齊、楚。且救趙之務[174]，宜若奉漏甕沃焦釜[175]也。夫救趙，高義也；卻秦兵，顯名也。義救亡國[176]，威卻[177]彊秦之兵，不務為此而務愛粟[178]，為國計者過矣。」齊王弗聽。秦破趙於長平四十餘萬[179]，遂圍邯鄲。

13 十六年，秦滅周[180]。君王后卒[181]。二十三年，秦置東郡[182]。二十八年，王入朝秦[183]，秦王政置酒咸陽[184]。三十五年，秦滅韓[185]。三十七年，秦滅趙[186]。三十八年，燕使荊軻刺秦王[187]，秦王覺，殺軻。明年[188]，秦破燕，燕王亡走遼東[189]。明年，秦滅魏[190]，秦兵次於歷下[191]。四十二年，秦滅楚[192]。明年，虜代王嘉[193]，滅燕王喜[194]。

14 四十四年，秦兵擊齊，齊王聽相后勝[195]計，不戰，以兵降秦。秦虜王建，遷之共[196]，遂滅齊為郡[197]。天下壹并於秦[198]，秦王政立號為皇帝[199]。始，君王后賢，事秦謹，與諸侯信，齊亦東邊海上。秦日夜攻三晉、燕、楚，五國各自救於秦[200]，以故王建立四十餘年不受兵[201]。君王后死，后勝相齊，多受秦間金[202]，多使賓客入秦，秦又多予金，客皆為反間，勸王去從朝秦[203]，不脩攻戰之備，不助五國攻秦，秦以故得滅五國。五國已亡，秦兵卒入臨淄[204]，民莫敢格[205]者。王建遂降，遷於共。故齊人怨王建不蚤與諸侯合從[206]攻秦，聽姦臣賓客，以亡其國，歌之曰：「松耶？柏耶？住建共者客耶[207]？」疾建用客之不詳[208]也。

【章　旨】以上為第三段，寫齊湣王驕盈好戰，破國亡身，以及齊國日益衰落，被秦所滅的過程。

【注　釋】❶湣王元年　應作威王三十四年，西元前三二三年。❷張儀　著名的縱橫家，時為秦國宰相，事跡見〈張儀列傳〉。❸齧桑　齊縣名，在今江蘇沛縣西南。❹封田嬰於薛　〈孟嘗君列傳〉亦誤書此事曰「湣王三年」，實威王三十六年也。❺四年　應作齊威王三十七年，西元前三二〇年。按：是年齊威王死，前文所謂之「威王卒，子宣王辟彊立」實則應移於此。❻迎婦于秦　此娶秦女為婦者，即齊宣王。❼與宋攻魏　當時的宋君名偃，西元前三二八—前二八六年在位。當時的魏君為魏襄王，西元前三一八—前二九六年在位。❽觀澤　魏縣名，在今河南清豐南。❾攻魏　《帛書》二十二章作「齊、宋攻魏」，是，與下文相合。其時為魏襄王七年。⑩楚圍雍氏　當時的楚君為楚懷王，西元前三二八—前二九八年在位，此時為楚懷王十七年。雍氏，韓縣名，在今河南禹縣東北。按：楚圍雍氏之役，〈韓世家〉錯簡於韓襄王十二年，然其記事頗詳盡。⑪秦敗屈丐　是役秦破楚軍於丹陽，斬首八萬，虜楚將屈丐，取楚漢中地。⑫蘇代　史公以為是蘇秦之弟，今考據者皆以為不然，詳情見〈蘇秦列傳〉。⑬田軫　即陳軫，當時的縱橫家，事跡見〈張儀列傳〉，此時在楚為官。按：「蘇代謂田軫」云云一段見於《戰國縱橫家書》第二十二章，無說者主名，因文中有「今者秦立於門」之語，故各家皆以為是蘇秦說陳軫之語。⑭謁　求見；進說。⑮其為事甚完　意謂這將是一件大好事。⑯使楚利公　《戰國縱橫家書》作「使楚利公」，是也，意即對楚國、對您自身都有好處。⑰臣立於門　《戰國縱橫家書》作「秦立於門」，「秦」字蘇秦自謂。⑱韓馮　也寫作「韓凭」，《戰國縱橫家書》作「韓倗」，即公仲侈，時為韓國宰相。⑲賁棗將拔　將被齊軍所拔取。賁棗，魏縣名，在今山東菏澤西南。⑳子來救　你們倘能來救。指韓、秦二國之兵。時當韓宣惠王二十一年，秦惠文王後元十三年。㉑寡人弗能拔　《戰國縱橫家書》作「寡人不能支」，是。支，支撐；抵抗。意謂將離開秦、韓，歸順齊國。能，耐；堅持；挺著。㉒轉辭　改變策略的話。㉓毋東旬餘　十多天不向東發兵。㉔魏氏轉二句　按：《戰國縱橫家書》無句末「秦」字，整句作「秦、韓之兵毋東旬餘，則魏氏轉、韓氏從」，意思即倘能讓秦、韓兩國在十餘天之內不出兵救魏，則魏國必將轉而投靠楚，韓國也將跟著投靠楚。㉕秦逐張儀二句　《戰國縱橫家書》無「齊」字，意思是，到那時秦國也將罷斥張儀，也將老老實實地來歸依楚國。㉖柰何使無東　用什麼辦法可以讓「秦、韓之兵毋東旬餘」呢？柰何，如何；用什麼辦法。㉗東卻齊宋　向東打敗齊、宋兩國後。㉘因摶三國之兵　乘機集中韓、秦、魏三國的兵力。摶，集聚。㉙南割於楚　向南攻楚，割取其地。㉚故地　指此前被楚國強占去的韓國土地。㉛名存亡國　表面上說是為了救魏。亡國，即將滅亡之國。㉜伐三川　向韓、周兩國炫耀功德，撈取一種「仁義之師」的美名。伐，誇耀。三川，指今河南洛陽及洛陽西南的一帶地區，因其地有黃河、洛水、伊水而得名，這些地區當時屬於韓、周兩國。㉝王業　王者的事業。指以「仁義」服人。㉞令楚王與韓氏地二句　讓楚王姑且割給韓國一塊地盤，再請秦王出來主持說合此事，這不就一下子把韓、秦兩國全都拉過來了嗎？制和，主持楚、韓之間的媾和。㉟請與韓地二句　我們楚國願向韓國割讓一塊地盤，而韓國之所以能獲得這塊地盤，我們將讓韓國對秦王您感謝恩德。施三川，對韓國施恩。㊱韓氏之兵不用而得地於楚二句　二句為蘇秦自問自答之語，意思是，韓國不用出兵就得到了楚國的地盤，但他以什麼理由向秦王推辭他不出兵救魏了呢？㊲秦兵不用而得三川　你們秦國不用出兵就能受到韓國、周國的感謝。得三川，得到韓、周兩個國家的擁戴。㊳伐楚韓以窘魏　炫耀與韓、楚的關係友好以使魏國處於被動。伐，炫耀；矜誇。矜誇其制楚、韓之和也。㊴魏氏不敢

東　指不敢倒向齊國，因其周邊國家都與秦國友好。㊵孤齊　使齊國孤立。㊶張儀之東兵之辭且謂何　此句亦為蘇秦自問自答之語，意思是，張儀又怎麼對秦王說他改變了主意拒絕出兵救魏了呢？辭，推辭；拒絕。㊷秦韓欲地而兵有案　《戰國縱橫家書》作「韓欲地而兵按」，無「秦」、「有」二字，意思是韓國原想攻魏以得地，現在不用費力的從楚國得到了，於是停止了進軍。㊸聲威發於魏　更以聲勢震懾了魏國。㊹魏氏之欲不失齊楚者有資矣　這一來就使魏國內部主張與齊國、楚國聯合的人有理由說話了。㊺魏氏轉二句　魏國的戰略改變（即轉而親齊、楚），秦、韓也爭相倒向齊、楚。㊻楚王欲而無與地　《戰國縱橫家書》作「王欲無與地」，無「楚」、「而」二字，意思是，到這時楚王實際上也就用不著再割土地給韓國。㊼秦韓之兵不用而得地　韓得楚地，秦得以「伐（矜功）三川」。㊽有一大德　意即有大德。㊾劫　受控制。㊿以徇服魏　為救魏、服魏而使秦、韓付出犧牲。徇，犧牲自己以順從他人。(51)左券　債主所持的契約。(52)以責於秦韓　向秦韓兩國提出要求。(53)此其善於公而惡張子多資矣　這就是對您（陳軫）有利，對張儀有多種不利的事情。惡，不利。按：以上蘇秦說田軫事，今本《戰國策》不載，而見於西元一九七三年長沙馬王堆出土的《戰國縱橫家書》。(54)秦惠王卒　秦惠王也稱「秦惠文王」，孝公之子，西元前三三七－前三一一年在位。(55)與秦擊敗楚於重丘　按：此役為齊與韓、魏共攻楚，殺楚將唐眛，秦未參與其事，此與〈楚世家〉皆誤加入秦國。重丘，楚縣名，在今河南泌陽東北。(56)涇陽君　名市，秦惠王之子，昭王之弟，在秦國很有權勢，與穰侯、高陵君、華陽君被稱為「四貴」。(57)質於齊　到齊國做人質。據〈孟嘗君列傳〉，秦昭王所以派涇陽君入齊為質，乃是為了求使孟嘗君入秦，與此不同。(58)歸涇陽君于秦　齊畏秦，不敢接受涇陽君為質，故令其回國。(59)孟嘗君薛文　即田文，齊將田嬰之子，孟嘗君是其封號。因其有封邑在薛，故也稱「薛文」。(60)入秦二句　據〈孟嘗君列傳〉，孟嘗君入秦後，昭王起初想讓孟嘗君為相，後聽人挑動，轉欲殺之，與此說法不同。(61)文亡去　孟嘗君依靠雞鳴、狗盜之力逃出函谷關，得回齊國事，詳見〈孟嘗君列傳〉。(62)與韓魏共攻秦　當時的韓國國君為韓襄王，魏國的國君為魏襄王。(63)至函谷軍　謂追擊秦軍，一直到函谷關才停下來。函谷關，秦國東出中原的要塞，在今河南靈寶東北。(64)與韓河外　將前所占領的黃河以南地區歸還韓國。〈韓世家〉於此作「秦與我河外及武遂」。此處實際所指即前文之所謂「三川」地帶。(65)趙殺其主父　主父，即趙武靈王，四年前傳位於其少子何，自己退位而稱「主父」，後因掩護其發動叛亂的長子趙章，被趙國諸臣所圍困餓死。(66)齊佐趙滅中山　中山，鮮虞人建立的小國名，前期的國都曰顧，即今河北定縣，西元前四〇八年，被魏文侯所滅。過了若干年後，鮮虞人又在靈壽（今河北靈壽西北）重建了中山國，至此又被趙國所滅。按：〈趙世家〉書趙滅中山於惠文王三年（西元前二九六年），不言曾有齊國佐助。(67)王為東帝二句　戰國中期，各諸侯國皆相繼稱「王」，齊、秦兩個大國不願與諸國並列，於是遂有此同時稱「帝」之舉。(68)蘇代　《戰國策・齊策四》作「蘇秦」，當從〈齊策〉。(69)章華東門　章華宮的東門。《集解》引〈齊都賦〉注，以為是齊都小城的城門。(70)子來　猶言「你過來」。(71)秦使魏冉致帝　秦國派魏冉來尊我為東帝。魏冉，秦昭王之舅，秦武王去世後，佐昭王奪位為君，封穰侯，此時正為秦相。致，送某物、某名於人。(72)問臣也卒　向我問得很突然。卒，通「猝」。倉卒。(73)患之所從來微　災禍的到來總是逐漸的，不易被人注意的。(74)勿備稱　不要以此為稱。《戰國策》於此作「勿庸稱」。庸，意思同「用」。(75)天下安之　謂沒有強烈的反對聲浪。(76)無後也　猶言未晚也。(77)讓爭帝名　講究禮讓，有不與人爭相稱帝的美名。(78)以收天下　以博取各國君臣的好感。(79)大資　絕好的資本。(80)且天下立兩帝　《戰國策・齊策四》自此句開始為另一段，章首有「蘇秦謂齊王曰」六字。(81)王曰二句　因當時秦國強大，故公論如此。(82)釋帝　放棄帝號不要。(83)兩帝立約伐趙　秦、齊兩國聯盟共同伐趙，此即秦國「遠交近攻」之方略。(84)孰與伐桀宋之利　意謂是跟在秦國後頭幫著秦國伐趙好呢？還是看準機會自己伐宋好呢？桀宋，指宋國的末代國君宋王偃，〈宋微子世家〉說他即位以來，屢興兵與四鄰國家為敵，在國內也極其荒淫殘暴，諸侯皆稱之曰「桀宋」。(85)伐桀宋利　宋小國弱，且又鄰齊，得地則歸齊所有，故曰利。宋國的國都原在睢陽（今河南商丘南），此時已遷移到彭城（今江蘇徐州）。(86)夫約鈞二句　張照曰：「去『鈞然』二字，文義自明。」瀧川曰：「《策》姚本無『鈞然』二字。」按：諸說是也，「夫約與秦為帝」意思甚順；然照原文解釋亦尚可通。約鈞，指相約稱帝，其利相等。鈞，同「均」。(87)明釋帝　公開的聲明自己不願稱帝。(88)倍約賓秦　拋棄以前與秦國商定的稱帝之約，而反過來排擠秦國。倍，通「背」。賓，通「擯」。排斥。(89)無爭重　不要與秦爭高低。(90)以其間舉宋　乘諸國與秦鬧矛盾的機會而攻取宋國。(91)夫有宋二句　倘若占有了宋國，那衛國僅有的地盤也就岌岌乎難保了。陽地，《集解》曰：「濮陽之地。」濮陽當時是衛國的都城。(92)濟西　約當今山東之禹城、茌平、聊城一帶，因其地處當時的濟水以西，故云。(93)趙之阿東國危　「阿東」應作「河東」，即今之河北大名與山東之臨清、武城一帶，都處於當時的黃河以東，屬於趙國。(94)淮北　當時宋國的地盤，約當今之安徽北部與河南東南部一帶地區。(95)楚之東國　約當今之江蘇北部一帶地區。(96)陶　魏縣名，在今山東定陶西北。(97)平陸　齊縣名，在今山東汶上西北。(98)梁門不開　極言魏國受逼的恐懼之狀。梁門，魏都大梁的城門。(99)貸　通「代」。代替。(100)形服　瀧川曰：「形，勢也，畏勢而服。」(101)湯武之舉　商湯伐桀、武王伐紂一樣的順天應民之舉。(102)敬秦以為名　表面上說是齊國不如秦國，沒有資格與秦國平起平坐。(103)以卑為尊　貌似卑怯，而實際所得的是更大的尊貴。(104)願王孰慮之　按：以上蘇秦勸齊湣王放棄稱帝事，見《戰國策・齊策四》。鮑彪曰：「此策自為智則明，為人謀則忠，蘇、張之巨擘也。」(105)伐宋　《戰國策・韓策三》作「韓珉伐宋」。時韓珉相齊，為齊伐宋。(106)秦昭王怒

曰　時為秦昭王二十一年。[107]吾愛宋與愛新城陽晉同　新城，韓縣名，在今河南伊川西南，這裡即指韓國。陽晉，衛縣名，在今山東菏澤西北，這裡即指衛國。這句話的意思是，這三個國家我都想要，都是我要吃的肉，別人休想染指。[108]韓聶　即《戰國策》之所謂「韓珉」，時為齊湣王之相。[109]蘇代為齊謂秦王曰　蘇代，《戰國策·韓策三》作「蘇秦」，是。繆文遠曰：「蘇秦為燕反間，勸齊伐宋，將以敝齊而為燕，恐秦之敗其事，故說秦王以止之。」[110]齊彊二句　齊滅宋後，則是又給強齊加上一宋。[111]無事而割安邑　無事，不用戰鬥。安邑，魏國的舊都，在今山西夏縣西北。[112]禱於王　為王祈禱。極言其希望如此。[113]一從一衡　猶言時縱時橫。從，通「縱」。[114]其說何也　他到底是什麼意思呢？[115]天下國令齊可知乎　別的國家難道就讓齊國信得過了嗎？《戰國策》「國」字作「固」，整句的意思仍相同。[116]以　通「已」。[117]其知事秦以萬乘之國自輔　詞語略生澀，大意謂，齊國明白，它要是能和秦國交好，就能得到一個萬乘之國的援助。[118]不西事秦則宋治不安　如果不與秦國交好，即使占領了宋國，也無法穩定那裡的政局。[119]白頭游敖之士　從事了一輩子奔走遊說的人們。敖，通「遨」。[120]積智　花盡腦筋。[121]離齊秦之交　挑撥齊、秦兩國的關係。[122]伏式結軼西馳　即乘車西馳入秦。伏式，這裡即指乘車。式，通「軾」。結軼，此處同「結轍」，車跡縱橫相結，極言其往來的車子之多。[123]東馳　指東馳入齊。按：〈孟嘗君列傳〉有所謂「天下之游士馮軾結靷東入齊者，無不欲彊齊而弱秦者；馮軾結靷西入秦者，無不欲彊秦而弱齊者」，句子與此雷同。[124]何晉楚之智　為什麼三晉與楚國人都這麼聰明？晉，指韓、趙、魏三國。[125]而齊秦之愚也　為什麼齊國、秦國人都這麼傻，總是受人離間而不覺悟呢？[126]必議齊秦　必定商量著伐齊伐秦。[127]請以此決事　意謂這就是衡量對誰有利的標準。[128]秦王曰二句　按：以上蘇秦為齊說秦王許其伐宋事，見《戰國策·韓策三》。蘇秦在齊國為齊湣王之相，就是受燕昭王之託，在齊國臥底。他之所以極力設法使齊國伐宋，目的就是為了在滅宋的過程中使齊國受消耗，以便給燕國造成打敗齊國的機會。[129]宋王出亡二句　時為宋王偃四十七年，宋微子自西周初年建立的宋國，歷時八百餘年，至此滅亡。溫，魏縣名，在今河南溫縣西南。王闓森、唐致卿曰：「齊滅宋，表明齊國政治、軍事勢力達到頂峰。齊湣王君臣只注重軍事攻戰，不注意發展生產與休養生息，所以滅宋後，齊國已成了強弩之末。」[130]鄒魯之君　鄒，也稱「邾」，國都在今山東鄒縣東南。魯，國都即今山東曲阜。[131]拔我列城九　楊寬《戰國史年表》曰：「秦將蒙驁攻齊，奪得九城。」按：〈秦本紀〉與〈六國年表〉皆作「蒙武擊齊」，殆誤，應作「蒙驁」。[132]燕秦楚三晉合謀三句　此即樂毅率五國聯軍破齊於濟西事，過程詳見〈燕召公世家〉、〈樂毅列傳〉。燕、秦、楚、三晉合謀，合謀者為燕、秦、三晉五國；此曰有楚，誤也。濟西，濟水以西，約當今山東之茌平、聊城、禹城等一帶，當時屬齊。[133]王解而卻　齊湣王的軍隊潰散東逃。[134]燕將樂毅遂入臨淄　五國聯軍破齊軍於濟西後，其他四國皆撤軍而回，獨樂毅率燕軍長驅破齊，攻入臨淄。[135]盡取齊之寶藏器　〈樂毅列傳〉云：「珠玉財寶車甲珍器盡收入于燕，齊器設於寧臺，大呂陳於元英，故鼎反乎曆室。」王閣森、唐致卿曰：「五國聯合攻齊與燕破齊國，是戰國時期的重要事件，齊國由此削弱，齊、秦兩強東西對峙的局面結束，這在客觀上為秦國控制六國、統一中國構成了有利條件。」[136]湣王出亡二句　亡，逃竄。衛，殘存之衛都於濮陽。[137]衛君辟宮舍之　當時之衛君為衛懷君，西元前三二四—前二八三年在位。辟宮舍之，騰出自己的宮室給齊湣王住。[138]共具　為齊湣王備辦筵席。[139]湣王不遜　齊湣王向衛國擺架子，對衛君無禮。[140]衛人侵之　衛人給齊湣王以回擊。侵，此指語言與態度上的反譏、回敬。湣王究竟對衛人如何「不遜」，衛人究竟如何「侵之」，史無詳載，大約為依據〈魯仲連義不帝秦〉而演義之。[141]湣王去二句　齊湣王離開衛國，逃往鄒、魯。[142]有驕色二句　弗內，不讓其進城。內，通「納」。據《戰國策‧趙策三》與〈魯仲連鄒陽列傳〉，齊湣王到魯國時，曾要求人家比照「天子巡狩，諸侯辟舍，納筦籥，攝衽抱机，視膳於堂下。天子已食，乃退而聽朝」，結果「魯人投其籥，不果納」。齊湣王路經鄒國時，值鄒君死，齊湣王想入弔，他要求人家「天子弔，主人必將倍殯棺，設北面於南方，然後天子南面弔也」，結果人家不讓他進城。以上皆魯仲連在痛斥辛垣衍的說辭中所提及，未必屬實，今史公竟儼然敘為歷史。[143]遂走莒　莒，原為小國，此時已成為齊國的「五都」之一，即今山東莒縣。[144]淖齒　楚國將領。[145]淖齒遂殺湣王　齊湣王至莒，淖齒數之以昏暴不聽「大」、「地」、「人」之警告，遂「殺之於鼓里（地名）」。而舊注又有所謂「淖齒弒湣王而擢其筋，懸於廟梁，宿昔而死」之語。[146]與燕共分齊之侵地鹵器　鹵器，搶掠來的東西。鹵，通「虜」。楊寬曰：「當時楚未參與合縱攻齊，派淖齒率軍萬人前來幫助，因而被齊湣王任為齊相。但楚的主要目的在於收回被宋所取的淮北地，同時控制齊的政權，因而淖齒與齊湣王發生矛盾，齊湣王被淖齒殺死於莒的東廟，不久淖齒為齊國的王孫賈所殺。」[147]莒太史敫　莒縣的富人姓太史，名敫。[148]庸　傭；雇工。據〈田單列傳〉，乃變姓名為太史敫家灌園。[149]非恆人　不是平常人。[150]竊衣食之　偷偷地給與其衣、食。「衣」「食」皆用如動詞。[151]淖齒既以去莒　淖齒離開莒縣以後，實則即淖齒被王孫賈所殺之後。以，通「已」。[152]亡臣　戰亂中逃匿起來的齊國群臣。[153]求　尋找；物色。[154]保莒城　依莒城而堅守。當時齊國未被燕軍所占者，只有莒與即墨二城。[155]襄王既立　襄王元年為西元前二八三年。[156]是為君王后　這就是歷史上聞名的「君王后」。[157]生子建　生子曰「建」，即日後齊國的亡國之君「齊王建」。[158]汙吾世　汙辱了我們太史氏的傳統、門風。世，傳統；統緒。[159]襄王在莒五年　西元前二七九年。[160]田單以即墨攻破燕軍　田單，齊國名將，田單用火牛陣破燕軍於即墨，並乘機收復失地重建齊國事，詳見〈田單列傳〉。[161]齊封田單為安平君　田單破燕被齊封為安平君後，《戰國策》裡還有一些別的事情，其大者如入趙國為將、為相等，而〈田單列傳〉均不載。安平，齊縣名，在當時的臨淄城東北，田單初露頭角是在安平，故以此地相封。162秦擊我剛壽　時為秦昭王三十七年，所派之秦將為「客卿灶」。剛、壽，皆齊縣名。剛，也作「綱」，在今山東寧陽東北。壽，在今山東東平西南。163襄王卒　時當秦昭王四十二年，趙孝成王元年。164王建立六年　西元前二五九年。165秦攻趙　去年秦大破趙軍於長平，坑趙卒四十五萬，今年又圍攻趙之邯鄲。166齊楚救之　當時救趙最巨者為魏與楚，見〈魏公子列傳〉、〈平原君虞卿列傳〉、〈春申君列傳〉、〈六國年表〉等篇，唯齊之救趙，僅於此處一見。又，魏、楚之救趙在西元前二五七年，即齊王建八年，非齊王建六年也。167秦計曰　秦國人的計畫是。168親則退兵二句　意謂如果齊、楚與趙的關係親密，決心救趙，我們就退兵；如果看來平常，我們就集中力量攻趙。169周子　齊之謀臣，史失其名。鮑彪以為是「周最」。170秦之計中　秦國本來就準備「不親遂攻之」。171過　錯誤。172扞蔽　屏蔽；屏障。齊國居趙之東，固無待言；即以楚國而言，當時國都已遷至今安徽壽縣，秦不滅趙，則無法東滅齊、楚也。173脣亡則齒寒　最早先於《左傳》僖公五年宮之奇諫虞君語，其後又見於《戰國策・趙策一》張孟談謂韓、魏之君語，蓋古諺。174救趙之務　救趙之緊急。鮑彪曰：「務，事也。」175奉漏甕沃焦釜　極言其不容耽擱。奉，捧。176義救亡國　以仁義之舉救將亡之國。177威卻　以兵威去除。178愛粟　吝惜糧食。179齊王弗聽二句　依本文所言，趙借粟於齊，齊人不應事，應在長平之戰前，此敘於「齊、楚救趙」後，誤也。以上周子勸齊王助趙事，見《戰國策・齊策二》。180秦滅周　此指滅東周，事在秦莊襄王元年。秦昭王五十一年（西元前二五六年），周赧王死，西周君被秦所滅；今秦莊襄王又滅東周君，則周武王滅紂所建立的周王朝至此遂徹底滅亡，共歷時八百多年。181君王后卒　「君王后」是襄王法章之妻，齊國後期政權的實際操縱者。182秦置東郡　在新攻取的魏國地盤上設立了東郡，郡治濮陽。183王入朝秦　表明齊國親秦，自視如秦之東藩。184咸陽　當時的秦國都城，在今陝西咸陽東北。185秦滅韓　事在韓王安九年，至此韓國滅亡，秦在韓國舊地設立潁川郡。186秦滅趙　事在趙王遷八年。是年邯鄲破，趙王遷被虜後，其兄趙嘉逃至代郡，建立代國，又殘存了一段時間。187燕使荊軻刺秦王　燕太子丹派荊軻入秦行刺，不成，被秦人所殺事，詳見〈燕召公世家〉與〈刺客列傳〉，時為燕王喜二十八年。188明年　齊王建三十九年，秦王政二十一年，西元前二二六年。189燕王亡走遼東　燕王，指燕王喜，燕國的末代國君，西元前二五四—前二二二年在位。遼東，燕郡名，約當於今之遼寧省中部與東南部地區，因其地處遼河以東，故名。190秦滅魏　時為魏王假三年。魏王假是魏國的末代國君，西元前二二七—前二二五年在位。191秦兵次於歷下　意即秦軍占領了齊國的西部地區。次，駐紮。歷下，在今山東濟南西。192秦滅楚　時為楚王負芻五年。楚王負芻是楚國的末代國君，西元前二二七—前二二三年在位。193虜代王嘉　事在代王嘉六年，趙國至此遂徹底滅亡。194滅燕王喜　事在燕王喜三十三年，周武王之弟召公姬奭自周初受封建立的燕國至此遂徹底滅亡，共歷時八百多年。195后勝　姓后名勝。196共　秦縣名，即今河南輝縣。197滅齊為郡　滅掉齊國後，在齊國的中部地區設立了齊郡，在齊國的東南部地區設立了琅邪郡。198壹并於秦　全部被秦國所吞併。199立號為皇帝　古代有「三皇」，有「五帝」，秦王政自以為功蓋遠古，故兼「皇」「帝」二者並稱之。200各自救於秦　意即為了自救，或戰或和地整天與秦國周旋，故秦無暇東攻齊國。201故王建立四十餘年不受兵　按：此即秦國所奉行的「遠交近攻」之策，非君王后有何「賢能」。202秦間金　秦國為行反間所用之金。〈李斯列傳〉云：「秦王乃拜斯為長史，聽其計，陰遣謀士齎持金玉以游說諸侯。諸侯名士可下以財者，厚遺結之；不肯者，利劍刺之。離其君臣之計，秦王乃使其良將隨其後。」203勸王去從朝秦　勸齊王入秦、朝秦、聽命於秦。204卒入臨淄　突然攻入齊國的都城。卒，通「猝」。突然。205格　抗拒。206合從　同「合縱」。從，通「縱」。207松耶三句　據《戰國策・齊策六》，齊王建聽客邪說而入秦，秦「處之共松柏之間，餓而死。先是，齊為之歌曰：『松邪？柏邪？住建共者客耶？』」住建共者，導致齊王建被遷住於共的人，指后勝之流。208用客之不詳　不詳，不仔細；不謹慎。王駿圖曰：「此蓋齊人愴懷故國，深怨王建聽賓客奸謀，以致國破而遷住於共，因借松柏以起興作歌，亦猶喬木、黍離之感，三「耶」字有無限慨歎艾怨之意。」凌稚隆曰：「六國獨齊後亡，故於齊總論興亡人勢，有感慨。」

【語　譯】 齊湣王元年，秦國派張儀和各國的執政大臣在齧桑會晤。三年，齊國將薛縣封給了田嬰。四年，齊國到秦國迎娶王后。七年，齊軍與宋軍聯合攻魏，在觀澤打敗了魏軍。

2　十二年，齊軍伐魏。楚軍包圍了韓國的雍氏城。秦國擊敗了楚將屈丐。這時蘇代對正在楚國的田軫說：「我很想見到您，想為您辦一件大好事，這件事對楚國有好處，對您個人也有好處，辦成了對您是福，辦不成對您也是福。今天我在門口站著，有人告訴我魏王已經對韓國的執政韓馮、秦國的執政張儀說：『我國的黃棗縣將被齊軍攻下，齊國現在又增兵前來。你們韓國、秦國如果能來救援就好了；如果不能來救，我們不能抵抗齊國，就只能歸附齊國了。』這其實只不過是個改變策略的說法。假使秦、韓兩國十多天之內不出兵救魏，那麼魏國就得投靠楚國，韓國也將跟著投靠楚國。到那時，秦國就會驅逐張儀，也老老實實歸附楚國。這樣您的事情就成功了。」田軫說：「我怎樣才能讓秦、韓的軍隊在十多天之內不東出救魏呢？」蘇代說：「韓馮如想救魏，一定不會直接對韓王說：『我是為了魏國。』他一定說：『我將率領秦國、韓國東擊齊、宋。然後集中韓、秦、魏三國之兵，乘屈丐被削弱的機會向南攻打楚國，割取楚國的土地，這樣我們過去被楚國占領的土地就能收回來了。』張儀如想救魏也一定不會直接對秦王說：『我是為了魏國。』他一定說：『我將用秦國、韓國的軍隊東擊齊、宋。然後集中三國的兵力，乘屈丐被打敗的機會南攻楚國，割取它的土地，我們名義上是保存將要滅亡的魏國，實際上是向韓國、周國炫耀功德，這可是成就王者的事業呀。』這時您讓楚國暫時將土地割讓一些給韓國，讓秦王主持楚、韓兩國之間講和的事情。您對秦王說：『我們楚國割給韓國一些土地，請秦王您從中撮合此事，這樣您可以在三川地區提高聲譽，韓國也可以不用出兵就能從楚國得到土地。』韓馮原說要東伐齊、宋，現在卻接受楚國割地不再進兵，他將如何向秦王解釋呢？他一定是說：『秦國不用出兵就能得到韓國的擁戴，又能通過撮合楚、韓關係脅迫魏國，魏國就不會再倒向齊國，齊國就被孤立起來了。』張儀原說要東攻齊、宋，現在偃旗息鼓，他將如何向秦王解釋呢？他一定會說：『秦國、韓國當初之想出兵，是為了從魏國奪取土地，現在從楚國得到了，而且聲威震懾魏國，這樣一來魏國主張與齊、楚聯合的人就有了理由。』魏國一旦離棄秦、韓而親近齊、楚，秦國、韓國也就會爭相轉親齊、楚，楚國到這時也就用不著再給韓國土地了。您使秦國、韓國不用發兵就得到土地，這對秦、韓已經是一種大恩德。秦、韓兩國過去受韓馮、張儀控制為救魏、服魏造成的犧牲從今可以免除，您簡直就成了兩個國家的大債主，可以向秦、韓兩國提出要求，這對您是多麼有利而對張儀是多麼不利呀。」

3 十三年，秦惠文王去世。二十三年，齊軍與秦軍聯合在重丘打敗楚軍。二十四年，秦國派涇陽君到齊國做人質。二十五年，齊國讓涇陽君回秦。齊國的孟嘗君薛文到秦國去做了宰相，後來又從秦國逃了回來。二十六年，齊軍與韓軍、魏軍聯合攻秦，一直打到函谷關下。二十八年，秦國將前所占去的黃河以南地區歸還韓國，兩國講和罷兵。二十九年，趙國殺害了趙主父。同年，齊國幫助趙國滅掉了中山國。

4 三十六年，齊湣王稱「東帝」，秦昭王稱「西帝」。這時，蘇代從燕國來到齊國，在章華東門拜見齊王。齊王說：「啊，你來得正好。秦國派魏冄來尊我為東帝，你覺得怎麼樣？」蘇代回答說：「大王問得很突然，我覺得災禍的到來總是逐漸的，不易被察覺的。我希望大王把帝號接受下來，但不要馬上使用，可以先看看。

如果秦稱帝以後，天下沒有什麼反響，大王再稱帝不遲。況且在這個問題上謙讓一下也沒有什麼壞處。如果秦王稱帝以後，天下人都很憎惡；而大王您因為不稱帝而獲得各國的好感。這也是一筆很大的本錢啊。再說，天下有兩個國家稱帝，您認為天下會因此而尊重齊國呢？還是尊重秦國？」齊王說：「是尊重秦國。」蘇代說：「如果齊國放棄帝號不用，天下是喜愛齊國呢？還是喜愛秦國？」齊王說：「自然是喜愛齊國而憎惡秦國。」蘇代又說：「秦、齊兩國訂立盟約討伐趙國，這和討伐像夏桀一樣的宋君比起來哪個對齊國更有利呢？」齊王說：「討伐像夏桀那樣的宋君對齊國有利。」蘇代說：「同一個約定，如果與秦王同時稱帝，天下人會尊重秦國而輕視齊國；放棄稱帝，則天下喜愛齊國而憎惡秦國，討伐趙國不如討伐桀宋對齊國有利。所以我希望大王公開的聲明放棄帝號以收取天下的人心，拋棄以前與秦國稱帝的約定，反過來排擠秦國，不與秦國爭高低，相反您可以乘諸侯與秦國鬧矛盾的機會攻取宋國。一旦占有了宋國，則衛國那點僅有的地盤也就不難到手了；占有濟西，趙國黃河以東的國土就危險了；占有淮北，楚國的東部領土就感到危險了；占有陶、平陸，魏國都城大梁的城門就不敢打開了。放棄稱帝而代之以討伐宋國暴君，國家的地位、聲望也就提高了，燕國、楚國也會因形勢所迫而向齊國臣服。到那時，天下誰敢不聽，這正是商湯、周武王所行的大事啊。表面上我們不與秦國爭高下，實際上卻可以獲得更大的威望，而秦國卻因此而受到天下人的憎惡，這就是通常所說的以謙卑博取尊貴的做法。我希望大王能認真的考慮考慮這件事。」於是齊湣王放棄稱帝仍然稱王，秦王見此也去掉了帝號。

三十八年，齊軍伐宋。秦昭王發怒說：「我喜愛宋國與喜愛韓國的新城、衛國的陽晉是一樣的。齊相韓聶是我的朋友，卻去攻打我所喜愛的國家，這是為什麼呢？」蘇代為了齊國對秦王說：「韓聶攻打宋國，其目的就是為了大王您。齊國本來就強大，滅了宋國以後就會更加強大，這樣一來，楚國、魏國一定感到害怕，它們害怕，就必定會西來親近秦國。這樣您就可以不用煩勞一兵一卒，不用打仗就能占有安邑。這就是韓聶所為您祈禱的呀。」秦王說：「我擔心齊國難以猜測。一會兒合縱，一會兒連橫，這該怎麼解釋呢？」蘇代說：「別的國家難道就讓齊國信得過了嗎？齊國攻打宋國後，齊國知道必須與秦國搞好關係，就能得到一個萬乘之國的援助，不然它所占領的宋國就不會安寧。中原那些從事了一輩子奔走遊說的人，全都絞盡腦汁想要離間秦國和齊國的關係。那些乘車西來到秦國的人沒有一個主張秦國與齊國修好的；反過來，那些乘車向東到齊國去的人，也沒有一個人建議齊國與秦國修好。為什麼呢？就是因為他們都不希望秦、齊兩國聯合。我很奇怪，為什麼晉、楚之人那麼聰明，而齊、秦之人就那麼愚蠢呢！晉、楚等國聯合了，必定要攻秦、攻齊；相反，如果秦、齊聯合了，也必定要謀劃攻晉、攻楚。這就是衡量對誰有利的標準。」秦王說：「好。」於是齊國便起兵伐宋，宋王偃失敗出逃，死在了魏國的溫縣。接著齊國又向南割取了楚國的淮北地區，向西侵入三晉，並想進而吞併周國，自己做天子。泗水沿岸的鄒、魯等國都向齊國稱臣。天下諸侯為此而驚恐不安。

6 三十九年，秦軍東伐齊國，占領了齊國的九座城。

7 四十年，燕、秦、楚、三晉合謀，各國都派出了精銳部隊聯合攻打齊國，在濟水之西打敗了齊國軍隊。齊軍潰敗而逃。燕將樂毅率燕軍攻入臨淄，將齊國的珠玉寶器全部運回燕國。齊湣王逃到衛國。衛國的國君騰出自己的宮室給齊湣王居住，向他稱臣，供給他一切吃喝。而齊湣王卻傲慢自大，結果被衛國人教訓了一通。齊湣王離開衛國逃到了鄒國，又逃到魯國，仍然傲慢自大，結果又被鄒國、魯國趕了出來。齊湣王最後逃到莒縣。當時楚國派淖齒率兵救齊，淖齒做了齊湣王的宰相。後來淖齒將齊湣王殺死，與燕國一起瓜分了齊國的土地，搶劫了齊國的寶器。

8 齊湣王被殺以後，他的兒子法章改變名姓，做了莒縣太史敫家的佣人。太史敫的女兒看他相貌奇特，覺得他不是一個平常的人，憐憫他，經常偷出一些衣物、食品給他，並和他暗中結為夫妻。淖齒離開莒縣後，莒縣人和齊國大臣都尋找齊湣王的兒子，想立他為齊王。法章害怕這些人殺自己，過了很久才說出自己是齊湣王的兒子。於是莒縣吏民遂共同擁立法章為齊王，這就是齊襄王。齊襄王等人守衛莒城，向齊國全境宣布「新齊王已經在莒縣即位了」。

9 齊襄王即位後，封太史敫之女為王后，這就是歷史上的君王后，君王后為襄王生了一個兒子名建。太史敫說：「女兒不通過媒人而自己嫁人，這不是我的後代，她玷汙了我的門風。」他至死不去看望君王后。而君王后為人賢慧，並不因為父親不來看望而失掉自己做女兒的禮節。

10 齊襄王在莒縣即位的第五年，田單憑藉即墨的力量打敗了燕國的軍隊，他到莒縣迎請齊襄王回到臨淄。齊國的領土也全部被田單收復。齊襄王封田單為安平君。

11 十四年，秦軍攻打齊國的剛、壽。十九年，齊襄王去世，他的兒子田建繼位為王。

12 齊王建即位六年，秦軍攻趙，齊軍、楚軍救趙。秦國的君臣商議說：「齊、楚聯合救趙，如果它們的關係密切，我們就退兵，如果不密切，我們就攻打它們。」這時趙國缺少糧食，向齊國請求支援，齊國沒有答應。齊國的謀臣周子向齊王建建議說：「不如答應借給趙國糧食，這樣可以促使秦國退兵。如果不支援趙國糧食，秦國就不會撤兵，這就使秦國的計謀得逞，對齊國、楚國是一種錯誤。況且趙國是齊、楚兩國的屏障，趙與齊、楚的關係就如同脣齒相依，脣亡則齒寒。假如今天趙國滅亡了，明天災禍就會降臨到齊、楚頭上。目前救助趙國就如同用手捧著漏水的甕去澆燒乾的鍋一樣緊急。再說援救趙國是一種高尚的道義；擊退秦兵又能夠彰顯齊國的威名。我們以仁義之舉救助一個將亡之國，以兵威打退強大的秦軍，不以此作為當務之急，卻把吝惜糧食放在首位，從國家利益衡量，這是極端錯誤的。」齊王不聽。結果秦軍在長平破殺趙軍四十餘萬，並進而包圍了趙國的都城邯鄲。

13 十六年，秦國滅掉了東周。同年，君王后去世。二十三年，秦國在攻取的魏國地盤上設立東郡。二十八年，齊王建到秦國朝見秦王，秦王嬴政在咸陽宮設宴招待齊王。三十五年，秦國滅掉韓國。三十七年，秦國滅掉趙國。三十八年，燕國派荊軻入秦謀刺秦王，秦王發現，殺死了荊軻。第二年，秦國攻占了燕國，燕王逃到了遼東。第三年，秦國滅掉魏國。同年，秦將率軍駐紮在齊國的歷下。四十二年，秦國滅掉了楚國。第二年，秦國俘虜了代王嘉，消滅了燕王喜。

14 四十四年，秦軍攻打齊國，齊王聽從齊相后勝的意見，絲毫不加抵抗就投降了秦國。秦國俘虜了齊王建，把他安置到了共縣，於是齊國滅亡成為秦國的郡縣。天下完全被秦國所吞併，秦王嬴政自己立號稱秦始皇。

當初，君王后為人賢慧，對待秦國謹慎，對各國諸侯也講信用，再加上齊國地處東部的大海邊，秦國日夜攻打三晉、燕、楚，五國忙於對付秦國以自救，因此，齊王建在位四十餘年沒有遭受戰爭之苦。君王后死後，后勝做了齊國宰相。秦國為了離間齊國，用大量財物賄賂后勝，后勝便將許多賓客派到秦國去，秦國又多給這些賓客錢物，這些賓客都反過來為秦國離間齊國，他們勸說齊王放棄合縱，入秦朝見秦王，不做任何攻防的準備，不幫助五國抗秦，因而使秦國很快的滅掉了五國。五國滅亡後，秦國的軍隊突然攻入臨淄，齊國沒人敢進行抵抗。於是齊王建便投降了秦國，被秦國放逐到了共縣。所以齊國人都怨恨齊王不能及早與其他諸侯合縱抗秦，而是聽信奸臣后勝及其賓客的花言巧語，從而導致國家滅亡。齊國人曾經為齊王建編了一首歌，大意說：「是松樹呀？是柏樹呀？使齊王建住到共縣去的正是后勝的那些賓客呀！」意思就是責備齊王建聽信賓客的奸謀造成國家滅亡。

太史公曰：蓋孔子晚而喜易❶。易之為術，幽明❷遠矣，非通人達才孰能注意❸焉！故周太史之卦田敬仲完，占至十世之後❹。及完奔齊，懿仲卜之亦云❺。田乞及常所以比犯二君❻，專齊國之政，非必事勢之漸❼然也，蓋若遵厭兆祥云❽。

【章　旨】以上為第四段，是作者的論贊，史公對田氏國家的建立表達了深沉的不可理解。

【注　釋】❶孔子晚而喜易　《論語・述而》：「加我數歲，五十以學《易》，可以無大過矣。」易，古代的占卜書，孔門教學的課程之一。❷幽明　這裡用如動詞，即燭照幽明，遠觀世事之可見的與不易見的。❸注意　用心，這裡指用心思學好。❹占至十世之後　預見到十代以後的崛起、發達。❺及完奔齊二句　梁玉繩曰：「卜不在奔齊時，懿仲亦非齊大夫，說見前。」❻比犯二君　連續地弒掉兩個君主。比，並；連續。二君，指晏孺子與簡公。❼非必事勢之漸　並不是事物由小到大的發展之必然。❽蓋若遵厭兆祥云　就像是遵循著一種命定的先兆似的。遵厭，遵循。兆祥，先兆預示的吉凶。

【語　譯】太史公說：孔子在晚年喜歡讀《易》。《易》作為一門學問是非常深奧的，不是學問淵博、通達事理的人誰能夠學好它！周太史為田敬仲完占卜，能夠預見到十世以後的事情。等到田敬仲完逃奔到齊國以後，齊懿仲為他占卜，說的也和周太史一樣。田乞和田常所以連續弒掉兩個國君而獨攬齊國大權，不一定是事態逐漸發展造成的，倒像是遵循某種命定的先兆一樣。

【研　析】在戰國時代的東方六國中，首先強大起來的是魏國，魏國經文侯、武侯的經營，到惠王初期強大到頂點。由於魏惠王的好戰，先後在桂陵、馬陵兩次被齊國打敗，從此魏國一蹶不振，降為了二等國家；而齊國則從此由威王、宣王，到湣王初期達到了強盛的頂點。司馬遷對齊威王、齊宣王無疑是敬佩、讚揚的，他們都尊士、用賢，接受批評、聽從勸諫，齊國能在他們手下強盛一時，司馬遷是絕對稱頌的。齊威王是戰國時代少有其比的明君之一；齊宣王招賢納士，對眾學者「皆命為列大夫，開第康莊之衢，高門大屋，尊寵之」，別的不說，單是這一條，就足夠司馬遷感慨萬千的了。

齊國的衰敗是起於齊宣王的侵燕，與接著而來的齊湣王的好戰，尤其是齊湣王的滅宋，引起了許多國家的反感。於是燕、趙、魏、秦、韓五國聯合起來，以樂毅為統帥，大破齊軍於濟西，接著燕軍長驅直入，攻克臨淄，齊湣王逃到莒縣被楚人所殺，齊國差點兒滅亡。後來儘管在田單的領導下驅逐燕人收復了失地，但齊國也從此一蹶不振了。這齊國由盛而衰的歷史教訓是極為慘痛的。

齊國後來的失誤是被秦國的「遠交近攻」政策所誘誤，它在長達幾十年的時間裡採取孤立主義方針，只圖自己苟安，不助別國抗秦。等別的國家一個個被秦國所滅，最後也就輪到它了。古今對此的評論甚多，最精彩而又最簡明的我看莫過於蘇洵的〈六國論〉。但類似〈六國論〉這樣的觀點早在戰國的當時就有人說過了，《戰國策・魏策三》與〈魏世家〉都錄入了孫臣或者蘇代的說法，叫做「以地事秦，譬猶抱薪救火，薪不盡，火不滅」。可惜東方的貴族們沒人採用。

說到田氏齊國當初的興起，〈田敬仲完世家〉中有不少神祕、宿命的說法，讀者對之困惑不解，一個傑出的歷史家怎麼會把事情寫成這種樣子?陳完只是一個陳國諸侯的中子,並不像胡公滿或杞東樓公那樣是舜和禹的後代;也不像微子開那樣自身具有很高的「道德」水準,都不是。陳完的後代之所以能在齊國篡奪姜氏政權,完全是靠著田乞、田常的搞陰謀。靠著陰謀活動篡取政權,這在《史記》中本來是一個被批判的主題,但由於《左傳》的作者是生活在戰國初期,是看到了正在壯大中的田氏齊國的,《左傳》的作者為了給田氏政權歌讚歌,於是收錄了田氏後代為神化自己而為其祖先所編造的「五世其昌」,「八世之後,莫之與京」的神話。搞「陰謀」居然也能開國定邦,這人世間難道還有「天理」「良心」嗎?司馬遷想不通。正好《左傳》裡有這麼一說,司馬遷更加無法理解,於是也就帶著疑問引過來了。時至今日,我們究竟是應該把〈田敬仲完世家〉中的這段「神話」看做是司馬遷的疑問,正如他在〈伯夷列傳〉中的懷疑天道有無呢?還是把它理解為司馬遷真的相信這一套,需要我們來一本正經地批評司馬遷的歷史局限性呢?我傾向於前者。其實話又說回來,所謂搞不搞「陰謀」,是不是「篡奪」別人家的政權,這是封建社會倫理學家們爭辯的問題,我們看待這些事情的尺度只有兩條,這就是「對人民的態度如何」與「對歷史的發展是否有利」,只要田氏實行的政策能使齊國興旺發達,又能給齊國的百姓帶來好處,受齊國的百姓歡迎,他們就是齊國的好君主,至於姓姜姓田,那是無所謂的。

卷四十七

孔子世家第十七

【題解】〈孔子世家〉記述了孔子一生所從事的種種活動，介紹並高度評價了他的思想學說，對其坎坷周流、困頓不遇的一生，寄寓了極大的惋惜和同情；對其頑強刻苦、虛心好學的精神和他那種淵博的知識學問，以及他為研究整理古代文獻所付出的巨大努力與他所取得的豐富成果，表現了極大的敬仰與讚佩之情。司馬遷認為孔子是我國古代足以稱為「周公第二」的大聖人、大學者，是自己衷心傾慕的生命不死、奮鬥不已的「寧知其不可為而為之」的悲劇英雄。司馬遷所以要忍辱發憤的寫《史記》，就是以孔子為楷模，要寫「第二部《春秋》」，要做「孔子第二」。

1 孔子生魯昌平鄉陬邑❶。其先宋❷人也，曰孔防叔❸。防叔生伯夏，伯夏生叔梁紇❹。紇與顏氏女野合而生孔子，禱於尼丘得孔子❺。魯襄公二十二年而孔子生❻。生而首上圩頂❼，故因名曰「丘」云❽。字仲尼❾，姓孔氏❿。

2 丘生而叔梁紇死⓫，葬於防山⓬。防山在魯東，由是孔子疑其父墓處，母諱之也⓭。孔子為兒嬉戲，常陳俎豆，設禮容⓮。孔子母死，乃殯五父之衢，蓋其慎也⑮。陬人輓父⑯之母誨孔子父墓⑰，然後往合葬於防焉⑱。

3 孔子要絰⑲，季氏饗士⑳，孔子與往㉑。陽虎㉒絀㉓曰：「季氏饗士，非敢饗子也㉔。」孔子由是退。

4 孔子年十七㉕，魯大夫孟釐子㉖病且死，誡其嗣懿子㉗曰：「孔丘，聖人之後㉘，滅於宋㉙。其祖弗父何，始有宋而嗣讓厲公㉚。及正考父㉛，佐戴、武、宣公㉜，三命茲益恭㉝，故鼎銘㉞云：『一命而僂，再命而傴，三命而俯，循牆而走，亦莫敢余侮㉟。饘於是，粥於是，以餬余口㊱。』其恭如是。吾聞聖人之後，雖不當世，必有達者㊲。今孔丘年少好禮，其達者歟？吾即沒，若必師之㊳。」及釐子卒，懿子與魯人南宮敬叔往學禮焉㊴。是歲㊵，季武子卒，平子代立㊶。

【章旨】以上為第一段，寫孔子青少年時代的事情。

【注釋】❶魯昌平鄉陬邑　魯，西周初年建立的諸侯國名，姬姓。始封之君為周公之子伯禽，都於魯（今山東曲阜）。昌平鄉，其地有昌平山，以為鄉名。陬邑，古邑名，即今曲阜東南之陬村。❷宋　西周初期建立的諸侯國名，始封之君為殷紂王之庶兄微子啟，都於商丘（今河南商丘城南）。❸孔防叔　《索隱》引《孔子家語》：「孔子，宋微子之後。宋襄公生弗父何，以讓弟厲公。弗父何生宋父周，周生世子勝，勝生正考父，考父生孔父嘉。孔父生子木金父，金父生睪夷，睪夷生防叔。防叔畏華氏之逼而奔魯，故孔氏為魯人也。」梁玉繩曰：「杜注昭七年《傳》云：『孔父嘉為宋督所殺，其子奔魯。』最為明確。是奔魯者乃孔子五代祖木金父，防叔之祖也。」❹叔梁紇　《左傳》作「陬叔紇」，亦稱「陬人紇」，魯襄公時的勇士。❺紇與顏氏女野合而生孔子二句　按：二語繁費。崔適云：「此文疑作『紇與顏氏女禱於尼丘，野合而生孔子。』」顏氏女，據《孔子家語》此女名「徵在」。野合，未經婚嫁而交合。❻魯襄公二十二年而孔子生　魯襄公，春秋後期的魯國國君，名午，西元前五七二—前五四二年在位。孔子生，按：關於孔子的生年諸說不一，今人通常多取司馬遷之說。❼首上圩頂　頭頂當中窪下。圩，水田周圍的土埂。❽因名曰丘云　《白虎通・姓名》：「孔子首類尼丘山，蓋中低而四旁高，如屋宇之反。」瀧川曰：「云，未必之辭。史公未必信之，姑記所傳耳。」❾字仲尼　古人的名和字之間往往有一定聯繫，名曰「丘」，字「仲尼」，皆取於孔子故鄉的「尼丘」，而相互補充，「仲」是排行。❿姓孔氏　「姓」「氏」原本不同，「姓」表示同一血統的家族；「氏」則表示該家族中的某一分支，至司馬遷時「姓」「氏」混淆，故常以「姓」「氏」連稱。⓫丘生而叔梁紇死　《索隱》引《家語》曰：「生三歲而梁紇死。」⓬防山　又名筆架山，在今曲阜東。⓭孔子疑其父墓處二句　按：《禮記・檀弓》鄭玄注曰：「孔子之父陬叔梁紇與顏氏之女徵在野合而生孔子，徵在恥焉不告。」諱，不願說。⓮陳俎豆二句　擺列祭器，裝扮一種舉行祭典的樣子。二句言孔子自幼時即與他兒異，天生好禮。俎，其形如几案，用以盛放祭祀用的牛羊豕。豆，其形如鐙，古時盛肉的器具。⓯殯五父之衢二句　由於孔子不知其父的葬地，無法將其母與其父正式合葬，故只好臨時將其母殯於五父衢，以待他日找到父墓再正式安葬，這是出於慎重的考慮。殯，停柩，這裡指臨時埋葬。五父之衢，當時曲阜城裡的街道名。⓰輓父　人名，《禮記》作「曼父」。⓱誨孔子父墓　將叔梁紇的墓址告訴了孔子。誨，教導；告知。⓲然後往合葬於防焉　按：以上孔子將其母與其父合葬事，見《禮記・檀弓》。⓳要絰　腰間還繫著白布帶，亦即還穿著孝服。絰，白布帶，有繫於頭者，有繫於腰者，此指繫於腰者。⓴季氏饗士　季氏，即季孫氏，世代執掌魯國政權的大貴族。此時的當政者為季孫宿，史稱季武子。饗士，犒賞士卒。㉑與往　與他人一同前往。按：「與往」似應作「往與」，即前往參加。㉒陽虎　字貨，季孫氏的家臣，大管家。㉓絀　通「黜」。斥退；不接待。㉔季氏饗士二句　非敢，「不能」的婉轉說法。㉕孔子年十七　時當魯昭公七年，西元前五三五年。㉖孟釐子　孟釐子名仲孫貜，魯國貴族，即所謂「孟孫氏」。與季孫氏、叔孫氏三家同出於魯桓公，故史稱此三家曰「三桓」。釐，通「僖」。是仲孫貜的謚。㉗誡其嗣懿子　嗣，嫡長子；繼承人。懿子，名仲孫何忌，「懿」字是謚。㉘聖人之後　「聖人」指正考父。正考父所以能稱「聖人」即因有下面所述之名言。按：古代稱「聖人」並不嚴格，只要才能超眾即可。㉙滅於宋　《集解》引杜預曰：「孔子六世祖孔父嘉為華督所殺，其子奔魯也。」㉚弗父何二句　弗父何，西周時人，宋湣公之長子，宋厲公之兄。《集解》引杜預注：「弗父何，孔父嘉之高祖，宋愍公之長子，厲公之兄也。何嫡嗣當立，以讓厲公也。」張文虎曰：「『始』字疑是『以』字之誤。」㉛正考父　東周初人，弗父何的曾孫。㉜佐戴武宣公　戴，西周末、東周初的宋國國君，西元前七九九—前七六六年在位。武，東周初期的宋國國君，戴公之子，西元前七六五—前七四八年在位。宣公，武公之子，西元前七四七—前七二九年在位。㉝三命茲益恭　意即職位越提升，本人的表現就越是謙恭謹慎。三命，一命為士，再命為大夫，三命為卿。茲益，猶言「越發」。茲，通「滋」。更加。㉞鼎銘　正考父廟中鼎上的銘文。㉟一命而僂五句　僂，躬身彎腰。傴、俯，也都是彎腰，其程度依次較「僂」更深。循牆而走，言不敢安然行於路中，蓋謹慎之極也。亦莫敢余侮，李笠曰：「『敢余』字疑誤倒。」《集解》引杜預注：「其恭如是，人亦不敢慢侮。」㊱饘於是三句　大意為，我就是用這個鼎來煮粥吃的。饘，稠粥，這裡用如動詞，意即煮稠粥。餬口，即指吃。㊲雖不當世二句　意謂即使不能當政為君，也必然能成為賢達的人。當世，當政；治國。㊳吾即沒二句　即，倘；如。若，爾；你。㊴懿子與魯人南宮敬叔往學禮焉　此蓋終言後事。《索隱》曰：「敬叔與懿子皆孟僖子之子，不應更言『魯人』，亦太史公之疏耳。」㊵是歲　昭公七年。㊶季武子卒二句　事在昭公二十四年。季武子，即季孫宿，魯國的正卿，諡曰「武」。平子，季武子之孫，名意如，「平」字是諡。代立，指代其祖父為魯國正卿，因其父季孫紇早死故也。梁玉繩曰：「孟釐子卒，孔子時年三十四，《左傳》載釐子之言於昭七年，終言之也。而此即敘於孔子年十七時，是史公疏處。」

【語譯】孔子生在魯國昌平鄉的陬邑。他的祖先是宋國人，他的曾祖父叫孔防叔。孔防叔的兒子叫伯夏，伯夏的兒子叫叔梁紇。叔梁紇與顏家的一個女子未經婚嫁生了孔子，據說他們曾往尼丘山祈禱。孔子出生於魯襄公二十二年。出生時腦袋長得中間低四面高，因此取名叫「丘」。字仲尼，姓孔。

2 孔丘降生不久叔梁紇就死了，叔梁紇死後埋在防山。防山處在魯國的東面，但是孔子始終不知道他父親埋在什麼地方，因為他的母親故意不告訴他。當孔子還是一個孩子與小伙伴們做遊戲的時候，就愛把玩具當做祭器擺設起來，模仿大人祭祀的樣子。後來孔子的母親死了，孔子就把她的靈柩停放在五父之衢，沒有正式埋葬，大概就是因為還沒有找到父親的墓地而謹慎等待的緣故吧。後來陬邑輓父的母親告訴了孔子他父親墳地的地點，而後孔子才把他母親的靈柩送到了防山與他的父親一起合葬了。

3 孔子的腰裡正繫著白帶子給他的母親守孝，這時正巧大貴族季孫氏的家裡請客，孔子與他人一同前往。到了季孫氏門口，季孫氏的管家陽虎擋住孔子說：「季孫氏家所宴請的士卒中，並沒有請您。」孔子只好乖乖地退了回來。

4 孔子十七歲的時候，魯國的大夫孟釐子病重，臨死前告誡他的兒子孟懿子說：「孔丘是聖人的後代，他的先祖是因為在宋國受害所以他的後代才到魯國來的。孔子的九世祖弗父何本來應該享有宋國，而他卻讓給了宋厲公。弗父何的曾孫正考父先後輔佐過宋戴公、宋武公、宋宣公三代，曾受過三次晉封的任命，而他的表現卻是地位越高為人越謙遜。因此在他家的一個鐘鼎上刻的銘文說：『第一次聽到任命我低著頭，第二次聽到任命我彎著腰垂著袖，第三次聽到任命我弓著身子，順著牆根溜走，別看這麼無用到頭來也沒有人給我氣受。我每天煮粥，就憑著這個鼎糊口。』他就是這麼謙恭。我聽說凡是聖人的後代，即使不能當政為君，也一定會成為賢達的人。現在孔丘從小就喜好禮儀，說不定他就是那個該出現的名人吧？我要是死了，你一定要去拜他為師。」等到孟釐子死後，孟懿子果然就和另一個魯國人南宮敬叔一道去跟著孔子學禮了。也就在這一年，魯國貴族季孫氏家的季武子死了，季平子代立為卿。

1 孔子貧且賤，及長，嘗為季氏史❶，料量平❷；嘗為司職吏❸，而畜蕃息❹。由是為司空❺。已而去魯，斥乎齊，逐乎宋、衛，困於陳、蔡之間。於是反魯❻。孔子長九尺有六寸❼，人皆謂之長人而異之。魯復善待，由是反魯❽。

2 魯南宮敬叔言魯君❾曰：「請與孔子適周❿。」魯君與之一乘車⓫、兩馬、一豎子⓬俱⓭，適周問禮，蓋見老子云⓮。辭去，而老子送之，曰：「吾聞富貴者送人以財，仁人者送人以言。吾不能富貴，竊仁人之號⓯，送子以言⓰，曰：『聰明深察⓱而近於死⓲者，好議人⓳者也；博辯廣大⓴危其身者，發人之惡㉑者也。

為人子者，毋以有己[22]；為人臣者，毋以有己。』」孔子自周反于魯，弟子稍益進[23]焉。

3 是時也，晉平公淫[24]，六卿擅權[25]，東伐諸侯；楚靈王[26]兵彊，陵轢中國[27]；齊大而近於魯。魯小弱，附於楚，則晉怒；附於晉，則楚來伐；不備於齊，齊師侵魯[28]。

4 魯昭公[29]之二十年，而孔子蓋年三十矣，齊景公與晏嬰來適魯[30]。景公問孔子曰：「昔秦穆公國小，處辟[31]，其霸何也？」對曰：「秦，國雖小，其志大；處雖辟，行中正。身舉五羖[32]，爵之大夫，起纍紲[33]之中，與語三日，授之以政。以此取之[34]，雖王可也。其霸小矣[35]。」景公說。

5 孔子年三十五[36]，而季平子與郈昭伯以鬭雞故得罪魯昭公[37]。昭公率師擊平子，平子與孟氏、叔孫氏三家共攻昭公[38]。昭公師敗，奔於齊，齊處昭公乾侯[39]。其後頃之[40]，魯亂[41]。孔子適齊，為高昭子家臣[42]，欲以通乎景公[43]。與齊太師語樂[44]，聞韶[45]音，學之，三月不知肉味[46]，齊人稱之。

6 景公問政[47]孔子，孔子曰：「君君，臣臣，父父，子子[48]。」景公曰：「善哉！信如[49]君不君，臣不臣，父不父，子不子，雖有粟，吾豈得而食諸[50]？」他日，又復問政於孔子，孔子曰：「政在節財(51)。」景公說，將欲以尼谿(52)田封孔子，晏嬰進曰：「夫儒者滑稽(53)而不可軌法(54)；倨傲自順(55)，不可以為下(56)；崇喪遂哀(57)，破產厚葬，不可以為俗(58)；游說乞貸(59)，不可以為國(60)。自大賢(61)之息(62)，周室既衰，禮樂缺有間(63)。今孔子盛容飾(64)，繁登降之禮、趨詳之節(65)，累世不能殫其學，當年不能究其禮(66)。君欲用之以移齊俗，非所以先細民也(67)。」後景公敬見孔子，不問其禮。異日，景公止(68)孔子，曰：「奉子以季氏(69)，吾不能。以季、孟之間待之(70)。」齊大夫欲害孔子(71)，孔子聞之。景公曰：「吾老矣，弗能用也(72)。」孔子遂行，反乎魯(73)。

【章　旨】以上為第二段，寫孔子居魯為小吏，及適周、適齊的經過。

【注　釋】❶為季氏史　為季孫氏做小小的文書官。《索隱》曰：「有本作『委吏』。按：趙岐曰：『委吏，主委積倉庫之吏。』」按：《孟子》於此作「委吏」，正與下文「料量平」相應；若作「季氏史」，失之泛泛矣。❷料量平　計算精確。❸司職吏　管理牲畜的小官。按：《孟子》於此作「乘田」，趙岐注：「苑囿之吏也。」崔適以為此文亦應作「乘田」，不應作「司職吏」。❹蕃息　繁殖得多。蕃，盛。息，生。❺司空　主管建築的官。❻已而去魯五句　崔適曰：「『已而去魯』至『於是反魯』二十一字，及下文『魯復善待，由是反魯』八字，皆定公十四年去魯後至反魯之總結，重衍於此也。」去魯，離開魯國。齊，西周初期以來的諸侯國名，始封之君為太公姜尚，都臨淄（今山東淄博之臨淄北）。衛，西周初期以來的諸侯國名，始封之君為武王之弟康叔姬封，都朝歌（今河南淇縣）。陳，西周初期以來的諸侯國名，始封之君為舜的後代胡公滿，都宛丘（今河南淮陽）。蔡，西周初期以來的諸侯國名，始封之君為武王之弟叔度，都上蔡（今河南上蔡）。❼孔子長九尺有六寸　有，通「又」。

按：秦漢時的一尺約當二十三・一公分。九尺六寸約當今之二・二一公尺。❽魯復善待二句　八字衍文，參上崔適說。❾魯南宮敬叔言魯君　蔣伯潛曰：「句首之『魯』字衍，當刪。」❿請與孔子適周　適周，出使周國。當時的周國都於雒邑（今河南洛陽東北的洛水北岸）。關於孔子適周的時間自古說法不一，司馬遷將其繫於孔子十七歲之後，三十歲之前，既無確切時間，且又懷疑其事件的真實性。⓫一乘車　古代稱一車四馬為「一乘」。⓬豎子　僮僕。⓭俱　同行。⓮適周問禮二句　老子，姓老名聃，一說姓李名耳，是周國的守藏史（管理圖書的官）。瀧川曰：「曰『蓋』曰『云』，未決之辭。孔子見老子，史公又載於〈老子傳〉，而自疑其有無，故用『蓋』字『云』字。」⓯竊仁人之號　猶言「自己竊以『仁人』自居」。竊，謙辭。⓰送子以言　《荀子・大略篇》云：「曾子行，晏子從於郊，曰：『嬰聞之，君子贈人以言，庶人贈人以財，嬰貧無財，請假於君子，贈君以言。』」⓱聰明深察　頭腦清晰且又好盤根究底。⓲近於死　猶言「更容易死」、「更招來死」。⓳議人　議論別人的是非。⓴博辯廣大　學問多，見識廣。㉑發人之惡　揭發別人的短處。㉒毋以有己　意即不能有任何私心、任何保留，要能夠把一切都貢獻出去。按：前戒孔子勿「好議人」、勿「發人之惡」乃老氏思想；後曰為人臣子者「毋以有己」則乃儒家之義，即《論語》所謂「事君能致其身」者也，前後矛盾。㉓弟子稍益進　學生漸漸地多起來。㉔晉平公淫　晉平公，名彪，春秋後期的晉國國君，西元前五五七—前五三二年在位。淫，荒縱於政事。㉕六卿擅權　春秋後期，晉國的公室衰微，國家的政權落入六家貴族手裡，這六家是范氏、中行氏、智氏、韓氏、趙氏、魏氏。擅權，專權。㉖楚靈王　名圍，春秋後期的楚國國君，西元前五四〇—前五二九年在位。㉗陵轢中國　猶言侵擾中原地區。陵轢，侵凌；踐軋。中國，古代指黃河流域地區。梁玉繩曰：「所說以為魯昭二十年，孔子年三十之時，而晉乃頃公，去平公已二世；楚乃平王，靈王已死七年，皆誤也。」㉘附於楚六句　梁玉繩曰：「按《左傳》，自襄二十七年會宋弭兵以後，晉、楚之從交相見，無怒伐魯之事，齊亦未嘗侵魯，此所言皆非實。」方苞曰：「首舉天下大勢，傷天下不能用孔子也。」㉙魯昭公　名稠，春秋後期的魯國國君，西元前五四一—前五一〇年在位。㉚齊景公與晏嬰來適魯　齊景公，名杵臼，春秋後期的齊國國君，西元前五四七—前四九〇年在位。晏嬰，字平仲，齊景公時代的著名政治家。㉛秦穆公國小二句　秦穆公，名任好，春秋前期的秦國國君，西元前六五九—前六二一年在位。秦國在穆公以前，都於雍（今陝西寶雞東南），不與東方相往來；秦穆公時，勢力強大，曾幾次打敗晉國，並稱霸於西戎。辟，同「僻」。邊遠荒僻。㉜五羖　指百里奚。春秋前期虞國人。諫虞君不聽，虞滅後被秦穆公以五張黑羊皮（羖）將其換入秦國，授以國政，人稱「五羖大夫」。㉝纍紲　囚犯披帶的繩套枷鎖。纍，通「縲」。㉞以此取之　猶言「從這一點看來」。㉟雖王可也二句　王，謂以仁政統一天下。霸，指以武力稱雄一方。梁玉繩曰：「景公與孔子問答語，

《左傳》無之，未知何出？疑六國時人偽造，史公妄取入《史》。」按：此語的大旨在於獎秦，應是戰國後期主連橫者所為。㊱孔子年三十五　時當魯昭公二十五年。㊲季平子與郈昭伯以鬭雞故得罪魯昭公　郈昭伯，魯國大夫，名惡。據《左傳》昭公二十五年，季平子與郈昭伯鬥雞，季氏在自己雞的羽毛上撒了芥粉，郈氏給自己雞的爪上裹了金殼，結果兩家發生衝突，互相攻伐，郈氏不敵，遂挑動魯昭公出兵以攻季氏。梁玉繩曰：「昭伯怨平子，故勸昭公伐季氏。昭伯何曾得罪昭公？此誤說。」㊳平子與孟氏叔孫氏三家共攻昭公　昭公之所以攻季氏，乃以其權勢太大，欲借此機會消滅之；而與此無涉之孟氏、叔孫氏所以助季氏攻昭公，是因為他們與季氏同病相憐，深恐一損俱損，故不惜助季氏以逐其君。㊴昭公師敗三句　按：據《左傳》與〈魯周公世家〉，昭公初逃時居於鄆，鄆本魯邑，齊取之，以處昭公；三年後昭公如晉，晉乃處昭公於乾侯。㊵其後頃之　事後不久。㊶魯亂　指魯國國內無君，三桓專政而不使其君入，昭公在外寄居八年遂死於外也。㊷孔子適齊二句　高昭子，名張，齊國大夫，「昭」字是謚。高氏與國氏皆為齊國大貴族，世代執掌齊政。㊸欲以通乎景公　想通過高昭子，而靠近齊景公。通，達；接近。㊹與齊太師語樂　太師，主管音樂的官。語樂，談論音樂。㊺韶　相傳為虞舜時的古樂曲。㊻學之二句　極言其學習的用心之專，對其他一切全部忽略。㊼問政　問治國之道。㊽君君四句　意謂君要像君，臣要像臣，父要像父，子要像子，即各自都要嚴守自己的等級地位。㊾信如　真的要是。㊿食諸　同「食之乎」。(51)政在節財　瀧川曰：「本《韓非子．難三》。」(52)尼谿　齊地名，不詳所在。(53)滑稽　言其辭令無窮，變化多端，能顛倒黑白，混淆是非。(54)不可軌法　不可視為法則遵行之。(55)倨傲自順　狂妄自大，自以為是。(56)不可以為下　不能讓這種人來做自己的臣下。(57)崇喪遂哀　崇喪，重視辦喪事，講究喪禮的繁文縟節。遂哀，不節制悲哀。遂，任意；放縱。(58)不可以為俗　不能讓這種現象成為風俗。(59)游說乞貸　游說，周遊各國，專以辭令動人，而自己從中漁利。乞貸，乞求，借貸，謂自己不事生產，專靠求告他人為生。(60)不可以為國　不能容許這號人在社會上招搖撞騙。(61)大賢　指文、武、周公。(62)息　通「熄」。滅；成為過去。(63)禮樂缺有間　禮樂不行有一段時間了。間，空隙。(64)盛容飾　打扮成一種講究禮儀的樣子。(65)繁登降之禮趨詳之節　意即將登堂下階以及各種行走的禮節搞得特別繁瑣。如後文所說的「入公門，鞠躬如也；趨進，翼如也」等等，就是這一套。趨詳，通「趨翔」，一種彎腰小步疾走的樣子。(66)累世不能殫其學二句　意謂他們的那種繁瑣禮制叫人幾輩子也學不完。累世，幾輩子。殫，盡；完。當年，猶言「當世」，一生。究，搞清楚。(67)非所以先細民也　這不是用來引導教育人民的東西。先，引導；帶動。細民，平民百姓。(68)止　挽留。(69)奉子以季氏　像對待季孫氏那樣對待你。季孫氏當時為魯國正卿（上卿）。(70)以季孟之間待之　用低於季孫氏，高於孟孫氏的待遇對待你。瀧川引伊藤維楨曰：「此時孔子年三十六，名位未顯，想無景公

「以季孟待之」之理。」❼欲害孔子　中井曰：「欲害，恐失實，蓋不便之耳。『欲』字或衍。」❼吾老矣二句　崔述曰：「景公是時年僅四五十歲，其後復在位二十餘年，歲會諸侯、賞戰士，與晉爭霸，亦不當云『老，不能用』也。」按：蓋推託之辭。❼孔子遂行二句　錢穆曰：「孔子居齊年數，〈世家〉不詳，後人或謂七年，或謂一年。七年之說，《歷聘紀年》主之；一年之說，江永《鄉黨圖考》主之。孔子之去齊，並不以定公立而欲歸魯也；亦不見去齊後有暫棲他國之事，今既他無可考，姑依江氏說。」

【語譯】孔子小時候既貧且賤，等到長大後，先是給季孫氏家當管理倉庫的小官，在掌握錢糧的出入方面準確公平；後來又做過管牲口的小官，而牲畜也繁殖得很好。因此就被提升做了魯國的司空。但不久就被排斥離開了魯國，接著他又被齊國所排斥，被宋國、衛國所驅逐，又曾被圍困在陳、蔡兩國之間，差點餓死。最後又回到了魯國。孔子身高九尺六寸，人們都說他是個大高個兒而對他另眼看待。因為魯國後來對他表現了友好，所以他才又回到了魯國。

2　魯國的南宮敬叔對魯君說：「請讓我和孔子一同到周國去一趟。」魯君答應了，於是給了他們一輛車、兩匹馬和一個僕人。他們一同到了周國，向周國學習禮儀，據說還在那裡見過老子。等到他們離周回國時，老子給孔子送行，說：「闊人臨別送錢財，仁人臨別則是送給幾句話。我不是闊人，卻有幸得了一個『仁人』的稱號，那我就送給你幾句話吧，這就是：『聰明清晰又喜歡追根究底的人之所以反而容易找死，是因為他們愛議論別人的是非；學識淵博能言善辯的人之所以容易給自身帶來危險，是因為他們好揭露別人的醜惡。做兒子的，在父母面前不能有自己的私心；做臣子的，在國君面前也不能有自己的私心。』」孔子從周國回到魯國後，學生們就一天比一天多起來了。

3　這時候，晉平公荒淫無道，晉國的政權落在了六個大貴族手裡，他們經常出兵進攻東方的諸侯國；在南方則是楚靈王強大，經常出兵侵凌中原各國；在東方則是齊國強大而又離魯國近。魯國既小且弱，如果它歸附楚國，則晉國就要發怒；如果它靠攏晉國，則楚國就要來打；如果對齊國侍候得稍微不周到，則齊國也要來進攻。

4 魯昭公二十年，孔子已經三十歲了，這一年齊景公和晏嬰到魯國來了。齊景公問孔子說：「過去秦穆公時秦國的國土又小，地勢又偏僻，他怎麼能夠稱了霸呢？」孔子說：「秦國的地盤雖小，可是它的國君志向遠大；它的地勢雖然偏僻，但國君的行為卻中正無私。他把五羖大夫百里奚從一個被捆綁的奴隸提拔起來，封他為大夫，接著又和他談了三天話，而後就毫不遲疑地把國家大政交給了他。就從這點說即使稱王也完全應該。稱霸還委屈了他呢。」齊景公聽了很高興。

5 在孔子三十五歲那年，季平子和郈昭伯因為鬥雞賽輸贏的事情冒犯了魯昭公。魯昭公率軍攻打季平子，而季平子與孟孫氏、叔孫氏三家聯合起來一道反擊魯昭公。魯昭公被打敗，逃到了齊國，齊國讓魯昭公住在乾侯。此後不久，魯國又發生內亂。於是孔子就離開魯國到齊國去了，他在齊國給高昭子當家臣，想通過高昭子見到齊景公。孔子曾和齊國的太師談論樂理，當他在那裡聽到了虞舜時的〈韶〉樂時，就入迷地學起來，其專心致志的程度據說是一連三個月連肉味都吃不出來了，這件事大大博得了齊國人的讚賞。

6 齊景公曾向孔子詢問如何治理國家，孔子說：「做國君的要像個國君，做大臣的要像個大臣，做父親的要像個父親，做兒子的要像個兒子。」齊景公說：「講得好呀！要是國君不像國君，大臣不像大臣，父親不像父親，兒子不像兒子，那麼即使倉庫裡有的是糧食，我怎麼能吃得著呢？」過了幾天，他又向孔子詢問如何治理國家，孔子說：「要注意節省財力。」齊景公很高興，想把尼谿的一塊領地封給孔子，這時晏嬰反對說：「他們這些儒家分子只會油腔滑調地瞎扯，不可視為法則遵行；他們的行為傲慢自以為是，不能讓這種人來做自己的臣下；他們特別講究辦喪事，卻不節制悲哀，甚至出一場殯不惜傾家蕩產，這樣的事情不能讓它成為風俗；他們到處遊說，求官求錢，這樣的人不能容許他們在社會上招搖撞騙。自從那些大賢人們去世之後，周王朝已經日益衰微，禮不行已經有一段時間了。現在孔子卻梳妝打扮，在那裡繁文縟節地講究如何升，如何降，如何趨，如何詳。他搞的那些東西讓人一輩子也學不好，多少年也學不透。這不是用來引導教育人民的東西。」這以後，齊景公再見到孔子時，雖然還是很有禮貌，但就絕不再向他問禮了。又過了一些天，齊景公挽留孔子，說：「要想讓我給您像季孫氏那樣的待遇，我做不到。我能給您的待遇是低於季孫氏而高於孟孫氏。」後來齊國的大夫們有人想害孔子，孔子聽到了這種風聲。而齊景公這時也對孔子說：「我已經老了，不能再任用您了。」於是孔子就離開了齊國，又回到了魯國。

1 孔子年四十二，魯昭公卒於乾侯❶，定公❷立。定公立五年，夏，季平子卒，桓子嗣立❸。季桓子穿井，得土缶，中若羊❹。問仲尼，云「得狗」❺。仲尼曰：「以丘所聞，羊也。丘聞之，木石之怪❻夔❼、罔閬❽，水之怪龍、罔象❾，土之怪墳羊❿。」

2 吳伐越，墮會稽⓫，得骨節專車⓬。吳使使問仲尼：「骨何者最大？」仲尼曰：「禹致羣神於會稽山⓭，防風氏⓮後至，禹殺而戮之⓯，其節專車，此為大矣。」吳客曰：「誰為神⓰？」仲尼曰：「山川之神足以綱紀天下，其守為神⓱，社稷為公侯⓲，皆屬於王者⓳。」客曰：「防風何守⓴？」仲尼曰：「汪罔氏㉑之君守封、禺之山㉒，為釐姓㉓。在虞、夏、商為汪罔㉔，於周為長翟㉕，今謂之大人㉖。」客曰：「人長幾何㉗？」仲尼曰：「僬僥氏三尺㉘，短之至㉙也。長者不過十之，數之極也㉚。」於是吳客曰：「善哉！聖人。」

3 桓子嬖臣㉛曰仲梁懷㉜，與陽虎有隙㉝。陽虎欲逐㉞懷，公山不狃㉟止之。其秋，懷益驕，陽虎執[36]懷。桓子怒，陽虎因囚桓子[37]，與盟而醳之[38]。陽虎由此益輕季氏。季氏亦僭於公室[39]，陪臣執國政[40]，是以魯自大夫以下，皆僭離於正道[41]。故孔子不仕，退而脩詩、書、禮、樂[42]，弟子彌眾，至自遠方，莫不受業焉。

4 定公八年，公山不狃不得意於季氏，因陽虎為亂[43]，欲廢三桓之適[44]，更立其庶孽[45]陽虎素所善者，遂執季桓子[40]。桓子詐之，得脫[47]。定公九年，陽虎不勝，奔于齊[48]。是時，孔子年五十[49]。

5 公山不狃以費畔季氏，使人召孔子[50]。孔子循道[51]彌久，溫溫[52]無所試，莫能己用[53]，曰：「蓋周文、武起豐、鎬而王[54]。今費雖小，儻庶幾乎[55]！」欲往。子路不說[56]，止孔子。孔子曰：「夫召我者，豈徒哉[57]？如用我，其為東周乎[58]！」然亦卒不行[59]。

6 其後定公以孔子為中都宰[60]。一年，四方皆則[61]之。由中都宰為司空，由司空為大司寇[62]。

7 定公十年，春，及齊平[63]。夏，齊大夫黎鉏[64]言於景公曰：「魯用孔丘，其勢危齊。」乃使使告魯為好會[65]，會於夾谷[66]。魯定公且以乘車[67]好往[68]。孔子攝相事[69]，曰：「臣聞有文事者必有武備，有武事者必有文備[70]。古者諸侯出疆，必具官以從[71]。請具左右司馬[72]。」定公曰：「諾。」具左右司馬。會齊侯夾谷，為壇位[73]，土階三等[74]，以會遇之禮[75]相見，揖讓而登。獻酬[76]之禮畢，齊有司[77]趨而進[78]曰：「請奏四方之樂[79]。」景公曰：「諾。」於是旍旄羽袚、矛戟劍撥[80]鼓譟而至[81]。孔子趨而進，歷階[82]而登，不盡一等[83]，舉袂而言曰[84]：「吾兩君為好會，夷狄之樂何為於此！請命有司[85]！」有司卻[86]之，不去。則左右視晏子與景公[87]。景公心怍[88]，麾[89]而去之。有頃，齊有司趨而進曰：「請奏宮中之樂。」景公曰：「諾。」優倡侏儒[90]為戲而前[91]。孔子趨而進，歷階而登，不盡一等，曰：「匹夫[92]而營惑[93]諸侯者，罪當誅！請命有司！」有司加法焉，手足異處[94]。景公懼而動，知義不若，歸而大恐[95]，告其羣臣曰：「魯以君子之道輔其君[96]，而子獨以夷狄之道教寡人，使得罪於魯君，為之柰何[97]？」有司進對曰：「君子有過，則謝以質[98]；小人有過，則謝以文[99]。君若悼[100]之，則謝以質。」於是齊侯乃歸所侵魯之鄆、汶陽、龜陰之田[101]，以謝過。

8 定公十三年[102]，夏，孔子言於定公曰：「臣無藏甲[103]，大夫毋百雉之城[104]。」使仲由[105]為季氏宰[106]，將墮三都[107]。於是叔孫氏先墮郈[108]。季氏將墮費，公山不狃、叔孫輒率費人襲魯[109]。公與三子[110]入于季氏之宮[111]，登武子之臺[112]。費人攻之，弗克，入及公側[113]。孔子命申句須、樂頎[114]下伐之，費人北[115]。國人[116]追之，敗諸姑蔑[117]。二子[118]奔齊，遂墮費[119]。將墮成[120]，公斂處父[121]謂孟孫曰：「墮成，齊人必至于北門[122]。且成，孟氏之保鄣[123]。無成是無孟氏也，我將弗墮。」十二月，公圍成，弗克[124]。

9 定公十四年，孔子年五十六，由大司寇行攝相事，有喜色。門人曰：「聞：『君子禍至不懼，福至不喜。』」孔子曰：「有是言也，不曰『樂其以貴下人[125]』乎？」於是誅魯大夫亂政者少正卯[126]。與聞國政[127]三月，粥羔豚者弗飾賈[128]，男女行者別於塗[129]，塗不拾遺[130]。四方之客至乎邑者[131]不求有司[132]，皆予之以歸[133]。

10 齊人聞而懼，曰：「孔子為政，必霸。霸則吾地近焉，我之為先并矣。盍致地焉[134]？」黎鉏曰：「請先嘗沮之[135]。沮之而不可則致地，庸遲乎[136]！」於是選齊國中女子好者八十人[137]，皆衣文衣[138]而舞康樂[139]，文馬三十駟[140]，遺[141]魯君。陳女樂文馬於魯城南高門[142]外。季桓子微服往觀再三，將受，乃語魯君為周道游[143]，往觀終日，怠於政事[144]。子路曰：「夫子可以行矣。」孔子曰：「魯今且郊[145]，如致膰乎大夫[146]，則吾猶可以止。」桓子卒受齊女樂，三日不聽政[147]；郊，又不致膰俎於大夫。孔子遂行，宿乎屯[148]，而師己[149]送，曰：「夫子則非罪[150]。」孔子曰：「吾歌可夫？」歌曰：「彼婦之口，可以出走151。彼婦之謁，可以死敗152。蓋優哉游哉，維以卒歲153！」師己反，桓子曰：「孔子亦何言？」師己以實告。桓子喟然154歎曰：「夫子罪我以羣婢155故也夫！」

【章　旨】以上為第三段，寫孔子居魯為中都宰、為司寇及攝行相事的經歷。

【注　釋】❶魯昭公卒於乾侯　昭公奔齊後，齊居昭公於鄆；後昭公赴晉，欲借晉兵以圖返國，季氏賄賂晉之六卿，事遂不成。晉居昭公於乾侯，至此死，已流亡居外七年矣。❷定公　名宋，昭公之弟，西元前五〇九—前四九五年在位。❸桓子嗣立　桓子，名斯，「桓」字是諡。嗣立，謂繼其父任，為魯國上卿也。❹得土缶二句　李笠曰：「『若』字疑當作『有』。」❺問仲尼二句　蓋季氏不識其物，誤以為狗，故驚問孔子謂己得狗也。❻木石之怪　山中的怪物。❼夔　《索隱》曰：「一足獸，狀如人也。」❽罔閬　同「魍魎」，《集解》引韋昭曰：「山精，好學人聲而迷惑人也。」❾罔象　《集解》引韋昭曰：「罔象食人，一名『沐腫』。」❿墳羊　土怪。⓫吳伐越二句　吳，姬姓諸侯國名，都於吳（今江蘇蘇州）。至春秋末期闔廬、夫差兩代時，曾成為很強的國家。越，古國名，姒姓，都於會稽（今浙江紹興）。至春秋末期句踐當政時，曾一度成為強國。墮，通「毀」。時正好孔子四十二歲。⓬得骨節專車　得到了一節大骨頭，足足裝滿一車。⓭禹致羣神於會稽山　大禹在會稽山召集天下諸侯開會。致，召集。羣神，指各地的諸侯。⓮防風氏　傳說中的古代部族名，此指其部族首領。⓯禹殺而戮之　《集解》引韋昭曰：「防風氏違命後至（遲到），故禹殺之。陳尸為戮。」⓰誰為神　即何者謂之「神」？蓋承上文孔子之「禹致羣神於會稽山」而發問。⓱山川之神足以綱紀天下二句　意謂山川的神靈，可以主宰天下，因而我們稱那些主管祭祀山川神靈的諸侯也叫「神」。⓲社稷為公侯　瀧川曰：「《國語》『社稷』下有『之主』二字。」韋昭注：「封國立社稷而令守之，是謂公、侯也。」⓳皆屬於王者　意謂大國的諸侯以及小國的公、侯，都通通服從全國的帝王。⓴防風何守　意謂防風氏主管何方山川的祭祀？㉑汪罔氏　古代部族名，也叫「長翟（狄）」。㉒守封禺之山　封、禺，二山名，在今浙江德清西南，兩山相距二里。㉓為釐姓　梁玉繩曰：「〈魯語〉作『漆姓』。」㉔在虞夏商為汪罔　在虞、夏、商三代稱作「汪罔氏」。㉕於周為長翟　在周朝被稱作「長翟」。㉖今謂之大人　按：孔子生於春秋末，亦是「周」朝，史公行文欠準確。㉗人長幾何　意謂一節骨頭可裝一車，則一個完整的人該有多高？㉘僬僥氏三尺　僬僥氏，傳說中的「小人國」。三尺，略當於今之七十公分。㉙短之至　矮小到了頂點。㉚長者不過十之二句　謂其最高不能超過僬僥氏的十倍，這也就到了數字的頂點了。長翟身高「三丈」，約當於現在的七公尺。㉛嬖臣　即所謂「男寵」。㉜仲梁懷　姓「仲梁」名「懷」。㉝有隙　有過節；有怨隙。㉞逐　驅逐到國外。㉟公山不狃　也是季孫氏家臣。不狃，《論語》作「弗擾」。㊱執　拘捕。㊲桓子怒二句　季孫斯對陽虎拘捕他的男寵仲梁懷感到氣憤，欲攻陽虎，於是陽虎乾脆把季孫斯也囚了起來。㊳與盟而醳之　逼迫二子與之簽訂盟約後才將其主子釋放。㊴季氏亦僭於公室　季氏家中的一切活動都和魯國的國君一樣排場，如「旅於泰山」、「八佾舞於廷」等是也。僭，越分。公室，指諸侯。㊵陪臣執國政　指諸侯本人成為傀儡，國政被卿大夫所把持。陪臣，指諸侯國的卿大夫，這些人是諸侯的「臣」，他們對周天子自稱「陪臣」。「陪臣執國政」是春秋後期的普遍現象，如魯之「三桓」、晉之「六卿」、齊之「田氏」皆然。㊶僭離於正道　指違背了「君君、臣臣、父父、子子」等一系列西周以來的傳統秩序。㊷孔子不仕二句　梁玉繩曰：「時為定公五年，恐未曾修《詩》《書》《禮》《樂》也，疑衍。」㊸因陽虎為亂　陽虎前已曾經為「亂」，與季氏有隙，故公山不狃欲借助之也。因，求助；借助。㊹適　通「嫡」。預定的繼承人。㊺庶孽　非正妻所生的諸子。據《左傳》定公八年：「陽虎欲去三桓，以季寤更季氏，以叔孫輒更叔孫氏，己更孟氏。」公山不狃、陽虎等所以要廢嫡立庶，是為了更便於他們的控制三桓私家以及魯國的政權。㊻遂執季桓子　據《左傳》，陽虎等乃暗中設謀「將享季氏於蒲圃而殺之」。㊼桓子詐之二句　季桓子得知陽虎等之陰謀後，乃利用其內部矛盾衝出重圍，非因「詐」得脫也。㊽陽虎不勝二句　據《左傳》，陽虎逃入齊國後，又煽動齊國伐魯，齊人識破其奸，陽虎遂逃入晉國。㊾是時二句　按：應作「年五十一」。㊿以費畔季氏二句　費，魯邑名，在今山東費縣西南，當時屬於季氏，而公山不狃為季氏做費宰。(51)循道　遵行先王之道。(52)溫溫　蘊蓄飽滿的樣子。(53)莫能己用　無人用己。(54)周文武起豐鎬而王　意謂周朝的文王、武王當初就是憑藉著豐、鎬那麼兩個小地方發展起來，最後稱王於天下的。豐，在今陝西長安西北的灃水以西，文王時周國建都於此。鎬，在今陝西西安西，當時的豐邑東北，武王時周國建都於此。(55)今費雖小二句　意謂如今公山不狃所占據的費邑雖小，但如果真的能用我實行王道，那說不定還能大有作為呢！儻，同「倘」。或許。庶幾，差不多。(56)說　同「悅」。(57)豈徒哉　難道是沒有目的嗎？徒，白白地。(58)如用我二句　如果他們真能用我，我將在東方重新建立一個像文、武、周公那樣的周王朝。東周，東方的「周王朝」。黃式三曰：「弗擾召孔子者，時孔子未仕，故得相召。依《左傳》，事當在定公八年，《史記》以為在九年，或失之也。」(59)然亦卒不行　此五字《論語》無有。卒，最終。(60)中都宰　中都地方的行政官。中都，魯邑名，在今山東汶上西。(61)則　效法；以之為榜樣。(62)大

司寇　掌管訴訟司法的最高長官。63及齊平　平，也叫「成」，指國與國間為結束敵對狀態，恢復和平友好而訂立盟約。64黎鉏　《左傳》作「犁彌」。65好會　友好的會晤。66夾谷　地名，有說即今山東萊蕪東南的夾谷峪。67乘車　日用的一般車駕，與「兵車」相對而言。68好往　友好地前去。好，指無敵意，無戒備。69攝相事　史公之意謂孔子遂由大司寇代行宰相職務。按：前云齊人畏懼孔子被魯所用而設夾谷之會，此又云「孔子攝相事」，此皆見史公對孔子當時在魯國地位的理解。至於事實是否如此，說法不同。郭嵩燾曰：「『相』者，儐相之事，非『相國』也。時季氏專魯政，魯安得立相，而又使孔子相之？『相禮』乃襄（佐）一時之禮，與國政無關，此蓋史公疏略失考處。」崔述、梁玉繩亦皆有辨。70有文事者必有武備二句　瀧川曰：「《穀梁傳》敘夾谷之會，論之云『因是以見雖有文事，必有武備，孔子於夾谷之會見之矣』，非孔子以此語說定公也。」71具官以從　配備好各種官屬，跟隨前往。具，配備；設置。72具左右司馬　指帶領一定數量的武裝保衛人員。司馬，武官名。73為壇位　築土為壇，於壇上布列兩國諸侯的位次。74土階三等　夯土為階，壇高三級，極言其簡。75會遇之禮　兩國國君平等相會的禮節。76獻酬　互相敬酒。獻、酬，都是「敬酒」的意思。77有司　某項工作或某種活動的主管人。78趨而進　趨，小步疾行，這是臣子在君父面前走路的一種禮節性姿勢。79四方之樂　四境少數民族的舞蹈音樂。80旍旄羽袚矛戟劍撥　皆武舞中所用的道具。旍，同「旌」。旗類。旄，幢也，其形如寶蓋。羽、袚，皆編羽而成，舞者所執。袚，同「帗」。頭巾。撥，大盾。81鼓噪而至　按：《左傳》云：「犁彌言於齊侯曰：『孔丘知禮而無勇，若使萊人以兵劫魯侯，必得志焉。』齊侯從之。」《穀梁傳》云：「齊人鼓噪而起，欲以執魯君。」82歷階　一步一級。83不盡一等　還有一層臺階沒有上完，（就開口說話了，）極言其情勢之緊急。84舉袂而言曰　凌稚隆引王維楨曰：「見事急之狀。」按：此「舉袂而言曰」亦猶〈魏公子列傳〉中晉鄙之「舉手視公子曰」也，皆見其緊迫惶急之態。85請命有司　意即「請有關負責人立刻對此加以處置！」86卻　使之離去。87則左右視晏子與景公　瀧川曰：「『則』猶言『於是』；『左右視』，孔子視也。」88怍　慚愧。89麾　意思通「揮」。90優倡侏儒　古代統治者身邊供其玩笑取樂的歌舞、雜戲、滑稽、詼諧等各種人員。侏儒，矮人，古代常使之充當滑稽腳色，供人笑樂。91為戲而前　表演著節目擁上前來。92匹夫　指小人，下等人。93營惑　通「熒惑」，迷惑；亂人視聽。94手足異處　按：《穀梁傳》云：「罷會，齊人使優施舞於魯君之幕下。孔子曰：『笑君者罪當死。』使司馬行法焉，首足異門而出。」95知義不若二句　按：三傳無此語，似為史公所誇大。96魯以君子之道輔其君　所謂「魯」者即指孔子。97得罪於魯君二句　據《穀梁傳》，上文齊人之「鼓噪而起，欲以執魯君」被孔子制止後，齊侯「退而屬其二三大夫曰：『夫人率其君與之行古人之道，二三子獨率我而入夷狄之俗，何為？』」98謝以質　用實在的東西表示歉意。謝，道歉。質，實。99謝以文　文，指花言巧語，沒用的東西，「實」之反也。100悼　痛心；愧悔。101乃歸所侵魯之鄆汶陽龜陰之田　楊伯峻曰：「陽虎於去年以此奔齊。」汶陽，古地名，在今山東泰安東南，因其在汶水之北，故稱「汶陽」。龜陰，古地名，謂龜山之北也，龜山在今山東新泰西南。102定公十三年　據《左傳》，孔子「墮三都」在定公十二年，史公誤書。定公十二年孔子五十四歲。103臣無藏甲　家臣不得私存甲兵，即不准搞自己的武裝。如陽虎、公山不狃等即所謂「家臣」也。104大夫毋百雉之城　大夫的封邑，其城不能過百雉。按：城高一丈，長三丈叫一雉。百雉，即城牆的每面之長為三百丈，約當今之六百九十三公尺。如季孫氏、叔孫氏等即所謂「大夫」。105仲由　即子路，名「由」。孔子的學生，以長於政事聞名。106為季氏宰　為季孫氏當管家。宰，家臣。107將墮三都　謂以國家的命令讓三桓各自拆毀自己的都城，以其超過百雉，不合規定也。墮，通「隳」、「毀」。三都，即下面依次講到的叔孫氏的都城「郈」、季孫氏的都城「費」、孟孫氏的都城「成」。108郈　古邑名，在今山東東平東南。109公山不狃叔孫輒率費人襲魯　公山不狃原為費宰，前與陽虎勾結作亂，今又乘費人之不滿率眾而起；叔孫輒原不得意於叔孫氏，前從陽虎奪嫡失敗，今又趁機而起。襲魯，襲擊魯國都城曲阜。110三子　指季孫氏（名斯）、孟孫氏（名何忌）、叔孫氏（名州仇）三卿。111季氏之宮　季孫氏在曲阜城中的宮院。112武子之臺　當年季武子所築的樓臺。季武子名「宿」，是現任魯卿季桓子的曾祖。113入及公側　《集解》引服虔曰：「人有入及公之臺側。」楊伯峻引俞樾《茶香室經說》曰：「疑此『入』字乃『矢』字之誤，言費人自臺下仰攻，故矢及公側也。襄二十三年《左傳》『矢及君屋』可以為例。」按：前既云「費攻之，弗克」矣，又豈得「入及公側」哉？俞說是。114申句須樂頎　皆魯國大夫。115費人北　謂公山不狃、叔孫輒等敗走。北，敗也。116國人　指魯國公室的軍隊。國，國都。117姑蔑　古邑名，在今山東泗水東南。118二子　指公山不狃與叔孫輒。119墮費　將費邑的城牆拆除。120成　古邑名，在今山東寧陽北。121公斂處父　孟孫氏的家臣，時為成宰。122墮成二句　北門，指魯國國都曲阜的北門。其意乃謂「成」是魯國北方的重鎮，可以屏障北方。今拆其城，齊國軍隊將可南下直趨魯都北門。123保鄣　據以為守的屏障。124公圍成二句　按：以上「墮三都」事見《左傳》定公十二年。125樂其以貴下人　按：孔子此語答非所問，近於巧辯。瀧川曰：「孔子不當有此言，先秦諸書亦無所記。」126誅魯大夫亂政者少正卯　「少正」是官名，其人名「卯」。關於孔子誅少正卯的事情，最早見於《荀子．宥坐》，其被誅的罪名是「心達而險，行辟而堅，言為而辯，記醜而博，順非而澤」。後人王若虛、陸瑞家、閻若璩、崔述、梁玉繩等多疑孔子無此事。127與聞國政　「為相治國」的客氣說法。與聞，參與過問。128粥羔豚者弗飾賈　粥，通「鬻」。賣。羔豚，羊、豬。弗飾賈，不討虛價，是一說一。飾，虛增。賈，通「價」。129別於塗　分路行走，各走一邊。塗，同「途」。130塗不拾遺　按：以上二句見《呂氏春秋・樂成》。(131)至乎邑者　來魯國城邑辦事的人。(132)不求有司　不用向主管人提出請求。(133)皆予之以歸　意謂魯國的百姓們就能夠使其各得所需而歸。(134)我之為先并矣二句　先并，首先被魯國吞併。盍致地焉，何不及早地割給他們一片土地，以求安寧呢？盍，何不。按：此數語三傳均不載，史公將孔子的政績誇得過神。(135)先嘗沮之　先找人去試著挑撥其君臣關係。嘗，試。沮，以言語破壞。(136)沮之而不可則致地二句　庸遲，何遲。庸，豈；何。(137)女子好者八十人　《韓非子・內儲說下》作「女樂二八」。(138)文衣　彩衣。(139)康樂　舞曲名。(140)文馬三十駟　文馬，帶有文采裝飾的馬。駟，古代稱一車四馬為「駟」。三十駟即一百二十匹。(141)遺　給。(142)高門　魯都曲阜的南門，原稱稷門，魯僖公改作南門，更高大之，故曰「高門」。(143)周道游　猶言「到各處走一遍」。季氏與魯君因不好明言去城南看齊國女樂，故而說是「到各處走走」。(144)往觀終日二句　崔述曰：「此蓋因《論語》之言而附會為之者，其謀與秦穆公間由余之智略同，皆似秦漢以後詐偽人之所為，春秋時絕無此等事，獨《史記》數數言之，不足信也。」(145)郊　郊祀，古代帝王在都城城外舉行的祭天活動。(146)致膰乎大夫　膰，祭肉。按照禮節規定，天子或諸侯的祭祀過後，要把祭肉分發給大臣，以表示對這些大臣的尊重。(147)三日不聽政　以上季桓子受齊女樂事，見《論語・微子》。(148)孔子遂行二句　屯，魯邑名，在曲阜之南。據〈十二諸侯年表〉與〈魯周公世家〉，孔子之去魯皆在定公十二年，唯此繫十四年。崔述曰：「孔子之去魯當在定十二年秋冬之間，〈孔子世家〉誤也。」(149)師己　魯國樂師名「己」。(150)夫子則非罪　先生您是沒有過錯的。(151)彼婦之口二句　意謂婦人口舌可以離間君臣關係，使賢臣被迫出走。(152)彼婦之謁二句　謁，進；進言。死敗，指人死國敗。(153)優哉游哉二句　意謂逍遙散蕩，湊湊合合地打發日子吧！優游，通「悠遊」，指時日閒暇、身心散蕩。(154)喟然　傷心的樣子。(155)羣婢　指齊國女樂。

【語　譯】在孔子四十二歲那年，魯昭公死於齊國的乾侯，魯定公在國內即位。魯定公即位的第五年夏天，季平子死了，季桓子繼位為卿。這時季桓子挖井時，挖出了個瓦罐，瓦罐中有個羊一般的小動物。他們不知道是什麼，所以很驚慌地向孔子說「我們挖到了一隻狗」。孔子說：「依我的推測，應該是隻羊。因為我聽說，森林高山中的怪物叫『夔』、叫『罔閬』，水中的怪物叫『龍』、叫『罔象』，而土裡的怪物叫做『墳羊』。」

2 後來吳國出兵伐越，在鏟平會稽城的時候，得到一節骨頭有一輛車子那麼長。吳王就派人來問孔子：「什麼人的骨頭最長？」孔子說：「當初夏禹召集天下各地的『神』到會稽山開會，防風氏違命遲到了。夏禹就殺了他並把他的屍體擺出來示眾，他的一節骨頭就有一輛車子那麼長，這應該算是最長的。」吳王的使臣又問：「『神』是幹什麼的呢？」孔子說：「山川上的神靈能夠管理天下，而主管祭祀山川的人們就叫『神』，如果只是祭祀社稷的那就叫做『公侯』，他們都是歸屬於天子的。」吳王的使臣又問：「防風氏主管祭祀什麼地方呢？」孔子說：「汪罔氏的君主主管祭祀的是封山和禺山，他們姓釐。在虞舜、夏朝、商朝時稱作汪罔氏，在周朝初年叫長翟。到了今天又稱做大人。」吳王的使臣問：「他們有多高呢？」孔子說：「僬僥氏高三尺，這是最矮的人。最高的人也不能超過僬僥氏的十倍，最多也就是三丈高了。」吳王的使臣一聽佩服地說：「好！果然是聖人。」

3 季桓子有個寵臣叫仲梁懷，此人與季桓子的管家陽虎有嫌隙。陽虎想趕走他，被季桓子的另一個家臣公山不狃勸阻了。到了這年秋天，仲梁懷變得更加盛氣凌人，陽虎一怒之下把他扣了起來。季桓子對陽虎的專擅行為不滿，於是陽虎又趁勢把季桓子也扣了起來，季桓子無法只好與陽虎訂立了盟約，陽虎釋放了他。從此以後陽虎就越來越不把季桓子放在眼裡了。而季桓子也不守本分，他的一切排場都和魯國的國君相同，他作為一個「陪臣」卻掌握著魯國的大政，所以魯國上自大夫，下至各層官吏通通不守本分不守禮節。正是由於這種狀況，孔子也就不想在魯國當什麼官了，於是他回到了家中，專門從事《詩》、《書》、《禮》、《樂》的整理工作，他的學生越來越多，有的是從很遠的地方來的，來投奔他接受他的教育。

4 魯定公八年，公山不狃在季桓子那裡也感到不愉快了，於是就勾結陽虎一同作亂，想廢除季孫、叔孫、孟孫三家法定的嫡系繼承人，而另立那些平日被陽虎所喜歡的庶子，於是他們把季桓子拘捕了。後來由於季桓子耍了一個詐術，逃脫了出來。到了定公九年，陽虎被季桓子打敗，逃到了齊國。這一年，孔子五十歲。

5 這時公山不狃還占據著費邑和季桓子作對，他派人來請孔子。孔子從小學了很多東西，但始終沒有機會施展，沒有人用他，今天一見公山不狃來請他，就說：「當初文王、武王就是在豐、鎬那種小地方起家而後稱王的。今天的費邑雖小，也許能幹出一件大事吧！」於是就按捺不住地想去。子路很不滿意，反對孔子的想法。孔子說：「那些請我的人，難道就沒有點更好的目的嗎？如果他們重用我，我一定能在那裡重建一個東方的周國！」但最後也還是沒有去。

6 後來魯定公叫孔子做了中都的地方官。結果一年之間大見成效，吸引了周圍各地的地方官們都來向他取經。很快地孔子也就由中都宰被提升到魯國朝廷做了司空，又由司空晉升為大司寇。

7 魯定公十年，春天，魯國同齊國簽訂了和約。同年夏天，齊國的大夫黎鉏對齊景公說：「現在魯國正重用孔丘，這樣發展下去對我們齊國是一種嚴重的威脅。」於是派人去邀請魯定公來齊國的夾谷進行國君間的友好會見。魯定公準備坐平時用的馬車前往。孔子這時被任為代理宰相，陪伴同行。孔子說：「俗話說辦文事也得有武力作後盾，辦武事也得有文的一手作準備。自古以來凡是諸侯離開自己的國家，必須帶著成套文武官員。請您帶著一定數量的警衛人員。」魯定公說：「好的。」於是讓左右司馬跟著一道出發了。到達夾谷與齊侯見面時，只見那裡已經修起了臺子，臺子的邊上有三磴土臺階。魯定公與齊景公按著應有的禮節見面後，彼此推讓著登上了臺子。互相敬過了酒，齊國的主管官員過來請示說：「請允許演奏四方的樂舞。」齊景公說：「好的。」於是一群武士舉著旗幟拿著弓弩、矛戟、寶劍等各種武器，大呼小叫地一齊擁到了臺下。孔子一見立刻小步急速地走到了臺前，又一步一磴地站上了倒數第二磴臺階，他一揮袖子對著下面喝道：「現在是兩國的君主在進行友好會見，弄這些夷狄的樂舞來幹嘛！管事的趕快把他們轟出去！」這時齊國的主管人示意叫他們退下，可是那些人不退。於是孔子就轉過頭來左右掃視晏子和齊景公。齊景公自己也覺得理虧，於是就揮手讓那些人退了出去。過了一會兒，齊國的主管人員又過來請示說：「請允許演奏宮中的樂舞。」齊景公說：「好的。」於是一群跳舞唱歌的侏儒立刻擁上前來。孔子一見馬上又跑上前去，一步一磴地站上了倒數第二磴臺階說：「匹夫小人凡是膽敢惑亂諸侯視聽的，一律殺頭！請主管人迅速執法！」於是魯國的司馬便過去把那些侏儒們一個個腰斬成兩截，手和足從不同的門抬了出去。齊景公一看，嚇得大為震恐，知道自己的道義敵不住孔子，心裡很害怕，回去對他的群臣們說：「魯國的孔子是用君子之禮來輔佐他們的國君，而你們卻用夷狄的那一套，來給我幫倒忙，結果讓我在魯君的面前丟臉，我看這以後怎麼辦？」齊國的官員上前說：「君子有了過錯，就用實際行動來表示悔改；小人有了過錯，只會耍花腔。您如果心裡真過意不去，那就最好有點實際表現。」於是齊景公立即下令把從前侵占的魯國的鄆、汶陽、龜陰等地還給了魯國，以表示認錯。

8　魯定公十三年，夏天，孔子對定公說：「家臣不准私藏武器，大夫的城牆不能長於三百丈。」於是他派子路到季孫氏家裡做總管，準備把季孫、叔孫、孟孫三家封邑的城牆毀掉。這時叔孫氏先把郈邑的城牆拆掉了。接著季孫氏也要拆掉費邑的城牆，這時公山不狃和叔孫輒不服，他們帶領著費邑人去襲擊魯國的都城。魯定公無法，只好同季孫、叔孫、孟孫三人一同躲到了季孫氏的宮中，爬到了季武子的臺上。費邑人包圍了臺子四面攻打，雖然沒有攻下來，但已有箭射到魯定公的身邊了。於是孔子就命令申句須和樂頎下去打他們，結果費人被打敗。接著公室的軍隊趁勢反攻，一直追到姑蔑。公山不狃和叔孫輒被打敗逃到了齊國，於是費邑的城牆終於被毀掉了。接著又要拆除成邑的城牆，這時公斂處父對孟孫氏說：「如果成邑的城牆被毀掉了，那麼齊國人就可以長驅直入地逼近魯國國都的北門了。而且成邑是我們孟孫氏的根據地。如果沒有成邑那我們孟孫氏也就完了，因此我絕不毀它。」十二月，魯定公發兵圍攻成邑，結果沒有攻下。

9　魯定公十四年，孔子五十六歲，這時他又從大司寇被任命為代理宰相，他的臉上流露出一種很高興的樣子。他的學生們一見，對他說：「人們常說：『君子在大禍臨頭的時候面無懼色，在福祿降臨的時候也面無喜色。』」孔子說：「的確有這麼一說，但你們沒聽說還有一種君子，有了高位能以禮賢下士為樂嗎？」於是孔子掌權後很快地就把擾亂魯國政局的大夫少正卯給殺了。在孔子參與魯國政權的僅僅三個月裡，魯國那些販賣羊羔豬仔的人們不再以次充好漫天要價，男人女人在路上行走時也自覺地分開來各走一邊，連丟在路上的東西也都沒有人拾取。四面八方來到魯國的客人，用不著到主管官員那裡去求告，魯國的百姓們就能夠使其各得所需而歸。

10　齊景公聽說這些消息心裡很害怕，他說：「魯國要是真讓孔子當了政，那它就一定會稱霸。魯國一旦稱了霸，離它最近的是齊國，那我們就勢必要被他們吞併了。我們何不先割給它一些地盤，和他們搞好關係呢？」他的大夫黎鉏說：「我們先想辦法破壞它。如果破壞不成再給他們割地盤，也來得及呀！」於是他就在齊國挑選了八十個漂亮女子，給她們穿彩衣並教會她們跳〈康樂〉舞，又挑了帶有文采裝飾的駿馬一百二十匹，一齊贈送給魯國國君。到魯國後他們把這些舞女和駿馬都展覽在魯都城南的高門外。季桓子穿著便衣溜到那裡去看了好幾遍，打算接受下來。他知道魯定公不好意思直接去，於是就給他安排了一次在魯國作「到處」遊覽的活動，這樣他們就又一道去那裡看了一整天，而無心再想政事。子路對孔子說：「夫子可以離開這個國家了。」孔子說：「魯國很快就該舉行郊祭了，如果祭祀後還能把祭肉分送給大夫們，那我們就還可以留下來。」未料季桓子很快就正式地接受了齊國送來的東西，並一連三日不過問國家大事；等到郊外祭天的儀式結束後，又不把祭肉分送給大夫們。於是孔子只好離開魯國，當晚他們住在魯城南面的屯邑，這時魯國的師己給他送行，師己對孔子說：「您可是沒有任何過錯的呀。」孔子說：「我可以唱個歌給你聽聽嗎？」於是他就唱道：「婦人搬弄口舌，可以害得賢者被迫出走。婦人在君前告狀，可以令人死國敗。我現在只能退出官場來優遊自得地了此一生了！」師己回朝後，季桓子問他：「孔子臨走時說了些什麼？」師己就把實際情況向他說了一遍。季桓子歎了一口氣說：「他是怪我接受了這群女人哪！」

1 孔子遂適衛❶，主於子路妻兄顏濁鄒家❷。衛靈公❸問孔子：「居魯，得祿幾何？」對曰：「奉粟六萬❹。」衛人亦致粟六萬。居頃之，或譖孔子於衛靈公❺。靈公使公孫余假一出一入❻。孔子恐獲罪焉，居十月，去衛❼。

2 將適陳，過匡❽，顏刻為僕❾，以其策❿指之，曰：「昔吾入此，由彼缺也⓫。」匡人聞之，以為魯之陽虎。陽虎嘗暴⓬匡人，匡人於是遂止⓭孔子。孔子狀類陽虎，拘焉五日。顏淵後⓮，子曰：「吾以汝為死矣⓯。」顏淵曰：「子在，回何敢死！」匡人拘孔子益急，弟子懼，孔子曰：「文王既沒，文不在茲乎⓰？天之將喪斯文也，後死者不得與于斯文也⑰；天之未喪斯文也，匡人其如予何⑱！」孔子使從者為甯武子臣於衛，然後得去⑲。

3 去即過蒲⑳。月餘，反乎衛，主蘧伯玉㉑家。靈公夫人有南子㉒者，使人謂孔子曰：「四方之君子不辱欲與寡君為兄弟者㉓，必見寡小君㉔。寡小君願見。」孔子辭謝，不得已而見之。夫人在絺帷㉕中。孔子入門，北面稽首㉖。夫人自帷中再拜，環珮玉聲璆然㉗。孔子曰：「吾鄉為弗見，見之禮荅焉㉘。」子路不說，孔子矢㉙之曰：「予所不者，天厭之㉚！天厭之！」居衛月餘，靈公與夫人同車，宦者雍渠參乘㉛，出，使孔子為次乘㉜，招搖市過之㉝。孔子曰：「吾未見好德如好色者㉞也。」於是醜之，去衛，過曹㉟。是歲，魯定公卒㊱。

4 孔子去曹，適宋㊲，與弟子習禮大樹下。宋司馬桓魋㊳欲殺孔子，拔其樹㊴。孔子去，弟子曰：「可以速矣㊵。」孔子曰：「天生德於予，桓魋其如予何㊶！」

5 孔子適鄭㊷，與弟子相失㊸。孔子獨立郭東門㊹。鄭人或謂子貢㊺曰：「東門有人，其顙㊻似堯，其項類皋陶㊼，其肩類子產，然自要以下不及禹三寸㊽，纍纍㊾若喪家之狗。」子貢以實告孔子。孔子欣然笑曰：「形狀，末也㊿；而謂似喪家之狗，然哉(51)，然哉！」

6 孔子遂至陳，主於司城貞子[52]家。歲餘，吳王夫差伐陳[53]，取三邑而去[54]。趙鞅[55]伐朝歌[56]。楚圍蔡，蔡遷于吳[57]。吳敗越王句踐會稽[58]。

7 有隼集于陳廷[59]而死。楛矢[60]貫之，石砮[61]，矢長尺有咫[62]。陳湣公[63]使使問仲尼。仲尼曰：「隼來遠矣，此肅慎[64]之矢也。昔武王克商[65]，通道九夷、百蠻[66]，使各以其方賄[67]來貢，使無忘職業[68]。於是肅慎貢楛矢石砮，長尺有咫。先王[69]欲昭其令德[70]，以肅慎矢分大姬[71]，配虞胡公，而封諸陳[72]。分同姓[73]以珍玉，展親[74]；分異姓以遠方職[75]，使無忘服[76]。故分陳以肅慎矢。」試求之故府[77]，果得之。

8 孔子居陳三歲[78]，會晉、楚爭彊，更伐陳[79]，及吳侵陳，陳常被寇。孔子曰：「歸與！歸與[80]！吾黨之小子[81]狂簡[82]，進取不忘其初[83]。」於是孔子去陳。

9 過蒲，會公叔氏[84]以蒲畔[85]，蒲人止孔子。弟子有公良孺[86]者，以私車五乘從孔子。其為人長[87]賢，有勇力，謂曰：「吾昔從夫子遇難於匡，今又遇難於此，命也已！吾與夫子再罹難[88]，寧鬬而死。」鬬甚疾。蒲人懼[89]，謂孔子曰：「苟毋適衛，吾出子[90]。」與之盟[91]，出孔子東門[92]。孔子遂適衛。子貢曰：「盟可負邪？」孔子曰：「要盟也，神不聽[93]。」

10 衛靈公聞孔子來，喜，郊迎，問曰：「蒲可伐乎？」對曰：「可。」靈公曰：

「吾大夫以為不可。今蒲，衛之所以待晉、楚也[94]。以衛伐之，無乃不可乎？」孔子曰：「其男子有死之志[95]，婦人有保西河之志[96]。吾所伐者，不過四五人。」靈公曰：「善。」然不伐蒲[97]。

11 靈公老，怠於政，不用孔子。孔子喟然歎曰：「苟[98]有用我者，朞月而已[99]，三年有成[100]。」孔子行。

12 佛肸[101]為中牟宰[102]。趙簡子攻范、中行，伐中牟[103]，佛肸畔[104]。使人召孔子，孔子欲往。子路曰：「由聞諸夫子[105]：『其身親為不善者，君子不入[106]也。』今佛肸親以中牟畔，子欲往，如之何[107]？」孔子曰：「有是言也。不曰堅乎？磨而不磷；不曰白乎？涅而不淄[108]。我豈匏瓜[109]也哉？焉能繫而不食[110]！」

13 孔子擊磬[111]，有荷蕢[112]而過門者，曰：「有心哉，擊磬乎[113]！硜硜[114]乎，莫己知也，夫而已矣[115]！」

14 孔子學鼓琴師襄子[116]，十日不進[117]。師襄子曰：「可以益矣[118]。」孔子曰：「丘已習其曲[119]矣，未得其數[120]也。」有間[121]，曰：「已習其數，可以益矣。」孔子曰：「丘未得其志[122]也。」有間，曰：「已習其志，可以益矣。」孔子曰：「丘未得其為人[123]也。」有間[124]，有所穆然深思焉[125]，有所怡然[126]高望而遠志[127]焉，曰：「丘得其為人[128]。黯然[129]而黑，幾然[130]而長，眼如望羊[131]，如王四國[132]。非文王，其誰能為此[133]也？」師襄子辟席[134]再拜，曰：「師蓋云文王操也[135]。」

15 孔子既不得用於衛，將西見趙簡子[136]。至於河[137]而聞竇鳴犢、舜華[138]之死也，臨河而歎曰：「美哉水，洋洋[139]乎！丘之不濟此[140]，命也夫！」子貢趨而進曰：「敢問何謂也？」孔子曰：「竇鳴犢、舜華，晉國之賢大夫也。趙簡子未得志之時，須此兩人而後從政[141]；及其已得志，殺之乃從政[142]。丘聞之也，刳胎殺夭[143]，則麒麟不至郊；竭澤涸漁[144]，則蛟龍不合陰陽[145]；覆巢毀卵，則鳳皇[146]不翔。何則？君子諱傷其類也[147]。夫鳥獸之於不義也，尚知辟[148]之，而況乎丘哉！」乃還，息乎陬鄉[149]，作為陬操[150]以哀之。而反乎衛，入主蘧伯玉家[151]。

16 他日，靈公問兵陳[152]，孔子曰：「俎豆之事[153]，則嘗聞之。軍旅之事[154]，未之學也[155]。」明日，與孔子語，見蜚[156]鴈，仰視之，色不在孔子。孔子遂行，復如陳[157]。

17 夏，衛靈公卒，立孫輒，是為衛出公[158]。六月，趙鞅內太子蒯聵于戚[159]。陽虎使太子絻，八人衰絰，偽自衛迎者，哭而入，遂居焉[160]。冬，蔡遷于州來[161]。是歲，魯哀公三年，而孔子年六十[162]矣。齊助衛圍戚[163]，以衛太子蒯聵在故也。

18 夏，魯桓、釐廟燔[164]，南宮敬叔[165]救火。孔子在陳，聞之，曰：「災必於桓、釐廟乎[166]？」已而果然。

19 秋，季桓子病，輦而見魯城[167]，喟然歎曰：「昔此國幾興[168]矣。以吾獲罪於孔子，故不興也[169]。」顧謂其嗣康子[170]曰：「我即[171]死，若[172]必相魯。相魯，必召仲尼[173]。」後數日，桓子卒，康子代立。已葬，欲召仲尼。公之魚[174]曰：「昔吾先君用之不終[175]，終為諸侯笑。今又用之，不能終，是再為諸侯笑。」康子曰：「則誰召而可[176]？」曰：「必召冉求[177]。」於是使使召冉求。冉求將行，孔子曰：「魯人召求，非小用之，將大用之也。」是日，孔子曰：「歸乎！歸乎！吾黨之小子狂簡，斐然[178]成章，吾不知所以裁之[179]。」子贛[180]知孔子思歸，送冉求，因誡曰「即用，以孔子為招[181]」云。

20 冉求既去，明年[182]，孔子自陳遷于蔡[183]。蔡昭公[184]將如吳[185]，吳召之也。前昭公欺其臣遷州來[186]，後將往，大夫懼復遷[187]，公孫翩射殺昭公[188]。楚侵蔡[189]。秋，齊景公卒[190]。

21 明年，孔子自蔡如葉[191]。葉公[192]問政，孔子曰：「政在來遠附邇[193]。」他日，葉公問孔子於子路[194]，子路不對。孔子聞之，曰：「由，爾何不對曰『其為人也，學道不倦，誨人[195]不厭，發憤忘食，樂以忘憂，不知老之將至』云爾[196]！」

22 去葉，反于蔡。長沮、桀溺[197]耦而耕[198]，孔子以為隱者，使子路問津[199]焉。長沮曰：「彼執輿者[200]為誰？」子路曰：「為孔丘。」曰：「是魯孔丘與？」曰：「然。」曰：「是知津矣[201]。」桀溺謂子路曰：「子為誰？」曰：「為仲由。」曰：「子，孔丘之徒與？」曰：「然。」桀溺曰：「悠悠者天下皆是也，而誰以易之[202]？且與其從辟人之士[203]，豈若從辟世之士[204]哉！」耰而不輟[205]。子路以告孔子。孔子憮然[206]，曰：「鳥獸不可與同羣[207]。天下有道，丘不與易也[208]。」

23 他日，子路行，遇荷蓧[209]丈人，曰：「子見夫子乎[210]？」丈人曰：「四體不勤[211]，五穀不分，孰為[212]夫子！」植其杖而芸[213]。子路以告，孔子曰：「隱者也。」復往，則亡[214]。

24 孔子遷于蔡三歲[215]，吳伐陳。楚救陳，軍于城父[216]。聞孔子在陳、蔡之間，楚使人聘[217]孔子。孔子將往拜禮[218]，陳、蔡大夫謀曰：「孔子賢者，所刺譏皆中諸侯之疾。今者久留陳、蔡之間，諸大夫所設行[219]，皆非仲尼之意。今楚，大國也，來聘孔子。孔子用於楚，則陳、蔡用事大夫危矣。」於是乃相與發徒役，圍孔子於野[220]。不得行，絕糧，從者病，莫能興[221]。孔子講誦弦歌不衰。子路慍[222]見曰：「君子亦有窮[223]乎？」孔子曰：「君子固窮[224]，小人窮斯濫矣[225]。」

25 子貢色作[226]。孔子曰：「賜，爾以予為多學而識之[227]者與？」曰：「然，非與？」孔子曰：「非也，予一以貫之[228]。」

26 孔子知弟子有慍心，乃召子路而問曰：「詩云『匪兕匪虎，率彼曠野[229]』。吾道非邪？吾何為於此[230]？」子路曰：「意者吾未仁邪？人之不我信也[231]。意者吾未知[232]邪？人之不我行[233]也。」孔子曰：「有是乎[234]？由，譬使仁者而必信[235]，安有伯夷、叔齊[236]？使知者而必行[237]，安有王子比干[238]？」

27 子路出，子貢入見。孔子曰：「賜，詩云『匪兕匪虎，率彼曠野』。吾道非邪？吾何為於此？」子貢曰：「夫子之道至大[239]也，故天下莫能容夫子。夫子蓋少貶焉[240]？」孔子曰：「賜，良農能稼而不能為穡[241]，良工能巧而不能為順[242]。君子能脩其道，綱而紀之，統而理之[243]，而不能為容[244]。今爾不脩爾道，而求為容，賜，而志不遠矣[245]！」

28 子貢出，顏回入見。孔子曰：「回，詩云『匪兕匪虎，率彼曠野』。吾道非邪？吾何為於此？」顏回曰：「夫子之道至大，故天下莫能容。雖然，夫子推而行之[246]，不容何病[247]？不容，然後見君子[248]！夫道之不脩也，是吾醜也。夫道既已大脩而不用，是有國者之醜也。不容何病？不容，然後見君子！」孔子欣然而笑，曰：「有是哉[249]，顏氏之子！使爾多財，吾為爾宰[250]。」

29 於是使子貢至楚[251]。楚昭王興師迎孔子[252]，然後得免。

30 昭王將以書社地七百里[253]封孔子，楚令尹[254]子西[255]曰：「王之使使諸侯，有如子貢者乎？」曰：「無有。」「王之輔相，有如顏回者乎？」曰：「無有。」「王之將率[256]，有如子路者乎？」曰：「無有。」「王之官尹[257]，有如宰予[258]者乎？」曰：「無有。」「且楚之祖封於周[259]，號為子男五十里[260]。今孔丘述三、五之法[261]，明周、召之業[262]，王若用之，則楚安得世世堂堂方數千里乎[263]？夫文王在豐，武王在鎬，百里之君卒王天下。今孔丘得據土壤，賢弟子為佐，非楚之福也[264]。」昭王乃止。其秋，楚昭王卒于城父[265]。

31 楚狂接輿[266]歌而過孔子，曰：「鳳兮！鳳兮！何德之衰[267]！往者不可諫[268]兮，來者猶可追[269]也！已而[270]！已而！今之從政者殆而[271]！」孔子下，欲與之言。趨而去，弗得與之言[272]。

32 於是孔子自楚反乎衛。是歲也，孔子年六十三，而魯哀公六年也。

33 其明年[273]，吳與魯會繒[274]，徵百牢[275]。太宰嚭[276]召季康子，康子使子貢往，然後得已[277]。

34 孔子曰：「魯、衛之政，兄弟也[278]。」是時，衛君輒父[279]不得立，在外。諸侯數以為讓[280]。而孔子弟子多仕於衛[281]，衛君欲得孔子為政。子路曰：「衛君待子而為政，子將奚先[282]？」孔子曰：「必也正名[283]乎！」子路曰：「有是哉，子之迂也[284]！何其正也[285]？」孔子曰：「野哉[286]！由也。夫名不正，則言不順；言不順，則事不成；事不成，則禮樂不興；禮樂不興，則刑罰不中[287]；刑罰不中，則民無所錯手足[288]矣。夫君子為之必可名[289]，言之必可行[290]。君子於其言，無所苟[291]而已矣。」

35 其明年[292]，冉有為季氏將師，與齊戰於郎[293]，克之。季康子曰：「子之於軍旅，學之乎？性之乎[294]？」冉有曰：「學之於孔子。」季康子曰：「孔子何如人哉[295]？」對曰：「用之有名，播之百姓，質諸鬼神而無憾[296]。求之至於此道[297]，雖累千社，夫子不利也[298]。」康子曰：「我欲召之，可乎？」對曰：「欲召之，則毋以小人固之[299]，則可矣。」而衛孔文子將攻太叔[300]，問策[301]於仲尼。仲尼辭不知[302]，退而命載[303]而行，曰：「鳥能擇木，木豈能擇鳥乎？」文子固止[304]。會季康子使公華、公賓、公林，以幣迎孔子[305]，孔子歸魯。

36

孔子之去魯，凡十四歲，而反乎魯306。

【章旨】以上為第四段，寫孔子周遊衛、鄭、陳、蔡等國的艱辛經歷。

【注釋】❶孔子遂適衛　衛國的都城在今河南濮陽西南。❷主於子路妻兄顏濁鄒家　主，投奔，以之為主人。據《孟子・萬章篇》，孔子至衛乃主於「顏讎由」，即此所謂「顏濁鄒」也。然顏讎由非子路之妻兄，子路之妻兄乃「彌子」，史公誤書。❸衛靈公　名元，春秋末期的衛國國君，西元前五三四—前四九三年在位。❹奉粟六萬　奉，通「俸」。六萬，《正義》曰：「六萬小斗，計當今二千石，周之斗、升、斤、兩皆用小也。」❺或譖孔子於衛靈公　或，有人。譖，說人壞話。❻使公孫余假一出一入　公孫余假，衛國的公室子弟，名「余假」。一出一入，《索隱》曰：「謂以兵仗出入，以脅夫子也。」有謂「一會兒出去，一會兒進來，指出入頻繁。」蓋即故意搗亂。❼去衛　離開衛國。❽將適陳二句　陳，都城即今河南淮陽。匡，衛邑名，在今河南長垣西。❾顏刻為僕　顏刻，孔子的學生，〈仲尼弟子列傳〉無其人。崔適以為應作「顏高」，顏高字子驕，見於〈仲尼弟子列傳〉。僕，車夫。❿策　馬鞭。⓫昔吾入此二句　入此，進入匡邑。由彼缺也，就是從那個缺口進去的。⓬暴　施暴；肆虐。⓭止　拘捕；扣留。⓮顏淵後　顏淵，名回，字淵，孔子最欣賞的學生。後，同行而落在了後面，這裡指隨後趕了上來。⓯吾以汝為死矣　我原想你可能是被敵人殺害了。⓰文王既沒二句　自從周文王死後，天下的文化不是全集中在我這兒來了嗎？⓱天之將喪斯文也二句　意謂如果老天爺想讓文化滅絕，那麼當初祂就不該讓我掌握這些東西。斯，此；這。後死者，孔子指稱自己，與「既沒」的文王相對而言。與，參與；掌握。⓲天之未喪斯文也二句　如果老天爺不想叫文化滅絕，那麼匡人又能對我怎麼樣呢？(因為我是與文化共存亡的呀！)如予何，奈我何。⓳使從者為甯武子臣於衛二句　甯武子，名俞，衛國大夫，是一個頗受孔子敬重的人。⓴蒲　衛邑名，今河南長垣東北，在匡之北。㉑蘧伯玉　名瑗，衛國大夫，是一個頗受孔子尊敬的人。㉒南子　衛靈公的夫人，據說此女淫亂，而偏受靈公之寵。㉓不辱欲與寡君為兄弟者　不辱，不以為辱，謙詞。寡君，對別國人說話時，自稱本國的國君曰「寡君」。㉔寡小君　以稱本國國君的夫人曰「寡小君」。㉕絺帷　細葛布做的帷帳。絺，葛草織品之精者。㉖稽首　最重的拜見之禮。稽是停留之義，謂叩頭至地，停留一會兒再抬起。㉗璆然　玉聲。璆，同「球」。玉的一種。㉘吾鄉為弗見二句　我本來是不想見她的，後來既已見了，也就只好以禮相答。這是弟子們不滿孔子叩拜南子，孔子為自己辯解的話。鄉，通「向」。前者。為，將。㉙矢　《論語》朱熹注：「誓也。」即今所謂

「起誓」。㉚予所不者二句　我說的話如果不是真的，讓老天爺拋棄我。不，通「否」。假。厭，厭棄；拋棄。按：子見南子一段見《論語．雍也》，《左傳》不載，歷代尊孔者多以為誣。㉛參乘　原指在車上立於國君之旁，為國君擔任警衛，這裡即指同車陪侍。㉜次乘　第二輛車。㉝招搖市過之　按：五字不順，似應作「招搖過之市」。招搖，故意顯示、賣弄的樣子。㉞吾未見好德如好色者　南子是衛靈公寵幸的女人，雍渠是衛靈公的男寵，都是「以色侍人」者，故孔子有這樣的慨歎。㉟曹　西周初年建立的諸侯國名，都於陶丘（今山東定陶西北）。㊱是歲二句　魯定公卒於西元前四九五年，是年孔子五十七歲。㊲孔子去曹二句　孔子過宋在魯哀公三年，應書於後文「吳敗越王句踐會稽」之後，不應書於哀公元年之事前。㊳宋司馬桓魋　司馬，主管全國兵事。桓魋，宋國的權臣，宋桓公的後代，亦稱「向魋」。㊴拔其樹　馬茂元曰：「『拔其樹，孔子去』是『孔子去，拔其樹』的倒文。桓魋想殺孔子，趕到後，孔子已去，因此拔掉這棵樹表示忿恨。」㊵可以速矣　應該加快速度，跑快點。㊶天生德於予二句　《集解》引包氏曰：「『天生德者』謂授以聖性，德合天地，吉無不利，故曰『其如予何』？」朱熹《四書》注曰：「天既賦我以如此之德，則桓魋其奈我何？言必不能違天害己。」㊷鄭　西周後期建立的諸侯國名，春秋時都於新鄭（今河南新鄭）。㊸相失　相互走散。㊹郭東門　新鄭外城的東門。郭，外城。㊺子貢　姓端木名賜，字子貢，孔子的學生，以擅於辭令著名。㊻顙　上額。㊼其項類皋陶　項，脖子。皋陶，堯、舜時代的賢臣。㊽自要以下不及禹三寸　意謂其身形似禹，惟下體比禹略短。按：此中所云堯、皋陶、子產、禹，都是孔子傾心敬慕的人物。㊾纍纍　垂頭喪氣的樣子。㊿形狀二句　意謂說我的形貌像是古聖前賢，這是未必的。末，梁玉繩曰：「《白虎通》、《論衡》、《家語》皆作『未』。」(51)然哉　說得很好。按：錢穆曰：「孔子過匡本在長垣，為衛邑；而誤者以為扶溝，為鄭邑。因以孔子過匡為過鄭，遂誤謂孔子適鄭都，因有獨立郭東門與弟子相失之事。孔子自衛至陳過宋則有據，過鄭則無實。」(52)司城貞子　司城，官名。貞子，是其人之謚，姓字不詳。(53)吳王夫差伐陳　事在吳王夫差二年，孔子是年五十八歲。夫差，春秋末期的吳國國君，闔廬之子，西元前四九五—前四七三年在位。(54)取三邑而去　梁玉繩曰：「吳無取三邑事。哀元年《傳》及〈年表〉可證明。」(55)趙鞅　即趙簡子，晉國的六卿之一，事跡見〈趙世家〉。(56)伐朝歌　據〈趙世家〉，晉國的范氏、中行氏攻趙氏，韓氏、魏氏聯合晉國公室攻范氏、中行氏。范氏、中行氏敗，奔朝歌；趙氏又伐朝歌。後來范氏、中行氏遂輾轉逃出國外，晉國的「六卿」遂只剩了知氏、趙氏、韓氏、魏氏四家。(57)楚圍蔡二句　蔡是周初建立的諸侯國名，都於上蔡。蔡國曾於吳王闔廬九年（西元前五〇六年）助吳破楚，楚昭王復國後，恨蔡，故今發兵圍之。吳因離蔡遙遠，難以及時援救，故令其舉國東遷州來（今安徽鳳台）。州來當時屬吳。梁玉繩曰：「蔡下缺『請』字。」按：梁說是，今曰「請遷」，始與後文「冬，蔡遷于州來」句相應。(58)吳敗越王句踐會稽　事在吳王夫差二年，越王句踐三年，西元前四九四年。(59)有隼集于陳廷　隼，也稱八鶚，鷹類猛禽。集，鳥停於樹。陳廷，陳國的宮廷。(60)楛矢　楛木為杆的箭。(61)石砮　石頭磨成的箭頭。(62)矢長尺有咫　箭杆長一尺八寸。矢，箭杆。尺有咫，一尺八寸。有，同「又」。咫，八寸。按：古代的一尺八寸約當於現在的四十一公分多，是一種很短的箭。(63)陳湣公　名越，春秋末期的陳國國君，西元前五〇一—前四七九年在位，後被楚國所滅。(64)肅慎　古代部落名，在今吉林、黑龍江一帶，即後來的女真。(65)武王克商　即周武王滅殷紂。(66)通道九夷百蠻　和當時的各個國家、民族相往來。九、百，皆言其多。(67)方賄　地方出產；土特產。(68)無忘職業　不要忘記對中央天子應盡的義務。職業，職分；義務。(69)先王　指周武王。(70)昭其令德　顯示自己的美德，即下所云分封疆土、賞賜珍玉等。(71)以肅慎矢分大姬　把肅慎進貢來的短矢賜給了自己的長女大姬。(72)配虞胡公二句　配，嫁給。虞胡公，名滿，舜的後代。有關大姬下嫁胡公滿，周封胡公滿於陳的詳情，見〈陳杞世家〉。(73)同姓　武王的兄弟子姪等，如魯、衛、燕、晉、曹、蔡等國是也。(74)展親　加深親族關係。展，重。(75)分異姓以遠方職　異姓，異姓功臣與受封等的前朝舊族，如齊、宋、陳、杞等是也。遠方職，遠方部落進來的貢物。職，貢也。(76)無忘服　不要忘記服從周天子。(77)故府　古老的庫房。(78)孔子居陳三歲　自魯定公十五年至魯哀公二年。(79)晉楚爭彊二句　梁玉繩曰：「定十五年、哀元、二年，無晉楚伐陳事，此妄也。」更，輪番；交替。(80)歸與二句　猶言「回去吧！回去吧！」(81)吾黨之小子　指留在魯國的弟子。黨，鄉黨；鄉里。(82)狂簡　積極，耿直。狂，指有進取心。簡，爽直；亮直。(83)進取不忘其初　好進取或已經入仕者，都能不忘初志。初，初志，指前所接受的文武之道。按：《論語・公冶長》有所謂「歸與！歸與！吾黨之小子狂簡，斐然成章，不知所以裁之」，與此意思不同。本篇後文孔子尚有「歸乎！歸乎」之歎，乃史公誤將一事拆之為二者。說見後文注。(84)公叔氏　衛國大夫公叔戍。(85)以蒲畔　以蒲邑為據點進行反叛衛國的活動。按：據《左傳》定公十四年，公叔戍因被逐而逃到魯國，無以蒲叛衛事。(86)公良孺　字子正。(87)長　個子高大。(88)再罹難　又一次陷入困境。罹，遭逢；陷入。(89)鬭甚疾二句　《索隱》引《家語》云：「『我寧鬭死！』挺劍而合眾，將與之戰，蒲人懼也。」(90)苟毋適衛二句　只要你答應不去衛都，我就放你走。因蒲人怕孔子到衛告知蒲地之虛實。(91)與之盟　謂孔子與蒲人發誓結約。(92)出孔子東門　蒲人將孔子送出了蒲邑的東門，意思是讓他東去魯國，不要北去衛國。(93)要盟也二句　要盟，在別人要挾強制下訂立的盟約，孔子認為這種盟約可以不遵守。(94)今蒲二句　待晉楚，抵抗晉、楚。蒲在衛之西南，晉、楚之軍來伐衛，蒲是衛國西南方的屏障，此語蓋言蒲邑的軍事力量之強。(95)有死之志　指寧可被殺而不從公叔氏為亂。(96)保西河之志　指發誓不離故鄉，不隨叛者遷於他處。西河，此指流經衛國的這段黃河，以其在蒲之西，故蒲人稱之「西河」，約當今河南之汲縣、新鄉、淇縣一帶，當時屬衛國。[97]然不伐蒲　按：孔子勸靈公伐蒲事，《左傳》、《論語》皆無。崔述曰：「蒲在衛西，陳在衛南，自陳來，不由蒲也，孔子過蒲何為焉？要盟神固不聽，然既許之，甫出而即背之，亦聖人之所為耶？蒲，衛之屬邑耳，靈公好戰，屢伐晉，而獨不敢伐一蒲；孔子不對靈公之問陣，而於靈公之不伐蒲獨力勸其伐，不亦先後矛盾乎？此乃戰國人之所偽撰，非孔子之事。」[98]苟　如果。[99]朞月而已　謂一年之內可使政教暢行。朞月，周遍一年之十二月，即指一年。[100]成　見成效；獲成功。[101]佛肸　晉國大夫。[102]中牟宰　中牟縣的行政長官。中牟，晉邑名，在今河南中牟城東。[103]趙簡子攻范中行二句　晉國的范氏（名吉射）、中行氏（荀寅）被趙氏、韓氏、魏氏等打敗後，先後逃到朝歌、邯鄲，趙氏窮追不捨，直至將其追入齊境，而中牟宰佛肸支持范氏、中行氏，故趙氏移兵伐之。[104]佛肸畔　因中牟被趙氏所攻，故佛肸遂亦公開反擊趙氏。按：晉國的六卿相攻，原無所謂「叛」，但因趙氏假名公室，故遂稱反趙氏者為「叛」。[105]聞諸夫子　聽先生您說過。[106]君子不入　《集解》引孔安國曰：「不入其國。」[107]如之何　怎麼和您說過的話兜得起來呢？[108]不曰堅乎四句　意謂真正堅硬的東西是磨不爛的，真正潔白的東西是染不黑的。磷，爛。涅，黑染料，這裡用如動詞，染。淄，黑。[109]匏瓜　葫蘆。[110]焉能繫而不食　豈能只是掛著讓人看，不能讓人吃？以比喻自己的不從事政治活動。按：以上佛肸召孔子事見《論語・陽貨》。據《韓詩外傳》載佛肸以中牟叛，其事在哀公二十年，孔子已卒五年。崔述《洙泗考信錄》亦以此章為可疑。蔣伯潛曰：「是類記載不但厚誣孔子，抑且大壞人心，不知《論語》何以書此？《史記》何以又采錄之也？」[111]磬　石製樂器。[112]荷蕢　背著草筐。荷，背。蕢，草筐。[113]有心哉二句　有心，何晏曰：「謂契契然也。」指關心政事，不能放懷的樣子。[114]硜硜　擊磬聲。[115]莫己知也二句　沒有人了解自己嗎？那也就算啦！史公於此只取荷蕢者對孔子的評論，似欠完整。[116]師襄子　魯國樂師，其名為襄。[117]不進　未學新業，仍在反覆彈十日前初學的曲調。[118]可以益矣　可以增加一些新內容啦。[119]習其曲　熟習了它的曲調。[120]未得其數　瀧川引岡白駒曰：「數，節奏之數。」也有曰：「方法，技術。」[121]有間　又過了一段時間。[122]未得其志　還沒有弄清樂曲所表達的思想。[123]未得其為人　還沒有理解作曲家在樂曲中所塑造的形象。[124]有間　二字下原有「曰」字。張文虎《札記》卷四曰：「此『曰』字疑涉上而衍。《家語》無。」今據刪。[125]有所穆然深思焉　瀧川曰：「『有所』上添『孔子』二字看，《家語》有。」穆然，凝思的樣子。[126]怡然　平和愉悅的樣子。[127]遠志　向過去遙遠的年代追想。志，追想。[128]得其為人　悟出了音樂所塑造的形象。[129]黯然　膚色黝黑的樣子。[130]幾然　身材高而細瘦的樣子。幾，通「頎」。長。[131]望羊　通「望洋」，遠視貌。[132]如王四國　是一位統有天下的帝王。如，而。[133]誰能為此　誰能如此？誰能成為這個樣子？[134]辟席　起身離席，表示對人尊敬。[135]師蓋云文王操也　我的老師告訴我這好像是〈文王操〉。蓋，語詞，表示推斷的語氣。文王操，古琴曲名，據說是周文王所作。崔述曰：「此其事之有無蓋不可知，且其所云『眼如望羊，如王四國』之語皆不雅馴，蓋後人所託。」史珥曰：「得文王為人可矣，何得并形貌顏色而得之？誕漫不經。」 136 趙簡子　名鞅，晉國權臣，當時執掌晉政。 137 至於河　當時的黃河自今河南滎陽北折向東北流，至今河北滄州東入海，衛都濮陽在黃河之東，晉國在黃河之西，故孔子如晉須渡黃河。 138 竇鳴犢舜華　二人事跡不詳。 139 洋洋　水勢盛大的樣子。 140 不濟此　不能渡此水西行。濟，渡。 141 須此兩人而後從政　是靠著這兩個人才能把持晉國政權的。 142 殺之乃從政　按：「乃從政」三字疑衍。 143 刳胎殺夭　剖開母體殺死小獸，極言其趕盡殺絕之甚。刳，剖；挖。 144 竭澤涸漁　用抽乾了水的辦法來捕魚。涸，枯乾，這裡用如動詞。 145 蛟龍不合陰陽　意即蛟龍不再進行興雲致雨的活動，怒人之捕魚手段太絕。合陰陽，指興雲致雨。 146 鳳皇　同「鳳凰」。按：以上三句蓋古人之習用語。 147 君子諱傷其類也　按：「君子」二字疑衍。 148 辟　通「避」。躲開。 149 乃還二句　此「陬鄉」應在衛地，非孔子之故鄉「陬邑」也。 150 作為陬操　梁玉繩曰：「《家語》作〈槃操〉。殆取『考槃』之義歟？」錢穆曰：「佛肸召與孔子欲見趙簡子亦為一事兩傳，或并兩無其事。其傳說之源則自孔子過匡蒲而起。今〈世家〉既分裂為四事，又散列前後，遂使後世讀者茫不見其真際。」 151 入主蘧伯玉家　瀧川引中井曰：「『入』當作『又』。」按：以上孔子欲渡河見趙簡子事，《左傳》、《論語》皆不載。此必戰國時人之所偽託，非孔子之事。 152 兵陳　指戰爭之事。陳，同「陣」。 153 俎豆之事　指祭祀。「俎」、「豆」都是祭祀使用的器具。 154 軍旅之事　有關戰爭的學問。《集解》引鄭玄曰：「萬二千人為軍，五百人為旅。」 155 未之學也　孔子以此表示他對衛靈公不問「禮樂」而問「兵刑」這種本末倒置的反感。按：後文有孔子不答孔文子問攻伐事，二者雷同，崔述以為原本一事，史公誤分為二。參見後文注。 156 蜚　通「飛」。 157 孔子遂行二句　《索隱》曰：「此魯哀二年也。」按：是年孔子五十九歲。錢穆以為孔子去衛「當在衛靈公之卒歲」。 158 衛靈公卒三句　衛靈公的太子曰蒯聵。蒯聵不滿靈公的夫人南子，謀欲殺之，事覺，逃依晉國趙氏。今靈公死，蒯聵不得立，故立蒯聵之子輒，即歷史上所說的「衛出公」。 159 內太子蒯聵于戚　將逃入晉國的太子蒯聵送回衛國居於戚邑，為進一步奪取政權作準備。內，通「納」。以武力強行送入。戚，衛邑名，在今河南濮陽北。 160 陽虎使太子絻五句　以上五句是補敘上句蒯聵入戚的過程。陽虎讓蒯聵裝成回國奔喪的樣子，為了防止衛國邊境上的士兵阻攔，還特意讓八個人裝成是衛國的來使，好像是專門來接蒯聵回衛國的。絻，始喪時之服，以布為卷幘，以納四垂髮，而露其髻。衰絰，喪服。衰分斬衰、齊衰，皆穿於身者；絰乃以布為之，繫於頭。 161 蔡遷于州來　與前文「楚圍蔡，蔡遷于吳」相應。 162 是歲三句　梁玉繩曰：「蔡遷州來之歲，孔子年五十九，哀公二年也，此誤。『是歲』當作『明歲』。」 163 齊助衛圍戚　事在魯哀公三年，齊助出公圍其父太子蒯聵也。 164 魯桓釐廟燔　魯國宗廟失火，魯桓公、魯釐公的木主被焚毀。魯桓公名允，西元前七一一—前六九四年在位。魯釐（也寫作「僖」）公名申，西元前六五九—前六二七年在位。165南宮敬叔　魯國大夫，孟釐子之子。166災必於桓釐廟乎　桓公是弒其兄隱公而自立的；釐公非嫡，乃乘閔公被慶父所弒之隙而得立，孔子認為他們都是不應當享受祭祀的，故有此推測。167輦而見魯城　讓人抬著巡視魯都曲阜之城。輦，人抬的轎子，或人挽的車子。168幾興　幾乎就要興盛起來了。169以吾獲罪於孔子二句　獲罪，「得罪」的客氣說法，指季桓子當年接受齊國女樂，致使孔子離開魯國事。按：《左傳》寫季桓子死前無此語。讓季桓子將孔子之作用估計得如此之高，亦見史公之感情態度。170其嗣康子　嗣，繼承人；接班人。康子，名季孫肥，後為魯國正卿。171即　若。172若　爾；你。173必召仲尼　一定要把孔子找回來。174公之魚　季氏的家臣。175用之不終　沒能一直地任用下去。176誰召而可　我們可以把誰找回來呢？誰召，召誰。177冄求　字子有，孔子的學生，以長於政事聞名，事跡見〈仲尼弟子列傳〉。冄，冉的本字。178斐然　文采繁盛的樣子。179吾不知所以裁之　中井曰：「『裁』字由『章』字而生，是以錦衣彩緞為喻也，夫子蓋欲歸而裁之以就人才也。」180子贛　即子貢。181即用二句　你回去如果受到任用，要想辦法把先生招回去。即，若。182明年　魯哀公四年。183孔子自陳遷于蔡　按：此時的蔡國已移都於州來（今安徽鳳臺），蔡人稱之為「下蔡」。錢穆以為孔子所至之「蔡」非州來，乃楚國葉公所治之蔡，即今河南信陽，史公於此蓋混二為一。184蔡昭公　即蔡昭侯，名申，西元前五一八—前四九一年在位。185將如吳　將到吳國都城（今蘇州市）。時當吳王夫差五年。186欺其臣遷州來　據〈管蔡世家〉，蔡國原附於楚，吳聯蔡敗楚後，蔡改附於吳。楚伐蔡（今河南新蔡），吳相距遙遠，無法救助，使蔡東遷於吳地州來。蔡昭侯未與大夫商議遂率眾遷之，故此曰「欺」。187懼復遷　害怕又要東遷。188公孫翩射殺昭公　公孫翩，蔡大夫。公孫翩弒蔡昭公，昭公黨殺公孫翩事，見《左傳》哀公四年。189楚侵蔡　梁玉繩曰：「考《春秋》及史，是時無楚侵蔡事。」190齊景公卒　西元前四九〇年。191自蔡如葉　葉，楚邑名，在今河南葉縣西南。192葉公　楚國大夫，即沈諸梁，字高，沈尹戌之子，因其為葉邑長，故稱「葉公」。193來遠附邇　使遠者來歸，使近者靠攏。邇，近。194問孔子於子路　向子路打聽孔子的為人。195誨人　教導人。196云爾　猶言「如此而已」。按：以上孔子自言其為人語見《論語・述而》，而司馬遷將三條語錄綜合成了一條。197長沮桀溺　金履祥以為「蓋以物色而名之，如『荷蕢』、『晨門』、『荷篠丈人』之類。其一人長而沮洳，一人桀然高大而塗足。」198耦而耕　二人合伙持耜而耕也。耦，鄭玄曰：「二耜為耦。」199問津　打聽渡口在哪裡。200執輿者　掌車人。201是知津矣　他是知道渡口在哪裡的！言外之意是他還用得著來問我們嗎？202悠悠者天下皆是也二句　意謂社會的混亂黑暗到處都是一樣的，又有誰可以改變它呢？悠悠者，指不可改變的黑暗混亂現實。203從辟人之士　從，跟隨。辟人之士，躲開壞人去另尋好人的人，指孔子。[204]辟世之士　躲開這個亂世的人，即隱士，如長沮、桀溺、荷蕢者。[205]耰而不輟　覆土不止，即不想再說話了。耰，原指農具鋤槓或釘耙，這裡用如動詞，指碎土以覆種子。[206]憮然　傷心失意的樣子。[207]鳥獸不可與同羣　猶言一個人怎麼能離開社會去和鳥獸一塊生活呢？[208]天下有道二句　易，變革。朱熹曰：「天下若已平治，則我無用變易之。正為天下無道，故欲以道易之耳。」[209]荷蓧　背著除草用的農具。[210]子見夫子乎　夫子，猶今之所謂「先生」、「老師」。按：子路原與孔子同出，因事落後，不見孔子，故問於荷蓧丈人。[211]不勤　不勞動。[212]孰為　何能；憑什麼說是。[213]植其杖而芸　王駿圖曰：「植，通『置』，謂置其杖於地而芸草也。」[214]復往二句　再回去找時，已經不見了。[215]孔子遷于蔡三歲　按：即哀公六年，是年孔子六十三歲。[216]楚救陳二句　城父，陳邑名，在今河南寶豐東，平頂山西北。按：以上事見《左傳》哀公六年與〈十二諸侯年表〉。[217]聘　以財物迎請。[218]拜禮　接受聘禮，前往拜謝。[219]設行　施行；實行的章程、制度。[220]乃相與發徒役二句　徒役，這裡即指士兵。錢穆曰：「孔子之厄在吳伐陳之歲，而謂絕糧乃由受兵圍則不足信。」[221]從者病二句　病，躺倒。興，起；立。[222]慍　惱怒。[223]窮　困厄；無路可走；無計可施。[224]固窮　在窮困的時候能保持自己的人格，能堅守自己的節操。[225]窮斯濫矣　一到窮困的時候就要胡作非為了。斯，則。濫，不能克制自己。[226]色作　怒形於色。作，發作；呈現出。[227]多學而識之　學得又多，記得又全。識，通「志」。記憶。[228]一以貫之　謂自己的學說有其核心宗旨，並非徒以廣博為事也。按：以上孔子對子路、子貢所說的「君子固窮」與「一以貫之」兩條，皆見於《論語・衛靈公》，但兩條之間沒有關係；而史公乃於第二條之開頭加了「子貢色作」四字，而與子路之「慍」連在一起，合為一事，殊為不倫。[229]匪兕匪虎二句　《詩經・小雅・何草不黃》之文。意謂我們又不是野獸，為什麼叫我們整天沿著曠野奔跑呢？匪，通「非」。兕，野牛。率，循；沿著。這原是一首描寫役夫們怨恨統治階級的詩，孔子引來比喻自己的奔走辛勞。[230]吾道非邪二句　我們奉行的道義莫非是錯了嗎？不然，怎麼落到這個地步呢？這是孔子故意試探學生的話。[231]意者吾未仁邪二句　莫非是我們還沒有做到「仁」嗎？所以人家才這樣不信任我們。意者，莫非是。推測之辭。[232]未知　智慧不足。知，通「智」。[233]不我行　使我們奉行的仁道不能暢行於世。[234]有是乎　有這樣的事嗎？意在駁子路簡單幼稚的邏輯。[235]使仁者而必信　假如行仁的人就一定能讓世人理解。[236]伯夷叔齊　殷末孤竹君之二子，因互相推讓不願為君，雙雙逃離孤竹國。聞武王舉兵伐紂，前往勸阻，武王不聽。武王滅殷後，伯夷、叔齊義不食周粟，餓死首陽山。被後世稱之為節操高尚的人。[237]使知者而必行　假定有智慧的人就一定能使仁道暢行。[238]王子比干　殷末賢臣，因勸阻殷紂王的肆行殘虐而被剖心。比干被後代看作是忠心耿耿而又敢於直諫的人。[239]至大　頂大；太大。[240]蓋少貶焉　何不自己稍微降低一點呢？蓋，通「盍」。何不。[241]能稼而不能為穡　能努力把土地耕種好，但無法保證一定能收成。稼，種。穡，收穫。(242)能巧而不能為順　能保證自己的工藝精巧，但無法保證能符合別人的心意。(243)綱而紀之二句　指其理論學說的系統周密，綱目嚴整，一以貫之。(244)不能為容　不一定能使統治者所接受、容納。(245)而志不遠矣　你的志量可不怎麼遠大喲。而，爾；你。(246)雖然二句　儘管如此，但先生您還是在努力推行它。(247)不容何病　不被別人接納又有什麼關係。病，損害；害處。(248)不容二句　不被這些世俗小人所容，才正好表現出我們是君子。(249)有是哉　猶今之所謂「真有你的」，驚喜敬佩之詞。(250)使爾多財二句　如果你家的財產多，我甘願為你去當管家，即願意為你服務。宰，主管。按：以上孔子與子路、子貢、顏回三段對答，《左傳》、《論語》皆不載。(251)使子貢至楚　謂使子貢前往楚國求救。(252)楚昭王興師迎孔子　楚昭王，名珍，平王之子，西元前五一五—前四八九年在位。《朱子語類》：「昭王之招無此事，鄒魯陋儒尊孔子之意如此。」(253)書社地七百里　《荀子・仲尼篇》楊倞注：「書社，書名於里社之籍也，猶曰『居民』也。書社十，即十戶。書社百，即百戶。古書但云『書社』幾十幾百，而無云『書社』地幾十里幾百里者，史文『地』字『里』字當刪。」按：「書社七百」，即封給孔子七百戶。(254)令尹　楚官名，職同宰相。(255)子西　楚平王之弟，於平王、昭王、惠王時執掌楚政。(256)將率　通「將帥」。(257)官尹　謂分主某項職事之人。(258)宰予　字子我，孔子的學生，以善於辭令著稱，事見〈仲尼弟子列傳〉。(259)楚之祖封於周　據〈楚世家〉，楚之先祖鬻熊曾事周文王，其五世孫熊繹被周成王封於楚蠻，封以子男之田。(260)號為子男五十里　周初之封諸侯共分五等，一曰公，二曰侯，三曰伯，四曰子，五曰男。子男同列，皆封地五十里。(261)述三五之法　述，講究；闡發。三五，指三皇五帝。(262)周召之業　周公、召公所創造的業績。周，周公，名旦，武王之弟，佐武王滅商，又佐成王治國，周朝的制度大多成於周公之手。召，召公，名奭，亦武王之弟，與周公合作，共同輔佐成王治理天下。(263)楚安得世世堂堂方數千里乎　謂孔子必將遵古制而裁削之。(264)非楚之福也　按：把孔子及其諸弟子的本事說得如此之大，把形勢說得如此之嚇人，乃事之所必無，惟可於此見史公之感情態度而已。(265)楚昭王卒于城父　因當時吳伐陳，楚昭王救陳，屯兵城父，故死於軍也。城父，楚邑名。(266)楚狂接輿　通常解為楚國的隱士，名接輿。(267)何德之衰　你的德行怎麼這樣衰微啊！何，多麼。按：接輿以鳳鳥比孔子，鳳鳥應出於盛世，今亂世亦出，故稱其「何德之衰」，以嘲笑孔子之奔走四方，汲汲以求從政。(268)往者不可諫　已經過去的事情是不可能再改變、再挽回的了。諫，勸止，這裡指改變、挽回。(269)來者猶可追　今後的問題還是來得及處理、解決的。追，補救。按：接輿的意思是招呼孔子立即歸隱。(270)已而　猶言「算了吧」。而，通「耳」。(271)今之從政者殆而　從政者，掌權者。殆，腐敗；不可救藥。(272)弗得與之言　謂接輿避之，不願與之言。(273)其明年　魯哀公七年，孔子年六十四。(274)繒　魯邑名，在今山東蒼山西北。(275)徵百牢　吳向魯索取牛羊豕各一百頭作為貢禮。

牢，這裡指太牢，牛羊豕各一頭。據《周禮》，致天子，十二牢；上公，九牢；侯伯，七牢；子男，五牢。吳徵百牢，實為無理。(276)太宰嚭　即伯嚭，時為吳國太宰。(277)康子使子貢往二句　意謂子貢至伯嚭處向其講明了季康子何以不能親出的原因，事情遂告了結。(278)魯衛之政二句　其一指兩個國家都是周王室的兄弟，文化傳統也很接近；其二是眼前兩個國家的混亂衰敗也相差無幾。按：此條在《論語》中雖與下文之論說「正名」事同在一篇，但二者之間並無聯繫，今史公將其編在一起，竟似孔子專為衛君輒事而發。(279)衛君輒父　即蒯聵，因得罪其父逃到晉國，其子輒繼其祖父為君後，蒯聵乃又依靠趙鞅、陽虎等國外勢力強行進入衛國之戚邑。(280)諸侯數以為讓　屢屢以此譴責衛國。讓，責。(281)孔子弟子多仕於衛　按：子路、子貢、冉有等皆曾仕於衛。(282)奚先　先用哪一項？奚，何。(283)正名　糾正「名分上的用詞不當」。(284)有是哉二句　真是像人所說，您可真夠迂的！迂，迂闊；大而無當；不切時宜。(285)何其正也　有什麼可正的？(286)野哉　猶今之所說「放肆！」野，粗野。(287)刑罰不中　刑罰不準，不是過輕就是過重。(288)無所錯手足　指無所適從，不知怎麼辦好。錯，放置。(289)為之必可名　只要辦事，就一定能說得出名堂。之，則。名，說得出（道理）。(290)言之必可行　只要說出的話，就一定能付諸實行，一定能經得住實踐檢驗。(291)無所苟　不能有任何馬虎。苟，苟且；馬虎。(292)其明年　梁玉繩曰：「『其明年』三字誤，當作『後四年』。」魯哀公十一年，孔子年六十八。(293)郎　魯邑名，在今山東金鄉魚臺鎮東北。(294)性之乎　性之，生來就會。性，生。(295)孔子何如人哉　按：季孫肥這裡主要是問孔子的軍事才能。(296)用之有名三句　（孔子如果用兵，）那一定是師出有名，連百姓、鬼神都會擁護的。播，告知。質，詢問。無憾，無不滿；無意見。(297)求之至於此道　按：此句上下不連貫，疑有脫文。(298)雖累千社二句　（如果是不義的戰爭，）那麼即使掠得幾萬家人口，孔子也不會認為這是好事。累，累積。千社，兩萬五千戶人家。古代二十五家為一社。(299)毋以小人固之　不要像對待小人那樣拘泥、限制他。固，拘泥；限制。(300)孔文子將攻太叔　孔文子，名圉，衛國大夫，衛太子蒯聵的姐夫。太叔，名疾，衛國貴族。(301)問策　問攻之之策。(302)仲尼辭不知　《左傳》載孔子云：「胡簋（祭器）之事，則嘗學之矣；甲兵之事，未之聞也。」(303)命載　猶言「命駕」，打發人備車。見孔子對衛國之汙濁厭惡之甚也。(304)固止　堅決挽留。(305)季康子使公華公賓公林二句　「使」原作「逐」。瀧川資言《史記會注考證》卷四十七曰：「《古傳疏》引《史》「逐」作「使」，疑此誤。」今據改。幣，贄也，聘迎之禮品。(306)孔子之去魯三句　《索隱》曰：「前文孔子以定公十四年去魯，計至此十三年；〈魯世家〉云定公十二年孔子去魯，則首尾計十五年矣。」錢穆曰：「孔子去魯在定公十三年，去魯實十四年也。」

【語　譯】於是孔子到了衛國，他住在子路的妻兄顏濁鄒的家裡。這時衛靈公問孔子說：「你在魯國，享有多少俸祿？」回答說：「大約是六萬斗穀子。」於是衛靈公也給了孔子六萬斗穀子的待遇。沒過多久，有人就在衛靈公面前說孔子的壞話。於是衛靈公就指使公孫余假帶著兵器到孔子那裡去出進了幾回。孔子怕有更大的麻煩，於是只在衛國住了十個月就又走了。

2 孔子準備到陳國去，中途經過衛國的匡邑，顏刻這時給他趕車。顏刻用馬鞭子指著城牆，說：「我過去曾進過匡邑，就從那個缺口進去的。」匡人聽他這麼一說，誤認為是魯國的陽虎又來了。因為不久前陽虎曾進攻肆虐過匡邑人。而孔子的樣子又長得像陽虎，於是匡人就把孔子扣了起來，而且是一連扣了五天。五天後顏淵趕到了，孔子說：「我以為你已經死了。」顏淵說：「您還活著，我怎麼能死呢！」匡人對孔子看管得更緊了，弟子們都很害怕，孔子說：「文王死了之後，傳統文化的繼承人不就是我了嗎？老天爺要是真想叫這種傳統文化消失，祂就不會讓我再學得這套東西；老天爺要是不想叫這種傳統文化失傳，那匡人又能把我怎麼樣呢！」後來孔子派他的一個學生去給衛國的甯武子做家臣，而後匡人才放孔子走了。

3 孔子離開匡邑到了蒲邑。在蒲邑住了一個月，又回到了衛國，住在蘧伯玉家。這時衛靈公有位夫人叫做南子，她派人來對孔子說：「各國的君子凡是來到衛國想跟我們國君交好的，一定也都來見見我們的夫人。現在我們的夫人想見見您。」孔子開始時推辭不見，後來沒法只得去了。這時南子坐在一層薄薄的紗幕後面。孔子進門後，向著北面叩頭。南子也在紗幕後還禮，她身上的各種佩戴發出叮噹的聲響。孔子回來對他的弟子們說：「我開始本來是不願意去的，後來既然見了，也就只好以禮相答。」子路很不高興，孔子見弟子們不相信，就發誓說：「如果我說的不是真心話，那就讓老天爺拋棄我！讓老天爺拋棄我！」過了一個來月，有一天衛靈公外出，他和南子同坐一輛車，讓宦官雍渠同車侍候，而讓孔子坐在第二輛車子上，大家一起成群結隊地在大街上招搖而過。孔子感到羞恥地說：「我還真沒見過誰能愛好道德像愛好女色一樣。」於是就離開了衛國到曹國去了。也就在這一年，魯定公去世了。

4 後來孔子又離開曹國，到了宋國，他和弟子們在一棵大樹下演習禮儀。宋國的司馬桓魋想殺孔子，孔子無法只好領著弟子們又離開了宋國。桓魋就派人把他們遮蔭的那棵大樹砍掉了。有弟子說：「為了防止危險我們還是走快點吧！」孔子說：「老天爺已經把品格、責任賦予了我，桓魋又能把我怎麼樣呢！」

5 孔子在到達鄭國的時候，和他的弟子們相互走散了。孔子一個人孤零零地站在鄭國的東門口。子貢找不到孔子，這時有個鄭國人對他說：「東門外有個人，他的前額有點像唐堯，他的脖子後頭有點像皋陶，他的肩膀有點像子產，他的下半身比大禹矮三寸，他那萎靡不振的樣子活像一隻喪家狗。」子貢找到孔子後就把那個人的話如實地對孔子說了。孔子一聽反而開心地笑起來，說：「他所美言的我那種相貌，這倒未必；但他說我像隻喪家狗，那可真對極了！對極了！」

6 孔子又來到了陳國，住在司城貞子家。過了一年多，吳王夫差派兵伐陳，奪去了陳國的三個邑。接著晉國的趙鞅領兵攻打衛國的朝歌。楚國派兵圍攻蔡都，逼得蔡國遷到了吳國境內。而吳國這時正在會稽打敗了越王句踐。

7 不久，有隻鷹落在陳國宮廷的樹上死了，身上還帶著一支楛木做的箭，箭頭是石頭做的，箭長一尺八寸。陳湣公派人來問孔子。孔子說：「這隻鷹來得可遠了，牠身上帶的是肅慎人使用的箭。當初周武王滅商後，曾跟四面八方的少數民族都溝通了關係，讓他們透過進貢各國出產的東西，使他們記得對中央天子應盡的義務。當時肅慎人就是進貢了一種楛木桿、石箭頭的箭，有一尺八寸那麼長。當時周武王想表彰自己的道德，就把這種箭給他的女兒作陪嫁，嫁給了舜的後代胡公，把胡公封在了陳國。當時周武王分給同姓諸侯們以珍珠美玉，是為了加深親族關係；分給異姓諸侯以遠方來的貢品，是為了讓他們永遠臣服於周朝。所以當時把肅慎箭分給了陳國。」陳湣公聽說後派人到府庫裡一查，果然找到了這種箭。

8 孔子在陳國住了三年，後來趕上晉國和楚國爭勝，雙方輪替著攻打陳國，後來又加上吳國也侵犯，陳國處處挨打。孔子無可奈何地說：「回家吧！回家吧！我們自己故鄉的那些子弟們雖然志大才疏，但能積極進取，而且不忘最初的心志。」於是孔子離開了陳國。

9 當孔子路過衛國的蒲邑時，正趕上公叔氏在蒲邑發動叛亂，叛亂分子們把孔子留住了。這時孔子的弟子中有個叫公良孺的，他正帶著五輛私人的車跟著孔子。他身高體壯，勇力過人，他說：「我已經跟著先生在匡邑遭過一回難，今天又趕上在這裡倒霉，這不是命嗎！與其讓我跟著先生再這麼受罪，乾脆我豁出命去同他們拼了。」說罷就奮力戰鬥，打得很厲害。蒲人也怕了，他們對孔子說：「你們只要答應我們不去衛國，我們就馬上放你們出去。」孔子一聽就和他們起了誓，而他們也就放孔子出了東門。結果孔子一轉身就又去了衛國。子貢說：「您剛才起了誓，難道可以隨便變嗎？」孔子說：「在武力威脅下訂立的盟約，神是不給作證的。」

10　衛靈公聽說孔子從蒲邑來了，很高興地到郊外迎接，他問孔子說：「你看我們出兵伐蒲邑行嗎？」孔子說：「行。」衛靈公說：「可是我的大夫們都說不行。他們說，留著蒲邑日後可以對付晉、楚。如果我們討伐它，恐怕不好吧？」孔子說：「那裡的男人們都對叛亂分子寧死不屈，那裡的女人們也都有志保衛西河故鄉。需要我們去打的叛亂分子，頂多不過四五個人。」衛靈公說：「說得對。」但他始終也沒有出兵。

11　這時衛靈公已經年紀很大了，無心再過問政治，也不想重用孔子。孔子感慨地說：「誰要能用我去治理國家，保證他一年初見效果，三年大有所成。」於是孔子只好又走了。

12　晉國的佛肸在中牟做長官。趙簡子在打敗了同僚范氏、中行氏後，進而東下攻取中牟。佛肸率邑人叛晉，並派人請孔子去中牟。孔子想去。子路對孔子說：「從前我聽您說過：『凡是親手幹壞事的人，君子是不到他那裡去的。』今天佛肸在中牟叛晉，而您卻還想去，這是怎麼回事？」孔子說：「的確是有你那麼一說。但我不是還說過嗎？真正堅硬的東西是怎麼磨也磨不壞的；真正潔白的東西是怎麼染也染不黑的。我哪裡是一個葫蘆啊？怎麼能只是讓它掛在那裡中看不中吃呢！」

13　有一天孔子正在屋裡敲磬，有個背著個大草筐的人從門口經過，一聽屋裡敲磬的聲音他感歎說：「心裡是有苦悶呵，聽這磬聲就可以明白，而且還是那麼固執！何必哪，沒有人了解也就算了！」

14　後來孔子跟著師襄學彈琴，他把這個曲子一連練了十天還不向下學。師襄說：「可以練點新的了。」孔子說：「我現在才只是學會了樂曲的彈奏方法，還沒有成為一種熟練的技巧。」又過了幾天，師襄說：「技巧已經掌握，可以練點新的了。」孔子說：「我還沒有體會到樂曲表現的思想情操。」又過了幾天，師襄說：「已經體會了樂曲的思想情操，可以練點新的了。」孔子說：「我還沒有看到樂曲中所表現的人物形象。」又過了些天，孔子面色凝重若有所思，心情平和愉悅地回想過去的年代，他說：「我已經體會到樂曲所歌頌的那個人了。那個人皮膚黝黑，高高的個子，眼睛炯炯有神地望著遠方，是一位統有天下的帝王，四方的國家都服從他。這個人如果不是周文王，還能是誰呢？」師襄一聽立刻離開座位向孔子行禮說：「我的老師說這個曲子好像就叫做〈文王操〉。」

15 孔子由於在衛國不被重用，於是就準備西行到晉國去找趙簡子。剛走到黃河岸邊就聽到了竇鳴犢和舜華被趙簡子殺害的消息，於是孔子就對著河水感慨地說：「多麼美麗的黃河呀，浩浩蕩蕩！我一輩子不能渡水西行恐怕也是命裡注定的吧！」子貢一聽，過來問道：「您這話是什麼意思呢？」孔子說：「竇鳴犢和舜華，都是晉國的好大夫。趙簡子在沒有得勢以前，都是靠這兩個人的提拔上的臺；等到他一旦得勢，就首先把這兩個人殺掉了。俗話說，哪裡有人剖腹取胎，麒麟就不到那個地方去；哪裡有人淘乾了水捕魚，蛟龍就不給那裡下雨；哪裡有人捅翻了鳥巢去取鳥蛋，鳳凰就絕不到他那裡去。為什麼呢？就因為凡是好人都不願意看到自己的同類受害。鳥獸對於不仁義的事情，還都知道躲避，更何況我孔丘呢！」於是他退回到了陬鄉，在陬鄉譜寫了一曲〈陬操〉來哀悼竇鳴犢和舜華的死。而後又來到了衛國，住在蘧伯玉家。

16 有一天，衛靈公向孔子詢問行兵打仗的事情，孔子說：「祭祀方面的事情，我曾經學過。至於行兵打仗，我沒有學過。」第二天，衛靈公在和孔子談話的時候，眼睛望著天上的鴻雁，注意力根本不在孔子。於是孔子便離開衛國，又來到了陳國。

17 這年夏天，衛靈公死了，他的孫子姬輒繼了位，這就是歷史上所說的衛出公。六月，晉國趙鞅把衛靈公的太子蒯聵送進了衛國的戚邑。當時是陽虎讓蒯聵頭上紮著孝箍，讓跟隨他的八個人也都穿著孝服，讓他們假裝是從衛國都城出來準備到晉國去迎接蒯聵的人，他們哭著混進了戚邑，就在那裡住了下來。這年冬天，蔡國把它的都城由新蔡遷到了州來。這一年，是魯哀公三年，孔子整六十歲。緊接著齊國就出兵幫著衛國包圍了戚邑，因為衛國的流亡太子蒯聵躲在了這裡。

18 同年夏天，魯國桓公、釐公的廟裡著了火，南宮敬叔負責了這次救火的事宜。這時孔子正在陳國，他一聽到魯國失火的消息，馬上說：「被燒的一定是桓公和釐公的廟吧？」事後證明果然如此。

19 這年秋天，魯國的季桓子病了，他坐著轎了出來巡視魯都的城牆，非常感慨地說：「過去這個國家曾一度幾乎要興旺起來了。就是因為我鬧得讓孔子離開了這個國家，所以魯國就沒有能振興起來。」他回頭看著他的繼承人季康子說：「我死了以後，你一定會接替我做魯國的宰相。你做了宰相之後，一定要去把孔子叫回來。」幾天後，季桓子去世了，季康子接著當了魯國的宰相。他安葬完了季桓子，就準備派人去叫孔子。這時公之魚攔阻說：「當初我們的老宰相就因為對待孔子沒能善始善終所以才遭到了諸侯們的恥笑。今天我們又要用他，如果要是再不能善始善終那就要又惹得諸侯們恥笑了。」季康子說：「那我們叫誰來好呢？」公之魚說：「可以叫孔子的弟子冉求。」於是季康子就派了人去叫冉求。冉求準備動身前，孔子對他說：「魯國派人來叫你回去，一定不會小用你，他們一定會大用你的。」也就在同一天，孔子感歎地說：「回去吧！回去吧！我家鄉的那些學生們志大才疏，他們下筆成章而又文情並茂，我都不知道該怎麼引導他們才好。」子贛心裡明白這是孔子也想回魯國，於是他在給冉求送行的時候，對冉求說「回去一旦主了事，可一定要想辦法把咱們先生接回去」。

20 冉求離開孔子回魯國的第二年，孔子從陳國又轉到了蔡國。這時蔡昭公正準備著去吳國，因為吳王闔廬叫他去。在此以前蔡昭公曾因為親吳而欺騙他的大臣把國都由新蔡遷到了州來，這次他又要去吳國，大臣們擔心他答應吳國把蔡國的國都再往東遷，於是公孫翩就把蔡昭公給射死了。不久，楚國發兵侵蔡。同一年秋天，齊景公去世了。

21 又過了一年，孔子由蔡國來到了葉邑。葉公向孔子問治理國家的辦法，孔子說：「治理國家的關鍵是在於要能讓遠方的人都來歸附，讓近處的人都能擁護。」有一天，葉公問子路孔子是一個什麼樣的人，子路沒有回答。後來孔子聽說這件事，就對子路說：「仲由，你為什麼不對他說『他是一個學習起來不知道疲倦，教育別人從不會厭煩，發憤讀書時可以忘記吃飯，又常常自得其樂而忘記了憂愁，就這樣日復一日地從不覺得自己是年老的人』如此罷了！」

22 隨後離開了葉邑，又回到了蔡國。途中遇到長沮、桀溺兩個人在田地裡一道耕作，孔子看著他們像兩個隱士，就讓子路過去向他們詢問渡口在哪裡。長沮說：「車子上坐的那位拉著轡繩的是誰？」子路說：「是孔丘。」長沮說：「是魯國的那個孔丘嗎？」子路說：「正是。」長沮說：「那他自己應該知道渡口在哪兒。」接著桀溺又對子路說：「你是誰？」子路說：「我是仲由。」桀溺說：「你是孔丘的弟子嗎？」子路說：「正是。」桀溺說：「動盪不安的局面普天下都是一樣的，誰能改變得了它？你與其跟著那種躲避壞人的人到處亂跑，還不如來跟著我們這些躲避整個社會的人呢！」一邊說著一邊不住地撒種子蓋土。子路回來把聽到的話告訴了孔子。孔子傷心地說：「我們是不能自甘同那些飛禽走獸去一起生活的。如果天下都合乎了正道，那我也就不會像現在這樣東奔西走地想去改變它了。」

23 又有一天，子路在半道上和孔子走散了，他遇見一個背著草筐的老人，子路問他：「您見到我們先生了嗎？」老人說：「一個人空長著四肢不會勞動，連個莊稼苗也不認識，那算是什麼先生？」說罷就放下拐杖去鋤起草來。子路回來把經過向孔子一說，孔子說：「這一定是位隱士。」他叫子路再去找他，這時老人早已不見了。

24 孔子到蔡國的第三年，吳國出兵伐陳。楚國派兵救陳，駐兵於城父。楚王聽說孔子這時就在陳、蔡兩國之間，於是就派人去請孔子。孔子準備前去拜見，陳、蔡兩國的大夫們聽到這個消息立刻商量說：「孔子可是個能幹的人，他對哪個國家所作的批評都能切中那個國家的要害。近幾年他住在我們陳、蔡兩國之間，我們這些人的所作所為，都不合乎孔子的思想。現在楚國這個大國來請孔子了。如果孔子在楚國被重用，那我們陳、蔡兩國這些主事人可就危險了。」於是就串通起來發兵，把孔子一行包圍在陳、蔡之間的一片荒郊野地裡。他們想走走不了，帶的乾糧也都吃完了，餓得那些隨從的弟子們一個個都躺在地上，站不起來了。而孔子卻還在那裡講詩書，讀文章，彈琴唱歌不停。子路心裡很惱怒地過來對孔子說：「君子難道也有走投無路的時候嗎？」孔子說：「君子到了窮困的時候能夠堅守節操，而小人到了窮困的時候就會不擇手段地亂來了。」

25 子貢也是一臉的不高興。孔子說：「端木賜，你認為我是學了很多的東西能牢記不忘的人嗎？」子貢說：「是的，難道您不是這樣嗎？」孔子說：「不是的，我是能用一個基本的思想把所學的東西貫串起來。」

26 孔子知道學生們都有怨氣，於是把子路叫來問他說：「《詩經・何草不黃》裡說『既不是野牛，又不是老虎，可是卻整天在原野上東奔西跑』。是我追求的理想不對嗎？我為什麼落到了這步田地呢？」子路說：「莫非是我們還沒有達到一個『仁人』的標準嗎？所以人們對我們還不夠信任。莫非是我們的聰明智慧還有欠缺嗎？所以人們才使我們奉行的仁道不能暢行於世。」孔子說：「有這種事嗎？仲由，假如行仁的人就一定讓世人理解、能讓別人相信，那伯夷、叔齊還會餓死在首陽山嗎？假如有聰明智慧的人就一定能仁道暢行，那王子比干還會被剖腹挖心嗎？」

27 子路出去後，子貢進來了。孔子說：「端木賜，《詩經・何草不黃》裡說『既不是野牛，又不是老虎，可是卻整天在原野上東奔西跑』。是我追求的理想不對嗎？我為什麼落到這步田地呢？」子貢說：「這是由於先生您的理想太高尚太偉大了，因此普天下才無法容納您。先生您難道就不能把標準降低點嗎？」孔子說：「端木賜，最好的農民能保證把地種好，但不能保證就一定能獲得豐收；最好的能工巧匠能保證把東西做得巧奪天工，但不能保證買東西的人一定滿意。一個君子能夠盡力使自己的理想趨於完善，能讓它有條有理，一以貫之，但不能保證一定能讓世人接受。現在你不是千方百計地去修養自己，而是只想去取得世人的接納，你的志量可不怎麼遠大呀！」

28 子貢出去後，顏回進去了。孔子說：「顏回，《詩經・何草不黃》裡說『既不是野牛，又不是老虎，可是卻整天在原野上東奔西跑』。是我的理想不對嗎？我為什麼落到了這步田地呢？」顏回說：「先生的理想太偉大了，因此才使得天下哪裡也無法容納。儘管如此，先生您還是堅持不懈地在推行它，不被容納又有什麼關係呢？不被容納，才更顯示出您作為君子的偉大！一個人的理想學說不完美，是自己的恥辱。如果理想學說完美無缺而只是不能被人容納，那就是當權者們的羞恥了。不被容納有什麼關係？不被容納，才顯示出您作為君子的偉大！」孔子一聽稱心地笑著，說：「顏家的小子，可真有你的！假如你是個大富翁，我情願去給你當管家。」

29 後來孔子派子貢去向楚王報告了情況。楚昭王派兵來迎接孔子，孔子師徒一行才擺脫了困境。

30 楚昭王打算封給孔子七百戶，這時楚國的令尹子西阻攔說：「大王您派往各國去的外交官，有像子貢那種善於外交辭令的嗎？」昭王說：「沒有。」子西說：「您的宰相，有像顏回那麼德才俱全的嗎？」昭王說：「沒有。」子西說：「您的武將，有像子路那麼勇猛的嗎？」昭王說：「沒有。」子西說：「您主管具體事務的官員，有像宰予那麼能幹的嗎？」昭王說：「沒有。」子西說：「楚國的祖先當初在周朝受封時，爵位是子男一級，封地只有五十里。現在孔丘繼承的是三王、五帝的法則，所發揚的是周公、召公的傳統，您要是用了他，那我們楚國還能夠世世代代地老享有這幾千里的地盤嗎？當初周文王經營豐邑，周武王建都鎬京，都是憑著百里的地盤最後統一了天下。今天我們要是讓孔丘有了七百戶的地盤，再有那麼多能幹的弟子幫著他，那就絕不是楚國的好事。」昭王一聽也就打消了封孔子的念頭。同年秋天，楚昭王在城父去世。

31 有一天孔子外出，一個叫接輿的狂人唱著歌在孔子的車旁走過，他唱道：「鳳凰呀！鳳凰！你的德行為什麼這樣衰微呀！已經過去的事是無法挽回的了，還是趕緊抓好自己的未來吧！算啦，算啦，今天的執政者們沒有一個好東西！」孔子趕快下車，想跟他聊聊。可是他卻一溜煙地走開了，孔子沒能跟他說上話。

32 不久孔子就從楚國回到了衛國。這一年是魯哀公六年，孔子六十三歲。

33 孔子回衛國後的第二年，吳王與魯哀公在繒邑會談，吳國要求魯國備辦百牢的大禮。吳國的太宰伯嚭叫魯國的宰相季康子去面談，季康子派子貢去了，經過子貢的據理力爭，事情才得以了結。

34 孔子說：「魯國和衛國的政治局勢，就像兄弟般，好壞差不多。」這時候，衛出公姬輒的父親蒯聵正流亡在外沒有被立。各個國家常拿這件事情譴責衛國。而孔子的弟子們多數人當時正在衛國做事，因此衛出公也很想把孔子本人請了去。有一天子路問孔子說：「衛君正準備請您去治理國家，如果您去了第一件準備先幹什麼？」孔子說：「第一件先要正名！」子路說：「真是的，您可真夠迂腐！現在還有什麼可正的？」孔子說：「仲由，你也太放肆了！名不正，就言不順；言不順，事情就辦不成；事情辦不成，就沒法制禮作樂；禮樂搞不好，刑罰也就不能很好地運用；刑罰運用不好，那黎民百姓就不知道什麼該幹，什麼不該幹了。因此君子不論辦什麼事，一定得要講出個名堂；他所講出的話，一定要能夠付諸實行。因此君子對於自己的言論，是絕對不能有絲毫馬虎的。」

35 第二年，冉有為季孫氏統領部隊，在魯國的郎亭與齊國作戰，獲得了勝利。季康子問冉有說：「您這分指揮作戰的才能，是學來的呢？還是天生的呢？」冉有說：「是跟著孔子學的。」季康子說：「孔子是一個什麼樣的人呢？」冉有說：「孔子辦什麼事情都要求名正言順，他的所作所為都可以講給百姓們聽，都可以擺給鬼神們看，不會有任何欠缺。像我現在所做的這些事情，即使掠得幾萬家人口，他也不會認為這是好事。」季康子說：「我想把他請回魯國來，可以嗎？」冉有說：「想要請他回來可以，那就絕不能像對待小人一樣拘泥他，這樣也許還可以。」過後不久，衛國的孔文子準備攻擊另一個衛國的貴族太叔，孔文子跑去向孔子討教攻打的策略。孔子婉轉地推說自己不懂這方面的事情，說罷立即叫人們收拾行裝準備離開衛國，他說：「只能夠由鳥來選擇樹木，難道還能叫樹木來選擇鳥嗎？」孔文子聽說後，堅決請他留下來。這時正趕上季康子派了公華、公賓、公林幾個人，帶著禮物來衛國迎孔子，於是孔子便返回了魯國。

36 孔子從離開魯國去各國遊歷，到這次回來，前後共經歷了十四個年頭。

1 魯哀公問政，對曰：「政在選臣❶。」季康子問政，曰：「舉直錯諸枉，則枉者直❷。」康子患盜，孔子曰：「苟子之不欲，雖賞之不竊❸。」然魯終不能用孔子，孔子亦不求仕。

2 孔子之時，周室微而禮樂廢，詩、書缺。追迹❹三代之禮，序書傳❺，上紀唐、虞之際❻，下至秦繆❼，編次其事❽，曰：「夏禮吾能言之，杞不足徵也❾；殷禮❿吾能言之，宋不足徵也⓫。足，則吾能徵之矣⓬。」觀殷、夏所損益⓭，曰：「後雖百世可知也，以一文一質⓮。」「周監二代，郁郁乎文哉。吾從周⓯。」故書傳、禮記自孔氏⓰。

3 孔子語魯大師⓱：「樂其可知也⓲。始作翕如⓳，縱之純如，皦如，繹如也⓴，以成㉑。」「吾自衛反魯，然後樂正，雅、頌各得其所㉒。」

4 古者詩三千餘篇，及至孔子，去其重，取可施於禮義㉓，上采契、后稷㉔，中述殷、周之盛㉕，至幽、厲之缺㉖，始於衽席㉗。故曰：「關雎之亂以為風始㉘，鹿鳴為小雅始㉙，文王㉚為大雅始，清廟為頌始㉛。」三百五篇㉜，孔子皆弦歌之㉝，以求合韶、武、雅、頌之音㉞。禮樂自此可得而述㉟，以備王道㊱，成六藝㊲。

5 孔子晚而喜易㊳，序彖、繫、象、說卦、文言㊴。讀易，韋編三絕㊵。曰：「假我數年㊶，若是，我於易則彬彬㊷矣。」

6 孔子以詩、書、禮、樂教，弟子蓋三千焉㊸，身通六藝者七十有二人㊹。如顏濁鄒之徒，頗受業者甚眾㊺。

7 孔子以四教：文、行、忠、信[46]。絕四：毋意、毋必、毋固、毋我[47]。所慎：齊、戰、疾[48]。子罕言利與命與仁[49]。不憤不啟[50]，舉一隅不以三隅反[51]，則弗復也。

8 其於鄉黨[52]，恂恂[53]似不能言者。其於宗廟、朝廷，辯辯[54]言，唯謹爾。朝，與上大夫言，誾誾[55]如也；與下大夫言，侃侃[56]如也。

9 入公門[57]，鞠躬[58]如也；趨進，翼如也[59]。君召使儐[60]，色勃如[61]也；君命召[62]，不俟駕行矣[63]。

10 魚餒，肉敗，割不正，不食[64]。席不正，不坐[65]。食於有喪者[66]之側，未嘗飽也。

11 是日哭，則不歌[67]。見齊衰、瞽者，雖童子必變[68]。

12 「三人行，必得我師[69]。」「德之不脩，學之不講[70]，聞義不能徙[71]，不善不能改，是吾憂也。」使人歌，善，則使復之[72]，然後和之[73]。

13 子不語怪、力、亂、神[74]。

14 子貢曰：「夫子之文章[75]，可得聞也。夫子言天道與性命，弗可得聞也已[76]。」

顏淵喟然歎曰：「仰之彌高，鑽之彌堅。瞻之在前，忽焉在後[77]。夫子循循然[78]

善誘[79]人，博我以文[80]，約[81]我以禮，欲罷不能。既竭我才，如有所立，卓爾，雖欲從之，蔑由也已[82]。」達巷黨人[83]曰：「大哉孔子！博學而無所成名[84]。」子聞之，曰：「我何執[85]？執御[86]乎？執射[87]乎？我執御矣[88]。」牢[89]曰：「子云：『不試，故藝[90]。』」

15 魯哀公十四年，春，狩大野[91]。叔孫氏車子鉏商[92]獲獸，以為不祥[93]。仲尼視之，曰：「麟也。」取之[94]。曰：「河不出圖，雒不出書，吾已矣夫[95]！」顏淵死，孔子曰：「天喪予[96]！」及西狩見麟，曰：「吾道窮矣[97]！」喟然歎曰：「莫知我夫[98]！」子貢曰：「何為莫知子？」子曰：「不怨天，不尤[99]人，下學而上達[100]，知我者其天乎[101]！」

16 「不降其志，不辱其身[102]，伯夷、叔齊乎！」謂「柳下惠[103]、少連[104]，降志辱身矣」。謂「虞仲[105]、夷逸[106]隱居放言[107]，行中清[108]，廢中權[109]。」「我則異於是[110]，無可無不可[111]。」

17 子曰：「弗乎？弗乎[112]？君子病沒世而名不稱[113]焉。吾道不行[114]矣，吾何以自見於後世哉[115]？」乃因史記作春秋[116]。上至隱公[117]，下訖[118]哀公十四年，十二公[119]。據魯[120]，親周[121]，故殷[122]，運之三代[123]。約其文辭而指博[124]。故吳、楚之君自稱王，而春秋貶之曰「子」125；踐土之會，實召周天子，而春秋諱之曰「天王狩於河陽」126。推此類以繩當世。貶損之義127，後有王者舉而開之128。春秋之義行，則天下亂臣賊子懼焉129。

18 孔子在位聽訟130，文辭有可與人共者，弗獨有也131。至於為春秋，筆則筆，削則削132，子夏之徒不能贊一辭133。弟子受春秋134，孔子曰：「後世知丘者以春秋，而罪丘者亦以春秋135。」

【章旨】以上為第五段，寫孔子晚年歸魯，整理文獻及寫作《春秋》的經歷。

【注釋】❶政在選臣　瀧川曰：「《中庸》哀公問政，子曰：『文武之政，布在方策，其人存則其政舉，其人亡則其政息，故為政在人。』史公蓋以『政在選臣』四字易之。《論語・顏淵篇》亦云樊遲問政，子曰：『知人。』」❷舉直錯諸枉二句　意謂要任用好人去管理那些壞人，壞人就可以變好了。錯，通「措」。安排；放置。枉，邪曲。按：此史公將《論語・為政》與《論語・顏淵》之兩條混而為一。❸苟子之不欲二句　只要你自己不貪婪，那麼即使你鼓勵人家去偷盜，人家也不會去。以上兩條雖前者取材有誤，但目的都在表現孔子對執政者表率作用的強調。❹追迹　追索；考察。❺序書傳　意即編訂《尚書》。序，編次。也有人以為是指編訂《尚書》並給《尚書》的各篇作序。❻上紀唐虞之際　《尚書》中所記的最早的事情是關於堯、舜的，見〈堯典〉。❼下至秦繆　《尚書》中所記的最晚的事情是關於秦穆公的，即〈秦誓〉。❽編次其事　把那些記載遠古史事的文章按順序編排好。次，排列。❾夏禮吾能言之二句　意謂夏朝的禮我可以講，但是現在杞國所存的文獻資料不足以證明我的理論。杞，周朝初年所封的諸侯國，其國君是夏朝的後代，見〈陳杞世家〉。徵，證明；證實。❿殷禮　商朝的禮儀。⓫宋不足徵也　現在宋國保存的文獻資料不足以證實我對殷禮的理解。⓬足二句　按：原文在此末句上有「文獻不足故也」一句，下始接「足，則吾能徵之矣」。朱熹曰：「徵，證也。文，典籍也；獻，賢也。言二代之禮我能言之，而二國不足取以為證，文獻不足故也。文獻若足，則我能取之以證吾言矣。」按：此說比較簡明。⑬觀殷夏所損益　看到了殷朝對夏朝各種典章制度的修改與變通的情況。損，刪減。益，增添。⑭後雖百世可知也二句　即使一百輩子以後的變化情況，我也可以由此推知，它是一文一質互相交替的。文，文采，指提倡、講究禮樂政法等各種典章制度。質，質樸，指不講究禮樂政法等這些東西。⑮周監二代三句　周朝是吸取借鑒夏商兩代的典章制度而建立的國家，它的文采最繁盛，我欣賞周朝！監，通「鑒」。借鑒。郁郁，盛貌。從，認同；欣賞。⑯書傳禮記自孔氏　《尚書》與《禮記》都是通過孔子傳授下來的。禮記，孔子所見的講述上古禮儀的書，其性質大體應與今所見之《禮記》、《大戴禮記》等略似，而絕非指今所傳之《禮記》。⑰魯大師　魯國的樂官。大，通「太」。⑱樂其可知也　音樂的演奏規律是可以掌握的。⑲始作翕如　開始時往往很平和。翕如，翕翕然，妥貼的樣子。⑳縱之純如三句　接著演奏下去就越發地圓潤純美、歷歷清晰、絡繹不絕。縱，展開；放開。純，和諧貌。皦，清晰貌。繹，連續不絕貌。㉑以成　就這樣地一直到完。㉒吾自衛反魯三句　意謂我是由衛國回魯後，才開始整理舊樂，才使那些已經亂了套的古樂得到了正確的分類，使〈雅〉樂和〈頌〉樂都歸到了各自固有的門類。㉓去其重二句　禮義，即禮儀，指典禮儀式等。義，通「儀」。按：此即通常所說的「孔子刪《詩》」，今之學者已大多不取此說，認為孔子只是對基本定型的《詩經》進行過某些整理、編訂，而沒有將三千篇刪為三百篇之事，因為據《左傳》襄公二十九年吳季札至魯觀魯樂時，《詩經》已基本定型，其時孔子方八歲。㉔上采契后稷　謂《詩經》敘事最早的是有關契與后稷的篇章。㉕中述殷周之盛　如《詩經》中有敘述殷代開國帝王湯和周代開國帝王文王、武王功業的作品。㉖至幽厲之缺　《詩經》中有許多反映周厲王、周幽王時代政治黑暗的作品。幽，指周幽王，西周末期的昏君，寵褒姒，被戎族所殺。厲，指周厲王，西周後期的暴君，被人民暴動所驅逐，逃死於外。㉗始於衽席　意謂古代聖君與昏亂之君的政治好壞，都是從身邊做起，都與他們的婚姻生活有關。如殷契、后稷都有好母親，而周厲王、周幽王都有壞妻子等是也。衽席，即牀席，代指夫妻生活。㉘關雎之亂以為風始　瀧川引中井曰：「『之亂』二字，當削。」〈關雎〉是《詩經．國風》中的第一篇，內容是描寫青年男女求愛結婚的，與上文「始於衽席」正相應。㉙鹿鳴為小雅始　〈鹿鳴〉是〈小雅〉的第一篇，內容是宴樂群臣，歌頌明主喜得嘉賓。㉚文王　《詩經．大雅》中的第一篇，內容是歌頌文王姬昌發展周國的功德。㉛清廟為頌始　〈清廟〉是《詩經．周頌》中的第一篇，是周王朝的子孫祭祀文王時所唱的讚歌。㉜三百五篇　《詩經》作品的總數，其中〈國風〉一百六十篇，〈小雅〉、〈大雅〉共一百零五篇，〈頌〉共四十篇。㉝皆弦歌之　為那些歌詞都配上樂曲來歌唱。㉞以求合韶武雅頌之音　把這些《詩經》譜成的歌舞與前代傳下來的舜樂、周初之樂相配。韶，相傳為虞舜時代的樂曲。武，相傳是武王所作的樂曲。雅頌，這裡也應該是指舊有的樂曲，〈雅〉是用於朝會宴享的，〈頌〉是用於祭祀的。㉟禮樂自此可得而述　儒家所倡導的「禮」、「樂」，經過孔子的這種努力就可以講清其源流了。㊱備王道　使王道政治的舊觀重新展現出來。㊲成六藝　把《詩》與《樂》都列為儒家「六藝」中的一種。「六藝」指《詩》、《書》、《禮》、《樂》、《易》、《春秋》。㊳晚而喜易　《易》原是遠古流傳下來的一種占卜書，經過孔子的提倡，被儒家視為孔門的經典之一。㊴序彖繫象說卦文言　給《易經》編寫了〈彖辭〉、〈繫辭〉、〈象辭〉、〈說卦〉、〈文言〉五種注釋書。彖，也稱〈彖辭〉，分別總說一卦的意思。繫，也稱〈繫辭〉，提綱挈領地總述《易經》之理。象，也稱〈象辭〉，專門解釋爻辭。說卦，解說八卦變化的道理。文言，是專門解釋乾、坤兩卦卦辭的文字。以上〈彖辭〉、〈繫辭〉、〈象辭〉皆分為上下兩篇，〈說卦〉〈文言〉各　篇，再加上〈序卦〉、〈雜卦〉共十篇，合稱為《易經》的「十翼」，司馬遷認為都是孔子作，後人多有異議。㊵韋編三絕　極言其讀的遍數之多，以至於穿聯簡策的皮條都被翻斷了好多次。㊶假我數年　倘能再給我幾年的時間。假，借；給，給我。㊷彬彬　有修養、有學問的樣子，這裡指對文章理解的深透。㊸弟子蓋三千焉　崔述曰：「《孟子》但云『七十子』，則是孔子之門人止七十子也。孔子弟子安能三千之多？必後人之奢言之也。」蔣伯潛曰：「『三千』蓋極言弟子之多，非必為三千人也。」㊹身通六藝者七十有二人　崔述曰：「漢人所稱之『六藝』即今「六經」，非《周官》之『禮、樂、射、御、書、數』也。孔子晚年始作《春秋》，而《易》道深遠，聖人亦不輕以示人，其言未足信。」按：〈仲尼弟子列傳〉謂「受業身通者七十有七人」；文翁《家廟圖》作「七十二人」；《呂氏春秋・遇合》、《孟子・公孫丑》、《韓非子・五蠹》皆稱「七十」，蓋舉成數也。㊺如顏濁鄒之徒二句　（除上述正式登門，完整受業的弟子外）其他如顏濁鄒等那種略從孔子受過業的人，就很多啦。頗，略；不多。㊻以四教二句　以四種內容教育學生。文，文采辭令，亦兼指所學典籍的內容和義理。行，道德操行。忠，忠恕之道。信，信義，說話算話。㊼絕四二句　根絕四種毛病。毋意，不憑空揣測。意，揣測。毋必，不武斷。必，決斷，事未定而存必然之見。毋固，不固執。毋我，能捨己見以從人。㊽所慎二句　齊，祭祀之前的齋戒。齋不慎則不敬於神，戰事乃生死成敗之所繫，疾病則個人身命之所關，故皆不可不慎也。㊾子罕言利與命與仁　朱熹引程子曰：「計利則害義，命之理微（渺茫），仁之道大，皆夫子所罕言也。」瀧川曰：「〈孟荀列傳〉云：『利誠亂之始也，夫子罕言利者，常防其原也。』〈外戚世家〉序：『夫子罕稱命，蓋難言之也。』義與程朱同。」㊿不憤不啟　按：《論語》作「不憤不啟，不悱不發」。「憤」、「悱」皆指心有疑難，苦思而不得其解時的焦灼之狀。按：今「啟發式教學」之「啟發」二字即由此而來。(51)舉一隅不以三隅反　隅，角。反，聯想；推想。(52)鄉黨　猶言「鄉里」。古代編制五百家為一黨，一萬二千五百家為一鄉。(53)恂恂　溫和恭敬的樣子。(54)辯辯　明確而有條理。(55)誾誾　猶言「誾誾然」，中正耿直的樣子。56侃侃　和悅親切的樣子。57公門　國君的朝廷之門。58鞠躬　恭敬貌。59趨進二句　趨，小步疾行，這是古代臣子在君父面前行走的一種特定的禮節性姿勢。翼，恭敬的樣子。60君召使儐　國君命去陪伴迎送賓客。61色勃如　突然變色的樣子。62君命召　有君命呼之前去。63不俟駕行矣　不等套好車自己就先開步出發了。俟，等待。64魚餒四句　《集解》引孔安國曰：「魚敗曰餒。」楊伯峻曰：「『割』指宰殺豬牛羊時肢體的分解，古人有一定的分解方法，不按那方法分解的便叫『割不正』。」65席不正二句　劉寶楠曰：「『不正』者謂設席有所移動偏斜也。夫子於席之不正者必正之而後坐也。」66有喪者　有辦喪事的人。67是日哭二句　朱熹曰：「哭，謂弔哭，一日之內，餘哀未忘，自不能歌也。」68見齊衰瞽者二句　見到穿孝服的或是見到瞎子，即使他們是小孩子，也立刻變色顯出同情的樣子。齊衰，喪服的一種，以粗麻布為之，以其緝邊，故曰「齊衰」（斬衰不緝邊）。69三人行二句　按：《論語・述而》於此作：「三人行，必有我師焉，擇其善者而從之，其不善者而改之。」70學之不講　講，研求，《史記》中常用為「精通」之義。71聞義不能徙　聽到別人有長處自己不能學過來。徙，謂改不善以就善。72則使復之　讓他再唱一遍。73然後和之　和，跟著學唱。按：《論語・述而》作「必使反之，而後和之」。74子不語句　《集解》引王肅曰：「怪，怪異也；力，謂若奡盪舟，烏獲舉千鈞之屬也；亂，謂臣弒君、子弒父也；神，謂鬼神之事。或無益於教化，或所不忍言也。」75文章　指形之於口頭或書面的對各種問題的論述，與今天之單指書面作品略異。76夫子言天道與性命二句　其意與前所載之「子罕言利與命與仁」之「罕言命」大旨相同。天道，造物者（上帝）所秉行之道。性命，即俗所謂「生性」、「命運」。77仰之彌高四句　形容孔子學說的偉大精深，同時也是形容孔子形象人格的不可企及。78循循然　有步驟、有次序的樣子。79誘　引導。80博我以文　以文化文學教導我，使我得以發展、擴大、提高。81約　約束；告誡。82蔑由也已　言無路可從。蔑，《論語》作「末」，沒有。按：以上顏淵對孔子的贊歎見《論語・子罕》。83達巷黨人　達巷，舊注為鄉黨名。楊伯峻譯「達巷黨」為「達街」，以為「巷黨」猶言「里巷」。「達巷黨人」下原有「童子」二字。張文虎《札記》卷四曰：「『童子』二字似因『闕黨童子』而誤衍。」瀧川資言《史記會注考證》卷四十七曰：「《論語》無『童子』二字。中井積德曰：『此疑衍。』」據刪。84博學而無所成名　學識淵博，無所不通，使人無法再說他是哪一門的專家。85何執　掌握什麼。86執御　掌握趕車的技術。御，通「馭」。趕車。87執射　掌握射箭的本領。88我執御矣　我掌握了趕車的技術。按：古代稱人生本領有所謂「六藝」，即禮、樂、射、御、書、數，這六種技術中以「御」為最低下。孔子說他只掌握了趕車的本事，這是一種謙虛的說法。89牢　《集解》引鄭玄曰：「牢者，弟子子牢也。」按：〈仲尼弟子列傳〉無子牢其人。90不試二句　由於沒有被執政者所任用，所以在下層學了許多技藝。試，用也。91狩大野　狩，冬獵。大野，後稱巨野，藪澤名，在今山東巨野北。當時屬魯，在曲阜城之西。(92)叔孫氏車子鉏商　叔孫氏家族的乘車武士名曰鉏商。車子，猶言「車士」，乘車的武士。(93)不祥　樣子奇特，人皆不識其名，故以為不祥。(94)取之　謂狩獵者乃將其收管起來。(95)河不出圖三句　黃河裡不再出圖，洛水裡不再出書（意即當今的世上沒有聖王），我可算是完啦。據說伏羲氏的時代曾有龍馬背著圖出於黃河，伏羲氏就是根據此圖畫了八卦。又說大禹時代曾有靈龜背著書出於雒水，禹就是根據此書作了〈九疇〉。後世遂常以「河出圖，洛出書」來稱說時代清平、國有聖王。(96)天喪予　猶言「老天爺這可要了我的命了」。但顏淵去世甚早，是十一年前的事，史公為突出孔子晚年的悲劇性，故依《公羊傳》將其彼時之歎也集中到了這裡。(97)吾道窮矣　我的路已經絕了，言政治理想再無由實現了。(98)莫知我夫　沒有人理解我呀！(99)尤　責怪；抱怨。(100)下學而上達　《集解》引孔安國曰：「下學人事，上達天命。」蓋即由下學起，而所達甚高之謂也。(101)知我者其天乎　按：以上孔子之歎「莫知我」，見《論語・憲問》，原文不知因何而發，史公乃將其與西狩獲麟牽合在一起。(102)不降其志二句　《集解》引鄭玄曰：「言其直己之心，不入庸君之朝。」(103)柳下惠　名展禽，魯國人，年代比孔子略早，是一個身處汙朝而能堅持個人操守的人物，他曾三次被貶官，但都沒有賭氣離開魯國。(104)少連　據《禮記》說其人以「善居喪」著稱，其他事跡不詳。(105)虞仲　此「虞仲」應為隱士者流。(106)夷逸　莊子一類的人。(107)放言　信口開河，無所忌。(108)行中清　立身行事合於廉潔的準則。(109)廢中權　廢身不仕合於居亂世的權變之道。權，臨時通融。(110)我則異於是　謂既不像伯夷、叔齊表現得那麼與人水火不相容，也不像柳下惠那樣亂邦濁世也能處；也不像虞仲、夷逸那樣潔身自好地離開人世去當隱士。(111)無可無不可　《集解》引馬融曰：「亦不必進，亦不必退，唯義所在。」(112)弗乎二句　猶言「不是嗎？不是嗎？」反問語，以起下句。(113)病沒世而名不稱　害怕死後而名字得不到後人稱道。病，用如動詞，害怕；不願意。(114)吾道不行　即個人的理想、主張不能實現。(115)吾何以自見於後世哉　意即只有寫出著作讓後人認識、了解自己。中井曰：「冀自見於後世而著作焉，是司馬遷以下伎倆，非孔子意，此文臆度失當。」(116)因史記作春秋　借助於舊有的魯國史料而撰寫了《春秋》一書。史記，此泛指舊有的歷史書。(117)上至隱公　至，應作「自」，蓋謂《春秋》起自隱公元年也。(118)訖　止；結束。(119)十二公　《春秋》所記的魯國十二公是：隱公、桓公、莊公、閔公、僖公、文公、宣公、成公、襄公、昭公、定公、哀公。(120)據魯　以魯國為中心、為綱領。(121)親周　尊周；尊崇周天子。(122)故殷　以殷事為借鑒。故，舊事，引申為軌鑒。(123)運之三代　融會貫通夏、殷、周三代的經驗教訓。運，貫通。(124)約其文辭而指博　猶言「其辭約，其指博」。約，簡明。指，同「旨」。文章的思想。(125)吳楚之君自稱王二句　西周建國以來，唯周天子稱「王」，其他各國諸侯只能稱「公」。但是楚國和吳國不遵從這一規定，而獨自稱王，如楚莊王、吳王夫差是也。於是孔子不管他們自稱什麼，寫《春秋》時乃貶稱他們為「子」。中井曰：「吳楚稱「子」，稱其本爵也，非「貶」。」按：此史公之理解如此，有其作史的思想在。[126]踐土之會三句　魯釐公二十八年（西元前六三二年），晉文公破楚師於城濮，而後在踐土（今河南原陽西南）與諸侯舉行盟會，並邀請周天子也來參加。《左傳》云：「是會也，晉侯召王。仲尼曰：『以臣召君，不可以為訓』，故書曰『天王狩於河陽』。」河陽，晉邑，在今河南孟縣西，離踐土不遠。[127]推此類以繩當世二句　按：二句文字不順，大意謂使《春秋》成為一種批評、褒貶當時政治的準繩。繩，標準；尺度，這裡用為動詞。貶損，批評；褒貶。[128]後有王者舉而開之　等待日後有聖王出現能弘揚《春秋》的宗旨。[129]春秋之義行二句　《孟子・滕文公》云：「昔日禹抑洪水而天下平，周公兼夷狄、驅猛獸而百姓寧，孔子成《春秋》而亂臣賊子懼。」按：此史公用《孟子》文以褒揚孔子之《春秋》，兼述自己之作史思想。[130]在位聽訟　在法官之位，聽取訴訟者的口供，蓋指為司寇時事也。[131]文辭有可與人共者二句　書寫判辭時凡是應該與人商量的地方，絕不獨自專斷。[132]筆則筆二句　意謂自己要寫就寫，要刪就刪，別人不能參與意見。[133]子夏之徒不能贊一辭　子夏，姓卜名商，孔子的學生，以長於文學著稱。不能贊一辭，不能改動一個字。贊，助；加。[134]受春秋　聽孔子講《春秋》。受，受教；受業。[135]後世知丘者四句　徐孚遠曰：「前既總敘刪述之事，此專言作《春秋》者，以孔子所自作，故推而尊之，又以自寓也。」知，理解；欣賞。罪，批評；指責。

【語譯】 魯哀公向孔子詢問如何治理國家，孔子說：「關鍵在於選好大臣。」接著宰相季康子也向孔子詢問如何治理國家，孔子說：「提拔正派的人，去管理改變那些邪門歪道的人，這樣，其他邪門歪道的人也就會逐漸變好了。」季康子擔心盜賊為患，孔子說：「如果你自己首先帶頭不貪錢，那麼即使你鼓勵人家去偷，人家也不去。」但魯國最後也還是沒有任用孔子，而孔子自己也沒有主動地提出要求。

2　在孔子生活的那個年代，周王朝已經非常衰弱了，當時禮崩樂壞，《詩》、《書》也都殘缺不全。於是孔子就一方面考查夏、商、周三代的禮樂制度，一方面整理《尚書》的遺文，他把上起唐堯、虞舜，下至秦繆公的所有的《尚書》篇章，都編排了起來，他說：「夏代的禮儀我還是能講的，但現在杞國的文獻資料不足以證明我的理論；殷代的禮儀我也是能講的，但現代宋國保存的文獻不能證實我對殷禮的理解。如果有足夠的依據，那我就可以證明、證實了。」孔子研究了殷、夏兩代典章制度的發展變化後，推論說：「往後再過一百輩子的禮儀是什麼樣，現在我也能夠知道了，其實就是一文一質，交互使用。」「周朝的禮儀是借鑑了夏、殷兩代的經驗而制訂的，它最隆盛，最有文采。我是欣賞周朝的。」後人誦讀的《尚書》和《禮記》都是經孔子整理編定的。

3 孔子對魯國的樂官說：「音樂的演奏規律是可以掌握的。開始時各種音響要非常協調，隨著音調的展開聲音要和諧悅耳，要頓挫鮮明，要悠揚迴盪，一直到結束。」孔子還說：「我從衛國返回魯國後，就開始對樂曲進行審定，使〈雅〉樂和〈頌〉樂都各自得到正確的分類。」

4 古代流傳下來的詩大約有三千多篇，孔子刪掉了那些重複的，選出了那些可以用來對人們進行禮儀教育的，最早的有歌頌殷契、后稷的詩篇，接著有稱述殷、周兩代繁榮興盛的詩篇，接著還有批評周厲王、周幽王道德衰敗的詩篇，而編排的順序又首先是從夫妻之間的關係開始的。所以說：「〈關雎〉是〈國風〉的開篇，〈鹿鳴〉是〈小雅〉的開篇，〈文王〉是〈大雅〉的開篇，〈清廟〉是〈頌〉的開篇。」孔子給選出來的這三百零五篇古詩都一一地配上了樂譜，讓它們和〈韶〉樂、〈武〉樂、〈雅〉樂、〈頌〉樂相一致。有關禮樂的發展歷史從此可以講其源流，使王道政治的舊觀重新展現出來，《詩》與《樂》都列入儒家六藝中的一種。

5 孔子到了晚年特別喜歡《周易》，他為《周易》寫了〈彖辭〉、〈繫辭〉、〈象辭〉、〈說卦〉、〈文言〉等著作。由於他不停地翻讀《周易》，以至於那些串竹簡的皮條都斷了好幾次。他還遺憾地說：「要是能夠再多給我幾年時間，我對於《周易》也就能領會得更透徹、更深入了。」

6 孔子把《詩》、《書》、《禮》、《樂》作為教育弟子的主要內容，受過孔子教育的弟子大概有三千人，其中對於六藝樣樣精通的有七十二個。像顏濁鄒那樣受過孔子的一些教育而不算正式弟子的人就更多了。

7 孔子從文、行、忠、信，也就是熟讀文獻典籍的內容與義理，道德操行，忠恕之道，言而有信四方面教育學生。他還要學生杜絕四種弊端，這就是不要憑空猜測、不要盲目肯定、不要固執己見、不要有私心。他要求弟子們要小心謹慎地對待三件事：這就是齋戒、戰爭和疾病。孔子很少談論利益、天命和仁德這三個問題。在教育方法上他還主張，在學生自己沒有進行艱苦的思考之前，不要過早地啟發他，對於那些告訴他一個牆角卻不知道聯想其他三個牆角的學生，就不再教下去。

8 孔子在自己的鄉親鄰舍之間，總是表現出一種溫和恭順的樣子，彷彿就像不會說話一樣。他在國家的宗廟裡和朝廷上，說話流利清晰，態度非常謹慎。他在朝廷上跟上大夫說話，總是表現出一種正直而又恭敬的樣子；與下大夫說話，總是表現出一種和顏悅色而又輕鬆愉快的樣子。

9 孔子每當進入宮廷的大門時，總要低著頭彎著腰一副恭敬小心的樣子；每當他快步趨進時，十分的恭敬。當聽到國君叫他去接待賓客，他的臉色立刻就會變得莊重起來；當他在家裡一旦聽到國君的召喚，他就會等不及套好車子就徒步向朝廷奔跑。

10 不新鮮的魚，變味的肉，或者好魚好肉而沒按規定的方式切的，他都通通不吃。席位擺得不正，他就不坐。身邊只要有穿喪服的人他吃飯就從來不吃到飽。

11 他只要在這一天裡哭過，就再也不會在這一天裡唱歌了。他見到穿孝服的人以及雙目失明的人，即使那是一個小孩他也會立刻表現出一種憐憫同情的樣子。

12 他說過：「只要三個人一起走路，其中就至少有一個人可以做我的老師。」他還說：「品德不夠格，書念得不好，見到別人的長處，自己不能學；見到別人有毛病自己不知道警惕，這些是我最擔心的。」孔子讓人唱歌時，如果唱得好，他就讓人家再唱一遍，他自己也跟著人家的聲音一起唱。

13 孔子絕口不談怪異、暴力、叛亂、鬼神這四個方面的問題。

14 子貢說：「我們先生關於詩、書、禮、樂方面的論述，我聽他講過。關於天道性命方面的問題，我沒有聽他說過。」顏淵無限敬佩地說：「我們先生的思想人格，我們是仰著臉越看越高，越鑽越覺得鑽研不透。一會兒覺得就在眼前，一會兒又覺得像在身後。先生對我們的那種循序漸進地誘導，那種極大程度地讓我們擴大知識面，同時又用禮儀來約束規範我們，使得我們即使想停下來都不能。我們已經用盡了全部才力，而先生的道依然卓立在我們面前，我雖然想跟上先生，但卻無從跟得上啊！」達巷有人評論孔子說：「孔子可真是偉大啊！他的知識非常淵博，但卻又讓人沒法說清他究竟是屬於哪一家。」孔子聽到這個議論後，說：

「我幹的是哪一行呢？是趕大車呢？還是射箭呢？大概還是趕車吧。」他的弟子子牢說：「我們先生說過：『我是因為沒有被國家任用，所以才學了這些技藝。』」

15 魯哀公十四年，春天，哀公帶著人在大野澤打獵。這時給叔孫氏趕車的鉏商捕獲了一隻奇怪的野獸，人們都認為是不祥之兆。孔子聽說後跑去看，說：「這是一隻麒麟啊。」於是他們就把牠收管起來。孔子早就說過：「黃河裡沒再出現八卦圖，洛水裡也沒再出現文書，看起來我這輩子大概是沒什麼希望了！」後來顏淵一死，孔子更傷感地說：「老天爺這下子可真要了我的命了！」等到他這回再見到這隻被捉的麒麟，就絕望地說：「這回我的確再也無路可走了！」他傷心地歎息說：「沒有人了解我呀！」這時子貢說：「為什麼說沒有人了解您呢？」孔子說：「我是上不怨天，下不怨人，我從最基礎的東西學起，越學越高深，了解我的，看來只有老天爺嘍！」

16 孔子說過：「能夠不降低自己的意志，不辱沒自己身分的，大概只有伯夷、叔齊吧！」他又說：「至於柳下惠和少連，那就降低了自己的意志，辱沒自己的身分了。」他又說：「虞仲和夷逸能夠避世隱居，放膽直言，他們的操行夠得上廉潔，他們的自行隱退，也合乎權宜之計。」「而我則與他們上述三種人都不同，對於我來說沒有表面上的這種行或者不行。」

17 孔子說：「不是嗎？不是嗎？君子可不能死了之後名不傳於後世啊。我的理想肯定是不能實現了，那我還能靠著什麼揚名後世呢？」於是他就依據著魯國的歷史資料寫了一部《春秋》。這部書上起魯隱公元年，下至魯哀公十四年，一共記載了魯國十二代諸侯之間的天下大事。這部書以魯國歷史為依據，尊崇周天子，借鑒殷朝的制度，貫通夏商周三代的歷史變化。它的文辭簡潔，意義卻極為廣博。吳國、楚國的國君自己膽大稱王，而孔子在《春秋》裡卻把他們貶稱為「子」；踐土會盟，事實上是晉文公命令周天子去的，而孔子在《春秋》裡卻粉飾周天子，說是「天王到河陽去打獵了」。孔子就是運用這樣的寫法，來為當世立一種是非的準繩。他所以要使用這種批判抨擊的手段，目的就是為了等待日後有聖王出現能弘揚《春秋》的宗旨。《春秋》的思想如果能夠得到推行，那麼普天下的亂臣賊子就要害怕了。

18 孔子在魯國任司寇斷案時，有些叛辭常常和其他人一同商量，個人並不專斷。至於寫《春秋》，凡是他認為該寫的就一定寫，該刪的就一定刪，即使像子夏等這些以文章擅長的學生也不能贊一辭，或給他改動一個字。他的弟子們都要跟著他學《春秋》，他說：「後代賞識我的人，將是根據這部《春秋》；批評我的人，也將是根據這部《春秋》。」

1 明歲❶，子路死於衛❷。孔子病，子貢請見。孔子方負杖❸逍遙❹於門，曰：「賜，汝來何其晚也？」孔子因歎，歌曰：「太山❺壞乎！梁柱摧乎！哲人❻萎乎！」因以涕下。謂子貢曰：「天下無道久矣，莫能宗予❼。夏人殯於東階❽，周人於西階，殷人兩柱間❾。昨暮予夢坐奠兩柱之間❿，予始殷人也⓫。」後七日卒。

2 孔子年七十三，以魯哀公十六年四月己丑卒⓬。

3 哀公誄⓭之曰：「旻天不弔⓮，不憖遺一老⓯，俾屏余一人以在位⓰，煢煢余在疚⓱。嗚呼哀哉！尼父⓲，毋自律⓳！」子貢曰：「君其不沒於魯⓴乎！夫子之言曰：『禮失則昏，名失則愆㉑。失志為昏，失所為愆㉒。』生不能用，死而誄之，非禮也；稱『余一人』，非名㉓也。」

4 孔子葬魯城北泗上㉔，弟子皆服三年㉕。三年心喪畢，相訣㉖而去，則哭，各復盡哀，或復留。唯子贛廬於冢上，凡六年，然後去[27]。弟子及魯人往從冢而家[28]者百有餘室[29]，因命曰孔里[30]。魯世世相傳以歲時奉祠孔子冢[31]，而諸儒亦講禮鄉飲、大射於孔子冢[32]。孔子冢大一頃[33]。故所居堂、弟子內[34]，後世因廟，藏孔子衣冠、琴、車、書[35]，至于漢，二百餘年不絕[36]。高皇帝過魯，以太牢祠焉[37]。諸侯卿相至[38]，常先謁，然後從政[39]。

5 孔子生鯉，字伯魚[40]。伯魚年五十[41]，先孔子死。

6 伯魚生伋，字子思，年六十二[42]。嘗困於宋。子思作中庸[43]。

7 子思生白，字子上，年四十七。子上生求，字子家[44]，年四十五。子家生箕，字子京[45]，年四十六。子京生穿，字子高，年五十一。子高生子慎[46]，年五十七，嘗為魏相[47]。

8 子慎生鮒，年五十七。為陳王涉博士，死於陳下[48]。

9 鮒弟子襄，年五十七。嘗為孝惠皇帝[49]博士，遷為長沙太守[50]。長九尺六寸[51]。

10 子襄生忠[52]，年五十七。忠生武，武生延年及安國[53]。安國為今皇帝[54]博士，至臨淮太守[55]，蚤卒。安國生卬，卬生驩[56]。

【章　旨】以上為第六段，寫孔子之死與其後代世系。

【注　釋】❶明歲　魯哀公十五年。❷子路死於衛　死於衛太子蒯聵叛亂奪權，推翻其子出公輒之役也。時子路為衛大夫孔悝之邑宰，為討賊而戰死。❸負杖　拄著拐杖。❹逍遙　這裡指「散心」，徘徊周覽以解悶。❺太山　同「泰山」，距曲阜不遠，故孔子用以起興。❻哲人　明智的人，指自己。❼莫能宗予　沒有哪一個統治者能以我為宗師，能信仰並實行我的學說。宗，尊，以之為本，以之為師。按：此蓋史公悲孔子，亦以自悲者也。❽夏人殯於東階　殯，停棺，指人死成殮後，停棺受弔也。東階，古代貴族廳堂的臺階分三道，西階供客人行走，東階供主人行走。❾殷人兩柱間　謂殷人之停棺乃停於正堂的兩柱之間。❿夢坐奠兩柱之間　夢見自己坐在正廳的兩柱之間享人進食。奠，祭祀，這裡指進食。⓫予始殷人也　孔子的祖先是宋國人，宋國是殷朝的後代，殷人停棺受祭的地方是在兩柱之間，於是想到可能是自己要死了。⓬四月己丑卒　按：史公此說依《春秋》、《左傳》。而《春秋》之所謂「四月」乃指周曆，合夏曆之二月，夏曆的「二月己丑」即二月初十。⓭誄　悼念死者，累列死者德能的祭文。⓮旻天不弔　猶言「老天爺不體憐我」。旻天，天的泛稱。弔，憐憫；體恤。⓯不憖遺一老　不願意給我留下這麼一個老人。不憖，不肯；不願。⓰俾屏余一人以在位　拋下我一個人在這個位子上。俾，讓；使。屏，通「摒」。拋棄。余一人，天子用以自稱，諸侯則曰「寡人」。今哀公曰「余一人」，是不合禮也。⓱煢煢余在疚　猶言「使我孤孤單單，痛苦無已」。煢煢，孤獨的樣子。疚，病痛。⓲尼父　對「仲尼」的敬稱，亦猶周武王稱「姜尚」為「尚父」，齊桓公稱「管仲」為「仲父」也。⓳毋自律　毋，通「無」。自己無法樹立法度。蓋深歎孔子一沒，世更無人，自己失去依靠、失去楷模。⓴不沒於魯　不能在魯國得到善終。不沒，不得善終。按：後來哀公果因與三桓矛盾尖銳，出逃於越。㉑禮失則昏二句　意謂一個人如果不懂得禮，那他就要糊塗；如果不懂得名分，那他就要犯罪。失，出差錯。愆，罪過。㉒失志為昏二句　林堯叟曰：「昏亂者必失其志，愆過者必失其所。」按：失志，指哀公日後的失國。失所，指哀公日後的出奔。㉓非名　不是自己應有的名分。名，名稱；名分。㉔葬魯城北泗上　葬於曲阜城北的泗水邊上，即今「孔林」的位置。㉕弟子皆服三年　服，服喪；守喪。據《禮記・檀弓》云：「孔子之喪，門人疑所服，子貢曰：『昔者夫子之喪顏淵，若喪子而無服；喪子路亦然，請喪夫子若喪父而無服。』」朱熹曰：「事師者心喪三年，其哀如父母而無服。」㉖相訣　作別。訣，別也。㉗子贛廬於冢上三句　廬於冢上，在墓旁搭個小棚子守墓。按：「廬於冢上」之「上」字欠妥，蓋與古禮「適墓不登隴」相背。「上」字似應作「側」。㉘從冢而家　搬到孔子的墳墓旁邊去住。㉙百有餘室　意即一百多家。㉚孔里　即今之「孔林」，為孔子及其後代子孫之墓地，在曲阜城北，為我國的重要名勝古蹟。㉛以歲時奉祠孔子冢　每年每季都按時祭祀孔子墓。歲，年關。時，四時；四季。㉜諸儒亦講禮鄉飲大射於孔子冢　按：句中「冢」字應作「家」。講禮鄉飲大射，即講習鄉飲、大射之禮。講，講習；演練。鄉飲，鄉官為送本鄉賢士入京應試而舉行的宴飲。大射，諸侯於祭祀前和臣下舉行的射箭儀式，射中者參加祭祀，不中者不得參加。㉝孔子冢大一頃　按：此句「冢」字亦應作「家」，孔子家即今所謂「孔府」。孔府在漢代「大一頃」，約當今之數十畝；到今時之孔府占地已至二百四十餘畝矣。㉞故所居堂弟子內　語略不順，蓋謂孔子當時所住的廳堂與諸弟子所住的臥室也。內，內室；臥室。梁玉繩引方苞曰：「當作『故弟子所居堂內』，傳寫誤倒。」㉟後世因廟二句　後代遂將「孔府」變為祭祀孔子的廟宇，將孔子生前的衣冠、車服、琴書等收集珍藏起來。按：據今日曲阜古蹟的格局，乃「孔廟」在前（南），「孔府」在後，並非將「孔府」當做「孔廟」。㊱至于漢二句　按：孔子死於西元前四七九年，至劉邦滅項稱帝（西元前二〇二年）為二百七十七年；至武帝即位（西元前一四〇年）則為三百三十九年。㊲高皇帝過魯二句　事在高祖十二年。《漢書・高帝紀》云：「十一月，行自淮南還，過魯，以太牢祠孔子。」祠，祭祀。㊳諸侯卿相至　指凡是被封在魯地的王侯或是來魯上任的行政官員。㊴先謁二句　先拜見孔子廟與孔子墓，而後才過問、處理政事。㊵孔子生鯉二句　《索隱》引《孔子家語》曰：「孔子年十九娶於宋之丌官氏之女，一歲而生伯魚。伯魚之生，魯昭公使人遺之鯉魚，夫子榮君之賜，因以名其子也。」㊶年五十　意即總共活了五十歲，下同。蔣伯潛曰：「疑『五十』乃『四十』之誤。」㊷年六十二　毛奇齡引王復禮說，以為「六十二」應作「八十二」。㊸子思作中庸　《中庸》原是《禮記》中的一篇，至宋代，朱熹把它與《大學》一起從《禮記》中提出，使之與《論語》、《孟子》合稱「四書」，從此在中國風行數百年。㊹子家　名「傲」，後名「永」。㊺子京　或作「子真」。㊻子高生子慎　《漢書・孔光傳》作「順」，「慎」「順」古通。㊼嘗為魏相　梁玉繩曰：「《唐書・世系表》謂『斌相魏，封文信君。』」㊽為陳王涉博士二句　〈儒林列傳〉云：「陳涉之王也，而魯諸儒持孔氏之禮器往歸陳王。於是孔甲為陳涉博士，卒與陳涉俱死。」《集解》引徐廣曰：「孔子八世孫，名『鮒』字『甲』也。」陳下，陳郡（今河南淮陽）城下，陳郡當時是陳涉「張楚」國的都城。㊾孝惠皇帝　劉邦之子，名盈，西元前一九四－前一八八年在位。㊿長沙太守　錢大昕曰：「惠帝時，長沙為王國，不得有太守，《漢書》云『太傅』，是也。」按：長沙國的都城臨湘，即今湖南長沙。51長九尺六寸　約當於現今的兩公尺二十二，和孔子一樣高。52子襄生忠　子襄生季忠，名員。53忠生武二句　忠生武及安國，武生延年。《唐表》：「忠二子：武、安國。」則《史》以安國為武子，誤也。安國，即當時著名的經學家孔安國。54今皇帝　指漢武帝，名徹，西元前一四〇－前八七年在位。55臨淮太守　臨淮郡的郡治徐縣，在今江蘇泗洪南。

(56)安國生卬二句　徐孚遠曰：「歷敘後世，與王侯同，此所謂『世家』也。」

【語譯】第二年，子路死在衛國。當時孔子也正有病，子貢來看孔子。孔子正拄著拐杖在門外散心，他一見子貢就說：「端木賜，你來得為什麼這麼晚啊？」隨即他感慨地唱道：「太山崩塌了！梁柱折斷了！哲人枯萎了！」隨著歌聲他的眼淚也往下流。接著他又對子貢說：「天下無道已經多少年了，沒有哪一個統治者能信仰並實行我的學說。夏朝人死了，靈柩是停在東面的臺階上；周朝人死了，靈柩是停在西面的臺階上；殷朝人死了，靈柩是停在兩根柱子的中間。昨天晚上我夢見自己坐在兩根柱子的中間享受祭奠，因為我是殷朝人的後代。」七天以後孔子就死了。

2　孔子是在魯哀公十六年四月己丑日死的，終年七十三歲。

3　魯哀公給孔子寫的悼辭說：「老天爺不體憐我，連這麼個老人也不給我留下，把我一個人留在這個位子上，孤孤單單地痛苦著。太讓人傷心啦！仲尼老人，你一走，我更失去了依靠！」子貢一聽哀公的悼辭說：「我們這位國君今後可能不能在魯國得到善終！先生曾經講過：『一個人要是在禮儀上有缺失，他的頭腦就要昏亂；要是在名分上有缺失，他的行動就要出現過錯。所謂昏亂，就是失去國家；所謂過錯，就是逃離至別國。』活著的時候不能用人家，等到人家死了又來說好話，這不合乎禮儀；而且他還說什麼『我一個人』，這也是不合乎他的名分的。」

4　孔子死後埋在魯國都城北面的泗水旁邊，弟子們都在那裡為他守了三年孝。三年守孝完畢，大家就要分別各自回去了，臨行前大家又哭了一回，都哭得非常悲哀，事後還有的繼續在那裡留著。尤其是子贛，他在孔子的墳墓旁邊搭了一個草棚，前後在那裡住了六年，而後才離去。孔子的弟子和其他魯國人，自願搬到孔子的墳墓旁邊去住的有一百多家，於是人們就稱這片地方叫孔里。這個地區的人們世代相傳每逢過年過節總要到孔子的墓前去進行祭掃，儒生們也常來孔子家宅舉行鄉飲、大射一類的禮儀。孔子的宅園有一頃多。孔子的故居以及他的弟子們住過的屋子，後代就把它改作了廟，裡面收藏著孔子的衣帽、琴書、車仗。到漢朝建國，孔子已經死去二百多年了，而人們的祭祀一直不絕。漢高祖在經過魯國的時候，也用了一太牢的祭品去祭祀孔子。受封到這個地區來上任的諸侯卿相們，一下車總是先要來拜謁孔子的祠廟，而後再履行政務。

5 孔子的兒子叫孔鯉，字伯魚。伯魚終年五十歲，比孔子早過世。

6 伯魚的兒子叫孔伋，字子思，終年六十二歲。孔伋曾經在宋國受困過。著有《中庸》。

7 孔伋的兒子叫孔白，字子上，終年四十七歲。孔白的兒子叫孔求，字子家，終年四十五歲。孔求的兒子叫孔箕，字子京，終年四十六歲。孔箕的兒子叫孔穿，字子高，終年五十一歲。孔穿的兒子叫子慎，終年五十七歲，曾經做過魏國的宰相。

8 子慎的兒子叫孔鮒，終年五十七歲。曾做過陳涉的博士，死在陳郡。

9 孔鮒的弟弟叫孔襄，終年五十七歲。曾在孝惠帝駕前做過博士，後被調為長沙太守。身高九尺六寸。

10 孔襄的兒子叫孔忠，終年五十七歲。孔忠的兒子叫孔武，孔武的兒子叫孔延年及孔安國。孔安國是當今皇帝的博士，後來又做過臨淮太守，去世較早。孔安國的兒子叫孔卬，孔卬的兒子叫孔驩。

太史公曰：詩有之：「高山仰止，景行行止❶。」雖不能至，然心鄉往❷之。余讀孔氏書，想見其為人。適魯，觀仲尼廟堂、車服、禮器，諸生以時習禮其家，余祗迴留之❸不能去云。天下君王至于賢人眾矣，當時則榮，沒則已焉。孔子布衣，傳十餘世❹，學者宗之。自天子王侯，中國言六藝者，折中於夫子❺，可謂至聖矣❻！

【章　旨】以上為第六段，是作者的論贊，表現了司馬遷對孔子的極端企慕與敬仰之情。

【注　釋】❶高山仰止二句　猶言「高山啊，使我仰望；大路啊，讓我行走」。景行，朱熹注：「大道也。」止，通「只」。語氣詞。這兩句見於《詩經・小雅・車舝》。❷鄉往　同「嚮往」。鄉，通「嚮」。❸祗迴留之　猶言「往返流連」，徘徊不忍離去的樣子。祗，敬也。按：「祗迴」有作「低迴」，意思略同。❹孔子布衣二句　布衣，平民；平民出身。傳十餘世，僅史公此文所記已十三世。❺中國言六藝者二句　六藝，此指《詩》、《書》、《易》、《禮》、《樂》、《春秋》六種儒家經典。折中於夫子，以孔子的思想觀點作為衡量是非的標準。折中，取正；判斷。❻可謂至聖矣　李景星曰：「《孟子》稱孔子為『聖之時（適時）者』已是創論；史公〈世家〉更稱之為『至聖』，尤為定評。自是以後，遂永遠不能易矣。」

【語　譯】太史公說：《詩經》裡說過：「高山哪，讓人仰望。大路啊，讓人行走。」即使我達不到那樣的境界，但我總嚮往著那個偉大的目標。每當我一讀孔子的書時，心裡總是想像著他的為人。我曾經到過魯國，參觀過孔子廟裡陳列著的那些車子、衣帽、禮器等，那裡的儒生們都按時到孔子的故居去演習禮儀，我見了那種場面也不由地為之恭敬徘徊久久地捨不得離去。自古以來出色的君主賢人也多得是了！但他們大多數都是活著的時候非常顯赫，而死了以後也就完事了。唯有孔子，活著的時候是一個平民百姓，死去又已經十幾代了，而學者們至今把他奉為宗師。現在上起天子王侯，所有中國講六藝的人，都把孔子的言論作為衡量一切的標準，真可以算得上是至高無上的聖人了！

【研　析】〈孔子世家〉首先寫了孔子的政治生涯。孔子有他宏偉的政治理想，並具有將這種理想付諸實踐的政治才幹，其最精彩的一幕是協助魯定公會齊景公於夾谷，其英姿颯爽、指揮若定的情景，千載之下猶有生氣。可惜客觀形勢總是對孔子不利，最後在國內國外政敵們的聯合排擠下只好離開了魯國。孔子的生活處境與司馬遷筆下的吳起、屈原等相同，這是使司馬遷非常悲哀的，司馬遷對此表現了無比的憤慨與同情。

孔子在官場的生涯失敗後，一方面設帳授徒，一方面仍在四處奔走，他到處宣傳自己的思想學說，尋求政治上能夠接納他的統治者。司馬遷對孔子那種百折不撓、鍥而不舍，寧知其不可為而為之，以及他那種不改變信念，不降低目標，絕不與惡勢力同流合汙的奮鬥精神極為讚賞。司馬遷正是從孔子這種處逆境而誓不回頭的精神中受到了鼓舞，「文王拘而演《周易》，仲尼厄而作《春秋》，屈原放逐乃賦〈離騷〉，左丘失明遂有《國語》，這已經成了司馬遷一生奮鬥力量的源泉。在這篇作品裡，司馬遷既是寫孔子，寫自己心目中理想的古代士人的悲劇英雄；同時也是借著寫孔子以吐露自己之志，以抒發自己之情。〈孔子世家〉的悲劇氣氛與整個《史記》的悲劇氣氛相一致。

〈孔子世家〉是司馬遷根據《論語》、《左傳》、《孟子》、《禮記》等書中的舊有資料加以排比、譜列而成的。其原始材料雖然多數舊有，但其譜列工作在很大的程度上則是出於司馬遷的獨創，因為迄今為止，我們還沒有發現先秦的古籍中有過孔子的傳記或是年譜一類的東西，因此〈孔子世家〉就成了遠從漢代以來研究孔子思想生平的最重要的依據之一，在我國學術史上有著極其重要的地位。

孔子雖然在官場上也曾做過大司寇，在不長的時間裡小有作為；但歸根結底孔子還是一個學者，一個思想家、教育家。但孔子的影響卻遠遠不止於此，於是司馬遷破例的把他寫入了「世家」，這種遠見卓識，兩千年來一直令人深深歎服。明代何良俊曰：「方漢之初孔子尚未有封號，而太史公遂知其必富有褒崇之典，故遂為之立『世家』。夫有土者以土而世其家，有德者以德而世其家，今觀戰國以後凡有爵土者孰能至今存耶？則『世家』之久莫有過於孔子者，誰謂太史公為不知孔子哉！」（《四友齋叢說》）清代趙翼曰：「孔子無公侯之位而《史記》獨列為『世家』，尊孔子也。凡列國世家與孔子毫無相涉者亦皆書『是歲孔子相魯』、『孔子卒』，以其繫天下之重輕也。」（《陔餘叢考》）

孔子是偉大的，但司馬遷心目中的孔子絕不與歷代統治者與歷代儒生所鼓吹的「聖人」以及我們今天還能見到的曲阜孔廟裡所供奉的孔子面目相同，這一點務請讀者注意。

卷四十八

陳涉世家第十八

【題解】〈陳涉世家〉寫了陳涉於秦二世元年七月因謫戍漁陽遇雨失期而起義反秦，前後歷時六個月，至秦二世二年十二月（當時以十月為歲首）兵敗被殺的全部過程，表現了陳涉的果敢精神和農民起義的強大威力，作者高度評價和熱情歌頌了陳涉在滅秦過程中的歷史作用。生在漢代，一般地肯定陳涉，是當時的官方觀點；至如〈太史公自序〉云：「桀紂失其道而湯武作，周失其道而《春秋》作，秦失其政而陳涉發迹。」竟把陳涉比做商湯、周武王、孔子這種古代的大聖人，其評價之高空前絕後。

1 陳勝者，陽城❶人也，字涉。吳廣者，陽夏❷人也，字叔。陳涉少時，嘗與人傭耕❸，輟耕❹之壟上，悵恨久之，曰：「苟富貴，無相忘！」庸者❺笑而應曰：「若❻為庸耕，何富貴也？」陳涉太息，曰：「嗟乎！燕雀安知鴻鵠之志哉❼！」

2 二世元年❽，七月，發閭左適戍漁陽九百人❾，屯大澤鄉❿。陳勝、吳廣皆次當行⓫，為屯長⓬。會⓭天大雨，道不通，度已失期⓮。失期，法皆斬。陳勝、吳廣乃謀曰：「今亡亦死，舉大計亦死。等死，死國可乎⓯？」陳勝曰：「天下苦秦⑯久矣。吾聞二世少子也⑰，不當立。當立者乃公子扶蘇⑱。扶蘇以數諫故，上使外將兵⑲。今或聞無罪，二世殺之⑳。百姓多聞其賢，未知其死也。項燕㉑為楚將，數有功，愛士卒，楚人憐之。或以為死，或以為亡。今誠以吾眾詐自稱公子扶蘇、項燕，為天下唱㉒，宜多應者。」吳廣以為然，乃行卜。卜者知其指意㉓，曰：「足下事皆成，有功。然足下卜之鬼乎㉔！」陳勝、吳廣喜，念鬼㉕，曰：「此教我先威眾耳。」乃丹書帛曰「陳勝王」，置人所罾㉖魚腹中。卒買魚烹食，得魚腹中書，固以㉗怪之矣。又間令吳廣之次所旁叢祠中㉘，夜篝火㉙，狐鳴呼曰：「大楚興，陳勝王。」卒皆夜驚恐。旦日㉚，卒中往往語，皆指目㉛陳勝。

3 吳廣素愛人，士卒多為用者。將尉㉜醉，廣故數言欲亡㉝，忿恚尉㉞，令辱之，以激怒其眾㉟。尉果笞廣㊱。尉劍挺㊲，廣起，奪而殺尉。陳勝佐之，并殺兩尉。召令徒屬，曰：「公等遇雨，皆已失期。失期，當斬。藉弟令毋斬㊳，而戍死者固十六七㊴。且壯士不死即㊵已，死即舉大名㊶耳。王侯將相，寧有種乎？」徒屬皆曰：「敬受命。」乃詐稱公子扶蘇、項燕，從民欲也㊷。袒右㊸，稱大楚，為壇而盟，祭以尉首㊹。陳勝自立為將軍，吳廣為都尉㊺。攻大澤鄉，收而攻蘄㊻。蘄下，乃令符離㊼人葛嬰將兵徇㊽蘄以東。攻銍、酇、苦、柘、譙㊾，皆下之。行收兵(50)，比至陳(51)，車六七百乘(52)，騎千餘，卒數萬人。攻陳，陳守、令(53)皆不在，獨守丞(54)與戰譙門(55)中，弗勝。守丞死，乃入據陳。數日，號令召三老、豪傑與皆來會計事(56)。三老、豪傑皆曰：「將軍身被堅執銳(57)，伐無道，誅暴秦，復立楚國之社稷(58)，功宜為王。」陳涉乃立為王，號為張楚(59)。

【章　旨】以上為第一段，寫陳涉起義的背景及其發動過程。

【注　釋】❶陽城　秦縣名，縣治在今河南方城東。❷陽夏　秦縣名，縣治即河南太康。❸傭耕　被雇傭從事耕作。❹輟耕　停止耕作，這裡指中間休息。❺庸者　與陳涉一起受雇用的人。庸，同「傭」。❻若　爾；你。❼嗟乎二句　鴻鵠，大雁。按：史公寫人物常用這種自我慨歎來預示其未來之不凡，如項羽觀始皇時曰「彼可取而代也」，劉邦觀始皇曰「大丈夫當如是也」，陳平切肉時曰「使平得宰天下，亦如是肉矣」等等，皆是。❽二世元年　西元前二〇九年。❾發閭左句　徵調住在里巷左側的居民九百人到漁陽服役。適戍，發配戍守。適，同「謫」。漁陽，秦縣名，縣治在今北京密雲西南。❿屯大澤鄉　屯，停駐。大澤鄉，在今安徽宿縣東南，當時上屬蘄縣。⓫皆次當行　都是按次序應該前去服役的。⓬屯長　下級軍吏，大約相當於後世的連排長。⓭會　值；正趕上。⓮度已失期　估計著肯定要遲到。⓯今亡亦死四句　亡，潛逃。舉大計，指造反。死國，為建立自己的王朝豁出命去幹。《索隱》曰：「謂欲經營圖國，假使不成而敗，猶愈為戍卒而死也。」按：此處見陳涉的決心、氣勢，這是生死關頭的嚴峻抉擇。陳涉這種選擇「舉大事」的氣概，最為史公所敬佩。⓰苦秦　以受秦的統治為苦。⓱二世少子也　《索隱》引姚氏按：「李斯為二世廢十七兄而立今王，則二世是始皇第十八子也。」⓲公子扶蘇　秦始皇的長子。⓳扶蘇以數諫故二句　扶蘇因焚書坑儒事向始皇提過意見，始皇發怒，令其北出監蒙恬軍於上郡。⓴二世殺之　始皇死前遺詔傳位於扶蘇；始皇死後，趙高、李斯竄改詔書立二世，並將扶蘇賜死。㉑項燕　項羽之祖父，戰國末期楚國的將領，被秦將王翦所殺。㉒詐自稱公子扶蘇項燕二句　唱，引頭；發端。按：扶蘇、項燕只能擇取其一而舉以為號，不可能同時並舉。㉓指意　心思。指，同「旨」。㉔然足下卜之鬼乎　「卜」上應增「何不」二字讀，意謂「您為何不到鬼神那裡去占卜一下呢？」實際是暗示讓他假借鬼神以號召群眾。㉕念鬼　心裡尋思卜者所說的「卜之鬼」是什麼意思。㉖罾　魚網，這裡用如動詞，即「捕撈」之意。㉗以　同「已」。㉘間令吳廣之次所旁叢祠中　間，私下；暗中。之，往。次所，戍卒所駐之處。叢祠，一說謂草樹蔭蔽中的野廟，一說謂社樹。㉙篝火　篝，疑同「煹」，即舉火叢祠。㉚旦日　天亮之後。㉛指目　按：「指目」二字最見戍卒對陳涉的怪異、敬畏之神情。㉜將尉　統領戍卒的縣尉。將，統領；率領。㉝故數言欲亡　故意地在將尉面前揚言自己想要開小差。㉞忿恚尉　激怒將尉。忿恚，惱怒，這裡是使動用法，激之使怒。㉟令辱之二句　故意想激怒將尉，使將尉打自己，借以激起眾人對將尉的不滿。㊱尉果笞廣　笞，用鞭或用棍棒、竹板打人。㊲尉劍挺　將尉在打人時，其佩劍由鞘中甩脫出來。挺，脫也。㊳藉弟令毋斬　即使暫時不被殺。藉弟令，即使；即使。㊴戍死者固十六七　戍死，為守邊、修城而累死。十六七，十分之六、七。㊵即　同「則」。㊶舉大名　王先謙曰：「大名，即謂『侯』『王』之屬。」㊷乃詐稱公子扶蘇項燕二句　按：此云陳涉詐稱扶蘇、項燕以從民欲，而後面竟無具體事實，似有漏洞。㊸袒右　脫右肩之衣，此乃宣誓結盟時的一種臨時狀態。㊹祭以尉首　起兵者要祭戰神，劉邦起兵於沛，亦「祠黃帝，祭蚩尤於庭」也。㊺都尉　軍官名，級別低於將軍，略當於校尉。㊻蘄　秦縣名，縣治在今安徽宿州南。㊼符離　秦縣名，縣治在今安徽宿州東北。㊽徇　巡行宣令使之聽己。㊾銍酇苦柘譙　皆秦縣名，銍縣縣治在今安徽宿州西南，酇縣縣治在今河南永城西，苦縣縣治即今河南鹿邑，柘縣縣治在今河南柘城西北，譙縣縣治即今安徽亳縣。㊿行收兵　謂一面前進，一面招募、收編部隊。(51)比至陳　待至到達陳縣。比，及；至。陳，秦縣名，縣治即今河南淮陽，當時也是陳郡的郡治所在地。(52)乘　古代稱一車四馬曰「一乘」。(53)陳守令　陳郡的郡守和陳縣縣令。(54)守丞　師古曰：「郡丞之居守者。」(55)譙門　上有望樓的城門。(56)號令召三老句　按：「與」字疑衍文。三老，鄉官，職掌教化。豪傑，當地有名望、有勢力的人物。(57)被堅執銳　披堅甲，執利刃，極言其勇敢辛勞。被，同「披」。(58)復立楚國之社稷　意即重建了楚國。社稷，社稷壇，帝王祭祀土神與農神的地方，歷來被用以代指王朝政權。(59)陳涉乃立為王二句　事在秦二世元年七月。張楚，國號。王先謙曰：「張楚，即大楚也。」

【語　譯】陳勝是陽城人，字涉。吳廣是陽夏人，字叔。陳涉年輕時，曾經受雇從事耕作，有一次幹活累了，在田埂上休息時，恨恨不平地說：「如果將來我們誰發達了，可不能忘記今天的窮哥們！」別的長工都笑話他：「你一個打零工的，還有什麼富貴可講呢？」陳涉長歎一聲，說：「唉！小燕雀哪能知道鴻鵠一飛沖天的志向啊！」

2 秦二世元年，七月，遣送住在里巷左邊的壯丁九百人到漁陽去守邊，中途駐紮在大澤鄉。陳勝、吳廣都在這一行人裡，還充當小隊長。湊巧天降大雨，道路不通，他們計算一下日程，肯定不能按時趕到漁陽了。不能按時到達，按照秦法，都要被殺頭的，陳勝、吳廣私下商量說：「現在我們如果逃跑，被抓回來肯定是死；我們如果造反，即使失敗了，無非也就是死。既然二者都是死，乾脆豁出去造反，為自己打天下而死不好嗎？」陳勝說：「老百姓受秦朝暴政的苦，已經有很長的一段時間了。我聽說秦二世是秦始皇的小兒子，不該由他當皇帝。應該當皇帝的是長子扶蘇。扶蘇由於多次勸說秦始皇，秦始皇討厭他，派他帶兵到外頭去守邊。我聽說他已經無辜被秦二世殺害了。百姓都只知道扶蘇賢明，很多人還不知道他已經被殺了。還有項燕，他是楚國的名將，曾多次立過戰功，而且關心士卒，楚國人都很愛戴他。現在有人認為他死了，有人認為他還活著，只是不知道躲在什麼地方。現在我們真要是冒充公子扶蘇和項燕，帶頭造反，我看響應我們的人會很多。」吳廣覺得有理，但兩人還有些猶豫，便去找人算卦。算卦的猜出了他們的心思，就說：「你們的事情都能辦成，而且一定會有大功效。但是你們為什麼不再去找鬼神算一卦呢？」陳勝、吳廣聽著心裡高興，又暗自琢磨，這「找鬼神」是什麼意思，後來他們恍然大悟：「這是教我們用裝神弄鬼的辦法來提高威信，以便組織群眾啊！」於是他們在一條白綢帶子上寫了「陳勝王」三個紅字，偷偷塞進捕魚人捕上來的一條魚的肚子裡。這條魚被戍卒們買回來了，一剖腹，發現了魚肚子裡的這個紅字條，人們覺得很奇怪；陳勝又讓吳廣夜裡偷偷地到營房附近林中的破廟裡，點起火，學狐狸似的嗥叫說：「大楚興，陳勝王。」戍卒們都被嚇得一夜沒有睡好覺。第二天早晨，戍卒們三三兩兩交頭接耳地開始議論，同時還指指點點地斜著眼睛看陳勝。

3 吳廣平常愛關心人，因此戍卒們都願意聽他使喚。這一天，押送戍卒的兩個尉官喝醉了，吳廣就當著他們的面一再揚言要逃跑，故意地激怒尉官讓他們打自己，以便挑起戍卒們的義憤。尉官果然中了圈套，他們拿起竹板子打吳廣。一用力，腰間的佩劍從劍鞘中甩了出來，吳廣一躍而起，抓過寶劍，殺死了打他的那個尉官。陳勝在一旁幫忙，把另一個尉官也殺掉了。緊接著他們把戍卒們召集起來，對大家說：「各位，我們在這裡遇上大雨，無論如何也不能按時趕到漁陽了。而不能按時到達，按法是要殺頭的。即使不殺頭，單說為守邊而死的人，十個裡頭也有六七個。大丈夫如果豁不出命去也就罷了，如果敢於豁出命去那就要做點大名堂。那些王侯將相，難道是天生注定的嗎？」戍卒們異口同聲地說：「願意聽從您的指揮。」於是他們為了順從人民的心願，自己就冒充公子扶蘇、項燕。他們一齊袒下右臂上的袖子宣誓，自己號稱「大楚」。他們又搭起臺子，用那兩個尉官的頭祭天。陳勝自己做將軍，吳廣做都尉。先攻下了大澤鄉，緊接著又帶領大澤鄉的人去攻蘄縣。蘄縣的守軍投降了，於是陳勝派符離人葛嬰帶兵去蘄縣以東開闢地盤。而他自己和吳廣則率軍西進攻銍、酇、苦、柘、譙等地，都攻下來了。他們一路上擴充軍隊，等到了陳郡城郊時，兵車已經有了六七百輛，騎兵有一千多，步兵已有好幾萬人了。於是他們開始進攻陳郡，當時陳郡的郡守和陳縣的縣令都不在，只有留守的郡丞在城門下抵抗了一陣子。郡丞隨即戰死了，於是陳勝順利地占據了陳郡。過了幾天，陳勝下令召集郡中各縣的三老、豪傑都來開會。這些三老、豪傑們都說：「將軍您身披鎧甲，手執利刃，為民眾討伐暴秦，重新建立了楚國的政權，這麼大的功勞，應當稱王。」於是他就自立為王，國號「張楚」。

1 當此時，諸郡縣苦秦吏者，皆刑其長吏，殺之以應陳涉❶。乃以吳叔為假王❷，監諸將，以西擊滎陽❸。令陳人武臣、張耳、陳餘徇趙地❹，令汝陰❺人鄧宗徇九江郡❻。當此時，楚兵數千人為聚者不可勝數。

2 葛嬰至東城，立襄彊為楚王❼。嬰後聞陳王已立，因殺襄彊，還報。至陳，陳王誅殺葛嬰。陳王令魏人周市❽北徇魏地❾。吳廣圍滎陽，李由❿為三川⓫守，守滎陽。吳叔弗能下。陳王徵國之豪傑與計，以上蔡⓬人房君蔡賜⓭為上柱國⓮。

3 周文，陳之賢人也，嘗為項燕軍視日⑮，事春申君⑯，自言習兵。陳王與之將軍印，西擊秦。行收兵，至關⑰，車千乘，卒數十萬。至戲，軍焉⑱。秦令少府章邯⑲免酈山徒、人奴產子生⑳，悉發以擊楚大軍，盡敗之。周文敗，走出關，止次曹陽二三月㉑，章邯追敗之，復走次澠池㉒。十餘日，章邯擊，大破之。周文自剄，軍遂不戰㉓。

4 武臣到邯鄲，自立為趙王㉔，陳餘為大將軍，張耳、召騷為左右丞相。陳王怒，捕繫武臣等家室，欲誅之。柱國㉕曰：「秦未亡，而誅趙王將相家屬，此生一秦也㉖，不如因而立之。」陳王乃遣使者賀趙，而徙繫武臣等家屬宮中㉗。而封耳子張敖為成都君㉘，趣趙兵亟入關㉙。趙王將相相與謀，曰：「王王趙，非楚㉚意也。楚已誅秦㉛，必加兵於趙。計莫如毋西兵㉜，使使北徇燕地以自廣也㉝。趙南據大河㉞，北有燕、代㉟。楚雖勝秦，不敢制趙；若楚不勝秦，必重趙。趙乘秦之獘，可以得志於天下㊱。」趙王以為然，因不西兵，而遣故上谷卒史㊲韓廣將兵北徇燕地。

5 燕故貴人豪傑謂韓廣曰：「楚已立王，趙又已立王。燕雖小，亦萬乘之國㊳也。願將軍立為燕王。」韓廣曰：「廣母在趙，不可。」燕人曰：「趙方西憂秦，南憂楚，其力不能禁我。且以楚之彊，不敢害趙王將相之家，趙獨安敢害將軍之家？」

韓廣以為然，乃自立為燕王[39]。居數月，趙奉燕王母及家屬歸之燕。

6 當此之時，諸將之徇地者不可勝數。周市北徇地至狄[40]，狄人田儋[41]殺狄令，自立為齊王[42]，以齊反擊[43]周市。市軍散，還至魏地，欲立魏後故甯陵君咎[44]為魏王。時咎在陳王所，不得之魏。魏地已定，欲相與立周市為魏王，周市不肯。使者五反[45]，陳王乃立甯陵君咎為魏王，遣之國[46]，周市卒為相。

7 將軍田臧[47]等相與謀曰：「周章[48]軍已破矣，秦兵旦暮至。我圍滎陽城，弗能下，秦軍至，必大敗。不如少遺兵[49]，足以守[50]滎陽，悉精兵迎秦軍。今假王驕，不知兵權[51]，不可與計。非誅之，事恐敗。」因相與矯王令[52]，以誅吳叔，獻其首於陳王。陳王使使賜田臧楚令尹印，使為上將[53]。田臧乃使諸將李歸等守滎陽城，自以精兵西迎秦軍於敖倉[54]。與戰，田臧死，軍破。章邯進兵擊李歸等滎陽下，破之，李歸等死。

8 陽城人鄧說將兵居郯[55]，章邯別將[56]擊破之，鄧說軍散走陳。銍人伍徐將兵居許[57]，章邯擊破之，伍徐軍皆散走陳。陳王誅鄧說。

9 陳王初立時，陵人秦嘉[58]、銍人董緤、符離人朱雞石、取慮[59]人鄭布、徐[60]人丁疾等皆特起[61]，將兵圍東海守慶[62]於郯。陳王聞，乃使武平君畔[63]為將軍，監[64]郯下軍。秦嘉不受命。嘉自立為大司馬[65]，惡屬武平君[66]，告軍吏曰：「武平君年少，不知兵事。勿聽！」因矯以王命，殺武平君畔。

10 章邯已破伍徐，擊陳。柱國房君死。章邯又進兵擊陳西張賀軍[67]。陳王出監戰。軍破，張賀死。

11 臘月，陳王之汝陰[68]，還至下城父[69]。其御莊賈殺以降秦[70]。陳勝葬碭[71]，諡曰隱王[72]。

12 陳王故涓人將軍呂臣[73]為倉頭軍[74]，起新陽，攻陳，下之[75]，殺莊賈，復以陳為楚。

13 初，陳王至陳，令銍人宋留將兵定南陽[76]，入武關[77]。留已徇南陽[78]，聞陳王死，南陽復為秦。宋留不能入武關，乃東至新蔡[79]，遇秦軍。宋留以軍降秦，秦傳留至咸陽[80]，車裂留以徇[81]。

14 秦嘉等聞陳王軍破出走，乃立景駒為楚王[82]，引兵之方與[83]，欲擊秦軍定陶[84]下。使公孫慶[85]使齊王，欲與并力俱進。齊王曰：「聞陳王戰敗，不知其死生。楚安得不請[86]而立王？」公孫慶曰：「齊不請楚而立王，楚何故請齊而立王？且楚首事[87]，當今於天下。」田儋誅殺公孫慶。

15 秦左右校[88]復攻陳，下之。呂將軍走，收兵復聚。鄱盜當陽君黥布之兵相收[89]，復擊秦左右校，破之青波[90]，復以陳為楚。會項梁立懷王孫心為楚王[91]。

【章旨】以上為第二段，寫農民起義軍與秦王朝的殊死鬥爭，陳涉雖兵敗身死，但他點燃的反秦烈火已成燎原之勢。

【注釋】❶當此時四句　郭嵩燾曰：「此及下文『當此時，楚兵數千人為聚者不可勝數』、『當此之時，諸將之徇地者不可勝數』，連用『當此時』三字，見一時倉卒乘亂而起，搶攘衡決情事歷歷如見。」❷假王　非實授，而暫行王者之事。猶後世之「代理」、「權署」。❸滎陽　秦縣名，縣治在今河南滎陽城東北。❹趙地　戰國時趙國的地盤，相當今河北南部一帶地區。❺汝陰　秦縣名，縣治即今安徽阜陽。❻九江郡　秦郡名，郡治壽春（今安徽壽縣）。❼葛嬰至東城二句　東城，秦縣名，縣治在今安徽定遠東南。襄彊，其人不詳，諸本皆無注，疑是六國時楚國的後代。❽周市　六國時魏國貴族的後代，故起兵後一直忠於魏國舊主。❾魏地　即梁地，今河南開封一帶地區。❿李由　秦丞相李斯之子。⓫三川　秦郡名，轄今河南西部黃河、伊水、洛水三水流域地區，三川郡即以此三水為名，郡治洛陽（今洛陽東北）。⓬上蔡　秦縣名，縣治在今河南上蔡西南。⓭房君蔡賜　房君，蔡賜的封號名。⓮上柱國　戰國時楚國官名，凡破軍殺將有大功者可使充之，位極尊寵。後為虛銜。⓯視日　占測時日的吉凶，古時的一種迷信職業。⓰春申君　名黃歇，戰國末期的楚國大貴族，以善養士聞名，與孟嘗君、平原君、信陵君並稱。⓱行收兵二句　關，指函谷關，在今河南靈寶東北，三門峽西南，是秦地東出的重要門戶。⓲至戲二句　戲，戲亭，在今陝西臨潼東，有戲水流經其下，因以為名。軍，駐紮。據〈秦楚之際月表〉，周文西征至戲在秦二世元年九月。⓳少府章邯　少府，即少府令，九卿之一，掌山海池澤的收入，以供皇家生活之用。章邯，秦將，後降項羽。⓴免酈山徒人奴產子生　免，免其罪，使之從軍。酈山徒，在酈山為秦始皇修築陵墓的苦役犯。酈山，在今陝西臨潼城東南。按：「人」、「生」二字衍文。奴產子，即家奴所生的孩子，是奴僕中的最賤者。㉑止次曹陽二三月　謂其敗退到曹陽停駐了一段時間。次，駐紮。曹陽，亭名，在今河南靈寶東。㉒復走次澠池　繼續向東敗退到澠池。澠池，秦縣名，縣治在今河南澠池城西。㉓周文自剄二句　據〈秦楚之際月表〉，事在秦二世元年十一月。自剄，自割其頸，即自刎。按：當時以十月為歲首，周文從西征入關到敗死澠池，前後總共不到三個月。㉔武臣到邯鄲二句　事在秦二世元年八月。邯鄲，古都邑名，舊址即今河北邯鄲西南之趙王城。㉕柱國　即房君蔡賜。㉖此生一秦也　意謂又樹立一個敵人。㉗徙繫武臣等家屬宮中　謂扣押武臣等的家屬，以之作為人質。繫，囚禁；關押。㉘封耳子張敖為成都君　耳子張敖，黃本作「其子張敖」，梁玉繩曰：「『其』字乃『耳』字之譌，張耳子也。」成都君，封號名，未必實有封地。㉙趣趙兵亟入關　趣，同「促」。催促。亟入關，迅速西下破秦。亟，疾；迅速。此蓋補敘周文未敗前事也。㉚楚　即指陳涉。㉛楚已誅秦　等楚滅秦之後。㉜毋西兵　不派兵西下。
㉝北徇燕地以自廣也　向北略地以擴大自己的地盤。燕地，戰國時的燕國地盤，約當今之河北北部及與之鄰近的遼寧地區。
㉞南據大河　大河，即黃河。當時的黃河流經今河南之溫縣、滑縣、濮陽，東北流經山東德州，至河北之滄州東北入海，在當時的確為趙國南部之天然屏障。㉟代　古國名，亦秦郡名，郡治在今河北蔚縣東北。㊱楚雖勝秦六句　李笠曰：「按《漢書》，『若』下無『楚』字；『乘』下有『楚』字，是也。」乘楚秦之弊，即坐收漁人之利也。弊，同「敝」。疲憊；殘破。得志於天下，即號令全國、控制全國之意。㊲上谷卒史　上谷，秦郡名，郡治沮陽（今河北懷來東南），即舊時燕國之地。卒史，亦稱曹史，郡守的掾屬。蓋韓廣反秦前為上谷郡小吏也。㊳萬乘之國　具有萬輛兵車的大國。㊴乃自立為燕王　按：韓廣自立為燕王在秦二世元年九月。㊵狄　秦縣名，縣治在今山東高青東南。㊶田儋　六國時齊國貴族的後代，與其堂弟田榮、田橫起兵反秦，相繼據齊地稱王。㊷自立為齊王　事在秦二世元年九月。㊸反擊　反兵相擊。謂先擊殺狄令，而又反兵以擊周市也。此蓋言其獨立，不服任何人管轄之狀，楚漢時期田氏據齊地五年，大致一貫如此，亦戰國末年齊王於諸國相爭時所採取之「孤立主義」也。㊹故甯陵君咎　即魏咎，戰國末期魏國的諸公子，曾被封為甯陵君。魏被秦滅，咎降為平民。反秦義軍起，咎被立為魏王。數月後，被秦將章邯包圍，自殺。甯陵君，封地甯陵（今河南寧陵東南）。㊺使者五反　魏地的使者五次到陳向陳涉請求。㊻乃立甯陵君咎為魏王二句　按：魏人擁立魏咎為魏王在秦二世元年九月，陳涉遣魏咎到魏（今河南開封一帶）在秦二世二年十二月（當時以十月為歲首）。㊼田臧　吳廣的部將。㊽周章　按：周章與周文應是一人，「文」「章」二字相應，一為其名，一為其字。㊾少遺兵　少留一些軍隊。㊿守　這裡指圍困，下文「乃使諸將李歸等守滎陽城」之「守」字與此同。(51)兵權　指用兵作戰的臨機應變之術。權，權變；應時變通。(52)矯王令　假說奉陳王之令。(53)陳王使使賜田臧楚令尹印二句　淩稚隆引王鏊曰：「陳涉兵無紀律若此。」按：事至此，陳涉亦無法控制。令尹，戰國時楚官名，職同丞相。
(54)西迎秦軍於敖倉　迎，迎擊。敖倉，秦朝儲藏糧食的大倉庫，在當時滎陽城北黃河南岸的敖山上。按：「敖倉」在「滎陽」

北，史文乃曰田臧等「西迎秦軍」，方向不對。55陽城人鄧說將兵居郯　鄧說，陳涉的部將。說，同「悅」。郯，應作「郟」。即今河南郟縣，在滎陽南、陳縣之西。56章邯別將　章邯派出的另統一軍的將領。57伍徐將兵居許　伍徐，《漢書》作「五逢」，陳涉的部將。許，秦縣名，縣治在今河南許昌東。58陵人秦嘉　陵，應作「淩」，秦縣名，縣治在今江蘇泗陽西北。59取慮　秦縣名，縣治在今江蘇睢寧西南。60徐　秦縣名，縣治在今安徽泗縣南。61特起　自成一軍而不屬他人。62東海守慶　秦朝的東海郡太守名慶，史失其姓。東海郡的郡治在郯（今山東郯城西北）。63武平君畔　武平君名畔，史失其姓，時為陳涉的部將。64監　猶如後世之所謂「節制」，統一指揮。65大司馬　周代官名，掌全國軍務。66惡屬武平君　不願受「武平君畔」的控制。67陳西張賀軍　駐紮在陳縣城西的張賀軍隊。張賀，陳涉的部將。68陳王之汝陰　之，往。汝陰，秦縣名，縣治即今安徽阜陽。謂陳勝在陳縣城西被章邯打敗，南逃至汝陰。69還至下城父　謂又北折而至下城父。下城父，古邑名，即今安徽渦陽東南之下城父。70其御莊賈殺以降秦　御，車夫。按：陳涉於秦二世元年七月起事，至二年十二月被莊賈所殺，前後共六個月。71陳勝葬碭　碭，秦縣名，縣治即今安徽碭山南的保安鎮。72謚曰隱王　謂漢代謚陳涉曰「隱王」。謚法云：「不顯尸國曰『隱』。」尸，主也。主國不顯，即功業不彰、在位時間不長之意。73陳王故涓人將軍呂臣　曾為陳王當過涓人，後來成了將軍的呂臣。涓人，也叫「中涓」，即為王者主管灑掃、洗滌等內務，這裡即指侍從親信。74倉頭軍　倉，同「蒼」。《索隱》引韋昭曰：「軍皆著青帽。」按：此說可疑，〈蘇秦列傳〉云：「今竊聞大王之卒，武士二十萬，蒼頭二十萬，奮擊二十萬、廝徒十萬。」「蒼頭」、「奮擊」或係當時人們對「無敵」、「敢死」之兵的一種習用稱呼。75起新陽三句　新陽，秦縣名，縣治在今安徽界首北。按：細索此段文意，彷彿是呂臣在陳王生前為其充任中涓；陳王被殺後，呂臣是激於對叛徒的義憤，逃至新陽，號召陳王舊部，組織起一支隊伍重新起事。這支隊伍竟至一舉攻下陳郡，殺死了為秦朝駐守的叛徒莊賈。76南陽　秦郡名，郡治宛縣，即今河南南陽。77武關　關隘名，在今陝西商南南，是河南南部進入陝西的交通要道。78已徇南陽　意即南陽郡已聽從其號令。徇，巡行示威，號召其歸己。79東至新蔡　向東撤退至新蔡（今河南新蔡）。80傳留至咸陽　秦將用傳車把宋留押解至咸陽。傳，傳車；驛車。這裡用如動詞。81徇　載其屍體以巡行示眾。82立景駒為楚王　事在秦二世二年一月。景駒，六國時楚國貴族的後代。83方與　秦縣名，縣治在今山東魚台西。84定陶　秦縣名，縣治在今山東定陶西北。85公孫慶　陳直曰：「疑即上文之『東海守慶』。」86不請　謂其不向齊國請示。87首事　首先發動起義。88左右校　即左右校尉，章邯的部將。89鄱盜當陽君黥布之兵相收　按：「鄱盜」上應增「與」字讀。鄱，同「番」。指鄱江，源於安徽西南部，流入鄱陽湖。按：英布因受刑被黥，故亦稱「黥布」。先在鄱江為盜，後歸項梁，稱「當陽君」。相收，彼此合為一。90青

波　秦縣名，縣治在今河南新蔡西南。(91)會項梁立懷王孫心為楚王　懷王孫心，戰國時楚懷王（名槐，西元前三二八—前二九九年在位）的孫子，名心。此人被項梁立為楚王在秦二世二年六月。按：陳涉發起的反秦戰爭，敘至「會項梁立懷王孫心為楚王」遂戛然而止，恰如告訴讀者：「欲知後事如何，請看〈項羽本紀〉。」

【語譯】在這個時候，天下各郡縣痛恨秦朝官吏的百姓們，都紛紛起來殺掉他們的長官，響應陳涉。於是陳王就派吳廣代行王事，以自己的名義節制將領們，西攻滎陽。派陳郡人武臣、張耳、陳餘等人到趙國一帶擴充地盤；派汝陰人鄧宗南下開闢九江郡。這時候，楚地幾千人成伙的起義軍多得不可指數。

2 再說陳涉最早派出去的葛嬰，他到達東城後，自作主張擁立襄彊做了楚王。後來他聽說陳勝自己稱王了，於是又殺了襄彊，回去向陳王報告。葛嬰到陳後，被陳王所殺。陳王又派魏人周市回魏地進行開闢工作。而吳廣則已經督率大軍包圍滎陽。這時守滎陽的三川郡的郡守是李斯的兒子李由。兩軍相峙，吳廣久攻未能下。這時陳王召集陳國的豪傑人士們一道商量對策，並任用上蔡人房縣蔡賜做上柱國。

3 周文是陳郡的賢者，曾經在楚國名將項燕軍中做觀察星象的官，並在春申君門下做過事，他向陳王說他會用兵。於是陳王就任命他為將軍，派他向西進攻秦國的大本營。周文一路上招收兵馬，等到達函谷關時，已有兵車千餘輛，步卒幾十萬人。接著連續西進，一直到達咸陽東郊的戲亭，紮下營來。這時秦王朝派少府令章邯赦免了在酈山秦始皇墓地服勞役的苦役犯以及秦地家奴所生的兒子，把他們通通編入軍隊，迎擊周文。周文大敗，東走出關，至曹陽收兵整頓不到兩三個月，章邯的追兵又到了，結果周文又被打敗，周文繼續東退至澠池。不過十多天，章邯又到了，這一次，周文的部隊被打得一敗塗地。周文自殺，剩下的人遂不戰而潰。

4 再說武臣，他到達邯鄲後，不經請示自立為趙王，讓陳餘做大將軍，讓張耳、召騷為左右丞相。陳王聽說後很生氣，立即逮捕了武臣等人的家小，想統統殺光。這時上柱國蔡賜說道：「秦國現在還沒有滅亡，您再殺了武臣等人的家小，這不等於又生出一個和您作對的秦國嗎？依我看，不如順水推舟，正式封他為王。」陳王覺得有理，便派人去趙向趙王祝賀，而把趙王武臣等人的家小扣留在陳王宮裡。封張耳的兒子張敖為成都君，催促趙國趕緊率軍西進函谷關。趙王的將相們一起討論說：「您在趙地稱王，不是陳王的本意。陳王滅秦之後，肯定要掉頭來打我們。從我們趙國的利益考慮，不如不率軍西下，而是派人往北開闢燕國的地方來擴大我們自己的地盤。這樣一來，我們南面有黃河作屏障，北面有燕、代的廣大地區。將來陳王即使戰勝了秦王朝，也治不了我們；如果陳王不能戰勝秦王朝，那他就更得借重我們。到那時，趁著秦國的疲憊，我們就可以號令天下了！」趙王覺得有理，於是就不再向西出兵，而是派原來在上谷郡當卒史的韓廣帶兵向北開闢原來的燕國地盤。

5 燕國的舊貴族和豪傑們對韓廣說：「楚國最早立了王，趙國不久前又立了王。我們燕國再小，也曾經是一個具有萬輛兵車的國家。希望韓將軍就做我們的燕王。」韓廣說：「不行，我的母親還在趙國。」燕國的人們說：「趙國眼下所怕的是它西面的秦朝和南面的楚國，它根本沒有力量阻止我們自立。況且楚國那麼強大，尚不敢殺害趙王將相的家小，它一個趙國就敢殺害將軍的家屬嗎？」韓廣認為有道理，於是就自立為燕王。過了幾個月，趙王居然派人把燕王的母親以及其他家小都給護送到燕國來了。

6 這時候，各地拉隊伍占地盤的將領不計其數。周市率軍北進，到達狄縣後，狄人田儋殺了狄縣令，自立為齊王，率領齊軍反擊周市。周市被打敗，退回到了魏地。周市想擁立魏國的後代從前的甯陵君魏咎做魏王。可是魏咎這時正在陳王那裡，陳王不放他來。魏國平定後，大家又想擁立周市為王，周市不肯。於是大家只好派人到陳郡去求陳王，往返五次，最後陳王才勉強同意了放甯陵君魏咎到魏地去做魏王，讓周市為魏王的丞相。

7 田臧等人私下商量說：「周章的軍隊已經被打敗了，秦朝的軍隊很快就會到達這裡。我們圍攻滎陽很久了，沒能攻下，如果再等秦軍到來，那我們肯定要失敗。所以現在不如留下少部分兵力，能圍住滎陽就行了，而把全部精銳部隊集中起來，去迎擊秦軍。假王吳廣，驕傲跋扈，根本不懂得用兵，不能同他商量。如果不殺他，我們的計畫恐怕就要失敗。」於是他們假傳陳王的命令，把吳廣殺了，還把吳廣的人頭送到了陳王那裡。陳王無法只得派人給田臧送去了楚國令尹的印章，封他為上將。田臧就留下將軍李歸等人圍攻滎陽城，自己領著精銳部隊西擊秦軍於敖倉。交戰結果田臧戰死，軍隊被擊潰。接著秦將章邯進擊圍困滎陽的李歸，李歸的軍隊又被打敗了，李歸等人戰死。

8 陳王的將軍陽城人鄧說領兵駐紮在郯縣，章邯派他的部將率兵將他擊敗，鄧說的軍隊敗散，逃回了陳郡。銍人伍徐領兵駐紮在許，章邯率軍攻許，伍徐的軍隊被擊潰，也逃回了陳郡。陳王一怒殺了鄧說。

9 陳涉剛剛稱王時，陵縣人秦嘉、銍縣人董緤、符離人朱雞石、取慮人鄭布、徐縣人丁疾等，皆各自率眾而起，他們一同帶兵把一個名叫慶的東海太守包圍在郯縣。陳王聽說後，就派武平君畔為將軍，去統領節制郯縣周圍的各路軍隊。秦嘉不接受陳王的這個命令。他自封為大司馬，不願意屬武平君統領。他對軍吏們說：「武平君年輕，根本不懂軍事。不要聽他的！」接著又假傳陳王的命令，把武平君畔殺了。

10 章邯擊敗駐守許的伍徐後，進兵攻擊陳郡。陳涉的上柱國房君首先戰死了。接著章邯又進擊駐紮在陳郡西郊的張賀軍。陳王親臨前線督戰。結果張賀軍也被章邯打敗，張賀戰死。

11 臘月，陳王退走汝陰，再往北折，到了下城父。這時，他的車夫莊賈叛變，他殺死陳涉投降了秦朝。陳勝死後，埋在碭縣，被後人諡為「隱王」。

12 這時曾給陳王當過侍從的將軍呂臣又領著一支頭裹青巾的隊伍，在新陽揭竿而起，他們一舉攻下了陳郡，殺死了叛徒莊賈，又以陳郡為根據地繼續號稱楚國。

13 開始，當陳王的軍隊剛到陳郡時，曾派銍縣人宋留，率兵往攻南陽，想讓他從南陽西入武關。當宋留平定南陽後，陳王被殺的消息傳來了，南陽的官吏又反歸附了秦朝。這時宋留已經不可能再入武關，只好向東退到了新蔡，結果在新蔡與秦軍的大部隊相遇。宋留見大勢已去遂率眾投降了秦軍，秦將把宋留解送到了咸陽，宋留被車裂示眾。

14 這時東部地區的秦嘉，聽說陳王被打敗，逃出了陳郡，於是擁立景駒為楚王，他率軍來到方與，準備在定陶與秦軍決戰。他派公孫慶東見齊王，想聯合他并力攻秦。齊王說：「聽說陳王戰敗逃走，生死不明。你們怎麼能夠不來請示我就立景駒為王呢？」公孫慶說：「當初你們稱王也沒有先向楚國請示，今天楚國為什麼要來向你請示呢？而且楚國是帶頭造反的，本來就應該領導天下。」田儋一怒把公孫慶殺掉了。

15 秦軍派左右校尉再次進攻陳郡，陳郡被攻下。呂將軍逃出陳郡後，又把隊伍集合起來。與鄱陽大盜當陽君黥布的隊伍合在一起，重新北上大敗秦朝的左右校尉於青波，再次收復了陳郡。這時項梁已經擁立楚懷王的一個名字叫「心」的孫子做了楚王。

1 陳勝王凡六月❶。已為王，王陳❷，其故人嘗與庸耕者聞之，之陳❸。扣宮門曰：「吾欲見涉。」宮門令❹欲縛之，自辯數❺，乃置❻，不肯為通❼。陳王出，遮道❽而呼涉。陳王聞之，乃召見，載與俱歸。入宮，見殿屋帷帳，客曰：「夥頤❾！涉之為王，沈沈者❿！」楚人謂多為夥，故天下傳之，「夥涉為王⓫」，由陳涉始。客出入，愈益發舒⓬，言陳王故情。或說陳王曰：「客愚無知，顓妄言，輕威⓭。」陳王斬之。諸陳王故人皆自引去⓮。由是無親陳王者。陳王以朱房為中正⓯，胡武為司過⓰，主司⓱羣臣。諸將徇地至⓲，令之不是者⓳，繫而罪之，以苛察為忠。其所不善者⓴，弗下吏㉑，輒自治之㉒，陳王信用之。諸將以其故不親附，此其所以敗也。

2 陳勝雖已死，其所置遣侯王將相竟亡秦，由涉首事也㉓。高祖時，為陳涉置守冢三十家碭，至今血食㉔。

【章　旨】以上為第三段，補敘陳涉失敗的原因。

【注　釋】❶凡六月　總共六個月。凡，總計。❷王陳　在陳縣稱王，即以陳縣為其都城。❸之陳　前往陳縣。之，往。❹宮門令　守衛宮門的長官。❺辯數　分辯訴說，力言自己不是壞人。數，一條一條地說。❻乃置　放過不管。❼不肯為通　不給向裡稟告。按：史公於此寫盡世態人情。❽遮道　攔路。遮，攔截。❾夥頤　俞正燮曰：「夥頤者，驚大之詞，二字合音。」即驚訝詫異某種器物、景象之多與美時的一種歎詞，二字不應分別解釋，今河北、天津、北京等地區猶有這種口語。❿沉沉者　富麗深邃的樣子。⓫夥涉為王　俞正燮曰：「言其時稱王者多，時人輕之，謂王為『夥涉』，蓋庾詞相喻也。」按：「夥涉」即被人呼過「夥頤」的陳涉，「夥」字遂成為外號，冠在了名字的前面。⓬發舒　放縱。⓭顓妄言二句　顓，同「專」。專門；一味地。輕威，降低您的威信。⓮諸陳王故人皆自引去　《孔叢子》云：「陳勝為王，妻之父兄往焉，勝以眾賓（一般賓客）待之。妻父怒曰：『怙強而傲長者，不能久焉！』不辭而去。」蓋其一例。⓯中正　官名，主管考核官吏，確定官吏的升降。⓰司過　官名，猶如異時之監察御史，職掌糾彈。⓱司　暗中監視、查訪。⓲諸將徇地至　諸將外出作戰回來。⓳令之不是者　不服從朱房、胡武命令的人。⓴其所不善者　凡是被朱房、胡武看著不順眼的人。㉑弗下吏　不交由主管官吏處置。㉒輒自治之　經常由他們自己審理。㉓其所置遣侯王將相竟亡秦二句　陳仁錫曰：「陳涉蓋首事亡秦者，太史公特作世家，敘其為楚王，兼及當時起兵者，末總結之曰『其所置遣王侯將相竟亡秦，由涉首事也』二句，括盡之矣。」㉔置守冢三十家碭二句　李景星曰：「《史記》、《漢書》之〈高祖紀〉皆言『置守冢十家』。」血食，指享受祭祀，因為祭祀時要殺牛、羊、豕作為供品，故云。

【語　譯】陳勝稱王前後總共六個月。當他剛剛為王，建都陳郡的時候，他的一位舊日一道幹活的老伙伴，聞訊前來看他。這個人到了陳郡，叩著宮門說：「我要見陳涉！」守門的值勤官，見這人如此無禮，就要把他綁起來。這個人費了許多口舌說明自己是陳涉的老朋友，值勤官才饒了他，但不給他向裡通報。這時正好陳王出來了，於是這個人就過去攔著車子大聲呼叫陳涉。陳王聽見叫聲，停車叫他過來，一看是舊識，於是叫他上車，一同回到宮裡。這個人一看宮裡的殿堂陳設，就驚訝地大嚷道：「夥頤！陳涉你這個王，當得可真闊啊！」楚國方言驚訝地稱「多」叫「夥」，後來人們之所以把那些草頭王們稱之為「夥涉為王」，就是從這個故事開始的。這個人在宮裡宮外進出，說話越來越放縱，有時還講一些陳王舊日不體面的事。於是有人勸陳王說：「您的那位客人，愚昧無知，專門胡說八道，降低您的威信。」於是下令把他殺掉了。陳王的其他老熟人們一見如此也都悄悄地離去了。從此沒有人再來親近陳王。陳王用朱房做中正官，用胡武為司過官，專管探聽臣僚們的過失。將領們出去開闢地盤回來，誰要是不聽從朱房、胡武的命令，朱房、胡武就把誰關起來治罪，他們以對別人的吹毛求疵來向陳王表示忠心。凡是他們不喜歡的人，他們根本不通過司法官吏，而是自己隨意治他們的罪，陳王偏偏就信用這種人。由於這種緣故，各位將領們也與陳王越來越疏遠，這就是陳王所以失敗的原因。

2 陳王雖然已經死了，但是由於他分封、派遣出去的侯王將相最後終於滅掉了秦朝，而陳涉是第一個帶頭造反的。漢高祖即位後，專門派了三十戶人家，在碭縣為陳涉守墓，一直到今天，人們祭祀不斷。

1 褚先生曰❶：地形險阻，所以為固也；兵革刑法，所以為治也，猶未足恃也。夫先王以仁義為本，而以固塞文法❷為枝葉，豈不然哉！吾聞賈生之稱曰❸：

2 「秦孝公❹據殽、函❺之固，擁雍州❻之地，君臣固守，以窺❼周室，有席卷天下，包舉宇內，囊括四海之意，并吞八荒之心❽。當是時也，商君❾佐之，內立法度，務耕織，修守戰之備❿；外連衡而鬭諸侯⓫。於是秦人拱手⓬而取西河之外⓭。

3 「孝公既沒，惠文王⓮、武王⓯、昭王⓰蒙故業，因遺策⓱，南取漢中⓲，西舉巴、蜀[19]，東割膏腴之地[20]，收要害之郡[21]。諸侯恐懼，會盟而謀弱秦[22]，不愛珍器、重寶、肥饒之地，以致[23]天下之士，合從締交[24]，相與為一。當此之時，齊有孟嘗[25]，趙有平原[26]，楚有春申[27]，魏有信陵[28]。此四君者，皆明知[29]而忠信，寬厚而愛人，尊賢而重士。約從連衡[30]，兼韓、魏、燕、趙、宋、衛、中山之眾[31]。於是[32]，六國[33]之士有甯越[34]、徐尚[35]、蘇秦[36]、杜赫之屬[37]為之謀；齊明[38]、周最[39]、陳軫[40]、邵滑[41]、樓緩[42]、翟景[43]、蘇厲[44]、樂毅[45]之徒通其意；吳起[46]、孫臏[47]、帶他、兒良[48]、王廖[49]、田忌[50]、廉頗、趙奢[51]之倫制其兵。嘗以什倍之地，百萬之師，仰關而攻秦[52]。秦人開關而延敵[53]，九國之師遁逃而不敢進。秦無亡矢遺鏃[54]之費，而天下固已困矣。於是從散約敗[55]，爭割地而賂秦。秦有餘力而制其弊，追亡逐北[56]，伏尸百萬，流血漂櫓[57]。因利乘便，宰割天下，分裂山河，彊國請服，弱國入朝[58]。

4 「施[59]及孝文王[60]、莊襄王[61]，享國[62]之日淺，國家無事。

5 「及至始皇[63]，奮六世[64]之餘烈[65]，振長策[66]而御宇內[67]，吞二周[68]而亡諸侯，履至尊[69]而制六合[70]，執敲朴[71]以鞭笞天下，威振四海。南取百越[72]之地，以為桂林、象郡[73]。百越之君俛首[74]係頸，委命下吏[75]。乃使蒙恬[76]北築長城而守藩籬[77]，卻匈奴七百餘里[78]，胡人不敢南下而牧馬[79]，士亦不敢貫弓而報怨[80]。於是廢先王之道[81]，燔百家之言[82]，以愚黔首[83]。隳名城[84]，殺豪俊，收天下之兵[85]，聚之咸陽，銷鋒鍉，鑄以為金人十二[86]，以弱天下之民。然後踐華為城[87]，因河為池[88]，據億丈之城[89]，臨不測之谿[90]以為固。良將勁弩，守要害之處，信臣[91]精卒，陳利兵而誰何[92]。天下已定，始皇之心自以為關中之固，金城千里，子孫帝王，萬世之業也。

6 「始皇既沒，餘威振於殊俗[93]。然而陳涉甕牖繩樞[94]之子，甿隸[95]之人，而遷徙[96]之徒也。材能不及中人，非有仲尼、墨翟[97]之賢，陶朱、猗頓[98]之富也。躡足[99]行伍之間，俛仰[100]仟佰[101]之中，率罷散[102]之卒，將數百之眾[103]，轉而攻秦。斬木為兵，揭[104]竿為旗，天下雲會響應[105]，贏糧[106]而景從[107]。山東[108]豪俊遂並起，而亡秦族矣。

7 「且天下非小弱也[109]；雍州之地，殽、函之固自若[110]也；陳涉之位，非尊於齊、楚、燕、趙、韓、魏、宋、衛、中山之君也；鉏櫌棘矜[111]，非銛[112]於句戟長鎩[113]也；適戍之眾[114]，非儔[115]於九國之師也；深謀遠慮，行軍用兵之道，非及鄉時之士[116]也。然而成敗異變[117]，功業相反也。嘗試使山東之國與陳涉度長絜大[118]、比權量力，則不可同年而語119矣。然而秦以區區之地致萬乘之權120，抑八州121而朝同列122，百有餘年123矣，然後以六合為家，殽、函為宮124。一夫作難125而七廟墮126，身死人手，為天下笑者，何也？仁義不施而攻守之勢異也127。」

【章旨】以上為第四段，是作者的論贊，作者引賈誼的〈過秦〉對秦王朝的興亡表現了極大的感慨。

【注釋】❶褚先生曰　此處應作「太史公曰」。褚先生，名少孫，西漢元帝、成帝時期為郎，是司馬遷《史記》最早的讀者與宣傳者之一。他所增補的《史記》篇章有〈三代世表〉、〈外戚世家〉、〈梁孝王世家〉、〈三王世家〉、〈張丞相列傳〉、〈田叔列傳〉、〈滑稽列傳〉、〈龜策列傳〉共八篇，而本篇則全部為司馬遷之原文。❷固塞文法　固塞，堅固的塞堡，應上文「地形險阻」而言。文法，指規章律令，應上文「兵革刑法」而言。❸吾聞賈生之稱曰　以下所引文字即賈誼的〈過秦〉上，其主旨在於分析論述秦王朝的失敗原因。賈生，即賈誼，西漢文帝時的傑出政論家，事跡見〈屈原賈生列傳〉。「生」字在漢代是對學者、隱者的敬稱。❹秦孝公　名渠梁，西元前三六一－前三三八年在位。❺殽函　殽山、函谷關，秦國東部的關險，殽山在今河南靈寶東南，函谷關在靈寶東北。❻雍州　古代的九州之一，大致包括今陝西和與之鄰近的甘肅東部地區。❼窺　偷看，這裡是伺機奪取的意思。❽有席卷天下四句　席卷、包舉、囊括、并吞，都是「吞併」的意思。天下、宇內、四海、八荒，都是「天下」的意思。❾商君　即商鞅，原衛人，故也稱衛鞅。商鞅佐秦孝公實行變法，使秦國富強。❿務耕織二句　即商鞅所實行的獎勵農耕、獎勵戰功的政策。⓫外連衡而鬬諸侯　按：講「連衡」者為張儀，張儀的活動乃在數十年後的惠文王時，非孝公時事也。⓬拱手　極言其清閒之態。⓭取西河之外　攻取了原屬魏國的今陝西東部黃河以西地區。按：秦取西河外在惠文王八年（西元前三三〇年），非孝公時也。⓮惠文王　孝公之子，名駟，西元前三三七－前三一一年在位。⓯武王　名蕩，惠王之子，西元前三一〇－前三〇七年在位。⓰昭王　也稱「昭襄王」，名則，惠王之子，武王之弟，西元前三〇六－前二五一年在位。⓱蒙故業二句　即繼承秦孝公的事業與政策。⓲南取漢中　事在惠文王二十六年。漢中，秦郡名，約當今之陝西東南部和與之相鄰的湖北西北部，這一帶原來屬楚，後被秦國占領。⓳西舉巴蜀　事在惠文王二十二年。巴蜀，古代小國名，蜀國的都城即今成都，巴國的都城在今重慶北，兩個小國在惠文王時被秦將司馬錯所攻取。⓴東割膏腴之地向東方的韓、魏等國割取肥沃土地。膏腴，肥沃。㉑收要害之郡　「收」上應有「北」字。按：「取」、「舉」、「割」、「收」都是「攻取」的意思。㉒弱秦　削弱秦國。㉓致　招納。㉔合從締交　指東方六國建立反秦聯盟。合從，同「合縱」，指東方六國間的聯盟。締，結；建立。㉕孟嘗　孟嘗君田文，曾為齊愍王之相，以養士聞名。㉖平原　平原君趙勝，趙惠文王之弟，趙國的宰相，以養士聞名。㉗春申　春申君黃歇，楚考烈王宰相，以養士聞名。㉘信陵　信陵君無忌，魏安釐王之弟，以養士聞名。㉙明知　同「明智」。㉚約從連衡　按：〈秦始皇本紀〉引此文作「約從離衡」，此作「連衡」，誤也。《索隱》曰：「言孟嘗等四君皆為其國共相約結為縱，以離散秦之橫。」㉛兼韓魏燕趙宋衛中山之眾　按：〈秦始皇本紀〉引此文有「齊」「楚」兩國。韓，國都即今河南新鄭。魏，國都大梁（今河南開封）。燕，國都薊縣（今北京市）。齊，國都臨淄（今山東淄博臨淄北）。趙，國都即今河北邯鄲。宋，春秋以前國都睢陽（今河南商丘東南），戰國時遷都彭城（今江蘇徐州）。衛，國都在今河南濮陽西南。中山，國都靈壽（今河北靈壽西北）。㉜於是　此時。㉝六國　《索隱》曰：「韓、魏、趙、燕、齊、楚是也，與秦為『七國』，亦謂之『七雄』。又六國與宋、衛、中山為九國，其三國蓋微，又前亡。」㉞甯越　《呂氏春秋》注：「趙中牟之鄙人也，十五歲而周威公師之。」㉟徐尚　梁章鉅曰：「疑即〈魏世家〉之『外黃徐子』，說魏太子中以百戰百勝之術者。」㊱蘇秦　當時有名的縱橫家。㊲杜赫之屬　杜赫，《呂氏春秋》以為「周人」，並曾「以安天下說周昭文君」。之屬，之類，與下文「之徒」「之倫」意同。㊳齊明　《索隱》曰：「東周臣，後仕秦、楚及韓。」㊴周冣　《索隱》曰：「周之公子，亦仕秦。」㊵陳軫　當時著名的縱橫家，曾仕於秦、楚。㊶邵滑　也作「召滑」，《索隱》以為「楚人」，沈欽韓說他曾為「楚相」。㊷樓緩　先為魏相，後又仕秦。㊸翟景　一說為即《戰國策》中之「翟強」，曾為魏相。另一說為即《戰國策・趙策》中的「翟章」。㊹蘇厲　司馬遷以為是蘇秦之弟。㊺樂毅　當時傑出的軍事家。㊻吳起　戰國初期傑出的政治家、軍事家。㊼孫臏　戰國中期傑出的軍事家。㊽帶他兒良　王念孫以為「帶他」即「帶季」，與兒良同為趙、魏將。㊾王廖　具體事跡不詳。㊿田忌　齊國名將。(51)廉頗趙奢　都是趙國名將。(52)仰關而攻秦　仰關，有本作「叩關」，「叩」字生動形象；「仰」則從秦國的地勢之高而言之。(53)延敵　引敵使之進入。延，引；請，此處蓋有從容不迫，以逸待勞的樣子。(54)亡矢遺鏃　丟一矢，損一箭，極言其花費之少。(55)從散約敗　即縱約解散。從，同「縱」。敗，解散。(56)追亡逐北　即追擊敗兵。亡，逃。北，背；敗。(57)櫓　大盾。(58)入朝　入函谷關朝拜秦國，亦即視秦為其宗主。(59)施　延續；等到。(60)孝文王　昭王之子，秦始皇的祖父，西元前二五〇年在位。(61)莊襄王　即子楚，秦始皇的父親，西元前二四九－前二四七年在位。(62)享國　享有國家的統治權，即臨朝在位。(63)始皇　名政，西元前二四六年繼位為秦王。(64)六世　指孝公、惠文王、武王、昭王、孝文王、莊襄王。(65)餘烈　傳留下來的事業。烈，業。(66)策　打馬的竹片，後世即用以指馬鞭。(67)御宇內　即統治天下。御，駕御；統治。(68)吞二周　指滅掉東周、西周兩個小國，在其地設立三川郡。西周於西元前二五五年被秦昭王所滅，東周於西元前二四九年被莊襄王所滅，今皆繫於始皇名下，與事實不符。(69)履至尊　登上皇帝之位。(70)制六合　亦即統治天下。六合，天之下、地之上的東西南北四方之內。(71)敲朴　都是打人的棍棒之類。短曰敲，長曰朴。(72)百越　指今廣東、廣西及與之鄰近的周邊地區，因這一帶的民族種類繁多，故以「百」字名之。(73)桂林象郡　皆秦郡名，桂林郡的郡治在今廣西桂平西南，象郡的郡治臨塵即今廣西崇左。(74)俛首　低頭。(75)委命下吏　把自己的性命交由秦始皇手下的官吏安排處置，極言其服從之狀。(76)蒙恬　始皇時代的名將，蒙驁之孫。(77)藩籬　以喻邊防要塞。(78)卻匈奴七百餘里　據〈匈奴列傳〉，戰國末期，今內蒙古黃河以南的伊克昭盟一帶地區被匈奴人占領，始皇統一六國後，乃「使蒙恬擊胡，悉收河南地，因河為塞」，從而使邊界向北擴展到了今黃河的後套以北。(79)胡人不敢南下而牧馬　隱指其不敢向黃河以南進犯。(80)士亦不敢貫弓而報怨　士，此指匈奴人。貫弓，張弓。「貫」亦同「彎」。(81)廢先王之道　即廢棄儒家所鼓吹的「禮樂」、「仁義」等。(82)燔百家之言　即通常所說的「焚書」。據〈秦始皇本紀〉，當時令史官「非秦紀皆燒之；非博士所職，天下敢有藏《詩》、《書》百家語者，悉詣尉雜燒之。」(83)黔首　即指百姓。始皇二十六年，下令「更名民曰『黔首』」。(84)墮名城　墮，同「隳」。始皇三十二年，有所謂「壞城郭，決通防」。(85)兵　兵器。(86)銷鋒鍉二句　意謂熔化這些兵器，改鑄成了十二個大銅人。鍉，同「鏑」。箭頭。(87)踐華為城　登上華山，以華山作為秦地的東城牆。(88)因河為池　用今陝西東界的黃河作為秦地的護城河。(89)億丈之城　即以華山所做的城牆。(90)不測之谿　即以黃河所做的護城河。不測，無法測量其深。(91)信臣　可信任的大臣。(92)陳利兵而誰何　即持槍站崗、巡邏。誰何，喝問行人。(93)殊俗　謂異國、異族。瀧川曰：「西方諸國謂禹域曰『支那』，又曰『震旦』、『真丹』，皆「秦」字引音，亦可見秦威『振於殊俗』也。」(94)甕牖繩樞　以破缸做窗口，以繩子繫門軸，極言其居室之貧。(95)甿隸　平民。甿，古「氓」字。民也。(96)遷徙　充軍；發配。(97)仲尼墨翟　孔子、墨子，儒家學派與墨家學派的創始人，這裡用作有道德、有才幹人物的代表。(98)陶朱猗頓　都是古代有名的大富翁。陶朱，陶朱公范蠡，春秋末期人，輔佐句踐滅吳後，轉去經商，成為巨富。猗頓，以放牧、製鹽發家的大富翁。(99)躡足　小步走，謹慎小心的樣子。(100)俛仰　這裡即指「俯」，「俯首」，與上句「躡足」意思相近。也有本引此文作「倔起」，即突然興起。(101)仟佰　千夫長、百夫長，極言其品級之低。也有本引此文作「阡陌」，意即隴畝、田間。(102)罷散　疲憊，散亂。極言其不堪一擊。罷，同「疲」。(103)將數百之眾　陳涉初起時，僅有戍卒九百人。將，率領。(104)揭　舉。(105)雲會響應　如雲之聚集，如響之應聲，皆喻其快。(106)贏糧　自己帶著糧食。贏，擔。

(107)景從　像影子隨著形體，時刻不離。景，同「影」。(108)山東　殽山以東，泛指昔時六國之地。(109)天下非小弱也　統一了天下的秦王朝，不是比統一前的秦國更小弱了。(110)自若　還是和從前一樣。(111)鉏耰棘矜　指陳涉起義軍的以棍棒做武器。鉏耰，鋤柄。棘矜，以棘木棒當矛。矜，矛。(112)銛　銳利。(113)句戟長鎩　指秦兵的精良武器。句，同「勾」。鎩，長矛。(114)適戍之眾　被發配遠戍邊地的役夫。適，通「謫」。(115)儔　侔；相比。(116)鄉時之士　指吳起、孫臏諸人。鄉，同「嚮」。昔日。(117)成敗異變　即成敗不同。「異」、「變」二字同義。(118)度長絜大　比一比誰長誰大。度、絜，都是比量的意思。(119)不可同年而語　極言其差別之懸遠。(120)致萬乘之權　謂使自己成了一個強大的諸侯國。(121)抑八州　意即將普天下的其他國家都壓了下去。古代稱中國有九州，秦國居於雍州，故統稱秦國以外的其他區域為「八州」。(122)朝同列　使與之同列的東方諸侯都來朝拜於秦。(123)百有餘年　從秦孝公實行變法（西元前三五六年）到秦始皇統一六國（西元前二二一年），共一百三十多年。(124)六合為家二句　使整個天下成為一家，以殽山、函谷關為秦朝的宮牆，指秦國統一天下，秦王稱帝。(125)一夫作難　指陳涉一個「匹夫」的首難反秦。(126)七廟墮　指政權毀滅，國家滅亡。七廟，皇帝的宗廟，因其廟內供奉著七代先祖，故云。墮，同「隳」。宗廟毀也就意味著王朝滅亡。(127)仁義不施而攻守之勢異也　按：以上為〈過秦〉上篇，批評了秦始皇統一後所實行政策的失誤。高步瀛說此文：「前半極力形容秦國累代之強，非諸國所能敵；及始皇益強，遂滅六國而統一天下，其勢力益雄，防衛益固，真可謂若萬世不亡者。而陳涉以一無勢力之人一出，乃遂亡秦。此段更就前文所述，兩兩比較，幾同卵石之異，而卵竟碎石，是真奇怪不可測度。其千回百折，止為激出末句，故正意一經揭出，格外警悚出奇，可謂極文章之能事矣。」

【語譯】 褚先生說：地理形勢的險要，有助於國家的穩固；軍隊建設與嚴格的法律，有助於社會的治理，但光憑這個還是靠不住的。古代聖王的治理國家所以要以仁義為本，而把牢固的防線與嚴格的法律放在次要地位，不正說明了這一點嗎！我聽賈誼對於這個問題發表的見解說：

2 「秦孝公憑藉著殽山、函谷關的堅固要塞，占有著古雍州的整個地盤，君臣合力在牢守本土的基礎上，向東窺測著洛陽一帶的周王室，他們有席捲、包攬天下之意，囊括、併吞四海之心。這時的秦國，有商鞅幫著秦孝公，在內部實行變法，獎勵務農，做好了一切進攻與防守的準備；對外實行連衡以逐個攻擊東方諸國。於是秦國毫不費力地奪取了黃河西岸的大片地盤。

3 「秦孝公死後，他的兒子、惠文王、武王、昭王繼承了孝公的事業，採用著孝公的既定政策，向南奪取了漢中，向西南奪得了巴、蜀二郡，向東奪取了大片肥美之地，向北奪取了一些重要的郡縣。東方各國對此感到恐懼了，於是那些君長們相會謀劃如何削弱秦國，遂不惜拿出奇珍異寶與肥沃領地來招攬各地的人才，他們合縱結盟，連成一體地共同對付秦國。這時齊國有孟嘗君，趙國有平原君，楚國有春申君，魏國有信陵君。這四位都是既明智又忠信，既寬厚又愛人，都是尊賢而重士的。他們瓦解了秦與東方的「連衡」，建立了東方各國的「合縱」，使韓、魏、燕、趙、宋、衛、中山諸國都一齊聯合起來。這時東方六國之士中有甯越、徐尚、蘇秦、杜赫一類的人為聯合抗秦設謀；有齊明、周冣、陳軫、邵滑、樓緩、翟景、蘇厲、樂毅一類人為諸國相互通聲息；有吳起、孫臏、帶他、兒良、王廖、田忌、廉頗、趙奢一類人為他們統兵。他們曾靠著十倍於秦國的地盤，以多達百萬的軍隊，浩浩蕩蕩地西上攻秦。秦國從容地打開關門讓東方的軍隊西進，而東方的九國聯軍卻暗中逃跑，沒有一個敢進去。結果秦兵沒費一根箭桿、一個箭頭，而東方各國卻已經自己折騰得疲憊不堪了。於是東方各國的合縱聯盟土崩瓦解，各國重又爭先恐後地向秦國討好，割地盤給秦國。而秦國則趁勢用自己的餘力以攻擊東方的疲憊，於是遂追奔逐北，打得東方各國橫屍百萬，血流之多幾乎可以漂起盾牌。秦國趁著這種形勢遂主宰天下，控制各國，較強的國家宣告服從，小國弱國只好讓其國君入秦朝拜了。

4　「接著孝文王、莊襄王兩代，都因為在位的時間太短，國家沒有什麼事情。

5　「待至始皇即位，遂在以往六代的基礎上奮發而起，他揮動長鞭以駕御天下，滅掉了東西二周與各國諸侯，他登上皇帝寶座統治四海，手執棍棒以治理國家，威振天下。他向南征服百越之地，在那裡設置了桂林、象郡。使百越之君俯首請降，歸命秦吏。他命蒙恬北築長城，鎮守邊關，把匈奴人向北趕出了七百多里，使匈奴人再也不敢向南進犯，再也不敢挽弓搭箭地前來尋釁報仇。但從此秦始皇便廢棄古代聖賢的章程，焚毀戰國以來的百家之言，想以此愚弄百姓。他們鏟平東方各地的大城，殘殺持有不同政見的名士，把被滅六國的武器都收集到咸陽，把那些矛頭箭鏃通通熔化，鑄成了十二個大金人，為的是削弱東方的黎民百姓，讓他們沒辦法造反。而秦朝自己則以華山作為它東面的城牆，以黃河作為它東面的護城河，他們上據高聳入雲的大城，下臨深不見底的溝溪。他們派信臣良將鎮守要害之處，士兵們執精良武器盤查行人。待一切安排完畢，秦始皇遂想關中的鞏固就恰如銅牆鐵壁，他們家的帝王之業就子子孫孫傳之萬世而無窮了。

6 「秦始皇剛死，其餘威還震撼著異邦異域的時候，陳涉起義爆發了。陳涉，是個窮人家的兒子，是個農民，是個被發配的人。論才能他夠不上個中等，他沒有孔丘、墨翟那樣的本事，也沒有范蠡、猗頓那樣的家財。他只是被發配的勞役隊伍中的一員，是一個低著頭走路的小頭目，他率領著一群散亂無章的幾百人的烏合之眾，掉轉矛頭攻打秦王朝。他們砍下木棒做武器，舉起竹竿當旗子，結果風起雲湧，天下響應，人們都自帶糧食投奔陳王。於是各地的豪傑同時起兵，遂一下子將秦王朝滅掉了。

7 「統一了天下的秦王朝，不是比以前的秦國更小更弱啊；雍州的地盤，殽山、函谷關的險要，還是和過去一樣啊；陳涉的政治地位，不比當年齊、楚、燕、趙、韓、魏、宋、衛、中山的君主更尊貴、更有號召力啊；陳涉軍隊所持的鋤把木棒，不比當年東方士兵所用的勾戟長矛更鋒利啊；被發配遣送的民夫苦役，沒法和東方九國訓練有素的軍隊相比啊；論起運籌帷幄、行兵布陣的才能，陳涉的軍官也遠遠不及當時東方的軍事家啊。然而事情的成敗結局，卻恰恰相反。如果拿當年東方諸國的條件來和陳涉比量高低，其相差的距離是不可同年而語的。但秦國當年就憑著一塊區區的雍州之地而發展成為一個具有萬輛兵車的大國，接著又削弱東方，打得各個諸侯君長臣服於秦，前後經過了一百多年的努力，最後才統一天下，讓殽山、函谷關做了秦王朝東面的宮牆。結果竟在陳涉這麼個下等人的舉兵發難之下，秦朝的宗廟被人鏟平，秦朝的帝王被人所殺，並被天下人所嘲笑，這都是怎麼搞的呢？這是由於秦王朝不施行仁義，不懂得打天下與守天下的方針、戰略是應該不同的啊！」

【研　析】〈陳涉世家〉寫了陳涉於秦二世元年七月揭竿起義，前後歷時六個月，至秦二世二年十二月（當時以十月為歲首）即被秦將章邯所殺的全部過程。對於陳涉的被列為「世家」，曾有人提出反對，認為應該降為「列傳」；而司馬遷卻將陳涉與湯、武、孔子相比，這是因為司馬遷特別看重了陳涉的首先發難之功。他說：

「陳勝雖已死，其所置遣侯王將相竟亡秦，由涉首事也。」對此，宋代洪邁發揮說：「秦以無道毒天下，六王皆萬乘之國，相踵滅亡，豈無孝子慈孫、故家遺俗？皆奉頭鼠伏。自張良狙擊之外，更無一人敢西向窺其鋒者。陳勝出於戍卒，一旦奮發不顧，海內豪傑之士乃始雲合響應，並起而誅之。數月之間，一戰失利，不幸隕命於御者之手，身雖已死，其所置遣侯王將相竟亡秦。項氏之起江東，亦矯稱陳王之令而渡江。秦之社稷為墟，誰之力也？且其稱王之初，萬事草創，能從陳餘之言，迎孔子之孫鮒為博士，至尊為太師。所與謀議，皆非庸人崛起者可及，此其志豈小小者哉！漢高帝為之置守冢於碭，血食二百年乃絕，子雲指以為『亂』，何邪？若乃殺吳廣，誅故人，寡恩忘舊，無帝王之度，此其所以敗也。」（《容齋續筆》）明代馮班說：「陳涉起自謫戍而敗，然亡秦之侯王將相多涉所置。自項梁未起，以天下之命制於一人之手，升為『世家』，太史公之旨也。」（《史記評林》引）

看重陳涉的首創之功是對的，但司馬遷將陳涉視同商湯、周武王與孔子，我認為還與司馬遷的特別眼光有關。其一是出於他的進步史觀，他同情下層人民，重視下層人民的力量，而不迷信「君權神授」；其二這是出於漢初較進步的思想家影響，如賈誼的〈過秦〉即推崇陳涉，將滅秦之功歸之陳涉；其三是司馬遷敬佩陳涉等在生死關頭的勇敢抉擇。當陳涉等遇雨失期，失期按律當斬時，陳涉說：「今亡亦死，舉大計亦死，等死，死國可乎？」又說：「王侯將相寧有種乎！」這話陳涉說過沒有？即使有這種意思，原話就是這個樣子嗎？反正第一次就是出現在這篇〈陳涉世家〉裡，而且凝聚著司馬遷的無限敬佩之情，這是司馬遷人生觀、價值觀的絕好表現。他在〈廉頗藺相如列傳〉裡說：「知死必勇，非死者難也，處死者難。方藺相如引璧睨柱及叱秦王左右，勢不過誅，然士或怯懦而不敢發。相如一奮其氣，威信敵國；退而讓頗，名重太山，其處智勇，可謂兼之矣。」這些是應該加以比較參照的。

這篇作品在描寫陳涉的發動起義，與通過故人的眼睛以表現陳涉後來的奢侈驕盈，都非常精彩，這些容易看到。但當中描述起義之後的這支早期農民隊伍中的紛紛總總，就往往不為人們所注意了。明代湯諧對此有絕好的理解，他說：「此文前後之妙易知，中間之妙難知；中間提筆之妙猶易知，零敘之妙難知。蓋陳勝王凡六月，一時多少侯王將相，起者匆匆而起，立者匆匆而立；遣者匆匆而遣，下者匆匆而下；畔者匆匆而畔，據者匆匆而據；勝者匆匆而勝，敗者匆匆而敗；失者匆匆而失，復者匆匆而復；誅者匆匆而誅，散者匆匆而散。有六月內結局者，有六月內未結局者，有六月後續出者，種種頭緒，紛如亂絲。詳敘恐失倉卒之意，急敘又有挂漏之患，豈非難事？乃史公卻是匆匆寫去，卻已一一詳盡，不漏不支，不躐不亂，豈非神手！若于此等妙處不能潛心玩味，真見其然，猶為枉讀《史記》也。」（《史記半解》）近代李景星說：「升項羽於『本紀』，列陳涉於『世家』，俱屬太史公破格文字。項羽垂成而終為漢困死，是古今極不平事，升之『本紀』，蓋所以惜之而不以成敗論也。陳涉未成，能為漢驅除，是當時極關係事，列之『世家』，蓋所以重之而不與尋常等也。且涉雖一起即蹶，所遣之王侯將相卒能亡秦，既不能一一皆為之傳，又不能一概抹殺，擯而不錄。即云有各『紀』、『傳』在，無妨帶敘互見；然其事有可以隸屬者，亦有不能強為隸屬者，此中安置，頗覺棘手。惟斟酌於『紀』、『傳』之間將涉列為『世家』，將其餘與涉俱起不能遍為立傳之人皆納入涉『世家』中，則一時之草澤英雄皆有歸宿矣。故通篇除吳廣外，牽連而書者至有二十餘人之多。千頭萬緒，五花八門，卻自一絲不亂，非大手筆何能為此！」（《史記評議》）

卷四十九

外戚世家第十九

【題解】此篇名為「外戚」，實則主要是寫后妃，外戚只是連帶說及。作品通過記敘漢朝前期從高祖到武帝的幾個后妃的事跡，撕掉了統治階級那層溫情脈脈的面紗，展示了宮廷內部為爭寵奪權而進行的你死我活的鬥爭，具有重要的認識意義。司馬遷認為后妃的品德好壞，對國家興衰有密切關係，所以作品中表現了一種希望后妃修德的心理，這是很自然的。作品在描寫家庭生活場景方面富有特色，像竇皇后姐弟相認一節就寫得十分生動。褚先生所續漢武帝迎脩成君事，其精彩程度亦不亞於史遷。

自古受命帝王❶及繼體守文❷之君，非獨內德❸茂也，蓋亦有外戚❹之助焉。夏之興❺也以塗山❻，而桀之放❼也以末喜❽；殷之興❾也以有娀❿，紂之殺⓫也嬖妲己⓬；周之興也以姜原⓭及大任⓮，而幽王之禽⓯也淫於褒姒⓰。故易基乾、坤⓱，詩始關雎⓲，書美「釐降」⓳，春秋譏「不親迎」⓴。夫婦之際㉑，人道之大倫㉒也。禮之用，唯婚姻為兢兢㉓。夫樂調而四時和㉔，陰陽之變，萬物之統也㉕，可不慎與！人能弘道，無如命何㉖。甚哉！妃匹之愛㉗。君不能得之於臣，父不能得之於子㉘，況卑下乎！既驩合㉙矣，或不能成子姓㉚；能成子姓矣，或不能要其終㉛：豈非命也哉㉜？孔子罕稱命㉝，蓋難言之也㉞。非通幽明之變㉟，惡能㊱識乎性命㊲哉？

【章旨】以上為第一段，是全篇的小序，指出了后妃對帝王與國家政治的重要影響，並感慨作為一個后妃的難以把握的命運問題。

【注釋】❶受命帝王　指開國之君，古稱開國之君都是秉承「天命」降臨人世的。❷繼體守文　《正義佚存訂補》曰：「繼體，謂嫡子繼先祖者也。守文，謂守先祖法令也。」瀧川引中井曰：「承父祖之統者皆『繼體』矣，不必論嫡庶。」❸內德　帝王本人的道德。❹外戚　主要指后妃。❺夏之興　指夏朝的開國帝王禹因治水有功而接受舜的禪讓，開創了夏王朝事。❻塗山　此指塗山之女，禹之妻。塗山是國名，相傳在今安徽當塗。❼桀之放　指夏朝的末代帝王因殘暴無道被商湯滅亡流放事。❽末喜　也作「妺喜」，夏桀的寵妃。❾殷之興　殷朝祖先契的興起。❿有娀　指有娀氏之女，商朝祖先契的母親簡狄。⓫紂之殺　商朝的末代帝王紂被周武王打敗，自焚而死。⓬嬖妲己　嬖，寵幸。妲己，殷紂的寵妃，有蘇氏之女。⓭姜原　周朝始祖后稷的母親。⓮大任　周文王的妻子，周武王的母親。⓯幽王之禽　幽王，西周的最後一個帝王，名宮涅（一作宮湦），西元前七八一—前七七一年在位。⓰褒姒　《索隱》曰：「褒是國名，姒是其姓，即龍漦之子，褒人育而女於幽王者也。」⓱易基乾坤　《易經》的六十四卦從〈乾〉卦〈坤〉卦開始。基，始也。⓲詩始關雎　《詩經》以〈關雎〉篇作開頭。《詩．大序》：「〈關雎〉，后妃之德也，風之始也，所以風天下而正夫婦也。」⓳書美釐降　言堯欲觀舜治績，以己之二女妻之，舜能以治降下二女，以成其德。釐降，分派下嫁。釐，理。⓴春秋譏不親迎　《索隱》曰：「《公羊》：『紀裂繻來逆女。』何以書？譏不親迎也。」見隱公二年。㉑夫婦之際　夫妻之間的這種關係。㉒人道之大倫　是社會人倫的重要一項。倫，理。㉓禮之用二句　要說「禮」的運用，沒有比婚姻之禮更需要認真講究的了。兢兢，戒慎；謹慎小心的樣子。㉔樂調而四時和　古人論樂，常帶神祕性，曾有所謂樂律協和能使四季風調雨順之說。四時，即四季。㉕陰陽之變二句　《索隱》曰：「陰陽變，則能生萬物，是陰陽即夫婦也。夫婦道和而能化生萬物，萬物人為之本，故云萬物之統。」㉖人能弘道二句　人可以弘揚大道，改造社會，但卻無法改變命定的東西。㉗妃匹之愛　夫妻之間的恩愛。妃匹，猶言匹配，即男女婚姻。妃，配。㉘君不能得之於臣二句　二句解法不一，《索隱》曰：「以言夫婦親愛之情，雖君父之尊而不奪臣子所好愛，使移其本意，是不能得也，故曰『匹夫不可奪志』也。」《正義佚存訂補》曰：「言臣子有親愛之情，君父雖尊，猶不能奪，況乎卑下而能止制乎？」指臣子所有的這種夫妻之愛，做君父的也許一輩子享受不到，只有空羨慕而已。㉙驩合　合歡，指男女成親。驩，通「歡」。㉚或不能成子姓　有些人結了婚但不能有子孫。子姓，謂眾子孫也。姓之言生也。㉛或不能要其終　有些人能生兒子但卻無好的結果。㉜豈非命也哉　葉玉麟曰：「『命』字，一篇之主。」錢鍾書曰：「此正遷之深于閱歷，切于事情也。蓋婚姻之道多出于倘來偶遇，智力每無所用之。重以父母之命，媒妁之言，幾于暗中摸索。」㉝孔子罕稱命　孔子很少談到「命運」、「命定」。㉞蓋難言之也　這是很難說的一個問題啊。按：此史公之自我慨歎，是《史記》中的常用法。㉟通幽明之變　通曉人世與天地鬼神之間的因果變化。幽，指天地鬼神等人所不見的事物。明，指人類社會的事物。㊱惡能　焉能；豈能。惡，也寫作「烏」，如何。㊲性命　人性與命運。

【語　譯】自古以來有些帝王之所以能夠秉承天命開國創業或是能夠繼承帝統遵法守成，這都不光是因為他們自身的品德好，而是都還有后妃的大力幫助。比如夏朝的興起是因為有塗山氏的女了，而夏桀的被流放則是因為末喜這個壞女人；殷朝的興起是因為有娀氏的支持，而殷紂的被殺則是因為他寵信了妲己；周朝的興起是因為有姜原和大任這兩位女性，而周幽王的被犬戎所擒則是因為他和褒姒終日荒淫。所以《易經》要用象徵陰陽男女的〈乾〉卦和〈坤〉卦開頭，《詩經》要把讚美后妃之德的〈關雎〉放在首篇，《書經》裡曾稱頌唐堯把兩個女兒下嫁給虞舜，《春秋》裡曾譏諷過君主娶妻的不親迎。這些都說明夫妻之間的關係，是人倫當中重要的一條。所以在說到禮的時候，婚姻方面的禮是最要認真講究的。因為樂聲和諧就能使四季風調雨順，而陰陽的變化是萬物生長發育的根基，因此，人們怎能不對此謹慎從事呢！人們可以弘揚大道，但對於天命人們是沒有什麼辦法的。甚且夫妻之間的那種恩愛關係，即使一國之君，不能從他的臣子身上得到，一家之主，不能從他的子女身上得到，更遑論關係更疏遠的人了！有的人夫妻關係不錯，但不能生兒育女；也有的能生兒育女了，但沒有好結果：這一切難道不是天命嗎？孔子是很少說命的，因為這實在是一個很難說清的問題。一個人要不能通曉宇宙陰陽的無窮變化，又怎麼能說清天命呢？

1 太史公曰：秦以前尚略矣❶，其詳靡得而記❷焉。漢興，呂娥姁❸為高祖正后，男為太子❹。及晚節，色衰愛弛，而戚夫人❺有寵，其子如意幾代太子者數矣❻。及高祖崩❼，呂后夷戚氏，誅趙王❽，而高祖後宮唯獨無寵疏遠者得無恙❾。

2 呂后長女❿為宣平侯張敖⓫妻，敖女為孝惠皇后⓬。呂太后以重親⓭故，欲其生子萬方⓮，終無子，詐取後宮人子為子⓯。及孝惠帝崩⓰，天下初定未久，繼嗣不明⓱。於是貴外家，王諸呂以為輔⓲，而以呂祿⓳女為少帝⓴后，欲連固根本牢甚㉑，然無益也。

3 高后崩㉒，合葬長陵㉓。祿、產等懼誅，謀作亂㉔，大臣征之㉕。天誘其統㉖，卒滅呂氏，唯獨置孝惠皇后居北宮㉗。迎立代王㉘，是為孝文帝，奉漢宗廟㉙。此豈非天邪？非天命，孰能當之㉚？

【章旨】以上為第二段，寫劉邦的皇后呂雉，為自己、為兒子、為家族的種種徒勞，而劉恆反坐享其成的「命定」不可知。

【注釋】❶秦以前尚略矣　秦以前那些后妃的命運如何，時代太久遠，記載太稀少啦。尚略，久遠；稀少。❷靡得而記　無法著之於史。❸呂娥姁　即呂后，名雉，字娥姁。❹男為太子　呂后共生一子一女，其子即惠帝劉盈。❺戚夫人　劉邦的寵妃。❻其子如意幾代太子者數矣　戚夫人所生之子劉如意，好幾次差點兒擠掉劉盈，取代其太子之位。數，屢；多次。❼高祖崩　西元前一九五年。❽呂后夷戚氏二句　呂后在劉邦去世後，先將趙王如意召至京城以毒酒鴆殺之；又將戚夫人去足、去手、熏目、煇耳，投之廁所，喚為「人彘」。夷，平；殺。❾唯獨無寵疏遠者得無恙　豈不因禍得福也哉？薄姬知呂后陰險，故自動遠離劉邦，亦因遠而得福。無恙，無患。❿呂后長女　即魯元公主。⓫宣平侯張敖　劉邦功臣張耳的兒子，劉邦之女魯元公主的丈夫。高祖五年（西元前二〇二年）張耳死，張敖繼其父位為趙王，高祖九年因部下貫高等謀刺劉邦，被降為宣平侯。⓬敖女為孝惠皇后　敖女，《索隱》引皇甫謐云：「名『嫣』。」按：魯元公主的女兒嫁給自己的親舅舅孝惠帝為皇后。⓭重親　有婚姻關係的親戚，又再結親。即親上加親。周壽昌曰：「張后為帝姊之女，以配帝，故云重親。」⓮欲其生子萬方　千方百計地讓其生兒子，因為有了兒子才能穩固皇后的位置，也才能把穩國家權力。⓯詐取後宮人子為子　將後宮裡其他姬妾生的孩子抱過來，假說是皇后生的。按：此句非常重要。有此句在前，則後文「繼嗣不明」、以及周勃等所謂少帝「非劉氏子」者，皆別有用心之捏造矣。⓰孝惠帝崩　西元前一八八年。⓱繼嗣不明　指張后所抱以為己子者是否真是孝惠帝的兒子，群臣有懷疑。按：周勃、陳平諸人，既滅諸呂，怕惠帝子為帝日後報復，故必欲斬草除根。⓲貴外家二句　惠帝死後，呂后臨朝執政，封諸呂為王、為侯。⓳呂祿　呂后次兄呂釋之之子，呂后七年（西元前一八一年）被封為趙王。⓴少帝　惠帝之子，原名劉義，後改名劉弘。孝惠死後，先是立了張后所養的兒子為帝，在位四年，因獲知其生母被殺有怨言，被呂后「幽殺」之，接著改立了另一個後宮子劉義，即少帝。㉑欲連固根本牢甚　想要緊密的結成親戚，以便牢牢地把持政權。㉒高后崩　事在呂后八年（西元前一八〇年）。㉓合葬長陵　長陵，劉邦的陵墓，在今陝西咸陽東北二十多公里處，呂后的陵墓在長陵的西側。此處的所謂「合葬」只是說葬在同一個墳圈裡，並非同葬在一個墓穴內。㉔祿產等懼誅二句　祿產，呂祿、呂產。呂產是呂后長兄呂澤之子，呂后六年被封為王。呂后封諸呂為王，深為劉姓與諸功臣所不滿，故呂后臨死前，令趙王呂祿統領北軍，以衛京城；令梁王呂產統領南軍，以衛宮廷，皆為防範不滿者作亂而設。至周勃、陳平等滅呂氏後，為伸張自己之師出有名，乃說諸呂「欲為亂」。㉕大臣征之　呂后一死，劉章約其兄劉襄統兵進京，呂氏派灌嬰率兵東出攔截，灌嬰中途倒戈與劉襄結盟，劉章與周勃、陳平等在京城發動政變，誅滅呂黨。㉖天誘其統　誘，通「佑」。保佑。統，一作「衷」。即「天心在我」。㉗獨置孝惠皇后居北宮　獨置，單單地留下，以示有別於對待其他呂氏黨羽，其他與諸呂有牽連、有血緣關係的人均已被斬。北宮，《索隱》曰：「宮在未央北，故曰北宮。」按：未央宮是皇帝所居。㉘迎立代王　代王，劉恆，劉邦之子，薄后所生，高祖十一年被封為代王。呂后八年，周勃等誅滅呂氏後，迎立代王為皇帝。㉙奉漢宗廟　主持漢王朝皇家祖廟的祭祀，蓋只有皇帝才有這種主持祭祀宗廟的資格。㉚非天命二句　瀧川曰：「承上文『豈非命也哉』。」此處作此寫法，乃因呂后已有本紀，在此不贅。

【語譯】太史公說：秦朝以前年代久遠資料缺乏，那時的后妃外戚，已經沒有辦法細寫啦。漢朝開國以來，呂娥姁是漢高祖劉邦的正皇后，她的兒子劉盈是太子。等到她的晚年，年老色衰被疏遠了，而戚夫人受到寵愛，戚夫人的兒子劉如意好幾次差點兒取代了太子。等到劉邦死後，呂后就殺死了戚夫人和趙王如意，那時，劉邦的妃子們只有那些一向被疏遠、不受寵的才得以幸免。

2　呂后的大女兒是宣平侯張敖的妻子，張敖的女兒又嫁給她的舅舅孝惠帝做了皇后。呂后是為了親上加親命令他們這麼做的。呂后曾想盡辦法讓她的外孫女給皇帝生兒子，結果還是沒有生，於是她們就弄來了後宮一個別的姬妾的兒子來冒充自己生的。等到孝惠帝死後，當時天下才剛剛安定，繼位人的身分不明。於是呂后大肆寵用娘家人，封他們為王，讓他們輔佐朝政，而且把呂祿的女兒嫁給少帝為皇后，為的是讓劉、呂兩家盤根錯節，關係鞏固，但是沒有什麼用處。

3　呂后死後，同劉邦合葬長陵。這時呂祿、呂產等人害怕被殺，陰謀作亂，結果大臣們起來討伐他們。在老天爺的保佑下，大臣們徹底地消滅了呂氏集團，而單單留下了孝惠皇后讓她住在北宮。接著大臣們迎來了代王，請他做了皇帝，由他祭祀漢室的宗廟，這就是孝文帝。這難道不是天意嗎？要不是天意，誰能在這種當口進承大統呢？

1　薄太后，父吳❶人，姓薄氏。秦時與故魏王❷宗家女❸魏媼❹通，生薄姬。而薄父死山陰❺，因葬焉❻。

2　及諸侯畔秦❼，魏豹立為魏王❽，而魏媼內其女於魏宮❾。媼之許負所相❿，相薄姬，云當生天子。是時項羽方與漢王相距滎陽[11]，天下未有所定[12]。豹初與漢擊楚[13]，及聞許負言，心獨喜，因背漢而畔，中立，更與楚連和[14]。漢使曹參等擊虜魏王豹[15]，以其國為郡[16]，而薄姬輸織室[17]。豹已死[18]，漢王入織室，見薄姬有色，詔內後宮[19]，歲餘不得幸[20]。

3 始姬少時，與管夫人、趙子兒[21]相愛，約曰：「先貴，無相忘[22]。」已而管夫人、趙子兒先幸漢王[23]。漢王坐河南宮成皋臺[24]，此兩美人相與笑薄姬初時約。漢王聞之，問其故，兩人具以實告漢王。漢王心慘然，憐薄姬，是日召而幸之。薄姬曰：「昨暮夜，妾夢蒼龍據[25]吾腹。」高帝曰：「此貴徵[26]也，吾為女[27]遂成[28]之。」一幸生男，是為代王。其後薄姬希見[29]高祖。

4 高祖崩，諸御幸姬[30]戚夫人之屬，呂太后怒，皆幽之[31]，不得出宮。而薄姬以希見故，得出，從子之代[32]，為代王太后。太后弟薄昭從如代[33]。

5 代王立十七年[34]，高后崩。大臣議立後[35]，疾外家呂氏彊[36]，皆稱薄氏仁善，故迎代王[37]，立為孝文皇帝，而太后改號曰皇太后，弟薄昭封為軹[38]侯。

6 薄太后母亦前死，葬櫟陽[39]北。於是乃追尊薄父為靈文侯，會稽郡[40]置園邑[41]三百家，長丞已下吏奉守冢[42]，寢廟[43]上食[44]祠如法[45]。而櫟陽北亦置靈文侯夫人園㊻，如靈文侯園儀㊼。薄太后以為母家魏王後，早失父母㊽，其奉薄太后，諸魏有力者㊾。於是召復魏氏㊿，及尊賞賜各以親疏受之(51)。薄氏侯者凡一人(52)。

7 薄太后後文帝二年(53)，以孝景(54)帝前二年崩，葬南陵(55)。以呂后會葬長陵，故特自起陵，近孝文皇帝霸陵(56)。

【章旨】以上為第三段，寫文帝母薄太后屢經坎坷，因禍得福的傳奇性經歷。

【注釋】❶吳　漢縣名，縣治即今江蘇蘇州。❷故魏王　秦朝統一前的魏王。按：魏國的末代國君為魏王假，西元前二二七—前二二五年在位，都大梁（今河南開封）。❸宗家女　同一家族的女子。❹魏媼　姓魏的某婦人。媼，老婦，這裡指婦女。❺山陰　秦縣名，縣治即今浙江紹興。❻因葬焉　於是就葬在了山陰縣。❼諸侯畔秦　指陳涉起義，天下相繼皆反事。❽魏豹立為魏王　諸侯起兵反秦時，魏國宗室首先稱王的是魏豹之兄魏咎，魏咎於秦二世二年（西元前二〇八年）兵敗被殺後，魏豹繼之為王。漢元年（西元前二〇六年）諸侯滅秦後，項羽分封魏豹為西魏王，都平陽（今山西臨汾西南）。❾魏媼內其女於魏宮　事應在漢元年下或漢二年上。❿之許負所相　到許負那裡相面。許負，當時有名的相者。所，處。⓫項羽方與漢王相距滎陽　相距，相峙。滎陽，秦縣名，縣治在今河南滎陽東北，當時為楚漢戰爭的主戰場。項羽與劉邦在滎陽對峙的時間為自漢二年四月起，至漢四年九月止。⓬天下未有所定　究竟誰勝誰負還看不分明。⓭豹初與漢擊楚　事在漢二年四月。當時劉邦已經收復關中，並東出相繼收服了項羽所封的河南國與韓國。漢二年三月，劉邦渡河進入了西魏地區，魏豹見劉邦勢大，遂以魏降劉邦，並於四月跟著劉邦乘項羽北上伐齊之機，一舉攻入了項羽的國都彭城。⓮因背漢而畔三句　劉邦潰敗後，跟從劉邦的各路諸侯遂紛紛反叛，魏豹亦向劉邦請假回魏國，過河後遂封鎖渡口，背叛劉邦，復與項羽聯合，此漢二年五月事也。⓯漢使曹參等擊虜魏王豹　魏豹渡河反漢後，劉邦曾派謀士酈食其前往勸說，魏豹執意不從，於是劉邦始於八月派曹參、韓信等率軍擊滅之。⓰以其國為郡　韓信滅魏後，劉邦在魏地設立了河東、太原、上黨三個郡。⓱薄姬輸織室　輸，送；投入。織室，收容罪犯以從事織作的所在。⓲豹已死　事在漢三年夏。韓信破魏，俘獲魏豹後，劉邦又將其釋放，派魏豹與漢將周苛等一道鎮守滎陽。漢三年夏，劉邦被項羽圍困於滎陽，劉邦用陳平計，令紀信假裝劉邦出東門向項羽投降，而劉邦等則開西門悄悄逃出，留下周苛、樅公、魏豹等堅守孤城。周苛、樅公討厭魏豹的反覆無常，遂將魏豹殺死。不久，滎陽被項羽攻克，周苛、樅公也被項羽所殺。⑲詔內後宮　下令將薄氏收入自己的宮廷。內，通「納」。⑳不得幸　沒有受到過劉邦的親近。㉑趙子兒　陳直曰：「西安漢城曾出『趙子兒』玉印，吳興周氏藏。」㉒先貴二句　日後誰先富貴了，不要忘記老伙伴。㉓先幸漢王　首先得到了劉邦的寵愛。㉔河南宮成皋臺　《索隱》曰：「是河南宮之成皋臺。」據《索隱》說則此臺應在當時洛陽城內的「河南宮」內。按：《漢書》寫此事作「河南成皋靈臺」，據此則臺在當時的成皋（今滎陽）。㉕據　通「踞」。盤壓。㉖貴徵　即將富貴的先兆。徵，徵兆。㉗女　通「汝」。㉘遂成　二字同義，即完成，意思是今天我讓你懷孕。㉙希見　很少見到。希，通「稀」。㉚諸御幸姬　所有受到過劉邦寵愛的妃嬪。御幸，親近；寵愛。姬，皇后以外的妃嬪的統稱。㉛皆幽之　全部將其禁閉起來。㉜從子之代　跟著兒子一起去了代國。當時代國的都城中都，在今山西平遙西南。㉝從如代　如，與上文「之」字同義，往也。㉞代王立十七年　亦即呂后八年（西元前一八〇年）。㉟議立後　商量立何人為皇帝。㊱疾外家呂氏彊　疾，患，以之為病。外家，猶言「外戚」，后妃的娘家人。因前此呂氏宗強，險些顛覆劉氏正統，故大臣皆以「外家強」為病也。㊲皆稱薄氏仁善二句　按：其實薄昭亦非善良之輩，後來因殺漢使者有罪自殺可知也。㊳軹　在今河南濟源東南。㊴櫟陽　漢縣名，縣治在今陝西西安之閻良區。㊵會稽郡　漢郡名，郡治吳縣，即今蘇州。㊶園邑　供應園陵祭祀與負責園陵守護的行政建制，漢代的園邑級別略同於一個縣。㊷長丞已下吏奉守冢　讓該園邑的主管官員祭祀守護陵墓。長丞，主管園邑的長官與其副職，有如縣裡的縣長與縣丞。梁玉繩曰：「《漢書》『吏』作『使』，是，此脫其旁耳。」已，通「以」。奉守，供奉、守護。㊸寢廟　即指廟，前殿供神位者曰廟，後殿象人起居者曰寢。㊹上食　上供。㊺祠如法　按照規定進行祭祀。㊻亦置靈文侯大人園　園，同前所謂「園邑」。㊼如靈文侯園儀　和靈文侯園陵的規格一樣。㊽早失父母　謂薄太后早失父母也。按：《漢書》作「太后早失父」。㊾其奉薄太后二句　按：句末「者」字應削。瀧川曰：「古抄本、楓山、三條本無『者』字，與《漢書》合。」奉，供養；養育。師古曰：「言太后為外家所養也。」㊿召復魏氏　將薄太后的母家諸人叫進京城，免除其一切賦稅徭役。復，免除勞役及租稅。(51)賞賜各以親疏受之　按照他們與薄太后親緣關係的遠近，分別給予賞賜。(52)薄氏侯者凡一人　即太后之弟薄昭。(53)後文帝二年　比其子孝文帝晚死兩年。孝文帝死於其後元七年，西元前一五七年。(54)孝景　漢景帝，名啟，文帝之子，竇太后所生。西元前一五六—前一四一年在位。(55)葬南陵　按：薄太后陵在今西安灞橋區之鮑旗寨村，因處於文帝霸陵之南，故也稱「南陵」。(56)霸陵　文帝的陵墓，在今西安東郊白鹿原任家坡之鳳凰嘴。

【語譯】1薄太后，她的父親是吳國人，姓薄。秦朝時同魏王家族中的一個魏姓女子通姦，生下了薄姬。薄姬的父親後來死在山陰，就葬在了那裡。

2等到各地諸侯都反叛秦朝時，魏豹被立為魏王，這時魏姓女子就把薄姬送進了魏王的宮裡。有一次魏姓女子帶著薄姬到許負那裡去相面，許負給薄姬相過後，說她將來會生一位天子。這時項羽正和劉邦兩軍相持於滎陽，究竟誰能奪得天下還沒有定準。魏豹開始是同劉邦聯合一起打項羽的，等到他聽了許負說薄姬要生天子，心裡暗暗高興，於是他就背叛了劉邦，先是中立，後來很快地就同項羽聯合了。後來劉邦派了曹參等打敗並俘虜了魏豹，把魏國變成了他所屬的三個郡，薄姬也被送進了劉邦屬下的織錦室。魏豹死後，有一天劉邦偶爾走進了織錦室，發現薄姬長得不錯，就把她收進了自己的後宮，可是薄姬進了後宮一年多也沒有能和劉邦接近過一次。

3在薄姬小的時候，曾和管夫人、趙子兒三人相好，她們曾在一起約定說：「將來誰要是先富貴了，都不要忘了提拔別人。」後來不久管夫人、趙子兒就都得到了劉邦的寵愛。有一天劉邦在河南宮的成皋臺上閒坐，管、趙兩個美人在那裡談起她們當初與薄姬的約定，不禁笑出聲來。劉邦聽見了，問她們笑什麼，這兩人就把事情的原委向劉邦說了一遍。劉邦聽了之後很可憐薄姬，於是當天就把薄姬叫來讓她陪住了。薄姬對劉邦說：「昨天夜裡，我夢見一條蒼龍壓在我的肚子上。」劉邦說：「這是你就要顯貴的徵兆，今天讓我來成就了你吧。」結果就這麼一次，薄姬就生了一個男孩，這就是後來的代王劉恆。但從此之後薄姬也就很難再見到劉邦了。

4劉邦死後，那些曾被劉邦寵幸的姬妾如戚夫人等，都被妒火中燒的呂后通通關了起來，不准她們出去。而薄姬由於歷來很少見到劉邦，因此被允許出宮，她跟著她的兒子劉恆一起去了代國，做了代王的太后。太后的弟弟薄昭也跟著一同去了代國。

5　代王即位十七年，呂后死了。大臣們商量著立誰為帝，當時人們都深恨外戚的勢力太強以至於讓呂氏鬧出了這麼大的亂子，大家一致稱讚薄氏家族仁慈善良，所以決定迎代王入朝，立他做了孝文皇帝，而代王太后改稱為皇太后，太后的弟弟薄昭被封為軹侯。

6　薄太后的母親早就死了，葬在櫟陽城北。這時候漢文帝追封薄太后的父親為靈文侯，在會稽郡修建陵園，並劃出三百戶作為陵園的俸邑，讓縣長、縣丞以下的官吏負責守護陵墓，並按照禮儀規定及時地祭祀和灑掃陵園。而在櫟陽城北也興建了靈文侯夫人的陵園，祭祀的規格跟靈文侯的陵園一樣。薄太后覺得自己的母親是魏王的後代，自己的父親死得又早，而照顧自己母女的生活，魏家的許多人是出了力的。於是漢文帝下令免除了魏氏家族的一切勞役租稅，而且還讓他們按照親疏遠近領到了不同的賞賜。薄氏家族中有一個人被封侯。

7　薄太后是在孝文帝死後的第二年，也就是孝景帝前元二年死的，安葬在南陵。因為呂后已經和劉邦一起葬在了長陵，所以這回又單獨給薄太后造了一個陵園，讓它和孝文皇帝的霸陵緊挨著。

1　竇太后❶，趙之清河觀津❷人也。呂太后時❸，竇姬以良家子❹入宮侍太后。太后出宮人以賜諸王，各五人，竇姬與在行中。竇姬家在清河，欲如趙近家❺，請其主遣宦者吏❻：「必置我籍趙之伍中❼。」宦者忘之，誤置其籍代伍中。籍奏❽，詔可❾。當行，竇姬涕泣，怨其宦者，不欲往。相彊，乃肯行❿。至代⓫，代王獨幸竇姬⓬，生女嫖⓭。後生兩男⓮。而代王王后⓯生四男，先代王未入立為帝而王后卒。及代王立為帝⓰，而王后所生四男⓱更病死⓲。孝文帝立數月，公卿請立太子，而竇姬長男[19]最長，立為太子[20]。立竇姬為皇后，女嫖為長公主[21]。其明年[22]，立少子武為代王[23]。已而又徙梁[24]，是為梁孝王[25]。

2 竇皇后親蚤卒[26]，葬觀津[27]。於是薄太后乃詔有司[28]追尊竇后父為安成侯，母曰安成夫人。令清河置園邑二百家，長丞奉守，比靈文園法[29]。

3 竇皇后兄竇長君[30]，弟曰竇廣國，字少君[31]。少君年四五歲時，家貧，為人所略賣[32]。其家不知其處。傳十餘家[33]，至宜陽[34]，為其主入山作炭[35]。暮臥岸下[36]百餘人，岸崩，盡壓殺臥者，少君獨得脫，不死。自卜，數日當為侯[37]，從其家[38]之長安。聞竇皇后新立，家在觀津，姓竇氏[39]。廣國去時[40]雖小，識[41]其縣名及姓，又常與其姊採桑墮[42]，用為符信[43]，上書自陳。竇皇后言之於文帝，召見，問之，具言其故[44]，果是。又復問他何以為驗[45]，對曰：「姊去我西時[46]，與我決於傳舍中[47]，丐沐沐我[48]，請食[49]飯我，乃去。」於是竇后持之而泣，泣涕交橫下，侍御[50]左右皆伏地泣，助皇后悲哀[51]。乃厚賜田宅、金錢，封公昆弟，家於長安[52]。

4 絳侯[53]、灌將軍[54]等曰：「吾屬[55]不死，命乃且縣此兩人[56]。兩人所出微，不可不為擇師傅、賓客，又復效呂氏大事也[57]。」於是乃選長者、士之有節行者與居。竇長君、少君由此為退讓君子，不敢以尊貴驕人[58]。

5 竇皇后病，失明。文帝幸邯鄲慎夫人[59]、尹姬，皆毋子。孝文帝崩，孝景帝立[60]，乃封廣國為章武侯[61]。長君前死，封其子彭祖為南皮侯[62]。吳、楚反時[63]，竇太后從昆弟子[64]竇嬰[65]，任俠自喜[66]，將兵，以軍功為魏其侯[67]。竇氏凡三人為侯[68]。

6 竇太后好黃帝、老子言[69]。帝及太子、諸竇不得不讀黃帝、老子，尊其術[70]。

7 竇太后後孝景帝六歲，建元六年崩[71]。合葬霸陵[72]。遺詔盡以東宮[73]金錢財物賜長公主嫖。

【章旨】以上為第四段，寫文帝竇皇后最富神祕色彩的傳奇性經歷。

【注釋】❶竇太后　《集解》引皇甫謐云：「名猗房。」❷清河觀津　清河郡的觀津縣。清河，漢郡名，郡治清陽，在今河北清河東南。觀津，漢縣名，縣治在今河北武邑東南。按：觀津縣乃屬信都郡（郡治今河北冀縣），不屬清河郡，此謂「清河觀津」者，誤。❸呂太后時　呂后臨朝執政時，西元前一八七－前一八〇年。❹良家子　清白人家的孩子。❺欲如趙近家　請求去趙國，以求離家近點。❻主遣宦者吏　主管此項分配工作的宦者。❼必置我籍趙之伍中　我籍，我的名單。趙之伍，去趙國的五個人。❽籍奏　分配名單上報給呂太后。❾詔可　呂后下令說可以照辦。❿相彊二句　主管分配的人硬逼著她去，這才上路。彊，勉強；強制。⓫至代　當時的代國都於中都，今山西平遙西南。⓬代王獨幸竇姬　姬，除王后之外的其他妃嬪的統稱。⓭生女嫖　即歷史上所說的「大長公主」。⓮後生兩男　即景帝劉啟與梁孝王劉武。⓯代王王后　指劉恆原來的王后，史失其姓名。⓰代王立為帝　事在周勃、陳平等誅滅呂氏後，西元前一八〇年。⓱王后所生四男　梁玉繩曰：「〈景紀〉作『三男』，疑『四』字非。」⓲更病死　先後病死。更，交互。⓳竇姬長男　即日後之漢景帝劉啟。⓴立為太子　事在文帝元年正月。徐孚遠曰：「此太史公所謂命也。」㉑女嫖為長公主　按：應稱「館陶公主」。「長公主」者，帝王姐之稱也。

此時景帝未即位，其姐不得稱「長公主」。㉒其明年　文帝二年。㉓立少子武為代王　事在文帝二年之三月。少子，竇皇后所生的次子，非謂文帝諸子之最少者也。㉔已而又徙梁　事在文帝十二年。梁國的都城睢陽，在今河南商丘西南。㉕梁孝王　「孝」字是其死後的謚號。㉖竇皇后親蚤卒　親，指父母。蚤，通「早」。㉗葬觀津　《索隱》引《三輔決錄》云：「竇太后父，少遭秦亂，隱身漁釣，墜泉而死。景帝立，太后遣使者填父所墜淵，起大墳於觀津城南，人間號曰『竇氏青山』也。」㉘有司　該項工作的主管人。㉙比靈文園法　與靈文園的規格待遇相同。㉚竇長君　竇建，字長君。《索隱》引《決錄》曰：「建，字長君。」蓋竇長君名「建」也。㉛竇廣國二句　《正義》引《括地志》曰：「竇少君墓在冀州武邑縣東南二十七里。」㉜略賣　被劫走轉賣。略，意思通「掠」。㉝傳十餘家　傳，義同「轉」，輾轉。㉞宜陽　漢縣名，縣治即今河南宜陽。㉟炭　陳直曰：「疑是石炭，即今日之煤。」㊱暮臥岸下　晚上就睡在山壁下。「暮」原作「寒」。王念孫《讀書雜志．史記第三》：「『寒』當從《漢書》作『暮』，字之誤也。《太平御覽．火部》引《史記》亦作『暮』。」今據改。㊲自卜二句　曰原作日，王先謙引周壽昌曰：「劉敞云：『日當作曰。』按劉說是也。竇廣國之至長安，得見竇后，當在文帝初；而廣國之封章武侯，實在景帝朝，安所謂『數日』也。」瀧川曰：「古抄本、楓山、三條本『日』作『曰』。」今據改。卜數，即占卜。㊳從其家　謂從其宜陽之主人家。㊴聞竇皇后新立三句　李笠曰：「既云『竇皇后』，復曰『姓竇氏』，語煩沓矣。《漢傳》『聞』下無『竇』字，當據正。」按：「聞」下「竇」字可削。㊵廣國去時　廣國被人劫掠離開觀津時。㊶識　記；記得。㊷常與其姊採桑墮　常，通「嘗」。曾經。採桑墮，採桑時從樹上掉了下來。㊸用為符信　以此作為證據。符信，憑證；證據。㊹具言其故　詳細的說起那些過去的事情。㊺他何以為驗　還有什麼其他的事情可以作為憑據？㊻去我西時　離開我西去長安時。㊼與我決於傳舍中　決，通「訣」。分別。傳舍，驛站。㊽丐沐沐我　上「沐」字指洗頭水，下「沐」字指洗頭。㊾請食　求來一點飯食。㊿侍御　侍者；佣人。(51)助皇后悲哀　陪著皇后一同傷悲、哭泣。(52)封公昆弟二句　方苞《評點史記》曰：「『封公』二字疑衍。」按：方說是。封公昆弟即封廣國兄弟。公，廣國。(53)絳侯　指周勃，劉邦的開國功臣，封絳侯。後來又有誅滅呂氏、擁立文帝之功，於文帝時為丞相。(54)灌將軍　指灌嬰，劉邦的開國功臣，封潁陰侯。又以滅諸呂、擁立文帝之功，先為太尉，後繼周勃為丞相。(55)吾屬　猶言「我等」。(56)命乃且縣此兩人　全句意為他日恐遭竇氏所害。王叔岷曰：「『乃』與『且』，義並猶『將』也。」縣，通「懸」。這裡是「掌握」的意思。(57)又復效呂氏大事也　句上應增「不者」二字讀。呂氏大事，指外戚專權，圖謀叛逆。(58)不敢以尊貴驕人　不敢因為身分高貴而傲慢。(59)慎夫人　「夫人」是眾姬妾的統稱，不是特有封號，故「慎夫人」與「尹姬」原不分高下。(60)孝文帝崩二句　事在文帝後元七年（西元前一五七年）。(61)章武侯　封地章武縣，在今河北黃驊西南。[62]南皮侯　封地即今河北南皮。[63]吳楚反時　即七國之亂，事在景帝時。[64]從昆弟子　堂兄弟的兒子。[65]竇嬰　字王孫，竇太后的堂姪。[66]任俠自喜　好結交，講義氣，自我欣賞。[67]魏其侯　封地魏其縣，在今山東臨沂東南。[68]竇氏凡三人為侯　即竇廣國、竇彭祖、竇嬰。[69]黃帝老子言　即所謂「黃老學說」。竇太后的「好黃帝、老子言」，不過是希望繼續推行「無為而治」的既定路線而已。[70]帝及太子諸竇不得不讀黃帝老子二句　太子，景帝前期的太子名榮，栗姬所生。後期的太子名徹，即日後的漢武帝。黃帝，後人依託的古書之一，今所見之《黃帝四經》應即其重要的一種。老子，即通常所說的《道德經》八十一章，道家學派最重要的著作。按：竇太后撲滅了建元二年漢武帝、王太后等所發起的「尊儒」活動，並一舉罷免了丞相、太尉，殺掉了御史大夫與郎中令。[71]後孝景帝六歲二句　後孝景帝六歲，比孝景皇帝晚死六年。建元六年，西元前一三五年。「建元」是漢武帝的第一個年號（西元前一四〇—前一三五年）。[72]合葬霸陵　按：漢代帝王的「合葬」多是同塋異穴，各自起墳。竇太后陵位於文帝霸陵東南。[73]東宮　即長樂宮，因其地處未央宮之東，故稱東宮。東宮當時為太后所居，「東宮金錢財物」即竇太后的一切金錢財寶。

【語譯】竇太后，是清河縣的觀津人。呂太后執政時，竇姬以一個良家女子的身分進宮侍候太后。後來呂太后把自己周圍的一些宮女賜給各位王子，每人五個，竇姬也在其中。因為竇姬的老家是清河縣，所以她想到趙國去以便離家近點。她特意地去找那個主管分配的宦官說：「請你一定要把我列入派往趙國的名單。」結果那個宦官忘記了，把她的名字列入了派往代國的行列。名單上呈給呂后，呂后立即照准。人們馬上就要出發了，竇姬傷心流淚，埋怨那個宦官糊塗，不願去代國。後來被逼無法，才勉強去了。到了代國以後，代王對她特別寵愛，先生了一個女兒叫嫖。後來又生了兩個兒子。原來代王的王后生了四個兒子，早在代王沒有進京做皇帝之前王后就死了。代王做了皇帝不久，王后生的四個男孩也都很快地相繼病死。因此到孝文帝即位幾個月後，公卿們請求立太子的時候，竇姬的長子劉啟就成了年齡最大的了，於是他被立為皇太子。而竇姬也被立為皇后，竇姬的大女兒劉嫖後來被稱為長公主。第二年，竇皇后的小兒子劉武被封為代王。不久又改封到梁國，這就是歷史上所說的梁孝王。

2 竇皇后的雙親都早死，埋葬在觀津。於是薄太后就命令主管官員追認竇皇后的父親為安成侯，母親為安成夫人。命令清河縣為他們修建陵園並劃出二百戶作為陵園的俸邑，讓縣長、縣丞負責祭祀保護陵墓，和對待靈文園的規格待遇相同。

3 竇皇后的哥哥叫竇長君，弟弟叫竇廣國，字少君。竇少君四五歲時，家裡貧窮，被人家劫走轉賣。家裡人不知道他去了什麼地方。竇少君先後被轉賣了十來家，最後到了宜陽，為他的主人進山燒炭。晚上一百多人睡在巖坎下，山巖突然崩塌，一百多人全壓死了，唯獨竇少君得以脫險，沒有死。他自己去算了一卦，說他應當會被封侯，於是他就尋了一個機會跟隨著他的主人到了長安。這時他聽說新立的皇后是觀津人，姓竇。竇廣國被拐走時年齡雖小，但還記得自己老家的縣名和自己姓什麼，還記得曾經跟著姐姐採桑葉由樹上掉下來，他就用這些作憑證，給皇后上書說自己是皇后的弟弟。竇皇后把這件事告訴了孝文帝，而後把他叫到宮裡，問他的身世，他詳細作了回答，看來確實是竇皇后的弟弟。接著皇后又問他還有什麼證據，他回答說：「姐姐離開我西去長安時，和我在一個驛站裡作別。她向店家要來一盆水給我洗頭，要來一碗飯餵我吃，然後才上車走了。」這時皇后過去拉著竇廣國的手，淚如雨下，周圍侍候的人們也都趴在地上低聲哭泣，陪著皇后一起悲傷。於是朝廷賞給了竇廣國很多土地房屋和金錢，同時也封賞了竇廣國同祖的其他弟兄們，讓他們搬到長安來住。

4 周勃、灌嬰等人一見這種情形說：「我們這些人當初沒被呂氏殺死，不想今天命又捏在竇家兄弟手中。這兩人出身低賤，我們不能不幫他們選點良師益友放在身邊，不能讓他們再像呂氏那樣篡權亂政。」於是專門選派了一批德高望重有節操的人經常同他們在一起。因而竇長君、竇少君兄弟倆從此也就成了謙虛退讓的人，不敢以他們的貴戚身分對人傲慢。

5 後來竇皇后因病雙目失明了，於是孝文帝又轉去寵愛邯鄲的慎夫人和尹姬，但這兩人都沒有生兒子。孝文帝死後，孝景帝繼位，於是封竇廣國為章武侯。竇長君在景帝即位前就死了，於是封他的兒子竇彭祖為南皮侯。後來在吳、楚等國反叛中央時，竇太后堂兄弟的兒子竇嬰，為人仗義，曾率軍參加討伐叛亂，因為立有軍功被封為魏其侯。竇氏一門被封侯的共有三個人。

6 竇太后喜好黃帝、老子的學說。因此孝景帝、太子劉榮，以及在朝的竇氏諸貴都不得不跟著她一起讀《黃帝》、《老子》這些書，信奉黃帝、老子的思想。

7 竇太后是在孝景帝死後六年，也就是漢武帝建元六年死的。她和孝文帝一起合葬在霸陵。死前她留下了遺書命令把長樂宮的一切金銀財寶全部賜給她的女兒長公主劉嫖。

1 王太后❶，槐里❷人，母曰臧兒。臧兒者，故燕王臧荼孫❸也。臧兒嫁為槐里王仲妻，生男曰信，與兩女❹。而仲死，臧兒更嫁長陵田氏❺，生男蚡、勝❻。臧兒長女❼嫁為金王孫❽婦，生一女❾矣，而臧兒卜筮之，曰兩女皆當貴。因欲奇兩女❿，乃奪金氏⓫。金氏怒，不肯予決⓬，乃內之太子宮⓭。太子幸愛⓮之，生三女一男⓯。男方在身⓰時，王美人夢日入其懷⓱，以告太子。太子曰：「此貴徵⓲也。」未生，而孝文帝崩。孝景帝即位⓳，王夫人生男⓴。

2 先是㉑，臧兒又入其少女兒姁㉒，兒姁生四男㉓。

3 景帝為太子時，薄太后以薄氏女為妃㉔。及景帝立，立妃曰薄皇后。皇后毋子，毋寵。薄太后崩㉕，廢薄皇后。

4 景帝長男榮㉖，其母栗姬。栗姬，齊㉗人也。立榮為太子㉘。長公主嫖有女㉙，欲予為妃㉚。栗姬妒，而景帝諸美人㉛皆因長公主見景帝㉜，得貴幸，皆過栗姬㉝。

栗姬日怨怒，謝長公主㉞，不許。長公主欲予王夫人㉟，王夫人許之。長公主怒㊱，而日讒栗姬短㊲於景帝，曰：「栗姬與諸貴夫人、幸姬㊳會，常使侍者祝唾其背㊴，挾邪媚道㊵。」景帝以故望㊶之。

5 景帝嘗體不安，心不樂，屬㊷諸子為王者㊸於栗姬，曰：「百歲後㊹，善視之。」栗姬怒，不肯應，言不遜。景帝恚㊺，心嗛之㊻而未發也。

6 長公主日譽王夫人男之美，景帝亦賢之。又有曩者㊼所夢日符㊽，計未有所定。王夫人知帝望栗姬，因怒未解，陰㊾使人趣大臣立栗姬為皇后㊿。大行(51)奏事畢(52)，曰：「『子以母貴，母以子貴(53)。』今太子母無號，宜立為皇后。」景帝怒曰：「是而所宜言邪(54)？」遂案誅(55)大行，而廢太子為臨江王(56)。栗姬愈恚恨，不得見(57)，以憂死。卒立王夫人為皇后，其男為太子(58)，封皇后兄信為蓋侯(59)。

7 景帝崩，太子襲號為皇帝(60)。尊皇太后母臧兒為平原君(61)。封田蚡為武安侯，勝為周陽侯(62)。

8 景帝十三男(63)，一男為帝，十二男皆為王(64)。而兒姁早卒，其四子皆為王(65)。王太后長女號曰平陽公主(66)，次為南宮公主(67)，次為林慮公主(68)。

9 蓋侯信好酒(69)。田蚡、勝貪，巧於文辭。王仲蚤死，葬槐里，追尊為共侯，置園邑二百家。及平原君卒，從田氏葬長陵(70)，置園比共侯園(71)。而王太后後孝景帝十六歲，以元朔四年(72)崩，合葬陽陵(73)。王太后家凡三人為侯(74)。

【章　旨】以上為第五段，寫景帝王皇后的奇特經歷。

【注　釋】❶王太后　《集解》引皇甫謐云：「名娡。」❷槐里　漢縣名，縣治在今陝西興平東南。❸故燕王臧荼孫　是當年燕王臧荼的孫女。臧荼，原是燕王韓廣的部將，漢元年被項羽封為燕王；漢三年韓信滅趙後，臧荼降漢；漢五年，臧荼反漢，被討平。孫，此處指孫女。❹兩女　即王皇后與王兒姁。❺長陵田氏　長陵縣的田氏某人，史失其名。長陵，縣治在今咸陽東北。❻生男蚡勝　即田蚡、田勝。❼臧兒長女　即日後之王皇后。❽金王孫　姓金，名王孫。❾生一女　即日後之修成君。❿欲奇兩女　想使兩個女兒顯示奇異，獲取大富大貴。奇，異。⓫乃奪金氏　將日後的王皇后從金氏家中硬搶了回來。⓬不肯予決　指不肯與之離婚。⓭乃內之太子宮　此句的主語為「臧兒」。意謂臧兒遂將日後的王皇后，送給了當時還在當太子的漢景帝。內，通「納」。送進。⓮幸愛　兩字的意思相同，都是喜歡、寵愛的意思。⓯生三女一男　三女，指日後的平陽公主、南宮公主、林慮公主。一男，即日後的漢武帝。⓰方在身　指懷孕。⓱夢日入其懷　夢日入懷則生子為皇帝；夢月入懷則生女為皇后。⓲貴徵　將生貴人，自己也將大富大貴的徵兆。⓳孝文帝崩二句　事在西元前一五七年。⓴王夫人生男　即日後的漢武帝。㉑先是　在此之前。㉒又入其少女兒姁　又將其小女兒也獻給了漢景帝。少女，小女兒。㉓兒姁生四男　即劉越、劉寄、劉乘、劉舜，事見〈五宗世家〉。㉔以薄氏女為妃　以薄氏女為太子妃。㉕薄太后崩　事在景帝二年。㉖長男榮　劉榮，事跡除本文外，還見於〈五宗世家〉。㉗齊　漢初諸侯國名，現時齊國的首封之君為劉邦之子劉肥，國都臨淄（今山東淄博之臨淄西北），現時在位的齊王為劉肥之子孫。㉘立榮為太子　事在景帝四年。㉙長公主嫖有女　名阿嬌，即日後的陳皇后。㉚欲予為妃　欲使其為太子妃，以圖日後為皇后也。㉛諸美人　指皇帝的各個嬪妃。美人，漢宮嬪妃的位號名，皇后以下有「美人」、「良人」、「八子」、「七子」、「長使」、「少使」等。㉜因長公主見景帝　通過長公主的介紹得以受皇帝親幸。㉝皆過栗姬　受寵的程度都超過了栗姬。㉞謝長公主　拒絕了長公主為其女兒的求親。謝，推辭；拒絕。㉟欲予王夫人　張文虎《校刊札記》曰：「疑『夫人』下脫『男』字。」意即請求許給當時為膠東王的劉徹。㊱長公主怒　怒栗姬之拒絕為其女求婚。㊲日讒栗姬短　整天在景帝跟前說栗姬的壞話。㊳諸貴夫人幸姬　指受景帝寵幸的眾妃嬪。「夫人」與「姬」都是皇后以外其他妃嬪的統稱。㊴祝唾其背　舊時詛咒人使其遭殃的一種方式。㊵挾邪媚道　為了自己取媚而採用邪魔外道的手段。㊶望　怨恨。㊷屬　通「囑」。託付。㊸諸子為王者　指其他妃妾所生的孩子。㊹百歲後　婉言自己死後。㊺恚　惱怒。㊻心嗛之　怨恨存在心裡。嗛，通「銜」。記著。㊼曩者　昔日；前者。曩，昔；前。㊽所夢日符　即上文所說的王夫人「夢日入懷」事。符，驗；徵兆。㊾陰　暗中。㊿趣大臣立栗姬為皇后　催促大臣們向景帝建議立栗姬為皇后。趣，通「促」。唆使；催促。(51)大行　原稱典客，朝官名，「九卿」之一，主管少數民族事務及接待賓客等。(52)奏事畢　啟奏完了本職的事務之後。(53)子以母貴二句　出於《公羊傳》隱公元年。王先謙引周壽昌曰：「時朝廷用《公羊》決事，故大行引之。」(54)是而所宜言邪　這話是你所應該說的嗎？而，爾；汝。(55)案誅　治罪處死。(56)廢太子為臨江王　臨江，諸侯國名，國都在今湖北荊州江陵西北之紀南城。按：劉榮於景帝七年被廢為臨江王，二年後又被召至京城殺害。(57)不得見　欲見景帝分說而不可能。(58)卒立王夫人為皇后二句　其事皆在景帝七年四月。(59)封皇后兄信為蓋侯　事在景帝中元五年。蓋侯，封地蓋縣，在今山東沂源東南。(60)景帝崩二句　事在景帝後元三年。(61)平原君　封地平原縣，在今山東平原西南。(62)封田蚡為武安侯二句　事在西元前一四一年，武帝剛剛即位，尚未改元之時也。武安侯，封地武安縣，在今河北武安西南。周陽侯，封地周陽邑，在今山西絳縣西南。(63)景帝十三男　梁玉繩曰：「當作『十四男』。」(64)十二男皆為王　梁玉繩曰：「當作『十三男』。」按：景帝十三男為王者，劉德為河間王、劉閼于為臨江王、劉榮為臨江王、劉餘為魯王、劉非為江都王、劉端為膠西王、劉彭祖為廣川王、劉勝為中山王、劉發為長沙王、劉越為廣川王、劉寄為膠東王、劉乘為清河王、劉舜為常山王。(65)四子皆為王　劉越為廣川王，劉寄為膠東王，劉乘為清河王，劉舜為常山王。(66)長女號曰平陽公主　按：此處應稱「陽信公主」，封地陽信（今山東陽信北）。後來因嫁與平陽侯為妻，故人們也習慣的稱之曰「平陽公主」。(67)南宮公主　封地南宮，今河北南宮西。(68)林慮公主　封地林慮，即今河南林縣。按：林慮，當時應作「隆慮」，東漢後期為避殤帝（劉隆）諱，始改稱「林慮」。(69)蓋侯信好酒　據〈鄒陽傳〉陽曾說信曰「長君行迹多不循道理者」，其為人略可知矣。(70)從田氏葬長陵　隨其後夫葬於長陵縣。(71)置園比共侯園　修建陵墓與設置園邑和其前夫共侯王仲的陵墓規格相同。(72)元朔四年　梁玉繩曰：「『四年』當作『三年』。」按：《漢書》作「三年」。(73)合葬陽陵　陽陵，漢景帝劉啟的陵墓，在今咸陽市蕭家村鄉張家灣村。王皇后陵在陽陵之東北，這就是西漢諸帝陵的所謂「同塋不同墓」。(74)王太后家凡三人為侯　即王信、田蚡、田勝。

【語 譯】王太后，是槐里人，她的母親名叫臧兒。臧兒是從前項羽所封的燕王臧荼的孫女兒。臧兒開始是嫁與槐里縣的王仲為妻，生了一個兒子叫王信，此外還生了兩個女兒。王仲死後，臧兒又改嫁給了長陵縣的田家，在田家又生了田蚡和田勝。臧兒在王家生的長女嫁給了金王孫，已經生了一個女兒，後來臧兒偶爾算命時，算命的說她的兩個女兒以後都要大貴。臧兒一聽如此，也就想把她的兩個女兒當做奇貨了，於是她就立即把嫁到金家去的大女兒奪了回來。金家生氣，不同意離婚，而臧兒則趁勢把奪回來的女兒送進太子宮裡當了美人。太子真還喜歡她，一連讓她生了三個女兒一個兒子。當她還懷著那個男孩的時候，她曾夢見太陽落在了她的懷中，她把夢中的情景告訴了太子。太子說：「這是要產貴人的徵兆。」這個孩子還沒有出生，孝文帝就死了。孝景帝一繼位，王夫人就生了個兒子。

2 在此以前，臧兒也把她的小女兒名叫兒姁的送進了太子宮，兒姁一連生了四個兒子。

3 當景帝還是太子的時候，薄太后就在薄家的姑娘中給太子選了個妃子。等到景帝當了皇帝，這位薄氏就成了皇后。皇后沒有生兒子，不受寵愛。後來薄太后一死，薄皇后也就跟著被廢了。

4 景帝最年長的兒子叫劉榮，劉榮的母親叫栗姬。栗姬，是齊國人。景帝立劉榮做了太子。這時長公主劉嫖有個女兒，她想讓這個女兒給太子為妃。栗姬為人妒忌，她見到景帝身邊的許多美人凡是通過長公主引見得以和皇帝親近的，她們所受的寵愛都超過了自己。因此栗姬每天都在怨恨長公主。現在長公主提出此事，栗姬毫不遲疑地回絕了她。長公主無法，又想把自己的女兒嫁給王夫人的兒子，王夫人同意了。從此長公主就生氣地每天在景帝面前說栗姬的壞話，她說：「栗姬每逢跟你所寵愛的那些夫人、姬妾們聚會時，她總是讓她手下的人們對著人家的後背詛咒、吐口水，搞巫術害人。」從此景帝也開始怨恨栗姬。

5 有一天，孝景帝身體不適，心情也不好，他把那些已經被封為王的兒子託付栗姬，說：「我去世以後，你要好好地看待他們。」栗姬心裡不高興，沒有回應，接著又說話無禮。景帝非常惱怒，但只記在心裡沒有發作。

6 長公主整天在景帝面前誇獎王夫人的兒子劉徹，孝景帝自己也覺得劉徹不錯。而且他母親懷孕時又有夢見紅日入懷的事情，但主意還沒有最後拿定。這時王夫人也知道孝景帝不滿栗姬，於是她就趁著皇帝怒氣正盛的時機，故意地指使人去慫恿著大臣們請求景帝立栗姬為皇后。有一天，主管禮儀的大行奏事完畢後，接著向景帝請求說：「俗話說『子隨母貴，母隨子貴。』現在兒子做了太子，而母親還沒有個封號，應該立栗姬為皇后。」景帝一聽生氣地說：「這是你應該多嘴的嗎？」一怒之下把那個大行殺了，同時太子也被貶為臨江王。從此栗姬就越發地惱怒怨恨了，她也見不著皇帝，無法為自己分辯，結果就這樣憂憤而死。最後王夫人如願以償地當了皇后，她的兒子也被立為太子，皇后的哥哥王信被封為蓋侯。

7 景帝死後，太子劉徹繼位，做了皇帝。他尊封太后的母親臧兒為平原君。封太后同母異父的弟弟田蚡為武安侯，田勝為周陽侯。

8 孝景帝一共有十三個兒子，一個當了皇帝，其他十二個都被封了王。太后的妹妹兒姁死得早，她留下的四個兒子都被封了王。王太后的大女兒號稱平陽公主，二女兒號稱南宮公主，三女兒號稱林慮公主。

9 蓋侯王信好酒貪杯。田蚡、田勝貪財，而且能說會道。王仲死得早，葬在了槐里縣，朝廷追尊王仲為共侯，命令槐里縣為他建立陵園，並劃出二百家作為陵園的俸邑。後來平原君死了，跟著田氏一同葬在了長陵縣，朝廷下令在那裡修造陵園，規模和王仲的陵園一樣。王太后是在孝景帝死後十六年，也就是孝武帝元朔四年死的，死後和孝景帝一起合葬在陽陵。王太后家一共有三個人被封為侯。

1 衛皇后字子夫，生微❶矣。蓋其家號曰衛氏❷，出平陽侯邑❸。子夫為平陽主謳者❹。武帝初即位❺，數歲無子。平陽主求諸良家子女❻十餘人，飾置家❼。武帝祓霸上❽還，因過平陽主❾。主見所侍美人❿，上弗說⓫。既飲，謳者進，上望見，獨說衛子夫⓬。是日，武帝起更衣⓭，子夫侍尚衣軒中⓮，得幸。上還坐，驩⓯

甚，賜平陽主金千斤⑯。主因奏子夫奉送入宮⑰。子夫上車，平陽主拊⑱其背曰：「行矣⑲！彊飯，勉之⑳。即㉑貴，無相忘！」入宮歲餘，竟不復幸。武帝擇宮人㉒不中用者，斥出歸之㉓。衛子夫得見，涕泣請出㉔。上憐之，復幸，遂有身，尊寵日隆。召其兄衛長君㉕、弟青㉖為侍中㉗。而子夫後大幸，有寵，凡生三女一男㉘，男名據。

2 初，上為太子時，娶長公主㉙女為妃。立為帝，妃立為皇后，姓陳氏㉚，無子。上之得為嗣，大長公主有力㉛焉，以故陳皇后驕貴。聞衛子夫大幸，恚，幾死者數矣。上愈怒。陳皇后挾婦人媚道㉜，其事頗覺，於是廢陳皇后㉝，而立衛子夫為皇后㉞。

3 陳皇后母大長公主，景帝姊也，數讓㉟武帝姊平陽公主曰：「帝非我不得立。已而弃捐吾女，壹何㊱不自喜㊲而倍本㊳乎！」平陽公主曰：「用㊴無子故廢耳。」陳皇后求子，與醫錢凡九千萬，然竟無子。

4 衛子夫已立為皇后。先是衛長君死，乃以衛青為將軍㊵，擊胡有功，封為長平侯㊶。青三子在襁褓中，皆封為列侯㊷。及衛皇后所謂姊衛少兒㊸，少兒生子霍去病，以軍功封冠軍侯㊹，號驃騎將軍㊺。青號大將軍㊻。立衛皇后子據為太子㊼。

衛氏枝屬(48)以軍功起家，五人為侯(49)。

5 及衛后色衰，趙之王夫人幸。有子，為齊王(50)。

6 王夫人蚤卒(51)，而中山李夫人(52)有寵。有男一人，為昌邑王(53)。

7 李夫人蚤卒(54)。其兄李延年以音幸(55)，號協律(56)。協律者，故倡也(57)。兄弟皆坐姦族(58)。是時，其長兄廣利(59)為貳師將軍(60)，伐大宛，不及誅。還，而上既夷李氏，後憐其家，乃封為海西侯(61)。

8 他姬子二人，為燕王、廣陵王(62)。其母無寵，以憂死。

9 及李夫人卒，則有尹婕妤之屬(63)，更有寵(64)。然皆以倡見(65)，非王侯有土之士女(66)，不可以配人主也(67)。

【章旨】以上為第六段，寫武帝衛皇后以歌姬入宮而一時獲寵的情形，並附帶敘述了衛皇后以後的幾個受寵妃子。

【注釋】❶微　一指微賤；二指微茫，即身世不明，衛子夫二者兼之。❷號曰衛氏　自稱是姓衛。衛子夫是衛青的同母姐，其生父是誰，史無明文。❸出平陽侯邑　在平陽侯家的封地上長大。平陽侯，其首封者為劉邦的開國功臣曹參，封地平陽縣，在今山西臨汾西南。❹平陽主謳者　平陽公主家的歌女。瀧川曰：「古鈔本、楓山、三條本『陽』下有『公』字，下同。」謳者，歌妓。❺武帝初即位　武帝即位在西元前一四一年。陳仁錫曰：「『武帝』當作『今上』。」梁玉繩曰：「篇內五稱『武帝』皆後人妄改，史公本文必曰『今上』、曰『上』。」❻良家子女　清白人家的女孩兒。❼飾置家　梳妝打扮好了養在自己家裡。此指平陽公主在京的府第。❽祓霸上　到霸水邊上去祭祀。祓，即禊，三月上巳日的臨水而祭，以求去除不祥。❾因過平陽主　順路拐到了平陽公主家。平陽公主是武帝的親大姐。❿主見所侍美人　侍，《漢書》作偫，儲存，謂儲存以待武帝之用。見，同「獻」。叫出來讓武帝看。⓫說　通「悅」。⓬上望見二句　與上文「主見所侍美人，上弗說」對文，前者乃呼至近前使見，帝不悅；今謳者進，帝竟遠遠一望即「悅」也。⓭更衣　婉指上廁所。⓮侍尚衣軒中　侍尚衣，侍候皇上更換衣服。尚，管理。軒，指殿堂四周的遊廊，這裡即指通向廁所的小廳。⓯驩　通「歡」。高興。⓰金千斤　也可稱千金。漢時稱黃金一斤曰「一金」，「一金」可抵銅錢一萬枚。按：漢時一斤約當今之二百五十八克。⓱因奏子夫奉送入宮　謂武帝回宮後，平陽公主乃上書奏請送衛子夫進宮也。⓲拊　通「撫」。表示親熱的一種動作。⓳行矣　猶今之謂「走好」，兼有祝福與勉勵兩重意思。⓴彊飯二句　陳直曰：「《小校經閣金文》卷十五有妻贈夫遠戍鏡銘云：『願君彊飯多勉之，卬天太息長相思。』知為兩漢人之習俗語，希望對方保重身子之意。」㉑即　若。㉒宮人　泛稱宮中低級別的侍應女子。㉓斥出歸之　挑出來打發她們回家。㉔涕泣請出　意即不待武帝挑選，而自動請求出宮。㉕衛長君　衛子夫的同母兄，名「長子」，字「長君」。㉖弟青　衛子夫的同母弟，其生父名鄭季，字仲卿。後來成為武帝伐匈奴的名將。㉗侍中　官名，皇帝身邊的侍從人員，上屬郎中令。㉘生三女一男　三女即諸邑公主、石邑公主、當利公主；一男名據，即戾太子。㉙長公主　即劉嫖。凡現任皇帝之姐稱「長公主」，現任皇帝之姑則稱「大長公主」，故劉嫖至武帝即位後則稱「大長公主」。㉚妃立為皇后二句　《索隱》曰：「《漢武故事》云『后名阿嬌』，即長公主嫖女也。」㉛大長公主有力　即幫助武帝母子奪取了皇后、太子之位。㉜挾婦人媚道　為了自己取媚而採用邪門外道。㉝於是廢陳皇后　事在武帝元光五年（西元前一三〇年）。據《漢書・外戚傳》，陳皇后使女子楚服等為之咒詛，大逆無道，被誅三百餘人，廢陳皇后使居長門宮。㉞立衛子夫為皇后　事在元朔元年（西元前一二八年）三月。㉟數讓　屢屢責備。㊱壹何　何其；多麼。㊲自喜　自感慶幸。㊳倍本　忘本。倍，通「背」。㊴用　因；由於。㊵以衛青為將軍　據〈衛將軍驃騎列傳〉，衛青首次以車騎將軍擊匈奴，在元光五年，其實應該是元光六年。㊶封為長平侯　事在元朔二年。此年衛青等將匈奴人驅逐出今內蒙古之河套一帶，在這一帶建立了朔方郡。其功甚大，故封以為長平侯。長平侯，封地長平，在今河南西華東北。㊷三子在襁褓中二句　事在元朔五年。此年衛青等大破匈奴於漠北，功勳卓著，故拜衛青為大將軍，並封其子衛伉為宜春侯、衛不疑為陰安侯、衛登為發干侯。襁褓，裹嬰兒的小被，這裡是以喻其年歲幼小。㊸衛少兒　衛子夫的同母姐。㊹以軍功封冠軍侯　事在元朔六年。此年霍去病兩次隨衛青討伐匈奴，因敢於率先深入，被封為冠軍侯。冠軍侯，封地冠軍縣，在今河南鄧縣西北。㊺號驃騎將軍　事在元狩二年（西元前一二一年）。此年霍去病大破匈奴於河西，功勳卓著。驃騎將軍，高級軍官名，其位次僅低於「大將軍」，而與「大將軍」同等尊貴。(46)青號大將軍　衛青被立為「大將軍」在三年前之元朔五年，大破匈奴於漠北之後，其三幼子被封侯之時也。大將軍，國家最高的軍官名，一般說來，其地位在丞相下，但實權則超過丞相。(47)立衛皇后子據為太子　事在元狩元年四月。(48)衛氏枝屬　衛子夫的親屬。(49)五人為侯　指衛青與其三子，再加上霍去病。(50)王夫人幸三句　王夫人之子曰劉閎，劉閎被封為齊王在元狩六年。(51)王夫人蚤卒　〈封禪書〉載：「上有所幸王夫人，夫人卒，少翁以方蓋夜致王夫人及灶鬼之貌云，天子自帷中望見焉。」(52)中山李夫人　中山，漢諸侯國名，國都盧奴，即今河北定縣。此時的中山國王為景帝子劉勝。(53)有男一人二句　李夫人之子名髆，天漢四年被封為昌邑王，國都在今山東巨野南。(54)李夫人蚤卒　《漢書．外戚傳》載有李夫人病，武帝親往探看，李夫人死活不讓武帝見其憔悴事；又說李夫人死後，武帝思念不已，方士少翁夜致其魂，武帝作詩曰「是邪非邪，偏何姍姍其來遲」云云。有人認為此錯將王夫人事改戴在李夫人頭上者。(55)李延年以音幸　李延年以精通音律，即擅長音樂而獲寵幸。(56)號協律　李延年因當時被封為「協律都尉」，故時人號之曰「協律」。(57)協律者二句　李延年原本是個樂伎。(58)兄弟皆坐姦族　梁玉繩曰：「延年先已坐法腐刑，不得言與中人亂。徐廣於〈佞幸傳〉曰：『一云坐弟季與中人亂。』《漢書》外戚、佞幸二傳亦曰『延年坐其弟亂後宮，族』，則此為誤也。」(59)長兄廣利　李廣利，武帝時的著名將領。(60)貳師將軍　漢武帝為獲得汗血馬，而派李廣利伐大宛，因汗血馬在貳師城，故以目的地為李廣利之將軍名號。(61)海西侯　《正義》曰：「漢武帝令李廣利征大宛，國近西海，故號海西侯也。」(62)他姬子二人二句　他姬，史失其姓名。燕王名旦，廣陵王名胥。(63)尹婕妤之屬　即後文褚先生所補之尹夫人、邢夫人等也。(64)更有寵　更，更相；相繼。(65)皆以倡見　都是歌女出身。(66)非王侯有土之士女　瀧川曰：「楓山本、三條本『士女』作『世女』。」按：似應作「世女」，蓋謂「世家之女」也。(67)不可以配人主也　徐孚遠曰：「此非刺夫人、婕妤，乃刺后妃也，託言耳。」

【語　譯】衛皇后字子夫，她的身世不大清楚。她們家裡人自己說是姓衛，衛子夫是在平陽侯曹家的封地上長大的。給平陽公主當歌女。當時武帝即位的時間雖然還不長，但也好幾年了可是始終還沒有兒子。於是平陽公主就找來十多個良家女子，在家裡梳妝打扮。有一天孝武帝從霸上祭祀回來，順便到了平陽公主家。公主就把準備好的那些女子都叫出來讓皇帝看，皇帝一個也看不上。等到宴會開始了，歌女走了進來，這時武帝遠遠地看見了衛子夫，單單地喜歡她。就在這一天，當武帝離席上廁所衛子夫在更衣室侍候的工夫，受到了武帝的寵幸。等到武帝再返回筵席時，心裡很高興，他賞賜給平陽公主黃金千斤。公主也奏請皇上請他允許送衛子夫進宮。武帝同意了。當衛子夫上車後，平陽公主拍著她的背說：「你就走啦！請注意飲食，好自為之。日後要是發達了，可不要忘了我！」結果進宮一年多，衛子夫再也沒有能和皇帝接近。後來武帝把那些不中用的美人挑出來，準備打發她們回去。衛子夫聽說後找到了武帝，她哭著向武帝請求，也要求一道回去。武帝很可憐她，於是又召她陪宿，誰想這一回居然懷孕了，緊接著就越來越受寵。她的哥哥衛長君、弟弟衛青被武帝召來做了侍中。衛子夫後來大受寵幸，先後生了三個女孩一個男孩，男孩名叫劉據。

2 當初，武帝還在做太子的時候，長公主把女兒嫁給他為妃。後來太子做了皇帝，妃子也就成了皇后，皇后姓陳，沒有兒子。武帝當初之所以能立為太子，大長公主是出了力的，所以陳皇后既貴且驕。當她聽說衛子夫大受寵幸時，非常惱恨，有好多次差點氣死。而武帝對於她的這種表現也是愈來愈生氣。後來陳皇后為了爭寵又搞了一些類似巫術的行為，這些行為漸漸被武帝發覺了，於是他就廢掉了陳皇后，而另立衛子夫當了皇后。

3 陳皇后的母親大長公主，是孝景帝的姐姐，她多次地責怪武帝的姐姐平陽公主說：「當初要是沒有我，皇上是不能被立為接班人的。結果白己一得立就把我女兒拋棄了，這是多麼忘恩負義而不自重呢！」平陽公主說：「是因為她不能生孩子才把她廢棄的。」陳皇后為了生孩子，前後送給醫生的錢多達九千萬，但到底還是沒有辦法。

4 衛子夫終於做了皇后。衛子夫的大哥衛長君在此以前就死了，衛子夫的弟弟衛青被任命為將軍，因為他抗擊匈奴有功，被封為長平侯。衛青的三個兒子，都還在襁褓中就被封了列侯。衛皇后的姐姐衛少兒的兒子叫霍去病，因為有軍功被封為冠軍侯，官號驃騎將軍。衛青官號大將軍。衛皇后的兒子劉據被立為皇太子。衛皇后的親屬中被封侯的共有五個人。

5 後來衛皇后年長色衰，受寵的是趙國的王夫人。王夫人生了一個兒子，被封為齊王。

6 王夫人死得早，接著受寵的是中山國的李夫人。李夫人生了一個男孩，後來被封為昌邑王。

7 李夫人也死得早。她的哥哥李延年因精通音律受到武帝的賞識，官號協律。所謂協律，就是過去的音樂演奏師。後來因為他們兄弟與宮女私通，被滅族。只有他們的大哥李廣利當時正以貳師將軍的身分率兵往討大宛所以沒有被殺。等他勝利回師後，李氏一門已被武帝殺光了，後來武帝又有些可憐他們，於是又把李廣利封為海西侯。

8 武帝還有其他姬妾生的兩個兒子，一個被封為燕王，一個被封為廣陵王。他們的母親都因為不受寵愛，憂憤而死。

9 李夫人死後，相繼受寵的還有尹婕妤等人。但因為她們都是歌女出身，不是王侯之家的女子，沒有資格和皇帝匹配。

1 褚先生❶曰：臣為郎❷時，問習漢家故事❸者鍾離生❹。曰：王太后在民間時所生子女❺者，父為金王孫。王孫已死。景帝崩後，武帝已立，王太后獨在。而韓王孫名嫣❻，素得幸武帝，承間❼白言太后有女在長陵也。武帝曰：「何不蚤言！」乃使使往先視之，在其家。武帝乃自往迎取之。蹕道❽，先驅旄騎❾出橫城門❿，乘輿⓫馳至長陵。當小市西入里⓬，里門閉⓭，暴開門⓮，乘輿直入此里，通至金氏門外止。使武騎圍其宅，為其亡走，身自往取不得也⓯。即使左右羣臣入呼求⓰之。家人驚恐，女亡匿⓱內中⓲牀下。扶持出門，令拜謁⓳。武帝下車泣曰⓴：「嚄㉑！大姊，何藏之深也㉒！」詔副車載之，迴車馳還，而直入長樂宮㉓。

行㉔詔門著引籍㉕，通到謁太后㉖。太后曰：「帝倦矣，何從來？」帝曰：「今者至長陵得臣姊，與俱來。」顧曰㉗：「謁太后！」太后曰：「女某邪？」曰：「是也。」太后為下泣，女亦伏地泣㉘。武帝奉酒前為壽㉙，奉錢千萬、奴婢三百人、公田㉚百頃、甲第㉛，以賜姊。太后謝曰：「為帝費焉。」於是召平陽主、南宮主、林慮主三人俱來謁見姊，因號曰脩成君㉜。有子男一人，女一人。男號為脩成子仲㉝，女為諸侯王王后㉞。此二子非劉氏，以故太后憐之。脩成子仲驕恣㉟，陵折吏民，皆患苦之㊱。

2 衛子夫立為皇后，后弟衛青，字仲卿，以大將軍封為長平侯。四子，長子伉為侯世子㊲，侯世子常侍中㊳，貴幸。其三弟皆封為侯，各千三百戶，一曰陰安侯㊴，二曰發干侯㊵，三曰宜春侯㊶，貴震天下。天下歌之曰：「生男無喜，生女無怒。獨不見衛子夫霸天下！」

3 是時平陽主寡居㊷，當用列侯尚主㊸。主與左右議長安中列侯可為夫者，皆言大將軍可。主笑曰：「此出吾家㊹，常㊺使令騎從我出入耳，柰何㊻用為夫乎？」左右侍御者曰：「今大將軍姊為皇后，三子為侯，富貴振動㊼天下。主何以易㊽之乎？」於是主乃許之，言之皇后，令白之武帝，乃詔衛將軍尚平陽公主焉。

4 褚先生曰：丈夫龍變[49]。傳[50]曰：「蛇化為龍，不變其文[51]；家化為國[52]，不變其姓」。丈夫當時富貴，百惡滅除[53]，光耀榮華，貧賤之時[54]何足累之哉[55]！

5 武帝時，幸夫人尹婕妤[56]。邢夫人號「娙娥」[57]，眾人謂之「娙何」[58]。娙何秩比中二千石[59]，容華秩比二千石[60]。婕妤秩比列侯，常從婕妤遷為皇后。

6 尹夫人與邢夫人同時並幸，有詔不得相見[61]。尹夫人自請武帝，願望見邢夫人，帝許之。即令他夫人飾，從御者數十人，為邢夫人來前[62]。尹夫人前見之，曰：「此非邢夫人身也。」帝曰：「何以言之？」對曰：「視其身貌形狀[63]，不足以當人主[64]矣。」於是帝乃詔使邢夫人衣故衣，獨身來前。尹夫人望見之，曰：「此真是也。」於是乃低頭俛而泣[65]，自痛其不如也。諺曰：「美女入室，惡女之仇[66]。」

7 褚先生曰：浴不必江海[67]，要之[68]去垢；馬不必騏驥，要之善走；士不必賢世[69]，要之知道[70]；女不必貴種[71]，要之貞好。傳曰：「女無美惡，入室見妒；士無賢不肖，入朝見嫉[72]。」美女者，惡女之仇。豈不然哉？

8 鉤弋夫人[73]姓趙氏，河間[74]人也。得幸武帝，生子一人，昭帝是也。武帝年七十，乃生昭帝[75]。昭帝立時，年五歲耳[76]。

9 衛太子廢[77]後，未復立太子。而燕王旦上書，願歸國，入宿衛[78]。武帝怒，立斬其使者於北闕[79]。

10 上居甘泉宮[80]，召畫工圖畫周公負成王[81]也，於是左右羣臣知武帝意欲立少子也。後數日，帝譴責鉤弋夫人。夫人脫簪珥[82]，叩頭。帝曰：「引持去，送掖庭獄[83]！」夫人還顧，帝曰：「趣行[84]，女[85]不得活！」夫人死雲陽宮[86]。時暴風揚塵，百姓感傷。使者夜持棺往葬之，封識[87]其處。

11 其後帝閒居，問左右曰：「人言云何[88]？」左右對曰：「人言且立其子[89]，何去[90]其母乎？」帝曰：「然。是非兒曹[91]愚人所知也。往古國家所以亂也，由主少母壯也。女主獨居驕蹇[92]，淫亂自恣[93]，莫能禁也[94]。女不聞呂后邪？」故諸為武帝生子者，無男女，其母無不譴死[95]，豈可謂非賢聖哉？昭然遠見，為後世計慮，固非淺聞愚儒之所及也。謚為「武」，豈虛哉[96]！

【章旨】以上為第七段，是褚先生所補敘的有關倚成君、衛子夫、衛青，以及尹夫人、鉤弋夫人的故事。

【注釋】❶褚先生　名少孫，元帝、成帝時期人，是司馬遷《史記》最早的閱讀者與整理傳播者。❷郎　皇帝的侍從人員，其低者為郎中，秩三百石；其略高者為中郎，秩六百石，均上屬於郎中令。❸故事　過去的事情。❹鍾離生　姓鍾離，史失其名。生，先生的簡稱。❺所生子女　《集解》引徐廣曰：「名『俗』。」❻韓王孫名嫣　字王孫，武帝的男寵，劉邦功臣韓王信之曾孫。❼承間　乘空隙。❽蹕道　清道戒嚴。❾先驅旄騎　指車駕前的儀仗隊。旄騎，用於駕前開路的一種披頭散髮的儀仗兵。所以要披頭散髮，是因為相傳秦文公時的武士曾因披頭散髮而戰勝妖魔。❿橫城門　也稱「橫門」，長安北城門之一。⓫乘輿　皇帝的車駕，這裡即指皇帝。⓬當小市西入里　從小市場的西側進入該女所居的里巷。⓭里門閉　看守里門的人不知出了何事而趕緊關門。⓮暴開門　粗暴地將里門砸開。⓯使武騎圍其宅三句　為其亡走，「為」下應增「恐」字讀。身，親自，指武帝。⓰求　尋找。⓱亡匿　躲藏。⓲內中　內室。⓳拜謁　意即拜見。謁，見。⓴武帝下車泣曰　按：「泣」字似應依《漢書》作「立」。㉑嚄　驚怪聲。㉒何藏之深也　為什麼要躲藏得這麼嚴實？按：以上數句描摹武帝的心理，可謂異常精彩，大貴人即使辦「好事」，也辦得如此嚇人。㉓長樂宮　也稱東宮，在未央宮之東，當時為太后所居之地。㉔行　路上，指邊走邊辦下述諸事。㉕詔門著引籍　瀧川引中井曰：「門，謂長樂宮門也。著引籍，記姓字于門籍也，使是後出入不阻耳。」㉖通謁太后　通，令人進去稟報。㉗顧曰　回頭喚該女說。㉘太后為下泣二句　葉玉麟曰：「褚先生此篇絕佳，歷歷如繪，捫之有棱，精彩處幾欲上掩史公。」㉙奉酒前為壽　舉杯近前為太后敬酒。㉚公田　屬於國家的土地。㉛甲第　上等的府宅。㉜因號曰脩成君　脩成君雖亦王太后所生，但因非劉氏，不能稱「公主」，故武帝賜號曰「脩成君」，蓋亦猶「平原君」、「孟嘗君」之流也。㉝脩成子仲　脩成君之子，其名為仲，史失其姓。㉞女為諸侯王王后　按：據〈淮南衡山列傳〉，淮南王劉安之子劉遷，娶脩成君之女為妃。淮南王陰謀造反，怕脩成君女知其事，遂令其子與該女離婚。此云為「諸侯王王后」者，誤也。劉遷從未為王，此女何得為「王后」？㉟驕恣　驕橫，為所欲為。㊱陵折吏民二句　按：「皆」字上應重出「吏民」二字。㊲為侯世子　為其父長平侯的世子。世子，如同帝王的太子，為法定繼承人。㊳常侍中　常在宮廷侍奉皇帝。侍中，也用為官名，皇帝的侍從官。㊴陰安侯　衛不疑，封地陰安縣。㊵發干侯　衛登，封地發干縣。㊶宜春侯　衛伉，封地宜春縣。瀧川引中井曰：「按衛將軍本傳，青三子，長子伉，宜春侯；次不疑，陰安侯；季子登，發干侯。少孫誤為伉有三弟，又以宜春為季弟，皆誤。」㊷平陽主寡居　平陽公主原來的丈夫是曹參之曾孫曹壽，因曹壽患癩瘡，故平陽公主與之離婚，獨居於京城。㊸當用列侯尚主　要找一個列侯做公主的丈夫。尚，上配，意思即娶。㊹此出吾家　此人原在我家充役。㊺常　通「嘗」。曾經。㊻柰何　豈能；怎能。㊼振動　即震動。振，通「震」。㊽易　輕視。㊾龍變　像龍一樣地變化無窮。㊿傳　漢代用以泛指前人的著作。(51)不變其文　其身上的固有斑紋不變。(52)家化為國　指獲得了封侯、封王。國，漢代用以稱列侯或諸侯王的封地。(53)當時富貴二句　當一個人發達之後，他的各種缺點過錯也就沒人敢講了。(54)貧賤之時　指貧賤時的不光彩的言行與經歷。(55)何足累之哉　又能對他有何影響呢！累，牽累；影響。(56)婕妤　妃嬪的封號名，武帝時僅低於皇后。(57)娙
娥　妃嬪的封號名，低於婕妤。(58)眾人謂之娙何　當時人們都呼「娙娥」為「娙何」。(59)娙何秩比中二千石　娙何相當於朝官
的「中二千石」一級。秩，官階，猶今之所謂級別。(60)容華秩比二千石　容華，妃嬪的封號名，在娙娥之下。秩，官階；級
別。比二千石，相當於朝官的「二千石」。(61)不得相見　不讓她們兩個人見面。(62)即令他夫人飾三句　此夾注句也，依今之標
點則為：「即令他夫人飾（從御者數十人）為邢夫人來前」。他夫人，其他別的妃嬪。(63)身貌形狀　王念孫以為古書不以「身」
「貌」二字連文，「身貌」當作「體貌」。(64)不足以當人主　當，猶言「配」。吳見思曰：「寫尹夫人，另有一種慧心。」(65)乃
低頭俛而泣　按：既曰「低頭」又曰「俛」，似嫌重複。俛，通「俯」。低頭。(66)美女入室二句　按：此句接得過於突然，因
為尹夫人只是自慚，而並沒有表現出嫉妒的意思。(67)不必江海　不一定非得到江海裡去。(68)要之　重要的是。(69)賢世　天下
之最賢者。(70)知道　懂得為人處世與經國安邦之道。(71)貴種　貴族的後代。(72)女無美惡四句　類似的話還見於〈魯仲連鄒陽
列傳〉、〈扁鵲倉公列傳〉。(73)鉤弋夫人　據《漢書・外戚傳》，此女生來雙手皆拳，武帝為之掰開後，雙手遂癒，從此得幸。
因居於鉤弋宮，遂號鉤弋夫人。(74)河間　漢代諸侯國名，國都樂成，在今河北獻縣東南。(75)武帝年七十二句　昭帝名弗陵，
生於武帝太始三年（西元前九四年）。(76)昭帝立時二句　按：「五歲」應作「八歲」。《漢書・昭帝紀》：「後元二年（西元前
八七年）二月，上疾病，遂立昭帝為太子，年八歲。明日，武帝崩，戊辰，太子即皇帝位。」(77)衛太子廢　衛太子，衛皇后
所生的太子劉據。征和二年（西元前九一年），太子劉據因巫蠱事被逼反，後兵敗自殺。(78)願歸國二句　歸國，將自己的封國
歸還朝廷。入宿衛，入宮保衛皇帝。實際意思是希求當太子。(79)斬其使者於北闕　北闕，這裡即指未央宮之北門。因古代之
宮門外立有雙闕，故稱宮門曰「闕」。漢代之未央宮北闕是群臣上書，或等候召見的地方。(80)甘泉宮　離宮名，在今陝西淳化
西北的甘泉山上。(81)周公負成王　負，背；背著。周公是周武王之弟，武王死後，成王年幼，當時的一切事情都是靠周公輔
助處理。(82)脫簪珥　摘去首飾，這是古人認罪請罪的一種姿態。(83)掖庭獄　宮廷裡的監獄。掖庭，宮掖；宮廷，此處即指甘
泉宮。(84)趣行　趕緊走。趣，通「促」。疾速。(85)女　通「汝」。你。(86)雲陽宮　即甘泉宮，該宮所在的縣當時叫雲陽。(87)封
識　堆土並做好標誌。識，通「誌」。(88)人言云何　人們對此怎麼說？(89)且立其子　馬上就要立其子為太子了。且，將。(90)去
殺掉。(91)兒曹　猶言「汝輩」、「後生之輩」。(92)驕蹇　驕奢傲慢。(93)自恣　自我放縱，為所欲為。(94)莫能禁也　史珥《四史
剿統》曰：「說弊甚透，致諸死地，則因噎廢食矣。」(95)其母無不譴死　沈家本曰：「此言失實，武帝時以譴死者，獨鉤弋
耳。陳后、衛后，皆以巫蠱死，非因生子譴死也。王夫人、李夫人，皆有子而早卒，何嘗譴死耶？」中井積德曰：「生男而

死，尚有謂也，生女何為殺之？恐是傳聞妄誕。」96 謚為武二句　王叔岷《史記斠證》曰：「武帝之謚死鉤弋，誠可謂「武」矣，然其殘忍亦自可見。審「固非淺聞愚儒之所及」一語，似有譏諷意。」錢鍾書《管錐編》曰：「（褚少孫）描寫佳處，風致不減馬遷；而議論三節，迂謬直狗曲儒口角。文才史識，兩不相蒙，有若是者！」

【語譯】褚先生說：我當郎官的時候，曾向熟悉漢代宮廷掌故的鍾離先生詢問。他說：王太后在民間時曾生過一個女兒，其父是金王孫，早已過世。景帝死後，武帝即位，那時王太后還在世。韓王信的曾孫韓嫣，深得武帝寵幸，是他尋找機會把這件事告訴了武帝，說太后這個女兒住在長陵。武帝說：「怎麼不早說呢！」於是立即派人先去探察，正好看到那個女子在家。於是武帝便親自前往迎接她回來。先是清道戒嚴，其次是充當先頭警衛的騎兵打著儀仗出了橫城門，隨後是武帝的車駕跟著直奔長陵。他們從小市場西側進入了里巷，守里門的不知來者為誰趕緊關門，武帝的侍從們則一下子衝破里門，簇擁著武帝的車子進入里巷，直抵金家的門外。武帝派兵包圍了金氏的住宅，為的是怕那女子逃跑弄得自己迎取不著。而後便讓群臣大呼小叫地進門尋找。金氏全家驚恐不已，嚇得那女子鑽到了裡屋的牀底下。待至人們把她從牀下拉出來，扶她出門，讓她拜見武帝。武帝走下車子流著淚說：「嗬，大姐，何必藏得那麼嚴實呢！」於是讓她坐進備好的副車，掉轉車頭向長樂宮馳去。武帝一面迴馳，一面下詔讓守衛宮門的官員給他這位姐姐登記自己之姓名，方便日後出入。武帝讓人通報後，帶著這位姐姐一直來到太后面前。太后說：「皇帝這麼勞累，是從哪裡來？」武帝說：「我到長陵找到了我的姐姐，我把她帶來了。」回頭對那女子說：「來，拜見太后！」太后說：「你就是某某嗎？」女子答道：「是的。」太后一聽就落下了眼淚，那女子也伏在地上哭。武帝舉杯上前祝賀，又將一千萬銅錢、三百個奴婢、一百頃公田以及豪華的住宅一所，送給了這個姐姐。太后替女兒道謝說：「讓皇上破費了。」太后回頭又讓人把平陽公主、南宮公主、林慮公主叫來與這個姐姐相見，於是武帝封這個女子為脩成君。脩成君有一子一女。兒子叫脩成子仲，女兒後來嫁給了諸侯王做王后。因為這兩個孩子都不是劉氏所生，所以太后特別疼愛他們。脩成子仲驕縱任性，欺壓吏民，成為當地的一害。

2 衛子夫被立為皇后，皇后的弟弟衛青，字仲卿，以大將軍的身分被封為長平侯。衛青有四個兒子：長子衛伉是嫡長子，在武帝身邊當侍從，十分得寵。衛伉的三個弟弟都封為侯，各有采邑一千三百戶，第一個為陰安侯，第二個為發干侯，第三個為宜春侯，富貴顯赫，名震天下。有的歌謠唱道：「生男莫高興，生女別生氣。難道沒看見衛子夫嗎？榮華富貴天下第一！」

3 當時武帝的姐姐平陽公主離婚獨居，要找一個列侯做丈夫。公主和她身邊的人商議，看長安城中的列侯有誰適合，大家都說大將軍衛青最合適。公主笑道：「他原是我家的下人，從前我常使喚他，讓他騎著馬隨我出入，怎麼可以讓他當我的丈夫呢？」左右的人說：「現在大將軍的姐姐是皇后，他的三個兒子都是列侯，富貴震天下。公主怎麼可以輕視他呢？」於是公主同意了，把這個心思告訴了皇后，請皇后稟告武帝。武帝遂下詔讓衛青與平陽公主結婚。

4 褚先生說：大丈夫可以像龍一樣變化。古書上說：「蛇變為龍，不改變牠身上的花紋；家變為國，不改變自己的姓氏。」大丈夫一旦逢時，取得富貴，則其先前的過錯汙點便都會消失，只要戴上榮耀的光環，過去的貧賤又能算作什麼呢！

5 武帝寵幸的妃嬪中有個尹婕妤，還有個官號「娙娥」的邢夫人，眾人都叫她「娙何」。娙何的級別相當於中二千石，「容華」的級別相當於二千石。「婕妤」相當於列侯，皇后經常是由婕妤升遷的。

6 尹夫人和邢夫人同時受武帝的寵幸，但武帝有令，不許她們兩人見面。尹夫人私下請求，希望能遠遠地看邢夫人一眼，漢武帝答應了。武帝先讓別的夫人梳妝打扮，帶著幾十個侍從，冒充邢夫人前來。尹夫人上前與之相見，說道：「這不是邢夫人。」武帝說：「憑什麼這麼說？」尹夫人道：「我看她的容貌體態不能與帝王相匹配。」於是武帝讓邢夫人穿著舊衣服，獨自前來。尹夫人遠遠一望，說：「這才是真的。」說罷，低頭俯身哭了起來，她傷心自己的容貌比不上人家。這就是諺語所說的：「美麗的女子一進屋，醜陋女子就吃醋。」

7 褚先生說：洗澡不一定非要到江海，要緊的是去掉身上的汙垢；騎馬不一定非騎騏驥，只要能奔馳就行；士人不一定要聲名蓋世，關鍵是要懂得道理；女子不一定要出身高貴，關鍵在於操行清白，容貌美麗。古書上說：「女人不分美醜，進門就會遭人妒忌；士人不論賢不賢，入朝就會遭人嫉恨。」美女是醜女的仇敵，難道不正是這樣嗎？

8 鉤弋夫人姓趙，河間人。受武帝寵幸，生了一個兒子，即未來的漢昭帝。武帝是七十歲時生昭帝。而昭帝被立為皇帝時，年僅五歲。

9 從衛太子劉據被廢以後，武帝沒有再立太子。這時燕王劉旦就給武帝上書，請求交回自己的燕國封土，回朝來給武帝當警衛。武帝一看大怒，立刻將其使者處死於未央宮的北門之外。

10 後來武帝在甘泉宮時，派畫匠在牆上畫了個周公背著成王，這一來百官們就明白武帝想立小兒子的心思了。過了幾天，武帝無緣無故地譴責鉤弋夫人。鉤弋夫人摘去首飾，向皇帝叩頭請罪。武帝說：「拉出去，送交宮廷監獄！」夫人委屈地回頭看武帝，武帝說：「快走，你死定了！」就這樣，鉤弋夫人被處死於雲陽宮。鉤弋夫人死的時候，一陣暴風捲起漫天黃土，百姓們都為之傷心。使者夜間帶著棺材去將夫人收斂埋葬，堆起墳頭，做了標誌。

11 後來武帝閒坐時，問身邊的人：「外面對此說什麼？」身邊的人說：「大家都很奇怪，已經決定要立她的兒子做太子，為什麼要把他的母親殺掉呢？」武帝說：「是的。這不是你們小孩子、蠢傢伙所能理解的。以往國家之所以鬧亂子，就是因為皇帝年幼而太后年輕。年輕的太后寡居權大，就要淫亂妄為，無人敢管。你們沒聽說當年呂后鬧的那些事情嗎？」於是凡給武帝生過孩子的，不管生的是男是女，其母親一律處死，你能說武帝不是聖賢嗎？他高瞻遠矚，為後代考慮，的確不是那些淺陋書生所可企及的。武帝之所以被追謚為「武」，難道是偶然的嗎！

【研析】 題目為〈外戚世家〉，內容卻主要是寫后妃，可謂文不對題，所以明代徐孚遠《史記測義》說：「紀后紀而號曰『外戚』，非也。後代史書皇后自作『紀』，而外戚別作『傳』，乃為得之。」《漢書》改〈外戚世家〉稱〈外戚傳〉，但內容仍清一色寫的是皇后；《後漢書》立了〈皇后紀〉，但沒有〈外戚傳〉；《晉書》

前面有〈皇后傳〉，後面有〈外戚傳〉，這算是區分得最清楚的。

本篇作品的開頭寫道：「自古受命帝王及繼體守文之君，非獨內德茂也，蓋亦有外戚之助焉。」這裡所說的「外戚」仍是指皇后，他認為一個國家的興衰不僅與皇帝有關係，與皇后也有關係，這是正確的。魯迅先生批評過「女人禍水」說，他在〈阿金〉當中寫道：「我一向不相信昭君出塞會安漢，木蘭從軍就可以保隋；也不信妲己亡殷、西施沼吳、楊妃亂唐的那些古老話。我以為在男權社會裡，女人是決不會有這種大力量的。興亡的責任都應該男的負。」應該由男的負自然是正確的，這應該首先明確肯定。但如果說受皇帝寵愛的女人就不起作用，那可不是，而且有時起的作用還是很大的，這點我想也應該明確肯定，不然就太不符合生活實際。司馬遷在這裡用的詞語是「非獨」、「亦有」，本末主次是很清楚的。

司馬遷在這篇作品中提出了一個令人無法說清的問題，這就是「命」，也就是「偶然性」。一個人連續趕上兩次、三次偶然的機會，就可能飛黃騰達的上去了；相反連續趕上兩次、三次的倒霉，這個人就很難再翻身。拿老百姓的話說就是「人比人，氣死人」。孔子不生氣，能自我排解，於是被人稱為「知命」。知命者長樂，甚至長壽，儘管這輩子可能要「窮」一些。〈外戚世家〉中的竇皇后可以說是一連串的吉星高照，她歪打正著，意外得寵，皇后早死，皇后的四個兒子又連續早死，然後這才輪到了她和她的兒子。其中有沒有人的因素，司馬遷沒說，我們不好瞎猜。但司馬遷所提供的材料中有不少顯然是人為的，超出了「偶然性」的範圍。

漢文帝的母親薄太后在一個偶然的機會下見到劉邦時，她說：「昨暮夜妾夢蒼龍據吾腹。」漢武帝的母親王太后為漢景帝懷孕時，她對漢景帝說她夢見太陽鑽到她肚子裡去了。從這些地方我們可以看到宮廷女子為了獲得出頭，是用了多少可悲可憐的心計。但這些都還算是正當的自由競爭；至於更狠毒、更陰險、更卑鄙的相互殘害，就更令人痛心、令人髮指了。漢武帝的姑姑長公主為了讓自己的女兒嫁給太子，以便日後做皇后，她先找了太子的母親栗姬，栗姬不答應。於是長公主轉身去找漢武帝的母親王夫人，兩人達成協議，下圈套陷害栗姬，又同時慫恿漢景帝廢掉栗姬、殺了太子，於是王夫人與漢武帝上臺了，條件就是漢武帝娶長公主的女兒陳阿嬌。司馬遷在《史記》中多次引用說：「女無美惡，入室見妒；士無賢不肖，入朝見嫉。」宮廷裡女人之間的鬥爭真是你死我活的。讀〈外戚世家〉真讓人長見識。通過這些，我們應該痛恨當時的制度，而無需更恨某個人，比如，呂后如果沒有戰勝戚夫人，那呂后的下場又將如何呢？這些都不是「命」或者「偶然性」所能概括的，因此有人說〈外戚世家〉通篇就是講「命」的問題，這絕對錯誤。這篇作品生動、曲折的描寫了黑暗、兇險的後宮生活內幕，開同類內容的筆記、小說之祖。清代楊琪光《史漢求是》說：「讀此篇，漢宮闈不堪數矣。《史》、《漢》皆為直筆之，皆若無為忌諱，漢法雖嚴，其如彼何哉？班史從後書之，猶可無畏；史公竟指摘並世事，直哉，鐵筆如山，難為動搖矣。」

〈外戚世家〉的藝術性很高，不僅司馬遷所寫的竇皇后認弟一節極其生動，褚少孫補寫漢武帝迎金氏女一節也是絕妙之文。它們都不僅寫出了環境、場面，而且把人情世故刻劃得細緻入微。

卷五十

楚元王世家第二十

【題解】本篇名為〈楚元王世家〉，實際卻是總體介紹了劉邦的整個家族，其中所涉及的事實主要分四個支系：其一是劉邦長兄劉伯的夫人與其兒子的事跡；其二是劉邦次兄劉仲與其兒子的事跡；其三是劉邦母弟劉交與其後代的事跡；其四又附敘了劉邦之子劉友的後代劉遂的事跡。本篇所突出的重點是寫了劉交之孫劉戊與劉邦之孫劉遂，伙同劉邦次兄之子吳王劉濞共同謀反，亦即歷史所稱的「七國之亂」向中央王朝造反與其迅速被中央王朝削平的過程。

1 楚元王劉交者，高祖之同母❶少弟也，字游。

2 高祖兄弟四人，長兄伯❷，伯蚤❸卒。始高祖微時❹，嘗辟事❺，時時與賓客過巨嫂❻食。嫂厭叔❼。叔與客來，嫂詳❽為羹盡，櫟釜❾。賓客以故去。已而視釜中尚有羹，高祖由此怨其嫂。及高祖為帝❿，封昆弟⓫，而伯子⓬獨不得封。太上皇⓭以為言。高祖曰：「某⓮非忘封之也，為其母不長者⓯耳。」於是乃封其子信為羹頡侯⓰。而王次兄仲⓱於代⓲。

3 高祖六年⑲，已禽楚王韓信於陳⑳，乃以弟交為楚王，都彭城㉑。即位二十三年卒㉒，子夷王郢立㉓。夷王四年卒，子王戊立㉔。

4 王戊立二十年，冬，坐為薄太后服私姦㉕，削東海郡㉖。春，戊與吳王合謀反㉗，其相張尚、太傅趙夷吾㉘諫，不聽。戊則殺尚、夷吾，起兵與吳西攻梁㉙，破棘壁㉚，至昌邑㉛南，與漢將周亞夫㉜戰。漢絕吳、楚糧道㉝，士卒飢。吳王走㉞，楚王戊自殺㉟，軍遂降漢。

5 漢已平吳、楚㊱，孝景帝欲以德侯子續吳㊲，以元王子禮㊳續楚。竇太后㊴曰：「吳王，老人也㊵，宜為宗室順善㊶。今乃首率七國，紛亂天下，柰何續其後？」不許吳㊷，許立楚後。是時禮為漢宗正㊸。乃拜禮為楚王，奉㊹元王宗廟，是為楚文王。

6 文王立三年卒，子安王道立㊺。安王二十二年卒，子襄王注立㊻。襄王立十四年卒，子王純代立㊼。王純立，地節二年㊽，中人㊾上書告楚王謀反。王自殺，國除，入漢，為彭城郡㊿。

【章旨】以上為第一段，介紹劉邦的兄弟諸人，並主要介紹了其弟劉交的子孫在漢代前期的興衰經歷。

【注釋】❶同母　與同父異母者相對而言，極言其血緣之親近。❷長兄伯　按：此所謂「伯」應是行，而不是名。下文「仲」亦應如此。蓋劉邦父兄之名皆不雅，故遂稱其父曰「太公」，稱其長兄曰「伯」，次兄曰「仲」也。❸蚤　通「早」。❹微時　未發跡之前。❺辟事　猶今之所謂「避難」，蓋劉邦於其舉兵前已數為不軌之事矣。〈韓信盧綰列傳〉有所謂「以吏事辟匿，盧綰常隨出入上下」，或同一事也。辟，通「避」。❻巨嫂　大嫂，即劉伯之妻。❼叔　指劉邦。❽詳　通「佯」。假裝。❾櫟釜　師古曰：「以勺轢釜，令為聲也。」櫟，錢大昕曰：「櫟、轢聲近。」❿高祖為帝　事在高祖五年（西元前二〇二年）二月。⓫昆弟　兄弟。⓬伯子　名信。⓭太上皇　劉邦之父。劉邦於六年封其父為太上皇，過程見〈高祖本紀〉。⓮某　說話者自稱其名，以示謙謹；史家避諱，故書之曰「某」。⓯不長者　不厚道。長者，厚道人。⓰封其子信為羹頡侯　《索隱》曰：「羹頡，爵號耳，非縣邑名，以其（母）櫟釜故也。」⓱次兄仲　名喜，劉濞之父。⓲代　秦郡名，漢初時而為國，時而為郡，郡治在今河北蔚縣東北。⓳高祖六年　西元前二〇一年。⓴禽楚王韓信於陳　高祖五年，韓信為劉邦破項羽於垓下後，劉邦迅即將韓信由齊王改封為楚王；高祖六年十二月，有人告發韓信「造反」，於是劉邦立即用陳平之謀，假說南遊雲夢，路過陳縣（今河南淮陽）時，召集附近的諸侯前來朝見，遂乘機將韓信襲捕。因其沒有罪證，只好又將韓信釋放，降級為淮陰侯，軟禁於長安。㉑乃以弟交為楚王二句　彭城，今江蘇徐州。按：劉邦前將韓信改封楚王時，為騰出齊國以封其子劉肥也；今又襲捕韓信以騰出楚國者，為封其弟劉交也。韓信為楚王時，都下邳（今江蘇邳縣西南）；今劉交為楚王，乃都彭城。㉒即位二十三年卒　事在文帝元年（西元前一七九年）。梁玉繩以為元王好書多藝，諸子多賢，天子尊寵，元王子比皇子，當與河間獻王並號賢藩。「而史公概不之及，僅敘在位年數，不亦疏乎？」㉓夷王郢立　夷王郢繼其父位在文帝元年，夷王郢元年為文帝二年。夷王郢，《漢書》作「郢客」。「夷」字是諡。㉔夷王四年卒二句　西元前一七五年。㉕王戊立二十年三句　楚王戊二十年相當於景帝二年（西元前一五五年）。劉戊在這年為景帝的祖母薄太后服喪期間，犯了姦淫罪。㉖削東海郡　將楚國的東海郡（郡治在今山東郯城北）收歸中央。㉗春二句　梁玉繩曰：「『春』上缺年，或曰『明年』，或曰『二十一年』。」按：楚王戊二十一年即西元前一五四年。吳王，即劉濞，劉邦次兄劉仲之子。文帝時，劉濞之子在長安被尚為太子的景帝所殺，於是劉濞與中央王朝的矛盾尖銳起來。景帝即位後，劉濞即趁鼂錯勸景帝削減諸侯封地之機，串聯諸國一同造反。㉘其相張尚太傅趙夷吾　都是朝廷派到楚國任職的官員。太傅，帝王的輔導官。按：漢初各諸侯國的丞相與太傅等大官，通常都是由朝廷委派，對朝廷負責。㉙梁　諸侯國名，國都睢陽（今河南商丘西南）。當時的梁王劉武，是漢景帝的胞弟，與朝廷的關係最緊密，是抗阻吳、楚叛軍西下的最重要的力量之一。㉚棘壁　古邑名，在今河南永城西北，當時屬梁。㉛昌邑　漢縣名，縣治在今山東巨野東南，當時梁國都城睢陽的東北方。㉜周亞夫　劉邦開國功臣周勃之子，當時為太尉，是漢軍的最高統帥，當時周亞夫的主力大軍就屯紮在昌邑。㉝漢絕吳楚糧道　漢軍壁於昌邑，周亞夫使弓高侯韓穨當率輕騎絕吳、楚糧道。㉞吳王走　吳軍攻昌邑不下，軍又絕糧，乃引兵退，周亞夫遂率漢軍追擊，大破吳軍。吳王濞遂棄其軍，逃入東海王搖的軍營。東海王受漢王朝收買，遂殺吳王濞，獻其頭於漢。㉟楚王戊自殺　劉向云：「戊與吳王謀反，兵敗走丹徒，為越人所斬，墮死于水。」但據《新中國考古五十年》，徐州獅子山有一漢墓，根據墓葬建築粗糙，部分墓室尚未完工和附屬兵馬俑坑為倉促掩埋等現象以及出土的有關文物推測，墓主人可能是吳楚七國之亂的主謀之一，第三代楚王劉戊。㊱漢已平吳楚　吳楚七國之亂爆發於景帝三年一月，兩個月後被削平。㊲欲以德侯子續吳　德侯子，名劉通。「德侯」名廣，是劉邦之姪，劉仲之子，劉濞之弟。續吳，接續著做吳王。㊳元王子禮　劉禮。劉交之子，劉戊之叔。劉禮從文帝時起即在朝任宗正，又統兵與周亞夫等共衛長安。㊴竇太后　文帝之皇后，景帝之母。㊵吳王二句　按輩分說，漢景帝要向劉濞叫「叔叔」，且其年齡在六十以上，故竇太后如此說。㊶順善　做榜樣；帶頭做好事。㊷不許吳　不為吳國立後，從此吳國的建制被撤銷。㊸宗正　官名，掌管皇室宗族內部的事務，為九卿之一。㊹奉　主持祭祀。㊺文王立三年卒二句　事在景帝六年（西元前一五一年）。㊻安王二十二年卒二句　事在武帝元光六年（西元前一二九年）。㊼襄王立十四年卒二句　事在武帝元鼎二年（西元前一一五年）。按：以上楚之諸王皆有謚，唯此句稱「王純」，知此時劉純尚在位也，此上皆史公原文。㊽地節二年　西元前六八年。「地節」是漢宣帝的年號（西元前六九─前六六年），司馬遷沒有活到這個時候，故梁玉繩曰：「『王純立』以下二十七字，後人妄續，當削之。」㊾中人　皇帝身邊的人。㊿國除三句　撤銷楚國的建制，將其封地收歸中央，改設為彭城郡。

【語譯】楚元王劉交，是漢高祖劉邦的同母小弟，字叫游。

2 高祖兄弟四人，長兄叫劉伯，很早就死了。當初高祖還沒有發跡時曾經得罪過官府，為了躲避緝拿，常領著客人到大嫂家去吃飯。大嫂討厭小叔子總來白吃。在他們再次來臨的時候，大嫂假裝鍋裡的菜羹已吃完，故意用勺子把鍋底敲得很響。客人看到這種情景便推說有事走了。後來高祖看見鍋裡還有菜羹，便從此心裡怨恨大嫂。後來高祖做了皇帝，分封兄弟子姪為王為侯，唯獨不封大哥的兒子。太上皇為老大家的兒子講情。高祖說：「並不是我忘了封他，只因為他的母親實在不是個厚道人。」於是這才封劉伯的兒子劉信做羹頡侯。而封二哥劉仲為代王。

3 高祖六年，在陳地逮捕楚王韓信後，便封他的小弟劉交為楚王，定都彭城。劉交在位二十三年後去世，他的兒子夷王劉郢繼位。夷王在位四年去世，兒子劉戊繼位。

4 劉戊即位後的第二十年冬天，高祖的夫人薄太后去世，在為薄太后服喪期間，劉戊犯了姦淫宮女罪，被削去了楚國封地中的東海郡。春天，劉戊便伙同吳王劉濞等合謀造反。他的相國張尚、太傅趙夷吾勸諫阻攔，劉戊不聽從。他殺了張尚、趙夷吾，起兵和吳王一道西攻梁國，拿下了棘壁，當軍隊到達昌邑城南的時候，同朝廷派來的將軍周亞夫交戰。朝廷的軍隊截斷了吳、楚軍隊的糧道，士兵飢餓難忍，無力作戰。吳王見勢不妙就逃走了，楚王劉戊在絕境中自殺，吳、楚軍隊便投降了朝廷。

5 朝廷平定了吳、楚叛亂，孝景帝想讓吳王劉濞之弟德侯劉廣的兒子做吳王，讓元王的兒子劉禮當楚王。竇太后說：「吳王劉濞是咱們皇族的老人，理應為宗室們做個表率。結果卻帶頭率領七國造反，擾亂天下，怎麼能再找人接續他的香煙呢？」於是便廢除吳國，只給楚國另立後代。這時楚元王劉交的小兒子劉禮正在朝廷當宗正。於是封他為楚王，接續供奉楚元王的宗廟，這就是楚文王。

6 楚文王在位三年就去世了，兒子安王劉道繼位。安王在位二十二年去世，兒子襄王劉注繼位。襄王在位十四年去世，兒子劉純繼位。楚王劉純繼位後，宣帝地節二年，宦官上書告發楚王想要謀反。楚王劉純自殺，楚國被廢除，封地收歸朝廷，後改為彭城郡。

1 趙王劉遂者，其父高祖中子❶，名友，諡曰「幽」❷。幽王以憂死❸，故為「幽」❹。高后王呂祿於趙❺，一歲而高后崩❻。大臣誅諸呂、呂祿等❼，乃立幽王子遂為趙王❽。

2 孝文帝即位二年❾，立遂弟辟❿彊，取趙之河間郡為河間王⓫，是為文王⓬。

立十三年卒，子哀王福立⑬。一年卒⑭，無子，絕後，國除，入于漢⑮。

3 遂既王趙二十六年⑯，孝景帝時，坐鼂錯以適削趙王常山之郡⑰。吳、楚反⑱，趙王遂與合謀起兵⑲。其相建德⑳、內史㉑王悍諫，不聽。遂燒殺建德、王悍，發兵屯其西界，欲待吳與俱西㉒，北使匈奴㉓，與連和攻漢㉔。漢使曲周侯酈寄㉕擊之。趙王遂還，城守邯鄲，相距七月㉖。吳、楚敗於梁㉗，不能西。匈奴聞之，亦止，不肯入漢邊㉘。欒布㉙自破齊還㉚，乃并兵引水灌趙城㉛。趙城壞，趙王自殺，邯鄲遂降㉜。趙幽王絕後㉝。

【章旨】以上為第二段，附寫趙王劉友之子劉遂、劉辟彊兄弟的一些經歷。

【注釋】❶中子　非最長者，亦非最少者，中間之若干個，不分次第，皆稱為「中子」。❷諡曰幽　凡諡「幽」者，多非善死，而致死之由各有不同。❸幽王以憂死　劉友於高祖十一年（西元前一九六年）被劉邦立為淮陽王；惠帝元年，呂后殺死趙王劉如意後，移劉友為趙王；呂后七年（西元前一八一年），劉友遭其王后呂氏女所讒，被呂后召進京城，活活餓死。❹故為幽　按：似應有「王」字。❺高后王呂祿於趙　呂祿，呂后兄呂釋之之次子，呂氏黨的骨幹人物，呂后七年被封為趙王。❻一歲而高后崩　呂后卒於其八年（西元前一八〇年）之七月。❼大臣誅諸呂呂祿等　呂后死，齊王劉襄起兵討諸呂；諸呂命灌嬰率兵迎擊，灌嬰中途叛變，與劉襄聯合；於是朝中之周勃、陳平、劉章等趁機發動政變，誅滅了呂氏一黨，事在高后八年之九月。❽立幽王子遂為趙王　事在文帝元年（西元前一七九年）。大臣誅呂氏畢，擁立代王劉恆為皇帝，即孝文帝。文帝即位後為收拾人心，復立被呂氏所滅之劉氏諸國。劉如意死時年少，沒有後代，故立劉友之子劉遂為趙王，都城仍為邯鄲（今河北邯鄲）。❾孝文帝即位二年　西元前一七八年。❿辟　通「避」。⓫取趙之河間郡為河間王　意即從趙國割出一塊地盤，立趙王之弟亦為王。河間郡，郡治樂城（今河北獻縣東南），本來屬於趙國。⓬是為文王　「是」原作「以」。梁玉繩《志疑》：「『以』當作『是』。」據改。⓭立十三年卒二句　西元前一六六年。⓮一年卒　西元前一六五年。⓯國除二句　河間國的國家建制被撤銷，領土也不再歸回趙國，而是收歸中央，仍稱為河間郡。按：據此二事，知文帝時已經著手削減諸侯國的領地。⓰遂既王趙二十六年　西元前一五四年。⓱坐鼂錯以適削趙王常山之郡　由於趙王的過失而被受鼂錯慫恿的漢景帝又削去了趙國的常山郡。適，通「謫」。因罪被罰。常山郡，漢郡名，郡治元氏（今河北元氏西北），原來屬趙，如今被收歸朝廷。按：《漢書》於此作「鼂錯以過削趙常山郡」，較此明潔。⓲吳楚反　事在景帝三年一月。⓳趙王遂與合謀起兵　合謀起兵者除吳、楚、趙外，尚有膠東王劉雄渠、膠西王劉卬、濟南王劉辟光、菑川王劉賢。⓴其相建德　名建德，史失其姓。㉑內史　官名，諸侯國的「內史」主管此國的民政，與漢王朝首都行政長官之稱「內史」者性質不同。按：其相建德與內史王悍都是朝廷給趙國派去的官員，所以站在朝廷立場。㉒與俱西　和吳國一道西攻長安。㉓匈奴　秦漢時代活動於今內蒙與蒙古國一帶的少數民族名，西漢初期對西漢王朝的北部邊境構成巨大威脅。㉔與連和攻漢　統治集團內部的互相爭鬥，常不惜勾結外敵、引狼入室，歷代如此。㉕曲周侯酈寄　劉邦開國功臣酈商之子，繼其父爵為曲周侯，此人在滅諸呂中以欺騙呂祿，幫助周勃奪取北軍有功。㉖城守邯鄲二句　城守，修城而守。距，通「拒」。梁玉繩曰：「按《史》《漢》景紀，絳侯、梁孝王世家，周勃、文三王傳，七國以正月反，三月滅。此及高五王傳作『七月』，誤。酈商、吳濞傳作『十月』，更誤。趙雖後下，不能相拒如是之久也。」按：梁說有理，但究竟邯鄲拒守多長時間，更無明確記載。㉗吳楚敗於梁　事在景帝三年三月，見〈絳侯周勃世家〉、〈吳王濞列傳〉與前文所敘楚王劉戊事。㉘不肯入漢邊　劉遂勾結匈奴圖謀攻漢，結果未成事。㉙欒布　漢初名將，原為彭越的部下，事跡不多，見〈季布欒布列傳〉。㉚白破齊還　意謂平定了齊地的叛亂者，自東方而還。當時的齊孝王名「將閭」，為劉肥之子，劉邦之孫，國都臨淄（今山東淄博之臨淄西北）。吳楚號召造反時，齊國並未造反。而齊國周圍的膠東（侯王劉雄渠，國都即墨，在今山東平度東南）、膠西（侯王劉卬，國都在今山東高密西南）、菑川（侯王劉賢，國都劇縣，在今山東昌樂西北）、濟南（侯王劉辟光，國都東平陵，在今山東章丘東）四國皆反，他們以兵包圍齊國，脅迫齊孝王與之同反。後來欒布打敗了四國，解救了齊國的危急。㉛趙城　即指邯鄲。㉜趙王自殺二句　先圍趙都邯鄲者為酈寄，後助酈寄攻下邯鄲者為欒布，然〈樊酈滕灌列傳〉與〈季布欒布列傳〉均僅提及，而語焉不詳。㉝趙幽王絕後　劉友的兩個兒子，劉遂造反兵敗自殺，劉辟彊有子無孫，於是一門絕後。趙國也一度改為郡，直到兩年後漢景帝又封其子劉彭祖為趙王。

【語譯】趙王劉遂，他的父親是高祖劉邦的兒子，排行居中，名字叫友，謚號為「幽」。幽王因為憂傷而死，所以謚號為「幽」。幽王死後，呂太后把趙地封給她哥哥呂釋之的小兒子呂祿，讓他做趙王。一年後，呂太后駕崩，大臣們誅滅了呂祿和整個呂氏家族，改立幽王劉友的兒子劉遂為趙王。

2 孝文帝即位的第二年，從趙國的封地中割出河間郡封劉遂的弟弟劉辟彊為河間王，這就是通常所說的河間文王。文王在位十三年去世，兒子哀王劉福繼位。哀王在位一年後就去世了，沒有兒子，絕了後嗣，河間國被廢除，封地收歸朝廷。

3 劉遂做趙王的第二十六年，正值孝景帝即位不久，被景帝的大臣鼂錯抓住過失，再次削減了趙王劉遂的常山郡。這時吳、楚等國對朝廷發動叛亂，趙王劉遂就同他們合謀起兵。劉遂的相國建德、內史王悍出來勸阻，劉遂不聽。他燒死了建德和王悍，起兵駐紮在趙國的西部邊界，想和吳國會師後一道西進，同時派人北使匈奴，想聯合匈奴人進攻朝廷。朝廷派曲周侯酈寄攻打趙國。趙王退兵回守邯鄲城，同朝廷對峙了七個月。吳、楚在梁地被朝廷軍隊打敗，不能西進了。匈奴聽到了這個消息，也停止了行動，沒再進入漢朝邊界。待至朝廷的將軍欒布打敗了齊地叛亂的諸國從前線返回時，就和酈寄會師，決河放水大淹趙國的都城。邯鄲的城牆被水沖垮，趙王劉遂自殺，邯鄲投降朝廷。幽王劉友從此斷絕了後代。

太史公曰：國之將興，必有禎祥❶，君子用而小人退；國之將亡，賢人隱，亂臣貴❷。使楚王戊毋刑申公❸，遵其言❹；趙任防與先生❺，豈有篡殺之謀❻，為天下僇❼哉？賢人乎！賢人乎！非質有其內❽，惡能用之哉❾？甚矣❿！「安危在出令，存亡在所任⓫」，誠哉是言也！

【章　旨】以上為第三段，是作者的論贊，對統治者由於不用賢才、不納賢者之言而導致亡國破家的事實表現了深深慨歎。

【注　釋】❶禎祥　祥瑞；好的徵兆。❷國之將亡三句　《禮記・中庸》：「國之將興，必有禎祥；國之將亡，必有妖孽。」充滿了神祕色彩。今史公將其改為「國之將興，必有禎祥，君子用而小人退。國之將亡，賢人隱，亂臣貴。」將原來神祕的東西改成了以用賢與否來判斷國家的興衰。❸使楚王戊毋刑申公　申公，名培，漢初有名的儒生，曾與楚元王之子劉郢同學。劉郢繼位為楚王後，請申培為其子劉戊之傅。劉戊為楚王時，性行淫暴，申公與白生皆勸諫之。至劉戊與吳國串通為亂，申公、白生更極力的勸阻時，劉戊竟將二人「胥靡之」，即將其披枷帶鎖地罰作苦役。❹遵其言　聽從他的勸告。❺防與先生　張大可曰：「史失其姓名，以地望稱之，『防與』是趙地縣名。《漢書・趙堯傳》稱『防與公』，為御史大夫周昌幕賓。」劉遂如何的不聽防與先生之規勸，史皆未載。❻篡殺之謀　指伙同吳國一道造反。❼為天下僇　被天下人所恥笑。僇，通「戮」。辱；恥笑。❽質有其內　自身具有這種好品質。❾惡能用之哉　如何能採納、聽用呢？惡，也寫作「烏」，如何；怎麼。❿甚矣　瀧川引中井曰：「二字疑衍。不然，此下有脫文也。」⓫安危在出令二句　二句為古語，有井範平曰：「以『賢人』二句作骨子，起首二項虛領起，已有歎意；以下三歎中入申公、防與二賢人實之，以『賢人乎』二句疊句回應，有永言不盡之妙，歐公《五代史》贊往往似學此。」

【語　譯】太史公說：國家將要興起的時候，一定有吉祥的徵兆，這就是君子受重用，小人被斥退；國家將要滅亡的時候，就必然賢人隱退，亂臣顯貴。假如楚王劉戊不對申培公用刑，能聽從他的話；假如趙王劉遂能任用防與先生，他們還會有篡位弒主的陰謀，而被天下人譏笑嗎？賢人啊！賢人啊！如果一個帝王自己本身就不賢明，那他們怎麼可能任用賢人呢？太重要啦！「國家的安危，關鍵在於政令；國家的存亡，關鍵在於用人。」這句話真是千真萬確啊！

【研　析】劉邦有兄弟四人，長兄名「伯」，死得早，故而這裡只是提到了劉邦嫂子的一些事情。劉邦的次兄名「仲」，劉邦即位後封之為代王，在匈奴進攻下棄國逃跑，被廢黜。劉仲的兒子即吳王劉濞。楚元王劉交，前半期跟隨劉邦打天下，可以說是「即使沒有功勞也有苦勞」；後半期當了楚王後，深知謙退，以《詩》、《書》

文章為事，從不招惹劉邦、呂后的猜嫌。可惜這些事情都沒有在本文寫出，讓讀者只好再費事地到《漢書》中去查找，這不能不說是一種遺憾。但本篇所敘的一些人物仍的確是以劉交的品德為好，故本篇以「楚元王」命名。

本篇著筆較多的是劉交的孫子劉戊，此人平時性行淫暴，曾將規勸他的師傅申公處以嚴刑，說明他日後的造反不是偶然的。可惜這些事情本篇也未寫到，需要到〈儒林列傳〉或《漢書》中去找。這種處理同樣也是未必合適的。比較《漢書·楚元王傳》的相關段落，顯然是《漢書》更為充實、更為明晰。

本篇所突出的重點是寫了劉交之孫劉戊與劉邦之孫劉遂，伙同劉邦次兄之子吳王劉濞共同謀反（即歷史所稱的「七國之亂」），向中央王朝造反與其迅速被中央王朝削平的過程。這方面的詳情可參見〈吳王濞列傳〉、〈絳侯周勃世家〉、〈梁孝王世家〉、〈齊悼惠王世家〉等等。「七國之亂」失敗後，劉戊被迫自殺，其埋葬之處即今徐州城裡之獅子山漢墓。規模很大，可惜由於死得不光彩，埋葬也草草了事，故而現存的陵墓似乎尚有許多沒有完成之處。

篇末的論贊說：「國之將興，必有禎祥，君子用而小人退；國之將亡，賢人隱，亂臣貴。」這段話引自《禮記》的〈中庸〉。〈中庸〉的原文是「國之將興，必有禎祥；國之將亡，必有妖孽」，司馬遷刪掉了「必有妖孽」而增入了「君子用而小人退」與「賢人隱，亂臣貴」云云，一改宿命論、天人感應的陳辭濫調，特別強調了尊賢、用賢的問題，既可見司馬遷進步的歷史觀，也可見司馬遷對現實政治中許多無可奈何的深深感慨。

有人說這篇作品很像寫周初問題的〈管蔡世家〉，確實不錯。〈管蔡世家〉是將武王、周公、召公、康叔以外的其他周武王的兄弟全部作了交代，而特別又是以管叔、蔡叔對中央王朝的叛亂為重點。至於司馬遷總體介紹周武王、介紹劉邦這些難兄難弟為什麼不挑個更好的地方，而偏把他們和一群叛亂分子放在一起呢？這可真有點讓人費解。

卷五十一

荊燕世家第二十一

【題解】《荊燕世家》寫了劉邦的兩個功臣，就因為姓劉，於是遂在一種特殊的情況下，劉賈被封為荊王，劉澤被封為燕王的過程。劉賈在楚漢戰爭中有不少表現，理應封為列侯。至於竟然封王，這就全憑他是劉邦的同族，受劉邦的喜愛信任的緣故了。劉賈為王不久，就遭被劉邦逼反的黥布所消滅；劉澤全然是個後生，在劉邦稱帝後的討伐叛亂中被封侯。由於劉澤既姓劉，又是呂后的姪女婿，於是靠著一套手段被呂后封為琅邪王；在大臣誅滅呂氏後，劉澤又憑著陰謀手段被文帝改封為燕王。

1 荊王劉賈者，諸劉，不知其何屬❶。初起時，漢王元年❷，還定三秦❸，劉賈為將軍，定塞地❹，從東擊項籍❺。

2 漢四年，漢王之敗成皋❻，北渡河，得張耳、韓信軍❼。軍脩武，深溝高壘❽，使劉賈將二萬人❾、騎數百，渡白馬津❿入楚地。燒其積聚以破其業，無以給項王軍食。已而楚兵擊劉賈，賈輒壁⓫，不肯與戰，而與彭越相保⓬。

3 漢五年，漢王追項籍至固陵⓭，使劉賈南渡淮圍壽春⓮。還至⓯，使人間招⓰

楚大司馬周殷⑰。周殷反楚，佐劉賈，舉九江⑱，迎武王黥布⑲兵，皆會垓下，共擊項籍⑳。漢王因使劉賈將九江兵，與太尉盧綰㉑西南擊臨江王共尉㉒。共尉已死，以臨江為南郡㉓。

4 漢六年，春，會諸侯於陳㉔。廢楚王信㉕，因之，分其地為二國㉖。當是時也，高祖子幼，昆弟少，又不賢㉗。欲王同姓以鎮天下，乃詔曰：「將軍劉賈有功，及擇子弟㉘可以為王者。」羣臣皆曰：「立劉賈為荊王，王淮東五十二城㉙；高祖弟交為楚王，王淮西三十六城㉚。」因立子肥為齊王㉛。始王昆弟劉氏㉜也。

5 高祖十一年，秋，淮南王黥布反㉝，東擊荊㉞。荊王賈與戰，不勝，走富陵㉟，為布軍所殺。高祖自擊破布㊱。十二年，立沛侯劉濞為吳王㊲，王故荊地㊳。

【章旨】以上為第一段，寫劉賈因佐劉邦開國有功被封王，與其後來被黥布所滅的過程。

【注釋】❶諸劉二句　劉姓諸人中的一個，不知其屬於哪個支系。按：《漢書・楚元王傳》稱其為劉邦的「從父兄」，〈諸侯王表〉又稱其為劉邦的「從父弟」，不知班固何所據。❷初起時二句　《漢書》作「不知其初起時」，其意乃謂至「漢王元年」始有關於劉賈活動的記載。漢王元年，西元前二〇六年，是年劉邦攻入秦都咸陽，秦王子嬰向劉邦投降，秦王朝遂滅。❸還定三秦　事在漢元年（西元前二〇六年）八月。三秦，指項羽封三個秦朝降將在關中所建立的雍（都廢丘）、翟（都高奴）、塞（都櫟陽）三個國家。通常即用以代指關中地區。劉邦於漢元年十月（當時以十月為歲首）滅秦後，被項羽封為漢王，領有巴、蜀、漢中三郡，都南鄭（今陝西漢中）。劉邦於這年的四月離開關中到達漢中，於同年八月遂從漢中殺回，很快地把關中地區收歸己有。❹定塞地　平定了塞王司馬欣所占的地盤。塞國的都城櫟陽在今陝西臨潼北。❺從東擊項籍　跟著劉邦東擊項羽，事在漢二年（西元前二〇五年）四月。劉邦於元年八月殺回關中，兩三個月即將關中人體平定；隨後於漢二年十月劉邦東出，相繼收服了河南、韓、魏、殷等國。至四月，遂率領五十六萬大軍，乘項羽北出伐齊之機，一舉攻入了項羽的國都彭城（今徐州）。項羽聞知消息後，率三萬騎兵從齊國馳回，突然向劉邦大軍發起猛攻，劉邦慘敗，狼狽潰逃至滎陽，建築防線與項羽形成對峙。❻敗成皋　在成皋（今河南滎陽西北的汜水鎮）被項羽打得大敗。《漢書・高帝紀》繫之於漢三年。❼得張耳韓信軍　劉邦逃出成皋，北渡河，化裝為漢王使者，入韓信軍以襲奪韓信兵權。據〈淮陰侯列傳〉與〈秦楚之際月表〉，劉邦之敗成皋與往奪韓信、張耳軍，亦皆在漢三年秋。❽軍脩武二句　脩武，秦縣名，縣治即今河南獲嘉。據〈高祖本紀〉，當劉邦襲奪韓信軍後，軍於小脩武（在脩武城東），準備立即與項羽開戰。郎中鄭忠勸劉邦深溝高壘，且按兵不動，而派兵襲擊項羽之後方。❾使劉賈將二萬人　〈高祖本紀〉作「使盧綰、劉賈將卒二萬人，騎數百」。❿白馬津　古黃河上的渡口名，在今河南滑縣東北。⓫輒壁　總是堅守營壘，不肯出戰。輒，就；往往。壁，營壘，這裡用如動詞。⓬與彭越相保　與彭越相互支援，相互依靠。彭越，原在巨野澤中為盜，諸侯反秦時，彭越亦與秦作戰，因未隨項羽或劉邦入關，故未被項羽封王。項羽分封諸侯後，彭越與齊王田榮聯合，首先舉兵反項，為劉邦的收復三秦與攻入彭城起了重要作用。師古曰：「相保，謂依恃以自安固。」⓭漢王追項籍至固陵　漢四年（西元前二〇三年）末，已經處於劣勢的項羽與劉邦訂立鴻溝之約，說好以鴻溝為界，各自撤兵。項羽東撤後，劉邦撕毀協議，率兵東追項羽至固陵。因韓信、彭越等各路大軍未按預定時間到達，故而項羽反擊劉邦時，又將劉邦打得慘敗。固陵，秦縣名，縣治在今河南太康南。⓮劉賈南渡淮圍壽春　壽春，秦縣名，縣治即今安徽壽縣，原屬項羽。⓯還至　指到達壽春後。還，通「旋」。隨即；立即。⓰間招　暗中招納。間，私下；暗中。⓱大司馬周殷　項羽手下的高級將官，當時駐兵於今安徽之舒城、六安一帶。大司馬，古官名，主管軍事的最高長官，此處疑是虛銜。⓲舉九江　完全控制了原屬黥布的九江國，即今安徽中部一帶地區。黥布原來被項羽封為九江王時，國都為六縣（今安徽六安東北）。⓳迎武王黥布　黥布原是項羽的部將，被項羽封為九江王。項羽北上伐齊時，黥布未積極支持，被項羽所怨恨。劉邦敗於彭城後，派謀士隨何入九江策動黥布背叛項羽，投靠了劉邦。在劉邦與項羽對峙於滎陽時，黥布以游兵活動於項羽左翼。現九江一帶已全部歸屬於漢，故周殷等請黥布來統領全軍。所謂「武王」，大約是黥布當年為九江王時自命的稱呼。⓴皆會垓下二句　垓下，古地名，在今安徽固鎮東五十里。劉邦在固陵被項羽反擊打敗後，用張良計，預先劃分地盤以分封韓信、彭越、黥布三人，使其各為自戰。於是各路大軍遂於漢五年（西元前二〇二年）十二月一齊到達，圍困項羽於垓下。㉑太尉盧綰　盧綰是劉邦的同鄉，兒時的伙伴。劉邦興兵反秦，盧綰一直追隨左右。劉邦被項羽封為漢王，盧綰即被劉邦任為太尉。太尉，國家的最高軍事長官，當時的「三公」之一。㉒臨江王共尉　被項羽所封的臨江王共敖的兒子。據〈秦楚之際月表〉，此人不稱「共尉」，而稱「共驩」。臨江國的都城江陵，即今湖北荊州江陵西北之紀南城。據《漢書・高帝紀》，劉邦破殺項羽後，派人招降臨江王共尉。共尉不從，於是劉邦派劉賈、盧綰率軍攻滅之。㉓南郡　漢郡名，郡治仍為江陵。㉔會諸侯於陳　目的是襲捕韓信。韓信為劉邦破殺項羽於垓下後，劉邦立即將韓信由原來的齊王改封為楚王，都下邳（今江蘇邳縣西南）。一年後，有人告發韓信想造反，於是劉邦便採用陳平之計，假說要南遊雲夢澤，令各國諸侯都要到半路的陳郡朝見劉邦，以便劉邦除韓。陳，郡名，郡治即今河南淮陽。㉕廢楚王信　事在漢六年十二月。劉邦在陳郡襲捕了楚王韓信後，因找不到犯罪事實，只好又將其釋放，降之為淮陰侯，軟禁在長安城裡。㉖分其地為二國　將韓信的固有封地分成兩塊，稱其西北部曰「楚」，都彭城（今徐州）；稱其東南部曰「荊」，都吳縣（今蘇州）。㉗昆弟少二句　昆弟，兄弟。劉邦之長兄劉伯早年已死；現存者有次兄劉仲、少弟劉交。劉仲沒有出息，劉交也未見有多大才幹。㉘擇子弟　指選拔劉邦的兒子與兄弟。㉙王淮東五十二城　指淮水東南直至長江下游的蘇州以及浙江北部的湖州一帶。㉚王淮西三十六城　約當今之江蘇西部、安徽北部、河南東部等一帶地區。㉛立子肥為齊王　子肥，劉邦的私生子劉肥，史稱「齊悼惠王」，在劉邦的諸子中年最長，所封的齊國也疆域最大，國都臨淄（今山東淄博之臨淄西北）。㉜始王昆弟劉氏　以上劉賈、劉交、劉肥之封王均在高祖六年（西元前二〇〇年）之正月。㉝黥布反　此年之正月韓信與彭越皆被強加罪名殺害；黥布見此情景遂於七月舉兵「反」。當時黥布為淮南王，都壽春（今安徽壽縣）。㉞東擊荊　黥布起兵後，首先向東方出擊，消滅了其後方的荊王劉賈。㉟富陵　漢縣名，縣治在今江蘇盱眙東北，當時屬荊。㊱高祖自擊破布　劉邦於其十一年之七月率軍往討黥布，十二年之十月（當時以十月為歲首）大破黥布軍於會甀，黥布南奔長沙，被長沙王誘殺於鄱陽。㊲立沛侯劉濞為吳王　沛侯劉濞，劉邦次兄劉仲之子。劉邦往討黥布時，代王劉濞隨軍而往，作戰勇敢。因當時劉賈已被黥布所殺，荊國無人鎮守，於是劉邦遂立劉濞為之王。㊳王故荊地　領有劉賈原來的國土，然改荊國稱吳國，且將其都城由吳縣改遷於廣陵（今揚州）。

【語譯】荊王劉賈，出於劉氏宗族，但不知道屬於哪一宗系，也不知道他最初參加起義時是屬於哪一路。只知道他追隨高祖的時候已經是高祖為漢王的元年了，當時高祖回兵收復三秦，劉賈被任命為將軍，他率軍平定了塞王司馬欣的領地後，又跟隨漢王向東進攻項羽。

2 高祖為漢王的第四年，在成皋被項羽打敗，他北渡黃河，奪取了張耳、韓信的軍隊。駐紮在脩武，劉邦的大隊人馬深挖壕溝，高築堡壘，按兵不動，而派劉賈率領兩萬步兵、幾百名騎兵，渡過白馬津深入楚地。燒毀了楚國後方屯積的糧草物資，破壞了當地的生產，使他們無法供應項王前方的軍需糧草。等到項羽回兵收拾劉賈時，劉賈總是固守堡壘，不與楚軍交戰，而與漢王的盟軍彭越互相支援，共同防禦。

3 高祖為漢王的第五年，漢王領兵追擊項羽到固陵，派劉賈南渡淮水去圍攻壽春。到達壽春後，劉賈暗中派人離間、招降了項羽的大司馬周殷。周殷叛變了項羽後，幫著劉賈平定了九江郡，又迎回了武王黥布的兵力，他們一起到垓下與劉邦會師，圍攻項羽。這時劉邦便派劉賈率領九江的軍隊，與太尉盧綰會合，向西南進攻臨江王共尉。共尉一死，劉邦便把臨江國改為了南郡。

4 高祖六年，春天，劉邦在陳地會見諸侯王。廢黜了楚王韓信，把他囚禁起來，將他的封地分成兩國。當時，高祖的兒子都還年幼，兄弟人數少，又不賢能。想封幾個同姓的將領為王以鎮撫天下，於是下詔說：「將軍劉賈有功，應該封王，同時也選擇我的子弟中有可以封王的，封立他們。」群臣都說：「請立劉賈為荊王，封給他淮河以東的五十二城；請立皇上的弟弟劉交為楚王，封給他淮西三十六城。」同時劉邦又立了自己的兒子劉肥為齊王。這就是封劉氏兄弟、族人為王的開端。

5 高祖十一年，秋天，淮南王黥布發動叛亂，向東攻打荊王劉賈。劉賈被打敗，逃到富陵，被黥布的軍隊殺死。劉邦只好親自領兵討伐黥布。高祖十二年，黥布被打敗，劉邦立沛侯劉濞為吳王，領有原先荊王劉賈的封地。

1 燕王劉澤者，諸劉遠屬❶也。高帝三年，澤為郎中❷。高帝十一年，澤以將軍擊陳豨❸，得王黃❹，為營陵侯❺。

2 高后時❻，齊人田生❼游之資❽，以畫干營陵侯❾澤。澤大說❿之，用金二百斤⑪為田生壽⑫。田生已得金，即歸齊⑬。二年⑭，澤使人謂田生曰：「弗與矣⑮。」田生如⑯長安，不見澤，而假大宅⑰，令其子求事⑱呂后所幸大謁者張子卿⑲。居數月，田生子請張卿臨⑳，親脩具㉑，張卿許往。田生盛帷帳共具㉒，譬如列侯㉓。張卿驚。酒酣，乃屏人㉔，說張卿曰：「臣觀諸侯王邸弟百餘㉕，皆高祖一切功臣㉖。今呂氏雅故本㉗推轂㉘高帝就天下，功至大，又親戚太后之重㉙。太后春秋長㉚，諸呂弱㉛。太后欲立呂產為呂王，王代㉜。太后又重發之㉝，恐大臣不聽㉞。今卿最幸，大臣所敬，何不風大臣以聞太后㉟？太后必喜。諸呂已王㊱，萬戶侯亦卿之有㊲。太后心欲之，而卿為內臣，不急發㊳，恐禍及身矣。」張卿大然之，乃風大臣語太后。太后朝，因問大臣。大臣請立呂產為呂王㊴。太后賜張卿千斤金㊵，張卿以其半與田生。田生弗受，因說之曰：「呂產王也，諸大臣未大服㊶。今營陵侯澤，諸劉㊷，為大將軍㊸，獨此尚觖望㊹。今卿言太后，列十餘縣王之㊺。彼得王，喜去㊻，諸呂王益固㊼矣。」張卿入言，太后然之，乃以營陵侯劉澤為琅邪王㊽。琅邪王乃與田生之國㊾。田生勸澤急行，毋留。出關㊿，太后果使人追止之(51)。已出，即還。

3 及太后崩(52)，琅邪王澤乃曰：「帝少，諸呂用事，劉氏孤弱。」乃引兵與齊王合謀西[53]，欲誅諸呂[54]。至梁[55]，聞漢遣灌將軍屯滎陽[56]，澤還兵，備西界[57]，遂跳驅至長安[58]。代王亦從代至[59]，諸將相與琅邪王共立代王為天子[60]。天子乃徙澤為燕王[61]，乃復以琅邪予齊，復故地[62]。

4 澤王燕二年，薨[63]，諡為敬王。傳子嘉，為康王[64]。

5 至孫定國[65]，與父康王姬[66]姦，生子男[67]一人；奪弟妻為姬，與子女[68]三人姦。定國有所欲誅殺臣肥如令郢人[69]，郢人等告定國[70]。定國使謁者以他法劾捕，格殺[71]郢人以滅口。至元朔元年[72]，郢人昆弟[73]復上書，具言定國陰事[74]，以此發覺。詔下公卿[75]，皆議曰：「定國禽獸行，亂人倫，逆天，當誅。」上許之，定國自殺，國除，為郡[76]。

【章　旨】以上為第二段，寫劉澤僥倖被呂后封侯，與其子孫在燕為王的情景。

【注　釋】❶諸劉遠屬　遠房的劉氏同姓。❷郎中　帝王的侍從人員，秩三百石。❸擊陳豨　按：擊陳豨乃劉邦親自統兵，劉澤僅其部下一小將而已。陳豨，劉邦的開國功臣。高祖七年（西元前二〇〇年）韓王信叛投匈奴，劉邦率軍往討，於是陳豨被任為代相，監代、趙邊兵。高祖十一年秋，陳豨受周昌譖毀，因恐被殺而於十年九月亦舉兵反漢。❹得王黃　王黃，原是韓王信的部將，韓王信反漢逃入匈奴後，王黃等繼續在北部邊境勾結盧綰、陳豨等為亂。王黃究竟是被漢軍所斬，還是在漢軍懸賞的情況下被其部下所縛獻，〈韓信盧綰列傳〉說法不一。❺營陵侯　封地營陵，在今山東安丘西北。❻高后時　高后即呂后，名雉，其子惠帝死，呂雉遂公開臨朝執政，此所謂「高后時」者乃在高后五年（西元前一八三年）。❼田生　田先生，據《楚漢春秋》此人名田子春。❽游乏資　到京城奔走干謁，窮得沒有盤纏了。游，周遊，指奔走干謁。❾以畫干營陵侯畫，謀劃；給人出點子。干，求見；尋求賞識。當時許多列侯都住在京城，劉澤娶樊噲之女為妻，自然也不肯去封地居住。⑩說　通「悅」。⑪金二百斤　也可以稱作「二百金」。漢時稱黃金一斤曰「一金」，一金可當銅錢一萬枚。⑫為田生壽　意即將這些錢財送給他。為壽，祝其健康長壽。⑬田生已得金二句　或為尋找其動作之時機也。⑭二年　過了兩年，即呂后七年（西元前一八一年）。⑮弗與矣　《集解》引孟康曰：「與，黨與。言不復與我為與也。」或謂「與」者「助」也。⑯如往；抵達。⑰假大宅　向人租借了一所大房子。⑱求事　請求前去侍奉。⑲大謁者張子卿　《集解》引如淳曰：「閹人也。」有作張釋或張澤。王先謙《漢書補注》曰：「『釋』『澤』古字通用，『卿』蓋美稱。」大謁者，官名，諸謁者的頭領。謁者是為帝王通報、傳達與贊禮諸事的侍從人員。⑳請張卿臨　請其光臨自己「家」。㉑親脩具　親手為其置備筵席。具，供具，這裡即指筵席。㉒盛帷帳共具　指陳設、筵席等一切都富麗堂皇。共具，同上所謂「脩具」之「具」。㉓譬如列侯　像列侯之家一樣的排場。㉔屏人　支開侍應人員。屏，通「摒」。斥退；支開。㉕諸侯王邸弟百餘　邸弟，猶言府第。邸，原指諸侯在天子京城修築的府舍，以備進京朝拜天子時之所用者，這裡即指府第。弟，通「第」。按：此語與事實不合，許多異姓功臣為王者於劉邦在世時即已絕大多數被翦滅，即使連他們全加上，總共也不至二十餘，何至誇說曰「百餘」也。㉖皆高祖一切功臣概都是高祖時代的功臣。一切，《索隱》曰：「猶一例，同時也。」即今之所謂「一概」、「通通」。㉗雅故本　三字同義，即「本來」、「向來」的意思。㉘推轂　以動賓結構當動詞用，以取其形象，即協助、佐助的意思。㉙親戚太后之重　意謂諸呂都是太后的重要親戚。㉚春秋長　指年事高。㉛諸呂弱　指爵位低，官職小。㉜太后欲立呂產為呂王二句　梁玉繩曰：「此文當作『太后欲立呂祿為王，王代』，『呂』字衍。」按：呂產，呂后長兄呂澤之次子，於高后六年已被封為梁王。呂祿，呂后次兄呂釋之之子，此時為胡陵侯。代，漢初諸侯國名，此時之代王名恆，劉邦之子，國都中都（今山西平遙西南）。㉝重發之　意即自己不好開口。㉞恐大臣不聽　因劉邦在世時曾規定過「非劉氏者不得王」，恐大臣堅守此議。㉟風大臣以聞太后給大臣們示意，讓他們主動向太后建議。風，吹風；示意。㊱諸呂已王　諸呂一旦獲得封王。㊲萬戶侯亦卿之有　張卿辦過此事後，果被封為建陵侯。萬戶侯，即通常所說的「列侯」。列侯的封地大體為一個縣，當時久經戰亂，人口稀少，許多縣的人口多不足萬戶。㊳不急發　不及早按著太后的心思提出建議。㊴大臣請立呂產為呂王　梁玉繩以為此句應作「大臣請立呂祿為趙王」。懷疑田生勸張卿諷大臣迎合呂后請封呂氏為王之事，疑為呂后元年封呂台為呂王之時。或者田生其人其事，原出於子虛烏有。㊵賜張卿千斤金　李笠曰：「《漢書》無『斤』字，當據改，漢制以黃金一斤為『一金』。」㊶呂產王也二句楊樹達曰：「『王』上疑奪『之』字。」梁玉繩認為此處之「呂產」亦應作「呂祿」。㊷諸劉　屬劉姓之侯。《漢書》作「諸劉長」，指在劉姓諸臣中，年齡最大。㊸大將軍　此時尚非固定官名，只表示為諸將中之位次崇高者。亦非執掌兵權，因此時尚有太尉官。㊹獨此尚觖望　所不滿足的也就是欠這個封王了。觖望，失望；不滿。觖，通「缺」。㊺列十餘縣王之　劃出十來個縣封之為王。列，通「裂」。㊻喜去　高興地離開京城到封地去。㊼諸呂王益固　諸呂之封王者也就更踏實了。㊽乃以營陵侯劉澤為琅邪王　按：〈呂太后本紀〉云：「太后女弟呂嬃有女，為營陵侯劉澤妻，澤為大將軍。太后王諸呂，恐即崩後劉將軍為害，乃以劉澤為琅邪王，以慰其心。」此呂后本意也，田生、張卿所為適逢其機耳。琅邪，漢郡名，原屬齊國，郡治即今山東諸城。呂后從齊國割出一個郡以封劉澤，既收買了劉澤，又削弱了齊國，可謂一舉兩得。㊾之國　去琅邪國上任。㊿出關　此指已經出了函谷關。函谷關在今河南靈寶東北。51太后果使人追止之　為何「追止」，又無交代，似未必屬實。52太后崩　事在呂后八年（西元前一八〇年）七月。53與齊王合謀西　齊王，齊哀王劉襄，齊悼惠王劉肥之子，西元前一八八－前一七九年在位。據〈齊悼惠王世家〉，呂后死，劉襄之弟劉章在長安城給其兄報信，令其兄起兵入長安誅諸呂以稱帝。至於劉澤乃是被齊王劉襄所劫持，後來又以詭語逃出齊營，入長安以投靠周勃等者。本文之所以如此，《索隱》以為這是「燕、齊兩史各言其主立功之迹，太史公聞疑傳疑，遂各記之」。54欲誅諸呂　此劉襄起兵之意也，至於劉澤，乃呂氏一黨，豈肯為此等事？必呂氏被誅後劉澤巧為粉飾之言。55至梁　齊軍西進至今河南開封一帶，當時的梁為呂產的封國。56灌將軍屯滎陽　灌將軍，名嬰，劉邦的開國功臣，封潁陰侯，事跡見〈樊酈滕灌列傳〉。滎陽，漢縣名，在今河南滎陽東北。劉襄起兵後，灌嬰受呂氏之命，率軍東出攔擊，前進至滎陽，反戈與劉襄結盟。57澤還兵二句　據〈齊悼惠王世家〉，劉襄起兵後，首先劫持了劉澤，奪取了琅邪國的軍隊。待至劉襄與灌嬰結盟後，遂率軍回至齊國之西境待命。今於劉澤亦云「還兵備西界」，備齊之西界乎？備琅邪之西界乎？完全不合事實。58遂跳驅至長安　跳驅，脫身獨馳。當時劉澤被劉襄所劫持，詭言願至長安探聽虛實，遂隻身奔赴長安。59代王亦從代至　事在呂后八年（西元前一八〇年）後九月。代王即劉恆，劉邦之子，薄太后所生。是時為代王之十七年（西元前一八〇年）。周勃、陳平等人誅滅呂氏一黨。從代國迎來了一向處於謙退、韜晦中的劉恆，立以為帝。60諸將相與琅邪王共立代王為天子　〈齊悼惠王世家〉云：「大臣議欲立齊王，而琅邪王及大臣曰：『齊王母家駟鈞，惡戾，虎而冠者也。方以呂氏故幾亂天下，今又立齊王，是欲復為呂氏也。代王母家薄氏，君子長者；且代王又親高帝子，於今見在，且最為長。以子則順，以善人則大臣安。』於是大臣乃謀迎立代王。」61乃徙澤為燕王　時呂氏所立之燕王呂通已被諸大臣所殺，而琅邪郡又須歸還齊國，故移封劉澤於燕，都薊，即今北京市城區之西南部。燕王，國都薊縣，即今北京市。62復故地　琅邪郡原為齊地，呂后從齊國割出以封劉澤，今諸呂已滅，齊又反呂有大功，故將琅邪郡歸還齊國。63王燕

二年二句　事在文帝二年（西元前一七八年）。64康王　名嘉，西元前一七七－前一五二年在位。65定國　康王子，即〈漢興以來諸侯王年表〉所列之燕定王，西元前一五一－前一二八年在位。66康王姬　其父康王之妾。67子男　男孩子。68子女　猶言女兒。69定國有所欲誅殺臣肥如令郢人　按：此句繁複詞費，意即劉定國想要殺一個名叫「郢人」的肥如縣令。肥如，漢縣名，縣治在今河北盧龍北，當時屬燕。郢人，史失其姓。70郢人等告定國　告其與父姬姦、奪弟妻、與子女姦諸亂倫事也。71以他法劾捕二句　以他法，以其他罪名。劾捕，起訴拘捕。格殺，因抵抗而將其打死。72元朔元年　西元前一二八年。元朔，漢武帝的第三個年號（西元前一二八－前一二三年）。73昆弟　兄弟。74陰事　不被人知的罪行。75詔下公卿　意即將該事交給公卿大臣們討論。76定國自殺三句　撤銷燕國建制，改設為郡，屬漢王朝中央管轄，劉澤的封爵由此被滅除。

【語　譯】燕王劉澤，是劉氏宗族的遠房子孫。高祖三年，劉澤開始在劉邦身邊充當侍衛人員。高祖十一年，劉澤以將軍的身分領兵攻打陳豨，俘虜了陳豨的重要將領王黃，被封為營陵侯。

2 呂后執政的時候，齊國的田生因外出遊宦經費斷絕，前來求見營陵侯劉澤，為之籌謀劃策。劉澤聽了很高興，資助了田先生二百斤金子作為酬勞。田先生得到這筆錢後，立即返回齊國。第二年，劉澤派人對田先生說：「你不想再幫我了嗎？」於是田先生又來到長安，卻不去見劉澤，而自己租了一座大宅院，叫他的兒子設法去侍奉呂后所寵幸的宦官張子卿。過了幾個月，田生的兒子懇請張子卿光臨他的宅院，說是他的父親要親自準備酒肴招待他，張子卿答應了他們的邀請。田生便在這所大宅子裡，掛起豪華的帷帳、陳設起高檔的用具，闊氣得簡直就像一方諸侯。張子卿很是吃驚。在酒興正濃時，田生讓左右退下，對張子卿說：「我觀察了諸侯王的宅第一百多家，都是高祖時代的功臣。而呂氏家族的一些人本來也是幫著高祖打天下的，功勞很大，而他們又都是今日掌管朝政的呂太后的骨肉之親。現在，太后的歲數大了，而呂家的勢力薄弱。太后很想立呂產為王，封他在代國。但太后自己又難於啟齒，怕大臣們反對。現在您最受太后寵幸，又受大臣們崇敬，您為什麼不給大臣們暗示，讓他們向太后提出建議呢？如果您這樣一做，太后一定高興。等到諸呂都封了王，您也就可以當個萬戶侯了。太后心裡想這樣做，而您是她的心腹，如果還不趕緊望風而動，恐怕大禍就會降到您的頭上。」張子卿非常認同田先生的說法，於是就向大臣們暗示，讓他們向呂后進言。太后上朝時，向群臣詢問這件事，大臣們立即請求立呂產為王。太后十分高興，賞給張卿一千斤黃金。張卿把一半分給田生，田生不受，趁機又對他遊說道：「這次呂產封王，大臣們未必完全心服。如今營陵侯劉澤，是劉氏宗族，身為大將軍，他就對此不滿意。您現在去勸勸太后，讓太后劃出十幾個縣封劉澤為王。劉澤如能獲封王位，歡喜而去，諸呂的王位就更加鞏固了。」張卿進宮把這番話向太后一說，太后認為很好。於是封營陵侯劉澤為琅邪王。琅邪王就和田先生一起前往封國。田生勸劉澤加緊趕路，不要停留。剛出函谷關，太后果真派人追趕阻止他們，但劉澤已經出關。追趕的人只好回去了。

3 等到呂太后駕崩，琅邪王劉澤就說：「現今皇上年紀小，諸呂把持政權，皇族勢孤力薄。」於是率領軍隊同齊王合謀西進，想誅滅諸呂。到了梁地，聽說朝廷派遣灌嬰將軍駐兵滎陽，劉澤就回師，駐守在本國的西部邊界，自己趁機快馬加鞭趕到長安。這時代王劉恆也從代國趕到長安。於是朝廷的將相們就和琅邪王共同擁立代王為天子。於是文帝改封劉澤為燕王，把琅邪郡歸還齊國，使其重為齊國的領地。

4 劉澤做燕王的第二年去世，諡號為敬王。王位傳給兒子劉嘉，這就是康王。

5 待傳位至劉澤的孫子劉定國，劉定國和其父康王的姬妾通姦，生了一個男孩；又強奪其弟妻為姬妾，還和三個女兒通姦。待至劉定國打算殺他的下屬肥如縣的縣令郢人時，郢人等向朝廷告發了劉定國的罪行。劉定國為了滅口，說他們犯了別的法律，派他的近侍檢舉逮捕，殺了郢人。到武帝元朔元年，郢人的兄弟再次上書，詳細揭發劉定國的陰私，朝廷這才覺察。武帝詔令公卿討論，大家都說：「劉定國行同禽獸，敗壞人倫，違背天理，應當處死。」武帝批准了公卿的建議，劉定國聞訊自殺，燕國被廢除，領地改為朝廷的郡縣。

太史公曰：荊王王也，由漢初定，天下未集❶。故劉賈雖屬疏❷，然以策為王❸，填江、淮之間❹。劉澤之王，權激呂氏❺，然劉澤卒南面稱孤者三世❻。事發相重❼，豈不為偉乎❽！

【章　旨】以上為第三段，是作者的論贊，作者對劉賈、劉澤的封王表現了某種嘲弄意味。劉賈尚出於僥倖，劉澤則皆出於奸猾狡詐矣。

【注　釋】❶未集　未定；未安。師古曰：「集，和也。」意即人心順服。❷屬疏　血緣關係遠。❸以策為王　也被封立為王。以，似應作「亦」。❹填江淮之間　指為荊王。填，通「鎮」。鎮撫。❺權激呂氏　以權謀詭詐的手段激發呂氏的一系列活動，即先封諸呂為王，而又不得不把劉澤也捎帶搭上。❻南面稱孤者三世　指劉澤、劉嘉、劉定國。❼事發相重　陳仁錫曰：「謂諸呂變作，而澤能舉兵入討，又與群臣共立代王，是與內朝相倚重也。」《索隱》曰：「謂先發呂氏令重，而我亦得其功，是事發相重也。」按：後說較佳。❽豈不為偉乎　《漢書》作「豈不危哉！」按：劉澤的一生作為，原無「偉」處，如「事發相重」取第一解，則「不為偉乎」尚猶勉強可說；若取第二解，則末句應同《漢書》作「不亦危乎」。其意蓋謂田生與劉澤，亦猶蘇秦、張儀之行，「真傾危之士哉」！

【語　譯】太史公說：劉賈之所以被封為荊王，是由於漢王朝剛剛建立，國家還沒有穩定。所以劉賈雖然是劉邦的遠房宗親，也還是因功被冊封為王，讓他鎮撫長江、淮河之間。而劉澤所以被封王，是由於他使用權謀激發呂氏而取得的，劉澤及其子孫終於南面稱王傳國三代。在事變發生時能和朝廷大臣相倚重，沒想到竟取得這樣的結果，難道不是很偉大嗎！

【研　析】〈荊燕世家〉寫了劉邦兩個同族的「功臣」，就因為姓「劉」遂得以封王的事歷。劉賈在楚漢戰爭期間的確有軍功，儘管沒有周勃、樊噲、灌嬰等那樣跟隨劉邦的時間長、功勞大，但封個列侯是絕對應該的。至於遂得封為荊王，這就只能算是一種僥倖，沾了姓「劉」的光了。黥布造反後，劉賈輕易的就被黥布所滅，這也很能看出此人沒有多大本領。

劉澤在劉邦打天下的期間沒有任何軍功；在劉邦稱帝後的討伐北方叛亂中活捉了王黃，這件事很可能是由於漢軍懸賞，王黃的部下將王黃縛送給劉澤的。劉澤的被封侯，在很大程度上是由於他是樊噲的女婿，呂后的姪女婿。劉澤與陳平一樣，都是極力迎合呂后，在諸呂時代極其不甘心寂寞的。劉澤甚至靠著田生、張卿的活動，居然在呂后那裡分得了一杯羹，被呂后封為琅邪王。待至劉襄起兵討諸呂，劉章、周勃也在朝廷發動了政變的情勢下，劉澤沒有被劉襄殺掉已屬萬幸；反而因他及時地投奔周勃、陳平，並因詆毀劉襄、擁立劉恆，而最終被文帝劉恆感恩地封之為燕王，於是一條變色龍就是如此的左右逢源了。司馬遷對劉澤的行為進行了隱微的嘲諷，是可以理解的。但文章對劉澤篡改事實的自我粉飾之辭也照樣寫出，以至於和〈齊悼惠王世家〉之所述完全抵牾，這就未必合適了。司馬貞引劉氏語以為「燕、齊兩史各言其主立功之迹，太史公聞疑傳疑，遂各記之」，似乎是巧為之詞，讀者應與〈齊悼惠王世家〉參互比較，庶得其真。

卷五十二

齊悼惠王世家第二十二

【題解】齊悼惠王劉肥是劉邦的大兒子，但因為他不是劉邦的正妻呂后所生，所以沒有做皇帝的分。但劉肥深得劉邦喜愛，故而在消滅項羽後立即將韓信由齊王改封楚王，騰出齊國封了他的兒子劉肥。齊國是當時的第一大諸侯國，其領土之廣大、人口之眾多、物產之富饒都是其他國家所無與倫比的。本篇就記述了這西漢第一大諸侯國自劉邦去世至武帝近百年間的興衰變化，展現了漢王朝的皇室與外戚、中央與地方等各派勢力之間的尖銳複雜矛盾。

1 齊悼惠王❶劉肥者，高祖長庶男❷也。其母外婦❸也，曰曹氏。

2 高祖六年❹，立肥為齊王❺，食七十城❻，諸民能齊言者皆予齊王❼。

3 齊王，孝惠帝兄也。孝惠帝二年❽，齊王入朝❾，惠帝與齊王燕飲❿，亢禮如家人⓫。呂太后怒，且誅齊王⓬。齊王懼不得脫，乃用其內史勳⓭計，獻城陽郡⓮，以為魯元公主⓯湯沐邑⓰。呂太后喜，乃得辭就國⓱。悼惠王即位十三年，以惠帝六年卒。子襄立，是為哀王⓲。

4 哀王元年⑲，孝惠帝崩⑳。呂太后稱制㉑，天下事皆決於高后㉒。二年，高后立其兄子酈侯呂台㉓為呂王，割齊之濟南郡為呂王奉邑㉔。

5 哀王三年，其弟章入宿衛於漢㉕，呂太后封為朱虛侯㉖，以呂祿女妻之㉗。後四年，封章弟興居為東牟侯㉘，皆宿衛長安中。

6 哀王八年，高后割齊琅邪郡㉙，立營陵侯劉澤為琅邪王㉚。

7 其明年㉛，趙王友㉜入朝，幽死于邸㉝，三趙王皆廢㉞。高后立諸呂為三王㉟，擅權㊱用事。

【章旨】以上為第一段，寫劉邦庶長子劉肥與劉肥子劉襄在呂后當權時被呂后侵陵割剝，以及二人竭力隱忍的情景。

【注釋】❶齊悼惠王　「齊」是劉肥的封國名，國都臨淄（今山東淄博臨淄城之西北部）。「悼惠」是死後的諡號。❷庶男　非嫡妻所生的兒子。❸外婦　外頭的姘頭。劉肥是劉邦與別人家的女人私通而生，出生後被送到劉邦家，交呂后收養。❹高祖六年　西元前二〇一年。❺立肥為齊王　齊地原是劉邦功臣韓信的封國，高祖五年，韓信協助劉邦滅掉項羽後，劉邦為削弱韓信的勢力，立即襲奪其兵權，並將其由齊國改封於楚國，在齊地改設齊郡，改封其子劉肥為齊王，都臨淄。❻食七十城　齊召南曰：「按〈高紀〉，以膠東、膠西、濟北、博陽、城陽郡七十三縣封齊。」王先謙曰：「《史記》云『七十城』，舉大數。」❼能齊言者皆予齊王　王駿圖曰：「此謂近齊城邑，凡語言與齊一類者，皆割屬齊王，言其疆域之大也。流亡盡使還國，勢難盡人而安置之，徒多無業之民，于齊王何益乎？」❽孝惠帝二年　西元前一九三年。孝惠帝，劉盈，劉邦之子，呂后所生。❾齊王入朝　事在孝惠二年之十月。又，劉邦之愛子趙王如意與其母戚夫人在孝惠元年皆已被呂后所殺，故劉肥此次進京原即凶多吉少。❿燕飲　安閒和樂的宴飲。燕，安。⓫亢禮如家人　師古曰：「以兄弟齒列，不從君臣之禮。」亢禮，行對等之禮。家人，指自家兄弟。⓬且誅齊王　且，將。〈呂太后本紀〉云：「太后怒，乃令酌兩卮鴆，置前，令齊王起為壽。齊王起，孝惠亦起，取卮欲俱為壽。太后乃恐，自起泛孝惠卮。齊王怪之，因不敢飲，詳醉去，問，知其鴆。」⓭內史勳　齊國的內史，名勳，史失其姓。按：〈呂太后本紀〉作「內史士」，梁玉繩以為「士」是姓，「勳」是名。內史，官名，漢初諸侯國的行政長官，治理該國民政。⓮城陽郡　齊國屬下的郡名，郡治即今山東莒縣。⓯魯元公主　劉邦之女，呂后所生。⓰湯沐邑　古代諸侯進京朝見天子，天子在京城附近劃給諸侯一塊領地作為生活開銷，曰「湯沐邑」。後來引申至皇后、公主等亦皆有「湯沐邑」，實即額外的再給他們一塊領地。據〈呂太后本紀〉，齊王不僅給魯元公主獻上了一個郡，而且還「尊公主為王太后」。⓱就國　回到自己的封地。⓲是為哀王　「哀」字是劉襄死後的謚號。〈謚法解〉：「蚤孤短折曰哀，恭仁短折曰哀。」⓳哀王元年　西元前一八八年。⓴孝惠帝崩　孝惠帝死於西元前一八八年八月，年二十三。㉑稱制　行使帝王之權。制，皇帝的命令。㉒皆決於高后　梁玉繩曰：「篇中曰『呂太后』，曰『高后』，曰『太后』，皆當作『太后』。」按：惠帝死後，在名義上當時以惠帝的兒子為皇帝，呂后不過是代其行政而已。但由於呂后實際上已取天下而有之，故今之漢代史表遂直書其為「呂后元年」。㉓酈侯呂台　呂台是呂后的長兄呂澤的兒子，呂澤是劉邦的開國功臣，封周呂侯，死於高祖八年（西元前一九九年），呂后元年被追謚為悼武王。呂台原繼其父之爵為周呂侯，高祖九年改封之為酈侯，封地酈縣，在今河南內鄉西北。然《集解》引徐廣曰：「酈，一作『鄜』。」㉔割齊之濟南郡為呂王奉邑　意即將濟南郡改為呂台的「呂國」。濟南郡，原屬於齊國，郡治東平陵，在今山東章丘西北。奉邑，奉祀其先悼武王之食邑。按：呂后割齊國的濟南郡封呂台為「呂王」，一方面削弱了劉氏集團，一方面壯大了呂氏集團，可謂一舉兩得。㉕入宿衛於漢　到漢王朝的京城充當皇帝的保衛人員。㉖朱虛侯　封地朱虛縣，在今山東安丘西。㉗以呂祿女妻之　呂祿，劉邦的開國功臣呂后的次兄呂釋之的兒子。呂釋之被封為建成侯，此時已死，故封其子呂祿為胡陵侯。按：呂后以呂祿女為劉章妻，一者為拉攏，二者為監督，呂后百般加強呂氏與劉氏之親緣關係。㉘封章弟興居為東牟侯　東牟侯，封地東牟縣，縣治即今山東牟平。按：據〈呂太后本紀〉，在劉興居被封為東牟侯之前，呂后長兄之子呂台死，呂台之子不成材，呂后遂封呂台之弟呂產為呂王。㉙琅邪郡　漢郡名，原屬齊國，郡治東武，即今山東諸城。㉚立營陵侯劉澤為琅邪王　劉澤，劉邦遠房的族人，因幫著劉邦打天下被封為營陵侯。劉澤娶樊噲（樊噲之妻為呂后之妹）之女為妻，屬於呂氏之黨羽。按：呂后又削齊國領地以封呂氏親信，為下文齊王起兵併琅邪國以誅諸呂張本。㉛其明年　梁玉繩曰：「『明年』誤，漢傳改『是歲』。」㉜趙王友　劉邦之子，趙王如意被殺後，劉友由淮陽王移封趙王。㉝幽死于邸　呂后七年，趙王友被詘至京城活活餓死。㉞三趙王皆廢　劉邦的兒子劉如意先為趙王，於高帝十二年（西元前一九五年）劉邦剛死時即被呂后調進京城用毒藥毒死；接著劉友又於呂后七年一月被呂后調進京城活活餓死；同年二月劉邦的另一個兒子劉恢又被移封趙王，同年六月被迫自殺。㉟立諸呂為三王　呂產原被封為呂王，當劉恢由梁王改封趙王後，呂產遂被封為梁王；呂祿原為胡陵侯，當三個劉姓的趙王相繼被殺後，呂祿遂被封為趙王；呂通是呂產之姪，原被封為東平侯，當劉邦之子燕靈王劉建病死後，呂后遂滅其子，而封呂通為燕王。㊱擅權　專權。

【語譯】齊悼惠王劉肥，是高祖劉邦最大的兒子。但劉肥的母親曹氏只是劉邦的一個婚外情人。

2 高祖六年，立劉肥為齊王，封地七十座城，凡是能說齊語的百姓都歸他管轄。

3 齊王是孝惠帝的哥哥。孝惠帝二年，齊王入京朝見，孝惠帝設宴招待齊王，所用的禮儀就像平民人家的兄弟一樣，不講君臣關係。呂太后非常生氣，想殺齊王。齊王害怕不能逃脫，於是採用了跟他一起進京的齊國內史名勳的主意，獻出了齊國的城陽郡給魯元公主作湯沐邑。呂太后高興了，齊王這才得以安然回國。劉肥為齊王十三年，在孝惠帝六年去世。兒子劉襄繼位，這就是齊哀王。

4 哀王元年，孝惠帝駕崩。呂太后執掌朝政，天下大事都由她決定。哀王二年，太后封她哥哥的兒子酈侯呂台為呂王，割出齊國的濟南郡為呂王的封地。

5 哀王三年，哀王的弟弟劉章到京城的宮廷裡充當侍衛官，呂太后封他為朱虛侯，並把呂祿的女兒嫁給了他。四年後，呂太后又封劉章的弟弟劉興居為東牟侯，也在漢朝宮廷當侍衛官。

6 哀王八年，呂太后又割出齊國的琅邪郡，立營陵侯劉澤為琅邪王。

7 第二年，劉邦的兒子趙王劉友進京朝見，被幽禁餓死在他京都的住所中，劉邦的三個兒子劉如意、劉友、劉恢依次被封為趙王，又依次被呂后殺害。呂后封立呂氏子弟呂祿為趙王、呂產為梁王、呂通為燕王，專權當政。

1 朱虛侯年二十，有氣力❶，忿劉氏不得職❷。嘗入侍高后燕飲❸，高后令朱虛侯劉章為酒吏④，章自請曰：「臣將種⑤也，請得以軍法行酒⑥。」高后曰：「可。」酒酣，章進飲歌舞⑦，已而曰：「請為太后言耕田歌⑧。」高后兒子畜之⑨，笑曰：「顧⑩而父知田⑪耳，若生而為王子，安知田乎⑫？」章曰：「臣知之。」太后曰：「試為我言田。」章曰：「深耕穊種⑬，立苗欲疏⑭，非其種者⑮，鉏而去之。」呂后默然。頃之，諸呂有一人醉，亡酒⑯。章追，拔劍斬之，而還報曰：「有亡酒一人，臣謹行法斬之⑰。」太后左右皆大驚，業已許其軍法，無以罪也，因罷⑱。自是之後，諸呂憚⑲朱虛侯，雖大臣皆依朱虛侯⑳，劉氏為益彊㉑。

2 其明年㉒，高后崩。趙王呂祿為上將軍㉓，呂王產為相國㉔，皆居長安中，聚兵以威大臣，欲為亂㉕。朱虛侯章以呂祿女為婦，知其謀。乃使人陰出，告其兄齊王，欲令發兵西，朱虛侯、東牟侯為內應，以誅諸呂，因立齊王為帝㉖。

3 齊王既聞此計，乃與其舅父駟鈞㉗、郎中令㉘祝午、中尉㉙魏勃陰謀發兵㉚。齊相召平㉛聞之，乃發卒衛王宮㉜。魏勃紿㉝召平曰：「王欲發兵，非有漢虎符驗㉞也。而相君圍王，固善㉟。勃請為君將兵衛衛王㊱。」召平信之，乃使魏勃將兵圍王宮。勃既將兵，使圍相府。召平曰：「嗟乎！道家之言『當斷不斷，反受其亂㊲』，乃是也！」遂自殺。於是齊王以駟鈞為相，魏勃為將軍，祝午為內史㊳，悉發國中兵。使祝午東詐[39]琅邪王曰：「呂氏作亂，齊王發兵欲西誅之。齊王自以兒子，年少[40]，不習兵革之事，願舉國委大王[41]。大王自高帝將也，習戰事。齊王不敢離兵[42]，使臣請大王幸之臨菑見齊王計事，并將齊兵[43]以西，平關中之亂。」琅邪王信之，以為然，迺[44]馳見齊王。齊王與魏勃等因留琅邪王，而使祝午盡發琅邪國而并將其兵[45]。

4 琅邪王劉澤既見欺，不得反國，乃說齊王曰：「齊悼惠王，高皇帝長子。推本言之，而大王高皇帝適[46]長孫也，當立[47]。今諸大臣狐疑，未有所定，而澤於劉氏最為長年，大臣固待澤決計[48]。今大王留臣無為也[49]，不如使我入關[50]計事。」齊王以為然，乃益具車送琅邪王[51]。

5 琅邪王既行，齊遂舉兵西攻呂國之濟南[52]。於是齊哀王遺諸侯王書[53]曰：「高帝平定天下，王諸子弟，悼惠王於齊[54]。悼惠王薨，惠帝使留侯張良立臣為齊王[55]。惠帝崩，高后用事，春秋高[56]，聽諸呂擅廢高帝所立[57]，又殺三趙王[58]，滅梁、燕、趙，以王諸呂[59]，分齊國為四[60]。忠臣進諫，上惑亂不聽[61]。今高后崩，皇帝春秋富[62]，未能治天下，固恃大臣諸侯[63]。今諸呂又擅自尊官[64]，聚兵嚴威[65]，劫列侯忠臣[66]，矯制[67]以令天下，宗廟所以危[68]。今寡人率兵入誅不當為王者。」

6 漢聞齊發兵而西，相國呂產乃遣大將軍(69)灌嬰(70)東擊之。灌嬰至滎陽(71)，乃謀曰：「諸呂將兵居關中，欲危劉氏而自立。我今破齊還報，是益呂氏資(72)也。」乃留兵屯滎陽，使使喻齊王及諸侯，與連和，以待呂氏之變而共誅之(73)。齊王聞之，乃西取其故濟南郡，亦屯兵於齊西界以待約(74)。

7 呂祿、呂產欲作亂關中(75)，朱虛侯與太尉勃、丞相平等誅之(76)。朱虛侯首先斬呂產(77)，於是太尉勃等乃得盡誅諸呂(78)。而琅邪王亦從齊至長安。

8 大臣議，欲立齊王。而琅邪王及大臣(79)曰：「齊王母家駟鈞(80)，惡戾，虎而冠者也(81)。方以呂氏故幾亂天下(82)，今又立齊王，是欲復為呂氏(83)也。代王母家薄氏，君子長者(84)。且代王又親高帝子，於今見在，且最為長(85)。以子則順，以善人則大臣安(86)。」於是大臣乃謀迎立代王，而遣朱虛侯以誅呂氏事告齊王，令罷兵(87)。

9 灌嬰在滎陽，聞魏勃本教齊王反(88)。既誅呂氏，罷齊兵，使使召，責問魏勃(89)。勃曰：「失火之家，豈暇先言大人而後救火乎(90)？」因退立，股戰而栗，恐不能言者，終無他語(91)。灌將軍熟視笑曰：「人謂魏勃勇，妄庸(92)人耳！何能為乎！」乃罷魏勃(93)。魏勃父以善鼓琴見秦皇帝。及魏勃少時，欲求見齊相曹參(94)。家貧無以自通，乃常獨早夜埽[95]齊相舍人[96]門外。相舍人怪之，以為物，而伺之[97]，得勃。勃曰：「願見相君，無因，故為子埽，欲以求見。」於是舍人見勃曹參[98]，因以為舍人。一為參御，言事[99]，參以為賢，言之齊悼惠王。悼惠王召見，則拜為內史。始，悼惠王得自置二千石[100]。及悼惠王卒而哀王立，勃用事，重於齊相[101]。

10 王既罷兵歸，而代王來立，是為孝文帝[102]。

11 孝文帝元年[103]，盡以高后時所割齊之城陽、琅邪、濟南郡復與齊[104]，而徙琅邪王王燕[105]。益封朱虛侯、東牟侯各二千戶[106]。

12 是歲，齊哀王卒[107]，太子則立，是為文王。

【章旨】以上為第二段，寫劉章、劉襄首先發難，致使周勃、陳平乘機發動政變，從中誅滅諸呂事。

【注釋】❶有氣力　慷慨任氣，且又勇武多力。❷不得職　不被任用，不能在位掌權。王叔岷曰：「《御覽》八二二引「職」，「勢」。」❸燕飲　非禮儀性的安閒宴飲。燕，安；安樂。❹酒吏　酒筵上的令官，以監督不守規矩者。王先謙引沈欽韓曰：「「吏」當作「史」」。❺將種　將門之後。❻行酒　監督酒席上的一切活動。❼酒酣二句　李笠曰：「《漢書》無「飲」字。作「進歌舞」，當據刪。」進歌舞，即自身進前歌舞。❽請為太后言耕田歌　「歌」字疑因上文「歌舞」字誤衍。《漢書》無「歌」字。❾高后兒子畜之　高后向來把劉章看做小孩子。畜，養；對待。按：論輩分，劉章是呂后的孫子。❿顧　轉折語，猶今所謂「關鍵是」、「問題是」。⓫而父知田　劉章的父親劉肥，少時長於平民之家，故呂后以此相調笑。而，你；你的。⓬若生而為王子二句　你生下來就是王者之子，怎麼會懂得種地呢？若，爾；你。⓭概種　猶言「密植」。概，密。⓮立苗欲疏　等到定苗時，就要注意到分布得合理。師古曰：「概種者，言多生子孫也；疏立者，四散置之，令為藩輔也。」⓯非其種者凡不是自己種下的作物，即一切野生的東西，這裡隱指呂氏。種，物種；血統。凡不屬自己血統的人，亦指呂氏。⑯亡酒　因躲避喝酒而走掉。⑰臣謹行法斬之　瀧川曰：「古鈔本、楓、三本、《御覽》引，『行』下應有『軍』字，與《漢書》合。」⑱因罷　就這樣一直到酒筵結束。陳沂曰：「章志奇矣，一曰『呂后默然』，一曰『呂后大驚』。」郭嵩燾認為劉章能逃過一劫，可能和他娶呂祿女有關。⑲憚　畏懼。⑳雖大臣皆依朱虛侯　雖，即使。大臣，如周勃、陳平之流。周勃當時為太尉，陳平當時為丞相，只是皆被呂后所架空，留有空名而已。周勃、陳平在平時如何依附劉章，史無明載；但在政變發動後，周勃等之所以能夠獲勝，在很大程度上還是依靠了劉章。㉑劉氏為益彊　謂劉氏勢力因此而加強。㉒其明年　呂后八年，西元前一八〇年。㉓呂祿為上將軍　「上將軍」非固定官名，只是表明他在諸將之中的地位之崇高。當時呂祿為北軍之統帥，而北軍乃首都長安之衛戍部隊，在軍中地位至高無上。㉔呂王產為相國　「相國」與「丞相」雖職務大體相同，但地位之高與權力之專有所不同。「相國」僅設一人，「丞相」則通常設左右二人。呂后執政時的「丞相」名義上為陳平、審食其，而呂后臨死前又特任呂產為「相國」，於是陳平的相權遂被架空。呂后以呂祿傾周勃，以呂產傾陳平，這是促成周勃、陳平發動政變的重要一環。㉕聚兵以威大臣二句　當時呂祿統領北軍，警衛首都；呂產為相國，又親自統領南軍，保衛宮廷，故一切軍政大權都在呂氏之手，這是呂后死前想穩定既得權力的安排。劉氏與劉邦諸元老害怕呂氏掌權對己不利，故而發動政變，若說呂氏「欲為亂」，不是事實。㉖以誅諸呂二句　按：劉章欲使其兄劉襄為帝，其兄欣然舉兵前來，此政變之原動力，其他皆由此所引發。㉗駟鈞　姓駟名鈞。㉘郎中令　此指齊國的郎中令。漢初各諸侯國的官職設置與中央王朝相同，郎中令統領帝王的警衛、侍從，主管守衛宮廷。㉙中尉　主管該國軍事的長官。㉚陰謀發兵　楊樹達曰：「《後漢書・循吏》王景傳云：『八世祖仲，本琅邪不其人，好道術，明天文。諸呂作亂，齊哀王襄謀欲發兵，而數問於仲。』是與謀者諸人外尚有王仲。」㉛齊相召平　當時各諸侯國的丞相都由朝廷派遣，對中央負責，故此召平與齊王的立場、態度不同。㉜乃發卒衛王宮　名為「保衛」，實乃將其圍困。㉝紿　哄騙。㉞非有漢虎符驗　沒有漢王朝中央的虎符作為憑證，意思即他根本調不了兵，造不成反。虎符，朝廷調兵的印信，用銅做成虎形，中分為二，一半存於朝廷，一半在統兵的將領之手。沒有朝廷的使者持那一半兵符前來，統兵的將領無權調動軍隊。驗，憑證。㉟相君圍王二句　你現在把他圍困起來，的確是很好的。㊱勃請為君將兵衛衛王　師古曰：「調令不得發也。」瀧川曰：「疑衍一『衛』字。」按：「兵衛」二字連讀，作名詞用，可通。㊲當斷不斷二句　王先謙引沈欽韓曰：「〈春申傳〉贊引之，《後書・儒林傳》引作《黃石公三略》。」按：《黃石公三略》性質屬「黃老」一派，為道家之一支。亂，指禍患。㊳內史　官名，諸侯國的內史主管該國民政，秩二千石。㊴詐　哄騙。㊵自以兒子二句兒子，猶言「小孩子」。劉襄於劉澤按輩分說，是孫子輩，故以「小孩子」自稱。(41)願舉國委大王　願把整個國家軍隊都交給你指揮。委，託付。(42)不敢離兵　不能離開軍隊。(43)并將齊兵　共同統領齊國的軍隊。(44)迺　原作「西」。梁玉繩《史記志疑》卷二十六：「《史詮》曰『西馳』當作『迺馳』，是也，傳寫譌脫耳。」今據改。(45)使祝午盡發琅邪國而并將其兵　盡發，調全部調發其人力、物力。按：自呂后割琅邪郡以封劉澤，劉襄未嘗一日不敵視劉澤而欲滅之也，故一旦起兵，必先東出囚其人而奪其地。(46)適　通「嫡」。(47)當立　理應繼位為皇帝。(48)待澤決計　等著我去一道商量擁立誰。(49)留臣無為也　把我留在這裡沒有用處。(50)入關　入函谷關，這裡即指入朝。(51)乃益具車送琅邪王　按：〈荊燕世家〉云：「及太后崩，琅邪王澤乃曰：『帝少，諸呂用事，劉氏孤弱。』乃引兵與齊王合謀西，欲誅諸呂。至梁，聞漢遣灌將軍屯滎陽，澤還兵備西界，遂跳驅至長安。」與此說法不同。《索隱》曰：「燕齊兩史，各言其主立功之迹，太史公聞疑傳疑，遂各記之。」(52)呂國之濟南　現時屬於呂國的濟南郡。(53)遺諸侯王書　遺，給；分送。按：此「遺諸侯王書」即通常之所謂檄文。(54)悼惠王於齊　梁玉繩曰：「『於』字乃『王』字之誤，〈呂后紀〉可證。」(55)惠帝使留侯張良立臣為齊王　漢初各諸侯國之老王去世，固由其太子繼位，然為表現中央王朝的權威，也還由朝廷照例任命一回。劉邦、呂后時代之派張良為使以任命諸侯將相者，皆表示事體重大。張良，劉邦的謀士，被劉邦稱之為「三傑」之一。(56)春秋高　指年歲大，與下文之「春秋富」意思相反。(57)聽諸呂擅廢高帝所立　不直指呂后所為，而婉言曰「聽諸呂」，極有策略語，亦禮貌語。梁玉繩曰：「〈呂后本紀〉及《漢書・高五王傳》作『擅廢帝更立』，是也，此誤。」廢帝更立，謂惠帝死後，太子繼位為帝，四年後，因其有怨言被呂后禁閉殺害，隨後呂氏又改立了惠帝的另一個兒子劉弘。梁說是也。(58)三趙王　劉如意、劉友、劉恢。(59)滅梁燕趙二句　梁王劉恢，被移封趙國，梁國封給了呂產；燕王劉建死後，呂后殺了劉建的兒子，將燕國封給了呂通；趙國的三個國王相繼被殺後，趙國封給了呂祿。(60)分齊國為四　本來的一個齊國，先是被迫拿出了城陽郡，以為魯元公主的湯沐邑；又被割出了琅邪郡，以為劉澤的琅邪國；又被割出了濟南郡，以為呂台的呂國，故謂由一變四。(61)上惑亂不聽　此處之「上」表面是指當時在位的小傀儡皇帝劉弘，實則即指呂后。(62)春秋富　指年輕。(63)固恃大臣諸侯　本來就得靠著朝內的大臣與外面的各個劉氏藩王。諸侯，原作「諸將」。梁玉繩《史記志疑》卷二十六：「〈呂后紀〉、〈五王傳〉『諸將』乃『諸侯』之誤。」今據改。(64)尊官　提高官職，如呂產為相國，呂祿為上將軍，以統北軍等是也。(65)聚兵嚴威　集結兵力，顯示自己的威嚴。(66)劫列侯忠臣　劫，劫持；控制。楊樹達引李慈銘曰：「『忠臣』猶『中臣』，即朝臣也。」(67)矯制　假傳皇帝的命令。制，皇帝的命令。(68)宗廟所以危　對劉氏的宗廟（意即江山社稷）已經構成威脅。按：《漢書》作「宗廟以危」，「以」通「已」，意即「宗廟已經很危險了」。

(69)大將軍　此時尚非固定官名，只表示其地位崇高，有統領諸將之權。(70)灌嬰　劉邦的開國功臣，封潁陰侯。按：緊急關頭呂氏能授兵權於灌嬰，則灌嬰必平時能偽事諸呂，能獲得其特殊信任者。(71)滎陽　漢縣名，縣治在今河南滎陽東北，自古以來的軍事要地。(72)益呂氏資　為呂氏之篡國增加籌碼。(73)以待呂氏之變而共誅之　按：下文周勃、陳平、劉章等所以能在京城發動政變，關鍵在於灌嬰的這一中途倒戈，呂氏至此已徹底孤立，失敗已成定局。(74)屯兵於齊西界以待約　史珥曰：「號稱『討賊』，而首以取所割地為事，聲罪而不致討，屯兵待約，其無遠見可知。向微產、祿先誅，則亦殆矣。」(75)呂祿呂產欲作亂關中　諸呂之不得人心屬實，謂其「欲作亂關中」，乃強加罪名，非事實。(76)朱虛侯與太尉勃丞相平等誅之　劉章、周勃、陳平等之誅滅呂氏，在高后八年九月（作「八月」者誤），即高后去世後的第四十天。太尉勃，即周勃，劉邦的開國功臣。此時任太尉，但無實權。丞相平，即陳平，劉邦的開國功臣，此時任右丞相，但已被架空。(77)首先斬呂產　呂產當時為相國，地位最高，權力最大，又統領南軍，是呂氏集團的首領。周勃等發動政變後，派劉章進宮「保衛」小皇帝，不料劉章正好在未央宮前遇到呂產，於是遂即將呂產殺死。(78)於是太尉勃等乃得盡誅諸呂　凌約言曰：「敘誅諸呂，曰『首先』，曰『於是乃得』，而朱虛侯、太尉、丞相其功之大小具見矣，何等筆力！」按：此次諸呂被滅，不僅是殺了呂產、呂祿、呂通、呂更始等骨幹人物，而是「分部悉捕諸呂男女，無少長皆殺之」。此外被殺的還有樊噲的妻子呂嬃，以及被誣為「非劉氏」的孝惠帝的幾個兒子。(79)大臣　應指周勃、陳平。(80)齊王母家駟鈞　齊王母親的娘家人名駟鈞者。駟鈞是齊王母親的弟弟，齊王劉襄之舅。(81)惡戾二句　惡戾，兇狠殘暴。虎而冠者，簡直就是一隻戴著人帽子的老虎。(82)方以呂氏故幾亂天下　方，剛才；前者。幾，差點。(83)復為呂氏　意謂若立齊王為帝，則駟鈞又定將像呂產、呂祿等一樣難治。(84)代王母家薄氏二句　代王，劉恆，劉邦之子，薄氏所生。高祖十一年（西元前一九六年）被封為代王，國都中都，在今山西平遙西南。劉恆之母薄氏，薄氏有弟曰薄昭，劉恆之舅也。按：文帝十年，薄昭因殺漢使者，被迫自殺，安在其「君子長者」？(85)於今見在二句　在劉邦現存的兒子中年齡最大。按：當時劉邦所剩的兒子還有一個叫劉長，被封為淮南王，年齡比劉恆小。(86)以子則順二句　楊樹達曰：「立齊王則為高帝孫矣，故云『以子則順』也。」按：周勃、陳平等懼齊王之英武，欲立弱者以便其控制，故全力尋找藉口以壓制齊王。不料代王在呂后時代之「謙退」，乃是一種韜晦之計。(87)遣朱虛侯以誅呂氏事告齊王二句　至此，政變結束，劉章、劉襄可以說是白忙了一通，只為他人做嫁衣裳，從此埋下他們對朝廷的不滿。(88)聞魏勃本教齊王反　本，意指最早、最堅決。瀧川引中井曰：「平定呂氏之亂，齊王有大功，其舉兵，奉高帝之約束矣，非『反』也。」劉恆上臺後，劉襄、劉章、周勃等的下場都不妙；而最先透露這種苗頭的事件，就是灌嬰誣齊國「造反」，通過整治魏勃給齊王顏色看，而齊王也很快地就死了。⑧⑨責問魏勃　責問其為何造反。⑨⓪豈暇先言大人而後救火乎　《索隱》曰：「謂救火之急，不暇先啟家長也。亦猶國家有難，不暇待詔命也。」大人，一家之主。⑨①因退立四句　史珥曰：「批隙導窾，一言已足，是豈『股戰而栗』者所能？勃蓋知嬰忌己之勇，故飾詐以脫禍耳。」⑨②妄庸　荒唐；平庸。⑨③乃罷魏勃　《索隱》曰：「謂不罪而放遣之。」⑨④曹參　劉邦的開國功臣，封平陽侯，是劉肥齊國的首任丞相。事跡見〈曹相國世家〉。⑨⑤埽　通「掃」。打掃衛生。⑨⑥舍人　寄食於官僚貴族之家而為之接受某種差遣的人。⑨⑦以為物二句　物，漢人稱具有某種神祕力量的精靈。《索隱》引姚氏曰：「物，怪物。」師古曰：「謂鬼神。」伺，暗中窺探。⑨⑧見勃曹參　將魏勃引薦給了曹參。⑨⑨一為參御二句　有一回魏勃給曹參趕車，向他說了自己對某件事情的見解。御，趕車。①⓪⓪自置二千石　齊國的二千石一級的官，由齊王自行任命。據《後漢書‧百官志》，漢初各諸侯國的官職設置與朝廷相同，除其丞相由朝廷委派外，御史大夫以下都由各諸侯王自己任命。而「御史大夫及諸卿，皆為二千石。」諸卿，相當於今之中央部級。①⓪①勃用事二句　吳見思曰：「插魏勃事，又因魏勃插敘其父，插敘其少時事。」按：太史公欣賞魏勃，故詳其始末。①⓪②代王來立二句　周勃、陳平等權衡利弊，決定擁立代王，事在高后八年九月。①⓪③孝文帝元年　西元前一七九年。①⓪④盡以高后時所割齊之城陽琅邪濟南郡復與齊　楊樹達曰：「齊王肥獻城陽在惠帝時，不在高后時，此連言，不復分別。」①⓪⑤徙琅邪王王燕　時燕王呂通已被殺死，燕國空著無人；而琅邪郡須還歸齊國，劉澤正無處去，故將其改封為燕王，都薊縣，今北京市城區之西南部。①⓪⑥益封朱虛侯東牟侯各二千戶　意思是還讓他們當以前的朱虛侯與東牟侯，只是給每個人增加了兩千戶的封地。益封，加封，指擴大領地。按：劉章在誅除諸呂的過程中，功勳無與倫比。事成之後，原本是想封劉章為趙王，封其弟興居為梁王；只是由於聽說他們當初是想擁立齊王，故文帝一怒之下只給他們每人加封了二千戶，這是造成朱虛侯憂憤而死，其弟興居後來造反的原因。①⓪⑦齊哀王卒　事在文帝二年，西元前一七九年。

【語　譯】朱虛侯劉章剛剛二十歲，勇武有力，對劉氏不能得到要職忿忿不平。有一次呂太后辦酒宴，讓朱虛侯劉章當監酒的令官，劉章提出要求說：「我是武將的後代，請准許我按軍法監督酒宴。」呂太后說：「可以。」當酒喝到興頭上，劉章起身歌舞向呂太后敬酒，然後說：「我想為太后唱段耕田歌。」呂太后一向把他當孩子看待，笑著說：「你父親出身平民知道耕田的事情，你生下來就是王子，怎麼會知道耕田的事呢？」劉章說：「我知道。」太后說：「那就給我唱吧。」劉章唱道：「地要耕得深，種子要播得密，留的苗卻是要稀，凡不是自己種植的東西，通通把它們鋤去。」太后聽完之後沒有說話。過了一會兒，呂氏族人有一個喝醉了，想偷偷地向外溜。劉章追過去，拔劍將其殺死，回來向呂太后報告說：「有一個人想躲避喝酒而溜掉，我已經按軍法把他殺了。」太后及周圍的人都大吃一驚，但太后事先已經同意他按軍法監督酒宴，也就無法治他的罪，只好就這樣一直到酒宴罷散。從此，呂姓族人都怕劉章，連朝廷上的大臣們也都來討好劉章，劉氏的勢力因此稍微強大了一些。

2 過了一年，呂太后駕崩。這時趙王呂祿為上將軍，呂王產為相國，都在長安城裡，他們集結兵力威脅大臣，企圖作亂。朱虛侯劉章因其妻子是呂祿的女兒，知道了呂氏的陰謀。就派人暗中離開長安，告訴他的哥哥齊哀王劉襄，讓他發兵西進，自己和弟弟東牟侯劉興居在城內接應，以便徹底剷除呂氏，立齊王為皇帝。

3 齊王得此消息，就和舅舅駟鈞、郎中令祝午、中尉魏勃暗中謀劃起兵。齊相召平聽說此事，要發兵藉口保衛而包圍王宮。魏勃假裝對召平說：「齊王想發兵，但他並沒有朝廷的虎符。現在您要包圍他的王宮，這很好。那就讓我替您去辦這件事吧。」召平相信了，就將兵權交給了他，要他率兵去包圍王宮。但魏勃得到兵權後，反過來帶兵包圍了相府。召平歎道：「唉！道家說『當斷不斷，反受其亂』，我就是這樣啊！」說罷自殺了。於是齊王任命駟鈞為相國，魏勃為將軍，祝午為內史，下令徵調全國兵力。他派祝午東去欺騙琅邪王說：「呂氏作亂，齊王想發兵西進將他們誅滅。但齊王覺得自己是小輩，年輕，又不太懂得行軍打仗的事情，願意把齊國委託給大王您。您早在高皇帝的年代就是將軍，熟悉軍事。現在齊王不敢離開軍隊，所以派我前來請您到臨菑見齊王面議大事，並請您統率齊軍西行，平定關中之亂。」琅邪王信以為真，於是快馬加鞭去見齊王，齊王與魏勃等遂立即將琅邪王扣留，並派祝午立即把琅邪國的軍隊全部調了過來。

4 琅邪王劉澤受騙，不能回國，於是就勸齊王說：「齊悼惠王，是高皇帝的長子。從根本上說，大王您就是高皇帝的長孫，應當繼承皇位。現在朝廷中的諸位大臣對皇帝人選猶豫不決，我是劉氏家族裡年紀最大的，大臣們都等著同我商議。大王把我留在這裡毫無用處，不如讓我進京去替您爭取皇位吧。」齊王覺得不錯，就派車輛隆重地送琅邪王到長安去了。

5 琅邪王走後，齊國就發兵向西攻打呂國的濟南郡。齊哀王給各國諸侯發出一封書信說：「高帝平定天下分封子弟的時候，悼惠王封在齊國。悼惠王去世後，惠帝派留侯張良立我為齊王。惠帝駕崩之後，高后執政，由於她年紀大了，聽任諸呂擅自廢黜高皇帝所封之王，又殺害了三位趙王，滅亡了梁、燕、趙三國，以分封諸呂為王，他們把我的齊國分成了四份。忠臣進言勸諫，太后昏亂不聽。現在太后駕崩，皇帝年紀幼小，不能治理天下，自然要依賴眾大臣與諸侯。而如今諸呂自封高官，作威作福，聚集重兵，劫持列侯和朝臣，假傳聖旨號令天下，劉氏政權危在旦夕。現在我要率軍入關去討伐那些不應該為王的人。」

6　朝廷聽說齊國已經發兵西來，相國呂產就派大將軍灌嬰率軍東出迎擊。灌嬰東進到滎陽，心裡盤算道：「諸呂統兵盤踞關中，想危害劉氏而自立為帝。我如果打敗齊軍回朝報捷，那就會更加增強呂氏的勢力。」於是便在滎陽停了下來，他派使臣通知齊王和各國諸侯，表明願意與他們聯合，等呂氏發動叛亂時，共同消滅他們。齊王知道後，就率軍西進收回了原屬齊國的濟南郡，而後把軍隊駐紮在齊國的西部邊界，等待灌嬰的約定。

7　呂祿、呂產想在關中作亂，被朱虛侯劉章與太尉周勃、丞相陳平等提前動手殺掉了。是靠著朱虛侯劉章先殺了相國呂產，而後太尉周勃等才得以全部滅掉了諸呂。這時琅邪王劉澤也從齊國趕到了長安。

8　朝中大臣們商量，想立齊王劉襄為皇帝。琅邪王劉澤與太尉周勃、丞相陳平則說：「齊王的舅舅駟鈞，為人兇暴，簡直就是一隻穿戴了人衣帽的老虎。過去就是由於呂氏強大幾乎釀成大亂，如今再立齊王，那就等於再樹立一個呂氏家族。代王的母家薄氏，素來忠厚。而且代王又是高皇帝現存的兒子中年齡最大的。立兒子，名正言順；立一個善良人，我們大家也比較安全。」於是眾大臣就決定迎立代王，而派朱虛侯劉章把朝廷已經誅滅呂氏的事情往告齊王，讓他收兵。

9　灌嬰在滎陽，聽說最初是魏勃勸著齊王造反。等朝廷誅滅呂氏，齊國收兵後，就派人把魏勃叫來，責問他為什麼慫恿齊王造反。魏勃說：「好比一個人家著了火，難道還非得先報告家長然後才去救火嗎？」說完退立一旁，嚇得兩腿打顫，再也說不出別的話了。灌嬰看了他一陣子，笑著說：「人們都說魏勃勇敢，在我看來不過是個荒唐平庸的人！能有什麼作為呢！」於是放了魏勃。魏勃的父親由於擅長彈琴曾受到過秦朝皇帝的召見。魏勃年輕時，想求見齊國的相國曹參。但由於貧窮沒有門路，於是魏勃就經常起早給曹參家的舍人打掃門前的街道。那位舍人覺得奇怪，以為是什麼精靈做的，就清早躲在一旁觀察，於是發現了魏勃。魏勃說：「我想拜見相國大人，因為沒有門路，所以為您掃地，想借此得到求見的機會。」於是那個舍人便帶著魏勃去見曹參，曹參便也把魏勃收為舍人。有一次魏勃為曹參趕車，談論起他對某個問題的認識，曹參認為他有才能，便把他推薦給了齊悼惠王。悼惠王召見魏勃，任命他做了齊國內史。漢朝建國初年，悼惠王有權任命二千石的官員。等到悼惠王去世，哀王劉襄繼位時，魏勃已在齊國掌權，其實際權力比齊國的相國還要大。

10 齊王收兵回國後，代王劉恆到長安繼承了帝位，這就是孝文帝。

11 孝文帝元年，把呂后時期從齊國割出的城陽、琅邪、濟南郡都歸還給了齊國，改封琅邪王劉澤為燕王。加封朱虛侯劉章、東牟侯劉興居領地各二千戶。

12 這一年，齊哀王去世，太子劉則繼位，這就是齊文王。

1 齊文王元年❶，漢以齊之城陽郡立朱虛侯為城陽王❷，以齊濟北郡立東牟侯為濟北王❸。

2 二年，濟北王反，漢誅殺之，地入于漢❹。

3 後二年❺，孝文帝盡封齊悼惠王子罷軍等七人皆為列侯❻。

4 齊文王立十四年卒，無子，國除，地入于漢❼。

5 後一歲❽，孝文帝以所封悼惠王子分齊為王❾，齊孝王將閭❿以悼惠王子楊虛侯⑪為齊王。故齊別郡⑫盡以王悼惠王子：子志為濟北王⑬，子辟光為濟南王⑭，子賢為菑川王⑮，子卬為膠西王⑯，子雄渠為膠東王⑰，與城陽、齊凡七王⑱。

6 齊孝王十一年⑲，吳王濞、楚王戊反⑳，興兵西，告諸侯曰㉑：「將誅漢賊臣鼂錯㉒以安宗廟㉓。」膠西、膠東、菑川、濟南皆擅發兵應吳、楚㉔。欲與齊㉕，齊孝王狐疑，城守，不聽㉖。三國兵共圍齊㉗，齊王使路中大夫㉘告於天子。天子復令路中大夫還告齊王：「善堅守，吾兵今㉙破吳、楚矣。」路中大夫至，三國兵圍臨菑數重，無從入。三國將㉚劫與路中大夫盟㉛曰：「若反言漢已破矣㉜，齊趣下三國㉝，不且見屠㉞。」路中大夫既許之，至城下，望見齊王，曰：「漢已發兵百萬，使太尉周亞夫㉟擊破吳、楚，方引兵救齊㊱。齊必堅守，無下！」三國將誅路中大夫。

7 齊初圍急㊲，陰與三國通謀㊳。約未定，會聞路中大夫從漢來，喜，及其大臣乃復勸王毋下三國。居無何㊴，漢將欒布㊵、平陽侯㊶等兵至齊，擊破三國兵，解齊圍。已而復聞齊初與三國有謀，將欲移兵伐齊。齊孝王懼，乃飲藥自殺㊷。景帝聞之，以為齊首善㊸，以迫劫有謀㊹，非其罪也。乃立孝王太子壽為齊王㊺，是為懿王，續齊後㊻。而膠西、膠東、濟南、菑川王咸誅滅，地入于漢㊼。徙濟北王王菑川[48]。齊懿王立二十二年卒[49]，子次景立，是為厲王[50]。

8 齊厲王其母曰紀太后，太后取其弟紀氏女為厲王后。王不愛紀氏女。太后欲其家重寵[51]，令其長女紀翁主[52]入王宮，正其後宮，毋令得近王[53]，欲令愛紀氏女。王因與其姊翁主姦。

9 齊有宦者徐甲[54]，入事漢皇太后[55]。皇太后有愛女曰脩成君[56]，脩成君非劉氏，太后憐之。脩成君有女名娥，太后欲嫁之於諸侯[57]，宦者甲乃請使齊，必令王上書請娥[58]。皇太后喜，使甲之齊。是時齊人主父偃[59]知甲之使齊以取后[60]事，亦因謂甲：「即事成，幸言偃女，願得充王後宮[61]。」甲既至齊，風以此事[62]。紀太后大怒，曰：「王有后，後宮具備。且甲，齊貧人，急乃為宦者[63]，入事漢。無補益，乃欲亂吾王家[64]！且主父偃何為者[65]？乃欲以女充後宮！」徐甲大窮[66]，還報皇太后曰：「王已願尚娥[67]，然有一害，恐如燕王[68]。」燕王[69]者，與其子昆弟姦[70]，新坐以死，亡國[71]。故以燕感太后[72]。太后曰：「無復言嫁女齊事[73]。」事浸潯聞於天子[74]。主父偃由此亦與齊有郤[75]。

10 主父偃方幸於天子[76]，用事[77]，因言：「齊臨菑十萬戶，市租千金[78]，人眾殷富，巨於長安。此非天子親弟愛子不得王此[79]。今齊王於親屬益疏[80]。」乃從容言[81]：「呂太后時齊欲反[82]，吳、楚時孝王幾為亂[83]，今聞齊王與其姊亂[84]。」於是天子乃拜主父偃為齊相，且正[85]其事。主父偃既至齊，乃急治[86]王後宮宦者為王通於姊翁主所者[87]，令其辭證皆引王[88]。王年少，懼大罪為吏所執誅[89]，乃飲藥自殺[90]。絕，無後。

11 是時趙王[91]懼主父偃一出廢齊，恐其漸疏骨肉[92]，乃上書言偃受金及輕重之短[93]。天子亦既囚偃[94]。公孫弘[95]言：「齊王以憂死，毋後，國入漢。非誅偃，無以塞天下之望[96]。」遂誅偃[97]。

12 齊厲王立五年死，毋後，國入于漢[98]。

【章旨】以上為第三段，寫劉肥之子劉興居、劉將閭、劉辟光、劉賢、劉卬、劉雄渠以及劉將閭之孫劉次景先後被朝廷所滅的過程，主要突出了齊孝王劉將閭因對三國圍攻一度動搖而被欒布逼死、與其孫劉次景被主父偃逼死的情形。

【注釋】❶齊文王元年　相當於漢文帝二年，西元前一七八年。❷以齊之城陽郡立朱虛侯為城陽王　國都即今山東莒縣。❸以齊濟北郡立東牟侯為濟北王　國都盧縣，在今山東長清西南。按：劉章、劉興居於誅滅呂氏有功，朝廷原擬封劉章為趙王、封劉興居為梁王。後來抑而不封，今又割齊國之地以封二人，目的是既造成劉肥子孫之間的矛盾，且又將齊國化整為零，仍是出於對劉襄當年起兵討呂的餘悸。❹濟北王反三句　劉興居不滿漢文帝對齊國的處置，憤而造反事。❺後二年　梁玉繩曰：「『後二年』誤，〈五王傳〉作『明年』。」即齊文王三年。❻盡封齊悼惠王子罷軍等七人皆為列侯　又分割齊國領土以立十人為侯，正賈誼所謂「眾建諸侯而少其力」也。「七人」，蓋「十人」之訛。❼國除二句　齊國的建制被撤銷，齊文王被屢次割剝所剩的領土被沒收，歸於朝廷。❽後一歲　文帝十六年，西元前一六四年。❾以所封悼惠王子分齊為王　即將兩年前封以為侯的劉肥的十個兒子，除四人已死外，其餘六人分割當年齊文王治下的領土（前被朝廷沒收，今又退還者）以為王。❿齊孝王將閭　名將閭，劉肥之子，劉襄、劉章之弟。兩年前被封為楊虛侯，此次乃封之為齊王，國土僅領齊郡，其他舊屬齊國之郡盡以分封他人。按：此句應說「以悼惠王子楊虛侯將閭為齊王」。⓫楊虛侯　封地楊虛縣，縣治在今山東茌平東北。⓬故齊別郡　原先屬於齊國統轄的齊郡以外的其他郡。⓭子志為濟北王　濟北原是劉興居的封國，因其造反被消滅，今以其地改封劉志。國都盧縣（今山東長清西南）。⓮子辟光為濟南王　濟南郡曾被呂后割出以封呂台，並稱之為「呂國」。諸呂被滅後，劉襄將其收回齊國。今文帝以之封劉辟光，國都東平陵，在今山東章丘東北。⓯子賢為菑川王　國都劇縣，在今山東昌樂西北。⓰子卬為膠西王　國都高密，今山東高密西南。⓱子雄渠為膠東王　國都即墨，在今山東平度東南，今之即墨西北。⓲與城陽齊凡七王　也就是說，到此時為止，劉肥的兒子，劉襄的弟弟們總共還有六個人，而現時的城陽王是劉章的兒子劉喜。⓳齊孝王十一年　西元前一五四年。⓴吳王濞楚王戊反　即所謂「吳楚七國之亂」。吳王濞，劉濞，劉邦次兄劉仲之子，高祖十二年（西元前一九五年）被封為吳王，都廣陵。楚王戊，劉邦弟楚元王劉交之孫，文帝五年（西元前一七五年）繼其父位為楚王，都彭城。景帝即位後，為進一步削弱割據勢力，聽從鼂錯的建議，削減各諸侯王的領地。吳王濞早在景帝即位前就和他有殺子之仇，這次又被削地，於是便串連被削減了領地的諸國，一同起兵造反。事在景帝三年正月。㉑告諸侯曰　亦即發布討伐檄文。㉒將誅漢賊臣鼂錯　鼂錯，時為御史大夫。因建議並協助景帝削減諸侯領土，而被各諸侯國所忌恨，因而成為叛亂諸國起兵誅討的口實。㉓以安宗廟　因這次造反與被反的雙方都姓劉，像是同族內部的事務，故而不說「安社稷」而說「安宗廟」。㉔膠西膠東菑川濟南皆擅發兵應吳楚　參加此次叛亂的七國是，除此處所提六國外，還有趙國。當時的趙王是劉友（被呂后所殺）之子劉遂。齊地沒有參加叛亂的三國是齊國、濟北國、城陽國。擅發兵，因當時調動軍隊須有朝廷的虎符，各國不經朝廷允許而興兵，故稱其為「擅發兵」。㉕欲與齊　想拉著齊國一道造反。與，聯合。㉖城守二句　不聽從叛亂者的誘惑而堅守城池。㉗三國兵共圍齊　按：「三國」應作「四國」。〈吳王濞列傳〉前云「膠西、膠東、菑川、濟南共圍臨淄」。㉘路中大夫　《集解》引張晏曰：「姓路，為中大夫。」中大夫，官名，王者身邊的侍從人員，掌議論。《索隱》引《路氏譜》謂此路中大夫名「卬」。㉙今　將；很快就。㉚三國將　圍困齊國的三個國家的統兵將領。㉛劫與路中大夫盟　劫持路中大夫，逼著路中大夫與他們起誓訂盟。㉜若反言漢已破矣　你要改變原來的意思，就說漢王朝已被諸國打敗啦。若，你。㉝齊趣下三國　齊國要趕快向三國投降。趣下，趕緊投降。趣，通「促」。疾速。㉞不且見屠　否則將被三國屠城。屠，殺光。㉟周亞夫　周勃之子，時為太尉，是討伐吳楚七國的最高軍事長官，事跡詳見〈絳侯周勃世家〉。㊱方引兵救齊　很快就要率兵來救齊國。方，將。㊲齊初圍急　齊國當初被圍形勢危急的時候。㊳陰與三國通謀　蓋謂其迫於壓力而有所動搖也。㊴居無何　沒過多久。㊵欒布　漢初名將，曾為燕國之相，因此次以將軍參與平定七國之亂有功，被封為俞侯，事見〈季布欒布列傳〉。㊶平陽侯　此指曹奇，曹參之孫，文帝後元四年（西元前一六〇年）襲其父爵為平陽侯，見〈曹相國世家〉。㊷齊孝王懼二句　《史記》存二說，〈吳王濞列傳〉言齊王自殺事在吳王舉兵未敗之前，本處則言齊王自殺事在亂平之後。㊸首善　開始時的用心是好的，指不跟從叛亂。㊹以迫劫有謀　後來在強大勢力的壓迫下才與三國有通謀行為。㊺乃立孝王太子壽為齊王　事在景帝四年，西元前一五三年。㊻續齊後　意即讓齊國繼續存在下去。㊼膠西膠東濟南菑川王咸誅滅二句　至此，劉肥的兒子遂僅存劉志一人。劉肥子孫的封國只剩了齊國、濟北國、城陽國。㊽徙濟北王王菑川　將濟北王劉志調到菑川國，都劇縣（今山東昌樂西北），將濟北郡收歸朝廷。㊾齊懿王立二十二年卒　事在西元前一三一年。㊿子次景立二句　〈漢興以來諸侯王年表〉與《漢書・高五王傳》「次景」作「次昌」。(51)欲其家重寵　想讓其娘家的女人連續在齊王宮廷受寵。王駿圖曰：「重，復也。」(52)紀翁主　紀太后所生的「翁主」，齊厲王之姐。師古曰：「天子不自主婚，故謂之『公主』；諸侯自主婚，故其女號『翁主』。『翁』者，父也。」(53)正其後宮二句　整治齊王的其他嬪妃們，不准她們接近齊王。正，糾察；整治。後宮，這裡指王后以外的其他妃嬪。(54)齊有宦者徐甲　齊國有一個到漢王朝宮廷當宦者的徐姓某人，因不知其名，故以「甲」「乙」相稱。(55)漢皇太后　即武帝之母王太后。(56)脩成君　王太后與其前夫金氏所生的女兒。王太后原嫁金氏，後來其母臧兒將其奪回，將其送給了當時正當太子的漢景帝。景帝即位後，王氏入宮後所生的兒子劉徹、女兒平陽公主等都成了金枝玉葉；而其與金氏所生的女兒則仍留在民間。武帝即位後得知此事，遂將其迎入宮中，號之為脩成君。(57)欲嫁之於諸侯　想把她嫁給一個劉姓的諸侯王。(58)上書請娥　給太后上書，請求娶娥為王后。(59)主父偃　姓主父，名偃，一個自私自利的陰謀家，事見〈平津侯主父列傳〉。(60)使齊以取后　到齊國去辦理讓齊王娶脩成君女為王后的事情。(61)即事成三句　你的事情如果辦成了，希望能捎帶著說說，讓我的女兒也能進到齊王宮廷去。即，若；如果。幸，謙詞，這裡的意思即「請你」。(62)風以此事　將這些事情隱隱約約地透露給了紀太后。風，非正式地試探性地提出問題。(63)急乃為宦者　梁玉繩引孫侍御曰：「言徐甲貧窘無聊，乃自刑而為宦者耳。」(64)無補益二句　沒給我們幫別的忙，倒想給我們齊國的宮廷添亂。(65)主父偃何為者　主父偃算個什麼東西？(66)大窮　狼狽到了極點。窮，困；無路可走；無計可施。(67)王已願尚娥　齊王已經同意娶娥為妻。尚，上配；高攀。徐甲這裡儼然是把脩成君的女兒高抬成了公主。(68)恐如燕王　擔心齊王日後的下場將像不久前犯事的燕王一樣。(69)燕

王　劉澤之孫劉定國，景帝六年（西元前一五一年）繼其父爵為燕王。(70)與其子昆弟姦　意即姦淫了他自己的幾個女兒。子昆弟，女兒的姐妹。師古曰：「言是其子女，又長幼非一，故云『子昆弟』也。一曰言定國姦其子女及其姐妹。」(71)新坐以死二句　劉定國事發自殺，與燕國被滅除，在武帝元朔元年（西元前一二八年）。(72)以燕感太后　感，刺激；打動。徐甲前已誇口，今無法交差，遂扯出了齊王的陰私，既為自己做臺階，又陷齊王於死地。(73)無復言嫁女齊事　楊樹達曰：「娥後嫁淮南王安太子遷，見〈淮南王傳〉。」(74)事浸潯聞於天子　事情漸漸地傳到了武帝的耳朵裡。浸潯，漸漸，猶水之浸潤。浸潯下原有「不得」二字，應為衍文。《漢書・高五王傳》作「事寖淫聞於上」。今據刪。(75)郤　通「隙」。間隙；矛盾。(76)主父偃方幸於天子　主父偃在武帝元光年間（西元前一三四—前一二九年）因上書皇帝，受到賞識，由白丁到郎中、到謁者、到中大夫，「一歲中四遷」。(77)用事　主事，官不大而權不小。(78)市租千金　每天從市場所收之稅，即可多達千金。漢時稱黃金一斤曰「一金」，「一金」可抵銅錢一萬枚。千金，萬貫也，一貫為銅錢一千枚。(79)非天子親弟愛子不得王此　意思是換個親緣關係稍遠的人，就很容易據其地圖謀叛亂。(80)於親屬益疏　意謂現時的齊國和現時皇帝的親緣關係已相當疏遠。(81)從容言　自然的，像是漫不經心的談論。(82)呂太后時齊欲反　指呂后剛死，齊哀王劉襄起兵討諸呂。(83)吳楚時孝王幾為亂　指三國圍齊，齊國一度動搖事。(84)亂　指通姦。(85)正　糾察；查辦。(86)急治　積極地查辦。(87)為王通於姊翁主所者　指給齊王與其姐牽線搭橋的人。(88)令其辭證皆引王　讓這些被查辦的人在口供裡都牽涉到齊王。(89)懼大罪為吏所執誅　怕因為自己罪大，像燕王一樣被有司捉起來殺頭。(90)乃飲藥自殺　事在武帝元朔二年（西元前一二七年）。(91)是時趙王　名彭祖，景帝之子，景帝五年由廣川移封至趙。(92)恐其漸疏骨肉　怕他逐漸地挑撥各個劉姓國家與朝廷的關係。楊樹達曰：「時彭祖太子丹與其姊妹姦，彭祖之懼蓋以此。」(93)言偃受金及輕重之短　受金，指接受賄賂。輕重，師古曰：「謂用心不平。」(94)天子亦既囚偃　亦，通「已」。謂武帝已將主父偃囚禁之後，公孫弘故有如下斬偃之建議，以言公孫弘之看風使舵。(95)公孫弘　亦齊人，以讀《公羊春秋》平步青雲，時在朝為御史大夫，主管監察。事跡詳見〈平津侯主父列傳〉。(96)非誅偃二句　塞，堵；平息。天下之望，天下人對主父偃逼死齊王的怨恨不平。望，怨恨；不滿。(97)遂誅偃　〈平津侯主父列傳〉謂「乃遂族主父偃」，非僅誅主父偃一人也。(98)毋後二句　按：齊王將閭一系至此徹底滅亡，封土入漢為郡。

【語譯】齊文王元年，朝廷劃出齊國的城陽郡封朱虛侯為城陽王，劃出齊國的濟北郡封東牟侯為濟北王。

2 齊文王二年，濟北王謀反，被朝廷誅滅，封地收歸朝廷。

3 又過了兩年，孝文帝把齊悼惠王的兒子罷軍等七人全部封為列侯。

4 齊文王在位十四年去世，因沒有兒子，國號廢除，封地被收歸朝廷。

5 一年後，孝文帝讓前所封為列侯的悼惠王的兒子們瓜分齊國，封立他們為王，封悼惠王的兒子原楊虛侯劉將閭為齊王，這就是齊孝王。以原來齊國所轄的其他郡分封悼惠王的其他兒子：封劉志為濟北王，封劉辟光為濟南王，封劉賢為菑川王，封劉卬為膠西王，封劉雄渠為膠東王。加上城陽王、齊王一共是七個王。

6 齊孝王十一年，吳王劉濞、楚王劉戊造反。他們興兵西向並通告諸侯們說：「我們要討伐漢朝的賊臣鼂錯以安定宗廟。」這時膠西王、膠東王、菑川王、濟南王都發兵響應吳、楚。拉齊國參加，齊孝王猶豫不定，便派兵守城，沒有答應他們。於是膠西、菑川、濟南等三國就出兵包圍了齊國，齊王派中大夫路卬向朝廷求援。朝廷讓路卬回國告知齊王說：「好好堅守城池，朝廷的軍隊很快就要攻破吳、楚了。」路卬回到齊國時，三國的軍隊已把臨淄城團團包圍，無法進入城中。路卬也被三國叛軍所劫持，三國將領脅迫路卬說：「你要反過來說朝廷的軍隊被打敗了，齊國必須趕快向三國投降，否則就將被屠城。」路中大夫假裝同意，來到臨淄城下，他望著齊王大聲說：「朝廷發兵百萬，已經派太尉周亞夫擊敗吳、楚，現在正帶兵前來援救齊國。大王一定要堅守城池，不要投降！」三國將領大怒，當場殺了路中大夫。

7 齊國起初被圍攻得非常緊急時，也曾暗自與三國講和。和約還沒有說定，聽到了路中大夫從朝廷帶回的消息，齊王很高興，他的大臣們也都勸齊王不要向三國投降。沒過多久，朝廷的將軍欒布、平陽侯曹奇等帶兵到達齊國，打敗了圍城的三國軍隊。事後，欒布等聽說了齊國曾與三國暗中定約的事，便想移兵討伐齊國。齊孝王害怕，就喝毒藥自殺了。孝景帝知道後，認為齊王開始時是和叛軍對抗的，後來被三國圍困，在形勢緊急的情況下才被迫與敵謀和，並不是他的罪過。於是封立孝王的太子劉壽為齊王，這就是齊懿王，讓他繼續齊國的祭祀。而膠西、膠東、濟南、菑川四王都被誅滅，封地收歸朝廷。又改封濟北王劉志為菑川王。齊懿王在位二十二年去世，他的兒子劉次景繼位，這就是齊厲王。

8 齊厲王的母親是紀太后，紀太后讓自己弟弟的女兒做了厲王的王后。但厲王不喜歡紀家的女兒。紀太后為了想讓紀家世代寵貴，就讓她的長女紀翁主進入王宮以整頓其王宮秩序，想不讓其他嬪妃親近厲王，讓厲王只能親近紀氏女。沒想到厲王卻趁機與他的姐姐翁主燕好了。

9 齊國有個宦官叫徐甲，進京侍奉武帝的母親王太后。王太后有個入宮前生的女兒名叫脩成君，因為她不是劉氏所生，故而王太后對她特別憐愛。脩成君有個女兒名字叫娥，王太后想把她嫁給諸侯王，於是宦官徐甲就毛遂自薦出使齊國，讓齊王上書請求娶娥做王后。王太后很高興，就派徐甲到齊國去了。當時齊國人主父偃知道此事後，就對徐甲說：「如果事情辦成，希望您提及我的女兒，她願意去齊王後宮當嬪妃。」徐甲到齊國後，委婉地向紀太后說明了來意。紀太后聽罷大怒，說：「齊王已有王后，後宮嬪妃也已齊備。你徐甲，不過是齊國的貧民，窮困得沒有別的辦法才當了宦官，進入漢朝宮廷。你沒給齊國辦什麼好事，卻來給我們的宮廷添亂！再說主父偃是什麼人？他也想把女兒塞進宮來！」徐甲很狼狽，只得回朝稟告王太后說：「齊王已經答應要娶娥了，但有個隱患，我怕日後像燕王一樣。」燕王指劉定國，他因為和姐妹以及自己的幾個女兒通姦，剛剛被判罪處死，封國被撤除。徐甲就是用這件事來刺激王太后。王太后聽罷說：「那就不要再提嫁女到齊國去的事了。」這件事漸漸傳開來，連天子也聽說了。主父偃也因此與齊國有了嫌隙。

10 主父偃當時正受武帝寵信，參與政事，他趁機對武帝說：「齊國的臨淄有十萬戶人家，市場的租稅每天就有千金之多，百姓殷實富有的程度超過長安。這樣的通都大國，除了天子的親兄弟或者兒子，別人是不應該封到那裡為王的。如今的齊王與皇室的血緣關係已經越來越疏遠了。」接著又假作不經心地說：「呂太后去世時齊國就曾造反，吳楚七國之亂時齊孝王也差點造反，現在又聽說齊王和自己的姐姐淫亂。」於是武帝就任命主父偃為齊國的丞相，讓他去查辦此事。主父偃到了齊國，就立刻審問那些為齊王和紀翁主牽線搭橋的宦官，讓他們在供詞中把齊王牽扯出來。齊王年輕，害怕罪大而被有司捕殺，就服毒自殺了。齊王沒有後代，於是齊國斷了煙火。

11 武帝的弟兄趙王劉彭祖見主父偃一出京城就廢掉了齊國，擔心他接著再害別的劉氏骨肉，於是就上書告發主父偃接受賄賂和其他故意害人的事。武帝因此把主父偃囚禁起來。這時御史大夫公孫弘對武帝說：「齊王是憂憤而死，並絕了後代，封地被國家收回。朝廷如果不殺主父偃，就無法平息天下人的怨恨。」於是武帝遂將主父偃處死。

12 齊厲王在位五年去世，沒有後代，封土被朝廷收回。

1 齊悼惠王後尚有二國：城陽及菑川❶。菑川地比齊❷。天子憐齊，為悼惠王冢園❸在郡❹，割臨菑東環悼惠王冢園邑❺，盡以予菑川❻，以奉悼惠王祭祀❼。

2 城陽景王章❽，齊悼惠王子，以朱虛侯與大臣共誅諸呂，而章身首先斬相國呂王產於未央宮。孝文帝既立，益封章二千戶，賜金千斤。孝文二年，以齊之城陽郡立章為城陽王。立二年卒，子喜立，是為共王❾。

3 共王八年❿，徙王淮南⓫。四年，復還王城陽⓬。凡三十三年卒，子延立，是為頃王⓭。頃王二十六年卒，子義立，是為敬王⓮。敬王九年卒，子武立，是為惠王⓯。惠王十一年卒，子順立，是為荒王⓰。荒王四十六年卒，子恢立，是為戴王⓱。戴王八年卒，子景立⓲。至建始三年⓳，十五歲，卒⓴。

4 濟北王興居，齊悼惠王子，以東牟侯助大臣誅諸呂，功少。及文帝從代來，興居曰：「請與太僕嬰入清宮㉑。」廢少帝㉒，共與大臣尊立孝文帝。

5 孝文帝二年，以齊之濟北郡立興居為濟北王，與城陽王俱立。立二年，反。

始大臣誅呂氏時，朱虛侯功尤大，許盡以趙地王朱虛侯，盡以梁地王東牟侯㉓。及孝文帝立，聞朱虛、東牟之初欲立齊王，故絀㉔其功。及二年，王諸子㉕，乃割齊二郡以王章、興居㉖。章、興居自以失職奪功㉗。章死㉘，而興居聞匈奴大入漢㉙，漢多發兵使丞相灌嬰擊之㉚，文帝親幸太原㉛，以為天子自擊胡，遂發兵反於濟北㉜。天子聞之，罷丞相及行兵㉝，皆歸長安㉞。使棘蒲侯柴將軍㉟擊破虜濟北王㊱。王自殺，地入于漢，為郡。

6 後十三年㊲，文帝十六年，復以齊悼惠王子安都侯志為濟北王㊳。十一年㊴，吳、楚反時，志堅守，不與諸侯合謀㊵。吳、楚已平，徙志王菑川㊶。

7 濟南王辟光，齊悼惠王子，以勒侯孝文十六年為濟南王㊷。十一年，與吳、楚反。漢擊破，殺辟光㊸。以濟南為郡，地入于漢。

8 菑川王賢，齊悼惠王子，以武城侯㊹文帝十六年為菑川王。十一年，與吳、楚反。漢擊破，殺賢。

9 天子因徙濟北王志王菑川。志亦齊悼惠王子，以安都侯王濟北。菑川王反，毋後，乃徙濟北王王菑川。凡立三十五年卒㊺，謚為懿王。子建代立，是為靖王。二十年卒，子遺代立，是為頃王㊻。三十六年卒，子終古立，是為思王㊼。二十八年卒，子尚立，是為孝王㊽。五年卒㊾，子橫立㊿，至建始三年，十一歲，卒(51)。

10 膠西王卬，齊悼惠王子，以昌平侯(52)文帝十六年為膠西王。十一年，與吳、楚反，漢擊破，殺卬。地入于漢，為膠西郡。

11 膠東王雄渠，齊悼惠王子，以白石侯(53)文帝十六年為膠東王。十一年，與吳、楚反，漢擊破，殺雄渠。地入于漢，為膠東郡。

【章旨】以上為第四段，寫劉肥諸子多以謀反被誅，獨城陽王劉章與菑川王劉志兩族福祿綿長的情形。

【注釋】❶城陽及菑川　當時城陽國之王是劉肥之孫、劉章之子劉喜。菑川國的國王為劉肥之子劉志。❷比齊　靠近齊國。比，挨近。菑川國的都城劇縣在齊國都城臨淄東南百餘里。❸冢園　猶言陵園。❹在郡　指在齊郡。❺環悼惠王冢園邑　圍著劉肥陵園的各縣鄉。❻盡以予菑川　全部割給菑川國。❼以奉悼惠王祭祀　令劉志接續主持悼惠王劉肥的祭祀。❽城陽景王章　劉章，「城陽」是封國，「景」字是諡。❾子喜立二句　劉章死、其子劉喜立，在文帝三年（西元前一七七年）。❿共王八年　西元前一六九年。⓫徙王淮南　將劉喜改封為淮南王。按：原來的淮南王劉長是劉邦之子，於文帝六年（西元前一七四年）謀反，被流放自殺，見〈淮南衡山列傳〉。淮南國的國都壽春，即今安徽壽縣。⓬四年二句　劉喜為淮南王共四年，而後又讓他回到城陽為王，因為文帝於此年又封原淮南王劉長的兒子劉安當了淮南王。此文帝十六年（西元前一六四年）事也。⓭凡三十三年卒三句　事在景帝中元六年（西元前一四四年）。子延立，原作「子建延立」。梁玉繩《史記志疑》卷二十六：「〈年表〉及《漢》〈表〉、〈傳〉皆作『延』，此誤增『建』字。」今據刪。⓮頃王二十六年卒三句　事在武帝元狩五年，西元前一一八年。頃王二十六年卒，二十六原作「二十八」。梁玉繩《史記志疑》卷二十六：「『八』字乃『六』字之譌脫。」今據改。⓯敬王九年卒三句　事在武帝元封二年（西元前一〇九年）。⓰惠王十一年卒三句　事在武帝天漢三年（西元前九八年）。〈漢興以來諸侯王年表〉作七年，蓋誤。⓱荒王四十六年卒三句　事在宣帝甘露二年（西元前五二年）。⓲戴王八年卒二句　事在元帝初元五年（西元前四四年）。⓳建始三年　西元前三〇年。「建始」是漢成帝的年號。⓴十五歲二句　指劉景為城陽王十五年而死。梁玉繩曰：「『是為惠王』以下四十八字，後人所續，當刪之。」按：《漢書・諸侯王表》謂劉景為城陽王「二十四年薨」。㉑請與太僕嬰入清宮　太僕嬰，即夏侯嬰，也稱滕嬰，劉邦的開國功臣，一直為劉邦趕車，事跡見〈樊酈滕灌列傳〉。太僕，官名，九卿之一，掌管皇帝的車馬，並為皇帝趕車。清宮，清理宮廷。因為當時呂后雖死，呂后所立的小傀儡皇帝尚在。而劉興居在誅滅呂產、呂祿的政變過程中出力不大，故文帝即位後他自動請求去為文帝驅逐傀儡，打掃宮廷。㉒廢少帝　此「少帝」即惠帝之子，呂后殺死第一個，改立的第二個小傀儡。按：此「少帝」被劉興居等遷出宮廷，以至被殺死的情形相當淒慘。㉓許盡以趙地王朱虛侯二句　當時的趙王為呂祿，梁王（亦稱呂王）為呂產，皆被周勃等所誅滅，故可以封劉章為趙王、封劉興居為梁王。㉔絀　通「黜」。罷斥；廢除。㉕王諸子　文帝封自己的兒子為王。劉參被封為太原王，劉勝被封為梁王，劉武被封為代王。㉖乃割齊二郡以王章興居　由於實在無法向天下人交代，故而文帝才不得不封劉章、劉興居為王；但又不從朝廷給予土地，而是從立有大功的齊國割出兩個郡，封劉章為城陽王（都莒縣）；劉興居為濟北王（都盧縣，今長清縣西南）。㉗章興居自以失職奪功　失職，指被剝奪了自己應得的封土。奪功，有誅滅呂氏的大功勳而不被承認。㉘章死　劉章死於文帝三年四月，蓋抑鬱憤恚而死也。㉙匈奴大入漢　事在文帝三年五月，時匈奴「入居北地、河南為寇」，意即占據了今陝西之西北部與內蒙古之河套一帶地區。匈奴，秦漢時期的北方少數民族名，活動在今內蒙古與蒙古共和國一帶。㉚使丞相灌嬰擊之　灌嬰是劉邦的開國功臣，因在誅滅呂氏的過程中有大功，先是接替周勃做了太尉；文帝三年初，周勃罷相就國，灌嬰又接替周勃做了丞相。㉛文帝親幸太原　當匈奴南下入侵時，文帝為了抵抗匈奴，先是移駕北上到了甘泉宮，又北上至高奴（今陝西延安東北）。匈奴人撤退後，文帝遂由陝北渡黃河到了太原。太原，漢初諸侯國名，當時的太原王為文帝之子劉參，國都晉陽（今山西太原西南）。㉜遂發兵反於濟北　事在文帝三年五月。㉝罷丞相及行兵　意即將丞相灌嬰與所發出的軍隊一齊撤回。㉞皆歸長安　謂文帝與丞相灌嬰等皆回長安。㉟棘蒲侯柴將軍　即柴武，劉邦的開國功臣，以軍功被封為棘蒲侯。但據〈高祖功臣侯者年表〉，棘蒲侯名為「陳武」，無「柴武」其人。瀧川曰：「蓋棘蒲侯有二姓也。」㊱擊破虜濟北王　事在文帝三年八月。㊲十三年　原作「十二年」。梁玉繩《史記志疑》卷二十六：「『十二』乃『十三』之譌刻。」今據改。㊳安都侯志為濟北王　安都侯志，安都侯劉志，封地安都縣，依《正義》說在今河北高陽西南。劉志是劉肥之子，於文帝四年九月與劉將閭、劉雄渠等兄弟十人同時被封為列侯；於文帝十六年，又與劉將閭、劉雄渠等兄弟六人同時被封為王，皆割齊地以封之也。㊴十一年　劉志為濟北王的第十一年，西元前一五四年。㊵吳楚反時三句　齊分七國後，多逆誅滅，惟菑川王志，以忠保其國。〈吳王濞列傳〉卻說是濟北王被郎中令劫守故不得發兵。梁玉繩曰：「濟北王志因其郎中令劫守不得發兵耳，見〈吳濞傳〉，此言非實。」㊶徙志王菑川　事在景帝三年。㊷以勒侯孝文十六年為濟南王　與劉志、劉雄渠等六人同封也。梁玉繩曰：「『勒』乃『朸』之譌。」朸，漢縣名，縣治在今山東惠民西。㊸漢擊破二句　「擊」、「破」、「殺」三動詞並列連用，諸本多斷作「漢擊破，殺辟光」者，似不當。㊹武城侯　封地武城縣。《索隱》以為在平原郡，今山東武城西北。㊺凡立三十五年卒　事當武帝元光五年（西元前一三〇年）。㊻二十年卒三句　事當武帝元封元年（西元前一一〇年）。㊼三十六年卒三句　事當元帝元鳳六年（西元前七五年）。㊽二十八年卒三句　事當元帝初元二年（西元前四七年）。㊾五年卒　《漢書・諸侯王表》作「考王尚嗣，六年薨。」按：據《漢書》則是孝王劉尚死於元帝永光三年（西元前四一年）。㊿子橫立　劉橫元年為元帝永光四年（西元前四〇年）。(51)十一歲二句　指劉橫為菑川王十一年而卒。梁玉繩曰：「此（是為頃王）下後人妄續，且年數、謚法多誤也。」(52)昌平侯　梁玉繩曰：「當作『平昌』。此作『昌平』，誤。」平昌，漢縣名，縣治在今山東商河西北。《正義》乃引今北京市之「昌平」當之，似誤。(53)白石侯　封地白石縣。《正義》曰：「白石古城在德州安德縣北二十里。」安德縣在今山東臨邑西北、陵縣東南。

【語譯】 到這時，齊悼惠王的後代還有兩個國家：這就是城陽國和菑川國。菑川國和齊國相鄰。武帝對齊國的狀況很同情，因為齊悼惠王的陵園在齊郡之內，於是就把臨淄以東環繞齊悼惠王陵園的地區劃歸了菑川國，讓菑川王劉志主持齊悼惠王的祭祀。

2 城陽景王劉章是齊悼惠王的兒子，他在當朱虛侯的時候和朝中大臣們共同誅滅了諸呂，而且是劉章最先衝進未央宮親手斬了相國呂產。孝文帝即位後給他加封了二千戶，又賜給他黃金一千斤。孝文帝二年，割出齊國的城陽郡封他做了城陽王。在位二年去世，兒子劉喜繼位，這就是城陽共王。

3 共王在位八年，被改封為淮南王。四年後，又改回為城陽王。共在位三十三年去世，兒子劉延繼位，這就是城陽頃王。頃王在位二十六年去世，兒子劉義繼位，這就是城陽敬王。敬王在位九年去世，兒子劉武繼位，這就是城陽惠王。惠王在位十一年去世，兒子劉順繼位，這就是城陽荒王。荒王在位四十六年去世，兒子劉恢繼位，這就是城陽戴王。戴王在位八年去世，兒子劉景繼位。到了孝成皇帝建始三年，劉景十五歲時就去世了。

4 濟北王劉興居，也是齊悼惠王的兒子，在他當東牟侯的時候曾協助眾大臣誅滅諸呂，功勞不大。等到孝文帝從代國到達長安，劉興居說：「請讓我和太僕夏侯嬰一起去清理宮廷。」於是他廢掉了惠帝的兒子少帝，和大臣們共同擁立了孝文帝。

5 孝文帝二年，文帝割齊國的濟北郡封劉興居做了濟北王，和城陽王劉章同時受封。兩年後，他就造反了。當初大臣誅滅呂氏時，朱虛侯的功勞最大，朝廷曾答應把趙國封給朱虛侯，把梁國封給東牟侯。孝文帝即位後，聽說朱虛侯和東牟侯開始是想立自己的哥哥齊王為帝，於是就罷斥了他們兄弟二人的功勞。直到孝文帝二年，文帝分封自己的兒子為王時，才割出齊國的兩個郡來封了劉章和劉興居為王。他們兄弟二人都認為自己是功勞被埋沒，封土被剝奪。於是劉章被氣死，而劉興居在聽說匈奴大舉入侵，漢廷派丞相灌嬰率軍往擊匈奴，孝文帝也親自北上太原的時候，劉興居以為他親自出兵攻打匈奴，所以就在濟北發兵造反了。文帝聽說濟北發生叛亂，立即將丞相及其所率領的軍隊調回長安，同時派棘蒲侯柴武率軍討伐濟北，俘虜了濟北王。濟北王自殺，封地被朝廷收回，改為濟北郡。

6 十三年後，也就是孝文帝十六年，文帝封齊悼惠王的兒子安都侯劉志為濟北王。濟北王劉志在位的第十一年，吳、楚七國發動叛亂。由於這時劉志能堅守城池，不與叛亂分子合謀，於是在吳、楚之亂被削平後，朝廷就改封劉志做了菑川王。

7 濟南王劉辟光，也是齊悼惠王的兒子，在孝文帝十六年的時候，由勒侯晉封為濟南王。在位十一年時，參與了吳、楚等國的造反。後來叛軍被朝廷擊敗，劉辟光被殺。封地被朝廷沒收，改設為濟南郡。

8 菑川王劉賢，也是齊悼惠王的兒子，在孝文帝十六年的時候，由武城侯被晉封為菑川王。劉賢在位的第十一年，因參與吳、楚叛亂，兵敗被殺。

9 於是景帝改封濟北王劉志為菑川土。菑川王劉志，也是齊悼惠王的兒子，由安都侯晉封為濟北王。菑川王造反失敗後，沒有後嗣，就改封濟北王做了菑川王。濟北王劉志總共在位三十五年去世，謚為懿王。他的兒子劉建繼位，這就是菑川靖王。靖土在位二十八年去世，兒子劉遺繼位，這就是菑川頃王。頃王在位三十六年去世，兒子劉終古繼位，這就是菑川思王。思王在位二十八年去世，兒子劉尚繼位，這就是菑川孝王。孝王在位五年去世，兒子劉橫繼位。到漢孝成皇帝建始三年，劉橫十一歲的時候就去世了。

10 膠西王劉卬，也是齊悼惠王的兒子，在孝文帝十六年的時候，由昌平侯被晉封為膠西王。劉卬在位的第十一年，與吳、楚一起叛亂，兵敗被殺。封地被朝廷收回，改設為膠西郡。

11 膠東王劉雄渠，也是齊悼惠王的兒子，在孝文帝十六年的時候，由白石侯被晉封為膠東王。劉雄渠在位的第十一年，與吳、楚一起叛亂，兵敗被殺。封地被朝廷收回，改設為膠東郡。

太史公曰：諸侯大國，無過齊悼惠王。以海內初定，子弟少，激秦之無尺土封❶，故大封同姓❷，以填萬民之心❸。及後分裂❹，固其理也❺。

【章旨】以上為第五段，是作者的論贊，慨歎了齊國本來最大，因而也就問題最多，後來也就被分得最碎的情理之必然。

【注釋】❶激秦之無尺土封　《漢書・高五王傳》作「激秦孤立無藩輔」，可為此句作注。激，感發，即「接受教訓」的意思。❷大封同姓　劉邦在滅項與建國初期曾分封過十幾個異姓王。後因感覺這些人不可靠，於是遂造作罪名，將其逐個翦滅；又深感秦王朝不封子弟之孤立無援，於是遂大封子弟為王。❸以填萬民之心　填，通「鎮」。鎮撫。《漢書・諸侯王表序》曰：「漢興之初，海內新定，同姓寡少，懲戒亡秦孤立之敗，于是剖裂疆土，立二等之爵，功臣侯者百有餘邑，尊王子弟，大啟九國。」❹及後分裂　指把一個龐大的齊國瓜分為許多小國，還把許多原屬於齊國的郡縣收歸朝廷。❺固其理也　事物的道理往往如此，這符合強極變弱，大極變小的規律。

【語譯】太史公說：漢初所封的諸侯國，沒有比齊悼惠王更大的。那是因為漢高祖剛剛平定海內，而自己的兄弟兒子不多，他有感於秦王朝由於不分封宗室子弟，故而孤立無援，所以就大封劉氏同姓，以鎮撫天下萬民。至於後來被分得很碎，那也是必然的事情。

【研　析】齊國原是劉邦的開國功臣韓信的封國，韓信幫著劉邦消滅項羽後，立刻被劉邦調離齊國改封於楚國，不久又強加罪名將其殺害。也正是在這種劉邦懷疑異姓，只相信自己子弟的情況下，他分封其私生子劉肥為齊王，分封其弟劉交為楚王。齊國在劉邦誅除異姓、大封子弟為王的諸國中疆域最廣、勢力最大，領有六郡七十多個縣。正是由於呂后先與劉邦一道大肆誅殺功臣，招致了功臣們的畏懼與痛恨；又由於劉邦死後呂后大封呂姓諸人為王，而殘酷地迫害劉邦諸子，又引起了劉姓與呂姓的尖銳矛盾。因此在呂后一死，劉邦的子孫與在朝的功臣便聯合起來，一舉將呂氏集團殺了個一乾二淨。在這次政變中，劉邦子孫起作用最大的就是劉肥的兒子劉章與劉襄。有關這次政變的過程細節詳見〈呂太后本紀〉。

早在劉肥為齊王時，就深受呂后之迫害，並險些被呂后所殺，因此齊國對諸呂的仇恨是根深蒂固的。也正是由於呂后去世後，首先有劉章在朝與其兄劉襄在齊國起兵討伐諸呂，而諸呂派出率軍抵抗齊兵的灌嬰又中途倒戈的情勢下，才使早已有職無權的周勃、陳平從朝廷發難，依靠著劉章的發難迅速誅滅了呂氏集團。劉章之所以讓劉襄首先發難，是想讓劉襄做皇帝，但周勃、陳平等卻害怕有這麼一個英武的主子，於是他們從外頭偷偷地迎來了一貫貌似謙退的代王劉恆。而劉恆即位後，則不僅不感謝劉襄、劉章的關鍵作用，反而倒打一耙說他們這種行為是「造反」。於是在新貴們彈冠相慶這種意外來福的時候，劉章、劉襄兄弟幾乎什麼也沒有得到，只落得相繼鬱鬱而死。劉興居起兵反叛，被漢文帝削平。

一個諸侯國敢於起兵反對「朝廷」，這是讓新上臺的皇帝所懼怕的，於是他們開始著手削弱諸侯國。他們先是從齊國挖出兩個郡，以分封在誅滅呂氏集團有功的劉章與劉興居；不久，又瓜分齊國以分封劉肥的其他六個未曾封王的兒子，從而使原來的齊國由一個變成了七個，這就是賈誼為漢文帝所出的高招兒，叫做「眾建諸侯而少其力」，也就是把他們化整為零。

到景帝時，更採用鼂錯的建議，進一步尋找藉口削減諸侯王的領土，於是引發了「吳楚七國之亂」。「吳楚七國」的首領是吳國，副首領是楚國，其餘五個之中的四個都來自原先大齊國的範圍。嚴格說來，劉姓的諸侯王起兵反對姓劉的皇帝，第一個是濟北王劉興居，第二個是淮南王劉長，都在文帝時代；到景帝時的這場「吳楚七國之亂」，才算把劉姓反對劉姓的戰爭推到了最高潮。「吳楚之亂」平定後，齊地諸侯王只剩下兩個，這就是劉章後代的「城陽國」和劉志後代的「菑川國」，這兩個小國一直維持到了西漢末年。在武帝時代又採用主父偃的建議，實行「推恩法」，使諸侯國越分越小，而且隨時可能被消滅。這以後的諸侯王便只是仰食租稅，不再管一兵一卒，即使想造反也只能是有其心而無其力了。

這篇作品涉及的問題很多，應與〈呂太后本紀〉、〈楚元王世家〉、〈袁盎鼂錯列傳〉、〈吳王濞列傳〉、〈漢興以來諸侯王年表〉等參照閱讀。

齊悼惠王的兒子最能幹的莫過於劉章，其精彩表現本篇寫了一段，其餘詳見於〈呂太后本紀〉。在本篇所寫的人物中最精彩的莫過於魏勃。明代郝敬《史漢愚按》說：「魏勃為齊王謀事，始終無紕謬也：當其紿召平、卻阻撓如拾芥；誘琅邪王閉之樊中，奪其軍而後遣之；及大臣誅諸呂，兵出無名，遂罷。其識進止通達如此，豈得謂之『庸妄人』？灌嬰以為『教齊王反』，召之即至。責問，對曰：『失火之家，何暇先言大人而後救火？』退立股戰而栗，佯為此而驕嬰，嬰遂舍之。《易》云：『知柔而剛，萬夫之望。』謂為『庸妄人』，墮其雲霧中矣。少賤時，掃齊相舍人門，不費一籌，自通齊王，取二千石，蓋范雎、蔡澤之流。子長好奇，津津喜談之，非徒然者。」

卷五十三

蕭相國世家第二十三

【題　解】〈蕭相國世家〉記述了蕭何在輔佐劉邦打天下、安天下的過程中所建立的不朽功勳，以及他在劉邦猜忌下戰戰兢兢，時時刻刻都在謀求自保的艱難處境。蕭何為漢帝國的建立與鞏固所做的貢獻主要有四項，即收秦律令圖書、舉韓信、鎮撫關中、與其臨終之舉曹參以自代。司馬遷對這些都是充分肯定的，蕭何不愧為漢朝初期功業卓著的名相。蕭何的功業如此，而仍被劉邦所猜忌，整天處於危險之中，作者對劉邦的批判是明顯的。蕭何是呂后殺韓信的幫兇，作者的論贊似讚而實諷。

1 蕭相國何者，沛豐❶人也。以文無害❷為沛主吏掾❸。

2 高祖為布衣時，何數以吏事❹護❺高祖。高祖為亭長❻，常左右❼之。高祖以吏繇咸陽❽，吏皆送奉錢三，何獨以五❾。

3 秦御史監郡❿者與從事⓫，常辨之⓬。何乃給泗水卒史事⓭，第一⓮。秦御史欲入言徵何⓯，何固請⓰，得毋行。

4 及高祖起為沛公⓱，何常為丞督事⓲。沛公至咸陽⓳，諸將皆爭走⓴金帛財物之府分之，何獨先入收秦丞相、御史律令圖書藏之㉑。沛公為漢王㉒，以何為丞相。項王與諸侯屠燒咸陽而去㉓，漢王所以具知天下阸塞㉔、戶口多少、彊弱㉕之處、民所疾苦㉖者，以何具得秦圖書也㉗。何進言韓信㉘，漢王以信為大將軍㉙，語在淮陰侯事中㉚。

5 漢王引兵東定三秦㉛，何以丞相留收巴、蜀㉜，填撫㉝諭告，使給軍食㉞。漢二年，漢王與諸侯擊楚㉟。何守關中，侍太子㊱，治櫟陽㊲。為法令約束㊳，立宗廟、社稷、宮室、縣邑㊴。輒奏上㊵，可㊶，許以從事；即㊷不及奏上，輒以便宜施行，上來以聞㊸。關中事計戶口轉漕給軍㊹，漢王數失軍遁去㊺，何常興㊻關中卒，輒補缺㊼。上以此專屬任何關中事㊽。

6 漢三年，漢王與項羽相距京、索之間㊾，上數使使勞苦㊿丞相。鮑生(51)謂丞相曰：「王暴衣露蓋(52)，數使使勞苦君者，有疑君心也。為君計，莫若遣君子孫昆弟(53)能勝兵(54)者悉詣軍所(55)。上必益信君。」於是何從其計，漢王大說。

【章旨】以上為第一段，寫蕭何在輔佐劉邦滅秦、滅項中所建立的種種功勳。

【注釋】❶沛豐　沛縣裡的豐邑，當時沛縣的縣治即今江蘇沛縣；當時的豐邑即今江蘇豐縣。陳直曰：「秦時泗水郡，漢初改為沛郡，豐縣屬沛。傳文不稱泗水而稱沛，是太史公用漢制紀秦事。」❷文無害　或稱「無害」。《集解》引《漢書音義》

曰：「有文無所枉害也，如今言『公平吏』。一曰，『無害』者如言『無比』。」瀧川曰：「言能通曉法令，無所疑滯也。」❸主吏掾　即功曹。相當於現在之縣人事科長。❹吏事　這裡指劉邦觸犯了公家規定的科條。❺護　袒護；救助。❻亭長　「鄉」下面的基層小吏，主緝捕盜賊等事。當時「鄉」下有「亭」，「亭」有亭長，亭長下有「亭父」及「求盜」各一人。❼左右　袒護；佐助。❽以吏繇咸陽　以小吏的身分率縣民去首都咸陽服勞役。❾吏皆送奉錢三二句　師古曰：「出錢以資行，他人皆三百，何獨五百。」送、奉二字連讀，即贈送。❿御史監郡　御史原是負責監察的朝官，上屬御史大夫。秦朝時派到郡裡監督工作，人稱之曰「監公」，與郡守、郡尉同為郡裡的主要長官。⓫與從事　與蕭何打過交道。⓬辨之　認為蕭何辦事精明。辨，清楚；明白。⓭給泗水卒史事　充當泗水郡卒史的職務。泗水郡的郡治在相縣（今安徽濉溪西北），沛縣屬泗水郡管轄。卒史，郡吏名。郡中設有卒史、書佐各十人。⓮第一　謂其才幹、成績名列第一。⓯欲入言徵何　師古曰：「欲因入奏事之次，言於朝廷，徵何用之。」徵，調。⓰何固請　懇切推辭。⓱高祖起為沛公　事在秦二世元年九月。此年七月，陳勝等起兵反秦。九月，劉邦亦在沛縣起兵，攻下沛縣後，被擁立為沛縣縣令。戰國時楚國例稱縣令曰「公」。⓲為丞督事　以沛縣縣丞的身分協助劉邦管理各種事務。縣丞是縣令的助手，如今之辦公室主任。⓳沛公至咸陽　事在漢元年（西元前二〇六年）十月（當時以十月為歲首）。當項羽在河北與秦軍大戰時，劉邦奉楚懷王之命由南路入關破秦。至漢元年十月，劉邦經由洛陽、南陽、武關入咸陽，秦王子嬰向劉邦投降。⓴走　奔向；奔入。㉑何獨先入收秦丞相御史律令圖書藏之　秦丞相御史，指秦朝的丞相府與御史大夫府。「御史大夫」與丞相、太尉合稱「三公」，主管監察。梁玉繩曰：「《漢書》誤脫『御史律令』，而此誤脫『文書』。此所謂圖書，即圖籍也。方回《續古今考》云：『圖謂繪畫山川形勢、器物制度、族姓原委、星辰度數，籍謂官吏版簿、戶口生齒、百凡之數，律與令則前王、後王之刑法，文書則二帝三王以來政事議論。』」㉒沛公為漢王　事在漢元年一月。項羽在河北聽說劉邦進入咸陽，亦率軍於漢元年十二月進入關中。先是在鴻門宴上與劉邦經過一場刀光劍影的鬥爭後，遂於一至三月分封各路諸侯為王。項羽自稱西楚霸王，王九郡，都彭城（今徐州）；封劉邦為漢王，王巴、蜀、漢中三郡，都南鄭（今陝西漢中）。㉓項王與諸侯屠燒咸陽而去　其事應在鴻門宴後的十二月底或一月初。㉔阸塞　險要之處。㉕彊弱　指各地區的富庶程度與軍事實力的不同而言。㉖民所疾苦　最讓百姓們感到疾苦的事情。㉗以何具得秦圖書也　按：《漢書．蕭何傳》於此段下寫項羽初封劉邦為漢王時，劉邦不欲受命去漢中，於是蕭何有一段為劉邦分析形勢，勸其接受入漢中語，茅坤、梁玉繩等皆以為此處不應不載。㉘何進言韓信　事在漢元年六、七月間。韓信原為項羽部下，因不受重視而棄楚歸漢。劉邦起初亦不重視，韓信遂又離劉邦而走。蕭何聞知後，親自將其追回，苦勸劉邦拜以為大將。㉙大將軍　此時尚非固定的軍官名，只是表現其握有至高的軍事權力。㉚語在淮陰侯事中　意即此事寫在〈淮陰侯列傳〉裡。㉛東定三秦　事在高祖元年八月。三秦，指項羽分秦地所封給的章邯的雍國（都廢丘），封給董翳的翟國（都高奴），封給司馬欣的塞國（都櫟陽）。劉邦到達漢中後，沒過兩三個月，遂用韓信之謀，捲土由漢中殺回三秦。㉜留收巴蜀　繼續留在漢中，鎮守與招撫今四川一帶地區。㉝填撫　鎮壓，安撫。填，通「鎮」。㉞使給軍食　讓巴、蜀、漢中為劉邦供應東方前線的軍糧。㉟漢王與諸侯擊楚　事在漢二年四月。三秦基本平定後，劉邦又東出相繼收服了河南國、韓國、魏國、殷國，而後遂率領著五十六萬人馬乘項羽北上伐齊之機，一舉攻下了項羽的國都彭城。項羽聽說後，率領三萬騎兵星夜趕回，大破劉邦於彭城之下。㊱何守關中二句　劉邦在彭城慘敗時，呂后與劉邦之父都被項羽捉去，劉邦在西逃的路上遇見了其子劉盈與其女魯元公主。劉邦遂將劉盈送回關中，立以為太子，令蕭何等護衛劉盈以鎮守關中根據地。㊲治櫟陽　以櫟陽（今陝西臨潼北）為劉邦的都城。㊳為法令約束　即制訂各種法律條文、規章制度。㊴立宗廟社稷宮室縣邑　宗廟，帝王的祖廟。社稷，帝王祭祀土神、穀神的壇臺。縣邑，縣城與縣下的城鎮，這裡是指建立行政區劃。㊵奏上　指稟告劉邦。㊶可　指劉邦同意，答應。㊷即　倘若。㊸以便宜施行二句　即根據情況需要，先付諸實行。等劉邦來了，再向他稟告。㊹關中事計戶口轉漕給軍　關中事，三字衍。計戶口，指按戶口徵糧徵丁。轉漕給軍，運送糧食以供應前線。陸運曰「轉」，水運曰「漕」。㊺漢王數失軍遁去　如劉邦之逃出滎陽、逃出成皋等是也。㊻興　徵調；調發。㊼輒補缺　按：據〈項羽本紀〉，老者、弱者、未至成年者，皆被蕭何所徵調。㊽專屬任何關中事　將關中根據地的一切事務全部委託給蕭何一個人。屬，委託。㊾相距京索之間　彭城之敗後，在京索一帶形成對峙。京索，京是秦縣名，縣治在今河南滎陽東南；索是古城名，即今滎陽。㊿勞苦　猶言「慰問」。(51)鮑生　其名不詳。按：漢時可稱「先生」曰「生」，亦可單稱曰「先」。(52)暴衣露蓋　意即無衣蔽體，無傘遮陽。(53)昆弟　兄弟。(54)能勝兵　能夠拿動武器的人。(55)悉詣軍所　全部到前線上去。詣，到。

【語譯】相國蕭何，是沛縣豐邑人。因為他精通法令條文而不刻毒，當上了沛縣的功曹。

2 當劉邦還是平民時，蕭何就曾多次在劉邦與公家打交道的問題上袒護過他。後來劉邦做了亭長，蕭何更是經常幫助他。有一次劉邦因公率領縣民去咸陽服勞役，縣裡的同事們給他湊盤纏，別人都給劉邦三百錢，唯獨蕭何給劉邦五百錢。

3 秦朝中央派到泗水郡來監督工作的御史在與蕭何多次共事中，見蕭何精明，於是把他提到郡裡充當管理文書的卒史，在工作考評中蕭何得了第一。中央來的御史想把蕭何推薦到朝裡服務，蕭何堅決推辭，沒有去。

4 等到劉邦起兵當了沛公後，蕭何擔任縣丞，幫助劉邦處理各種事務。劉邦進入咸陽後，將領們都爭先恐後地跑到府庫中瓜分金銀布帛，唯獨蕭何先奔入丞相府、御史大夫府把法律規章以及各種檔案資料收藏了起來。後來劉邦當了漢王，就任命蕭何為丞相。在項羽和其他諸侯們要回自己封地，離開咸陽前，把咸陽燒毀了，劉邦之所以能具體地知道全國的軍事布防、戶籍多少、哪個地方窮、哪個地區富，以及人民的疾苦等等，都是從蕭何獲得的秦朝的檔案資料上來的。蕭何還向劉邦推薦了韓信，劉邦任命韓信為大將軍，這件事的詳細經過，記述在〈淮陰侯列傳〉中。

5 當劉邦由漢中回師往取三秦時，蕭何以丞相的身分繼續留下來鎮撫巴、蜀，勸勉百姓發展生產支援前線。漢高祖二年，當劉邦聯合各路諸侯又東擊項羽時。蕭何為劉邦鎮守關中，侍候太子，以櫟陽為臨時首都。蕭何在後方制訂了各種法律規章，為劉邦建立了象徵國家政權的宗廟、社稷、宮殿，劃分了行政區域等等。所有這些他總是先向劉邦請示，劉邦說可以辦他才辦；有些事情如果來不及事先請示，他就根據實際情況先行辦理，等到劉邦回到關中時再向他報告。他在關中按著戶口徵糧食與男丁，然後通過水旱兩路把糧餉運到前方。劉邦曾多次被項羽打得兵敗人逃，而蕭何總是及時地把關中的壯丁調了來給他彌補虧缺。因此劉邦就把關中的一切事情全部委託給蕭何處理。

6 漢高祖三年，劉邦同項羽在京縣與索城之間長期相持不下，這時劉邦一連幾次派人回關中慰問蕭何。蕭何的心腹鮑先生對蕭何說：「漢王自己在戰場上露宿風餐，卻一連幾次地派人來慰問您，這是因為他懷疑您了。為您考慮，不如把您的子孫兄弟凡是能拿起武器的全都送到前方。這樣漢王就會更加信任您了。」於是蕭何就按著鮑生的主意辦了，劉邦很高興。

1 漢五年，既殺項羽，定天下❶，論功行封。羣臣爭功，歲餘，功不決❷。高祖以蕭何功最盛，封為酇侯❸，所食邑❹多。功臣皆曰：「臣等身被堅執銳❺，多者百餘戰，少者數十合❻，攻城略地，大小各有差。今蕭何未嘗有汗馬之勞，徒持文墨議論，不戰，顧反❼居臣等上，何也？」高帝曰：「諸君知獵乎？」曰：「知之。」「知獵狗乎？」曰：「知之。」高帝曰：「夫獵，追殺獸兔者狗也，而發蹤❽指示獸處❾者人也。今諸君徒能得走獸❿耳，功狗⓫也；至如蕭何，發蹤指示，功人也。且諸君獨以身隨我，多者兩三人。今蕭何舉宗⓬數十人皆隨我，功不可忘也。」羣臣皆莫敢言。

2 列侯畢已受封，及奏位次⓭，皆曰：「平陽侯曹參身被七十創⓮，攻城略地，功最多，宜第一。」上已橈⓯功臣，多封蕭何，至位次未有以復難之⓰，然心欲何第一。關內侯⓱鄂君⓲進曰：「羣臣議皆誤。夫曹參雖有野戰略地之功，此特一時⓳之事。夫上與楚相距五歲⓴，常失軍亡眾，逃身遁㉑者數矣㉒。然蕭何常從關中遣軍補其處，非上所詔令召㉓，而數萬眾會上之乏絕㉔者數矣。夫漢與楚相守滎陽數年㉕，軍無見糧㉖，蕭何轉漕關中，給食不乏。陛下雖數亡山東㉗，蕭何常全關中以待陛下。此萬世之功也！今雖亡曹參等百數㉘，何缺於漢？漢得之不必待以全㉙。柰何欲以一日之功而加㉚萬世之功哉！蕭何第一，曹參次之。」高祖曰：「善。」於是乃令蕭何第一㉛，賜帶劍履上殿㉜，入朝不趨㉝。

3 上曰：「吾聞進賢受上賞。蕭何功雖高，得鄂君乃益明。」於是因鄂君故所食關內侯邑封為安平侯㉞。是日，悉封何父子兄弟十餘人㉟，皆有食邑。乃益㊱封何二千戶，以帝嘗繇咸陽時何送我獨贏奉錢二㊲也。

【章旨】以上為第二段，寫蕭何受劉邦封賞時的分外榮寵。

【注釋】❶既殺項羽二句　項羽被韓信大破於垓下，自刎烏江，在漢五年十二月。漢五年之二月，劉邦乃即皇帝位於定陶縣。❷羣臣爭功三句　按：群臣爭功事見〈留侯世家〉，下句中「功」字衍文。❸酇侯　封爵名。封地酇縣，縣治即今河南永城西之酇縣鄉。王先謙曰：「何先封沛郡之酇，而後封南陽之酇。」❹食邑　享有的領地。❺被堅執銳　披堅甲，執利兵。❻數十合　數十戰。❼顧反　轉折語詞。二字同義，猶今之所謂「反」、「反而」。❽發蹤　發現野獸蹤跡。蹤，通「踪」。❾指示獸處　告訴鷹、狗野獸在哪裡。❿諸君徒能得走獸　徒，僅只。按：《漢書》於此作「諸君徒能走得獸」，王先謙引吳仁傑曰：「所謂『走得獸』者，謂其追而殺之耳；云『得走獸』，則乖本旨矣。」⓫功狗　獵狗一樣的功勞。⓬舉宗　整個家族。⓭位次　列侯們的高低順序。⓮身被七十創　受傷七十多處。創，傷。⓯橈　通「撓」。使之屈服。⓰未有以復難之　沒有辦法再加以刁難。⓱關內侯　有侯爵而無封地者，其級別低於有封地的列侯。⓲鄂君　據〈高祖功臣侯者年表〉，此人名千秋，開始為關內侯，後來封安平侯。⓳一時　短時間。⓴與楚相距五歲　誇大之言，實際只有兩年八個月。㉑逃身遁　脫身遁逃。《漢書》「逃」作「跳」。師古曰：「跳身，謂輕身走出也。」李笠曰：「逃身，謂脫身。」㉒數矣　已經有多次啦。數，屢屢。㉓非上所詔令召　用不著皇上發命令徵調。㉔數萬眾會上之乏絕　當皇上正愁沒人的時候，蕭何的幾萬人正好送到。㉕相守滎陽數年　劉邦與項羽自漢二年五月在滎陽一帶形成對峙，直到漢四年（西元前二〇三年）九月，劉邦與項羽訂立鴻溝條約，前後共歷兩年四個月。㉖見糧　現在等用的糧食。見，通「現」。㉗數亡山東　指對不少東方地區得而復失。山東，崤山

(在今河南靈寶東南)以東，泛指秦時的東方六國之地。㉘雖亡曹參等百數　即使沒有一百個曹參這樣的人。㉙不必待以全　不一定非得靠著他，國家才能保全。㉚加　加之於上。即今所謂「凌駕」。㉛乃令蕭何第一　原作「乃令蕭何」。王念孫《雜志》：「蕭何下脫去『第一』二字，當依《漢書》、《漢紀》補。《太平御覽・治道部》引《史記》正作『乃令蕭何第一』。」今據補。㉜賜帶劍履上殿　按：「帶」字似應削，劍可曰「帶」，履亦可言「帶」乎？漢承秦法，規定群臣上殿不准穿鞋子，不准帶兵器，今特許蕭何「劍履上殿」，是對他的特殊優寵。㉝入朝不趨　趨，小步疾行。這是古人在君長面前走路時的一種禮節性姿勢。㉞因鄂君故所食關內侯邑封為安平侯　此語意謂鄂千秋原來已經是關內侯，再加上推揚蕭何使劉邦滿意，於是二者累積，遂封以為列侯。因，就著；在原有的基礎上。安平侯，封地安平縣，縣治在今山東青州西北。㉟悉封何父子兄弟十餘人　按：《漢書》作「封何父母兄弟十餘人」，梁玉繩曰：「作『父母』是。」㊱益　加；特別另給。㊲獨贏奉錢二　特別地多給我兩個大錢。贏奉，多給。陳子龍曰：「前以功封，此又推舊恩也。」

【語譯】漢高祖五年，項羽兵敗身死，劉邦平定了全國，於是他要論功行賞大封群臣。這時人們互相爭奪攀比，以至於折騰了一年還定不下來。劉邦認為蕭何的功勞最大，於是封他為酇侯，給他的領地也最多。功臣們都不服，說：「我們一個個身披鎧甲，手執刀槍，多的經過一百多次戰鬥，少的也有幾十次，功勞儘管有大小的不同，但全都得過城、占過地。而蕭何沒有一點汗馬功勞，就靠著舞文弄墨耍嘴皮子，沒有上過一回戰場，今天他的功勞反而比我們都高，這是為什麼？」劉邦說：「你們知道打獵嗎？」功臣們說：「知道。」劉邦又說：「你們知道獵狗嗎？」功臣們說：「知道。」劉邦說：「在獵場上，親自追殺野獸、兔子的是獵狗；發現野獸、兔子，並指揮獵狗往哪裡追的卻是人。你們就是能夠追野獸，所以你們所做的也就是像獵狗一樣的功勞；而蕭何是發現野獸蹤跡，指揮獵狗去追，他做的是獵人的事情。而且你們大多是只有一個人追隨我，多的也不過兩三個人。蕭何整個家族幾十個人都跟著我，這種功勞是永遠也不能忘的。」於是大家才不敢再說什麼了。

2　該封侯的都已經受封完畢，等到要評定列侯們的位次了，大家都說：「平陽侯曹參出生入死，負傷七十多處，攻城占地的勳勞最多，應該排在第一位。」劉邦在前面封賞功臣的時候已經壓制過一回人們的意見，對蕭何多加封賞了，到了現在的排位次，他不好再刁難功臣們的意見，然而心裡仍是想把蕭何排在第一。此時善於察顏觀色的關內侯鄂千秋上前一步說：「他們的議論都是錯誤的。曹參雖然有南征北戰開拓疆土的功勞，這不過是一時之間的事情。皇上同項羽對抗了五年，多次在戰鬥中損兵折將，隻身逃跑。而蕭何總是及時地把新兵從關中送上前線，不用皇上下命令，幾萬人就送到了。這樣及時地給皇上彌補虧缺解決燃眉之急已經有很多次。我們與項羽在滎陽相持好幾年，軍中沒有糧草，蕭何通過水旱兩路從關中運到前線，使軍隊給養不乏。皇上雖然幾次地丟掉了東方的大片土地，而蕭何卻牢牢地保住了關中給皇上做根基。這才是萬世不朽的功勳！像曹參這樣的，即使少了一百個，對於大漢又有什麼關係呢？漢朝不是因為有了他們才得以保全的。今天怎麼能夠讓一時的功勞壓在萬世的功勳之上呢！蕭何應該第一，曹參可以排第二。」劉邦說：「好。」於是就把蕭何排在了第一位，讓他上殿時可以穿著鞋子，佩著寶劍，進朝時可以免掉「趨」的禮節。

3 劉邦又說：「我聽說推薦賢才的人應該受上賞。蕭何的功勞雖然高，但他是得到了鄂千秋的推薦才讓人們認識的。」於是把鄂千秋從原來關內侯的基礎上進封為安平侯。同一天，蕭何的父子兄弟十來個人也都受了封，得到了領地。除此之外又給蕭何增加了食邑二千戶，因為當年劉邦到咸陽出差時蕭何比別人多給了他二百錢。

1 漢十一年，陳豨反❶，高祖自將❷，至邯鄲❸。未罷❹，淮陰侯謀反關中❺。呂后用蕭何計誅淮陰侯❻，語在淮陰事中。上已聞淮陰侯誅，使使拜丞相何為相國❼，益封五千戶，令卒五百人一都尉❽為相國衛❾。諸君皆賀，召平❿獨弔⓫。召平者，故秦東陵侯⓬。秦破，為布衣，貧，種瓜於長安城東。瓜美，故世俗謂之「東陵瓜」，從召平以為名也。召平謂相國曰：「禍自此始矣。上暴露[13]於外而君守於中，非被矢石[14]之事而益君封、置衛者，以今者淮陰侯新反於中，疑君心矣[15]。夫置衛衛君，非以寵君也。願君讓封勿受，悉以家私財佐軍，則上心說[16]。」相國從其計，高帝乃大喜。

2 漢十一年，秋，黥布反。上自將擊之，數使使問相國何為[17]。相國為上在軍，乃拊循勉力百姓[18]，悉以所有佐軍，如陳豨時[19]。客有說相國曰：「君滅族不久矣！夫君位為相國，功第一，可復加哉？然君初入關中，得百姓心，十餘年[20]矣，皆附君[21]，常復孳孳得民和[22]。上所為數問君者，畏君傾動關中[23]。今君胡[24]不多買田地，賤貰貸[25]以自汙？上心乃安。」於是相國從其計，上乃大說。

3 上罷布軍歸[26]，民道遮行[27]上書，言相國賤彊買民田宅數千萬[28]。上至，相國謁[29]，上笑曰：「夫相國乃利民[30]！」民所上書皆以與相國，曰：「君自謝民[31]。」相國因為民請曰：「長安地狹[32]，上林中多空地，弃[33]，願令民得入田[34]，毋收稾[35]為禽獸食。」上大怒[36]，曰：「相國多受賈人財物，乃為請吾苑！」乃下相國廷尉[37]，械繫[38]之。數日，王衛尉[39]侍，前問曰：「相國何大罪，陛下繫之暴[40]也？」上曰：「吾聞李斯[41]相秦皇帝，有善[42]歸主，有惡[43]自與。今相國多受賈豎[44]金而為民請吾苑，以自媚[45]於民，故繫治之。」王衛尉曰：「夫職事[46]，苟有便於民而請之，真宰相事！陛下柰何乃疑相國受賈人錢乎！且陛下距楚數歲，陳豨、黥布反，陛下自將而往，當是時，相國守關中，搖足[47]則關以西[48]非陛下有也。相國不以此時為利[49]，今乃利賈人之金乎？且秦以不聞其過亡天下，李斯之分過[50]，又何足法[51]哉？陛下何疑宰相之淺也[52]！」高帝不懌[53]。是日，使使持節[54]赦出相國。相國年老，素恭謹，入，徒跣[55]謝。高帝曰：「相國休矣[56]！相國為民請苑，吾不許。我不過為桀、紂主，而相國為賢相。吾故[57]繫相國，欲令百姓聞吾過也。」

4 何素不與曹參相能[58]。及何病，孝惠[59]自臨[60]視相國病，因問曰：「君即百歲後[61]，誰可代君者？」對曰：「知臣莫如主[62]。」孝惠曰：「曹參何如？」何頓首曰：「帝得之矣！臣死不恨[63]矣！」

5 何置田宅必居窮處[64]，為家不治垣屋[65]，曰：「後世賢，師吾儉[66]；不賢，毋為勢家所奪[67]。」

6 孝惠二年，相國何卒，謚為文終侯[68]。

7 後嗣以罪失侯者四世[69]，絕，天子輒復求何後，封續酇侯[70]。功臣莫得比焉。

【章　旨】以上為第三段，寫蕭何在劉邦稱帝後岌岌可危的為相情景。

【注　釋】❶陳豨反　陳豨是劉邦的開國功臣，高祖七年（西元前二〇〇年），被任為代國丞相，監代、趙邊兵。高祖十年（西元前一九七年）八月，因疑懼而舉兵反。❷高祖自將　自己統兵以討陳豨。❸邯鄲　趙國的都城，即今河北邯鄲。當時的趙王為劉邦之少子劉如意。❹未罷　指討伐陳豨的戰事尚未結束。❺淮陰侯謀反關中　淮陰侯，韓信。幫助劉邦打敗項羽的頭號功臣，高祖四年破齊後被封為齊王，高祖五年破項羽後被改封楚王，高祖六年被誣告謀反，降為淮陰侯。高祖十一年春，韓信又被誣告謀反，被呂后所殺。❻呂后用蕭何計句　呂后欲召韓信，怕韓信不來，於是派蕭何親自去請，假說劉邦在前方打了勝仗，捉到了陳豨，讓群臣入宮朝賀。韓信被蕭何騙入長樂宮之鐘室，被呂后設伏所殺。❼拜丞相何為相國　相國，其職務與丞相同，但比一般所謂「丞相」位尊權大。按：史公寫蕭何協助呂后騙殺韓信畢，接著遂寫蕭何被拜為「相國」，此處不無嘲諷意味。❽都尉　奉命獨當一面的軍官，其級別略與校尉同。❾為相國衛　以保衛蕭何的安全。❿召平　姓召名平。召，也寫作「邵」。⓫弔　哀慰其不幸，這裡即「警告」的意思。⓬故秦東陵侯　可能是秦滅六國以前之所封。「故秦東陵侯」召平之事跡僅見於此文，不見於敘秦事之二紀與諸傳。⓭暴露　猶今所謂冒著日曬雨淋。⓮被矢石　冒著箭鏃與飛石衝鋒。被，通「披」。這裡即迎著、冒著。⓯疑君心矣　瀧川曰：「《漢書》『疑』上有『有』字，此當據補。」⓰則上心說　說，通「悅」。瀧川曰：「『心』疑『必』訛。」⓱問相國何為　問蕭何近來在做什麼。⓲拊循勉力百姓　拊循，安撫。拊，通「撫」。勉力，同「勉勵」，鼓勵。⓳如陳豨時　如前劉邦往討陳豨時，蕭何之「讓封勿受，悉以家私財佐軍」等是也。⓴十餘年　自漢元年（西元前二〇六年）蕭何隨劉邦入咸陽，至此正好十年。㉑皆附君　全都擁護你。㉒常復孳孳得民和　至今你還孜孜不倦地做好事，提高威望。瀧川曰：「常，《漢書》作『尚』。」按：作「尚」是也。孳孳，勤奮努力的樣子。㉓傾動關中　把關中百姓都吸引得傾向自己，使劉邦的固有地位動搖。㉔胡　為何。㉕賤貰貸　低利息的向人借貸，據下文則是強買人家東西不給錢。貰，賒欠。㉖上罷布軍歸　事在高祖十二年（西元前一九五年）之十一月。十二年十月（當時以十月為歲首），劉邦破黥布軍於會甀。事後，劉邦派其他將領追捕黥布，自己則北經沛縣回歸長安。㉗道遮行　師古曰即今所謂「攔路」。遮，攔阻。㉘賤彊買民田宅數千萬　意即強「買」了數千萬銅錢的百姓田宅而不給錢。數千萬，單位指銅錢。㉙謁　拜見。㉚利民　王先謙曰：「奪民所有以為利。」㉛君自謝民　你自己去向百姓們道歉。謝，道歉；請罪。㉜長安地狹　長安周圍可耕種的土地不多。㉝上林中多空地二句　上林，即上林苑。秦漢時代的皇家獵場，在今西安市西，當時有幾個縣大。李笠曰：

「『地』『弃』疑誤倒。」㉞入田　進去耕種。㉟毋收稾　把作物的秸稈留在苑裡，作為動物的飼料。㊱上大怒　淩稚隆曰：「太史公下『大悅』、『大怒』字，而高祖之忌心洞見矣。」㊲廷尉　九卿之一，主管司法的最高長官。㊳械繫　戴上刑具，關押起來。㊴王衛尉　史失其名。衛尉，九卿之一，負責警衛宮廷的武官。當時有未央衛尉、長樂衛尉。㊵繫之暴　突然將其下獄。暴，突然。㊶李斯　秦朝丞相。事跡見〈李斯列傳〉。㊷善　讓人感恩的事情。㊸惡　讓人痛恨、厭惡的事情。㊹賈豎　對商人的罵詈之詞。豎，猶今所謂「小子」。㊺自媚　討好。㊻職事　公務；應該辦的事情。㊼搖足　猶今之所謂「頓足」、「跺腳」。以喻辦事之容易。㊽關以西　函谷關以西。指關中，楚漢戰爭時期劉邦的根據地。㊾不以此時為利　不在此時謀大利，意即篡國，造反。㊿分過　分擔罪責。即上文之「有善歸主，有惡自與」。(51)何足法　有什麼值得學習的?法，仿效。(52)何疑宰相之淺也　淺，指將人估計得過低，猶今所謂以小人之心度君子之腹。(53)不懌　不高興。因理屈辭窮，顯示了自己的短處。(54)持節　手執旌節。節，帝王的信物。派人傳達旨意時，令使者持之以為信。(55)徒跣　光著腳。這是古人表示請罪的一種姿態。(56)休矣　猶言「算了吧」、「別這個樣子啦」。(57)故　故意。(58)相能　猶言「相得」、「相好」。(59)孝惠　即漢惠帝。名盈，劉邦之子，呂后所生。惠帝繼其父為帝，西元前一九四—前一八八年在位。(60)自臨　親自到蕭何家中。(61)君即百歲後　即，倘若。百歲，婉言對方之死。(62)知臣莫如主　《左傳》有「知臣莫若君」，《戰國策》有「論臣莫若君」等，意思一樣。(63)不恨　沒有遺憾。恨，憾。王先謙引周壽昌曰：「〈高紀〉帝崩時，呂后問相，帝已定何後為參，茲云惠帝發問始為參者，殆帝恐何意有可否也。」(64)窮處　破敗荒僻的地方。(65)垣屋　具有高大圍牆的宅第。(66)後世賢二句　後代子孫倘若成材，就應該效法我的儉樸。(67)不賢二句　倘若後代的子孫沒出息，留著讓有權勢的人將家產宅第占去，那也毫無必要。(68)相國何卒二句　按：蕭何墓在今咸陽渭城區之徐家寨村，是劉邦陵園的陪葬墓之一。(69)以罪失侯者四世　曾有四代子孫因犯罪而被除掉酇侯的爵祿。(70)天子輒復求何後二句　據《漢書》，蕭何卒，何子蕭祿嗣；蕭祿卒，亡嫡子，高后乃封蕭何之夫人名「同」者為酇侯。文帝元年，罷同，立蕭何之少子蕭延為酇侯。延薨，其子蕭遺嗣。蕭遺卒，無後，復以遺弟蕭則嗣。蕭則有罪免，景帝乃封蕭則之弟蕭嘉為侯。蕭嘉卒，其子蕭勝嗣。蕭勝有罪免，武帝乃又立蕭何之曾孫蕭慶為侯。

【語　譯】漢高祖十一年，代相陳豨造反，劉邦親自領兵前去討伐，軍隊到了邯鄲。平叛尚未結束，這時淮陰侯韓信又在關中陰謀造反。是呂后採用了蕭何的計策，把韓信殺了，有關這件事情的詳細經過，記述在〈淮陰侯列傳〉中。劉邦聽到韓信被殺的消息後，派人到長安拜蕭何為相國，又給他增加了食邑五千戶，派了一個都尉領著五百士兵給蕭何做警衛。大家都給蕭何賀喜，唯獨召平卻為蕭何擔心。召平是過去秦朝的東陵侯。秦朝滅亡後，召平成了老百姓，他家境貧困，在長安城東種瓜為生。他種的瓜甜美，所以人們都稱他的瓜為「東陵瓜」，這是因為召平曾做過東陵侯的緣故。召平對蕭何說：「您的災禍從此就要開始了。皇上在外面風餐露宿，您在朝中留守，並沒有衝鋒陷陣的危險而皇上給您增加領地、派設警衛，這是因為近來皇上看到了韓信造反，從而也對您有了懷疑的緣故。皇上給您派衛隊，不是為了對您表示寵愛。希望您不要接受而且要把您的全部家財都拿出去資助軍隊，這樣皇上可能就高興了。」蕭何按著召平的意見辦了，劉邦對此大為欣賞。

2 漢高祖十一年，秋天，黥布造反了。劉邦親自帶領軍隊前去討伐，這期間他幾次地派人回長安來慰問蕭何，問他工作情況如何，有無困難。蕭何覺得連劉邦都在軍中吃苦，於是自己就更加努力地一方面勉勵百姓好好生產，一方面把自己的全部家財送去資助軍隊，和上次陳豨造反時自己所做的一樣。這時賓客中有個人勸蕭何說：「您離著滅族不遠了！您的職位已經是相國，您的功勞又是第一，還能再往哪裡增加呢？您打從一入關，就得到老百姓的擁護至今十多年了。人們都歸附您，到今天您還孜孜不倦地去博取百姓的歡心。皇上所以多次派人來慰問您，是怕關中的百姓倒向您。您現在為什麼還不趕緊採取一種強制賤買而且用賒欠的辦法來大置田產從而玷汙自己，以降低自己的聲望呢？這樣，皇上就會對您放心了。」蕭何馬上按著他的主意辦了，劉邦這才放了心，高興起來。

3 劉邦打敗黥布回京時，老百姓半道上攔著車駕上書，控告蕭何仗勢用低價強買了百姓們價值幾千萬的田宅。劉邦回到長安後，蕭何前來拜見，劉邦笑著說：「蕭相國居然還占老百姓的便宜！」說著把路上收到的那些控告信都給了蕭何，說：「你自己去向百姓們道個歉吧。」這件事說完，蕭何又接著替百姓們講情說：「長安的耕地十分不足，而上林苑中倒還有許多空地可以耕種，現在白白地荒廢著，希望您能讓百姓們進去耕種，留下秸稈給禽獸作飼料就行了。」劉邦一聽大怒，說：「你接受了商人們多少賄賂？竟敢替他們來要我的上林苑！」於是把蕭何拿下送交廷尉，披枷帶鎖打入牢中。過了幾天，王衛尉獨自陪著劉邦閒坐時，他進前問劉邦說：「蕭何有什麼大罪，陛下前幾天突然把他關了起來？」劉邦說：「我聽說從前李斯輔佐秦始皇的時候，總是有施恩於人的事歸給君主，有得罪人的事自己攬過來。現在蕭何接受了商人們的賄賂替他們來要我的上林苑，他自己想以此來向百姓們討好，所以我把他關起來了。」王衛尉說：「凡是對百姓有利的事情就建議皇帝做，這才真是宰相的責任。陛下您怎麼一下子就懷疑到他是接受了商人們的賄賂呢？想當初您同項羽在外相持好幾年，後來陳豨、黥布造反，您又親自率兵出去平叛，在那些日子裡都是蕭何替您留守關中，如果他那時稍有異心，那麼整個函谷關以西就不會再屬於您了。蕭何不在那個時候為自己謀大利，到了今天還會去貪商人的那點賄賂嗎？秦始皇就是因為聽不到自己的過錯最後把天下斷送了，李斯平時能做出個為他分擔過錯的姿態，這又有什麼值得效法的呢？陛下您對蕭何的懷疑是過於低估他了呵！」劉邦聽了之後心裡自覺理虧而不高興，當天就派人拿著符節去把蕭何放出來了。蕭何這時年紀已經很大了，而且為人一向謙恭謹慎，他光著腳走進殿門來向劉邦請罪。劉邦說：「相國免禮罷！你為百姓們請求開放上林苑，我不答應。這只說明我是個桀、紂一樣的暴君，相反倒說明你是一個賢明的宰相。我當初之所以故意把你關起來，就是為了想讓百姓們知道我的過錯。」

4 蕭何與曹參一向關係不好。後來當蕭何病重，孝惠帝親自前來探視時，他問蕭何說：「您百歲之後，誰可以代替您的職務呢？」蕭何回答說：「最了解臣子的莫過於君主。」孝惠帝說：「曹參怎麼樣？」蕭何叩頭回答說：「您可算是找到了最合適的人選！這樣我就死也無憾了！」

5 平常蕭何購買田地房屋時，總是挑那種最窮困最偏僻的地方，而且不修高樓大屋。他說：「後代子孫們如果成材，那麼他們就應該效法我的儉樸；如果他們不成器，也省得叫那些權勢之家奪了去。」

6 孝惠帝二年，相國蕭何死了，被諡為文終侯。

7 蕭何的後代有四世因為犯罪丟掉了爵位，但每次丟爵之後，皇帝總是再尋找一個蕭何的後代，讓他繼任酇侯。漢朝的功臣中沒有誰能夠比得上他。

太史公曰：蕭相國何於秦時為刀筆吏❶，錄錄❷未有奇節。及漢興，依日月之末光❸，何謹守管籥❹，因民之疾秦法❺，順流與之更始❻。淮陰、黥布等皆以誅滅，而何之勳爛❼焉。位冠羣臣，聲施❽後世，與閎夭、散宜生❾等爭烈❿矣！

【章旨】以上為第四段，是作者的論贊，作者對許多大功臣被殺，蕭何獨「位冠羣臣，聲施後世」的境遇表現了深深感慨。

【注釋】❶刀筆吏　泛指官府中的各種吏員。師古曰：「刀，所以削書也。」❷錄錄　平庸的樣子。❸依日月之末光　意指蕭何緊緊投靠了劉邦與呂后。❹謹守管籥　為劉邦看家守堆，指鎮守關中而言。管籥，開鎖的鑰匙。籥，通「鑰」。❺疾秦法　痛恨秦法。梁玉繩《志疑》：「此以『疾』字為句，而《漢書》『奉』作『秦』，《班馬異同》本《史》亦作『秦』，則『奉』為訛字，當以『法』字句絕。」據改。❻順流與之更始　因勢利導地實行了一些新的政策措施。❼爛　燦爛。❽施　延續；流傳。❾閎夭散宜生　都是商周之際輔佐武王滅紂開國的大功臣。事見〈周本紀〉。❿爭烈　猶言比美。指功業相當。按：含嘲諷之意。烈，業；功業。

【語譯】太史公說：相國蕭何在秦朝時只不過是一個刀筆吏，平平庸庸沒有什麼出奇的表現。等到漢朝興起後，他就沾上了日月一般的高祖和呂后的光，他謹慎地為劉邦鎮守關中，他順著百姓們對秦朝苛法的痛恨，制訂了一套符合民心的措施。等到韓信、黥布等人被殺後，蕭何的功勳就顯得更加燦爛了。位列群臣之首，聲名流傳後世，簡直可以和周朝的閎夭、散宜生等比美！

【研析】在劉邦的開國功臣中，蕭何的功勞的確無與倫比，正如清代方苞所說：「〈蕭相國世家〉所敘實迹僅四事，其定漢家律令及受遺命輔惠帝皆略焉。蓋收秦律令圖書、舉韓信、鎮撫關中三者，乃鄂君所謂『萬世之功』也。其終也，舉曹參以自代而無少芥蔕，則至忠體國可見矣。」（《望溪先生文集》）蕭何在為相期間實行清靜無為的政策，使社會安定，經濟獲得了發展，後來又不計個人得失地推薦曹參作為自己的接班人，這些都符合作為一個大臣的標準，也符合司馬遷的社會理想。

蕭何是劉邦的老朋友、老上司，對劉邦如此忠心，功勞又如此之大，而其處境卻仍如此岌岌可危，這就清楚地揭示了統治集團被權力扭曲人性的一種歷史規律。作者表現劉邦與蕭何雙方的心理都極其生動，極其細緻入微。宋代黃震曾說：「高帝起布衣得天下，非有分義素服人心，故所以同起者帝無不疑。如關中天下根本，何每留守而帝自將，帝所任者莫如何，所疑者亦莫如何也。方帝拒京索間，非用鮑生計遣子孫詣軍，何幾族；及自將邯鄲，非用召平計悉家財佐軍，何幾族；其後自將擊黥布，非用說客計多買田宅自汙，何又幾族。然則，何雖相帝定天下，常懷救死之不暇，縱何非刀筆吏，又何暇經綸之事乎？其後為民請苑，稍欲展布，而械繫已及。帝之赦何也，言『我不過為桀、紂，而相國為賢相』，是正怒其掠主譽以得民心也。嗚呼，其亦異于古人所以推誠共治之道哉！」（《黃氏日抄》）明代鍾惺又說：「蕭相國，樸忠人也。明於國家大計，而智不暇及身。其得免者幸矣，故曰蕭相國樸忠人也。若曹參則藏身甚妙，然術彌工而心彌苦矣。」（《史懷》）清代徐與喬說：「篇中敘酇侯相業只起首數行，而敘高帝忌疑，曰『大悅』，曰『乃大喜』，曰『乃大悅』，曰『大怒』，曰『不懌』，幾五百餘言。夫帝之疑忌必暢寫之〈酇侯世家〉者，見忠如酇侯，而帝猶疑忌如此，蓋隱為淮陰侯等鳴冤矣。史真直筆哉！」（《經史辨體》）這話也符合實際。

蕭何在殺韓信的問題上扮演了極不光彩的角色，故本文的論贊說：「淮陰、黥布等皆以誅滅，而何之勳爛焉。位冠羣臣，聲施後世，與閎夭、散宜生等爭烈矣！」意思是韓信等人被殺後這才顯出了他，諷刺之意與〈曹相國世家〉的論贊相同。

所謂「世家」，是寫該家族的爵位、俸祿世代相傳的情景，像〈齊太公世家〉、〈魯周公世家〉以及漢代的〈齊悼惠王世家〉、〈梁孝王世家〉那樣的寫法是正常的；至於〈蕭相國世家〉只寫蕭何一人，完全像一篇「列傳」。在劉邦功臣的「世家」中蕭何是傳世最久的，事情詳見〈高祖功臣侯者年表〉。但在本文中只用了「後嗣以罪失侯者四世，絕，天子輒復求何後，封續酇侯，功臣莫得比焉」一句而了卻，當然可以說這是司馬遷突出重點，從實際出發，但顯然與題目不合，還不如當初就叫「蕭何列傳」。

卷五十四

曹相國世家第二十四

【題解】曹參在劉邦的功臣中是戰功最多的，大家公認第一，由於劉邦特別欣賞蕭何，還有人為劉邦幫腔，所以曹參才屈居第二，但在〈高祖功臣侯者年表〉中曹參仍是排在第一格。〈曹相國世家〉就譜列了曹參隨劉邦起義反秦，一路破軍殺將；在楚漢戰爭中又跟隨韓信破魏、破代、破趙、破齊；劉邦的兒子劉肥被封為齊王後，曹參任齊國丞相；蕭何去世後，曹參又接替蕭何為漢王朝丞相的過程。曹參身為武將，但深通黃老之術，能以謙退自守，但司馬遷對他的評價似乎不高。

1 平陽侯曹參❶者，沛❷人也。秦時為沛獄掾❸，而蕭何為主吏❹，居縣為豪吏❺矣。

2 高祖為沛公而初起❻也，參以中涓從❼。將擊胡陵、方與❽，攻秦監公❾軍，大破之。東下薛❿，擊泗水守⓫軍薛郭西。復攻胡陵，取之。徙守方與。方與反為魏⓬，擊之⓭。豐反為魏⓮，攻之，賜爵七大夫⓯。擊秦司馬𡰥軍碭東，破之，取碭、狐父、祁善置⓰。又攻下邑以西，至虞⓱，擊章邯⓲車騎，攻爰戚⓳及亢父⓴，先登㉑，遷為五大夫。

3 北救阿㉒，擊章邯軍，陷陳㉓，追至濮陽㉔。攻定陶㉕，取臨濟㉖，南救雍丘，擊李由軍，破之，殺李由㉗，虜秦候㉘一人。秦將章邯破殺項梁㉙也，沛公與項羽引而東㉚。楚懷王㉛以沛公為碭郡長㉜，將碭郡兵。於是乃封參為執帛㉝，號曰建成君㉞。遷為戚公㉟，屬碭郡。

4 其後從攻東郡尉軍，破之成武南㊱。擊王離軍成陽南㊲，復攻之杠里，大破之㊳。追北㊴西至開封，擊趙賁㊵軍，破之，圍趙賁開封城中。西擊秦將楊熊軍於曲遇，破之㊶，虜秦司馬及御史㊷各一人，遷為執珪㊸。從攻陽武，下轘轅、緱氏㊹，絕河津㊺，還擊趙賁軍尸北㊻，破之。從南攻犨，與南陽守齮戰陽城郭東㊼，陷陳，取宛，虜齮，盡定南陽郡㊽。從西攻武關、嶢關㊾，取之。前攻秦軍藍田南，又夜擊其北，秦軍大破㊿，遂至咸陽，滅秦(51)。

【章　旨】以上為第一段，寫曹參隨劉邦起義，入關滅秦。

【注　釋】❶平陽侯曹參　封地平陽，在今山西臨汾西南。《集解》引張華曰：「曹參，字敬伯。」❷沛　秦縣名。縣治即今江蘇沛縣。❸獄掾　主管刑獄的吏曹。❹主吏　功曹。主管人事。❺豪吏　在全縣的吏員中，以他的權位為最高。❻高祖為沛公而初起　事在秦二世元年（西元前二〇九年）九月，劉邦起義後先是攻占了沛縣，被沛縣人推舉為縣令，以後到處征戰，直到被項羽封為「漢王」前，一直被人稱為「沛公」。劉邦從其初起，就深得曹參與蕭何之助。❼參以中涓從　中涓，管理帝王內務的侍從人員。師古曰：「涓，潔也，言其在內主知潔清洒掃之事，蓋親近左右也。」陳直曰：「『涓人』與『中涓』自來多解作宦者。」按：此「中涓」亦僅官稱，示其親信而已，非真主清潔之事也。❽將擊胡陵方與　率兵攻擊胡陵、方與二縣。事在秦二世二年（西元前二〇八年）十月（當時以十月為歲首）。胡陵，秦縣名。縣治在今山東魚台東南。方與，秦縣名。縣治在今山東魚台西。❾監公　監郡的長官，「公」是尊稱。秦時郡裡的長官有郡守，以管行政；有郡尉，以管武事；有監郡，由朝廷所派的御史擔任，主管監督監察。❿東下薛　事在秦二世二年十一月。薛，秦郡名。郡治即今山東曲阜。⓫泗水守　泗水郡的郡守。⓬方與反為魏　駐守方與縣的劉邦軍背叛劉邦，歸附魏咎。事在秦二世二年十二月。⓭擊之　謂曹參率軍為劉邦往擊之。⓮豐反為魏　豐是沛縣的鄉鎮名，劉邦的老家。當時劉邦派雍齒替他鎮守豐邑，結果雍齒叛變，投靠了魏咎。劉邦親自來攻，雍齒尚為魏堅守不下。⓯賜爵七大夫　劉邦封曹參為七大夫。秦爵二十級中第五級為「大夫」，第六級為「公大夫」，第七級為「官大夫」，第九級為「五大夫」，沒有所謂「七大夫」，疑此處即指第七級的「官大夫」。⓰擊秦司馬𡰖軍碭東三句　事在秦二世二年一月。司馬，武官名。在軍中主管司法，其人名「𡰖」。碭，秦郡名。郡治在今河南夏邑東南。狐父，亭名。在碭郡城東南。祁善置，《正義》曰：「祁縣之善置。」秦之祁縣，漢稱為「祁鄉」，在今河南夏邑東北。置，驛站。⓱攻下邑以西二句　事在秦二世二年三月。下邑，秦縣名。縣治即今安徽碭山。虞，秦縣名。縣治即今河南虞城。⓲章邯　秦將名。事跡詳見〈項羽本紀〉。⓳爰戚　秦縣名。縣治在今山東嘉祥東南。⓴亢父　秦縣名。縣治在今山東濟寧南。㉑先登　率先登上城牆。㉒北救阿　北救東阿縣。《漢書》「阿」上有「東」字。東阿，秦縣名。縣治在今山東東阿西南。當時齊地的義軍首領田榮被章邯圍困於此，劉邦、項羽擊敗章邯，將其救出，事在秦二世二年七月。㉓陷陳　攻破敵人的陣地。陳，同「陣」。㉔濮陽　秦縣名。也是東郡的郡治所在地，在今河南濮陽西南。㉕定陶　秦縣名。縣治在今山東定陶西北。㉖臨濟　秦縣名。縣治在今河南封丘東。㉗南救雍丘四句　事在秦二世二年八月。雍丘，秦縣名。縣治即今河南杞縣。李由，秦丞相李斯之子，當時任三川郡（郡治洛陽）的郡守。㉘候　軍官名。一個將軍下領若干「部」，部的長官稱「校尉」；一個校尉下領若干「曲」，曲的長官稱「候」。㉙秦將章邯破殺項梁　事在秦二世二年九月。項梁是項羽之叔，當時楚地起義軍的實際領袖，起義以來連續獲勝，近日又破殺李由，因而驕傲懈怠，被章邯破殺於定陶，楚軍元氣大傷。㉚引而東　引兵向東方撤退。㉛楚懷王　姓熊名心，被秦所滅的楚國的後代，於秦二世二年六月被項梁、項羽、劉邦等擁立為義軍領袖。㉜碭郡長　即碭郡的郡守。劉邦被楚懷王任為碭郡長在秦二世二年後九月。㉝乃封參為執帛　謂劉邦封曹參為執帛。執帛，戰國時楚國的爵位名，低於「執珪」。㉞號曰建成君　俞樾曰：「楚漢之際，受封者虛建名號，而不必有其地。」君，比「侯」低一等。

㉟戚公　戚縣縣令。戚，王先謙曰：「即爰戚也，時屬泗水郡。因沛公為碭郡長，故改戚，屬碭郡耳。」㊱從攻東郡尉軍二句　事在秦二世三年十月。東郡尉，東郡的郡尉。成武，秦縣名。縣治即今山東成武。㊲擊王離軍成陽南　王離，秦將名。秦始皇的名將王翦之孫。成陽，也作「城陽」，秦縣名。縣治在今山東鄄城東南。㊳復攻之杠里二句　杠里，古邑名。在今山東成武西。按：〈項羽本紀〉謂圍趙王歇、張耳等於鉅鹿者，乃王離也。秦軍圍趙軍於鉅鹿，懷王始派宋義、項羽等率軍北救趙，同時亦派劉邦率軍西下，則王離何得此時尚被劉邦攻破於成陽、杠里？㊴追北　追擊敗軍。北，同「背」。即敗。㊵趙賁　秦將名。㊶西擊秦將楊熊軍於曲遇二句　曲遇，古邑名。在今河南中牟東。按：劉邦等攻趙賁於開封、破楊熊於曲遇皆在秦二世三年三月。㊷御史　當時的朝官名，上屬御史大夫，主管監察。㊸執珪　楚爵名。其地位同於上卿。㊹從攻陽武二句　事在秦二世三年四月。陽武，秦縣名。縣治在今河南原陽東南。轘轅、緱氏，轘轅關與緱氏縣，都在今河南偃師東南。㊺絕河津　斷絕黃河渡口。意即不讓黃河以北的義軍過來爭奪地盤。這裡的河津是指平陰津，在今河南孟津東北。按：當時想要過黃河南來的是趙將司馬卬，劉邦絕河津的時間亦在秦二世三年四月。㊻還擊趙賁軍尸北　回兵擊破趙賁軍於尸鄉之北。尸鄉是偃師縣的鄉名。㊼南攻犨二句　犨，秦縣名。縣治在今河南魯山東南。南陽守齮，南陽郡的郡守名齮，史失其姓。陽城，秦縣名。縣治在今河南方城東。㊽取宛三句　宛，秦縣名。即今河南南陽，當時為南陽郡的郡治。按：劉邦占領南陽郡在秦二世三年七月。據〈高祖本紀〉，南陽守齮敗於陽城後，乃「走保城守宛」，劉邦圍宛，南陽守齮派其舍人陳恢出城與劉邦約降，劉邦乃封南陽守齮為殷侯，為其守南陽，自己率兵西去。今乃謂「取宛，虜齮」，兩處說法大異。㊾西攻武關嶢關　武關，在今陝西商南東南，是河南南部通往陝西的交通要道。嶢關，在當時的藍田東南。㊿攻秦軍藍田南三句　藍田，秦縣名。縣治在今陝西藍田西南。按：劉邦等攻下武關在秦二世三年八月，攻下嶢關與破秦軍於藍田在秦二世三年九月。(51)遂至咸陽二句　劉邦進入咸陽，三世子嬰投降劉邦在漢元年十月。

【語　譯】平陽侯曹參，是沛縣人。秦朝時做沛縣的監獄長，而蕭何當時是沛縣的功曹，在縣裡他倆都是有身分、有名望的大吏。

2　後來劉邦起兵造反當了沛縣縣令時，曹參就以侍從人員的身分追隨劉邦。他先是跟著劉邦一起進攻胡陵、方與二縣，又攻擊了秦朝監郡御史率領的部隊，大獲全勝。緊接著又向東攻下了薛縣，在薛縣城西打敗了泗水郡郡守的軍隊。而後他們又回師攻胡陵，胡陵被攻克。接著他們又率軍移往方與，這時方與人反叛了，幫著魏國打劉邦，劉邦、曹參等只好移兵前往征討。方與尚未打下，這時豐邑又叛變投靠了魏國，劉邦、曹參只好又移兵打豐邑，這時劉邦封曹參為七大夫。接著在碭縣東與秦將司馬尼的軍隊相遇，劉邦等打敗了司馬尼，奪取了碭縣、狐父縣和祁縣的善置等地。接著北攻下邑，又移兵西進至虞縣，與秦將章邯的車騎兵交鋒。接著曹參又隨劉邦等北攻爰戚、亢父，曹參都是最先衝上城樓，因此劉邦又提升他為五大夫。

3 接著他們又北進增援東阿，在與章邯的軍隊作戰時，曹參首先衝入敵陣，並乘勝追擊到濮陽。隨後他們又南攻定陶，占領臨濟。接著他們又南救雍丘，打敗了秦將李由的軍隊，並且殺死了李由，俘虜了敵人的一個軍候。不久，秦將章邯打敗了項梁的部隊並殺死了項梁，劉邦同項羽也只好領兵往東撤退。這時楚懷王任命劉邦為碭郡的郡長，統領碭郡的全部軍隊。於是劉邦乃封曹參為執帛，號稱「建成君」。後來又把他升為戚縣縣令，隸屬於碭郡。

4 後來曹參又跟著劉邦在成武縣南打敗了東郡郡尉的軍隊，又在成陽縣南攻擊了王離的軍隊，接著又在杠里與王離會戰，大獲全勝。後來乘勝一直往西追擊到開封，又打敗了秦將趙賁的軍隊，把趙賁包圍在開封城內。接著他們又西進曲遇，打敗了秦將楊熊，俘虜了秦軍的一個司馬，一個御史，因此曹參又被提升為執珪。接著曹參又跟隨劉邦往攻陽武，奪取了轘轅、緱氏，又北上切斷了黃河的渡口，接著又回軍在尸鄉北打敗了趙賁的軍隊。而後又跟著劉邦南下進攻犨縣，與南陽郡的太守齮在陽城縣東會戰，曹參首先攻入敵陣，占領了宛城，俘虜了太守齮，全部平定了南陽郡。接著曹參又跟隨劉邦西下，奪取了武關、嶢關，並乘勝進擊秦軍於藍田之南，緊跟著又在夜間襲擊秦軍於藍田北，秦軍徹底崩潰。於是曹參跟著劉邦進了咸陽，秦朝被消滅了。

1 項羽至，以沛公為漢王❶。漢王封參為建成侯❷。從至漢中❸，遷為將軍。從還定三秦❹，初攻下辯❺、故道、雍、斄❻。擊章平軍於好時南❼，破之，圍好時，取壤鄉⑧。擊三秦軍壤東⑨及高櫟⑩，破之，復圍章平。章平出好畤，走。因擊趙賁、內史保軍⑪，破之。東取咸陽，更名曰「新城」⑫。參將兵守景陵⑬二十日，三秦使章平等攻參，參出擊，大破之⑭，賜食邑於寧秦⑮。參以將軍引兵圍章邯於廢丘⑯。以中尉從漢王出臨晉關⑰，至河內，下脩武⑱，渡圍津，東擊龍且、項他定陶，破之⑲。東取碭、蕭、彭城⑳。擊項籍軍，漢軍大敗，走㉑。參以中尉圍取雍丘㉒。王武反於外黃，程處反於燕㉓，往擊，盡破之。柱天侯反於衍氏㉔，又進破取衍氏。擊羽嬰於昆陽㉕，追至葉㉖。還攻武彊，因至滎陽㉗。參自漢中為將軍、中尉從擊諸侯及項羽，敗，還至滎陽，凡二歲㉘。

2 高祖二年㉙，拜為假左丞相㉚，入屯兵關中。月餘，魏王豹反㉛，以假左丞相別與韓信東攻魏將軍孫遫軍東張㉜，大破之。因攻安邑㉝，得魏將王襄。擊魏王於曲陽，追至武垣，生得魏王豹㉞。取平陽㉟，得魏王母妻子，盡定魏地，凡五十二城，賜食邑平陽㊱。因從韓信擊趙相國夏說軍於鄔東㊲，大破之，斬夏說㊳。韓信與故常山王張耳㊴引兵下井陘，擊成安君㊵，而令參還圍趙別將戚將軍於鄔城中㊶。戚將軍出走，追斬之。乃引兵詣敖倉漢王之所㊷。韓信已破趙，為相國，東擊齊㊸，參以右丞相屬韓信㊹。攻破齊歷下軍，遂取臨菑㊺。還定濟北郡㊻，攻著、漯陰、平原、鬲、盧[47]。已而從韓信擊龍且軍於上假密，大破之，斬龍且[48]，虜其將軍周蘭[49]。定齊，凡得七十餘縣，得故齊王田廣、相田光、其守相許章及故齊膠東將軍田既[50]。韓信為齊王[51]，引兵詣陳[52]，與漢王共破項羽[53]。而參留，平齊未服者。

3 項籍已死，天下定，漢王為皇帝[54]，韓信徙為楚王[55]，齊為郡[56]，參歸漢相印[57]。高帝以長子肥為齊王[58]，而以參為齊相國[59]。以高祖六年賜爵列侯[60]，與諸侯剖符，世世勿絕。食邑平陽，萬六百三十戶，號曰平陽侯，除前所食邑[61]。

4 以齊相國擊陳豨將張春[62]軍，破之。黥布反[63]，參以齊相國從悼惠王[64]，將兵車騎十二萬人，與高祖會擊黥布軍，大破之[65]。南至蘄[66]，還定竹邑、相、蕭、留[67]。

5 參功：凡下二國[68]，縣一百二十二；得王二人[69]，相三人[70]，將軍六人，大莫敖[71]、郡守[72]、司馬、侯、御史各一人。

【章　旨】以上為第二段，寫曹參在楚漢戰爭與西漢建國初期為劉邦所建立的種種功勳。

【注　釋】❶項羽至二句　項羽封劉邦為漢王在漢元年一月。❷封參為建成侯　蓋只有名號而無封地。❸從至漢中　事在漢元年四月。漢中，秦郡名。郡治南鄭，即今陝西漢中，劉邦的國都。劉邦當時為漢王的領地包括巴（郡治在今重慶市東北）、蜀(郡治即今成都)、漢中三個郡。❹還定三秦　事在漢元年八月。三秦，指項羽所封的章邯的雍(都廢丘，今陝西興平東南)、司馬欣的塞(都櫟陽，今陝西臨潼北)、董翳的翟(都高奴，今陝西延安東北)。因三國皆在故秦地，故稱三國為三秦。❺下辯　秦縣名。縣治在今甘肅成縣西北。❻故道雍斄　故道，秦縣名。縣治在今陝西寶雞南。雍，秦縣名。縣治在今陝西鳳翔南。斄，秦縣名。縣治在今陝西武功西南。❼擊章平軍於好畤南　章平，章邯之弟，此人又見於〈高祖本紀〉。好畤，秦縣名。縣治在今陝西乾縣東北。❽壤鄉　好畤縣的鄉鎮名。❾壤東　壤鄉之東。❿高櫟　《正義》以為與壤鄉同為鄉鎮名。⓫擊趙賁內史保軍　趙賁，原為秦將，今乃為章邯將。內史保，內史名保，史失其姓。內史，官名。國都及其郊區的行政長官，猶如後世的京兆尹。⓬東取咸陽二句　秦時的都城咸陽，在今咸陽東北，西安正北偏西。⓭景陵　地名不詳。錢穆曰：「殆秦代陵名。」⓮三秦使章平等攻參三句　事在漢二年正月，據〈高祖本紀〉，是役遂虜章平。⓯賜食邑於寧秦　將寧秦縣劃給曹參為領地。寧秦，秦縣名。劉邦即位後改稱華陰，縣治在今陝西華陰東北。⓰圍章邯於廢丘　廢丘，秦縣名。章邯雍國的都城，在今陝西興平東南。原名犬丘，漢代又改稱槐里。按：章邯於漢元年八月被劉邦軍圍於雍丘，直到漢二年六月始被攻克自殺。⓱以中尉從漢王出臨晉關　事在漢二年三月。此時廢丘尚未攻拔，曹參、樊噲等遂與劉邦東出關，而改由他將繼續圍困廢丘。中尉，帝王首都的治安長官。臨晉關，也叫蒲津關，在臨晉縣城東的黃河邊上。當時的臨晉縣治在今陝西大荔東。所謂「出臨晉關」者，即渡黃河以取魏王豹也。⓲至河內二句　事在漢二年三月。劉邦進入河東後，魏豹遂舉國降漢，並跟隨劉邦東取河內，虜殷王司馬卬。河內，秦郡名。郡治懷縣，在今河南武陟西南。脩武，秦縣名。即今之河南獲嘉。按：諸侯滅秦後，項羽封趙將司馬卬為殷王，領有河內郡，國都朝歌(今河南淇縣)。⓳渡圍津三句　事在漢二年四月。圍津，即白馬津，白馬縣的黃河渡口名。在白馬縣城北。秦時的白馬縣在今河南滑縣東。龍且、項他，都是項羽的部將。蓋項他本項羽族人，項羽得知魏豹降漢後，遂任項他為「魏相」，令其與龍且共同率軍以抗劉邦、魏豹也。定陶，秦縣名。縣治在今山東定陶西北。⓴東取碭蕭彭城　蕭，秦縣名。縣治在今安徽蕭縣西北。彭城，即今江蘇徐州。㉑擊項籍軍三句　劉邦趁項羽北討田榮之機，大舉攻入彭城。項羽聞訊後輕兵返回，以三萬人大破劉邦軍五十六萬，劉邦狼狽西逃事在漢二年四月。㉒圍取雍丘　漢軍向西大潰退中之小勝。雍丘，秦縣名。縣治即今河南杞縣。㉓王武反於外黃二句　王武、程處都是劉邦的部將，見劉邦敗於彭城，遂相繼反叛。外黃，秦縣名，縣治在今河南民權西北。原作「黃」。據梁玉繩《志疑》卷二六，依《漢書》〈樊噲傳〉、〈灌嬰傳〉，改作「外黃」。燕，秦縣名。縣治在今河南延津東北。㉔柱天侯反於衍氏　柱天侯，劉邦部將，其人不詳。張照引《卮林》曰：「『柱天侯』亦猶『建成侯』、『奉春君』之類，假以徽稱，不必指其食邑。」衍氏，古邑名。在今河南鄭州北。㉕擊羽嬰於昆陽　羽嬰，姓羽，名嬰，其人不詳，似亦為劉邦的叛將。昆陽，秦縣名。縣治即今河南葉縣。㉖葉　秦縣名。縣治在今河南葉縣西南。㉗還攻武彊二句　武彊，古邑名。在今河南鄭州東北。因其臨近上文所說的「衍氏」，故曰「還攻」。滎陽，秦縣名。縣治在今河南滎陽東北。㉘凡二歲　自漢元年八月劉邦還擊三秦，到二年四月劉邦在彭城被項羽擊敗，五月逃回滎陽，雖然跨著兩個年頭，但實際只有九個月。㉙二年　原作「三年」。據梁玉繩《志疑》卷二六，依漢傳及《水經注》卷六，改作「二年」。㉚拜為假左丞相　謂除其原有的武職外，還加給曹參以「左丞相」的虛銜。假，猶言「代理」。㉛魏王豹反　魏王豹於二年三月歸附劉邦，隨劉邦東伐項羽，劉邦於彭城慘敗後，魏豹又反叛獨立，事在漢二年五月。㉜別與韓信東攻魏將軍孫遬軍東張　按：韓信率軍擊破魏豹軍於蒲坂事，在漢二年（西元前二〇五年）八月，詳見〈淮陰侯列傳〉。別，指另帶一支人馬。孫遬，「遬」同「速」。東張，古邑名。在今山西永濟西北。㉝安邑　戰國時魏國的舊都，在今山西夏縣西北。㉞擊魏王於曲陽三句　曲陽。錢穆曰：「《方輿紀要》：『絳縣東南有曲陽城，或曰在曲沃之陽，故曰曲陽。』」古之絳縣在今山西曲沃東北。武垣，《漢書・蕭曹傳》作「東垣」。《集解》引徐廣曰：「河東有垣縣。」梁玉繩曰：「『武』字衍。」垣，縣治在今山西垣曲東南。㉟平陽　當時魏國的都城，在今山西臨汾西南。㊱賜食邑平陽　按：日後曹參之所以得封「平陽侯」，蓋即有此獲魏豹於平陽之功也。㊲擊趙相國夏說軍於鄔東　趙相國，應作「代相國」。當時趙王歇封陳餘為代王（國都在今河北蔚縣東北），由於陳餘要留在趙國輔佐趙歇，因而派夏說為代相，前往代地管理國事。鄔，秦縣名。縣治在今山西介休東北。㊳斬夏說　事在漢二年後九月。㊴故常山王張耳　張耳原被項羽封為常山王，讓其領有趙國的南部地區。陳餘不納，他趕走了張耳，仍扶持趙歇占據趙地為趙王。張耳無法，只好西去投靠了劉邦。㊵引兵下井陘二句　事在漢三年十月，詳見〈淮陰侯列傳〉。井陘，太行山的山口名。在今河北井陘西北。成安君，陳餘的封號。陳餘和張耳原是朋友，後又曾一道輔佐趙王歇。秦兵圍困鉅鹿時，二人產生矛盾；項羽解救鉅鹿後，二人分道揚鑣。張耳隨項羽入關，被項羽封王；陳餘獨立於項羽，故未受封。㊶還圍趙別將戚將軍於鄔城中　謂破殺陳餘與趙歇後始派曹參往圍之。別將，別統一軍的將領。戚將軍，《漢書・蕭曹傳》作「戚公」。若曰「戚將軍」，則此將姓「戚」；若曰「戚公」，則此人或姓戚，「公」字敬稱，或此人曾任「戚縣」縣令，姓氏不詳。鄔城，即上文所說的「鄔縣」。㊷引兵詣敖倉漢王之所　意謂曹參奉命離開韓信，往歸劉邦的大本營。敖倉，秦朝所建的糧倉。在今河南滎陽東北的黃河邊上，當時劉邦駐兵這一帶。㊸韓信已破趙三句　事在漢四年十月。韓信、張耳等滅趙後，劉邦封張耳為趙王，留下來鎮撫趙地。而命韓信為「相國」，與曹參等東出伐齊。這裡的「相國」也是劉邦給韓信加的虛銜。㊹參以右丞相屬韓信　右丞相，亦是虛銜，地位在「左丞相」之上。㊺攻破齊歷下軍二句　事在漢四年十月。歷下，古地名。在今山東濟南西，因其南對歷山而得名。臨菑，當時齊王田廣的都城，在今山東淄博之臨淄西北。㊻還定濟北郡　濟北郡治博陽，在今山東泰安東南。因濟北在臨菑之西，故曰「還定」。㊼攻著漯陰平原鬲盧　著，秦縣名。縣治在今山東濟陽西。漯陰，縣名。縣治在今山東禹城東，在當時著縣的西南。平原，縣名。縣治在今山東平原西南。鬲，秦縣名。縣治在今山東德州東南。盧，縣名。縣治在今山東長清西南。以上五縣都在今山東的西北部，當時皆屬濟北郡。㊽擊龍且軍於上假密三句　事在漢四年十一月，過程詳見〈淮陰侯列傳〉。龍且，項羽的部將，奉命率軍二十萬救齊。上假密，王先謙曰：「假密，即高密。有下密縣，故此稱『上假密』。」按：當時的高密縣治，在今山東高密西，地處濰水東岸。㊾虜其將軍周蘭　張照曰：「〈灌嬰傳〉云：『從韓信攻龍且于高密，身生得亞將周蘭。』是時參、嬰並隸于信，故敘功略同。」㊿得故齊王田廣相田光句　據〈田儋列傳〉，田廣為王時，田橫為相。至於「田光」，只說他是「守相」，後來被灌嬰所得。而此處則一方面將田光說為「相」，同時又出現了「守相許章」云云，殊不統一。守相，師古曰：「為相居守者。」按：此句的兩個「故」字都用得沒有道理。膠東，齊郡名。郡治即墨，在今山東平度東南。(51)韓信為齊王　韓信請求為齊假王，劉邦封以為齊王事，在漢四年二月。(52)引兵詣陳　事在漢五年十一月。陳，秦郡名。郡治即今河南淮陽。劉邦毀約追擊項羽至固陵（屬陳郡），為項羽所敗。劉邦聽取張良的建議，事先給韓信、彭越、黥布等劃出地盤，於是韓信等遂皆引兵會擊項羽於垓下，非更擊項羽於陳也。(53)與漢王共破項羽　事在漢五年十二月，詳見〈高祖本紀〉。(54)漢王為皇帝　事在漢五年二月。(55)韓信徙為楚王　事在漢五年一月。(56)齊為郡　在韓信移封為楚王後，齊國地盤曾有一段時間改設為郡，直屬朝廷。(57)參歸漢相印　按：曹參隨韓信破齊時，曾有「右丞相」的虛銜，然虛銜無所謂「歸」。視此處文意，似曹參在韓信為齊王時，曾任齊國丞相，故齊國的建制一撤，曹參須「歸漢相印」。(58)以長子肥為齊王　事在高祖六年一月。長子肥，劉肥，劉邦的私生子，事跡見〈齊悼惠王世家〉。(59)以參為齊相國　徐孚遠曰：「平陽侯與淮陰侯共定齊地，假其威名以鎮定，故終高帝世，為齊相不徙。」(60)賜爵列侯　曹參以軍功第一於高祖六年首批被封為平陽侯。(61)除前所食邑　收回以前所封的其他領地。(62)擊陳豨將張春　事在漢十一年冬。陳豨是劉邦的開國功臣，被任為代相，監趙、代邊兵，於漢十年八月謀反。事跡詳見〈韓信盧綰列傳〉。(63)黥布反　事在漢十一年七月。黥布是劉邦的開國功臣，被封為淮南王，其所謂「謀反」的事情詳見〈黥布列傳〉。(64)從悼惠王　跟著齊王劉肥。「悼惠」是劉肥死後的諡號。(65)與高祖會擊黥布軍二句　劉邦破黥布於會甀（今安徽宿縣西南）事在高祖十二年十月。(66)蘄　漢縣名。縣治在今安徽宿縣南。(67)竹邑相蕭留　竹邑，漢縣名。縣治在今安徽宿縣北。相，漢縣名。縣治在今安徽濉溪西北。蕭，漢縣名。縣治在今安徽蕭縣西北。留，漢縣名。縣治在今江蘇沛縣東南。(68)凡下二國　凡，總共。二國，指魏與齊。69得王二人　指魏王豹與齊王田廣。70相三人　指夏說、田光、許章。將軍六人，李由、王襄、戚公、龍且、周蘭、田既也。71大莫敖　師古引張晏曰：「楚卿號也，時近六國，故有『令尹』、『莫敖』之號。」72郡守　南陽守齮。

【語譯】後來項羽又到了咸陽，封劉邦為漢王。劉邦遂封曹參為建成侯。曹參跟隨劉邦到了漢中後，被升為將軍。後來又跟隨劉邦殺回漢中，首先是進攻下辯、故道、雍縣、斄縣等地。緊接著在好時南打敗了章平，包圍了好時，奪取了壤鄉。隨後又在壤鄉以東和高櫟一帶擊潰了三秦的軍隊並第二次把章平包圍在城內。章平隻身出好時，逃跑了。曹參趁機進攻趙賁和內史保，三秦軍大敗。曹參乘勝東進，攻克了咸陽，劉邦改咸陽名為「新城」。後來曹參駐守在景陵縣。在前後不到二十天的時間裡，三秦又派章平等圍攻曹參，曹參英勇反擊，章平等又被擊潰。於是劉邦把寧秦縣賜給曹參為食邑。接著曹參又以將軍的身分領兵把章邯包圍在廢丘。接著又以中尉的身分跟隨劉邦東出臨晉關，打到了河內，攻下了脩武，又在圍津渡過黃河，在定陶打敗了項羽的部將龍且、項他。進而往東奪取了碭縣、蕭縣、以及項羽的國都彭城。接著在和從齊國趕回的項羽正面交鋒時，被項羽打得大敗。後來曹參又以中尉的身分圍困並最後攻克了雍丘。這時劉邦的部將王武在外黃、程處在燕縣反叛，曹參奉命前往討伐，這兩處很快都被曹參平定了。接著柱天侯又在衍氏反叛，於是曹參又移兵平定了衍氏。接著又進擊占據著昆陽的項羽部將羽嬰，羽嬰敗走，曹參乘勝追到了葉縣。接著又回師進攻武彊，並輾轉到達了滎陽。曹參從漢中開始先後以將軍、中尉的身分跟著劉邦東進攻打諸侯和項羽，後來被項羽打敗，輾轉回到了滎陽，這其間總共有兩年的時間。

2 漢高祖二年，曹參被任為代理左丞相，屯兵駐守關中。一個月後，魏王豹反叛，於是曹參以代理左丞相的身分隨同韓信率領著另一支軍隊東進在東張城打敗了魏將孫遬。接著趁勢進攻安邑，俘獲了魏將王襄。接著又在曲陽打敗魏豹，並乘勝追擊到武垣，魏豹被活捉。隨後曹參等又攻占了平陽，俘獲了魏豹的母親和妻子，最後平定了全部魏地，共得五十二座城池。於是劉邦又把平陽賜給了曹參作為食邑。緊接著曹參又跟隨韓信在鄔縣城東打敗了趙國的丞相夏說，夏說被殺。接著韓信與故常山王張耳東下井陘打陳餘，這時韓信派曹參留下來繼續圍攻正在固守鄔城的趙將。戚將軍後來棄城逃跑了，被曹參等追獲殺死。這以後，曹參就領著這支隊伍來到了敖倉，歸入了劉邦的大本營。韓信平定了趙國後，以相國的身分率軍東進擊齊，這時劉邦又讓曹參以右丞相的身分跟隨韓信一同進軍。他們一舉擊潰了駐守歷下的齊國軍隊，乘勝攻克了臨淄。接著曹參又奉命率軍平定了濟北郡，攻下了著縣、漯陰、平原、鬲、盧縣等地。不久又跟隨韓信在上假密打敗了楚將龍且，龍且被殺，龍且的部將周蘭被俘。整個齊國被平定，總共奪得了七十多個縣的地盤，俘獲了齊王田廣、丞相田光、以及他的守相許章和膠東將軍田既。不久韓信做了齊王，又親自率軍到陳郡與劉邦會兵圍剿項羽。而曹參則被留下來，繼續平定齊國那些尚未平定的地方。

3 項羽兵敗身死後，全國大局已定，劉邦做了皇帝，韓信被改封為楚王，齊國改為直屬中央的一個郡。而曹參也向朝廷交回了當初授給他的右丞相印。後來，劉邦封他的長子劉肥為齊王，而任命曹參為齊國的相國。漢高祖六年大封功臣，曹參被封為侯爵，和其他被封侯的人一起與劉邦剖符為信，發誓世世代代永不斷絕。劉邦賜給曹參平陽地區的一萬六百三十戶作他的食邑，稱之為平陽侯，取消原先所封的那些地方。

4 後來曹參又以齊國相國的身分打敗了陳豨的將領張春。在黥布造反的時候，曹參又以齊國相國的身分跟隨悼惠王，率車騎兵十二萬，協同劉邦往討，大獲全勝。曹參等曾率軍南抵蘄縣，又回師平定了竹邑、相縣、蕭縣、留縣等地。

5 曹參的戰功是：總共攻下兩個國家，共一百二十二縣；俘虜了王二人，丞相三人，將軍六人，大莫敖、郡守、司馬、侯、御史各一人。

1 孝惠帝元年❶，除諸侯相國法❷，更以參為齊丞相。參之相齊，齊七十城❸。天下初定，悼惠王富於春秋❹，參盡召長老諸生，問所以安集百姓，如齊故俗❺。

諸儒以百數，言人人殊⑥，參未知所定。聞膠西⑦有蓋公，善治黃、老言⑧，使人厚幣請之⑨。既見蓋公，蓋公為言治道貴清靜而民自定⑩，推此類具言之⑪。參於是避正堂，舍蓋公⑫焉。其治要用黃、老術⑬，故相齊九年⑭，齊國安集⑮，大稱賢相。

2 惠帝二年，蕭何卒⑯，參聞之，告舍人⑰趣治行⑱，「吾將入相⑲」。居無何⑳，使者果召參。參去㉑，屬其後相㉒曰：「以齊獄市為寄，慎勿擾也㉓。」後相曰：「治無大於此者乎？」參曰：「不然。夫獄市者，所以并容㉔也。今君擾之，姦人安所容也？吾是以先之。」

3 參始微時㉕，與蕭何善㉖。及為將相，有郤㉗。至何且死，所推賢唯參。參代何為漢相國，舉事無所變更㉘，一遵蕭何約束㉙。

4 擇郡國吏㉚木詘㉛於文辭，重厚長者，即召除為丞相史㉜。吏之言文刻深㉝，欲務聲名㉞者，輒斥去之。日夜飲醇酒。卿大夫已下吏㉟及賓客㊱見參不事事㊲，來者皆欲有言㊳。至者，參輒飲以醇酒㊴。間之㊵，欲有所言，復飲之。醉而後去，終莫得開說㊶，以為常。

5 相舍後園近吏舍㊷，吏舍日飲㊸歌呼。從吏㊹惡之，無如之何㊺，乃請參游園中，聞吏醉歌呼。從吏幸相國召按之[46]。乃反取酒張坐飲[47]，亦歌呼，與相應和[48]。

6 參見人之有細過，專掩匿覆蓋之，府中無事。

7 參子窋[49]為中大夫[50]。惠帝怪相國不治事，以為「豈少朕與[51]？」乃謂窋曰：「若歸，試私從容問而父[52]曰：『高帝新棄羣臣[53]，帝富於春秋。君為相，日飲，無所請事[54]，何以憂天下[55]乎？』然無言吾告若也[56]。」窋既洗沐歸[57]，閒侍[58]，自從其所[59]諫參。參怒，而笞[60]窋二百，曰：「趣入侍[61]，天下事非若所當言也。」至朝時，惠帝讓[62]參曰：「與窋胡治乎？乃者我使諫君也[63]。」參免冠[64]謝曰：「陛下自察聖武孰與高帝？」上曰：「朕乃安敢望先帝乎！」曰：「陛下觀臣能孰與蕭何賢？」上曰：「君似不及也。」參曰：「陛下言之是也。且高帝與蕭何定天下，法令既明。今陛下垂拱[65]，參等守職[66]，遵而勿失，不亦可乎？」惠帝曰：「善！君休矣[67]！」

8 參為漢相國，出入三年，卒[68]，諡懿侯[69]。子窋代侯。百姓歌之曰：「蕭何為法，顜若畫一[70]，曹參代之，守而勿失。載其清淨[71]，民以寧一[72]。」

9 平陽侯窋，高后[73]時為御史大夫[74]。孝文帝立，免為侯[75]。立二十九年卒[76]，諡為靜侯。子奇代侯，立七年卒[77]，諡為簡侯。子時代侯[78]，時尚平陽公主[79]，生子襄。時病癘，歸國[80]。立二十三年卒[81]，謚夷侯。子襄代侯，襄尚衛長公主[82]，生子宗。立十六年卒[83]，謚為共侯。子宗代侯。征和二年[84]中，宗坐太子死，國除[85]。

【章　旨】以上為第三段，寫曹參在惠帝時期繼蕭何為相國的種種表現。

【注　釋】❶孝惠帝元年　西元前一九四年。孝惠帝，劉盈，劉邦之子，呂后所生。❷除諸侯相國法　即改變諸侯王國內的「相國」的稱呼與其設置辦法、權力範圍等等，以與中央王朝的「相國」相區別，如改稱「丞相」，即是其一。❸參之相齊二句　極言齊國之大，在漢初的諸侯國中獨一無二。❹悼惠王富於春秋　指劉肥當時年輕。❺參盡召長老諸生三句　長老諸生，有知識、有閱歷的老年學者。諸生，各位先生。安集，猶言安撫。如齊故俗，按照齊地固有的習俗。楊樹達曰：「〈蒯通傳〉云：『參為齊相，禮下賢人，請通為客，又以通言禮東郭先生、梁石君二人以為上賓。』則此文所謂『長老諸先生』也。」❻諸儒以百數二句　《漢書．蕭曹傳》於此作：「參盡召長老諸先生問所以安集百姓，而齊故諸儒以百數，言人人殊。」❼膠西　當時為齊國之郡，郡治高密，在今山東高密西南。❽黃老言　以黃帝、老子相標榜的一種學說，大約形成於戰國中後期。❾使人厚幣請之　厚幣，厚禮。古時多用璧、帛等以為聘問之禮品。楊樹達曰：「《史記．樂毅傳贊》云：『樂臣公學黃帝、老子，樂臣公教蓋公，蓋公教于齊高密、膠西，為曹相國師。』即此。」❿治道貴清靜而民自定　治理國家的訣竅在於統治者首先要清靜無為，統治者一旦清靜無為，則百姓們自然也就安定下來了。⓫推此類具言之　本著這種「清靜無為」的精神給曹參一一講解。⓬避正堂二句　把丞相府的正堂騰出來讓蓋公住。王先謙引周壽昌曰：「正堂，齊丞相治事之堂。」師古曰：「舍，止也。」⓭其治要用黃老術　曹參治理齊國，主要地就是運用黃老的思想。要，主要；關鍵。⓮相齊九年　自高祖六年至孝惠二年，前後共九年。⓯安集　安定；服貼。⓰蕭何卒　蕭何本與曹參不和，但臨死前卻推薦曹參為繼任人，事見〈蕭相國世家〉。⓱舍人　身邊佣人；親信。師古曰：「猶『家人』也。一說，私屬官，主家事者也。」⓲趣治行　趕緊收拾行裝。趣，通「促」。速；趕緊。⓳入相　入朝為相。⓴居無何　沒過多長時間。㉑參去　曹參臨離開齊國的時候。㉒屬其後相　囑咐齊國的繼任為丞相者。屬，通「囑」。託付。㉓以齊獄市為寄二句　獄市，說法不一，一指地名，梁玉繩引《梁溪漫志》云：「《孟子》『莊嶽之間』，注：『齊街里名。』」一說指刑法與市場兩件事情。梁玉繩引《猗覺寮雜記》曰：「獄如教唆詞訟，資給盜賊；市如用私斗秤，欺謾變易之類，皆姦人圖利之所。」寄，託付。擾，意即整治。㉔并容　好人壞人都允許其存在。㉕微時　貧賤的時候。微，與「顯貴」相對而言。㉖與蕭何善　蓋謂二人在沛縣為小吏時也。㉗及為將相二句　郤，通「隙」。隔閡；矛盾。師古曰：「參自以戰鬥功多，而封賞每在何後，故怨何也。」㉘舉事無所變更　師古曰：「舉，皆也。言凡事皆無變改。」楊樹達曰：「『舉事』，言『行事』。」㉙一遵蕭何約束　一切都按照蕭何的舊有章程辦。㉚擇郡國吏　指從各郡、各諸侯國的行政官員中物色可以調進中央的人選。㉛木詘　同「木訥」，拙於言辭。㉜除為丞相史　除，授；任命。丞相史，丞相手下的辦事人員。其最高者曰「長史」，猶如今之「祕書長」。㉝言文刻深　指嚴格執法，嚴格以規章制度規範人們。言文，指法律條文與規章制度。㉞欲務聲名　追求「辦事嚴格」的好名聲。㉟卿大夫已下吏　九卿以下的各級長官。已，通「以」。㊱賓客　指曹參身邊的幕僚。㊲不事事　不幹事；不管事。㊳皆欲有言　都想給曹參提出建議。㊴至者二句　意即誰上門來，曹參就讓誰喝酒。㊵間之　過了一會兒。㊶莫得開說　沒有機會張嘴說話。開說，猶言「關說」。即今所謂「建言」。㊷吏舍　丞相屬吏的宿舍。㊸日飲　整天喝酒。㊹從吏　此指曹參貼身的屬官。㊺無如之何　對吏舍的「日飲歌呼」無可奈何。㊻幸相國召按之　希望曹參能把這些人整治一下。幸，希望。按，懲治；查辦。㊼張坐飲　師古曰：「張設坐席而飲也。」㊽歌呼二句　凌約言曰：「當時韓、彭俎醢，黥布就擒，其沉湎醇醪，日在醉鄉，以若所為，欲托以自終也。」㊾參子窋　曹窋。此人的活動還見於〈呂太后本紀〉。㊿中大夫　郎中令的屬官，秩比二千石，在皇帝身邊掌議論。(51)豈少朕與　莫非對我有什麼不滿意嗎？少，《索隱》曰：「不足之詞。」(52)若歸二句　若，爾；你。私從容，私下自然地說話。而父，你的父親。而，同「爾」。(53)新弃羣臣　婉指老皇帝剛死。(54)無所請事　意即什麼事情都不幹。請事，請問該辦何事。(55)何以憂天下　您是用什麼辦法關心國家大事的？憂，慮；關心。(56)無言吾告若也　不要說是我讓你問的。(57)洗沐歸　即休假回家。洗沐，洗頭洗澡。這裡即指休息日、假日。(58)閒侍　閒暇無事地侍候在父親身邊。(59)自從其所　師古曰：「猶言自出其意也。」(60)笞　用竹板、木棍打人。(61)趣入侍　意即你就管侍候好皇帝就行了。趣，通「促」。趕緊；緊要。(62)讓　責備。(63)與窋胡治乎二句　與窋胡治乎，語略不順，錢大昕曰：「猶言『胡與笞』。」即為什麼要給曹窋一頓板子？胡，為何。治，王先謙引陳景雲曰：「漢人以笞掠為治。」楊樹達曰：「治者為也。『與窋胡治』猶言與窋干甚事也。」乃者，師古曰：「猶言曩者。」指前邊發生的事情，即曹窋之諫父。(64)免冠　古人請罪時的一種姿態。(65)垂拱　垂衣拱手，這裡指垂拱而治，形容清閒無事的樣子。(66)守職　謹守職分，指不多生事。(67)君休矣　師古曰：「且令出休息。」(68)出入三年二句　瀧川曰：

「《漢書》無『出入』二字。」梁玉繩曰：「『三年』乃『四年』之誤。參自惠二年為相國，至五年（西元前一九〇年）卒也。」[69] 諡懿侯　〈諡法解〉：「溫柔賢善曰懿。」按：曹參墓在今咸陽渭城區之徐家寨村，是劉邦陵園的陪葬墓之一。[70] 顜若畫一　意即清楚明白。顜若，較然；明確的樣子。畫一，師古曰：「言整齊也。」[71] 載其清淨　載，王念孫曰：「行也。」謂行其清靜之治也。」清淨，同「清靜」，無為也。[72] 民以寧一　梁玉繩曰：「漢傳作『壹』。」寧壹，生活安寧，思想專一。[73] 高后　即呂后。其子惠帝死後，呂后於西元前一八七－前一八〇年臨朝執政。[74] 為御史大夫　御史大夫，當時的「三公」之一，主管監察，職同副丞相。[75] 孝文帝立二句　孝文帝名恆，劉邦之子，高祖十一年被立為代王；呂后八年大臣誅諸呂，擁立劉恆為帝。免為侯，指免去曹窋的御史大夫之職，使之在家為侯賦閒。考窋以高后四年為御史大夫，八年免。[76] 立二十九年卒　據〈高祖功臣侯者年表〉，曹窋於惠帝六年繼父位為侯，歷二十九年，於文帝後元三年（西元前一六一年）卒。[77] 子奇代侯二句　曹奇於文帝四年繼父位為侯，歷七年，於景帝三年（西元前一五四年）卒。[78] 子時代侯　景帝四年，曹時繼父位為侯。[79] 尚平陽公主　娶平陽公主為妻。平陽公主，景帝之女，武帝之胞姐，同為王太后所生。中井曰：「時是『平陽』侯，而尚陽信公主也，故公主亦稱『平陽』耳，但是文不當稱『平陽公主』。」[80] 時病癘二句　曹壽因長癩瘡，與公主離異，回了平陽領地（今山西臨汾西南）。[81] 立二十三年卒　曹時於景帝四年繼父位為侯，歷二十三年，於武帝元光四年（西元前一三一年）卒。[82] 衛長公主　武帝之長女，衛子夫所生。[83] 立十六年卒　曹襄於武帝元光五年繼父位為侯，歷十六年，於武帝元封二年（西元前一〇九年）卒。[84] 征和二年　西元前九一年。征和，漢武帝的倒數第二個年號（西元前九二－前八九年）。[85] 宗坐太子死二句　謂曹宗因受戾太子的牽連被殺，平陽侯的封爵被廢。戾太子名據，衛子夫所生，征和二年因巫蠱事被逼反，後兵敗自殺。受此牽連，衛氏被滅族。曹宗是衛子夫的女兒所生，自然也無法幸免。梁玉繩曰：「『征和二年』以下十二字，後人妄增，當刪。」

【語　譯】孝惠帝元年，廢除了諸侯國設立相國的辦法，於是改封曹參為齊國丞相。曹參在齊國當丞相的時候，齊國有七十座城邑。當時天下剛剛安定，而悼惠王又很年輕，於是曹參就召集了數百個齊國的儒生們，向他們詢問如何按著齊地故有的風俗使百姓安居樂業的辦法。參加會議的儒生有幾百人，一個人有一個人的說法，曹參聽了無所適從。這時他聽說膠西有個蓋公，此人精通黃、老之術，於是曹參派人帶著厚禮把他請了來。曹參見到了蓋公，蓋公給他講了清靜無為而民自治的道理，並具體地對此作了引申、發揮。曹參一聽，立即騰出了丞相府的正堂讓蓋公住。曹參治理齊國主要就是採用黃、老的思想，在他當齊相的九年裡，齊國安定繁榮，因此曹參在當時大大地受到了讚美，被人們稱為賢相。

2 孝惠帝二年，蕭何死了，曹參一聽到這個消息，立刻告訴身邊佣人趕快為他準備行裝，他說「我馬上就要到朝廷去做相國了」。沒過多久，皇帝果然派人來叫曹參了。曹參臨走時，囑託他後任的齊國丞相：「我把齊國的獄市委託給你了，你千萬不要去驚擾它。」他的後任說：「治理齊國難道沒有比它更重要的問題嗎？」曹參說：「不是的。獄市的存在，就是為了讓它藏垢納汙，兼收並蓄。如果你去驚擾它，那麼你叫那些為非作歹的人到哪裡去容身呢？所以我首先提出這件事。」

3 曹參當初做小吏的時候，與蕭何是好朋友。後來等到做了將相，彼此之間矛盾就多了。等到蕭何臨死的時候，他認為合適並向皇帝推薦的卻又只有曹參。曹參接著蕭何做了相國後，一切事情都遵照著蕭何舊有的規章辦，沒有一點變更。

4 曹參專門從各郡、各國選拔那些不善於言辭的老實人來充當自己的丞相史。對於那些愛用嚴刑峻法而又沽名釣譽華而不實的人，則立即予以裁掉。曹參日夜飲酒，不問政事。九卿以下的各級長官和賓客們看到這種情景，想來給他提點意見，可是不論誰一到，曹參立刻就拉著他喝酒。等過了一會兒，人家剛要說話，曹參就又趕緊勸著他喝。直到灌得大醉離去，不給他們一點說話的機會。每次總是如此。

5 相國府的後花園離相府小吏們的宿舍很近，小吏們整天在宿舍裡喝酒、猜拳行令。曹參的隨員非常厭惡他們，但又對他們毫無辦法，於是他就引著曹參一同到後園遊玩，意思是讓他聽到小吏們的這種聲音。他們希望曹參能懲罰小吏們一下。曹參卻立刻讓人把酒拿到園子裡來坐席而飲，他也又唱又叫，和那些小吏們互相應和著喝起來了。

6 曹參見到別人有什麼細小的過失，總是替人隱瞞遮蓋，因此相府相安無事。

7 曹參的長子曹窋在朝中為中大夫。孝惠帝不明白曹參為什麼不過問國家大事，心想：「他莫非是對我有什麼不滿嗎？」於是對曹窋說：「你回家後，私下找個合適的機會問問你父親，你就說：『高皇帝剛剛去世，新皇帝還很年輕。您作為相國，整天飲酒，對什麼都不過問，您是怎樣關心天下大事的呢？』注意不要透露出是我讓你問的。」於是曹窋在一個休假日回到了家裡，他趁著一個空閒無事侍候父親的機會，用自己的口吻向曹參表達了上述意思。曹參一聽很生氣，他打了曹窋二百板子，並說：「你趕快給我進宮去侍候皇帝，國家大事不是你應當過問的。」到了第二天上朝時，孝惠帝責備曹參說：「您為什麼要打曹窋呢！他那些話都是我讓他勸您的。」曹參一聽趕緊摘掉帽子叩頭請罪說：「陛下自己認為與高皇帝比，誰更聖明勇武？」孝惠帝說：「我哪裡敢同先帝比呢！」曹參又說：「陛下您看我同蕭何誰的才能高？」孝惠帝說：「您似乎不及蕭何。」曹參說：「陛下說得正確。當初是高皇帝同蕭何一起平定了天下，現在有明確的條文在那裡放著。陛下您就儘管袖手清閒，我就只管謹守本分亦步亦趨照章辦事，這不就很好嗎？」惠帝說：「說得好！你去休息吧！」

8　曹參任漢朝的相國前後共三年，死後被諡為懿侯。他的兒子曹窋繼承了平陽侯的爵位。當時百姓們有首民歌唱道：「蕭何制訂法度，清楚明白，曹參繼任相國，謹遵而無變更。國家清靜無擾，百姓得以安寧。」

9　平陽侯曹窋在呂后時曾為御史大夫。孝文帝即位後，被免去了御史大夫而在家為侯。曹窋為侯二十九年去世，諡為靜侯。其子曹奇繼位，曹奇在位七年去世，諡為簡侯。其子曹時繼位。曹時娶的是漢景帝的女兒平陽公主，生子名襄。後來曹時染了惡疾，只好回到了自己的封地。曹時在位共二十三年，去世後諡為夷侯。其子曹襄繼位，曹襄娶的是漢武帝的女兒衛長公主，生子名宗。曹襄在位十六年去世，諡為共侯。其子曹宗繼位。征和二年，曹宗因受戾太子事件的牽連被殺，封國被廢除。

太史公曰：曹相國參攻城野戰之功所以能多若此者，以與淮陰侯俱❶。及信已滅，而列侯成功，唯獨參擅其名❷。參為漢相國，清靜，極言合道❸。然百姓離秦之酷後，參與休息無為，故天下俱稱其美❹矣！

【章　旨】以上為第四段，是作者的論贊，作者對曹參的成功、揚名深為感歎，與〈蕭相國世家〉的論贊意思相同。

【注　釋】❶以與淮陰侯俱　是因為他跟上了韓信這位名將。❷及信已滅三句　姚苧田曰：「非薄參也，痛惜淮陰耳。」❸清靜二句　方苞曰：「言參之清靜，時人極言其合道，即下『天下皆稱其美』是也。」姚苧田曰：「此贊言簡而意甚長，不滿平陽意最為顯著。」❹俱稱其美　指稱道惠帝，同時亦稱道曹參。董份曰：「太史公贊語極有意味，蓋黃老雖非治之正道，然休息瘡痍，尤得政體！」

【語　譯】太史公說：相國曹參攻城野戰的功勞所以這麼多，是因為他跟著韓信作戰的緣故。等到韓信被殺以後，靠著戰功封侯的人們，便只有曹參最出名了。後來曹參當了漢朝的相國，因為當時百姓們剛剛脫離秦朝的殘酷統治，所以曹參便把清靜無為當作治國安邦的準則，推行了一套和百姓們一道休養生息的政策，於是惠帝和曹參的美德受到了當時人們普遍的稱頌。

【研　析】曹參作為劉邦的開國功臣，作為建國初期的宰相，其作用是應該充分肯定的。他戰功卓著而又沒有任何爭強好勝、居功自傲的習氣，這是韓信所望塵莫及的。後來曹參繼蕭何為相國，又能依據當時的客觀環境採取休養生息的政策，這些都有歷史定評。在與蕭何個人關係上的表現也令人敬佩，正如清代林伯桐《史記蠡測》所說：「蕭、曹微時雅善，及為將相則有隙，蓋當事權者意見不能盡同則瑕隙生焉，以此見交道之難。然兩人皆公而忘私，蕭何舉參自代，曹參於蕭何之法令守而勿失，與廉頗、藺相如略同，以此見大臣之識。」

但司馬遷出於他對漢王朝許多事情的看法，尤其對韓信等一批大功臣的被殺抱有同情，因而他對當時幫助劉邦、呂后誅殺功臣的蕭何、陳平等自然多有嘲諷；同時對於裝瘋賣傻、明哲保身的張良、曹參等人也表現了某種若明若顯的揶揄之情。比如他說曹參之所以能夠立下如此的軍功，那完全是因為跟上了韓信；而韓信又過早地被劉邦除掉了，於是這才顯出了曹參。至於說到相業，曹參又似乎是依樣畫葫蘆地學了蕭何，個人完全沒有任何新東西。這樣，曹參便似乎只是一個庸庸碌碌，因人成事的傢伙，而〈曹相國世家〉無形中也就成了一篇言此而意彼，似讚而實諷的作品。明代屠隆說：「曹參之舍蓋公，意念深矣，莫有識者。夫當時韓、彭俎醢，黥布就擒，參蓋慮其無以自全，適有蓋公者長老山林，備嘗世味，想其相遇之初，必有微言祕計中其肯綮，故避正堂而舍之也。觀其沉湎醇醪，日在醉鄉，以若所為，類西晉劉伯倫輩，欲托以酒自終，夫參豈風流人物哉？誠不欲露才自見，重疑忌者心耳。」（《史記評林》引）鍾惺也說：「自留侯而外，善于藏身者唯參一人。然使功臣至此，亦苦矣。蕭事事待人喚醒，曹但飲醇酒而已。尊則天子詘讓而謐如也，戚則子進一言而威如也。蕭一心為國，不知有身，故須旁人作眼；曹以保身為保國，以無名為令名，著著穩，著著靜，而又不落智巧機數，要之二人皆天授，後來名相多不及也。」（《史懷》）在尖銳的政治鬥爭面前做沒嘴葫蘆，明哲保身，當然不是一種「光明正大」的表現，但在勾心鬥角、變化莫測、充滿兇險的官場上，又怎麼能要求每個人都做龍逄、比干、伍子胥呢？而且即使再多出幾個慷慨悲壯的龍逄、比干、伍子胥，對當時的政治局面也未必就能有所改變，這是被古今許多事實證明了的，真令人感慨。

宋代黃震曾分析說：「參自高帝起兵，無一戰不預，雖非赫赫戰功，而未嘗以敗聞。天下既平，猶從擊陳豨、黥布，蓋參與帝始終無間而不見疑。相齊齊治，相漢漢治，參有大過人者矣。而史論戰功，則謂之『當信之滅』；論治功，則謂其『當秦之後』，若有抑揚之意焉。愚謂參明哲保身，雖信不能及；而立法易，守法難，參以人豪一遵何約束，除吏皆木訥，而深刻者輒去，所以養成漢家寬厚之風，雖何無以尚之，參其可少哉！」（《黃氏日抄》）司馬遷對曹參推行清靜無為的黃老政治的確別有一種讚頌之情，因為它除了符合漢初形勢，還有一種對比、批判漢武帝「多欲政治」的意義。

這篇文章的寫法，也很有特點，很受後來韓愈的重視，韓愈〈曹成王碑〉的某些段落，顯然就是參考著這種文章的樣子寫出來的。

卷五十五

留侯世家第二十五

【題解】〈留侯世家〉是劉邦軍師張良本人的一篇傳說，並不是什麼有爵位、俸祿可世代相傳的「世家」。本篇作品先寫了張良的家世，寫了張良早期為戰國時期的韓國報仇而狙擊秦始皇的情景。其中心部分是寫張良在陳涉起事的影響下起而反秦，後來跟上劉邦，遂協助劉邦滅掉秦朝，又協助劉邦打敗項羽；劉邦稱帝後，張良又協助劉邦平定叛亂、定都關中、以及穩定了皇太子的地位等許多重大問題。張良是個以黃老思想為安身立命之基的文人，是劉邦身邊為之出謀劃策的搖羽毛扇的人物。張良以黃老思想指導劉邦消滅了秦朝、打敗了項羽，也以黃老思想使自己在兇險莫測的政治鬥爭中獲得了安全。

1 留侯❶張良者，其先韓❷人也。大父開地❸，相韓昭侯❹、宣惠王❺、襄哀王❻。父平，相釐王❼、悼惠王❽。悼惠王二十三年，平卒。卒二十歲，秦滅韓❾。良年少，未宦事❿韓。韓破⓫，良家僮⓬三百人，弟死不葬⓭，悉以家財求客⓮刺秦王，為韓報仇，以大父、父五世相韓⓯故。

2 良嘗學禮淮陽⓰，東見倉海君⓱，得力士，為鐵椎⓲重百二十斤。秦皇帝東游，良與客狙擊秦皇帝博浪沙⑲中，誤中副車⑳。秦皇帝大怒，大索天下，求賊甚急，為張良故也。良乃更名姓，亡匿下邳㉑。

3 良嘗閒從容㉒步游下邳圯㉓上，有一老父，衣褐㉔，至良所，直㉕墮其履圯下，顧謂良曰：「孺子㉖下取履！」良鄂然，欲毆之。為其老，彊忍，下取履㉗。父曰：「履我！」良業為取履，因長跪履之㉘。父以足受，笑而去。良殊大驚，隨目之。父去里所㉙，復還，曰：「孺子可教矣！後五日平明，與我會此。」良因怪之，跪曰：「諾。」五日平明，良往，父已先在。怒曰：「與老人期，後，何也㉚？」去，曰：「後五日早會！」五日，雞鳴，良往，父又先在。復怒曰：「後，何也？」去，曰：「後五日復早來！」五日，良夜未半㉛往。有頃，父亦來，喜曰：「當如是。」出一編書㉜，曰：「讀此，則為王者師矣。後十年興㉝，十三年孺子見我濟北㉞，穀城山㉟下黃石即我矣。」遂去，無他言，不復見。旦日，視其書，乃太公兵法㊱也。良因異之，常習誦讀之。

4 居下邳，為任俠㊲。項伯常殺人㊳，從良匿㊴。

【章 旨】以上為第一段，寫張良的家世及其青年時事。

【注釋】❶留侯　張良的封號。留，秦縣名，縣治在今江蘇沛縣東南。梁玉繩曰：「下有『子房』之稱。」❷韓　韓景侯六年（西元前四〇三年）正式受周天子冊命為諸侯，為戰國「七雄」之一。初期都於陽翟（今河南禹縣），後遷都於新鄭（今河南新鄭）。❸大父開地　師古引應劭曰：「大父，祖父；開地，名也。」❹韓昭侯　懿侯之子，西元前三六二—前三三三年在位。❺宣惠王　昭侯之子，西元前三三二—前三一二年在位，韓國從此改侯稱王。❻襄哀王　宣惠王之子，西元前三一一—前二九六年在位。❼釐王　襄哀王之子，西元前二九五—前二七三年在位。❽悼惠王　按：〈韓世家〉及《世本》皆作「桓惠王」。釐王之子，西元前二七二—前二三九年在位。❾卒二十歲二句　指張平死後的第二十年，即秦王政十七年，韓王安九年，西元前二三〇年。是年秦派內史騰虜韓王安，滅韓以為潁川郡。❿宦事　為官做事。⓫韓破　指韓被秦滅。⓬家僮　家奴；婢僕。⓭不葬　指不以禮相葬，為節省錢財。⓮求客　客，賓客；食客，泛指戰國時期具有各種專長、技能的士人。這裡指勇士、刺客。⓯五世相韓　按：應曰「相韓五世」，即前所謂「大父開地，相韓昭侯、宣惠王、襄哀王。父平，相釐王、悼惠王」也。⓰淮陽　秦縣名，即今河南淮陽，秦時為楚郡的郡治所在地。⓱倉海君　師古曰：「當時賢者之號也。」而《集解》、《索隱》皆謂倉海君為秦朝時穢貊國的君長。因為穢貊國後來歸漢為蒼海郡，故史公以後來之郡名稱之。古穢貊國在今朝鮮之中部地帶。⓲鐵椎　鐵錘。椎，通「錘」。⓳狙擊秦皇帝博浪沙　事在始皇帝二十九年，西元前二一八年。狙擊，半路伏擊。狙，伏伺也。博浪沙，古地名，在今河南原陽境內。⓴副車　也叫屬車，給天子車駕做扈從的車輛。《索隱》引《漢官儀》云：「天子屬車三十六乘。」㉑亡匿下邳　亡匿，逃避；躲藏。下邳，秦縣名，縣治在今江蘇睢寧西北。㉒從容　猶今之所謂「隨便」，不經心的樣子。㉓圯　橋。《索隱》引李奇曰：「下邳人謂橋為圯。」又引文穎曰：「沂水上橋也。」㉔褐　粗布短衣，古代貧者所服。㉕直　特意；故意。一說：直，通「值」。恰好。㉖孺子　猶今之對年輕人呼「小子」，是一種不客氣、不講禮貌的稱呼。㉗彊忍二句　淩稚隆曰：「古人以『強忍』成就豪傑，類如此。卒之良因解擊秦軍，強忍一；諫沛公還軍霸上，強忍二；勸帝捐關以東，強忍三；躡足封假王，強忍四；天下已定遂學道辟穀，強忍五。『強忍』二字，一篇關鍵。」㉘良業為取履二句　張良心想既然已經幫他取上來了，於是便跪下身去給他穿上了。業，既已。長跪，原指挺身而跪，這裡即指跪下身去。㉙里所　一里來地。所，許，表示「約略」、「大概」的數量詞。㉚與老人期三句　期，約會。後，遲到。㉛夜未半　還不到半夜。梁玉繩曰：「《漢傳》無『未』字，是」。㉜一編書　猶今所謂「一本書」、「一冊書」。古代的書籍有些是寫在竹簡上，而後用皮條將其串聯在一起，因而用「編」為其量詞。㉝後十年興　興，興起；發跡，隱指諸侯群起反秦。㉞濟北　秦郡名，郡治博陽（今山東泰安東南）。㉟穀城山　也稱黃山，在今山東東阿東南，當時屬濟北郡。㊱太公兵法一帙三卷。《太公兵法》應是戰國時人所依託。太公，姜子牙，周文王師，封齊侯也。㊲任俠 以解他人之難為己任，即好打抱不平的意思。《漢書・季布傳》師古注：「任，謂任使其氣力；俠之言挾也，以權力挾輔人也。」又引如淳曰：「相與信為任，同是非為俠。」㊳項伯常殺人 項伯，項羽堂叔，事跡見〈項羽本紀〉。常，通「嘗」。曾經。㊴從良匿 逃到張良處躲藏。按：參見〈項羽本紀〉。

【語　譯】留侯張良，他的祖先是韓國人。祖父張開地，曾在韓昭侯、宣惠王、襄哀王三朝當過宰相。父親張平，又在韓釐王、悼惠王兩朝任宰相。悼惠王二十三年張平卒，張平死後二十年，韓國被秦國所滅。張良年歲小，沒有趕上在韓國做官。韓國滅亡後，有奴僕三百多人，但當他弟弟死時，在葬禮上卻一切從儉，而省著全部財產，都用來尋求刺客，準備刺死秦始皇，為韓國報仇。因為他的祖父和父親，曾在韓國相繼做過五朝的宰相。

2 張良曾經到淮陽學過禮，又到遼東拜訪過倉海君，在遼東物色到了一個大力士，此人手持一個重達一百二十斤的大鐵錘。當秦始皇往東方巡遊時，張良同這個大力士在博浪沙中對秦始皇進行了突襲，結果錯打了副車。秦始皇大怒，下令全國搜查，一定要捉到這個刺客，這就是張良他們幹的。於是張良只好改名換姓，逃到了下邳隱藏起來。

3 這期間，張良閒著無事曾有一次隨便在下邳的橋上散步，這時有一個穿著粗麻布短衣的老人走到張良跟前，故意地把自己的鞋子甩到了橋下，轉頭對張良說：「小伙子，下去把鞋給我撿上來！」張良猛吃一驚，掄拳就想打他。但一看他這麼大年紀了，就強壓著怒火，下去把鞋撿了上來。老人說：「給我穿上！」張良心想既然已經幫他撿上來了，於是就跪下身去給老人穿好了鞋。老人伸著腳等張良給他穿好鞋後，才滿意地笑著走了。張良目送著老人的背影，心裡很吃驚。那位老人走了一里，又轉身回來，他對張良說：「小伙子，你很有前途！五天後的黎明，你我在這兒會面。」張良越發覺得奇怪了，跪著說：「好的。」到了第五天的濛濛亮，張良到橋頭去了，結果一看老人早已先在那裡等了好久。老人生氣地對張良說：「同老人約，為什麼要遲到？」說完回身就走，並說：「再過五天早點來。」這回第五天雞剛叫，張良就來到了橋頭，結果老人又先在那裡等著了。老人更生氣地說：「又遲到了，怎麼搞的？」說完回頭便走，並說：「再過五天，記著要早點來。」這回第五天，還不到半夜，張良就到橋頭去了。過了一會兒，老人來了，高興地說：「本來就應當這樣！」於是拿出一編竹簡交給張良說：「好好地通讀這部書，就可以成為帝王之師了。再過十年，將有王者興起。再過十三年，你我將在濟北見面，那時你如果在穀城山下見到一塊黃石頭，那就是我。」說完就走了，沒有再說別的話，從此也沒有再見過這個人。等到天亮，張良一看這部書，原來是《太公兵法》。於是張良驚奇地把它視為珍寶，經常地研究記誦。

4　張良在下邳居住期間，仍是經常做一些行俠仗義的事情。比如項伯當時殺了人，就是跑到張良這裡來藏著。

1　後十年❶，陳涉等起兵❷，良亦聚少年百餘人。景駒自立為楚假王❸，在留。良欲往從之，道遇沛公❹。沛公將數千人略地❺下邳西，遂屬焉。沛公拜良為廄將❻。良數以太公兵法說沛公，沛公善之，常用其策。良為他人言，皆不省❼。良曰：「沛公殆天授❽。」故遂從之，不去見景駒❾。

2　及沛公之薛，見項梁❿。項梁立楚懷王⓫。良乃說項梁曰：「君已立楚後，而韓諸公子⓬橫陽君成⓭賢，可立為王，益樹黨⓮。」項梁使良求韓成⓯，立以為韓王⓰。以良為韓申徒⓱，與韓王將千餘人西略韓地。得數城，秦輒⓲復取之，往來為游兵潁川⓳。

3 沛公之從雒陽南出轘轅⑳，良引兵從沛公，下韓十餘城，擊破楊熊軍㉑。沛公乃令韓王成留守陽翟，與良俱南，攻下宛㉒，西入武關㉓。沛公欲以兵二萬人擊秦嶢下軍㉔，良說曰：「秦兵尚彊，未可輕。臣聞其將屠者子，賈豎㉕易動以利。願沛公且留壁㉖，使人先行，為五萬人具食，益為張旗幟諸山上，為疑兵。令酈食其㉗持重寶啗㉘秦將。」秦將果畔㉙，欲連和俱西襲咸陽㉚。沛公欲聽之，良曰：「此獨其將欲叛耳，恐士卒不從。不從必危，不如因其解㉛擊之。」沛公乃引兵擊秦軍，大破之，遂北至藍田㉜。再戰，秦兵竟敗㉝。遂至咸陽，秦王子嬰降沛公㉞。

【章旨】以上為第二段，寫張良佐助劉邦滅秦的過程。

【注釋】❶後十年　秦二世元年，西元前二〇九年。❷陳涉等起兵　陳涉等於秦二世元年七月起兵反秦，詳見〈陳涉世家〉。❸景駒自立為楚假王　事在秦二世二年一月，時陳涉已被秦將章邯所破殺，義軍將領秦嘉乃擁立景駒為楚王，非此所謂「自立」也。景駒，戰國時楚國王室的後代。假王，暫時代理以行王事。❹道遇沛公　亦在秦二世二年一月。沛公，即劉邦。劉邦於秦二世二年一月（當時以十月為歲首）赴留縣欲向景駒借兵，乃與張良相遇。❺略地　擴占地盤。略，開闢；擴占。❻廄將　軍中主管馬匹的官。廄，馬棚。❼不省　不理解。省，領會；明白。❽殆天授　殆，幾乎；差不多。天授，天賜；上天給人世派下來的。❾故遂從之二句　按：《漢書》於此作「故遂從之不去」。梁玉繩曰：「《漢書》無『見景駒』三字。班于〈高紀〉言『沛公道得張良，遂與俱見景駒。』是補《史》缺。蓋良亦見景駒，但自此決意從沛公耳。」❿沛公之薛二句　事在秦二世二年四月。薛，秦縣名，縣治在今山東滕縣東南。項梁，項羽之叔。秦二世元年九月起兵於會稽郡（今江蘇蘇州）；

次年四月，擊殺景駒，占據薛縣。⑪項梁立楚懷王　事在秦二世二年六月。楚懷王，名心，戰國時楚王的後代。項梁聽謀士范增之議，立牧羊兒名「心」者以為「楚懷王」，以號召楚之遺民反秦。⑫諸公子　帝王的嫡長子以外的其他兒子。⑬橫陽君成　即韓成，橫陽君是其封號。⑭益樹黨　更多地建立一些同盟的勢力。益，更加。黨，黨羽；同伙。⑮求韓成　找來韓成。求，訪察；尋找。⑯立以為韓王　瀧川引周壽昌曰：「勸項梁立韓後，與他日說漢高銷六國印相反，蓋時異則事殊，不獨為韓也。」⑰申徒　《集解》引徐廣曰：「即『司徒』耳，語音訛轉，字亦隨改。」司徒，官名，其職守略同丞相。⑱輒　就；隨即。⑲為游兵潁川　在潁川一帶打游擊。游兵，游擊部隊。潁川，秦郡名，郡治陽翟（今河南禹縣），即韓國之舊地。⑳從雒陽南出轘轅　事在秦二世三年五月。雒陽，同「洛陽」，在今河南洛陽東北，當時為三川郡的郡治所在地。轘轅，關隘名，在今河南偃師東南，因山路盤曲往還而得名。㉑擊破楊熊軍　楊熊，秦朝將領。據〈高祖本紀〉與〈秦楚之際月表〉，劉邦擊破楊熊於開封西，再西進至潁川，與張良等會合，而後始「南出轘轅」也，此處之敘述失次。㉒攻下宛　事在秦二世三年七月。宛，秦縣名，縣治即今河南南陽，當時亦為南陽郡的郡治所在地。按：宛城乃宛城守將聽其舍人之議歸順劉邦者，詳見〈高祖本紀〉。㉓西入武關　事在秦二世三年八月。武關，在今陝西商南東南，是陝西南部與河南南部之間的交通要道。㉔嶢下軍　嶢關的守軍。嶢關舊址在今陝西藍田東南，因而此關也叫「藍田關」，是長安一帶通往河南南部地區的交通要道。㉕賈豎　對商人的輕蔑稱呼。豎，猶今所謂「小子」。㉖留壁　停止前進，紮下大營。壁，營壘，這裡用如動詞。㉗酈食其　劉邦的謀士，以口才聞名，事跡見〈酈生陸賈列傳〉。㉘啗　吃；餵。這裡是「引誘」的意思。王駿圖曰：「謂沛公本有兵二萬，今使人先往為備五萬人糧食，欲使秦將疑我兵來之眾也。」㉙畔　通「叛」。㉚咸陽　秦朝的國都，在今陝西咸陽東北，西安之西北。㉛解　通「懈」。鬆懈。㉜遂北至藍田　於是追擊敗軍到藍田。北，背也。戰時以背對敵，即敗逃。藍田，秦縣名，縣治在今藍田西。梁玉繩《史記志疑》卷二十六：「『遂』乃『逐』字之訛。」㉝竟敗　連續失敗；徹底大敗。竟，終；徹底。劉邦用張良計大破秦軍於嶢下及藍田事，在秦二世三年九月。㉞遂至咸陽二句　事在漢元年十月，過程詳見〈高祖本紀〉。秦王子嬰，其人身世不清，〈秦始皇本紀〉說他是「二世兄之子」；〈李斯列傳〉說他是「始皇之弟」。

【語　譯】十年過後，陳涉等人果然起兵了。於是張良也趁機糾集了一百多個年輕人，起來反秦。這時，景駒自立為代理楚王，駐兵留縣。張良想去投奔他，結果半道上遇見了劉邦。這時，劉邦正帶著幾千人開闢地盤，來到了下邳城西，於是張良就投歸劉邦。劉邦讓張良當廄將管理戰馬。這期間，張良常給劉邦講《太公兵法》，劉邦很高興，經常採納他的主張。說來也怪，這些話張良也對別人講過，但那些人卻總是不開竅。張良佩服地說：「沛公的智慧，大概是老天爺賜給他的。」因而就跟上了劉邦，不再去找景駒了。

2 等劉邦到薛縣，見項梁，這時項梁已經擁立楚懷王。於是張良就勸項梁說：「您已經擁立了楚國的後代為王，而韓國的後代橫陽君韓成也很賢明，也可以立他為王，這樣楚國也多一個盟友。」於是項梁就派張良去找來了公子韓成，立他為韓王，讓張良給他做宰相。張良和韓成率領著一千多人西行開闢韓地。開始時攻占了幾個城邑，但很快地又被秦軍奪了回去，他們只好在潁川一帶來回打游擊。

3 等到劉邦從雒陽出轘轅關南下時，張良又引兵與劉邦會合，他跟著劉邦一連攻下了韓地的十多個城池，又打敗了秦朝楊熊的軍隊。於是劉邦就派韓成留守陽翟，而讓張良跟著他一道南進，攻下了宛城，接著向西挺進，攻入了武關。這時劉邦想用兩萬人強攻鎮守嶢關的秦朝軍隊。張良說：「目前秦軍的戰鬥力還很強，不能輕敵！但我聽說鎮守嶢關的將領，是一個屠戶的兒子。商人都唯利是圖，我們可以用財寶引誘他。您可以先堅守營地，而派出一部分人先到前邊去放出消息，說是要為五萬人準備糧食，同時在四周的山頭上多樹旗幟，虛張聲勢，迷惑敵人。而後派酈食其帶著奇珍異寶去關上引誘秦國的守將。」幾方面的工作一做，秦將果然中計，答應倒戈和劉邦一起西擊咸陽。劉邦正要同意，張良說：「這還只是那個受賄賂的將軍想造反，他的部下還不一定聽從呢！如果他的部下不聽從，那就要壞事。不如趁著他們思想鬆懈，對他們發起突擊。」劉邦同意，於是引兵突襲嶢關，秦軍無備，嶢關失守，於是劉邦乘勝追擊到藍田。與秦軍再戰，秦軍徹底瓦解。劉邦勝利地進入咸陽，秦王子嬰向劉邦投降。

1 沛公入秦宮，宮室帷帳，狗馬重寶，婦女以千數❶，意欲留居之。樊噲諫沛公出舍❷，沛公不聽。良曰：「夫秦為無道，故沛公得至此。夫為天下除殘賊❸，宜縞素為資❹。今始入秦，即安其樂，此所謂『助桀為虐』。且『忠言逆耳利於行，毒藥❺苦口利於病』，願沛公聽樊噲言。」沛公乃還軍霸上❻。

2 項羽至鴻門下❼，欲擊沛公。項伯乃夜馳入沛公軍，私見張良，欲與俱去。良曰：「臣為韓王送❽沛公。今事有急，亡去❾，不義。」乃具以語沛公。沛公大驚，曰：「為將柰何❿？」良曰：「沛公誠欲倍項羽邪⓫？」沛公曰：「鯫生⓬教我，距關無內諸侯⓭，秦地可盡王⓮。故聽之。」良曰：「沛公自度能卻項羽乎⓯？」沛公默然良久，曰：「固不能也。今為柰何？」⓰良乃固要⓱項伯。項伯見沛公，沛公與飲為壽⓲，結賓婚⓳。令項伯具言沛公不敢倍項羽，所以距關者，備他盜也。及見項羽後解⓴，語在項羽事中㉑。

3 漢元年，正月，沛公為漢王，王巴、蜀㉒。漢王賜良金百溢㉓、珠二斗，良具㉔以獻項伯。漢王亦因令良厚遺㉕項伯，使請漢中地㉖。項王乃許之，遂得漢中地。漢王之國㉗，良送至褒中，遣良歸韓㉘。良因說漢王曰：「王何不燒絕所過棧道㉙，示天下無還心，以固項王意㉚？」乃使良還。行，燒絕棧道㉛。

4 良至韓，韓王成以良從漢王故，項王不遣成之國，從與俱東㉜。良說項王曰：「漢王燒絕棧道，無還心矣。」乃以齊王田榮反書告項王㉝。項王以此無西憂漢心，而發兵北擊齊[34]。

5 項王竟不肯遣[35]韓王，乃以為侯[36]，又殺之彭城[37]。良亡，間行[38]歸漢王，漢王亦已還定三秦[39]矣。復以良為成信侯[40]，從東擊楚[41]。至彭城，漢敗而還[42]。至下邑[43]，漢王下馬踞鞍[44]而問曰：「吾欲捐關以東等棄之[45]，誰可與共功者[46]？」良進曰：「九江王黥布[47]，楚梟將[48]，與項王有郄[49]；彭越[50]與齊王田榮反梁地[51]，此兩人可急使。而漢王之將，獨韓信可屬[52]大事，當一面[53]。即欲捐之，捐之此三人，則楚可破也。」漢王乃遣隨何[54]說九江王布，而使人連彭越[55]。及魏王豹反[56]，使韓信將兵擊之[57]，因舉燕、代、齊、趙[58]。然卒破楚者，此三人力也。

6 張良多病，未嘗特將[59]也，常為畫策臣，時時從漢王。

7 漢三年，項羽急圍漢王滎陽[60]，漢王恐憂，與酈食其謀橈楚權[61]。食其曰：「昔湯伐桀，封其後於杞[62]；武王伐紂，封其後於宋[63]。今秦失德棄義，侵伐諸侯社稷，滅六國之後，使無立錐之地[64]。陛下誠能復立六國後世，畢已受印，此其君臣百姓必皆戴陛下之德[65]，莫不鄉風慕義[66]，願為臣妾[67]。德義已行，陛下南鄉稱霸，楚必斂衽而朝[68]。」漢王曰：「善！趣刻印[69]，先生因行佩之矣[70]。」

8 食其未行，張良從外來謁[71]。漢王方食，曰：「子房前[72]！客有為我計橈楚權者。」具以酈生語告，曰：「於子房何如[73]？」良曰：「誰為陛下畫此計者？陛下事去矣！」漢王曰：「何哉？」張良對曰：「臣請藉前箸為大王籌之[74]。」曰：「昔者湯伐桀而封其後於杞者，度能制桀之死命也。今陛下能制項籍之死命乎？」曰：「未能也。」「其不可一也[75]。武王伐紂，封其後於宋者，度能得紂之頭也[76]。今陛下能得項籍之頭乎？」曰：「未能也。」「其不可二也。武王入殷[77]，表商容之閭[78]，釋箕子之拘[79]，封比干之墓[80]。今陛下能封聖人[81]之墓，表賢者[82]之閭，式智者[83]之門乎？」曰：「未能也。」「其不可三也。發鉅橋之粟，散鹿臺之錢，以賜貧窮[84]。今陛下能散府庫以賜貧窮乎？」曰：「未能也。」「其不可四矣。殷事已畢，偃革為軒[85]，倒置干戈，覆以虎皮[86]，以示天下不復用兵。今陛下能偃武行文[87]，不復用兵乎？」曰：「未能也。」「其不可五矣。休馬[88]華山之陽[89]，示以無所為。今陛下能休馬無所用乎？」曰：「未能也。」「其不可六矣。放牛[90]桃林之陰[91]，以示不復輸積[92]。今陛下能放牛不復輸積乎？」曰：「未能也。」「其不可七矣。且天下游士[93]離其親戚，弃墳墓[94]，去故舊，從陛下游者，徒欲日夜望咫尺之地[95]。今復六國，立韓、魏、燕、趙、齊、楚之後，天下游士各歸事其主，從其親戚[96]，反其故舊墳墓，陛下與誰取天下乎？其不可八矣。且夫楚唯無彊[97]，六國立者復橈而從之[98]，陛下焉得而臣之？誠用客之謀，陛下事去矣！」漢王輟食吐哺[99]，罵曰：「豎儒幾敗而公事[100]！」令趣銷印[101]。

9 漢四年，韓信破齊[102]而欲自立為齊王，漢王怒。張良說漢王[103]，漢王使良授齊王信印，語在淮陰事中。

10 其秋，漢王追楚至陽夏南[104]，戰不利而壁固陵。諸侯期不至[105]。良說漢王，漢王用其計，諸侯皆至[106]，語在項籍事中。

【章旨】以上為第三段，寫張良輔佐劉邦消滅項羽事。

【注釋】❶宮室帷帳三句　按：「宮室帷帳，狗馬重寶，婦女以千數」行文有語病，似應作：「宮室、帷帳、狗馬、重寶不可勝計，婦女以千數」。❷樊噲諫沛公出舍　《集解》引徐廣謂一本云：「噲諫曰：『沛公欲有天下邪？將欲為富家翁邪？』沛公曰：『吾欲有天下。』」噲曰：「今臣從入秦宮，所觀宮室、帷帳、珠玉、重寶、鐘鼓之飾，奇物不可勝極；入其後宮，美人婦女以千數，此皆秦所以亡天下也。原沛公急還霸上，無留宮中。」」❸殘賊　指殘虐害民的暴君。❹縞素為資　猶言「儉樸為本」。縞素，服飾不用文繡，以言其儉也。資，本；本錢。《集解》引晉灼曰：「資，藉也。」胡三省曰：「縞素，有喪之服，謂弔民也。」按：胡氏說亦通。❺毒藥　性質猛烈的藥物。毒，猛；烈。❻還軍霸上　霸上，古地名，在今陝西臨潼東北，當地人稱之為項王營。按：據〈高祖本紀〉，劉邦「封秦重寶財物府庫，還軍霸上」後，又施行一系列安民措施，遂致「秦人大喜」、「人又益喜，唯恐沛公不為秦王」。❼項羽至鴻門下　事在漢元年十二月。❽送　此處猶言「跟從」。❾亡去　逃走。❿為將奈何　應作「將為奈何」或「為之奈何」。⓫誠欲倍項羽邪　誠，果真。倍，通「背」。背叛。⓬鯫生　猶言「豎子」、「小子」，罵人語。鯫，小魚，此借稱「小人」。《索隱》引臣瓚曰：「《楚漢春秋》鯫生本姓解。」⓭無內諸侯　不要讓各路諸侯進關。內，同「納」。⓮可盡王　可以全部據有其地以稱王。⓯自度能卻項羽乎　自度，自己估計。卻，退；打退。

⑯沛公默然良久四句　見劉邦明知不如，但又不肯輕於承認之狀。《漢書》不僅刪「良久」二字，且刪去「固不能也」四字。

⑰固要　堅決邀請。要，此處意思同「邀」。

⑱為壽　舉酒祝之健康長壽。

⑲結賓婚　結交為友，並訂為兒女親家。賓，賓朋；朋友。

⑳及見項羽後解　解，和解。按：此即著名的「鴻門宴」，事在漢元年十二月。

㉑語在項羽事中　意即詳見〈項羽本紀〉。

㉒沛公為漢王二句　事在漢元年一月。巴、蜀，秦之二郡名，巴郡的郡治江州（今重慶嘉陵江北岸）；蜀郡的郡治成都（即今四川成都）。項羽與劉邦在鴻門宴上解隙後，於是分封各路諸侯為王。項羽因不欲封劉邦於關中，故將其封於巴、蜀，而劉邦則由此始稱「漢王」。

㉓溢　通「鎰」。重量單位，一鎰為二十四兩。有曰二十兩。

㉔具　通「俱」。全部。

㉕厚遺　厚贈；重金收買。

㉖使請漢中地　漢中，秦郡名，郡治南鄭，即今之陝西漢中。按：項羽起初只以巴、蜀封劉邦，劉邦欲兼有漢中之地，故託項伯代為之請求。

㉗漢王之國　之國，到自己的封地上去，事在漢元年四月，當時各路諸侯以及項羽本人都離開咸陽，分赴各自的封地。

㉘良送至褒中二句　褒中，古邑名，蓋古之褒國都城，在今陝西褒城東南，距南鄭已經不遠。按：據此文，則張良未至南鄭即辭劉邦而回，而《漢書．高帝紀》乃曰「張良辭漢歸韓，漢王送至褒中」，與此說異。

㉙棧道　亦稱「閣道」，山間構木而成的空中通道。劉邦自咸陽入漢中所走的是褒斜道，北口在今陝西眉縣西南，南口在今漢中西北，中隔秦嶺。

㉚以固項王意　固，穩定；強化。意即迷惑項羽，使之相信劉邦無意東出爭天下。

㉛行二句　師古曰：「且行且燒，所過之處皆燒之也。」

㉜從與俱東　意即將韓成帶到了項羽的國都彭城。

㉝乃以齊王田榮反書告項王　田榮，戰國時齊國王室的後裔，陳涉起義後，田榮亦與其堂兄田儋起兵於齊地。後田儋死，田榮又立田儋之子田市為王。因與項氏有衝突，故未隨之西下破秦。項羽亦恨田榮，故分封時乃命隨其入關的田都為齊王，而將田市改封於膠東。田榮不平，故倡言反項羽。反書，指反項的檄文、文告之類。有些本子將此處斷句為「以齊、梁反，書遺項王」，殆非。

㉞發兵北擊齊　按：張良燒絕棧道及以齊王反書遺項王二事，促成項羽北征田榮，於是劉邦乃有乘隙回取三秦之舉。

㉟遣　謂遣其去韓國就任。

㊱乃以為侯　將韓王降爵為侯。

㊲殺之彭城　彭城，今江蘇徐州，當時為項羽的國都。茅坤曰：「子房自此以前種種為韓，以後死心于漢矣。」

㊳間行　抄小道，投空隙而行。

㊴還定三秦　事在漢元年八月。三秦，統指關中地區。鴻門宴後項羽大封各路諸侯，將關中地區一分為三，封秦朝的三員降將章邯為雍王，司馬欣為塞王，董翳為翟王，目的是堵住漢中地區的劉邦，不使其北出。而劉邦則聽從韓信的計謀，一舉收復了三秦。

㊵成信侯　張良的封號，無具體領地。

㊶從東擊楚　劉邦於漢元年八月收復關中；於漢二年十月東出，先後收服了韓王鄭昌、魏王魏豹、殷王司馬卬；至四月，遂乘項羽北征田榮之機，率五十六萬人一舉攻下了項羽的國都彭城。

㊷至彭城二句　劉邦攻入彭城後，置酒高會，忘乎所以；項羽率三萬人馳回，大破劉邦之五

十六萬人，劉邦狼狽西逃。㊸下邑　秦縣名，縣治即今安徽碭山，時劉邦的將領呂澤（呂后之兄）率軍居此。㊹踞鞍　坐在馬鞍上。按：古時行軍休息，常解下馬鞍用以為坐臥之具。㊺捐關以東等弃之　豁出函谷關以東的地區不要了，用以作為對有功者的封賞之資。關以東等，猶言關東諸地。㊻誰可與共功者　誰可以（接受此賞）與我共同建立功業呢？㊼黥布　原名英布，因受過黥刑，故時人稱之為「黥布」，項羽的猛將，號當陽君。入關後，被封為九江王，都六（今安徽六安北）。㊽梟將　猛將。㊾與項王有郄　郄，通「郤」、「隙」。隔閡；矛盾。據〈黥布列傳〉，項羽北征田榮，召黥布同往，黥布未從，只派了一員偏將前去敷衍，於是項羽遂與黥布有郄。㊿彭越　原在鉅野澤中為「盜」，陳涉起義後，彭越亦組織一支隊伍。但由於未隨劉、項入關，故項羽未封之為王。至田榮首倡反項，為聯絡同盟，故賜彭越將軍印，彭越遂反於梁地。51梁地　約當今之河南東北部一帶地區，戰國時屬於魏國，因魏國建都大梁（今開封市），故也稱梁國。52屬　通「囑」。委託。53當一面　即今所謂「獨當一面」。54隨何　劉邦的謀士，以口辯聞名。隨何勸說黥布叛楚歸順劉邦事，見〈黥布列傳〉。55使人連彭越　按：劉邦連結彭越事，〈高祖本紀〉與〈魏豹彭越列傳〉皆無詳載。56魏王豹反　事在漢二年五月。魏王豹，戰國時魏國君王的後裔，因起兵反秦被楚懷王立為魏王。鴻門宴後項羽改封之為西魏王，都平陽（今山西臨汾西南）。漢二年三月，劉邦率諸侯東擊項羽，這時魏豹也加入了劉邦的反項行列，並隨劉邦東克彭城；劉邦大敗於彭城後，各國諸侯紛紛反叛，魏豹遂也返回西魏，倒戈反劉。57使韓信將兵擊之　魏豹叛變後，劉邦使人招之不聽，遂使韓信破虜之，事在漢二年八月，過程詳見〈淮陰侯列傳〉。58因舉燕代齊趙　按：依順序應曰「因舉代、趙、燕、齊」。舉，拔掉；攻下。代，陳餘的封國，都代（今河北蔚縣東北）。項羽分封諸侯時，改封趙王歇為代王，陳餘不從，仍擁戴趙王歇居趙地，而趙王歇遂封陳餘為代王。陳餘留趙為趙王相，而派夏說往鎮代地。漢二年後九月，夏說被韓信所擒。趙，陳勝、吳廣失敗後，陳餘等擁立戰國時趙王後代趙歇建立的諸侯國名，都襄國（今河北邢台）。漢三年十月，被韓信所滅。燕，臧荼受項羽分封建立的諸侯國名，都薊（今北京市西南）。齊，戰國時齊國王室的後代田儋、田榮相繼在臨淄（今山東淄博臨淄北）建立的諸侯國名。田榮被項羽破殺後，其弟田橫又擁立田榮子田廣為齊王，漢四年十一月被韓信所滅。59特將　單獨領兵；獨當一面。特，獨。60滎陽　秦縣名，縣治在今河南滎陽東北，歷來為軍事要地。61謀橈楚權　研究如何削弱項氏的勢力。橈，阻止，這裡指削弱、限制。62湯伐桀二句　封夏朝之後於杞者乃周也，非殷。杞，古國名，國都即今河南杞縣。63武王伐紂二句　武王滅殷後，先封紂王之子武庚祿父於朝歌（今河南淇縣），以主殷遺民。後武庚祿父發動叛亂被周公誅滅，於是乃改封紂兄微子啟於宋。宋，古國名，國都商丘（今河南商丘西南）。64滅六國之後二句　其意蓋謂滅齊、楚、燕、韓、趙、魏六國，使其後無立錐之地。65戴陛下之德　戴，感念。梁玉繩曰：「天子稱『陛下』，自秦始也。然是時漢王未即天子位。」(66)鄉風慕義　意即傾心歸附。鄉風，猶言「望風」。鄉，通「向」。慕義，欽仰其德義。(67)臣妾　僕婢，這裡即指臣下、子民。(68)斂袵而朝　表示恭敬、服從，原為臣下的意思。袵，衣袖。王念孫曰：「袵，袂也。」(69)趣刻印　猶言「趕緊刻印章」。趣，通「促」。迅速。(70)因行佩之矣　師古曰：「『佩』謂授與六國使帶也。」(71)謁　拜見。(72)子房前　子房，張良的字。前，猶言「過來！」瀧川曰：「漢高呼諸臣常稱其名，獨于張良則否，蓋以賓待之也。」(73)於子房何如　在你看來此事如何？(74)請藉前箸為大王籌之　請讓我借用您面前的筷子來為您籌算一下。藉，借用。箸，筷子。籌，運算。(75)其不可一也　於是在劉邦面前放下一根筷子。(76)度能得紂之頭也　瀧川引中井曰：「此以封杞、宋為桀、紂未滅時事，故有『制命』之說，宜從文而觀其條貫。」(77)武王入殷　指攻入殷都朝歌（今河南淇縣）。(78)表商容之閭　在商容所住的里巷口上立表以彰顯之。表，標也，如匾額椿柱之類，用以彰顯有善行者。商容，紂時賢人，諫紂不聽，去而隱於太行山。閭，里巷。(79)釋箕子之拘　箕子，紂王之叔，為殷太師，諫紂不聽，因佯狂為奴，被紂所囚。拘，囚禁。王念孫曰：「『釋箕子之拘』應作『式箕子之門』。」(80)封比干之墓　給比干的墳上加土，以示崇敬。封，加土。比干，紂時賢臣，因力諫紂王，被剖心而死。(81)聖人　指比干一類的人。(82)賢者　指商容一類的人。(83)式智者　式，通「軾」。車前橫木。古人乘車路逢某事某物有應表示敬意者，即把頭伏在車前橫木上，這種動作也叫做「軾」。智者，指箕子一類的人。(84)發鉅橋之粟三句　鉅橋，指鉅橋倉，商朝的糧倉名，在今河北曲周東北的衡漳水東。鹿臺，殷紂王的臺觀名，在今河南湯陰境，紂王生前曾將大量財寶儲藏於此。武王破商後，紂王逃上鹿臺，自焚而死。(85)偃革為軒　《索隱》引蘇林云：「革者，兵車也；軒者，朱軒、皮軒也。謂廢兵車而用乘車也。」偃，廢；放置不用。軒，有篷的車，即所謂「乘車」，與兵車相對而言。(86)倒置干戈二句　意即將武器收藏起來。覆，蒙；蓋。(87)偃武行文　放棄武力，實行文治。(88)休馬　放馬休息。馬，指戰馬。(89)華山之陽　華山南面。華山，五嶽之一，即所謂「西嶽」，在今陝西華陰南。(90)放牛　讓牛休息。牛，指戰時供運輸所用者。(91)桃林之陰　桃林北面。桃林，亦稱桃林塞，約當今之河南靈寶以西、陝西潼關以東地區。(92)輸積　運送糧草。(93)游士　奔走以求名圖利的人。(94)弃墳墓　遠離先人之墳墓。(95)望咫尺之地　謂企圖得一塊封地，即稱王稱侯。咫尺，謙言其小，一咫為八寸。(96)從其親戚　指回到家鄉、回到自己的親人那裡去。從，往就；往投。(97)楚唯無彊　無彊，猶言「無敵」，無有比之更強者。(98)橈而從之　猶言「屈而服之」。(99)輟食吐哺　輟，停止；中斷。吐哺，吐出口中正在咀嚼的食物。(100)豎儒幾敗而公事　這個儒家小子差點把你老子的大事給弄砸了！而公，他篇亦稱「乃公」，猶言「你老子」，「你爸爸」，這是劉邦幾乎對任何人都使用過的罵人語。(101)令趣銷印　讓人趕緊把剛才下令製作的印章銷毀。王維楨曰：「方次刻印，即次銷印，才見漢王從諫如轉丸處。」[102]韓信破齊 韓信破殺齊王田廣與楚將龍且於濰水事，在漢四年十一月。[103]張良說漢王 據〈淮陰侯列傳〉，張良、陳平謂漢王曰：「漢方不利，寧能禁信之王乎？不如因而立，善遇之，使自為守；不然，變生。」[104]追楚至陽夏南 事在漢五年十月。陽夏，秦縣名，縣治即今河南太康。按：漢四年九月，項羽迫於韓信與劉邦的東西夾擊，答應與劉邦劃鴻溝為界，雙方講和。之後，項羽撤兵東歸。劉邦用張良、陳平計，撕毀盟約，隨即率兵追擊項羽於陽夏南。梁玉繩曰：「事在五年十月。」[105]戰不利而壁固陵二句 按：當時劉邦原約韓信、彭越等共擊項羽。至期，韓、彭之兵未至；項羽回擊劉邦，漢軍失利，故屯於固陵堅守之，事見〈項羽本紀〉。壁，築壘固守。固陵，秦縣名，在今河南太康（即當時的「陽夏」）南。諸侯，即指韓信、彭越等。期，約定時間。[106]良說漢王三句 指張良勸劉邦預先分割項羽的土地以分封韓信、彭越、黥布等，使其各為己戰以換得其協助事，詳見〈項羽本紀〉。

【語譯】劉邦進入了阿房宮，宮室裡聲色狗馬、奇珍異寶，不計其數，單是美女就有幾千人。劉邦一看，就想住在裡頭不走了。樊噲一再勸他到外面住，劉邦不聽從。張良說：「正因為秦朝荒淫無道，所以您今天才打到這裡。既然我們是為天下除害，那就應該以儉樸為本。現在才剛剛打進了秦京，您就想要過他們昏君的那種享樂日子，這就叫『助桀為虐』。俗話說『忠言逆耳利於行，毒藥苦口利於病』，希望您接受樊噲的勸告。」於是劉邦遂退出皇宮，回軍到霸上駐紮。

2 項羽的軍隊來到鴻門後，想要進擊劉邦。項羽的叔叔項伯連夜跑到劉邦兵營私下去見張良，想要叫張良一同逃跑。張良說：「我是受韓王之託跟著沛公打到這裡的。今天沛公有了危險，我一個人逃跑了，這太不仗義。」於是進去把項伯的話一一地告訴了劉邦。劉邦一聽，吃驚地說：「這可怎麼辦好呢？」張良說：「您當初是真想背叛項羽嗎？」劉邦說：「有個小子教我，把住關口，不讓諸侯們進來，他說那樣，秦國的地盤就可以全部歸我稱王。所以我採信了他的話。」張良說：「您自己估量，您能夠打退項羽嗎？」劉邦沉默了好一會兒才說：「當然不可能。現在咱該怎麼辦呢？」於是張良便堅決把項伯請進來，讓他與劉邦相見，劉邦給他敬酒，並與他結成了兒女親家。劉邦請項伯給項羽帶話說他根本沒有叛變項羽的意思。至於派人守關，那是為了防備土匪的騷擾。後來劉邦又親自見到了項羽，問題才得以解決，這些事詳細記述在〈項羽本紀〉

中。

3 漢高祖元年，正月，劉邦被封為漢王，統管巴、蜀地區。劉邦賞給張良黃金百鎰、寶珠二斗，張良把這些全部轉送給了項伯。劉邦又通過張良厚贈項伯，讓項伯幫他向項羽請求封給他漢中地區。項羽答應了，於是劉邦又獲得了漢中一帶。劉邦要到他的封地去了，張良送他們到褒中，劉邦才讓張良回到韓國去。張良臨別前對劉邦說：「您為什麼不把剛才走的這條棧道燒掉，這可以向人們表示您沒有再打回去的想法，用來迷惑項羽對您放心呢？」於是劉邦就讓張良在回去的路上邊走邊燒，整個棧道遂被燒光了。

4 張良回到韓國時，因為韓成當初讓張良跟了劉邦，所以項羽不派韓成回韓國，而是帶著一道回了彭城。張良到了彭城對項羽說：「劉邦自己燒毀了棧道，這說明他沒有打回來的意思了。」接著又把齊王田榮起兵倒項的檄文送給了項羽。於是項羽便不再防備劉邦，而專心致志地引兵北上去攻打齊國了。

5 項羽最終也沒有讓韓成去韓國，先是把他降位為侯，後來又在彭城把他殺了。張良聞風逃走，抄小路又西去投奔了劉邦，而劉邦這時已經捲土重來，又收復了關中。劉邦封張良為成信侯，讓他跟著一道東征項羽。劉邦開始時乘虛占領了彭城，後來又被項羽回師打敗。當他們西逃到下邑時，劉邦下馬坐著馬鞍子休息，他問人們：「如果我豁著把函谷關以東的地盤都分給別人，誰可以幫我一道破楚立功？」張良進前一步說：「九江王黥布，是項羽的猛將，現在正和項羽鬧矛盾；彭越和齊王田榮相勾結，正在梁地堅持倒項，這兩個人可以迅速利用。在您的部下裡只有一個韓信可以委派重任，讓他去獨當一面。假如您真能把地盤拿出來分給他們三個，那麼項羽就肯定會被您打敗。」於是劉邦就派了隨何去勸說九江王黥布，又派了其他人去聯合彭越。等到魏王豹反叛抗漢時，劉邦又派了韓信前去征討，接著韓信遂平定了燕、代、齊、趙等國的大片地區。劉邦最終所以能夠打敗項羽就是靠著這三個人的力量。

6 張良體弱多病，沒有領兵獨當一面，他只是作為一個籌謀劃策的人物，經常跟在劉邦身邊。

7 漢高祖三年，項羽把劉邦圍困在滎陽，形勢非常危急，劉邦十分擔心，所以和酈食其商量如何削弱項羽的勢力。酈食其說：「從前商湯打敗夏桀之後，把夏桀的後代封在杞國；周武王滅紂之後，把商朝的後代封在宋國。而秦朝不行德義，滅了東方六國之後，竟使他們的後代沒有立足之地。您今天如果能把六國的後代再封立起來，都發給他們印信，那麼這些國家的君臣百姓，一定都會感戴您的恩德，仰慕您的風範，願意給您做臣僕。到那時，您的德義風行天下，您也就可以成為霸主，項羽也就只好乖乖地向您俯首稱臣了。」劉邦說：「好！趕快叫人刻印，刻好印您就可以帶著去辦了。」

8 酈食其還沒有出發，張良正好從外面來見劉邦。劉邦當時正在吃飯，他一見張良便說：「子房過來！有人幫我想了一個削弱項羽勢力的辦法。」接著就把酈食其的主意向張良說了一遍。隨後問道：「您看這個做法如何？」張良說：「誰給您出的這個主意？這樣一來您的大事就要完蛋了！」劉邦說：「為什麼？」張良說：「請把您的筷子給我，讓我給您籌算一下。」他說：「當初商湯討伐夏桀後，所以還封夏的後代於杞國，那是商湯有把握可以置夏桀於死地。您今天能夠置項羽於死地嗎？」劉邦說：「不能。」張良說：「這是第一個不行。周武王討伐殷紂王，所以還封殷的後代於宋國，那是周武王有把握能得到殷紂的人頭。您今天能得到項羽的人頭嗎？」劉邦說：「也不能。」張良說：「這是第二個不行。周武王進入殷都後，曾給商容住的里巷口掛過匾，曾把箕子從監獄裡放出來，而且給比干的墳墓加土。您今天能夠去為聖人墳墓加土，去為賢人掛匾，到那些智者的門前去表示敬意嗎？」劉邦說：「也不能。」張良說：「這是第三個不行。周武王當時能拿鉅橋倉庫的糧食和鹿臺所存的錢幣，來救濟貧窮。您今天能把倉庫裡的東西拿出來去救濟貧窮嗎？」劉邦說：「也不能。」張良說：「這是第四個不行。周武王伐紂的戰爭一結束，立刻把戰車改為軒車，把兵器倒過頭來用虎皮蒙上，表示今後永遠不再使用它們了。您今天能夠棄武用文，不再打仗嗎？」劉邦說：「不能。」張良說：「這是第五個不行。周武王當時還把戰馬放牧在華山的南坡，表示以後不用牠們了。您今天也能把馬放出去，不再用牠們嗎？」劉邦說：「不能。」張良說：「這是第六個不行。周武王當時還把運輸隊的牛放牧到桃林塞的北面，表示他今後不再運送軍餉。您今天也能把牛放出去，不再運送軍餉嗎？」劉邦說：「不能。」張良說：「這是第七個不行。所有的謀士說客們，他們所以能夠離鄉背井拋開親友不顧而來跟著您，他們日夜所盼的也就是希望有朝一日能分到一小塊地盤。現在您重新建立起六個國家，讓昔日韓、魏、燕、趙、齊、楚六國的後代去為王，那麼今天您身邊的這些謀士說客們也就全都各自回去侍奉他們的主子，各自回到他們的親戚故舊、本鄉本土上去了，到那時您還靠誰來幫您打天下呢？這是第八個不行。而且今天項羽是最強不過的，您把六國立起來，六國立刻就會屈服於項羽，誰還會來聽從您的指揮呢？您要真是採用了這個主意，您的事情全完了！」劉邦一聽，氣得一口吐出了嘴裡的東西，罵道：「這個兔崽子差點壞了老子的大事！」下令趕緊把那些印章毀掉。

9 漢高祖四年，韓信滅掉齊國後，想要自己做齊王，劉邦很生氣。張良勸住了劉邦，劉邦於是將計就計地派張良帶著印信去封韓信做了齊王。這件事詳細記載在〈淮陰侯列傳〉中。

10 同年秋天，劉邦追項羽到陽夏南，又被項羽打敗，無可奈何地退守固陵。而各路諸侯的軍隊到了約定時間都故意不來。這時張良又出了主意，劉邦採用了張良的主意後，各路諸侯的兵馬就來了。這件事詳細記述在〈項羽本紀〉中。

1 漢六年，正月，封功臣❶。良未嘗有戰鬬功。高帝曰：「運籌策❷帷帳中，決勝千里外，子房功也。自擇齊三萬戶❸。」良曰：「始臣起下邳，與上會留，此天以臣授陛下。陛下用臣計，幸而時中❹。臣願封留❺，足矣，不敢當三萬戶❻。」乃封張良為留侯，與蕭何等俱封❼。

2 上已封大功臣二十餘人❽，其餘日夜爭功，不決，未得行封。上在雒陽❾南宮，從復道❿望見諸將往往相與坐沙中語。上曰：「此何語？」留侯曰：「陛下不知乎？此謀反耳。」上曰：「天下屬⓫安定，何故反乎？」留侯曰：「陛下起布衣⑫，以此屬⑬取天下。今陛下為天子，而所封皆蕭、曹故人所親愛，而所誅者皆生平所仇怨⑭。今軍吏計功，以天下不足徧封⑮。此屬畏陛下不能盡封，恐又見疑平生過失及誅⑯，故即相聚謀反耳⑰。」上乃憂曰：「為之柰何？」留侯曰：「上平生所憎，羣臣所共知，誰最甚者？」上曰：「雍齒與我故，數嘗窘辱我⑱。我欲殺之，為其功多，故不忍。」留侯曰：「今急先封雍齒以示羣臣。羣臣見雍齒封，則人人自堅⑲矣。」於是上乃置酒，封雍齒為什方侯⑳，而急趣㉑丞相、御史定功行封。羣臣罷酒，皆喜曰：「雍齒尚為侯，我屬無患矣。」

3 劉敬說高帝曰：「都關中。」㉒上疑之。左右大臣皆山東㉓人，多勸上都雒陽㉔：「雒陽東有成皋㉕，西有殽、黽㉖，倍河㉗，向伊、雒㉘，其固亦足恃。」留侯曰：「雒陽雖有此固，其中小㉙，不過數百里，田地薄，四面受敵。此非用武之國也。夫關中，左殽、函㉚，右隴、蜀㉛，沃野千里，南有巴、蜀之饒㉜，北有胡苑之利㉝。阻㉞三面而守，獨以一面東制諸侯㉟。諸侯安定，河、渭漕輓天下㊱，西給㊲京師；諸侯有變，順流而下，足以委輸㊳。此所謂金城千里㊴，天府之國㊵也。劉敬說是也。」於是高帝即日駕，西都關中㊶。

4 留侯從入關㊷。留侯性多病㊸，即道引，不食穀㊹，杜門㊺不出歲餘。

5 上欲廢太子㊻，立戚夫人子趙王如意㊼。大臣多諫爭，未能得堅決者㊽也。呂后恐，不知所為。人或謂呂后曰：「留侯善畫計筴，上信用之。」呂后乃使建成侯呂澤㊾劫㊿留侯，曰：「君常(51)為上謀臣，今上欲易太子，君安得高枕而臥(52)乎？」留侯曰：「始上數在困急之中，幸用臣筴；今天下安定，以愛欲易太子，骨肉之間，雖臣等百餘人(53)，何益？」呂澤彊要(54)曰：「為我畫計(55)。」留侯曰：「此難以口舌爭也。顧(56)上有不能致(57)者，天下有四人。四人者，年老矣，皆以為上慢侮人，故逃匿山中，義不為漢臣。然上高此四人。今公誠能無愛(58)金玉璧帛，令太子為書，卑辭(59)安車(60)，因使辯士固請，宜來。來，以為客，時時從入朝(61)，令上見之，則必異而問之。問之，上知此四人賢，則一助也。」於是呂后令呂澤使人奉太子書，卑辭厚禮，迎此四人。四人至，客建成侯所(62)。

6 漢十一年，黥布反(63)。上病，欲使太子將，往擊之。四人相謂曰：「凡來者，將以存太子。太子將兵，事危矣。」乃說建成侯曰：「太子將兵，有功則位不益太子(64)；無功還，則從此受禍矣(65)。且太子所與俱(66)諸將，皆嘗與上定天下梟將(67)也。今使太子將之，此無異使羊將狼也，皆不肯為盡力，其無功必矣。臣聞『母愛者子抱(68)』。今戚夫人日夜侍御(69)，趙王如意常抱居前(70)。上曰『終(71)不使不肖子[72]居愛子之上』，明乎其代太子位必矣。君何不急請呂后承間[73]為上泣言：『黥布，天下猛將也，善用兵。今諸將皆陛下故等夷[74]，乃令太子將此屬，無異使羊將狼，莫肯為用。且使布聞之，則鼓行而西[75]耳。上雖病，彊載輜車[76]，臥而護之[77]，諸將不敢不盡力。上雖苦，為妻子自彊[78]。』」於是呂澤立夜見呂后，呂后承間為上泣涕而言，如四人意。上曰：「吾惟豎子固不足遣[79]，而公[80]自行耳！」於是上自將兵而東。羣臣居守，皆送至灞上[81]。留侯病，自彊起，至曲郵[82]見上曰：「臣宜從，病甚。楚人剽疾[83]，願上無與楚人爭鋒[84]。」因說上曰：「令太子為將軍，監關中兵[85]。」上曰：「子房雖病，彊臥而傅太子[86]。」是時叔孫通[87]為太傅[88]，留侯行少傅事[89]。

7 漢十二年，上從擊破布軍歸[90]，疾益甚[91]，愈欲易[92]太子。留侯諫，不聽，因疾不視事[93]。叔孫太傅稱說引古今，以死爭太子[94]。上詳[95]許之，猶欲易之。及燕[96]，置酒，太子侍。四人從太子，年皆八十有餘，鬚眉皓白，衣冠甚偉。上怪之，問曰：「彼何為者？」四人前對，各言名姓，曰東園公、角里先生、綺里季、夏黃公[97]。上乃大驚，曰：「吾求公數歲，公辟逃[98]我。今公何自從吾兒游乎？」四人皆曰：「陛下輕士善罵，臣等義不受辱，故恐而亡匿。竊聞太子為人仁孝，恭敬愛士，天下莫不延頸欲為太子死者，故臣等來耳。」上曰：「煩公幸卒調護太子[99]。」

8 四人為壽[100]已畢，趨[101]去。上目送之，召戚夫人指示[102]四人者曰：「我欲易之，彼四人輔之。羽翼已成，難動矣！呂后真而主[103]矣！」戚夫人泣，上曰：「為我楚舞，吾為若楚歌[104]。」歌曰：「鴻鵠[105]高飛，一舉千里。羽翮[106]已就，橫絕[107]四海。橫絕四海，當可柰何！雖有矰繳，尚安所施[108]！」歌數闋[109]，戚夫人噓唏[110]流涕。上起去，罷酒。竟不易太子者，留侯本招此四人之力也[111]。

9 留侯從上擊代[112]，出奇計馬邑下[113]，及立蕭何相國[114]，所與上從容[115]言天下事甚眾，非天下所以存亡，故不著[116]。留侯乃稱曰：「家世相韓，及韓滅，不愛萬金之資，為韓報讎彊秦，天下振動。今以三寸舌[117]為帝者師，封萬戶，位列侯，此布衣之極，於良足矣。願弃人間事，欲從赤松子游[118]耳。」乃學辟穀道引輕身[119]。會高帝崩[120]，呂后德留侯[121]，乃彊食之[122]，曰：「人生一世間，如白駒過隙[123]，何至自苦如此乎！」留侯不得已，彊聽而食[124]。

10 後八年卒[125]，謚為文成侯，子不疑代侯[126]。

11 子房始所見下邳圯上老父與太公書者，後十三年從高帝過濟北，果見穀城山下黃石，取而葆祠之[127]。留侯死，并葬黃石冢。每上冢伏臘，祠黃石[128]。

12 留侯不疑，孝文帝五年[129]坐不敬，國除[130]。

【章旨】以上為第四段，寫劉邦建國後，張良在分封功臣、定都關中、護持太子諸事上所起的作用。

【注釋】❶漢六年三句　梁玉繩曰：「按〈侯表〉及《漢書・高紀》，封功臣在十二月，非正月也。」按：漢六年十二月，劉邦分封第一批功臣。❷籌策　古時供運算使用的籌碼，這裡借以指謀略。❸自擇齊三萬戶　按：垓下之戰後，項羽敗亡，韓信之兵權遂亦被劉邦所奪，並將韓信由齊王改封楚王，故此時劉邦可以令張良「自擇齊三萬戶」。❹幸而時中　碰巧讓我說對了幾回。❺封留　以留縣做我的封地。❻不敢當三萬戶　按：張良深明形勢，亦深知劉邦、呂后其人，故處處謙退。❼與蕭何等俱封　據〈高祖功臣侯者年表〉，曹參、靳歙、夏侯嬰、陳平等首先於六年十二月受封；而張良、項伯、蕭何、周勃、灌嬰、樊噲等乃在六年正月受封。❽上已封大功臣二十餘人　據〈高祖功臣侯者年表〉，在雍齒前受封者共二十九人。此句上原有「六年」二字，梁玉繩《史記志疑》卷二十六：「《史詮》曰：『重出「六年」二字，《漢書》削之是。』」據刪。❾雒陽　也寫作「洛陽」，在今河南洛陽東北，劉邦建國初期建都於此。❿復道　亦稱閣道，樓閣之間的空中通道。⓫屬　剛剛。師古曰：「屬，近也。」⓬起布衣　由一個平民百姓起家。⓭此屬　這些人。⓮生平所仇怨　平素所憤恨。⓯以天下不足徧封　把整個國家的地盤都拿出來，也不夠給他們分封。⓰恐又見疑平生過失及誅　平生，與上文「生平」同義，皆謂「平素」。及誅，以至於被殺。⓱故即相聚謀反耳　李維楨曰：「沙中之人，怏怏不平見于詞色，未必謀反，但留侯為弭亂計，故權辭以對耳。」⓲雍齒與我故二句　故，《漢書・張良傳》作「有故」，謂有舊怨也。窘辱，謂使其吃苦頭。按：雍齒原為劉邦部將，劉邦令其守豐，魏人招之，雍齒遂叛劉歸魏。劉邦還軍攻豐，數攻不下。後劉邦破豐，雍齒奔魏（最後雍齒又歸服了劉邦）。所謂「有故」及「嘗窘辱我」，即指此事。⓳自堅　自信；自安。⓴什方侯　封地什方。什方，也作「汁方」、「汁邡」，秦縣名，在今四川什邡南。㉑急趣　趕緊催促。㉒劉敬說高帝曰二句　事在漢五年劉邦稱帝後，《通鑑》繫之於六月前。劉敬，原名婁敬，以一戍卒的身分勸說劉邦建都關中，因受賞識被賜姓劉，故稱「劉敬」。事見〈劉敬叔孫通列傳〉。㉓山東　殽山（或曰華山）以東，泛指今河南、河北南部、以及山東西部等地區。㉔多勸上都雒陽　為離其故鄉近，可以滿足其「富貴還鄉，衣錦晝行」之虛榮，亦出之於其農民出身之鄉土觀念。㉕成皋　古邑名，也稱「虎牢關」，即今河南滎陽西北之汜水鎮，地形險要，歷來為軍事重鎮。㉖殽黽　殽山及澠池。黽，通「澠」。殽山在今河南洛寧西北，靈寶東南，東西綿亙三十五里。澠池，秦縣名，縣治在今河南澠池西。㉗倍河　北倍黃河。倍，通「背」。㉘向伊雒　向南面對伊、洛二水。伊水源於河南欒川之外方山，東北流，在偃師入雒水。洛水源於陝西東南部之冢嶺山，東流入河南，在洛陽東北入黃河。㉙其中小　意謂城市周圍的平原狹小。㉚左殽函　東側有殽山及函谷關。㉛右隴蜀　西側有隴山與岷山。隴山在今陝西隴縣西，岷山在今四川與甘肅界上，二山相連。㉜巴蜀之饒　饒，富庶。巴、蜀二郡在四川境內，古有「天府之國」的美稱。㉝胡苑之利　胡，指匈奴等北部邊境上的少數民族。苑，牧場。《正義》曰：「上郡（約當今之陝西北部）、北地（約當今之陝、甘、寧交界地區）之北與胡接，可以牧養禽獸，又多致胡馬，故謂胡苑之利也。」李笠曰：「『苑』當從中統本作『宛』，謂大宛也。」㉞阻　憑藉；倚靠。㉟東制諸侯　控制東方的諸侯國。㊱河渭漕輓天下　謂通過黃河、渭水運來天下各地的糧食。漕輓，指輓船運輸。㊲給供應。㊳委輸　運輸，指運輸糧草供應前線。㊴金城千里　極言其固。㊵天府之國　極言其富。天府，老天爺的府庫。㊶高帝即日駕二句　極度誇張，以言高帝對張良意見之重視。按：此所謂「西都關中」者，乃西都櫟陽（今西安之臨潼北），至七年，始徙居長安。梁玉繩曰：「按〈高紀〉、〈名臣表〉、〈劉敬傳〉皆以都關中在五年。」㊷從入關　謂跟從劉邦西入櫟陽，不似他侯之各去自己之封地，以見張良之分外受劉邦倚仕。㊸性多病　猶言「體多病」。王先謙引周壽昌曰：「『性』猶『生』也，亦猶『體』也。」㊹道引二句　古代道家所採用的養生之術。道引，也作「導引」，類似深呼吸的一種活動。不食穀，也稱「辟穀」，不吃糧食。㊺杜門　閉門。㊻太子　指劉盈，即日後的孝惠帝，呂后所生。㊼戚夫人子趙王如意　戚夫人，劉邦在漢中時新得的寵姬，原籍定陶，事跡士要見於本文與〈呂太后本紀〉。趙王如意，劉邦之愛子，戚夫人所生，被劉邦封為趙王，國都邯鄲。㊽未能得堅決者　猶言「還沒有人能使劉邦下定決心（不廢太子）」。㊾建成侯呂澤　據〈高祖功臣侯者年表〉，建成侯乃呂釋之，呂澤為周呂侯，二人皆呂后之兄。㊿劫　挾持；強制。(51)常　通「嘗」。曾經。(52)高枕而臥　以言其不關心的樣子。(53)雖臣等百餘人　猶今所謂「即使有我一百個張良」。(54)彊要　強制要求，即今之所謂「逼」。(55)為我畫計　給我出個主意。(56)顧　但。轉折語詞。(57)不能致　不能得到；請不出來。(58)無愛　不要吝惜。(59)卑辭　低聲下氣地說好話。(60)安車　安穩舒適的車子。(61)從入朝　讓他們跟著太子進宮朝拜。從，使之跟從。(62)四人至二句　郭嵩燾曰：「此四人者，不為高帝屈，獨肯為呂后屈乎？史公亦但據疑以傳疑之詞，并此四人之名迹不及知。其後惠帝立，亦未嘗一旌其保護之功，亦足證其事之虛實矣。」(63)黥布反　十一年春，劉邦殺韓信；同年夏，又殺彭越，且將彭越菹醢以賜黥布。黥布疑將及己，遂於該年七月舉兵反，詳見〈黥布列傳〉。(64)位不益太子　不可能對「太子」的權位有更大的提高。(65)無功還二句　意即必將有損於「太子」的身分、形象。(66)所與俱　與之一道同行者。俱，偕；同行。(67)梟將　猛將。梟，猛禽。(68)母愛者子抱　意謂其母受寵，其子則亦將多為其父所愛撫抱持。(69)侍御　侍奉；侍寢。(70)常抱居前　常被抱到劉邦面前。(71)終　竟；無論如何。(72)不肖子　沒有出息的兒子。不肖，不類（其父），指不成材，沒出息。(73)承間　趁機；找空隙。(74)故等夷　舊日的平輩。等夷，指身分地位相同。夷，平也。(75)鼓行而西　謂通行無阻地殺向京師。(76)彊載輜車　強打精神地躺在輜車裡。輜車，有篷帷，可供傷病者坐臥的車。(77)臥而護之　躺在車裡監督著他們。護，監督；監管。(78)為妻子自彊　為了老婆孩子而勉為其難吧。自彊，強制自己；勉強堅持。(79)吾惟豎子固不足遣　惟，思；考慮。不足遣，不配擔當此任。(80)而公　你老子。而，爾；你。(81)灞上　灞水邊上，當時的灞水自藍田流來，經長安城東，北流入渭水。(82)曲郵　古村落名，在今西安臨潼東北，當時的新豐西南。(83)剽疾　勇猛迅捷。剽，迅捷。(84)爭鋒　意謂面對面地硬拼。(85)監關中兵　徐孚遠曰：「太子監關中兵，一以固根本，亦以安太子，解不擊黥布之事也。」(86)彊臥而傅太子　儘管有病臥牀，也仍請多關心輔導太子。傅，輔導；護持。(87)叔孫通　當時有名的儒生，先曾為秦朝博士，後歸依劉邦。漢朝建國後，為劉邦制訂了一套朝廷的禮儀，事見〈劉敬叔孫通列傳〉。(88)太傅　指太子太傅，與太子少傅皆為太子的輔導官，秩二千石。(89)行少傅事　代理太子少傅。行，代理。(90)上從擊破布軍歸　劉邦於十二年十月擊破黥布軍，返程中經過沛縣，還鄉置酒；十二月返回長安。(91)疾益甚　據〈高祖本紀〉，「高祖擊布時，為流矢所中，行道病，病甚。」(92)易　更換。(93)因疾不視事　因疾，因而稱疾。不視事，不再過問自己所擔任的職事。(94)以死爭太子　爭太子，反對劉邦廢棄原太子。爭，爭辯；勸阻。(95)詳　通「佯」。假裝。(96)及燕　燕，通「宴」。(97)東園公句　角里，也寫作「甪里」。按：四者皆非人名，或但以地稱，或僅以姓稱。(98)辟逃　逃避。辟，通「避」。(99)煩公幸卒調護太子　幸，謙詞，自己為此感到幸運。卒，終；一直到底。調護，調教；護持。(100)為壽　向人敬酒，祝其健康長壽。(101)趨　小步疾走，這是臣、子在君、父面前行走的禮節。(102)指示　「指以示之」的省文，指著某人某物讓人看。(103)呂后真而主　呂后真是你的主子，你門不過人家。而，爾；汝。(104)為我楚舞二句　按：戚夫人舊籍定陶，劉邦家沛，皆故楚地也，故愛楚調。若，同「而」，亦「爾」、「汝」之義。(105)鴻鵠　大雁。(106)羽翮　羽翼。翮，羽莖。(107)橫絕　橫穿；橫越。絕，橫渡。(108)雖有矰繳二句　矰繳，泛指射具。矰，一種射鳥的短箭。繳，繫在箭後的絲繩。史珥曰：「『鴻鵠高飛』一歌雖有雄概，而音韻淒激，如將不勝。高帝鼓缶之景宛然。」(109)歌數闋　一連唱了好幾遍。闋，樂曲終了，後用為「段落」、「片段」之義。(110)噓唏　抽泣的聲音。(111)竟不易太子者二句　司馬光《通鑑考異》曰：「高祖剛猛伉暴，非畏搢紳譏議者也。但以大臣皆不肯從，恐身後趙王獨立，故不為耳。若決意欲廢太子，立如意，不顧義理，以留侯之久故親信，猶云「非口舌所能爭」豈山林四叟片言遽能泥其事哉！」(112)從上擊代　指代相陳豨叛漢，劉邦率軍往討事。事在高祖十年秋，原因、過程詳見〈韓信盧綰列傳〉。代，漢初建立的諸侯國名。(113)出奇計馬邑下　張良於破陳豨中究出何計，諸篇皆不載。(114)及立蕭何相國　瀧川曰：「『何』下添『為』字看。」按：謂蕭何被立為相國乃出於張良建議，此事他處皆不載。(115)從容　自然地；不勉強。(116)不著　不書於史。(117)三寸舌　《索隱》引《春秋緯》曰：「舌在口，長三寸。」(118)從赤松子游　意即要去學當神仙。赤松子，古代傳說為仙人的名字。(119)乃學辟穀道引輕身　輕身，方士的用語，據說人修煉到一定程度就可以平地飛升。凌稚隆引劉子翬曰：「良從赤松子游，蓋婉其辭以脫世網，所謂『鴻飛冥冥，弋人何慕』焉。」(120)高帝崩　事在高祖十二年四月。(121)德留侯　感念張良的好處。(122)彊食之　強制張良吃飯。彊，硬是勸說。(123)人生一世間二句　瀧川曰：「白駒，白馬也。隙，間隙。」隙，牆縫。「白駒過隙」極言用時之短暫。(124)留侯不得已二句　按：張良處世之術，他人果不能及。(125)後八年卒　即呂后元年，西元前一八七年。梁玉繩曰：「漢傳『八』作『六』。考〈表〉，良以高帝六年封，卒于呂后二年，在位十六年，則當是『九年』，《史》《漢》俱誤。」(126)子不疑代侯　按：〈呂太后本紀〉載有張良子曰「辟彊」，此則謂「不疑」，蓋皆以道家之宗旨命名也。(127)葆祠之　意即珍重地供奉著它。葆，通「寶」。(128)每上冢伏臘二句　每年伏天、臘月兩次祭祀張良時，同時也一併祭祀黃石。伏，夏季伏日之祭。臘，冬季臘月之祭。(129)孝文帝五年　西元前一七五年。(130)坐不敬二句　不敬，指對皇帝或天地神靈不禮貌，這在當時是死罪。國除，封國被取消。按：〈高祖功臣侯者年表〉作「不疑坐與門大夫吉謀殺故楚內史，當死，贖為城旦，國除」，與此文異。梁玉繩曰：「《史》、《漢》〈表〉『坐殺楚內史』，非『不敬』也，此與《漢》〈傳〉誤。」

【語　譯】漢高祖六年，正月，分封開國功臣。張良沒有帶兵打仗獨當一面的功績。劉邦說：「決策於大帳中，制勝於千里外，這就是張良的功勞。你可以在齊地自己選擇三萬戶作封邑。」張良說：「當初我自己在下邳起兵，到留縣遇上了您，這是老天爺把我交給您的。您採納了我的意見，有的也的確讓我給料中了。現在我只要一個留縣就夠了，不敢領受這三萬戶的厚賞。」於是劉邦便封張良為留侯，與蕭何等人一起受封。

2　待至劉邦封到二十幾個人時，其餘的就開始互相攀比，日夜爭吵不休，直鬧得劉邦分封不下去了。有一天劉邦在雒陽南宮的空中走廊上向下閒望，看見將領們三三兩兩地坐在沙堆上在議論什麼。劉邦問張良：「這些人在議論什麼？」張良說：「您還不知道嗎？他們正在商量著造反呢。」劉邦說：「天下才剛剛安定下來，他們為什麼又要造反呢？」張良說：「您出身於一個平民百姓，靠著他們給您奪得了天下。現在您做了皇帝，您所封的都是蕭何、曹參等這種親密的老朋友，而殺掉的都是您平常所恨的人。現在軍事長官們統計一下各個人的功勞，恐怕把整個國家都封出去也不夠。因而他們害怕得不到封賞，另外他們還擔心過去曾在您面前有過什麼過失，怕您把他們殺掉，所以他們就一起商量著要造反。」劉邦一聽很擔憂地說：「那我們該怎麼辦呢？」張良說：「您平常所最恨而群臣也都知道的是誰？」劉邦說：「雍齒與我有舊仇，曾幾次地讓我吃盡苦頭。我總想殺他，但又因為他功多，所以一直沒忍心下手。」張良說：「那就趕快先封賞雍齒，給他們做個樣子。他們一見雍齒都能受封，他們自己也就安心了。」於是劉邦立即大擺酒席，封雍齒為什方侯，當眾催促丞相、御史讓他們趕快給大家評定功勞，趕快進行封賞。宴會一結束，大臣們都高興地說：「雍齒都能被封侯，我們就不用擔心了！」

3 這時劉敬勸劉邦說：「國都應該設在關中。」劉邦聽了遲疑不決。劉邦的大臣們都是殽山以東的人，他們大都勸劉邦建都洛陽。他們說：「洛陽東有成皋，西有殽山和黽池，背靠黃河，面對伊、洛二川，形勢險要，可以讓人放心。」張良說：「洛陽固然有它險要的一面，但是它的中心地帶狹小，方圓才不過幾百里，而且土地瘠薄，它的四面都容易受到敵人的攻擊。這不是一個可以發揮軍事優勢的地方。關中就不同了，它左有殽山和函谷關，右有隴山與岷山，中間沃野千里。它南面連著物產豐富的巴、蜀，北面挨著盛產牛馬的胡地。我們背靠著萬無一失的南、北、西三面，集中力量只用於控制東方的諸侯。東方安定的時候，可以通過黃河、渭水把全國各地的糧食西運到長安；一旦有諸侯叛亂，關中的人力物力可以通過渭水、黃河順流而下供給前線。這就是人們通常所說的『金城千里，天府之國』。劉敬的說法是對的。」於是劉邦當天就坐著車子搬到關中去了。

4 張良也跟著劉邦進了關中。張良一直多病，到了關中以後，就整天學習道家的導引吐納之術，不吃五穀雜糧，幾乎有一年多閉門不出。

5 後來，劉邦想廢掉太子劉盈，另立戚夫人所生的兒子趙王如意。很多大臣勸阻，但都始終沒能徹底改變劉邦的態度。呂后很害怕，不知如何是好。這時有人提醒呂后說：「張良善於出謀劃策，皇上一貫信任他。」於是呂后就派建成侯呂澤去脅迫張良說：「您曾經是最能幫皇上出謀劃策的大臣，現在皇上想要更換太子，您怎麼能躺在屋裡睡大覺不聞不問？」張良說：「當初皇上曾多次處於危急之中，所以他能採納我的意見；現在天下已經安定了，他是出於個人的感情，想換太子，這是人家家庭內部的事情，對於這種事情，即使有一百個張良，又能怎樣？」呂澤強逼著說：「無論如何您必須給想個辦法。」張良說：「這種事，空口勸說是不行的。皇上有四個一直想請而至今請不到的人。這四個人年紀都大了，他們討厭皇上的傲慢無禮，寧願逃到深山裡躲起來，也不願做漢朝的子民。但是皇上還一直對這四個人很崇敬。現在您如果能夠不吝惜金銀財寶，多多地帶著禮物，讓太子寫上一封信，言詞要謙恭，派一個會說話的人，讓他趕著一輛舒適的車子去請他們，我估計他們是會來的。如果來了，叫他們充當太子的賓客，經常跟隨太子上朝，故意讓皇上看到他們。這樣皇上感到奇怪，就會問他們。一問是他們，皇上知道他們德高望重，這對太子將是一種很大的幫助。」於是呂后就讓呂澤派人帶著厚禮和太子的書信，謙恭地去請這四個人。四人請來後，先住在建成侯呂澤的家裡。

6　漢高祖十一年，黥布起兵造反。劉邦當時有病，想讓太子率兵前去征討。四個人彼此商量道：「我們之所以到這裡來，就是為了保護太子。如果今天讓太子領兵出征，那事情就很危險了。」於是四人去找呂澤說：「太子領兵出征，即使有了功勞，也不會給太子帶來什麼好處；假如無功而回，那就要從此遭殃了。而且太子所統領的那些將領，都是過去同皇上一道打天下的猛將。現在讓太子去統領他們，這簡直就是讓一隻羊去統領一群狼，誰也不會替太子盡力，這樣去了是絕對不會獲得成功的。俗話說『愛哪個母親，就抱那個母親所生的孩子』。現在戚夫人整天圍著皇上轉，趙王如意常常被抱放在皇帝面前。皇上常說『我無論如何不會讓那不成器的小子坐在我這個心愛的兒子的上頭』，很明顯趙王如意要取代太子是肯定的事。你為什麼還不趕快請呂后找機會向皇上哭訴，就說：『黥布是天下有名的將領，很會用兵。而咱們的這些將領，又都和您是同一輩的，如果讓太子去統領他們，簡直就是讓羊去統領狼，沒有人會聽他的使喚。這要教黥布一知道，那他就會毫無顧忌地向西長驅直入了。您現在雖然有病，但最好還是堅持一下，即使躺在一輛篷車裡不動，只要您在，他們就誰也不敢不盡力。您雖然吃些苦，為了老婆孩子，就再硬撐一回吧。』」呂澤聽罷，當夜就把四個人的意思告訴了呂后，呂后趕緊找機會按著四個人的意思對劉邦哭訴了一遍。劉邦一聽說：「我也早就琢磨著這個小子不中用，還是老子自己去罷！」於是劉邦親自率軍東征了。留守京都的大臣們，都送行到灞上。張良正有病，但也掙扎著來到曲郵。張良對劉邦說：「我本來應隨您一道去，但因病重不可能了。楚地人迅猛驃悍，希望您不要同黥布的軍隊正面硬拼。」並乘機又說：「應該任命太子為統帥，讓他留守後方，監督節制關中的所有軍隊。」劉邦答應了，說：「您雖有病，也請您勉為其難替我照顧太子吧！」因為當時叔孫通已經是太傅，所以劉邦遂命張良代理少傅的職務。

7 漢高祖十二年，劉邦從打敗黥布的前線回來後，病情越來越重了，想更換太子的心情也越來越急迫了。張良勸說無效因而遂推說有病，不問政事。叔孫通在劉邦面前稱古道今地引證了許多歷史教訓，甚至要用最後一死來勸阻劉邦。劉邦假意答應，而心裡仍是想要換太子。這時正好宮廷裡有宴會，酒席已經排開，太子在一旁侍候。而四位老人便跟隨在太子身後。四個人的年紀都在八十開外，鬚髮皆白，衣帽偉麗。劉邦覺得奇怪，便問太子：「他們幾個是什麼人？」於是四個人過去各報自己的姓名，是：東園公、角里先生、綺里季、夏黃公。劉邦一聽大吃一驚，說：「我找你們好幾年，你們老是避而不見。今天你們為什麼來和我兒子在一起呢？」四人說：「您生性傲慢動不動就罵人，我們絕不受您的侮辱，所以離開您遠遠的。後來我們聽說皇太子忠孝仁慈，禮賢下士，普天下沒有一個人不願意為他效死，所以我們就來了。」劉邦說：「那就多勞你們，請你們始終如一地照護他吧。」

8 於是四個人一齊向劉邦敬酒，而後一齊小步退去。劉邦望著他們，指著他們退去的身影對戚夫人說：「我想廢太子，可是那四個人輔助他。他的翅膀已經長成，我們對他已經無法撼動了！看來呂后真是你的主子了！」戚夫人聽著不由得淚如雨下。劉邦又說：「你為我跳個楚地的民俗舞吧，我來伴你唱楚歌。」說罷劉邦唱道：「鴻鵠展翅高飛，一飛橫空千里。翅膀已經長硬，任憑東西南北。任憑東西南北，誰能對牠奈何！縱有強弓硬弩，也將徒勞無益！」他反覆地唱了好幾遍。戚夫人抽抽噎噎，涕淚橫流。於是劉邦怏怏地離席而去，宴會就此結束。劉邦之所以最終沒能廢掉太子，就是由於張良出主意，請來了這四個人的結果。

9 張良曾跟隨劉邦去討伐代國，在馬邑為劉邦出過奇計。後來劉邦任蕭何當相國，也是聽從張良勸告的結果。此外他與劉邦談過的事情還有很多，但那些不是關係國家存亡的根本問題，所以這裡就不一一記述了。張良自己說：「我們家世世代代在韓國當丞相，韓國被滅亡後，我為了替韓國向秦朝報仇曾不吝惜萬貫家財，鬧得天下震動。現在我靠著三寸不爛之舌，當了帝王的老師，被封為萬戶侯。作為一個平民來說，這已經到達頂點；我的願望已經滿足了！我願意拋棄人世間的一切事情，想效法赤松子去當神仙。」於是他就學著不吃糧食，意想平地飛升。待至劉邦死後，呂后回想從前，感激張良的恩德，就去強迫他吃東西，並勸他說：「人活在世上，就像白馬馳過牆縫一樣短暫，為什麼要這樣自討苦吃呢！」張良不得已，又勉強恢復了吃飯。

10 又過了八年，張良死了。朝廷諡之為「文成侯」。他的兒子張不疑繼承了留侯的爵位。

11 當初，張良在下邳橋頭遇到送給他《太公兵法》的那位老人，十三年以後，張良跟著劉邦經過濟北，果然在穀城山下見到了一塊黃石頭。張良就把它帶回珍重地供奉著。後來張良死時，人們就把這塊黃石頭同留侯埋在了一起。每逢夏、冬兩季人們給張良祭祀時，同時也一併祭祀那塊黃石頭。

12 留侯張不疑在孝文帝五年因犯了不敬朝廷的罪，封爵被廢除。

太史公曰：學者多言無鬼神，然言有物❶。至如留侯所見老父予書，亦可怪矣！高祖離困❷者數矣，而留侯常有功力焉，豈可謂非天乎？上曰「夫運籌筴帷帳之中，決勝千里外，吾不如子房❸」，余以為其人計❹魁梧奇偉。至見其圖，狀貌如婦人好女。蓋孔子曰「以貌取人，失之子羽❺」，留侯亦云❻。

【章　旨】以上為第五段，是作者的論贊，對張良的生平作為表現了某種含蓄的優遊唱歎。

【注　釋】❶物　精靈，具有神怪性質的東西。古代有些思想家，他們不相信有鬼神，但卻相信有一種很靈異，甚至可以興妖作怪的東西。❷離困　陷入困境。離，同「罹」。遭；陷。❸夫運籌筴帷帳之中三句　語見〈高祖本紀〉。❹計　王駿圖曰：「度必也。」即「估計一定」。❺以貌取人二句　〈仲尼弟子列傳〉云：「澹臺滅明，字子羽，狀貌甚惡。欲事孔子，孔子以為材薄。既已受業，退而修行，行不由徑（小路），非公事不見卿大夫。南游至江，從弟子三百人，設取予去就，名施乎諸侯。孔子聞之，曰：『吾以言取人，失之宰予；以貌取人，失之子羽。』」失，錯。❻留侯亦云　瀧川曰：「『留侯』上添『余于』二字看。」按：古人以身材魁梧高大為美，張良「狀貌如婦人好女」，故不易為人所重，然而卻有大才，故作者曰「余於留侯亦以貌失之也」。

【語　譯】太史公說：學者們都不相信鬼神，但卻認為有物怪。至於像張良所見到的那位給他書的老人，也可以說是一怪了！漢高祖曾多次陷入困境，而張良在這時常常能使他轉危為安，這能夠說不是一種天意嗎？漢高祖曾佩服地說「運籌於軍帳之中，決勝於千里之外，我不如張良」，也正因此我總認為張良一定是一個身材魁梧，相貌非凡的人。等到後來一見他的畫像，原來長得像個柔弱的婦女。孔子曾說過「單以容貌取人，我就看錯過澹臺子羽」，對於張良，我也差點犯了同樣的錯誤。

【研　析】〈留侯世家〉記述了張良籌謀劃策，佐助劉邦滅秦滅項，以及劉邦建國後，又協助他穩定王朝秩序上所進行的種種活動。張良的豐功偉績，歷史貢獻是有目共睹的，劉邦稱張良與蕭何、韓信為「三傑」；宋人真德秀說：「子房為漢謀臣，雖未嘗一日居輔相之位，而其功實為『三傑』之冠，故高帝首稱之。其人品在伊、呂間，而學則有王伯之雜；其才如管仲，而氣象高遠則過之。其漢而下，惟諸葛孔明略相伯仲。」黃震曰：「利啖秦將，旋破嶢關，漢以是先入關；勸還霸上，固要項伯，以是脫鴻門；燒絕棧道，激項攻齊，漢以是還定三秦；敗於彭城，則勸連布、越；將立六國，則借箸銷印；韓信自王，則躡足就封：此漢所以卒取天下。勸封雍齒，銷變未形；勸都關中，垂安後世；勸迎四皓，卒定太子：又所以維持漢室於天下既得之後。凡良一謀一畫，無不繫漢得失安危，良又『三傑』之冠也哉！」對此大家都沒有異議。

張良是黃老哲學的活標本，他以黃老哲學與秦朝鬥、與項羽鬥、與其他功臣鬥，同時又得留著一分心思與劉邦鬥、與呂后鬥。他那種以柔克剛、欲取反予、出爾反爾的種種手段，他那種遠事避禍、明哲保身的立場態度，則是令人歎服，而又令人感到可怕的。但是話又說回來，歷覽兩千多年的封建社會，又能找到幾個不是靠著運用陰謀權術而取得勝利的呢？關鍵在於用得是否巧妙，是否真的打敗了敵人，只要勝利了那就一切都好解釋，怎麼說怎麼有理。至於明哲保身，圓滑處世，固非慷慨之士所樂為；但身處高層，又值矛盾極度複雜尖銳、處境極度兇險之際，稍不留心即有殺身之禍，且又於國於家無補。處於這種條件下，我們又怎能單用一個是否「正直」、是否「誠實」的尺度來要求一切人呢？應該說，張良比起陳平、蕭何來，已經算是好了。我們與其責備張良這些圓滑的表現，不如更深刻地挖掘一下產生這種「爭權奪利」的社會制度與造成這種人人自危的政治環境。

〈留侯世家〉的藝術性很高，「圯上贈書」是第一個亮點，這當然是張良自己或者張良的徒子徒孫為了某種目的所編造的。但的確生動，蘇軾寫過〈留侯論〉，說是某位隱君子為了點化張良而故行此計，張良也的確是從此搖身一變，由荊軻、聶政變成了滿腹玄機的軍師。第二個亮點是張良為呂后出主意請來商山四皓，商山四皓終於發揮了作用的情景。這段故事寫劉邦、寫戚夫人憂愁感傷而又無可奈何之情，韻味悠長。表明劉邦這時已決心拋棄戚夫人，戚夫人只有死路一條了。

至於被某些人盛稱的張良借箸勸阻劉邦分封事，我覺得虛張聲勢、借以嚇人，邏輯混亂，不是好文章。王若虛糾駁張良的這段話說：「張良八難，古今稱頌，以為美談，竊疑此論甚疏。夫桀、紂已滅，然後湯、武封其後，而良云『度能制桀之命』、『得紂之頭』，豈封於未滅之前耶？酈氏所以說帝，特欲繫眾人之心，庶幾叛楚而附漢耳，非使封諸項氏也，奈何其以湯、武之事勢相較哉？湯、武雖殊時，事理何異？『制死命』與『得其頭』，亦何以分列為兩節？『表商容之閭，釋箕子之拘，封比干之墓』，此本三事，而并之者，以其一體也；至於『倒置干戈』、『休馬』、『放牛』，獨非一體乎？而復析之為三，何哉？八難之目，安知無誤耶！」的確是抓到了毛病，但這毛病不在於張良，因為文章是司馬遷寫的。

卷五十六

陳丞相世家第二十六

【題解】〈陳丞相世家〉記述了陳平在項羽屬下不得意，改投劉邦，受到劉邦寵任，協助劉邦打敗項羽；劉邦稱帝後又幫助劉邦誅殺功臣；在劉邦與呂后的矛盾中，陳平率先投靠呂后，劉邦死後，陳平助成呂后分封呂氏諸人為王，加深了呂氏與劉氏及功臣的矛盾；但陳平仍被呂后懷疑，其相權終被架空；正是在這種情況下，當劉章、劉襄趁呂后死後發起討伐呂氏的政變時，陳平與周勃又迅即投入反呂政變並倚靠其固有地位攫取了政變首領的地位。諸呂被滅後，陳平、周勃等為挑選一個容易被他們控制的劉氏為帝，誤挑了正在韜晦中的代王劉恆。劉恆即位後對陳平、周勃嚴厲對待，陳平繼續為相一年多死去。應該說陳平對劉邦政權的建立與擁立文帝上臺是有貢獻的，但其見風使舵、玩弄陰謀權術的一套令人憎惡。

1 陳丞相平者，陽武❶戶牖鄉人也。少時家貧，好讀書，有田三十畝，獨與兄伯居❷。伯常耕田，縱平使游學❸。平為人長大美色❹，人或謂陳平曰：「貧，何食而肥若是？」其嫂嫉❺平之不視家生產❻，曰：「亦食糠覈❼耳。有叔如此，不如無有！」伯聞之，逐❽其婦而弃之。

及平長，可娶妻，富人莫肯與者，貧者平亦恥之。久之，戶牖富人有張負❾，
2 張負女孫五嫁而夫輒死❿，人莫敢娶，平欲得之。邑中有喪，平貧，侍喪⓫以先
往後罷為助⓬。張負既見之喪所，獨視偉平⓭。平亦以故後去⓮。負隨平至其家，
家乃負郭窮巷⓯，以弊席為門，然門外多有長者車轍⓰。張負歸，謂其子仲⓱曰：
「吾欲以女孫予陳平。」張仲曰：「平貧，不事事⓲。一縣中盡笑其所為，獨柰
何予女乎⓳？」負曰：「人固有好美如陳平而長貧賤者乎？」卒與女。為平貧，
乃假貸幣以聘⓴，予酒肉之資以內婦㉑。負誡其孫㉒曰：「毋以貧故，事人不謹㉓。
事兄伯如事父，事嫂如母㉔。」平既娶張氏女，齎用益饒㉕，游道㉖日廣。
3 里中社㉗，平為宰㉘，分肉食甚均㉙。父老曰：「善！陳孺子㉚之為宰。」平
曰：「嗟乎！使平得宰天下，亦如是肉矣㉛！」

【章　旨】以上為第一段，寫陳平發跡前的生活經歷。

【注　釋】❶陽武　秦縣名，縣治在今河南原陽東南。❷獨與兄伯居　意即跟著其兄居住。獨，孤身，指未婚配。伯，非其兄之名字，乃排行，猶言「老大」。❸縱平使游學　縱，聽任；隨其意。游學，周遊求學與結交人物。游，周遊；交遊。❹長大美色　身材既高，面目又好。「大」字原無。王念孫《讀書雜志‧史記第三》曰：「當從《漢書》作『長大美色』。下文人謂陳平『何食而肥』，『肥』與『大』同義，若無『大』字，則與下文義不相屬。《太平御覽‧飲食部》引《史記》正作『長大美色』。」今據補。❺嫉　恨；生氣。❻不視家生產　不管家中生計。凌稚隆引許應元曰：「太史公下『其嫂嫉平』數句，蓋

先為其無盜嫂事地也。」❼糠覈　即今所謂「糠秕」。覈，《集解》引孟康曰：「麥糠中不破者也。」按：此本《說文》，即糠中的穀粒。而今之《辭源》則解為「米麥的粗屑」，蓋指麩糠也。❽逐　休棄。❾張負　《索隱》以為指「姓張的老婦」。負，古借為「婦」，而王先謙引周壽昌說，以為「負」只是名，並謂視其舉動，「其為丈夫無疑」。❿五嫁而夫輒死　極言此女之不祥。⓫侍喪　為喪家幫忙辦事。侍，為之做事。⓬以先往後罷為助　為助，一說謂給喪家幫忙。一說謂「助」指「補助」，即借以取得一些生活補助。⓭獨視偉平　師古曰：「視而悅其奇偉。」⓮以故後去　故意拖延著晚離開，蓋為等待張負之閒暇也。⓯家乃負郭窮巷　家住在靠近城牆的一條窮巷裡。負郭，背倚城牆。郭，外城。⓰門外多有長者車轍　長者，有道德、有才幹的人，通常指一些社會名流，或豪俠之士。《索隱》曰：「言長者所乘安車，與載運之車軌轍或別。」⓱其子仲　按：此「仲」字疑亦排行，猶言「老二」，非即名也。⓲不事事　沒有個正當職業，言其「不視家生產」，而專事遊學與為人打雜。⓳獨柰何予女乎　怎麼能把咱家的閨女許給他呢？⓴假貸幣以聘　借錢給陳平，讓陳平拿這些錢來作聘禮。㉑予酒肉之資以內婦　給陳平提供舉行婚禮時備辦筵席的錢財。內婦，娶婦。內，通「納」。㉒誡其孫　教導其孫女。㉓毋以貧故二句　不要因為人家窮，就不守做媳婦的禮節。事人，侍候人。謹，謹慎；不失禮數。㉔事嫂如母　淩稚隆引許應元曰：「兄已逐婦，而負言事嫂，亦概言禮當如是耳。」郭嵩燾曰：「上『逐其婦而棄之』一時之憤辭也。語言之失，因以棄嫂，陳平亦豈能安？裴駰便據此以嫂為後娶，恐失之。」㉕齎用益饒　齎，此處音義皆與「資」同。資用，即指生活用度。饒，富裕。㉖游道　交遊範圍。㉗里中社　同里巷的居民一道祭祀土神。《禮記・祭法》鄭玄注曰：「百家以上，則共立一社，今之『里社』是也。」社，祭祀土神的場所，往往選擇當地的一棵樹木以象徵土神。古代祭祀土神的活動，分春秋兩次，在春者曰「春社」，祭祀以求年豐；在秋者曰「秋社」，祭祀以謝豐年。㉘平為宰　師古曰：「主切割肉也。」《荊楚歲時記》云：「社日，四鄰并結宗會社，宰牲牢，為屋于樹下，先祭神，然後分享其胙（祭肉）。」㉙分肉食甚均　李笠曰：「『食』字疑衍。」㉚孺子　老人對年輕人的稱呼，猶今之所言「這孩子」，「這小子」。㉛使平得宰天下二句　按：其語氣用以預示其來日不凡。

【語　譯】陳丞相名平，是陽武縣戶牖鄉人。小時候家境貧困，喜歡讀書，家裡有田地三十畝，陳平與他大哥一同生活。他大哥在家以耕田為業，而讓陳平隨意出外遊學。陳平身材高大，相貌堂堂，有人問他：「你們家裡這麼窮，你是吃些什麼長得這麼胖？」他的嫂子早就恨他不在家裡勞動，於是就順口說：「也不過是吃糠嚥菜罷了。有這樣的小叔子，還不如沒有的好！」陳平的大哥聽到這話，就把他的妻子趕出家去，休掉了。

2 等到陳平長大成人，可以娶妻子了，富裕人家沒有人肯把閨女嫁給他；而娶窮人家的閨女，陳平又不願意。就這樣一直過了很久，後來戶牖鄉有個富戶名叫張負，張負的孫女曾五次嫁人，而一連剋死了五個丈夫，於是再沒有人敢娶她了，陳平聽到這個消息，很想得到她。正巧這時候戶牖鄉裡有人辦喪事，當時因為陳平家窮，他去給喪家幫忙總是去得最早，撤得最晚，以求多得一點生活補助。當時張負在辦喪事的人家見到了陳平，對陳平特別看重。而陳平也因此故意走得最晚。有一天張負跟著陳平到他家裡看了看，原來他家住在一條靠近城牆的窮巷子裡，門子是用一張破草席做的，然而他家門口卻有不少有身分的人的車子印。張負回到家對他的兒子說：「我想把孫女嫁給陳平。」他兒子卻回答說：「陳平家裡窮，而且又什麼事都不幹。全縣的人都恥笑他的所作所為，為什麼偏偏把女兒嫁給他呢？」張負說：「像陳平那樣相貌出眾的人，有貧窮一輩子的嗎？」最後還是堅持著把孫女嫁給了他。因為陳平家窮，張負就借錢給他讓他備辦聘禮，給他辦酒席的錢讓他舉辦婚禮。張負還特別告誡孫女說：「不要因為人家窮，就對人家不禮貌。對待大哥要像對待父親一樣，對待大嫂要像對待母親一樣。」而陳平自從娶了張家的閨女以後，家裡的生活日用比從前更加富裕，因此他的交遊也就越來越廣泛了。

3 陳平所在的里巷每當社日祭完土地神的時候，總是由陳平來給大家分配祭肉，他分得很公平。老人們都誇他說：「好！陳家這小子分祭肉分得公平。」陳平說：「嗯！有朝一日讓我主持分割天下，我也能像今天分配祭肉這樣的公平！」

1 陳涉起而王陳❶，使周市❷略定❸魏地❹，立魏咎為魏王❺，與秦軍相攻於臨濟❻。陳平固已前謝❼其兄伯，從少年❽往事魏王咎於臨濟。魏王以為太僕❾。說魏王，不聽，人或讒之，陳平亡去。

2 久之，項羽略地至河上⑩，陳平往歸之。從入破秦⑪，賜平爵卿⑫。項羽之東王彭城⑬也，漢王還定三秦而東⑭，殷王反楚⑮。項羽乃以平為信武君⑯，將魏王咎客在楚者以往擊，降殷王而還⑰。項王使項悍⑱拜平為都尉⑲，賜金二十溢⑳。居無何㉑，漢王攻下殷㉒。項王怒，將誅定殷者將吏。陳平懼誅，乃封其金與印㉓，使使歸項王，而平身間行㉔杖劍亡。渡河㉕，船人見其美丈夫，獨行，疑其亡將㉖，要㉗中當有金玉寶器。目之，欲殺平。平恐，乃解衣，裸而佐刺船㉘。船人知其無有，乃止。

3 平遂至修武，降漢㉙，因㉚魏無知㉛求見漢王。漢王召入。是時萬石君奮㉜為漢王中涓㉝，受平謁㉞，入見平㉟。平等七人俱進，賜食。王曰：「罷，就舍矣㊱。」平曰：「臣為事來，所言不可以過今日。」於是漢王與語而說之，問曰：「子之居楚，何官？」曰：「為都尉。」是日，乃拜平為都尉，使為參乘㊲，典護軍㊳。諸將盡讙㊴，曰：「大王一日得楚之亡卒，未知其高下，而即與同載，反使監護軍長者㊵！」漢王聞之，愈益幸㊶平，遂與東伐項王。至彭城，為楚所敗㊷，引而還。收散兵至滎陽㊸，以平為亞將㊹，屬於韓王信㊺，軍廣武㊻。

4 絳侯、灌嬰等咸讒㊼陳平，曰：「平雖美丈夫，如冠玉㊽耳，其中未必有㊾也。」

臣聞平居家時，盜其嫂[50]；事魏不容，亡歸楚；歸楚不中，又亡歸漢。今日大王尊官之[51]，令護軍。臣聞平受諸將金，金多者得善處，金少者得惡處[52]。平，反覆亂臣也，願王察之。」漢王疑之，召讓[53]魏無知。無知曰：「臣所言者，能也；陛下所問者，行也。今有尾生[54]、孝己[55]之行，而無益處於勝負之數，陛下何暇用之乎？楚、漢相距[56]，臣進奇謀之士，顧其計誠足以利國家不耳[57]，且盜嫂受金又何足疑乎？」漢王召讓平，曰：「先生事魏不中，遂事楚而去[58]。今又從吾游，信者固多心乎[59]？」平曰：「臣事魏王，魏王不能用臣說，故去事項王[60]。項王不能信人，其所任愛，非諸項[61]即妻之昆弟[62]，雖有奇士，不能用，平乃去楚[63]。聞漢王之能用人，故歸大王。臣裸身來，不受金無以為資。誠臣計畫有可采者，願大王用之[64]；使無可用者，金具在[65]，請封輸官[66]，得請骸骨[67]。」漢王乃謝，厚賜，拜為護軍中尉，盡護諸將[68]。諸將乃不敢復言。

其後，楚急攻，絕漢甬道，圍漢王於滎陽城久之[69]。漢王患之，請割滎陽以西以和[70]，項王不聽。漢王謂陳平曰：「天下紛紛，何時定乎？」陳平曰：「項王為人，恭敬愛人[71]，士之廉節好禮者多歸之；至於行功爵邑，重之[72]，士亦以此不附。今大王慢而少禮，士廉節者不來；然大王能饒人以爵邑[73]，士之頑鈍[74]

嗜利無恥者亦多歸漢。誠各去其兩短，襲[75]其兩長，天下指麾則定[76]矣。然大王恣侮人[77]，不能得廉節之士，顧楚有可亂者[78]。彼項王骨鯁之臣[79]亞父[80]、鍾離眛、龍且、周殷[81]之屬，不過數人耳。大王誠能出捐數萬斤金，行反間，間其君臣，以疑其心，項王為人意忌[82]信讒，必內相誅。漢因舉兵而攻之，破楚必矣。」漢王以為然，乃出黃金四萬斤，與陳平，恣所為，不問其出入。

6 陳平既多以金縱反間於楚軍，宣言諸將鍾離眛等為項王將，功多矣，然而終不得裂地而王[83]，欲與漢為一[84]，以滅項氏而分王其地[85]。項羽果意[86]不信鍾離眛等。項王既疑之，使使至漢。漢王為太牢具[87]，舉進。見楚使，即詳驚[88]曰：「吾以為亞父使，乃項王使！」復持去，更以惡草具進楚使[89]。楚使歸，具以報項王，項王果大疑亞父。亞父欲急攻下滎陽城，項王不信，不肯聽。亞父聞項王疑之，乃怒曰：「天下事大定矣，君王自為之！願請骸骨歸！」歸未至彭城，疽發背而死[90]。

7 陳平乃夜出女子二千人滎陽城東門，楚因擊之。陳平乃與漢王從城西門夜出去[91]。遂入關，收散兵復東[92]。

8 其明年[93]，淮陰侯破齊[94]，自立為齊王，使使言之漢王[95]。漢王大怒而罵，陳平躡漢王[96]。漢王亦悟[97]，乃厚遇齊使，使張子房卒立信為齊王[98]。封平以戶牖鄉。用其奇計策，卒滅楚[99]。常[100]以護軍中尉從定燕王臧荼[101]。

9 漢六年，人有上書告楚王韓信反[102]。高帝問諸將，諸將曰：「亟[103]發兵阬豎子耳！」高帝默然。問陳平，平固辭謝[104]，曰：「諸將云何[105]？」上具告之。陳平曰：「人之上書言信反，有知之者乎[106]？」曰：「未有。」曰：「信知之乎？」曰：「不知。」陳平曰：「陛下精兵孰與楚[107]？」上曰：「不能過。」[108]平曰：「陛下將用兵有能過韓信者乎？」上曰：「莫及也。」平曰：「今兵不如楚精，而將不能及，而舉兵攻之，是趣之戰[109]也。竊為陛下危之。」上曰：「為之柰何？」平曰：「古者天子巡狩[110]，會諸侯。南方有雲夢[111]，陛下弟[112]出，偽游雲夢，會諸侯於陳[113]。陳，楚之西界[114]，信聞天子以好出游[115]，其勢必無事而郊迎謁[116]。謁，而陛下因禽之，此特一力士之事耳[117]。」高帝以為然，乃發使告諸侯會陳，「吾將南游雲夢[118]。」上因隨以行[119]，行未至陳，楚王信果郊迎道中。高帝豫具[120]武士，見信至，即執縛之，載後車。信呼曰：「天下已定，我固當亨！」高帝顧謂信曰：「若毋聲[121]！而[122]反明矣！」武士反接之[123]。遂會諸侯于陳，盡定楚地。還至雒陽，赦信以為淮陰侯[124]，而與功臣剖符定封[125]。

10 於是與平剖符[126]，世世勿絕，為戶牖侯[127]。平辭曰：「此非臣之功也。」上曰：「吾用先生謀計[128]，戰勝剋敵，非功而何？」平曰：「非魏無知，臣安得進？」上曰：「若子可謂不背本矣[129]。」乃復賞魏無知。

11 其明年[130]，以護軍中尉從攻反者韓王信於代[131]。卒至平城，為匈奴所圍[132]，七日不得食。高帝用陳平奇計，使單于閼氏，圍以得開[133]。高帝既出，其計祕，世莫得聞[134]。

12 高帝南過曲逆[135]，上其城，望見其屋室甚大，曰：「壯哉縣！吾行天下，獨見洛陽與是耳。」顧問御史[136]曰：「曲逆戶口幾何？」對曰：「始秦時三萬餘戶。間者[137]兵數起，多亡匿[138]，今見[139]五千戶。」於是乃詔御史，更以陳平為曲逆侯[140]，盡食之[141]，除前所食戶牖[142]。

13 其後常以護軍中尉從攻陳豨及黥布[143]，凡六出奇計[144]，輒益邑，凡六益封[145]。奇計或頗祕，世莫能聞也。

【章　旨】以上為第二段，寫陳平六出奇計，協助劉邦創建、並初步穩定漢帝國的經過。

【注　釋】❶陳涉起而王陳　事在秦二世元年（西元前二〇九年）七月。陳涉起事於大澤鄉（今屬安徽宿縣），不數日西行攻下陳郡（今河南淮陽），遂稱王，國號張楚。❷周市　陳涉的部將，魏地人，六國時魏國官僚的後代，一生忠於舊日的魏國王室。事跡詳見〈陳涉世家〉。❸略定　開闢，平定。❹魏地　指今河南開封一帶地區。開封舊稱「大梁」，戰國時為魏國都城。❺立魏咎為魏王　事在秦二世元年九月。魏咎是六國時魏國王室的後代，陳涉稱王之後二月，魏咎被立為魏王，但陳涉起初不讓魏咎去魏國，直到三個月後，亦即秦二世二年之十二月（當時以十月為歲首），魏咎始到魏地。❻與秦軍相攻於臨濟　事在秦二世二年一月。秦二世二年之十二月，秦將章邯大破陳涉於陳郡城西，陳涉死；一月遂進兵圍魏咎於臨濟。臨濟，古邑名，在今河南開封東北。❼謝　辭別。❽從少年　帶著一群年輕人。❾太僕　官名，為帝王管理車馬，有時也親自為帝王趕車。❿久之二句　其時約在漢元年（西元前二〇六年）十月，劉邦已破秦入關，而項羽則於秦二世三年十二月大破秦兵於鉅鹿；七月，秦將章邯降項羽；漢元年十月，項羽聞知劉邦入關，乃率軍南渡黃河西上。河上，黃河邊上，此處應指今河南東北部一帶的黃河邊上。⓫從入破秦　意謂隨同項羽一道入關，當時秦王子嬰已向劉邦投降。⓬賜平爵卿　蓋謂禮則尊之，而實不用其謀。⓭項羽之東王彭城　事在漢元年四月。項羽於漢元年十二月到達關中，鴻門宴後分封各路諸侯，自立為西楚霸王，都彭城（今江蘇徐州）。至四月，各路諸侯離關中到各自的封地上任，項羽亦東至彭城。⓮漢王還定三秦而東　項羽分封諸侯，劉邦為漢王，王巴、蜀、漢中地，都南鄭（今陝西漢中）。劉邦於元年四月離關中南入漢中，同年八月用韓信計由漢中殺回，重新占據了關中地區。漢二年十月，劉邦出關，又向東攻取了今河南西部一帶。⓯殷王反楚　殷王，司馬卬，原是陳涉部將武臣的屬下，武臣死後，司馬卬因歸從項羽，跟隨項羽西行入關，被封為殷王，都朝歌（今河南淇縣）。劉邦還定三秦後，司馬卬反楚投漢，其事應當在二年十月前後。〈太史公自序〉有所謂「漢之伐楚，卬歸漢」者，蓋非皆粉飾之辭也。⓰信武君　封號名，只有稱號而無封地。⓱降殷王而還　蓋司馬卬「反楚」失敗，遂仍歸楚，為楚之殷王也。⓲項悍　項羽的族人、部將，其人又見於〈傳靳蒯成列傳〉。⓳都尉　軍官名，其級別略同於「校尉」，在「將軍」之下。⓴溢　同「鎰」。二十四兩，或謂二十兩。㉑居無何　沒過多久。無何，沒有多少。㉒漢王攻下殷　「殷」下原有「王」字。王念孫《讀書雜志・史記第三》曰：「《御覽》引此無「王」字，《漢書》亦無「王」字。涉上文殷王而誤衍也。」今據刪。攻下殷者，謂攻下殷國。事在漢二年三月。㉓封其金與印　封，封存。㉔間行　抄小路而走。㉕渡河　渡黃河。當時項羽居彭城（今徐州），在黃河之東南；劉邦當時正在修武（今河南獲嘉），居黃河北，故陳平往投劉邦須渡河。㉖疑其亡將　猜想是一個逃跑的將軍。㉗要　通「腰」。㉘佐刺船　佐，助。刺船，划船。㉙平遂至修武二句　按：其時應在漢二年三、四月之交。㉚因　憑藉；通過。㉛魏無知　劉邦的謀士，魏無忌之孫，封高梁侯。㉜萬石君奮　石奮，劉邦的侍從官員，以馴謹著稱，實則近乎佞幸。因後來石奮與其四子皆官至二千石，五人合為萬石，故時人譽之曰「萬石君」。㉝中涓　官名，為王者主管清潔灑掃諸事，屬貼身的侍從人員。㉞受平謁　謁，猶今之名片，求見貴人時交給守門者，令其持入稟報。㉟入見平　入內向劉邦引見陳平。見，引見；推薦。㊱罷二句　猶言「好啦，下去休息吧。」㊲參乘　官名，與王者同車、立於王右以為警衛的人員。有時王者亦臨時讓某人參乘，以表示對其親敬尊信之意，此取其後者。㊳典護軍　主管監督、檢察諸軍將士的工作。典，主管。護，監護；監察。㊴讙　喧譁。謂喧譁不服。㊵反使監護軍長者　王念孫曰：「長者，諸將自謂，猶言使之監護我等也。『監護』下不得有『軍』字。」㊶幸　親近；寵用。㊷東伐項王三句　事在漢二年四月。劉邦率軍五十六萬，乘項羽北擊齊王田榮之機，一舉攻入項羽的國都彭城。項羽聞訊後，率三萬騎兵殺回，大破劉邦之五十六萬。㊸滎陽　秦縣名，縣治在今河南滎陽東北。劉邦潰退至此，在此構築堅強防線，雙方拉鋸，遂一直到劉邦反攻滅項。㊹亞將　義同今之「准將」。㊺韓王信　韓信，劉邦的部將，六國時韓國貴族的後代，後來被劉邦封為韓王。為了與劉邦部下的另一個平民出身的「韓信」相區別，故歷史家稱這個韓信為「韓王信」。㊻廣武　軍事要地名，在今河南滎陽東北，當時的滎陽城西北。㊼讒　說人壞話。㊽冠玉　冠上的玉飾，謂只能做點綴，而無實用價值。㊾中未必有　肚子裡頭未必真有學問。㊿盜其嫂　一謂與其嫂私通，凌稚隆引王韋曰：「始言『伯逐其婦』，繼言『事嫂如母』，『盜嫂』之事何自來哉？太史公并載之，用意深矣。」郭嵩燾以為「盜嫂受金是同一類事」，一謂盜竊其嫂之資財。(51)尊官之　尊寵之使之為官，二動詞連用。(52)金多者得善處二句　「善處」、「惡處」即今之所謂「好處」、「壞處」。(53)召讓　召而責之，亦二動詞連用。讓，責備。(54)尾生　古代最講信義的人。據說尾生曾與一女子相約於橋下，女子未來而洪水至，尾生守地不移，遂抱橋柱而死。(55)孝己　殷高宗武丁的兒子，為其後母所讒，孝己為不傷其父，終不言其冤，而被流放致死。(56)相距　相對抗。距，通「拒」。(57)顧其計誠足以利國家不耳　關鍵是看他的計謀是否真正能對國家有利。顧，轉折詞，猶今所謂「關鍵是」、「問題在於」。不，通「否」。(58)事魏不中二句　按：語略不順，應作「事魏不中，遂去而事楚」。或依李笠說，應削去「遂」字，作「事魏不中，事楚而去，今又從吾游」也。中，好；合適。去，謂離開。(59)信者固多心乎　守信義的人能這樣三心二意嗎？多心，不專一。(60)去事項王　謂離魏王而去，改事項王。(61)諸項　項羽的同族。(62)昆弟　兄弟。昆，兄。(63)平乃去楚　因此我陳平才離開了項羽。(64)願大王用之　「願」原作「顧」，王念孫《讀書雜志・史記第三》：「『顧』當依《漢書》作『願』，草書之誤也。」今據改。(65)金具在　中井曰：「『金具在』，所受於諸將之金。時平已聞無知之語，故漢王不詰金事，而平直以金事為對。」按：班固增「大王所賜」四字，似非。(66)輸官　送交國庫。(67)請骸骨　請把人身歸我自己所有，即請求辭職的客氣說法。(68)拜為護軍中尉二句　護軍中尉，秦官有「護軍都尉」，此宜似之，蓋軍中之監察官也。按：劉邦始命陳平為「都尉，典護軍」，尚非固定職名，今委之「護軍中尉」，其監護全軍之職名乃定。69絕漢甬道二句　事在漢三年四月。甬道，兩側築有防禦工事的通道。70請割滎陽以西以和　按：語欠明暢。其意蓋謂請以滎陽為界，雙方講和，滎陽以東屬項羽，滎陽以西屬劉邦也。71項王為人二句　按：〈淮陰侯列傳〉云：「項王見人恭敬慈愛，言語嘔嘔，人有疾病，涕泣分食飲。」與此意思相同。72至於行功爵邑二句　行功爵邑，指拿出爵位、土地給部下論功行賞。重，吝嗇。73饒人以爵邑　捨得拿出爵位、土地獎賞人。饒，多，這裡指「捨得給」。74頑鈍　無稜角；無氣節。75襲　重合；兼取。《漢書》作「集」，義同。76指麾則定　猶言「揮手可定」，極言其易。麾，通「揮」。77然大王恣侮人　然，此處同「雖然」、「儘管」。恣侮，隨意侮辱。78顧楚有可亂者　但項羽那邊有可以讓我們給他製造混亂的機會。亂，指破壞其關係而言，即離間。劉辰翁曰：「廉潔之士，一為人所疑，即潔身而走，故可間。」79骨鯁之臣　原指忠直敢言之人，謂其猶如骨鯁在喉，非吐出不得暢快。鯁，魚骨。但在這裡「骨鯁」即「骨幹」、「中堅」之意。80亞父　項羽對范增的尊稱，言其對范增的禮敬程度僅亞於父。81鍾離眛龍且周殷　皆項羽之名將，事跡見〈項羽本紀〉、〈淮陰侯列傳〉。82意忌　同「疑忌」，好懷疑人；好嫉恨人。意，疑也。83終不得裂地而王　意謂在項羽這裡無論如何是不可能得以裂地封王的。84欲與漢為一　意即想與劉邦暗中聯合。85分王其地　分割項羽之地而各自獨立稱王。86意　通「疑」。87太牢具　牛羊豕三牲皆備的飯食，待客的最高禮數。具，原指盛食品的器具，後即用以指飯食、筵席。88詳驚　假作吃驚。詳，通「佯」。假裝。89更以惡草具進楚使　惡草具，粗劣的飯食。草，粗也。90疽發背而死　疽，癰瘡，多發於項部、背部和臀部，治療不及時有生命危險。見〈項羽本紀〉所敘較此為詳。91陳平乃與漢王從城西門夜出去　〈秦楚之際月表〉繫此事於漢三年七月，《漢書・高帝紀》繫之於漢三年五月。據〈項羽本紀〉，當時劉邦的部將紀信裝扮成劉邦，帶著兩千名女子假扮的士兵開滎陽東門向項羽投降，而劉邦乘楚軍歡呼鬆懈之際乃與陳平等從西門逃出滎陽。92遂入關二句　參照《史記》諸篇，此事應在漢三年九月，而《漢書》繫之於漢三年五月。〈高祖本紀〉謂劉邦回關中組織了一些兵力，欲復東出，而袁生建議劉邦先出武關，至南陽，以吸引楚兵南下。楚兵果南攻南陽，劉邦堅守不下。時彭越起兵襲擊項羽後方，項羽回軍擊彭越，劉邦始重新北上，駐兵成皋。93其明年　漢四年，西元前二〇三年。94淮陰侯破齊　事在漢四年十一月。是年十月韓破齊歷下軍，十一月復破齊楚聯軍於維水上，殺楚將龍且，虜齊王田廣。95自立為齊王二句　按：〈淮陰侯列傳〉無韓信「自立為齊王」事，乃韓信平定齊地後，派人向劉邦請求為齊「假王」，蓋史公為韓信諱也，當以此文為實。96陳平躡漢王　躡，踩。據〈淮陰侯列傳〉，劉邦見韓信欲為齊王，正發怒欲罵，張良、陳平乃躡漢王足，附耳曰：「漢方不利，寧能禁韓信之王乎？不如因而立，善遇之，使自為守。不然，變生。」97漢王亦悟　〈淮陰侯列傳〉云：「漢王亦悟，因復罵曰：『大丈夫定諸侯，即為真王耳，何以假為！』」(98)卒立信為齊王　事在漢四年二月。(99)用其奇計策二句　按：陳平於劉邦滅楚之最後一計為：楚漢鴻溝之約後，項羽已撤軍東歸，劉邦亦欲西歸。張良、陳平說曰：「漢有天下太半，而諸侯皆附之；楚兵罷食盡，此天亡楚之時也，不如因其機而遂取之。今釋此不擊，所謂『養虎自遺患』也。」於是劉邦遂進兵滅楚於垓下。(100)常　通「嘗」。曾經。(101)以護軍中尉從定燕王臧荼　臧荼原是陳涉部將燕王韓廣的屬下，因隨項羽入關，被項羽封為燕王，而改封韓廣為遼東王。臧荼歸燕後，擊殺韓廣而併其地。韓信破趙後，臧荼懾於韓信兵威而歸附於漢。漢五年十二月，劉邦破殺項羽，統一天下；二月，劉邦即皇帝位；七月，燕王臧荼起兵反漢；八月，劉邦率軍往討；九月，虜燕王臧荼。(102)人有上書告楚王韓信反　按：此等寫法，見史公對楚王信之同情。楚王韓信，即韓信。漢四年十一月韓信定齊後，被封為齊王。漢五年十二月，韓信統大軍破項羽於垓下，事後韓信之兵權迅即被劉邦所奪，並將韓信由齊王改封為楚王，都下邳（今江蘇邳州西南）。(103)亟　師古曰：「亟，急也。」趕緊；火速。(104)平固辭謝　按：不願急於發表意見，情景與張良同。(105)諸將云何　觀此語，似陳平未與諸將之會者，事豈然哉？(106)人之上書言信反二句　按：此語不合情理。若劉邦未集諸將會議，陳平問此語可也；今劉邦已集諸將議過，而陳平猶發此問，劉邦亦答曰「未有」，事豈然哉？(107)陛下精兵孰與楚　按：此處似應作「陛下兵孰與楚精」，以與後文「今兵不如楚精」語相呼應。(108)上曰二句　按：去年垓下之戰始罷，韓信之兵即被劉邦所奪；今韓信至楚未久，而云劉邦之兵「不能過」，似誇張太過。(109)趣之戰　逼著他與我們決戰。趣，通「促」。逼使。(110)巡狩　同「巡守」，古者稱諸侯為天子守土，天子到諸侯之地視察叫「巡守」，巡視諸侯為其所守之地也。(111)雲夢　藪澤名，在今湖北監利南。(112)弟　但；儘管。(113)陳　漢縣名，縣治即今河南淮陽。(114)陳二句　陳縣與韓信「楚國」的西部邊境相鄰近。(115)以好出游　以美好的名義外出巡遊。好，無惡意。(116)必無事而郊迎謁　無事，不作任何戒備。郊迎謁，謂至陳郊而迎謁劉邦。(117)此特一力士之事耳　凌稚隆引胡廣曰：「昔者明王五載一巡狩，令諸侯各朝于方岳，大明黜陟，故刑一人天下服其罪，賞一人天下勸其賢。韓信未有逆節，漢祖不能斟酌古典，卒用陳平計，一朝繫信，而生諸侯之疑。一二年間，韓王信反馬邑，趙相貫高謀怕人，陳豨反代地，黥布、盧綰之徒悉以叛亂，豈非偽游雲夢之計致之與？使後世天子不復言巡狩，諸侯不敢言朝覲，皆自此始。」(118)吾將南游雲夢　按：句首應加一「曰」字讀。(119)上因隨以行　謂劉邦也隨即出發了。劉辰翁曰：「『隨以行』，謂即日行，使其不測。」(120)豫具　事先安排好。(121)若毋聲　你不用喊叫。若，你。(122)而　爾；你。與「若」同義。(123)武士反接之　反接，背縛雙手。按：劉邦襲捕韓信於陳，在漢六年十二月。(124)赦信以為淮陰侯　中井曰：「反逆者，三族之罪也，豈可赦哉？赦信，以見其無罪也。」(125)與功臣剖符定封　事在漢六年正月。(126)剖符　以明信義。符，由金屬或竹木製成，中分為二，帝王與被封者各持其一，遇有事時，合符以為信。127為戶牖侯　前云「封平以戶牖鄉」，今乃云「為戶牖侯」，則前者但以之為食邑，今乃正式封侯。128吾用先生謀計　淩稚隆曰：「君而『先生』其臣者，見此。」129若子可謂不背本矣　瀧川曰：「初稱『先生』，敬之也；後稱『子』，親之也。」淩稚隆曰：「平之歸功無知，果不背本耶？不過以帝猜忌之故乃寓意于不忍背無知，因以明其不背漢耳。」130其明年　高帝七年，西元前二〇〇年。131從攻反者韓王信於代　事在高帝七年十月。韓王信，於漢二年被劉邦封為韓王，此後曾一度投降項羽，後復歸漢。劉邦即位後，復封韓王信為韓王，都潁川（今河南許昌）。高帝六年，改封韓王信於晉陽以北（今山西北部），韓王信請都馬邑（今山西朔縣）。後因屢受匈奴攻擊，漢亦懷疑其與匈奴勾結，於是韓王信遂於漢六年秋以馬邑降匈奴。代，秦、漢時期的郡國名，其地約當今之山西北部和與之鄰近的河北西北部地區。132卒至平城二句　卒，最後。平城，古邑名，在山西大同東北。劉邦於七年十月在代地大破韓王信與匈奴的聯軍；接著劉邦欲北擊匈奴單于，前進至平城東北之白登，被匈奴大軍所包圍。133使單于閼氏二句　通過買通匈奴單于的夫人，劉邦才得以脫出重圍。單于，匈奴最高君長的稱號。閼氏，單于夫人的稱號，有如漢朝帝王之皇后。134其計祕二句　《集解》引桓譚《新論》曰：「彼陳平必言漢有好麗美女，為道其容貌天下無有，今困急，已馳使歸迎取，欲進與單于。單于見此人，必大好愛之。愛之則閼氏日以遠疏。不如及其未到，令漢得脫去；去，亦不持女來矣。閼氏婦女，有妒媢之性，必憎惡而事去之。」梁玉繩曰：「按韓王信、夏侯嬰、匈奴等傳，則漢之所以動閼氏解圍者，止于重賂而已？史公造為此言，誣陳平甚矣。」135曲逆　漢縣名，縣治在今河北完縣東南。136御史　御史大夫的屬官，其中有一部分為皇帝掌管圖書文籍，另一部分掌管監察、糾彈百官。此處顧問的應是前者。137間者　猶言「昔者」，前一段時期。138亡匿　逃亡。139見　通「現」。現有。140乃詔御史二句　按：漢代皇帝下達命令的手續是，先把意思告知御史大夫，由御史大夫形成文件轉發給丞相，丞相再下達施行。141盡食之　謂令其全部享有曲逆縣五千戶之租稅。142除前所食戶牖　將其以前享有的戶牖鄉收歸國家。143常以護軍中尉從攻陳豨及黥布　常，通「嘗」。曾經。護軍中尉，瀧川曰：「陳平初仕漢，以都尉為護軍中尉，至是居其職。」陳豨，劉邦的部將，後受周昌之讒，被劉邦猜疑，於高祖十年八月自稱「代王」，舉兵反漢。事見〈韓信盧綰列傳〉。黥布，原為項羽的部將，楚、漢戰爭中被隨何策動反楚歸漢。高祖十一年，韓信、彭越先後被呂后所殺，且將彭越剁成肉醬以賜黥布。黥布驚懼，遂於七月舉兵反。劉邦自將往討，於十二年十月，黥布軍被擊潰。144凡六出奇計　王先謙引錢大昭曰：「間疏楚君臣，一奇計也；夜出女子二千人滎陽東門，二奇計也；躡漢王立信為齊王，三奇計也；偽游雲夢縛信，四奇計也；解平城圍，五奇計也；其六當在從擊臧荼、陳豨、黥布時，史傳無文。」145六益封　六次增邑進爵。

【語　譯】陳涉起兵到陳郡稱王後，派周市北入魏地，擁立魏咎做了魏王，並與秦朝軍隊會戰於臨濟。這時陳平便辭別了他的哥哥，與一批年輕人去臨濟投奔了魏王，魏王讓陳平給他做太僕。這期間陳平曾給魏王出過許多主意，魏王不聽取，再加上有人說陳平的壞話，於是陳平就離開了他們。

2 過了好長一段時間，項羽率軍拓地來到了黃河邊上，陳平就又去投奔了項羽。這以後陳平就跟著項羽入關打敗了秦朝，被項羽封了個卿一級的爵位。當項羽自稱西楚霸王東歸彭城後，這時被封到漢中去的劉邦又趁機殺回來奪取了關中，並進而率兵東下。這時殷王司馬卬背叛了項羽。於是項羽就封陳平為信武君，讓他率領著魏王咎的舊部前去討伐，陳平收服了司馬卬，勝利而回。項羽大喜，派項悍往拜陳平為都尉，賞給他黃金二十鎰。沒過多久，漢王劉邦攻下了殷地。項王大怒，想要殺掉上次去平殷地的將官。陳平害怕被殺，於是就把項羽封賞自己的黃金和印信包好，派人送還了項羽，而自己隻身一人提著寶劍從小路逃走了。過黃河的時候，船夫見他這樣一個魁梧的美男子，單獨行走，懷疑他是個逃跑的人，估計他一定帶有金珠寶器。因而眼睛盯著，想殺他。陳平很害怕，便故意地脫掉衣服，光著膀子幫他划船。船夫知道他身上沒有什麼東西，這才沒有傷害他。

3 陳平逃到了修武縣，歸順劉邦，請求魏無知把他引見給劉邦。劉邦叫他進去。這時候萬石君石奮正做劉邦的勤務員，他接過了陳平的名片，讓陳平進去。陳平等七個人一同受到了劉邦的接見，並被招待吃了飯。劉邦說：「好吧！大家都到客舍去休息吧。」這時陳平說：「我是為了一件急事才來的，我想說的不能拖過今天。」於是劉邦立即同他談了一回，談得很高興。劉邦問他：「您在項羽那裡，身居何職？」陳平說：「做都尉。」於是劉邦也立即任命陳平為都尉，讓他陪著自己同乘一輛車，負責協調監督軍隊。部將們一齊大譁，都說：「大王忽然得到了項羽的一個逃兵，還不知道他的本事大小，馬上就和他同乘一輛車，還要讓他來監督我們這些老將！」劉邦聽說後反而更加親近和重用陳平，於是陳平就跟著劉邦一起東進，攻打項羽。結果在彭城被項羽打得大敗，劉邦收集殘兵敗將退到了滎陽，任命陳平為亞將，讓他跟著韓王信駐紮在廣武。

4 這時絳侯、灌嬰等人都說陳平的壞話，他們對劉邦說：「陳平雖然是個美男子，但這就像帽子上鑲的那塊玉一樣，他的肚子裡不一定有什麼真貨色。我們還聽說陳平在家時，和他的嫂嫂通姦；後來到魏王那裡做事，人家不要他，他就又投奔了項羽；後來在項羽那裡也不行，這才又跑來投奔大王。現在大王封他大官，讓他監護軍隊。可是我們又聽說他常常接受將軍們的賄賂，誰給他送黃金送得多誰就得到好處；誰送得少誰就受到刁難。陳平是個反覆無常的傢伙，希望大王好好了解觀察一下。」劉邦聽罷心裡有懷疑，於是就把魏無知找來，責備他。魏無知說：「當初我向您推薦他，是說他有本事；現在您要責問的，是他的品行。假如陳平空有尾生、孝己那樣的品行，而對於我們戰場上的勝敗絲毫沒有好處，對於這種人您有閒工夫用他嗎？現在是楚、漢相抗，我推薦的是有奇謀的人，現在的關鍵是要看他的計謀是不是對國家有利，至於說和嫂嫂通姦，接受一點賄賂，這又有什麼值得大驚小怪的呢？」劉邦又把陳平找來責問，說：「你過去替魏王辦事，辦得不好，就又去投奔了項羽。現在你又來找我，一個講信義的人，能夠像你這樣三心二意嗎？」陳平說：「我過去替魏王辦事，魏王不採用我的意見，所以我去投奔了項王。項王也不能信用人，他所信用的不是項家的子弟就是他的姻親，別的人那怕有奇才，他也不能用，所以我才離開了他。我聽說您能夠知人善任，所以才來投奔您。我是光身一個人來的，如果不接受一些金錢，我就連一點活動的資本都沒有。如果我的主意有可用的，那就請您採用它；如果沒有可用的，我所接受的黃金都還在那裡，請您沒收歸公，我自己請求辭職還鄉。」劉邦一聽趕緊賠禮道歉，又厚厚地賞賜了他，同時正式地封拜他為護軍中尉，讓他進一步地監督協調所有的將領。這一來將軍們才不敢再說三道四了。

5 後來，楚軍加緊進攻漢軍，切斷了漢軍運輸糧餉的通道，把劉邦包圍在滎陽城中，這樣持續了很長一段時間。劉邦很著急，於是請求劃滎陽為界，滎陽以西屬漢，滎陽以東屬楚，兩下講和，項羽不答應。劉邦對陳平說：「天下這麼亂烘烘的，什麼時候才能安定呢？」陳平說：「項羽的秉性是待人慈和而又恭敬，所以一些有稜角、講禮節的人，都去投奔他；可是等到要論功行賞的時候，他又特別吝嗇，因此很多人又不願意跟著他。現在大王您儘管對人傲慢，缺少禮貌，而一些有稜角講禮節的人不來；但是您到了時候卻能夠慷慨地把爵位封土分給人們，因此那些不講禮節只顧貪圖利益的人們又都會跑到您這裡來。假如您們兩位誰能夠去掉自己的短處，吸收對方的長處，那麼他馬上可奪得天下，就可以太平無事了。現在您常常任意侮辱人，雖然不易得到廉正守節的好漢，但是現在楚軍內部也有容易被我們挑起矛盾的地方。忠於項羽，給項羽出主意的大臣，也不過就是亞父范增和鍾離眜、龍且、周殷等幾個人。您如果能豁出去幾萬斤黃金，用它去挑撥離間項羽君臣之間的關係，讓他們互相猜忌，項羽本來就為人多疑，好聽讒言，這樣他們很快地就會自相殘殺起來。到那時您再趁機出兵從外面攻他，這就肯定地可以打敗楚軍了。」劉邦覺得很好，便拿出黃金四萬斤讓陳平任意使用，從不過問他是怎麼開銷的。

6　陳平於是花這些錢在楚軍中進行離間活動，他放出謠言說鍾離眜等人作為項王的戰將，功勞很多，然而到頭來卻不能夠分地為王，因此他們想同漢王聯合，消滅項氏，從而分割楚國的土地，各自稱王。項羽一聽果然不信任鍾離眜等人了。在此以後，項羽曾有一次派使者到劉邦那裡去。當時劉邦安排了豬羊牛三牲齊備的筵席來招待他們，等到擺開桌子上菜時，他們假意地好像是才剛發現是項羽派來的人，就假裝驚訝地說：「我原以為是亞父范增派來的人呢，原來是項王派來的！」於是就把好菜端了回去，另端來一些粗劣的飯菜給項羽的使者吃。使者回去後，把所見所聞都報告了項羽，項羽果然大大地懷疑范增。按范增的主意是希望趕快攻下滎陽城，但是項羽不信任他，根本不採信他的話。等范增知道項羽懷疑自己時，生氣地說：「整個國家的形勢基本定局了，以後的事情您自己好好看著辦吧！我請求告老還鄉！」於是范增東歸，還沒有走到彭城，因為背上的毒瘡突然迸發而死。

7　趁著這個機會，陳平故意在夜裡派兩千女子出滎陽東門誘敵，楚軍不知虛實，集中兵力往攻。這時陳平與劉邦等趁機開滎陽西門逃走了。劉邦、陳平等回到關中，招集逃散的隊伍，很快地又回到成皋。

8　第二年，韓信滅掉齊國後，先自己當了齊王，而後才派使者來向劉邦報告。劉邦一聽就氣得大罵起來，這時陳平暗踩劉邦的腳。劉邦也立刻省悟了，於是便好好地招待了韓信的使者，並立刻派張良前去封韓信做齊王。同時把戶牖鄉給了陳平作封地。劉邦採用了陳平的不少奇謀妙策，終於消滅了項羽。後來陳平還曾以護軍中尉的身分跟著劉邦平定過燕王臧荼的叛亂。

9　漢高祖六年，有人寫信告發楚王韓信造反。劉邦問將軍們該怎麼辦，將軍們說：「立刻發兵活埋這小子！」劉邦沉默不語。又問陳平，陳平推辭了半天，說：「將軍們怎麼說？」劉邦把將軍們的意思說了一遍。陳平說：「有人寫信告韓信造反，這件事有別人知道嗎？」劉邦說：「沒有。」陳平又問：「韓信知道有人告他嗎？」劉邦說：「不知道。」陳平又問：「您的軍隊同韓信的軍隊比較誰的戰鬥力更強？」劉邦說：「我的軍隊比不上。」陳平又問：「您的將領們指揮打仗的才能有超過韓信的嗎？」劉邦說：「沒有。」陳平說：「您的兵不如韓信的兵精；您的將又比不上韓信，您還要出兵去打他，這不是逼著他同我們開戰嗎？我替您感到危險！」劉邦說：「那怎麼辦呢？」陳平說：「古時候有天子外出巡視在外面會見諸侯的制度。現在南方有個雲夢澤，您只要出遊，假說要到雲夢地區視察，並在陳郡同各地的諸侯們會見。陳郡就在楚國西界，韓信聽說您這是一次和平愉快的出遊，他一定會毫無防範地到郊外來迎接您。到那時，您就趁勢逮捕他，這麼做只要一個武士就夠了。」劉邦覺得有理，便派人通知各地的諸侯們說，「我要到雲夢地區巡遊。」於是劉邦就隨即出發了，還沒有到達陳郡，楚王韓信果然到郊外路旁來迎接了。這時劉邦早已經埋伏下了武士，見韓信一到，便立即把他捆綁起來，放在劉邦後面的車子上。韓信大聲喊道：「天下已經安定，我是應該被你們所殺了！」劉邦回頭對韓信說：「你不用喊叫！你要造反的事情已經很清楚了！」武士們把韓信的雙手反綁起來。劉邦在陳郡會見了各地的諸侯，並把楚地全部穩定住。待至回到洛陽，劉邦又把韓信放了，把他降為淮陰侯。而與其他功臣們剖符立誓確定了他們各自的封爵。

10　劉邦與陳平剖符為信，封陳平為戶牖侯，立誓讓陳平世世代代相傳不斷。陳平推辭說：「這不是我的功勞。」劉邦說：「我是因為採用了你的計策，所以才克敵制勝，這不是你的功勞是什麼呢？」陳平說：「當初如果沒有魏無知的引薦，我怎麼能夠來到您的跟前呢？」劉邦說：「你可真稱得上是一個不忘本的人了！」於是立即賞賜了魏無知。

11　第二年，陳平以護軍中尉的身分隨劉邦到代國討伐韓王信的叛亂。結果在平城遭到了匈奴軍隊的包圍，一連七天沒飯吃。這時劉邦又採用了陳平的計謀，派人到單于的妻子那裡進行了活動，包圍才得以解除。劉邦這次是出來了，但究竟他們是用了什麼計策，由於太祕密了，局外人無法知道。

12 劉邦從平城脫險南歸，路過曲逆縣時，登上城樓遠望，見到城裡的房屋都很高大，不禁讚歎說：「多麼雄偉的一座縣城啊！這樣的城邑，我走遍天下，只在洛陽和這裡看到過兩回。」他回頭問御史說：「曲逆縣的戶口有多少？」御史答道：「當初秦朝的時候有三萬多戶。近年來由於不斷的戰爭，許多人都逃走了，如今只還有五千戶。」於是劉邦馬上讓御史改封陳平為曲逆侯，全縣的一切賦稅都歸陳平享用，撤銷以前劃給陳平的戶牖鄉。

13 在此以後，陳平還曾經以護軍中尉的身分跟隨劉邦去平定過陳豨和黥布的叛亂。陳平一共給劉邦出了六次奇計，每次事成之後都能使他的封地有所增加。只是他的奇計有的太祕密了，人們沒法兒知道。

1 高帝從破布軍還，病創❶，徐行至長安。燕王盧綰反❷，上使樊噲以相國將兵攻之❸。既行，人有短惡噲者❹。高帝怒曰：「噲見吾病，乃冀我死也❺！」用陳平謀❻，而召絳侯周勃❼，受詔牀下，曰：「陳平亟馳傳載勃，代噲將。平至軍中，即斬噲頭❽！」二人既受詔，馳傳未至軍，行計之❾曰：「樊噲，帝之故人也，功多，且又乃呂后弟呂嬃❿之夫，有親且貴。帝以忿怒故，欲斬之，則恐後悔。寧囚而致上，上自誅之⓫。」未至軍，為壇⓬，以節⓭召樊噲。噲受詔，即反接，載檻車⓮，傳詣長安⓯。而令絳侯勃代將，將兵定燕反縣。

2 平行聞高帝崩⓰。平恐呂太后及呂嬃讒怒⓱，乃馳傳先去⓲。逢使者，詔平與灌嬰屯於滎陽⑲。平受詔，立復馳至宮，哭甚哀，因奏事喪前⑳。呂太后哀之，曰：「君勞，出休矣。」平畏讒之就㉑，因固請得宿衛中㉒。太后乃以為郎中令㉓，曰：「傅教孝惠。」㉔是後呂須妄讒乃不得行㉕。樊噲至，則赦復爵邑㉖。

3 孝惠帝六年㉗，相國曹參卒㉘，以安國侯王陵為右丞相，陳平為左丞相㉙。

4 王陵者，故沛㉚人，始為縣豪㉛，高祖微㉜時兄事陵。陵少文，任氣，好直言。及高祖起沛㉝，入至咸陽㉞，陵亦自聚黨數千人，居南陽，不肯從沛公㉟。及漢王之還攻項籍㊱，陵乃以兵屬漢㊲。項羽取陵母置軍中，陵使至，則東鄉坐陵母㊳，欲以招陵。陵母既私送使者，泣曰：「為老妾語陵，謹事㊴漢王。漢王長者也，無以老妾故持二心。妾以死送使者。」遂伏劍而死。項王怒，亨陵母。陵卒從漢王定天下。以善雍齒，雍齒，高帝之仇㊵，而陵本無意從高帝，以故晚封，為安國侯㊶。

5 安國侯既為右丞相，二歲，孝惠帝崩㊷。高后欲立諸呂為王，問王陵。王陵曰：「不可。」問陳平，陳平曰：「可。」㊸呂太后怒，乃詳遷陵為帝太傅㊹，實不用陵。陵怒，謝疾免㊺，杜門㊻竟不朝請㊼，七年而卒㊽。

6 陵之免丞相，呂太后乃徙平為右丞相，以辟陽侯審食其㊾為左丞相。左丞相不治(50)，常給事於中(51)。

7 食其亦沛人。漢王之敗彭城西(52)，楚取太上皇、呂后為質(53)。食其以舍人侍呂后(54)。其後從破項籍為侯(55)，幸於呂太后。及為相，居中(56)，百官皆因決事(57)。

8 呂須常以前陳平為高帝謀執樊噲，數讒曰：「陳平為相，非治事，日飲醇酒，戲婦女。」陳平聞，日益甚(58)。呂太后聞之，私獨喜(59)，面質呂須於陳平(60)，曰：「鄙語(61)曰『兒婦人口不可用(62)』，顧君與我何如耳(63)？無畏呂須之讒也。」

9 呂太后立諸呂為王(64)，陳平偽聽之(65)。及呂太后崩(66)，平與太尉勃合謀，卒誅諸呂(67)，立孝文皇帝(68)，陳平本謀也(69)。審食其免相(70)。

【章　旨】以上為第三段，寫陳平在呂后朝曲伸變化，極意應付，並最後誅滅諸呂的經過。

【注　釋】❶病創　因受創傷而臥病。創，創傷；由外力打擊而造成的傷害。按：劉邦擊黥布時，被流矢所中，回京途中，傷乃轉重。❷燕王盧綰反　事在高祖十二年一月。盧綰是劉邦自幼的伙伴，隨劉邦起事。高祖五年臧荼反漢被滅後，盧綰被立為燕王。十一年，陳豨反漢於代，盧綰受命擊之，與陳豨通連。十二年一月，盧綰舉兵反漢。❸使樊噲以相國將兵攻之　樊噲，劉邦的部將，呂后的妹夫，隨劉邦起事，功封舞陽侯。事跡見〈樊酈滕灌列傳〉。相國，職同丞相，但較丞相位尊而權專。但此處之「相國」乃虛銜。高帝時只有蕭何為漢之相國。❹人有短惡噲者　短惡，說人短處；說人壞話，二動詞連用。❺乃冀我死也　竟盼著我死嗎？冀，希望。也，此處同「耶」，反問語詞。❻用陳平謀　蓋即劉邦屢次襲奪韓信兵權之謀詐也。❼絳侯周勃　周勃為劉邦部將，以戰功封絳侯，事見〈絳侯周勃世家〉。❽陳平亟馳傳載勃四句　意謂讓陳平帶著周勃一道乘傳車前往，至軍，則由陳平殺死樊噲，而後回京報命，留周勃以統其軍。亟，通「急」。傳，驛車。❾行計之　路上邊行邊計議。❿呂后弟呂嬃　呂后之妹，名嬃，為人剛毅，僅次於其姐。⓫寧因而致上二句　致上，送交皇上。上自誅之，「上」前應增「令」字讀。⓬為壇　以供宣詔與任命新將軍之用。⓭節　帝王的信物，使者出，持之以為信驗。⓮載檻車　裝入囚車。⓯傳詣長安　用驛馬送回京城。⓰行聞高帝崩　陳平在返京途中聽到了劉邦死的消息。劉邦死在高祖十二年四月。⓱平恐呂太后及呂嬃讒怒　按：此句文字不順，瀧川謂「楓山本無『怒』字」。⓲馳傳先去　謂陳平加快行程，自己先乘驛車進京。⓳詔平與灌嬰屯於滎陽　帝王交替之際，形勢緊急，屯兵要地以備變也。灌嬰，劉邦的部將，以軍功封潁陰侯。⓴奏事喪前　生前受人之命，人死後，事始辦完，則覆命於喪前或墓前，此古禮也。㉑畏讒之就　就，成也。言畏讒毒己者得成其計。㉒宿衛中　在宮廷任守衛之職。㉓郎中令　九卿之一，主管宮廷門戶及帝王的一切警衛事宜，權甚切要。按：陳平之所以能受呂后倚任，自是因其能違背高祖命令而保全樊噲。㉔曰二句　李笠曰：「『曰』字疑衍。」陳仁錫曰：「『孝惠』當作『皇帝』。」傅教，輔導、教育。㉕呂嬃讒乃不得行　按：陳平途中受詔後不去滎陽，「復馳至宮，哭甚哀，因奏事喪前」，蓋為在呂后前表現其不斷樊噲之功也。㉖樊噲至二句　瀧川曰：「高祖欲斬樊噲，恐其黨于呂氏。而『赦死復爵』，豈老蘇所謂『遺患』耶？但既奪其兵權，則噲不能有為，平勃講之精矣。」㉗孝惠帝六年　西元前一八九年。㉘相國曹參卒　曹參，劉邦的開國功臣，以軍功封平陽侯，事跡見〈曹相國世家〉。孝惠帝二年七月相國蕭何死，曹參繼任為相國。至五年八月曹參死，實際任職三年多。梁玉繩曰：「參以孝惠五年八月卒，此與《漢書》參傳誤作六年。」㉙王陵為右丞相二句　事在孝惠帝六年十月。按：自曹參死，漢罷「相國」之職，改立左右二丞相，右丞相居上位。㉚沛　秦縣名，即今江蘇沛縣。㉛縣豪　縣裡的豪紳。㉜微　低賤；不起眼。㉝高祖起沛　事在秦二世元年九月。㉞入至咸陽　事在漢元年十月。㉟居南陽二句　南陽，秦郡名，郡治宛縣（今河南南陽）。據〈高祖本紀〉，劉邦取得南陽後，「引兵西，無不下者。至丹水，高武侯鰓、襄侯王陵降西陵」。是在入武關前，王陵已歸附劉邦矣，只是未隨劉邦入關而已。所謂「不肯從沛公」者，或指此耶？㊱漢王之還攻項籍　事在漢二年四月。㊲陵乃以兵屬漢　王陵先是未隨劉邦入武關，後又未隨劉邦入漢中，至劉邦收復關中東出擊項羽時，始以兵從之，或在此以前一直處於獨立狀態耶。㊳東鄉坐陵母　謂使陵母居上座，項羽自居下座，令王陵使者見之，意欲打動王陵使之降己也。東鄉，同「東向」，戰國、秦、漢時之升堂理事，仍為南向；至於平居設席，則以東向坐為尊。㊴謹事　好好侍候；好好跟著。㊵雍齒二句　雍齒是劉邦的部將，初起時，曾為劉邦將兵守豐，後來叛離劉邦，歸附魏將周市，並為魏守豐，使劉邦大吃苦頭，後來劉邦借助於項梁的勢力才將雍齒打敗。至於雍齒後來又怎樣的回到了劉邦部下，史無明載。㊶陵本無意從高帝三句　梁玉繩曰：「考〈張蒼傳〉，陵救張蒼，在沛公初定南陽未入武關之前，而陵之封侯同在六年，又位居十八人中，安得謂陵不肯從漢，及攻羽時始從，以故晚封邪？」全祖望曰：「王陵是自聚黨定南陽者，未嘗從起豐，未嘗從至霸上，未嘗為漢守豐。《史》表功狀之言皆謬。但陵自定南陽，歸漢甚早。而不從入關者，蓋高祖留以為外援，本傳以為「不肯屬漢」，則又非也。陵不屬漢，何以能免張蒼于死？而次年高祖乃用其兵以迎太公，非陵屬漢之明文乎？且陵母之賢，一死以堅陵之從漢矣，則謂陵「不肯屬漢」「高祖恨之，其封獨晚」，非也。蓋漢初功臣位次，第一曰從起豐沛，二曰從入關，三曰從定三秦，而陵之功，皆在三者之後，又無祕策如陳平等，則其晚宜矣。」按：此事應參考〈高祖功臣侯者年表〉之「安國侯」條及注。㊷孝惠帝崩　事在孝惠帝七年八月，年二十三。㊸陳平曰二句　據〈呂太后本紀〉，呂后欲立諸呂為王，問右丞相王陵，王陵曰：「高帝刑白馬盟曰：『非劉氏而王，天下共擊之。』今王呂氏，非約也。」問左丞相陳平、絳侯周勃，勃等對曰：「高帝定天下，王子弟；今太后稱制，王昆弟諸呂，無所不可。」㊹詳遷陵為帝太傅　事在呂后元年（西元前一八〇年）十一月。詳，通「佯」。太傅，與太師、太保合稱「三公」，是三代的古官名，位極尊貴。但秦漢以來，此職久廢，呂后以此任王陵，實為奪其相權。㊺謝疾免　稱病辭職。㊻杜門　閉門。㊼不朝請　不入宮拜見帝王。古禮稱諸侯拜見天子，春曰「朝」，秋曰「請」。㊽七年而卒　事在呂后七年。淩稚隆引林伯桐曰：「王陵不肯立諸呂為王，則有守；見張蒼知為美士，則有識；與雍齒交，不因高祖怒雍齒而改其交，則有信；三者皆難能而可貴。」㊾辟陽侯審食其　呂后的寵臣，事跡還雜見於〈呂太后本紀〉、〈淮南衡山列傳〉。㊿不治　師古引李奇曰：「不治丞相職事也。」按：〈呂太后本紀〉直作「不治事」，較此明晰。(51)給事於中　在宮廷中服務。給事，充役，猶如今之「服務」。(52)漢王之敗彭城西　事在漢二年四月。劉邦趁項羽北上討伐齊王田榮之機，率軍五十六萬攻入項羽的國都彭城，項羽聞訊率三萬騎兵馳回，大破漢軍，劉邦狼狽西逃。(53)楚取太上皇呂后為質　劉邦潰退時，也曾派人到沛縣取其家小，時家小外逃，沒能找到；而項羽當時也派人往捉太公、呂后，恰與太公、呂后遭遇，遂將太公、呂后俘去。(54)以舍人侍呂后　以一個佣人的身分侍候呂后。舍人，戰國、秦漢時期以門客身分為其主人充當侍役者。(55)從破項籍為侯　漢四年九月，劉邦與項籍訂鴻溝劃界之約，項羽釋放太公、呂后，審食其也於此時一同被放。漢五年十二月，劉邦滅項羽。漢六年八月，審食其被封為辟陽侯。(56)居中　經常置身於宮中。(57)百官皆因決事　所有官僚都要通過他來決定大事。因，借助；通過。按：陳平雖名為右丞相，其實已有職無權。(58)陳平聞二句　按：劉氏與呂氏之矛盾日益尖銳，陳平欲躲避矛盾，乃故意為此態，可謂謀身有道。(59)呂太后聞之二句　王先謙曰：「平不以能加于辟陽之上，又無治迹，不為呂后所畏忌，故后喜之。」(60)面質呂嬃於陳平　當著陳平的面訓說呂嬃。質，責問；訓說。(61)鄙語　俗話。(62)兒婦人口不可用　小孩子、老娘兒們的話聽不得。(63)顧君與我何如耳　關鍵就看你對我怎麼樣啦。顧，轉折語詞，這裡猶言「關鍵是」。(64)立諸呂為王　如立呂產為梁王、呂祿為趙王、呂通為燕王等。(65)陳平偽聽之　按：〈呂太后本紀〉等他篇敘此事皆不著「偽」字，蓋陳平日後為粉飾自己而云此也。(66)呂太后崩　事在呂后八年七月。(67)平與太尉勃合謀二句　事在呂后八年九月。太尉勃，即周勃。太尉，國家的最高軍事長官。周勃早在高祖十一年就曾任太尉職，至呂后四年又被任為太尉。呂后死後，齊王劉襄起兵討諸呂，劉襄之弟劉章準備從長安為之做內應；諸呂派灌嬰率軍往討，而灌嬰叛變與齊軍聯合，於是周勃、陳平等趁機在京城發動政變，與劉章等一舉將諸呂徹底消滅。(68)立孝文皇帝　孝文皇帝名恆，劉邦之子，原為代王，都中都（今山西平遙西南）。周勃、陳平等滅諸呂後，原想立一個便於受其操縱的軟弱皇帝，不料竟選中了韜晦已久的代王劉恆。(69)陳平本謀也　按：他篇未著陳平有如此之功。(70)審食其免相　據〈呂太后本紀〉，審食其在諸呂被誅前即已免相，蓋因當時又恢復「相國」之職，任其事者為呂產。至滅諸呂後，陳平復以「右丞相」任事，而審食其亦曾又一度為左丞相。文帝元年（西元前一七九年）十月，周勃因誅諸呂功大為右丞相，陳平改為左丞相，審食其遂再被免職。文帝三年，因舊隙，審食其被淮南王劉長所殺。

【語譯】劉邦從打敗黥布的前線回來，由於受了傷，只能慢慢地回到長安。這時，燕王盧綰造反了，劉邦派樊噲以相國的身分率兵前去討伐。軍隊出發後，有人向劉邦說樊噲的壞話。劉邦一聽大怒說：「樊噲見我生病，原來竟盼著我早死啊！」於是按照陳平的意見，把絳侯周勃叫到了牀前，對他們二人說：「陳平你趕快乘傳車送周勃，前去代替樊噲領兵。而你到達樊噲軍中後，立即斬他的人頭回來報告！」陳平、周勃接受密令後乘著傳車出發了，還沒到軍隊駐紮處，半道上兩個人商量說：「樊噲，是皇上的老朋友，功勞很多，而且又是呂后的妹妹呂嬃的丈夫，他既是皇親，又是權貴。皇上只不過是因為一時的憤怒，讓我們去殺他，這件事恐怕他會後悔。因此我們寧可用囚車把他活著帶回來交給皇上，讓皇上自己殺他。」於是他們在快到樊噲兵營的地方，搭起了臺子，派人持符節把樊噲請了來。他們向樊噲宣讀了劉邦的詔書後，立即捆起了他的雙手，把他裝上囚車，押回了長安。而同時宣布讓絳侯周勃代替樊噲統兵，前往平定燕國各縣的叛亂。

2　陳平在押送樊噲回長安的路上，聽說劉邦死了。他害怕呂后、呂嬃姐妹二人因樊噲之事說他的壞話，於是就趕快乘傳車先回長安。半道上正遇見了朝廷的使者，使者傳令讓陳平與灌嬰一道去駐守滎陽。陳平接受命令後，沒有直奔滎陽，而是立即趕到長安皇宮哭靈，他悲痛欲絕地當著劉邦的靈柩向呂后報告了受命處置樊噲事情的經過。呂后很同情他，就說：「你很累了，出去休息吧。」陳平害怕有人趁他不在向呂后說他的壞話，因而堅決請求擔當一個守衛宮廷的職務。於是呂后就任命他為郎中令，並說：「你要好好地保護教導我的兒子。」這樣，才使呂嬃攻擊誹謗的壞話沒能再說。樊噲押回長安後，立即被呂后宣布無罪，恢復了原來的爵位和封地。

3 孝惠帝六年，相國曹參去世，安國侯王陵被任為右丞相，陳平為左丞相。

4 王陵，也是沛縣人。開始是沛縣的一個豪紳，劉邦貧賤時，把他當做兄長一樣對待。王陵不大講究禮節，重義氣，愛直言不諱。等到劉邦從沛縣起兵，後來西入咸陽時，王陵也聚集了幾千人，占據著南陽，他不願跟隨劉邦西進。等到劉邦二次收復關中率軍東攻項羽時，王陵才率部歸屬了劉邦。項羽聽說後就派人去把王陵的母親抓來放在軍中當人質，王陵派人到項羽軍中探聽母親的消息，項羽故意表示恭敬，讓王陵的母親坐在朝東的長者的席位上，想用這種辦法來招引王陵降楚。王陵的母親在給使者送別時，暗中流著淚對使者說：「你回去告訴王陵，叫他好好地為漢王效力。漢王可是個寬厚慈愛的人，叫王陵不要因為我而對漢王有什麼三心二意。我現在就用一死來給你送行吧。」說罷自刎而死。項羽大怒，派人把王陵母親的屍體扔到鍋裡煮了。王陵從此便死心塌地地追隨劉邦去打天下了。王陵和雍齒關係好，而雍齒曾是劉邦的仇人，再加上王陵開始時曾有一段時間不願意追隨劉邦，所以劉邦嫉恨他，在分封功臣時，對王陵封得較晚，封他為安國侯。

5 王陵做右丞相兩年，孝惠帝死了。這時呂后想封她娘家的人們為王，先徵求王陵的意見。王陵回答說：「不行！」呂后又問陳平，陳平說：「可以。」於是呂后深恨王陵，她名義上是提升王陵為太傅，實際是疏遠他，把他的右丞相職務免掉了。王陵很生氣，於是稱病辭職，閉門不出，連朝也不上了，一直到七年後死去了。

6 王陵被罷免丞相職之後，呂后就提升陳平做右丞相，任命辟陽侯審食其為左丞相。審食其為相後不治事，仍是經常在內廷中服務。

7 審食其也是沛縣人。當劉邦在彭城被項羽打敗時，項羽把劉邦的父親和呂后俘虜去了，押在軍中當人質。從那時起審食其就以一個侍從人員的身分侍候呂后。後來又跟隨劉邦打敗了項羽，被封為辟陽侯，所以他特別受到呂后的寵信。到他做了丞相時，仍經常住在宮中，文武百官不論什麼事都要去向他請示。

8 呂媭因為陳平曾為劉邦設計捉拿過樊噲，所以一直嫉恨在心，她多次攻擊陳平說：「陳平做丞相，根本不過問國家大事，整天飲酒作樂，玩弄婦女。」陳平聽說後，就故意像是更加荒淫。呂后看到這種情形，心中暗自高興，有一天她當面訓斥呂媭而對陳平說：「俗話說得好『小孩子和女人的話不可聽』，關鍵就看你和我的關係如何了？你不要害怕呂媭說你的壞話。」

9 後來呂后公開封立呂氏家族的人們為王，陳平都假裝同意。等到呂后一死，陳平就與太尉周勃合謀，最後消滅了呂氏一黨，擁立了孝文帝，在這個事件中陳平是主謀人。而審食其從此被免掉了左丞相之職。

1 孝文帝立❶，以為太尉勃親以兵誅呂氏，功多。陳平欲讓勃尊位，乃謝病❷。孝文帝初立，怪平病❸，問之。平曰：「高祖時，勃功不如臣平；及誅諸呂，臣功亦不如勃，願以右丞相讓勃。」於是孝文帝乃以絳侯勃為右丞相，位次第一。平徙為左丞相，位次第二。賜平金千斤，益封三千戶。

2 居頃之，孝文皇帝既益明習國家事，朝而問右丞相勃曰：「天下一歲決獄❹幾何？」勃謝❺曰：「不知。」問：「天下一歲錢穀出入幾何？」勃又謝不知。汗出沾背，愧不能對❻。於是上亦問左丞相平，平曰：「有主者。」上曰：「主者謂誰？」平曰：「陛下即❼問決獄，責廷尉❽；問錢穀，責治粟內史❾。」上曰：「苟各有主者，而君所主者何事也？」平謝曰：「主臣❿。陛下不知其駑下⓫，使待罪宰相⓬。宰相者，上佐天子理陰陽，順四時，下育萬物之宜⓭，外鎮撫四夷諸侯，內親附百姓，使卿大夫各得任其職焉。」孝文帝乃稱善。右丞相大慚，出而讓⓮陳平曰：「君獨不素教我對！」陳平笑曰：「君居其位，不知其任邪？且陛下即問長安中盜賊數，君欲彊對邪？」於是絳侯自知其能不如平遠矣⓯。居頃之，絳侯謝病，請免相。陳平專為一丞相⓰。

3 孝文帝二年，丞相陳平卒，謚為獻侯。子共侯買代侯。二年卒⓱，子簡侯恢代侯。二十三年卒⓲，子何代侯。二十三年⓳，何坐略人妻⓴，弃市㉑，國除㉒。

4 始陳平曰：「我多陰謀，是道家之所禁㉓。吾世即廢，亦已矣，終不能復起，以吾多陰禍也㉔。」然其後曾孫陳掌以衛氏親貴戚㉕，願得續封陳氏㉖，然終不得。

【章　旨】以上為第四段，寫陳平在文帝朝為相掌權的情形。

【注　釋】❶孝文帝立　劉恆被立以為帝在呂后八年九月，而文帝元年則為次年之西元前一七九年。❷陳平欲讓勃尊位二句　姚苧田曰：「此時平者不讓勃，文帝終亦必更置之，而平之寵衰矣。千古智人，占先著處。」❸怪平病　按：即怪其無病而稱病也。❹決獄　判處案件。❺謝　道歉；請罪。❻愧不能對　方孝孺曰：「周勃挾誅諸呂之權，常有德色，帝待之益莊。夫不責其德色之不恭，而引職事以問之。文帝豈不知其不能答哉？出其不意問其所當知，使其不對而自慚，慚而不敢怒，其驕慢之虛氣至是索然銷鑠而無餘，天下之大權不待發于聲色而盡歸于己，此其得御權臣之道者也。」❼即　若。❽責廷尉　責，問。廷尉，九卿之一，主管刑獄，相當於今之最高法院院長。❾治粟內史　九卿之一，後改稱「大司農」，相當於今之農業單位之最高長官。❿主臣　一說謂主管群臣。或欲稱「主」，或又稱「臣」，以見其惶恐口吃之狀。⓫駑下　猶言「低能」、「拙笨」。駑，劣馬。⓬待罪宰相　「官居宰相」的謙虛說法。意謂身居此職而心常惴惴，不知何日將因官事不辦而受譴也。⓭上佐天子理陰陽順四時二句　理陰陽，使陰陽調和。順四時，使四時變化有序。育萬物之宜，使萬物自然生長。⓮讓　責怪。⓯絳侯自知其能不如平遠矣　史珥曰：「平對孝文『所主何事』之問，雖非渠所能及而漫為大言，然不可謂非知相職者。『使卿大夫各得任其職』，尤為扼要之言。」⓰陳平專為一丞相　姚苧田曰：「呂后稱制時，惟平與呂氏最親；順及誅諸呂，其功皆出周勃；又奉璽綬迎文帝，亦勃為之，文帝之德勃也至矣。故此段『以為』二字寫文帝意中語也。陳平智士，極善先意迎合，故亟謝病；又不公為遜讓，待上問，而後分別言之，以為自己地步。所謂『高祖時勃功不如臣』，平明明自居開國元勳矣；及後又以口舌之工扼勃，而終去之，此亦陰謀之一事也。」⓱二年卒　事在文帝四年，西元前一七六年。⓲二十三年卒　事在景帝四年，西元前一五三年。⓳二十三年　武帝元光五年，西元前一三〇年。⓴坐略人妻　因掠奪他人之妻而犯罪。略，通「掠」。搶。㉑弃市　即指處死。古者刑人於市，以表示與眾人共棄之。㉒國除　侯國的建制被取消。㉓道家之所禁　道家講「清靜無為」，與世無爭，而陳平一生搞陰謀，故自知「是道家之所禁」。㉔吾世即廢四句　吾世，當代；我這一輩。廢，指黜其爵，除其國。亦已矣，也就永遠完了。復起，謂再度封侯。按：此史公讓陳平為其自身行事做評價，蓋痛惡之極也。㉕曾孫陳掌以衛氏親貴戚　按：此句文字不順，《漢書》作「以衛氏親戚貴」，較此暢達。陳掌，陳平的曾孫，武帝時人，〈衛將軍驃騎列傳〉謂陳掌是衛皇后之姐衛少兒的情夫，因此甚受武帝之親幸。㉖願得續封陳氏　希望能讓陳家復爵為侯。

【語　譯】孝文帝即位後，因為太尉周勃親自率軍消滅了呂氏一黨，功勞最大。而陳平當時也有意把最高的職位讓給周勃，於是自己就稱病不朝。當時孝文帝剛剛即位，對於陳平的稱病感到奇怪，問他為什麼。陳平說：「在跟著高帝打天下的時候，周勃的功勞沒有我大；等到消滅呂氏一黨時，我的功勞又沒有周勃大，因此我情願把右丞相的尊位讓給他。」孝文帝一見如此，就任命絳侯周勃為右丞相，位列第一。任命陳平為左丞相，位列第二。同時又賞賜陳平黃金千斤，給他增加了封邑三千戶。

2　過了一段時間，孝文帝已經越來越熟悉國家大事了，有一次在上朝的時候他問右丞相周勃：「全國一年中要審理多少案件？」周勃惶恐地說：「不知道。」孝文帝又問：「全國一年的錢糧收支各有多少？」周勃又惶恐地說：「不知道。」說罷嚇得汗流浹背，自愧沒能回答皇帝的問題。於是孝文帝又問左丞相陳平。陳平回答說：「有專門主管這方面事情的人。」孝文帝說：「主管這方面事情的人是誰？」陳平說：「您如果要問審理案件的事，可以問廷尉；您要了解錢糧收支的情況，可以問治粟內史。」孝文帝說：「如果各種事情各有別的人管，那麼你管什麼呢？」陳平道歉地說：「主管群臣。您不以為我的才能低下，把我放在了宰相的位置上。所謂『宰相』，他的職責是對上要輔佐天子調理陰陽，順應四時變化；對下要培育萬物生長，不失時機；對外要鎮撫諸侯，安定四夷；對內要使百姓親附，使卿大夫各盡其職。」孝文帝聽罷點頭稱善。而右丞相周勃相比之下，覺得慚愧極了，出朝後他責怪陳平說：「你平常為什麼不教給我該怎麼回答皇上說話！」陳平笑道：「您身為宰相，難道還不明白其任務是什麼嗎？假如皇上再問長安城裡有多少盜賊，您也非要勉強回答嗎？」這一來絳侯周勃知道自己的才能比陳平差遠了。過了不久，周勃便稱病，辭去了右丞相之職。從此丞相的職務便由陳平一個人獨當了。

3　孝文帝二年，陳平去世，被諡為「獻侯」。他的兒子共侯陳買繼位為侯。過了二年，陳買去世，陳買的兒子簡侯陳恢繼位為侯。過了二十三年陳恢去世，陳恢的兒子陳何繼位為侯。又過了二十三年，陳何因搶奪他人的妻子被斬首示眾，從此曲逆侯的封地被廢除。

4　早在很久以前陳平就自己說過：「我一生好搞陰謀，這是道家所忌諱的。如果在我自己這一輩，我的侯爵被廢除，我估計那也差不多了，而且永遠也不能再復興，因為我陰謀搞得多，陰禍也就該多呵。」後來他的曾孫陳掌因為是衛氏的貴戚，又貴幸一時，他曾經請求重續曲逆的爵邑，但始終沒有得到。

太史公曰：陳丞相平少時本好黃帝、老子之術❶。方其割肉俎❷上之時，其意固已遠矣。傾側擾攘楚、魏之間❸，卒歸高帝。常出奇計，救紛糾之難，振國家之患。及呂后時❹，事多故❺矣，然平竟自脫❻，定宗廟❼，以榮名終❽，稱賢相，豈不善始善終哉！非知謀，孰能當此者乎❾？

【章　旨】以上為第五段，是作者的論贊，於慨歎中帶有揶揄之韻。

【注　釋】❶黃帝老子之術　即今所謂「黃老哲學」，是戰國中期興起的一種學問，依託黃帝、老子立說，而特別突出的發展了《老子》中有關陰謀權變的內容，《黃帝四經》即其一也。❷俎　切肉切菜的砧板。❸傾側擾攘楚魏之間　謂陳平早期在魏、楚兩國難以容身。傾側，難以容身、不能安居的樣子。擾攘，指時局動盪、混亂。❹呂后時　包括惠帝在位的七年與呂后臨朝的八年。❺多故　矛盾激烈，鬥爭複雜。❻自脫　自免於難。❼定宗廟　指重新穩定劉氏政權。❽以榮名終　以崇高的名譽、地位終其身。❾非知謀二句　知，通「智」。淩稚隆引王鏊曰：「『知謀』二字，斷盡陳平一生。」

【語　譯】太史公說：丞相陳平從年輕的時候就愛好黃帝、老子的學說。當他在里巷祭祀切肉的時候，就已經表現出他的遠大志向了。當天下大亂以後他先是在楚國、魏國經歷了許多艱難險阻，最後投奔了高皇帝。他曾為高皇帝出過許多奇謀，解決過許多非常複雜的問題，挽救了國家的危急。到了呂后時代，國家處於多事之秋，然而陳平卻始終能夠自免於禍，到頭來還是靠著他穩定了漢室江山，他自己也獲得了很高的榮譽，被後世稱為賢相，這不是一種少有的善始善終嗎！如果不是有足夠的智謀，怎麼能夠獲得這種結果呢？

【研　析】〈陳丞相世家〉開頭寫了陳平的早年不凡，預示他日後會有大成就，這是《史記》經常使用的描寫方法。陳平先曾在魏王咎與項羽手下供過職，都不受重用；後來改投劉邦，被劉邦信任不疑，甚至別人越是反對，劉邦偏越是寵信。有關這個問題的描寫相當精彩，被後代傳為佳話。

陳平為劉邦出主意，讓劉邦捨得花錢以離間、收買項羽的部下，他說：「大王誠能出捐數萬斤金，行反間，間其君臣，以疑其心。項王為人意忌信讒，必內相誅。漢因舉兵而攻之，破楚必矣。」漢王以為然，乃出黃金四萬斤，與陳平恣所為，不問其出入。這段文字與〈李斯列傳〉說李斯幫著秦始皇消滅東方六國的招數相同。〈李斯列傳〉寫道：「秦王乃拜李斯為長史，聽其計，陰遣謀士賫持金玉以游說諸侯，諸侯名士可下以財者，厚遺結之；不肯者，利劍刺之。離其君臣之計，秦王乃使其良將隨其後。」手段之陰險厲害相同，陳平之人格亦與李斯略似，都是那種極端自私利己者。

陳平在劉邦時代所出的謀略，本文寫他一是行反間楚國的君臣，最後使項羽間接殺了范增；二是派二千女子出東門送死騙過項羽，讓劉邦趁隙逃出滎陽；三是當韓信平齊請求為齊王劉邦生氣時，陳平與張良勸劉邦答應；四是當有人上書告韓信造反劉邦想要出兵討伐時，陳平讓劉邦假說到南方巡遊，乘韓信迎謁時將其突然襲捕；五是劉邦伐匈奴被圍困於平城時，陳平派人找單于寵愛的女人進行活動，使劉邦得以逃出。作品說陳平曾「六出奇計」，不知還有什麼應該計算入內。

劉邦派樊噲討伐叛將盧綰，後來有人說樊噲的壞話，劉邦派陳平往殺樊噲。因為樊噲是呂后的妹夫，陳平怕殺了樊噲惹怒呂后，於是便將樊噲押回京城。這時恰值劉邦病死，於是陳平進一步討好呂后，遂被任為郎中令，很快做了左丞相。當呂后欲封其兄弟諸姪為王時，右丞相王陵遵守劉邦遺命，堅決反對；陳平與周勃則說：「高帝定天下，王子弟；今太后稱制，王昆弟諸呂，無所不可。」（〈呂太后本紀〉）於是呂后大喜，罷掉了右丞相王陵，提升陳平為右丞相。呂氏權勢的迅速膨脹是與陳平、周勃的先意迎合呂后分不開的。所以司馬遷在他們第一次迎合呂后，請呂后「拜呂台、呂產、呂祿為將，將兵居南北軍，及諸呂皆入宮，居中用事」時，就接著明確的寫道：「呂氏權由此起。」

陳平、周勃後來之所以又趁呂后之死倒向反呂政變，那是因為一來他們又遭呂氏冷落，陳平的相權被架空，周勃的太尉被掛起，他們心中失去平衡；二來是見到劉襄已率齊兵殺向長安，朝廷派出的灌嬰已在滎陽兵變，與劉襄的齊軍建立聯盟，而身在長安的劉章已經動手。於是這兩個人搖身一變，憑著他們舊有的地位竟又成了討伐諸呂的領袖，真是變色龍左右逢源。至於他們早期與王陵持不同意見時所說的「於今面折廷爭，臣不如君；夫全社稷、定劉氏之後，君亦不如臣」云云，那是滅掉諸呂之後的自我粉飾之辭，歷史總是勝利者寫的呀！

陳平在政變後為相一年就死了，他的後代繼承爵位，最後因為曾孫陳何犯罪被處決，陳氏的侯爵遂廢。司馬遷在這個地方接著寫道：「始陳平曰：『我多陰謀，是道家之所禁。吾世即廢，亦已矣，終不能復起，以吾多陰禍也。』」司馬遷對陳平的感情態度是明顯的。

卷五十七

絳侯周勃世家第二十七

【題解】〈絳侯周勃世家〉分前後兩部分，前一部分記述了周勃在協助劉邦滅秦、滅項建立漢王朝，劉邦建國後又協助劉邦平定叛亂鞏固漢王朝，以及在呂后死後誅滅諸呂、擁立漢文帝，最後被罷官鬱鬱而死的情景。後一部分寫周勃的兒子周亞夫在文帝時為將軍治軍有方，景帝時為太尉，平定吳楚七國之亂有大功，後來因權大位尊被景帝所忌恨、所殺害的情景。作者對周氏父子兩代的慘痛遭遇，尤其是對周亞夫的悲劇結局表現了無限同情，周亞夫是《史記》中最重要的悲劇英雄人物之一。

1 絳侯周勃❶者，沛❷人也。其先卷❸人，徙沛。勃以織薄曲❹為生，常為人吹簫給喪事❺，材官❻引彊❼。

2 高祖之為沛公初起❽，勃以中涓❾從攻胡陵，下方與❿。方與反，與戰，卻適⓫。攻豐⓬，擊秦軍碭東⓭。還軍留及蕭⓮。復攻碭，破之⓯。下下邑⓰，先登⓱。賜爵五大夫⓲。攻蒙、虞⓳，取之。擊章邯車騎，殿⓴。定魏地㉑。攻爰戚㉒、東緡㉓，以往至栗㉔，取之。攻齧桑㉕，先登。擊秦軍阿下，破之㉖。追至濮陽，下甄城㉗。

攻都關、定陶，襲取宛朐[28]，得單父令[29]。夜襲取臨濟[30]，攻張[31]，以前至卷[32]，破之。擊李由軍雍丘下[33]。攻開封，先至；城下，為多[34]。後章邯破殺項梁[35]，沛公與項羽引兵東如碭[36]。自初起沛，還至碭，一歲二月[37]。楚懷王封沛公號安武侯[38]，為碭郡長[39]。沛公拜勃為虎賁令[40]。以令[41]從沛公定魏地，攻東郡尉於城武，破之[42]。擊王離軍，破之[43]。攻長社[44]，先登。攻潁陽、緱氏，絕河津[45]。擊趙賁軍尸北[46]。南攻南陽守齮[47]，破武關、嶢關[48]。破秦軍於藍田[49]，至咸陽，滅秦[50]。

3 項羽至[51]，以沛公為漢王[52]。漢王賜勃爵為威武侯[53]。從入漢中[54]，拜為將軍。還定三秦[55]，至秦，賜食邑懷德[56]。攻槐里、好畤，最[57]。擊趙賁、內史保於咸陽[58]，最。北攻漆[59]，擊章平、姚卬軍[60]。西定汧[61]，還下郿、頻陽[62]。圍章邯廢丘[63]。破西丞[64]，擊盜巴[65]軍，破之。攻上邽[66]。東守嶢關[67]。轉擊項籍[68]，攻曲逆[69]，最。還守敖倉[70]。追項籍[71]。籍已死[72]，因東定楚地泗川、東海郡[73]，凡得二十二縣。還守雒陽、櫟陽[74]。賜與潁陰侯[75]共食鍾離[76]。以將軍從高帝擊反者燕王臧荼，破之易下[77]。所將卒當馳道[78]為多[79]，賜爵列侯，剖符世世勿絕[80]。食絳，八千一百八十戶，號絳侯。

【章　旨】以上為第一段，寫周勃在佐助劉邦滅秦、滅項中所建立的種種功動。

【注　釋】❶絳侯周勃　周勃的封地為絳。絳，漢縣名，縣治在今山西侯馬東北。❷沛　秦縣名，縣治即今江蘇沛縣。❸卷　秦縣名，縣治在今河南原陽西南。❹薄曲　用竹篾或葦篾編成的養蠶用具。❺常為人吹簫給喪事　常，通「嘗」。曾經。給，充役；給人辦事。❻材官　一種力大善射的特種兵的名號。❼引彊　拉硬弓。按：此文之「材官引彊」，疑是為喪家充當儀仗隊，非軍中之真正「材官」。❽高祖之為沛公初起　事在秦二世元年九月。劉邦首先率人攻下沛縣，被擁立為沛縣令。當時凡縣令皆被尊稱為某公，故人呼劉邦為「沛公」，直至被封為「漢王」前。❾中涓　在帝王身邊為之主管清潔灑掃的貼身官員。❿攻胡陵二句　事在秦二世二年（西元前二〇八年）十月（當時以十月為歲首）。胡陵，秦縣名，縣治在今山東魚台東南。下，攻下。方與，秦縣名，縣治在今山東魚台西。⓫卻適　打退了敵人。適，通「敵」。⓬攻豐　事在秦二世二年十一月。時劉邦的部將雍齒據豐邑反劉邦，故劉邦率軍往攻之。豐，鄉邑名，劉邦的故里之所在，原屬沛縣，漢朝建國後，升格為縣，縣治即今江蘇豐縣。⓭擊秦軍碭東　事在秦二世二年一月，乃劉邦與東陽寧君合兵攻章邯所部之秦軍，初戰未利也。按：〈高祖本紀〉書此曰「與戰蕭西」，〈秦楚之際月表〉書此作「擊秦軍碭西」。碭，秦縣名，縣治在今河南夏邑東南。⓮還軍留及蕭　以其在碭東與秦軍戰不利，故向東退回，事見〈高祖本紀〉。留，秦縣名，縣治在今江蘇沛縣東南。蕭，秦縣名，縣治在今安徽蕭縣西北。⓯復攻碭二句　事在秦二世二年二月。〈秦楚之際月表〉云「攻下碭，收得兵六千，與故凡九千人」。⓰下下邑　事在秦二世二年三月。下，攻克。下邑，秦縣名，縣治即今安徽碭山。⓱先登　率先登上城牆。⓲五大夫　秦爵名，秦爵最高的為二十級，五大夫為第五級。⓳攻蒙虞　蒙，秦縣名，縣治在今河南商丘東北。虞，秦縣名，縣治在今河南虞城北。⓴擊章邯車騎二句　章邯，秦朝名將，前已於秦二世二年十二月，破殺陳涉於陳縣城西，今又東下與劉邦、項梁等作戰。殿，一說謂「斷後」，撤退時走在最後。一說謂二等功，類似今之所謂「殿軍」。《集解》引孫檢曰：「上功曰『最』，下功曰『殿』，戰功曰『多』」。㉑定魏地　按：三字上下不連，且無事實依據，疑涉下文誤衍。㉒爰戚　秦縣名，縣治在今山東嘉祥東南。㉓東緡　秦縣名，縣治即今山東金鄉。㉔栗　秦縣名，縣治即今河南夏邑。㉕齧桑　古亭名，在今江蘇沛縣西南。㉖擊秦軍阿下二句　事在秦二世二年七月。阿，也稱「東阿」，秦縣名，即今山東陽穀東北之阿城鎮。時齊王田儋被章邯破殺於臨濟，田儋之弟田榮被章邯包圍於東阿。田榮向項梁求救，項梁率項羽、劉邦救東阿，破章邯，救出了田榮。㉗追至濮陽二句　其事亦在秦二世二年七月。濮陽，秦縣名，縣治在今河南濮陽西南，當時亦為東郡的郡治所在地。甄城，也寫作「鄄城」，秦縣名，縣治在今山東鄄城北。〈項羽本紀〉於此作「項梁使沛公及項羽別攻城陽（在鄄城東南），屠之。西破秦軍濮陽東，秦軍收入濮陽」。㉘攻都關定陶二句　都關，秦縣名，縣治在今山東鄆城西。定陶，秦縣名，縣治在今山東定陶西北。宛朐，秦縣名，縣治在今山東菏澤西南。㉙單父令　單父縣的縣令。單父即今山東單縣。㉚臨濟　古邑名，在今河南封丘東。㉛張　秦縣名，縣治在今山東梁山東北。㉜以前至卷　率先攻打到卷縣。按：「前至」似與「先登」意近。㉝擊李由軍雍丘下　事在秦二世二年八月。李由，秦丞相李斯之子，時為三川郡的郡守，在此役中兵敗被殺。雍丘，秦縣名，縣治即今河南杞縣。㉞攻開封四句　楊樹達引李慈銘曰：「攻開封既先至；及城破，又勃功最多也。」開封，秦縣名，縣治即今河南開封。㉟章邯破殺項梁　事在秦二世二年九月。時項梁因連戰取勝，驕傲輕敵，致被章邯大破於定陶，項梁死。㊱沛公與項羽引兵東如碭　蓋向東撤退也。㊲一歲二月　一年零兩個月。㊳封沛公號安武侯　事在秦二世二年後（閏）九月。《漢書》作「武安侯」。㊴碭郡長　碭郡的郡守。秦時的碭郡治睢陽（今河南商丘西南）。㊵虎賁令　猶今之所謂「衛隊長」。虎賁，勇士的稱號，言其勇猛無敵，可以奔逐猛虎。賁，通「奔」。㊶令　即所謂「虎賁令」也。㊷攻東郡尉於城武二句　事在秦二世三年一月，時項羽受命隨宋義往救河北，劉邦受命向西推進，直取關中。東郡，秦郡名，郡治濮陽（今河南濮陽西南）。郡尉是郡中職掌武事的長官。城武，也作「成武」，即今山東成武，在濮陽之東南。㊸擊王離軍二句　事亦在秦二世三年一月，〈秦楚之際月表〉於此書作「攻東郡尉與王離軍于成武南」。王離，秦將名，秦國名將王翦之孫。按：蓋劉邦此次攻成武時，項羽已受命隨宋義往救河北，因趙王歇與張耳、陳餘等前已被王離、涉間等圍困於鉅鹿也，則劉邦此時尚何得擊王離於成武？㊹長社　秦縣名，縣治在今河南長葛東北。㊺攻潁陽緱氏二句　事在秦二世三年四月。潁陽，秦縣名，縣治在今河南許昌西南。緱氏，秦縣名，縣治在今河南偃師東南。絕河津，斷絕黃河渡口。津，渡口，這裡指平陰津，在今河南孟津東北。按：劉邦此次西行出發前，懷王曾與諸將約曰「先入關中者王之」。劉邦為阻司馬卬南渡與之爭功，故「絕河津」。㊻擊趙賁軍尸北　趙賁，秦將。尸，即尸鄉，古邑名，在今河南偃師城西。㊼攻南陽守齮　南陽郡的郡守名齮，史失其姓。南陽郡的郡治宛縣，即今河南南陽。劉邦攻南陽郡在秦二世三年七月，攻之不下，聽陳恢議，乃使之歸降，見〈高祖本紀〉。㊽破武關嶢關　劉邦破武關在秦二世三年八月，破嶢關在三年九月，乃用張良計襲破之也。武關，在今陝西商南東南。嶢關，又名藍田關，在今陝西藍田東南。武關和嶢關都是關中地區通往河南南部的重要通道。㊾破秦軍於藍田　蓋與嶢關之戰為同一過程，劉邦用張良計，先與嶢關守將假意聯合，趁其懈怠襲破其軍後，「逐北至藍田，再戰，秦兵竟敗，遂至咸陽」。追擊秦軍於藍田，又破，進咸陽。藍田，秦縣名，縣治在今陝西藍田西南。㊿至咸陽二句　事在漢元年（西元前二〇六年）十月。在此以前之二世三年八月，秦二世被趙高所殺，子嬰被立為帝；子嬰即位後，殺趙高，退皇帝號而復稱「秦王」，凡四十六日，劉邦遂入咸陽，秦朝宣告滅亡。(51)項羽至　謂項羽兵抵咸陽，事在漢元年十二月。(52)以沛公為漢王　事在漢元年一月。鴻門宴後，項羽分封諸侯，封劉邦為漢王，王巴、蜀、漢中，過程詳見〈項羽本紀〉。(53)賜勃爵為威武侯　威武，封號名，蓋只有封號而無封地也。(54)從入漢中　跟著劉邦去漢王之封地，事在漢元年四月。漢王的國都南鄭，即今陝西漢中。(55)還定三秦　事在漢元年八月。三秦，指關中地區，因項羽分封諸侯時，將關中地區分而為三，以封秦朝的三員降將為王。劉邦用韓信之謀議，八月復定關中。(56)賜食邑懷德　食邑，也稱「采邑」，即領地，受封者收取該地區的租稅以供生活之資。懷德，秦縣名，縣治在今陝西大荔東南。(57)攻槐里好時二句　槐里，漢縣名，即秦時之「廢丘」。好時，秦縣名，縣治在今陝西乾縣東。最，謂作戰最能，功勞最大。(58)擊趙賁內史保於咸陽　其事約在漢元年九月。曹參、周勃共為之也。趙賁，章邯的部將，隨章邯以抗劉邦。內史保，內史名保，史失其姓。內史，官名，即後日之京兆尹。(59)漆　秦縣名，縣治即今陝西彬縣。(60)擊章平姚卬軍　章平，章邯之弟。姚卬，章邯將。蓋亦曹參、周勃共擊之。(61)汧　秦縣名，縣治在今陝西隴縣南。(62)下郿頻陽　郿，秦縣名，縣治在今陝西眉縣東北。頻陽，秦縣名，縣治在今陝西銅川東南。(63)圍章邯廢丘　章邯於漢元年八月即被漢軍圍困於廢丘，至今未下。(64)破西丞　擊敗了西縣縣丞的軍隊。西縣在今甘肅天水西南；縣丞是縣令的副手。(65)盜巴　盜者名巴，章邯的部將。(66)上邽　秦縣名，縣治在今甘肅天水西。(67)東守嶢關　為守衛關中東南部之安全。(68)轉擊項籍　事在漢二年四月。劉邦於漢二年十月前大體平定關中，於是東出函谷關以經營河南西部與山西南部。至四月，率各路歸附者共五十六萬東攻彭城。(69)曲逆　「逆」為「遇」之誤。曲遇在今河南中牟東北。(70)還守敖倉　其事應在漢二年四月，劉邦被項羽大破於彭城之後。敖倉，秦朝所建的大糧倉，在今河南滎陽城東北的敖山上，北瀕黃河。(71)追項籍　事在漢五年十月。劉邦被項羽大破於彭城，向西潰退後，雙方遂在滎陽、成皋一帶形成對峙。至漢四年八月，由於韓信破魏、平趙、下齊，楚漢形勢轉，項羽無奈接受了劉邦的請和，以鴻溝為界，兩國罷兵。項羽信以為實，於漢四年九月引兵東歸；劉邦則用張良計，隨即率軍追了過去。(72)籍已死　漢五年十二月，韓信率各路漢軍與項羽決戰垓下，大破之，項羽敗死。(73)因東定楚地泗川東海郡　泗川，秦郡名，郡治相縣（今安徽濉溪西北），當時屬項羽。梁玉繩曰：「『川』當作『水』。」東海郡，郡治郯縣（今山東郯城北），當時屬項羽。(74)還守雒陽櫟陽　事在漢五年、六年，蓋為劉邦首都之軍事長官。雒陽，同「洛陽」，在今河南洛陽東北，劉邦稱皇帝後最初幾個月的都城。櫟陽，楚漢戰爭期間劉邦的後方大本營，劉邦稱帝後於漢五年六月將國都遷移到此。(75)潁陰侯　灌嬰，劉邦的部將，以軍功後來被封為潁陰侯，事跡見〈樊酈滕灌列傳〉。原作「潁陽侯」。《漢書》卷四〇〈周勃傳〉云易與潁陰侯共食鍾離。張文虎《校刊史記集解索隱正義札記》云：《志疑》云：潁陰之誤，灌嬰也。案《正義》作，潁陰，不誤。據改。(76)共食鍾離　意謂以鍾離縣為周勃、灌嬰二將之食邑，蓋當時周勃尚未封「絳侯」，灌嬰亦尚未封「潁陰侯」也。鍾離縣在今安徽蚌埠東。(77)從高帝擊反者燕王臧荼二句　事在高祖五年八月。燕王臧荼，原為陳涉部將燕王韓廣的屬下，因隨項羽入關，被封為燕王。高祖三年，韓信破魏、破代、破趙後，臧荼被迫降漢。高祖五年七月，臧荼反漢；八月，被劉邦親自率軍討平。易，秦縣名，縣治在今河北雄縣西北。(78)當馳道　猶言「為天子開路」。馳道，天子車駕所行之道。郭嵩燾曰：「馳道，猶言『輦道』，謂當上前也。蓋以前鋒擊賊，仍存護衛之意。」(79)為多　依前例，此處似非謂人多，乃指功多、功大也。(80)賜爵列侯二句　周勃受封為侯在高祖六年正月。列侯，享有封地的侯爵，為秦爵二十級中的最高者。剖符，古代帝王分封諸侯或任命將帥，常把特製的符節一分為二，帝王與受封者各執其一，需要時，合符以為驗。

【語譯】絳侯周勃，是沛縣人。他的祖先原來是卷縣人，後來才遷居沛縣。周勃原來以編織養蠶的工具為生，他還會吹簫，曾經去給辦喪事的人家充當吹鼓手或作儀仗隊員。

2 當劉邦奪得沛縣縣長之位起兵時，周勃就以近侍官員的身分跟上了劉邦，他隨著劉邦打下過胡陵，打下了方與。後來方與又反叛，周勃率軍往討，將叛軍擊敗了。接著又進攻豐邑，在碭縣東打擊了秦軍。後因戰鬥不利而退守留縣和蕭縣。當第二次進攻碭縣時，碭縣被周勃占領。後來在攻打下邑的時候，周勃最先登上城樓。累計上述功勞，劉邦賜給了周勃五大夫的爵位。後來周勃又攻下了蒙縣、虞縣。在劉邦進擊秦將章邯的時候，周勃獲得下功。接著平定了魏地。繼而又往攻爰戚、東緡，一直打到南面的栗縣，這些縣分都被周勃占領了。在進攻齧桑縣的戰鬥中，周勃又最先登上了城樓。接著在東阿城下擊潰了秦軍，並乘勝追擊到濮陽，攻下了甄縣。接著又攻下了都關、定陶，襲取了宛朐，俘獲了單父縣的縣令。然後又夜襲了臨濟，打下了張縣，又乘勝前進打到了卷縣，一路上勢如破竹。後來在雍丘城下進擊過秦將李由。在攻占開封時，周勃的兵卒首先攻到城下，功勞最多。在秦將章邯打敗了項梁的軍隊殺死了項梁後，周勃隨同劉邦、項羽等一同向東退到了碭縣。周勃從沛縣起兵跟隨劉邦，到東退碭縣，前後已經有一年零兩個月了。這時楚懷王封劉邦為安武侯，做碭郡的地方長官。而劉邦則讓周勃當了負責保衛工作的虎賁令。接著周勃又以虎賁令的身分跟著劉邦平定了魏地，又在城武縣打敗了秦朝東郡郡尉的軍隊。又曾經打敗過秦將王離的軍隊。在進攻長社縣城的時候，周勃又最先登上了城樓。接著又進攻潁陽、緱氏，而後北上斷絕了黃河平陰津的渡口。又在尸鄉以北打擊過秦將趙賁的軍隊。又南下攻擊過秦朝南陽郡的太守齮，又乘勝西進攻破了武關和嶢關。又在藍田打敗了秦朝軍隊，一直到進入咸陽，推翻了秦朝。

3 項羽來到咸陽後，封劉邦為漢王。劉邦則封周勃為威武侯。不久周勃又跟隨劉邦一同到了漢中，劉邦封周勃為將軍。等到劉邦從漢中回軍收復三秦時，部隊剛到關中，劉邦就把懷德縣賜給了周勃作為食邑。接著在攻打槐里、好畤二縣時，周勃的戰功最大。緊跟著進擊咸陽，與趙賁和內史保作戰，周勃的功勞又最大。而後北攻漆縣，打擊了章平、姚卬的軍隊。再西取汧縣，又回軍攻下了郿縣、頻陽。把章邯包圍在廢丘。接著打敗了西縣縣丞，擊潰了盜巴的軍隊，又攻克了上邽。後來又東去鎮守嶢關。又從嶢關東出輾轉攻擊項羽，在攻取曲逆時，周勃的戰功最多。接著又回兵駐守敖倉。最後又東進追擊項羽。項羽死後，周勃率軍平定了楚地的泗水、東海兩郡，共取得二十二個縣。後來又回師鎮守劉邦的臨時首都雒陽、櫟陽。為了酬答周勃的功勞，劉邦把鍾離縣賜給周勃與灌嬰為食邑。後來周勃又以將軍的身分跟隨劉邦去討伐造反的燕王臧荼，破臧荼於易縣下。在戰鬥中周勃率領的士兵一直在劉邦的前面打先鋒。因而在劉邦分封功臣的時候周勃被封為列侯，並剖符為信，發誓世代相繼，永不斷絕。劉邦把絳縣的八千一百八十戶賜給周勃作食邑，周勃號稱絳侯。

1 以將軍從高帝擊反韓王信於代❶，降下霍人❷。以前至武泉❸，擊胡騎❹，破之武泉北。轉攻韓信軍銅鞮❺，破之。還，降太原六城❻。擊韓信胡騎晉陽下❼，破之，下晉陽。後擊韓信軍於硰石❽，破之，追北❾八十里。還攻樓煩❿三城，因擊胡騎平城下[11]，所將卒當馳道為多。勃遷為太尉[12]。

2 擊陳豨[13]，屠馬邑[14]，所將卒斬豨將軍乘馬絺[15]。擊韓信[16]、陳豨、趙利[17]軍於樓煩，破之，得豨將宋最、鴈門守圂[18]。因轉攻，得[19]雲中守遬[20]、丞相箕肆[21]、將勳[22]。定鴈門郡十七縣、雲中郡十二縣。因復擊豨靈丘，破之，斬豨[23]，得豨丞相程縱[24]、將軍陳武[25]、都尉[26]高肆。定代郡九縣。

3 燕王盧綰反[27]，勃以相國代樊噲將[28]。擊下薊[29]，得綰大將抵[30]、丞相偃[31]、守陘[32]、太尉弱[33]、御史大夫施，屠渾都[34]。破綰軍上蘭[35]，復擊破綰軍沮陽[36]，追至長城[37]。定上谷[38]十二縣，右北平[39]十六縣，遼西、遼東[40]二十九縣，漁陽[41]二十二縣。最[42]從高帝得相國一人，丞相二人，將軍、二千石[43]各三人。別[44]破軍二，下城三，定郡五，縣七十九，得丞相、大將各一人。

4 勃為人木彊敦厚[45]，高帝以為可屬[46]大事。勃不好文學[47]，每召諸生[48]說士[49]，東鄉坐[50]而責之：「趣為我語[51]！」其椎少文[52]如此。

5 勃既定燕而歸，高祖已崩[53]矣。以列侯事孝惠帝[54]。孝惠帝六年[55]，置太尉官[56]，以勃為太尉。十歲[57]，高后崩[58]。呂祿[59]以趙王為漢上將軍[60]，呂產[61]以呂王為漢相國[62]，秉漢權[63]，欲危劉氏。勃為太尉，不得入軍門；陳平為丞相，不得任事。

於是勃與平謀，卒誅諸呂(64)而立孝文皇帝(65)。其語在呂后、孝文事中。

【章旨】以上為第二段，寫周勃在漢朝建國初期為維護與鞏固劉氏王朝所做出的貢獻。

【注釋】❶擊反韓王信於代　事在高祖七年十月。韓王信，戰國時韓國諸侯的後裔，隨劉邦滅秦、滅項，被劉邦封為韓王，自請北都馬邑（今山西朔縣）。高祖六年九月，馬邑被匈奴所圍，韓王信遂降匈奴，且引匈奴南掠太原郡，故劉邦往擊之。代，秦郡名，其地約當今之山西西北部和與之鄰近的河北西北部地區。❷霍人　漢縣名，縣治在今山西繁峙東北。❸武泉　漢縣名，縣治在今內蒙呼和浩特東北。❹胡騎　指匈奴騎兵。胡，古代用以稱北部邊境的少數民族，秦漢時期主要指匈奴人。❺轉攻韓信軍銅鞮　韓信，即韓王信。銅鞮，漢縣名，縣治在今山西沁縣南。❻太原六城　太原郡的六個縣。❼擊韓信胡騎晉陽下　謂攻擊韓王信與匈奴人的聯軍於晉陽城下。晉陽，在今山西太原西南，當時為太原郡的郡治所在地。❽後擊韓信軍於硰石　王先謙曰：「『後』當作『復』」。硰石，古邑名，在今山西靜樂東北。❾追北　追擊潰敗之敵。北，背也，雙方交而示之以背，即指敗逃。❿樓煩　漢縣名，縣治即今山西寧武。⓫因擊胡騎平城下　其事約在高祖七年十一月。平城，漢縣名，縣治在今山西大同東北。按：是役劉邦被匈奴人所圍困，因天寒，士墮指者十二三。⓬勃遷為太尉　事在高祖十一年。太尉，官名，秦、漢時為「三公」之一，主管全國軍事。⓭擊陳豨　事在高祖十年九月。陳豨，劉邦的將領，任以為代國的相國，後因周昌進讒，朝廷與陳豨互相猜疑，故於高祖十年八月，陳豨自稱代王，與叛將韓王信等共同勾結，為亂於北方，故劉邦於九月出兵擊之。⓮屠馬邑　屠，殺光；血洗。馬邑，漢縣名，即今山西朔縣。⓯乘馬絺　姓乘馬，名絺。⓰韓信　仍指韓王信。⓱趙利　戰國時趙國諸侯的後裔，原為韓王信的部將。韓王信反漢兵敗，逃入匈奴後，韓王信的殘存勢力遂立趙利為王。至陳豨反，趙利遂與之合伙。⓲鴈門守圂　鴈門郡的郡守，名圂，史失其姓，陳豨屬下官員。鴈門郡的郡治善無，在今山西右玉東南。⓳得　擒獲。⓴雲中守遬　雲中，漢郡名，郡治雲中（今內蒙古托克托東北），其郡守名遬，史失其姓。(21)丞相箕肆　韓王信的丞相，名箕肆。(22)將動　瀧川曰：「楓、三本『將』下有『軍』字。」蓋謂韓王信的將軍名動也。(23)擊豨靈丘三句　事在高祖十二年冬。斬陳豨者蓋樊噲之軍，而非周勃，蓋周勃此時尚未取代樊噲為將也。靈丘，漢縣名，縣治在今山西靈丘東。(24)得豨丞相程縱　梁玉繩曰：「〈酈商傳〉以為商得程縱，何也？」(25)將軍陳武　梁玉繩曰：「此陳武乃陳豨將，別是一人，非棘蒲侯。」(26)都尉　略低於將軍的武官名。(27)燕王盧綰反　盧綰，是劉邦的同鄉好友，被立為燕王。陳豨謀反失敗後，「陳豨降將言豨反時燕王盧綰使人之豨所，與陰謀。上使辟陽侯迎綰，綰稱病。辟陽侯歸，具言綰反有端矣。」此高祖十二年冬事。㉘勃以相國代樊噲將　按：此所謂「以相國」，乃加以「相國」之虛銜，非實任其職。又，梁玉繩曰：「勃為太尉，此誤。」樊噲，呂后的妹夫，劉邦的開國元勳，人告盧綰謀反，劉邦即命樊噲「以相國」往擊之。不久又有人說樊噲黨附呂氏，欲待日後謀殺戚夫人與趙王如意，劉邦即命陳平往誅樊噲，而命周勃往代樊噲統其討盧綰之兵。㉙薊　漢縣名，縣治在今北京城之西南部。㉚大將抵　大將名抵。㉛丞相偃　丞相名偃。㉜守陘　謂廣陽郡的郡守名陘，當時廣陽郡的郡治在薊。㉝太尉弱　太尉名弱。㉞渾都　漢縣名，縣治在今北京昌平西南。梁玉繩曰：「〈噲傳〉云『破綰丞相抵薊南』，此誤以『抵』為綰將，當是得『綰丞相抵、大將偃』耳。」㉟上蘭　水名，亦名馬蘭溪，在今河北懷來東北。㊱沮陽　漢縣名，縣治在今河北懷來東南。㊲長城　瀧川引沈濤曰：「蓋謂燕之長城，自造陽至襄城。」蓋即今河北張家口以及北京密雲、平谷一帶之舊長城。㊳上谷　漢郡名，郡治即上文之沮陽。㊴右北平　漢郡名，郡治平剛（今遼寧凌源西南）。㊵遼西遼東　皆漢郡名，遼西郡治陽樂（今遼寧義縣西南）。遼東郡治襄平（今遼寧遼陽）。㊶漁陽　漢郡名，郡治漁陽（今北京密雲西南）。㊷最　總計。師古曰：「最者，凡也，謂總舉其攻戰克獲之數。」㊸二千石　官階名，相當於朝內的太子太傅、典屬國、水衡都尉，以及地方上的郡守等。㊹別　指單獨領兵，自當一面。㊺木彊敦厚　木彊，憨厚剛直。師古曰：「木謂質樸。」按：謂不善言語也。㊻屬　委託；託付。㊼不好文學　略當於今之所謂「缺少文化修養」。修養欠佳。㊽諸生　猶今所謂「學者」。㊾說士　以議論、談說著稱的人。按：《漢書》於此作「說事」，意思略別。㊿東鄉坐　謂自己東向而坐，是一種目中無人的樣子。蓋秦漢時代除升堂理事仍為南向外，平時都以東向坐為尊。(51)趣為我語　猶言「有話給我快點說！」趣，通「促」。迅速。(52)椎少文　魯鈍木訥，無文采蘊藉。椎，鈍。(53)高祖已崩　事在高祖十二年四月。(54)以列侯事孝惠帝　以列侯的身分在孝惠帝朝居官任職，蓋為區別多數列侯要各自前往自己的封地而言。孝惠帝，即劉盈，劉邦之子，呂后所生。(55)孝惠帝六年　西元前一八九年。(56)置太尉官　按：自高祖十二年周勃討盧綰後，「太尉」一職遂廢；至此又設此職，復以周勃任之也。《正義》曰：「下云『以勃為太尉，十歲高后崩』。按：孝惠六年至高后八年，是十年耳。」(57)十歲　謂周勃二次任太尉的第十年。(58)高后崩　事在高后八年（西元前一八〇年）七月。高后，即呂后，名雉，劉邦的皇后，惠帝之生母。(59)呂祿　呂后兄呂釋之的次子，呂后元年被封為胡陵侯，呂后七年被封為趙王。(60)為漢上將軍　事在高后八年七月，時呂后病危將死，為恐劉氏與功臣作亂，乃命呂祿「為上將軍，軍北軍」。此時周勃的「太尉」實際已被架空。(61)呂產　呂后長兄呂澤之次子，呂后六年被封為呂王，七年改封為梁王，但又改梁稱呂，實際是只換了封地。(62)以呂王為漢相國　事在呂后八年七月，時呂后將死，除命呂祿為上將軍，軍北軍外，又命呂產為相國，軍南軍。此時陳平的「右丞相」實際已被棄置。63秉漢權　把持著漢王朝的中央政權。秉，執；把持。64誅諸呂　事在高后八年九月。周勃、陳平利用齊王劉襄舉兵西下，灌嬰率軍往討而中途倒戈之際，依仗劉章等人發動政變誅滅諸呂。65立孝文皇帝　孝文皇帝名恆，劉邦之子，薄后所生。原來封為代王，都中都（今山西平遙西南）。周勃、陳平誅滅呂氏後，為立一個便於他們控制的皇帝，誤選了善於韜晦的代王劉恆。

【語　譯】後來周勃又以將軍的身分跟隨劉邦北至代郡討伐造反的韓王信，他首先攻下了霍人縣。接著又前進到武泉，在武泉北擊潰了匈奴人的騎兵。而後又輾轉至銅鞮，擊潰了韓王信的軍隊。接著又回兵北進，收復了太原郡的六個縣城。並在太原郡的首府晉陽城下打敗了韓王信和匈奴人的聯軍，占領了晉陽城。後來又在硰石邑擊敗了韓王信的軍隊，並乘勝追擊了八十餘里。接著又回師攻擊了樓煩縣的三座城邑，並乘勝北上在平城下攻擊了匈奴人的騎兵，在以上戰鬥中周勃率領著士卒經常在劉邦前面打頭陣。因為軍功周勃被提升為太尉。

2　後來周勃又奉命北擊叛將陳豨，血洗了馬邑城，周勃的部卒殺了陳豨的部將乘馬絺。接著在樓煩打敗了韓王信、陳豨、趙利等人的聯軍，俘獲了陳豨的將領宋最和鴈門郡的太守圂。接著又進攻雲中郡，俘虜了雲中郡的太守遬、和韓王信的丞相箕肆與將軍勳。前後共平定了鴈門郡的十七個縣、雲中郡的十二個縣。接著又進擊陳豨於靈丘，陳豨兵敗被殺，陳豨的丞相程縱、將軍陳武、都尉高肆等被俘。從而平定了代郡的九個縣。

3　後來燕王盧綰造反時，周勃以相國的身分取代了樊噲的軍權。他攻下了薊縣，虜獲了盧綰的大將抵、丞相偃、太守陘、太尉弱、御史大夫施等，血洗了渾都縣。接著又在上蘭、沮陽相繼地打敗了盧綰軍，並乘勝追擊到長城下。前後共平定了上谷郡的十二個縣，右北平的十六個縣，遼西郡、遼東郡的二十九個縣，和漁陽郡的二十二個縣。總括起來，周勃跟隨劉邦作戰時，曾獲相國一人，丞相二人，將軍、二千石各三人。此外周勃還單獨地擊敗過兩支敵軍，攻下了三個城，平定了五個郡，共七十九個縣，俘虜了丞相、大將各一人。

4　周勃為人剛直憨厚，被劉邦認為是一個可以託付大事的人。周勃不講究斯文，每當會見儒生和遊說之士時，自己總是坐在上位不耐煩地喝斥著他們：「有話給我快說！」他那種率直粗魯就是經常如此。

5 周勃平定了燕國的叛亂回到長安時，劉邦已經死了。這以後他就以列侯的身分侍候孝惠皇帝。孝惠帝六年，開始設置太尉官，於是周勃被任命為太尉。十年後，呂太后死了。當時呂祿正以趙王的身分充任上將軍，呂產以呂王的身分充任相國，兩人控制著國家的權柄，對劉氏皇室構成了嚴重的威脅。當時周勃雖然名義上是太尉，但卻無法進入軍門；陳平雖然名義上是丞相，但卻不能過問國家大事。於是周勃與陳平聯合了起來，共同定計，最後剷除了呂氏一黨而擁立了孝文皇帝。關於這件事情的詳細經過記述在〈呂太后本紀〉和〈孝文本紀〉中。

1 文帝既立❶，以勃為右丞相❷，賜金五千斤，食邑萬戶❸。居月餘❹，人或說勃曰：「君既誅諸呂，立代王，威震天下。而君受厚賞，處尊位以寵❺，久之，即❻禍及身矣。」勃懼，亦自危❼，乃謝請歸相印❽。上許之。歲餘，丞相平卒❾，上復以勃為丞相❿。十餘月⓫，上曰：「前日吾詔列侯就國⓬，或未能行。丞相吾所重，其率先之⓭！」乃免相就國。

2 歲餘⓮，每河東守尉⓯行縣⓰至絳，絳侯勃自畏恐誅，常被甲，令家人持兵以見之⓱。其後人有上書告勃欲反，下廷尉⓲。廷尉下其事長安⓳，逮捕勃治⓴之。勃恐，不知置辭。吏稍侵辱之㉑。勃以千金與獄吏，獄吏乃書牘背㉒示之，曰「以公主為證㉓」。公主者，孝文帝女也，勃太子勝之㉔尚之㉕，故獄吏教引為證。勃之益封受賜，盡以予薄昭㉖。及繫急，薄昭為言薄太后，太后亦以為無反事。文帝朝㉗，太后以冒絮㉘提㉙文帝，曰：「絳侯綰皇帝璽㉚，將兵於北軍㉛，不以此時反；今居一小縣，顧㉜欲反邪？」文帝既見絳侯獄辭㉝，乃謝曰：「吏方驗而出之㉞。」於是使使持節赦絳侯，復爵邑㉟。絳侯既出，曰：「吾嘗將百萬軍，然安知獄吏之貴乎㊱！」

3 絳侯復就國，孝文帝十一年卒，謚為武侯。子勝之代侯。六歲㊲，尚公主不相中㊳，坐殺人，國除㊴。絕一歲㊵，文帝乃擇絳侯勃子賢者河內守㊶亞夫，封為條侯㊷，續絳侯後㊸。

【章　旨】以上為第三段，寫周勃晚年的悲憤遭遇。

【注　釋】❶文帝既立　文帝即位在高后八年九月。❷以勃為右丞相　事在文帝元年十月。陳平原為右丞相，他自以為在平定諸呂上不如周勃功大，自請換居周勃之下，文帝許之。❸食邑萬戶　食萬戶之邑，即封以萬戶之地。❹居月餘　此誤，應依《漢書》作「居十一月」。梁玉繩曰：「按〈文紀〉〈百官表〉，勃為右丞相在文帝元年十月，其免相在八月，則首尾凡十一月。」❺以寵　榮耀已到頂點。以，通「已」。寵，榮耀。❻即　則。❼勃懼二句　方孝孺曰：「周勃挾誅諸呂之權，常有德色，帝待之益莊。夫不責其德色之不恭，而引職事以問之。文帝豈不知其不能答哉？出其不意問其所當知，使其不對而自慚，慚而不敢怒，其驕慢之虛氣至是索然銷鑠而無餘，天下之大權不待發于聲色而盡歸于己，此其得御權臣之道者也。」❽請歸相印　《漢書・百官公卿表》繫之於文帝元年八月。❾歲餘二句　梁玉繩曰：「勃以元年八月免相，平以二年十月薨，中間只隔一月，當是『月餘』之誤。」❿上復以勃為丞相　據〈漢興以來將相名臣年表〉，事在文帝二年（西元前一七八年）十一月。⑪十餘月　文帝三年十一月，《漢書・百官公卿表》繫之於十二月。⑫前日吾詔列侯就國　楊樹達曰：「文帝二年十月事也。」詔列侯就國，讓所有封侯者都到各自的封地上去。因當時列侯多娶公主為妻，而公主不願離開京城，故列侯也隨之留京。文帝即位後，為減輕京城壓力，皆令諸侯就國。⑬率先之　猶言「給他們帶個頭」。⑭歲餘　過了一年多，蓋即文帝四年。⑮河東守尉　河東郡的郡守或郡尉。河東郡的郡治在安邑（今山西夏縣西北）。⑯行縣　到所屬各縣視察。周勃的封地絳縣上屬河東郡，故河東郡的郡守、郡尉有時要來視察。⑰勃自畏恐誅三句　被，通「披」。按：漢朝初年大肆誅殺功臣，使得人人自危，周勃有擁立之大功，尚畏懼如此，他人可知。⑱下廷尉　皇帝把事情交由廷尉辦理。廷尉，官名，九卿之一，相當於今之最高法院院長。⑲廷尉下其事長安　廷尉又將此事交由長安主管刑獄的官吏去辦理。⑳治　審理；拷問。㉑吏稍侵辱之　獄吏們越來越欺侮周勃。稍，漸；越來越厲害。㉒書牘背　寫在木簡的背面。牘，古人寫字用的木板。㉓以公主為證　讓公主出來給你作證。㉔太子勝之　周勃的嫡長子周勝之。按：漢初時皇帝、諸王以及諸列侯的嫡長子都稱「太子」，景帝以後方改為只用以稱皇太子。㉕尚之　娶以為妻。皇帝之女地位至高，不可謂娶，尊之曰「尚」。尚，上配。㉖勃之益封受賜二句　按：薄昭，漢文帝之舅，薄太后之弟，功封軹侯。在周勃誅滅呂氏，派人迎請，而文帝尚未進京前，文帝曾先派薄昭進京與周勃聯絡。周勃深知薄昭地位的重要，故盡力與之結好。㉗文帝朝　謂文帝朝見太后。㉘冒絮　猶今婦女所戴之頭巾。冒，覆。㉙提　擲擊。㉚綰皇帝璽　綰，繫，這裡即指「掌握」、「把持」。㉛將兵於北軍　指掌握著守衛京城的主要兵力，因為周勃誅滅諸呂時首先是奪得了北軍，故云。漢代初期駐守長安城的軍隊有北軍、南軍兩支，北軍負責守衛京城，南軍負責守衛宮廷，北軍比南軍更為強大。兩軍都由帝王與其心腹將帥直接統領。㉜顧　反而，轉折語詞。㉝絳侯獄辭　周勃在獄中所寫申訴材料。㉞吏方驗而出之　主管此事的官吏很快就能對證清楚，放他出來了。原作「吏事方驗而出之」。王念孫《讀書雜志・史記第三》曰：「此當作『吏方驗而出之』，不當有事字。蓋古文『事』字作『叓』，與吏相似，故吏誤為事。今本作吏事者，一本作吏，一本作事，而後人誤合之耳。《漢書・周勃傳》無事字。」據刪。㉟使使持節赦絳侯二句　節，符節，以竹為之，天子派出的使者持之以為信驗。㊱安知獄吏之貴乎　錢鍾書曰：「馬遷嘗下於理（獄），附檻捶楚，目驗身經，〈報任少卿書〉痛乎言之，所謂『見獄吏則頭搶地，視徒隸則心惕息』者。於此篇記周勃繫獄事，僅曰『吏稍侵辱』；記周亞夫下吏事，僅曰『侵之益急』；〈韓長孺列傳〉亦只曰『蒙獄吏田甲辱安國』，均未嘗本已遭遇稍事渲染，真節制之師也。將創巨痛深，欲言而有餘怖耶？抑以獄吏之深刻殘賊路人皆知，故不須敷說圓牆況味乎？」此為反語，暗指獄吏之殘酷，且寓有感歎之意。㊲六歲　謂周勝之代立為侯的第六年，亦即文帝後元元年（西元前一六三年）。㊳尚公主不相中　意即與公主合不來。㊴國除　指封地被收回，封號被取消。㊵絕一歲　文帝後元二年。㊶河內守　河內郡的郡守。河內，漢郡名，郡治懷縣（今河南武陟西南）。㊷條侯　封地條縣，在今河北景縣西北。㊸續絳侯後　作為絳侯周勃的正統繼承人。

【語　譯】孝文帝即位後，任命周勃為右丞相，賜給他黃金五千斤，封賞他食邑一萬戶。過了一個月後，有人勸周勃說：「您消滅了呂氏一黨，擁立代王做了皇帝，您的權威已經使整個天下為之震動了。現在您又接受了如此優厚的賞賜、高踞在如此尊貴的地位上而受寵太過，日子一久，您就會大禍臨頭的。」周勃一聽很害怕，自己也感到處境的危險，於是他就向孝文帝請求辭職歸還相印。孝文帝答應了他的請求。過了一年多，丞相陳平死了，孝文帝又任命周勃當了丞相。又過了十多個月，孝文帝說：「前些日子我曾命令在京的列侯們回到自己的封地上去，可是有的人至今還沒有動身。丞相您是我最尊重的人，您給他們帶個頭吧！」於是周勃被免去丞相職務也回到自己的封地上去了。

2　在周勃退居自己封地的一年多裡，每當河東郡的郡守或郡尉視察工作前來絳縣，周勃總懷疑他們是來襲捕自己的，所以自己總是身披鎧甲，並讓家丁們做好一切應變的準備後才出去接見他們。這樣，後來就有人上書告發周勃說他要造反，孝文帝責成廷尉查處這件事。廷尉又把這件事交給了長安令，長安令逮捕了周勃並對他進行審問。周勃非常害怕，不知道該說什麼好。這時獄吏們也越來越欺侮他。周勃無奈，拿出了千金重禮去打點獄吏，於是有個獄吏故作無心地在木簡背面寫了幾個字說「請公主出來作證」。所謂公主，就是孝文帝的女兒，嫁給了周勃的長子周勝之為妻，所以現在獄吏向他提醒了這個門路。另外早在文帝剛剛即位，給周勃加封增賞的時候，周勃就把自己應得的財寶，全部送給了孝文帝的舅舅薄昭。因此到周勃這次事情緊急時，薄昭就向薄太后說明了周勃的情況，薄太后自己也認為周勃不可能造反。於是當孝文帝來給太后請安時，太后生氣地扯下自己的頭巾向孝文帝打去，說：「當初，周勃掌管著皇帝的大印，並統帥著整個北軍時，在那個時候他都不想造反；現在住在一個小縣裡，反而想要造反了嗎？」孝文帝當時也看到了周勃的口供，於是向太后賠禮說：「主管的官吏們再核對一下，馬上就要放他出去了。」於是孝文帝立刻派使者拿著符節到獄中宣告周勃無罪馬上釋放，同時，恢復了他的封爵和食邑。絳侯出獄後，感慨地說：「我曾經率領過百萬大軍，但是我哪裡知道當一個獄吏居然還有這樣的權威！」

3 周勃又回到了自己的封地絳縣，到孝文帝十一年時死去，朝廷謚之為武侯。其子周勝之繼承了絳侯的爵位。繼位後的第六年，因為周勝之同公主關係不和，而且又犯了殺人罪，因而被剝奪絳侯的爵邑。過了一年後，孝文帝又從周勃的兒子中挑了一個賢明而現任河內郡郡守的周亞夫，封他為條侯，立他為周勃之後。

1 條侯亞夫自未侯為河內守時❶，許負❷相❸之，曰：「君後三歲而侯❹；侯八歲為將相❺，持國秉❻，貴重矣，於人臣無兩；其後九歲而君餓死❼。」亞夫笑曰：「臣之兄❽已代父侯矣。有如卒，子當代，亞夫何說侯乎❾？然既已貴，如負言，又何說餓死？指示我❿。」許負指其口曰：「有從理⓫入口，此餓死法⓬也。」居三歲，其兄絳侯勝之有罪，孝文帝擇絳侯子賢者，皆推亞夫。乃封亞夫為條侯，續絳侯後。

2 文帝之後六年⓭，匈奴⓮大入邊。乃以宗正劉禮⓯為將軍，軍霸上⓰；祝茲侯徐厲⓱為將軍，軍棘門⓲；以河內守亞夫為將軍，軍細柳⓳，以備胡。上自勞軍，至霸上及棘門軍，直馳入，將以下騎送迎⓴。已而之細柳軍，軍士吏被甲，銳兵刃㉑，彀弓弩㉒，持滿㉓。天子先驅㉔至，不得入。先驅曰：「天子且至！」軍門都尉㉕曰：「將軍令曰『軍中聞將軍令，不聞天子之詔㉖』。」居無何㉗，上至，又不得入。於是上乃使使持節詔將軍：「吾欲入勞軍。」亞夫乃傳言開壁門㉘。壁門士吏謂從屬車騎曰：「將軍約，軍中不得驅馳。」於是天子乃按轡㉙徐行。至營，將軍亞夫持兵揖，曰：「介胄之士不拜㉚，請以軍禮見。」天子為動，改容式車㉛，使人稱謝：「皇帝敬勞將軍。」成禮而去。既出軍門，羣臣皆驚。文帝曰：「嗟乎！此真將軍矣！曩㉜者霸上、棘門軍，若兒戲耳，其將固可襲而虜也。至於亞夫，可得而犯邪？」稱善者久之㉝。月餘，三軍皆罷。乃拜亞夫為中尉㉞。

3 孝文且崩時，誡太子㉟曰：「即有緩急㊱，周亞夫真可任將兵。」文帝崩㊲，拜亞夫為車騎將軍㊳。

4 孝景三年，吳、楚反㊴。亞夫以中尉為太尉㊵，東擊吳、楚。因自請上曰：「楚兵剽輕，難與爭鋒㊶；願以梁委之㊷，絕其糧道，乃可制。」上許之㊸。

5 太尉既會兵滎陽㊹，吳方攻梁。梁急，請救。太尉引兵東北走昌邑㊺，深壁而守㊻。梁日使使請太尉，太尉守便宜㊼，不肯往㊽。梁上書言景帝，景帝使使詔救梁。太尉不奉詔，堅壁不出㊾，而使輕騎兵弓高侯㊿等絕吳、楚兵後食道。吳兵乏糧，飢，數欲挑戰，終不出。夜，軍中驚，內相攻擊擾亂，至於太尉帳下。太尉終臥不起(51)。頃之，復定。後吳奔壁東南陬(52)，太尉使備西北。已而其精兵果奔西北，不得入。吳兵既餓，乃引而去。太尉出精兵追擊，大破之(53)。吳王濞(54)棄其軍而與壯士數千人亡走，保於江南丹徒(55)。漢兵因乘勝，遂盡虜之，降其兵(56)，購吳王千金。月餘，越人斬吳王頭以告(57)。凡相攻守三月，而吳、楚破平(58)。於是諸將乃以太尉計謀為是。由此梁孝王與太尉有郤(59)。

【章　旨】以上為第四段，寫周亞夫的治軍才能，與其平定吳、楚七國之亂的歷史功勳。

【注　釋】❶為河內守時　蓋謂文帝十五年也。❷許負　漢初的相者。《索隱》引應劭曰：「河內溫人，老婦也。」又引姚氏曰：「《楚漢春秋》高祖封負鳴雌亭侯。」❸相　相面。❹後三歲而侯　文帝後元二年周亞夫果然封了條侯。❺侯八歲為將相　景帝三年（西元前一五四年）周亞夫為太尉，平定七國之亂；景帝七年周亞夫任丞相。❻持國秉　掌握國家大權。秉，同「柄」。❼其後九歲而君餓死　景帝中元三年（西元前一四七年）周亞夫因得罪景帝被下獄，死。按：以上許負云云自然是後人所依附。❽臣之兄　周勃的長子周勝之。❾亞夫何說侯乎　我有什麼理由可以封侯呢？何說，猶言「何因」、「何由」。❿指示我　請指著我的面相告訴我。⓫從理　豎紋。從，通「縱」。⓬法　也稱「法令」，指口邊的紋理。古人相面，說豎紋入口是餓死的徵象。⓭文帝之後六年　後六年即後元六年，為西元前一五八年。⓮匈奴　戰國後期以來興起的北方民族名，活動在今內蒙及蒙古國一帶，詳情見〈匈奴列傳〉。⓯宗正劉禮　宗正，朝官名，九卿之一，主管敘錄皇族的譜牒及處理皇族人員的犯罪問題。劉禮，劉邦之姪，劉邦弟楚元王劉交之少子，後來被封為楚王。⓰霸上　古地名，在當時的長安城東南，今西安市城東，因其地處霸水西岸高原上而得名。⓱祝茲侯徐厲　梁玉繩曰：「當作『松茲侯徐悍』。」⓲棘門　古地名，原為秦宮門，在當時的長安城西北，今陝西咸陽東。⓳細柳　古地名，在當時的長安城西，今陝西咸陽西南的渭河北岸。⓴將以下

騎送迎　按：此處「下」字疑當重出。㉑銳兵刃　即指刀出鞘。㉒彀弓弩　即所謂弓上弦。彀，張也。㉓持滿　把弓拉圓。王先謙引劉奉世曰：「言『彀弓弩』是也；敵未至，何遽『持滿』？何時已乎？此二字疑衍。」㉔先驅　師古曰：「導駕者也，若今之『武候隊』矣。」㉕軍門都尉　把守營門的都尉。都尉的級別相當於校尉。㉖軍中聞將軍令二句　《六韜・立將篇》：「軍中之事，不聞君命，皆由將出。」㉗居無何　沒有過多久。㉘壁門　即營門。壁，壁壘；營壘。㉙按轡　勒著轡繩，使車馬徐行。㉚介冑之士不拜　《集解》引應劭曰：「禮，介者不拜。」介，甲；鎧甲。冑，頭盔。㉛式車　把手扶在車前的橫木（軾）上，這是古人在車上為向某人某事表示敬意而做出的一種姿態。式，通「軾」。㉜曩　昔；前者。㉝稱善者久之　對此稱讚良久。㉞乃拜亞夫為中尉　中尉，主管京城治安的武官，後來改稱「執金吾」。㉟太子　即日後的漢景帝，名啟，竇皇后所生。㊱即有緩急　倘有緊急情況發生。即，若。緩急，偏義複詞，即指急，緊急。㊲文帝崩　事在西元前一五七年六月。㊳車騎將軍　將軍的名號，僅次於大將軍和驃騎將軍。㊴吳楚反　吳、楚等七國發動叛亂。漢景帝即位後，鑒於諸侯王勢力過大，採用御史大夫鼂錯之議削減了他們各自的一部分領地。諸侯不服，遂以請誅鼂錯為名，發動了大規模的叛亂，史稱為「七國之亂」，詳見〈袁盎鼂錯列傳〉、〈吳王濞列傳〉。㊵亞夫以中尉為太尉　周亞夫由中尉升任為太尉。按：「太尉」一職前於文帝三年被二次廢除，今事有緊急，故又重設此職。㊶楚兵剽輕二句　剽輕，勇猛迅捷。王先謙曰：「楚兵，總謂吳楚之兵。」㊷以梁委之　先以梁國抵擋吳、楚。梁，景帝之胞弟劉武的封國，國都睢陽（在今河南商丘西南）。吳、楚叛軍殺向長安，梁國首當其衝。詳見〈梁孝王世家〉。㊸上許之　梁玉繩曰：「〈吳王傳〉『剽輕』諸語出鄧都尉，此云亞夫自請于上。《漢書》兩傳亦仍《史》異，師古以為未知孰是。」按：蓋兩人之計暗合也。況乘破吳、楚之機以削弱梁國，亦景帝與亞夫之所夙定。㊹會兵滎陽　會兵，集結兵力。滎陽，漢縣名，縣治在今河南滎陽東北。㊺昌邑　漢縣名，縣治在今山東金鄉西北，當時為山陽郡的郡治所在地，處於睢陽東北方的二百多里之外。㊻深壁而守　深溝高壘的據以固守，而不出擊敵人。㊼守便宜　據守著有利的地形。㊽不肯往　目的即先使梁耗吳楚之兵，以待其弱。㊾太尉不奉詔二句　瀧川引《孫子・九變篇》云：「將受命於君合軍聚眾，途有所不由，軍有所不擊，城有所不攻，地有所不爭，君命有所不受。」按：此說於當時情理不合。王夫之曰：「亞夫之情可見，景帝之情亦可見矣。委梁于吳以敝吳，而即亦敝梁，以今日之梁即他日之吳楚也。亞夫以是獲景帝之心，不奉詔而不疑；景帝之使救也，亦聊以謝梁而緩太后之責也。」㊿弓高侯　韓頹當，劉邦功臣韓王信之子。於文帝十四年率眾歸降於漢，被封為弓高侯。事見〈韓信盧綰列傳〉。(51)太尉終臥不起　按：此寫周亞夫之鎮靜老練，能持重。(52)奔壁東南陬　謂奔襲周亞夫軍營的東南角。陬，隅；角落。(53)出精兵追擊二句　事在景帝三年二月。《通鑑》

大體依〈吳王濞列傳〉，似謂周亞夫先曾堅壁於昌邑，後移兵而南，乃與吳軍會於下邑，但又堅壁不戰，致有吳攻東南，亞夫備西北之事也。54吳王濞　劉邦的次兄劉仲之子，高祖十一年黥布「謀反」被殺後，劉邦立劉濞為吳王，都廣陵（今江蘇揚州）。吳王濞是七國亂軍的盟主，事見〈吳王濞列傳〉。55保於江南丹徒　保，逃依；退守。丹徒，漢縣名，縣治在今江蘇鎮江東南。據〈東越列傳〉，東甌是越人在今浙江溫州一帶建立的小國名，劉邦建國後，歸依漢朝；吳楚七國造反，東甌響應吳王劉濞的號召，起兵相從，駐兵於丹徒，劉濞自己的軍隊被打垮，故逃依東甌人於丹徒。56遂盡虜之二句　謂盡降劉濞「棄」於江北之兵。57越人斬吳王頭以告　越，春秋時代的古國名，都會稽（今浙江紹興），後遂以「越」泛指今浙江一帶地區，這裡即指東甌人。據〈東越列傳〉：「及吳破，東甌受漢購，殺吳王丹徒，以故皆得不誅，歸國。」58凡相攻守三月二句　吳楚七國於景帝三年一月造反，於三月被討平，首尾共三個月。59梁孝王與太尉有卻　卻，通「隙」。隔閡；仇怨。以其「抗命」不救梁也。

【語譯】當周亞夫任河內郡郡守還沒有被封侯的時候，許負就曾給他相面說：「您在三年之後就要被封侯；封侯八年之後要做將相，掌握國家大權，那時您的地位將尊貴到極點，在人臣中獨一無二；但是再過九年您將被餓死。」周亞夫笑著說：「我的長兄已經接替了父親的爵位。日後他死了，也將由他的兒子接替，我又怎麼輪得上封侯呢？再說如果我真是像您所說的，封侯拜相有了尊貴到極點的權位，那又怎麼會餓死呢？請你看著我的面相告訴我。」於是許負指著周亞夫的嘴說：「您的嘴角上有一條豎紋進入嘴中，這是一種餓死的面相。」過了三年，周亞夫的哥哥絳侯周勝之因為殺人罪而被剝奪爵位，孝文帝要在周勃的兒子中找一個賢明的，大家都推舉周亞夫。於是孝文帝就封周亞夫為條侯，把他立為絳侯周勃之後。

2 漢文帝後元六年，匈奴人大舉入侵漢朝的北部邊境。孝文帝派宗正劉禮為將軍，率軍駐紮在霸上；派祝茲侯徐厲為將軍，率軍駐紮在棘門；派河內郡郡守周亞夫為將軍，率軍駐紮在細柳，以防備匈奴人的入襲京城。孝文帝親自去慰勞軍隊，當他到達霸上和棘門的兩座軍營時，兩處都是毫無阻攔地讓孝文帝的車駕侍從長驅而入，以將軍為首的騎兵所有人等都下馬俯伏迎送皇帝。接著孝文帝又向細柳而來，營門前的士兵們都一個個身披鎧甲刀出鞘弓上弦。當皇帝車駕的先驅到達營門時，門前的衛兵攔住了他們。先驅說：「皇帝馬上就要到了！」把守營門的都尉說：「將軍命令『軍營中只能聽將軍的命令，不能聽皇帝的聖旨』。」過了不久，孝文帝的車駕來到營前，衛隊仍是攔著不准他們入內。於是孝文帝只好派使者手執符節進去通知周亞夫說：「皇帝要入營慰勞官兵。」周亞夫接到詔令後，乃傳令打開營門。營門的守衛又對皇帝的侍從們說：「將軍有規矩，軍營中不允許車馬飛跑。」於是孝文帝告訴侍從們一律勒住轡繩，緩步前進。當文帝到達營門時，將軍周亞夫手持兵器迎過來作了一個揖，說：「我是一個武士，只能以軍隊的禮節參見皇上。」孝文帝很受感動，他嚴肅地手扶在車前的橫木上向官兵們敬禮，並讓人向周亞夫傳呼道：「皇帝謹向將軍致以最親切的問候。」就這樣，直到結束了全部慰勞儀式才起駕離去。孝文帝出了周亞夫的軍營，跟隨皇帝的群臣和侍衛們都還一個個驚魂未定。孝文帝讚歎地說：「這才是真正的將軍！像剛才去過的霸上和棘門，那裡簡直就是兒戲，那裡的主將完全可以被化裝的敵人所偷襲、俘獲。至於像周亞夫，誰能侵犯得了呢？」這件事一直被漢文帝稱讚了好幾天。一個多月以後，各地駐軍撤去。於是孝文帝改拜周亞夫為中尉，以維持首都的治安。

3　孝文帝臨死前，告誡太子說：「如果日後國家有了緊急情況，周亞夫是可以信託可以任命率領軍隊的。」孝文帝死後，周亞夫被任命為車騎將軍。

4　孝景帝三年，吳王劉濞夥同楚王劉戊等一起舉兵造反。周亞夫從中尉被拜為太尉，受命率兵東進迎擊吳楚叛軍，出發前他向漢景帝請求說：「楚地的軍隊一向剽悍迅猛，我們不能同他們硬拼；我們可以暴露梁國這個側面讓叛軍攻擊，以消耗叛軍的銳氣，而我們則是抄後路切斷他們的糧道，這樣才有可能打敗他們。」漢景帝答應了周亞夫的請求。

5　周亞夫把朝廷的各路軍隊集結在滎陽，這時吳國軍隊正在進攻梁國。梁國的形勢危急，梁王請求周亞夫出兵援救。他把軍隊帶到了滎陽東北的昌邑縣，深溝高壘，堅守不出。梁王天天派人請求周亞夫救援，周亞夫以因時因地制宜為藉口就是不動。梁王只得上書向景帝告急，景帝派人詔令周亞大出兵救援梁國。周亞夫拒不執行詔令，仍是堅守營壘不肯出兵救梁，而是派了弓高侯等率領輕騎兵切斷了吳、楚軍隊後方的運輸線。這樣一來吳國軍隊的糧草補給不上了，士兵們開始餓肚子。這時吳軍連續幾次向周亞夫的軍隊挑戰，但周亞夫始終堅守陣地不肯出戰。一天夜裡，周亞夫的營中忽然掀起騷亂，亂兵幾乎都鬧到了周亞夫的帳幕之下。但周亞夫始終鎮靜地躺在牀上不起來。過了一會兒，營中自己又平靜下來了。後來吳兵突然向周亞夫營寨的東南角發起攻擊，周亞夫立即命令要注意防備西北角。不一會兒吳國的精銳部隊果然開始對西北角猛攻，只因周亞夫有備所以吳兵未能攻入。最後因為吳國軍隊已經絕糧，於是只好撤退。這時周亞夫立即派精兵追擊，吳軍大敗。吳王劉濞無奈只好拋棄了部隊隻身一人帶著幾千名壯士，逃到了江南的丹徒縣。漢兵乘勝追擊，全部地俘虜了吳國軍隊，迫使他們投降，同時懸出千金之賞購買吳王劉濞的人頭。一個多月後，丹徒有人殺了吳王把人頭給周亞夫送來了。這次周亞夫與叛軍作戰，前後總共用了三個月，吳、楚幾國就被削平了。這時各將領們才認識到周亞夫當初的計謀是正確的。但也正是從這次平叛開始，梁孝王同周亞夫結下了怨仇。

1 歸，復置太尉官❶。五歲❷，遷為丞相❸，景帝甚重之。景帝廢栗太子❹，丞相固爭❺之，不得❻，景帝由此疏之。而梁孝王每朝，常與太后❼言條侯之短。

2 竇太后曰：「皇后兄王信❽可侯也。」景帝讓❾曰：「始南皮、章武侯❿，先帝不侯⓫。及臣即位，乃侯之。信未得封也。」竇太后曰：「人主各以時行⓬耳。自竇長君在時，竟不得侯，死後乃其子彭祖顧得侯⓭。吾甚恨⓮之。帝趣侯信也⓯！」景帝曰：「請得與丞相議之。」丞相議之⓰，亞夫曰：「高皇帝約『非劉氏不得王，非有功不得侯⓱。不如約，天下共擊之』。今信雖皇后兄，無功，侯之，非約也。」景帝默然而止。

3 其後匈奴王唯徐盧⑱等五人降，景帝欲侯之以勸後⑲。丞相亞夫曰：「彼背其主降陛下，陛下侯之，則何以責⑳人臣不守節者乎？」景帝曰：「丞相議不可用。」乃悉封唯徐盧等為列侯㉑。亞夫因謝病。景帝中三年㉒，以病免相㉓。

4 頃之，景帝居禁中㉔，召條侯賜食。獨置大胾㉕，無切肉，又不置櫡㉖。條侯心不平，顧謂尚席㉗取櫡。景帝視而笑，曰：「此不足君所乎㉘？」條侯免冠謝㉙。上起㉚，條侯因趨出㉛。景帝以目送之，曰：「此怏怏者，非少主臣也㉜！」

5 居無何，條侯子為父買工官尚方㉝甲楯五百被㉞可以葬㉟者。取庸苦之㊱，不予錢㊲。庸知其盜買㊳縣官㊴器，怒而上變告子㊵。事連汙㊶條侯。書既聞上，上下吏㊷。吏簿責㊸條侯，條侯不對。景帝罵之曰：「吾不用也㊹！」召詣廷尉㊺。廷尉責曰：「君侯欲反邪？」亞夫曰：「臣所買器，乃葬器也。何謂反邪？」吏曰：「君侯縱不反地上，即欲反地下耳㊻！」吏侵之益急㊼。初，吏捕條侯，條侯欲自殺，夫人止之，以故不得死，遂入廷尉。因不食，五日，嘔血而死㊽。國除㊾。

6 絕一歲㊿，景帝乃更封絳侯勃他子堅為平曲侯(51)，續絳侯後(52)。十九年卒(53)，謚為共侯。子建德代侯。十三年，為太子太傅(54)。坐酎金不善，元鼎五年，有罪，國除55。

7 條侯果餓死56。死後，景帝乃封王信為蓋侯57。

【章　旨】以上為第五段，寫周亞夫立朝剛正，最後被景帝所害的情形。

【注　釋】❶復置太尉官　按：漢初之太尉官，時置時廢。據〈漢興以來將相名臣年表〉：高祖二年最先以盧綰為太尉，高祖五年盧綰反，漢亦遂罷太尉官；至高后四年，又以周勃為太尉，孝文帝三年又罷太尉官；景帝三年，周亞夫往討吳、楚，臨時授以此職，至歸，乃又正式設置此官。❷五歲　周亞夫為太尉的第五年，即景帝七年。❸遷為丞相　是時丞相陶青被免職，周亞夫擢為丞相，而「太尉」一職遂又廢除。楊樹達曰：「亞夫時用趙禹為丞相史而弗任，見禹傳。」❹景帝廢栗太子　栗太子，名榮，以其母姓栗，故史稱「栗太子」。栗姬性妒，在嬪妃中處境孤立，景帝姐長公主劉嫖與景帝妃王夫人共同傾陷之。孝景帝七年，栗太子被廢，栗姬也憤鬱而死。❺固爭　堅決反對景帝的做法。❻不得　不為景帝所採納。❼太后　即漢文帝的夫人竇太后，孝景帝與梁孝王的生母，事跡詳見〈外戚世家〉。❽王信　漢景帝王夫人之兄。王夫人鬥勝栗姬後，遂被景帝立為皇后，所生子即日後之武帝劉徹。❾讓　推辭。太后提出要封兒媳婦的哥哥，做兒子的理應「推辭」一番。❿南皮章武侯　南皮侯為竇彭祖，竇太后兄竇長君之子，因其父早死，故封其子為侯。章武侯為竇廣國，竇太后之弟。⓫先帝不侯　先帝，指文帝，文帝在世時並未封其妻之兄弟為侯，乃景帝於文帝去世後的第十七天所封。⓬各以時行　《索隱》曰：「謂人主各當其時而行事，不必一一相法也。」⓭乃其子彭祖顧得侯　謂竇長君未能封侯，死後兒子彭祖反倒被封侯。顧，反而；反倒。乃，下原有「封」字，張文虎《札記》：「『封』字衍《漢》傳無」據刪。⓮恨　遺憾；後悔。⓯帝趣侯信也　猶言「你要趕緊封王信為侯」。趣，通「促」。急；迅即。⓰丞相議之　李笠曰：「四字誤復，《漢》傳不復。」⓱非劉氏不得王二句　按：劉邦此約又見於〈呂太后本紀〉中王陵語。郭嵩燾曰：「是時薄氏、竇氏皆已前侯，亞夫猶以高帝之約為詞，亦稍犯當時之忌諱矣。」⓲唯徐盧　原匈奴王，於景帝中元三年（西元前一四七年）冬率眾降漢，事見〈孝景本紀〉。原作「徐盧」，梁玉繩曰：「此人姓唯徐名盧，似脫『唯』字，說在〈惠景侯表〉。」據補。⓳勸後　鼓勵其餘的人（繼續來降）。勸，鼓勵。⓴責　要求。㉑悉封唯徐盧等為列侯　據《漢書‧景武昭宣元成功臣表》，此次受封者唯徐盧為容城侯，僕陽為易侯，范代為范陽侯，邯鄲為翕侯，盧他之為亞谷侯，于軍為安陵侯，某賜為桓侯，共七人。㉒景帝中三年　即中元三年，西元前一四七年。㉓以病免相　實際以屢忤上意而遭免職，事在景帝中元三年九月。㉔禁中　即宮中，以其門閤有禁，非侍御之臣不得入內，故云。㉕大胾　大塊的肉。㉖櫡　筷子。㉗尚席　官名，主管為皇帝安排酒席。尚，主管。㉘此不足君所乎　意即「這難道還不滿你的意嗎？」楊樹達曰：「『所』，猶『意』也。」凌稚隆引余有丁曰：「置胾而不置箸，是景帝作意如此以覘亞夫；乃亞夫怒形于色，故曰『怏怏非少主臣』，此亞夫不善處危機也。」㉙免冠謝　摘下帽子賠禮請罪。㉚上起　言景帝發怒站起。㉛趨出　趨，小步疾走，這是臣下在君父面前行走的一種特殊步態。㉜此怏怏者二句　「這個心懷不滿的傢伙，不是日後侍奉幼主的材料！」意即絕不能再留著他。怏怏，猶言「悻悻」，內心不平、不滿的樣子。㉝工官尚方　猶言「尚方工官」，主管為皇家製造器物的部門，其長官曰上方令。㉞五百被　猶言「五百套」。被，套，計數單位。㉟可以葬　可做殉葬之用。㊱取庸苦之　在雇人搬運這些器物的過程中對被雇者所虐待。庸，通「傭」。雇工。㊲不予錢　不付給人家工錢。㊳盜買　非法購買。㊴縣官　指天子，亦用為「國家」之義。㊵上變告子　上書告發條侯之子。變，也叫「變事」，告發謀反事件的文書。㊶連汙　連帶受禍。㊷上下吏　景帝將告發周亞夫的「變事」批給有關部門查處。㊸簿責　師古曰：「書之於簿，一一責問之也。」按：此時尚未逮治，乃派吏持簿至其家驗問之。㊹吾不用也　中井積德曰：「下吏簿責，不直付廷尉，是帝猶有優意，而欲有所宥赦也。然而亞夫恚不對，帝乃怒其不承當優意也。」㊺召詣廷尉　命令條侯到廷尉處受審。廷尉，官名，主管全國刑獄，是當時的九卿之一。㊻君侯縱不反地上二句　查慎行曰：「『亞夫之坐『謀反』，因子買葬器，獄吏執『欲反地下』四字，游戲定爰書（判決書），景帝之刻薄寡恩，隱然言外。」㊼侵之益急　侵，折辱；使之受苦。按：史公每言及此種事，感慨萬分，試參看〈報任安書〉、〈韓長孺列傳〉以及本篇上文寫周勃下獄事。㊽嘔血而死　周亞夫嘔血死的時間，史公未明載，《通鑑》繫之於景帝後元元年八月。然據下文「絕一歲，景帝乃更封絳侯勃他子堅為平曲侯」，而〈高祖功臣侯者年表〉謂勃子堅續封平曲侯在景帝後元元年，則亞夫之死似當在景帝中元六年。㊾國除　條侯的建制與封邑被撤銷。㊿絕一歲　景帝後元元年。(51)平曲侯　封地平曲縣，關於「平曲」為今何地望說法不一，有說在今江蘇東海東南，有說在今河北霸縣城東。(52)續絳侯後　作為周勃的嫡系繼承人。(53)十九年卒　據〈高祖功臣侯者年表〉，周堅死於武帝元朔四年，西元前一二五年。(54)十三年二句　太子太傅，皇太子的輔導官，秩二千石。據此文，周建德為太子太傅在武帝元鼎五年，西元前一一二年。然據《漢書·百官公卿表》是年周建德為太常，非為太子太傅也。(55)坐酎金不善四句　梁玉繩以為應作「為太子太傅有罪免，十三年元鼎五年，坐酎金不善國除」。酎金，漢代諸侯獻給皇帝作為助祭宗廟用的黃金。酎，經過多次釀製的醇酒，祭祀宗廟時用之。據丁孚《漢儀》記載，漢代酎金的數目是按照各諸侯國的戶口來計算，每千口奉金四兩。其封邑在南方諸郡的，交犀角、象牙、玳瑁，以折黃金。按：所謂「酎金不善」，實際是當時皇帝為取消這些諸侯國而稱說的一種藉口。㊺條侯果餓死　應前文許負之為亞夫看相。㊼死後二句　瀧川引洪頤煊曰：「《漢書・恩澤侯表》，蓋侯王信，景帝中五年五月甲戌封，在亞夫未死前二年。」

【語　譯】當周亞夫回朝後，朝廷為此又特意恢復了前已廢除的太尉官。又過了五年，周亞夫被遷升為丞相，漢景帝非常重用他。後來當漢景帝要廢除栗太子的時候，周亞夫極力攔阻護持，但未能成功，而漢景帝則從此對周亞夫越來越疏遠。梁孝王每次來長安朝見時，也常常在太后面前說周亞夫的壞話。

2 有一次竇太后向漢景帝說：「皇后的哥哥王信應該封侯。」漢景帝推辭說：「南皮侯、章武侯都是您的親戚，先帝在世時都沒有封他們。是到我即位後才封的。王信是我這輩的親戚，這時候不能封他。」竇太后說：「做主子的理應根據各自的時代情況辦事。就因為先帝有那種章程所以鬧得我大哥竇長君到死也未能封侯，等你即位後倒把他的兒子竇彭祖封了侯。我對這件事一直感到遺憾。你現在還是要趕緊封王信為侯！」漢景帝說：「請讓我和丞相商量一下再說。」後來當丞相商量這件事，周亞夫說：「高皇帝當初曾有明確規定『不是劉家的子弟不能封王，沒有功勞的人不能封侯。誰不遵守這個規定，全國就一起討伐他』。現在王信雖然是皇后的哥哥，但他沒有功勞，封他為侯，是違背高皇帝規定的。」漢景帝聽了沒再說話，於是此事也就算完了。

3 後來匈奴王唯徐盧等五人歸降了漢朝，漢景帝準備封他們為侯，想以此來吸引別的匈奴人也來投降。周亞夫說：「他們這些人都是背叛了自己的主子來歸降您的，您封他們為侯，以後我們還怎麼要求我們自己的那些對主子不忠的人呢？」漢景帝說：「丞相的意見不能採用。」於是把唯徐盧等人全都封為列侯。周亞夫對此不滿，藉故稱病請假。漢景帝中元三年，周亞夫因病被罷免了丞相職務。

4 過後不久，漢景帝召周亞夫入宮，設宴招待他。但桌上只擺著一大塊肉，既沒有切碎的肉，又沒有放筷子。周亞夫心裡不高興，他回頭叫主管筵席的官員去拿筷子。這時漢景帝看著周亞夫笑說：「這還不能滿足你的要求嗎？」周亞夫一聽只好脫帽請罪。這時漢景帝已經生氣地站起來了，周亞夫見此情景，也躬身快步出門而去。漢景帝盯著他的背影，說：「這個心懷不滿的傢伙，可不是一個將來能受少年皇帝支使的人！」

5 沒過多久，周亞夫的兒子為周亞夫向專為宮廷服務的製造廠買了五百套作殉葬用的鎧甲和兵器。由於虐待雇工，不給人家工錢。而雇工們知道這是偷著買了皇家使用的陪葬物品，於是一怒之下上書告發了周亞夫的兒子。事情很自然地牽連到了周亞夫。漢景帝看過控告信後，把這個案件交給有關的法吏去辦理。法吏拿著簿書到周亞夫家驗問，周亞夫不理他。漢景帝聽說後生氣地罵道：「我也用不著叫你對簿了！」於是下令叫周亞夫到廷尉那裡去受審。廷尉責問周亞夫說：「君侯你想造反嗎？」周亞夫說：「我買的那些東西都是殉葬品，怎麼能說是造反呢？」旁邊的小吏們說：「即使您不是想在人間造反，也是想到地下去造反！」接著他們就越來越厲害地迫害周亞夫。本來當獄吏去逮捕周亞夫時，周亞夫就想自殺。由於他的夫人勸阻他，所以沒有死，才到了廷尉這裡。在獄中，周亞夫五日拒不進食，最後吐血而死。封國也隨之被廢除。

6 周亞夫的封爵斷絕一年之後，漢景帝又改封周勃的其他兒子周堅為平曲侯，立他為周勃之後。周堅為平曲侯十九年死去，被諡為共侯。他的兒子周建德繼位。十三年，周建德被任命為太子太傅。元鼎五年，因為交納的助祭宗廟的黃金成色不好而犯罪，封國被廢除。

7 周亞夫果然是被餓死的，周亞夫死後，漢景帝封王信為蓋侯。

太史公曰：絳侯周勃始為布衣時，鄙樸❶人也，才能不過凡庸❷。及從高祖定天下，在將相位❸。諸呂欲作亂，勃匡❹國家難，復之乎正❺，雖伊尹❻、周公❼，何以加哉！亞夫之用兵，持威重❽，執堅刃❾，穰苴❿曷有加焉！足己而不學⓫，守節不遜⓬，終以窮困。悲夫⓭！

【章　旨】以上為第六段，是作者的論贊，表現了作者對周勃父子巨大功動的肯定和對其悲慘結局的感慨同情。

【注　釋】❶鄙樸　粗陋樸實。鄙，粗陋；不懂禮儀，缺乏修養。❷不過凡庸　不比平常人強。❸從高祖定天下二句　周勃在高祖、孝惠時，兩度為太尉，第二次一直當到呂后死；至為丞相，乃在文帝即位後，此處乃大略言之。❹匡　扶持；糾正。❺復之乎正　恢復了劉氏的正統，與國家的正常秩序。❻伊尹　商初名臣，曾輔佐商湯滅夏建國，事見〈殷本紀〉。❼周公名旦，武王之弟，曾輔佐武王滅商建國，後又輔佐成王治理天下，事見〈周本紀〉。伊尹和周公被後世稱為名臣的代表，被儒家稱為聖人。❽持威重　謂有威嚴，且沉著穩重。❾執堅刃　刃，同「忍」。嚴厲；不慈，蓋指其意志堅定，法令嚴明。按：「堅刃」解作「堅韌」，亦大致可通。❿穰苴　春秋時期齊國的軍事家，姓田，景公時人。因做過司馬官，故人們也稱之曰司馬穰苴，事跡見〈司馬穰苴列傳〉。⓫足己而不學　自以為是，而不學習古人。足己，自足；自滿。⓬守節不遜　守節，堅守臣節，指爭栗太子、阻封王信、阻封唯徐盧等。不遜，不順；不順適天子之意。⓭終以窮困二句　凌稚隆引余有丁曰：「亞夫不得其死，此景帝之失，太史公以『守節不遜』責之，過矣。」沈家本曰：「遜，順也，言不能遜順以自全也。故繼之曰：『終以窮困，悲夫』，傷之至，非責之也。」按：沈說是也。

【語　譯】太史公說：絳侯周勃在還是一個平民的時候，為人粗俗質樸，才能很平常。等到跟著高祖平定了天下，居然能夠出將入相。待至諸呂篡權作亂時，周勃居然又能挽救了國家的危機，使國家恢復了正統，這樣的功動恐怕即使伊尹、周公也難以超過了！周亞夫的用兵，能夠威嚴穩重，意志堅毅，即使司馬穰苴也難得超過他！可惜過於自信，而不知道學習古人，能夠堅守節操而不能忍讓謙遜，結果落了個悲劇下場。真叫人感慨萬分。

【研　析】周勃是劉邦的同鄉，是隨同劉邦最早起事的骨幹，周勃在協助劉邦滅秦、滅項以及在建國初期的過程中立有累累戰功。

〈絳侯周勃世家〉稱頌了周勃父子在建立與鞏固漢王朝，以及在稍後的平定吳楚七國之亂、維護國家統一過程中所做出的卓越貢獻，而對他們父子兩代最後的慘痛遭遇，尤其是對周亞夫的絕食而死，表現了無限的同情與不平。作者對周勃的「木彊敦厚」、「椎少文」；對周亞夫的「足己而不學，守節不遜」云云，都是似貶而實褒，這與蕭、曹、陳平諸人的望風觀色、阿意取容恰成對照。因此，史公於劉邦開國諸臣中，對周勃的貶辭最少，同情最多。

歷代凡行廢立之大臣，雖於新主有大恩，但也最為新主所畏忌，晉之里克、劉宋之徐羨之、傅亮所以有大功而被殺，正以此也。陳平早死，免卻了許多麻煩；周勃已被罷官放歸領地，隨後又因莫須有的罪名被下獄，放出後鬱鬱而死。這裡邊的確有許多令人感慨的人生學問，應結合〈呂太后本紀〉、〈孝文本紀〉、〈齊悼惠王世家〉、〈陳丞相世家〉諸篇參照思考，很讓人長見識。

周亞夫軍細柳一節，史公之描寫精彩但過分誇張，似不可盡信。亞夫之治軍有才，且又功勳巨大，景帝懼之，亦猶高祖之忌韓信，故其悲劇結局在所難免。如果說周勃在呂后封諸呂為王時還有些迎合、有些可議的話，則周亞夫一生可指責的地方幾乎沒有，周亞夫是《史記》中最使人同情的悲劇英雄人物之一，司馬遷的描寫也意到筆到。查慎行說：「太史公敘周勃，與曹、樊同例，功雖多，不過一戰將耳；至子亞夫用兵處，極力摹寫，節制之師，歷歷有如目擊。亞夫之坐『謀反』，因子買葬器，獄吏執『欲反地下』四字，游戲定爰書，此何異岳武穆『莫須有』三字耶？景帝之刻薄寡恩，隱然言外。史筆至此，出神入化矣。」

漢景帝是司馬遷所見到的漢代最差的帝王之一，一生所行的善政沒有更多可寫，但他殺周亞夫、殺鼂錯、殺臨江王劉榮，都是極無理、極殘忍的，因此〈絳侯周勃世家〉又應與〈外戚世家〉、〈袁盎鼂錯列傳〉並讀。

卷五十八

梁孝王世家第二十八

【題解】 梁孝王是漢文帝之子，漢景帝的同胞兄弟。〈梁孝王世家〉記述了梁孝王及其後代的變化興衰，而中心則是表現了梁孝王與漢景帝之間的劇烈複雜的權力之爭，揭示了漢景帝與梁孝王兄弟之間、漢景帝與竇太后母子之間的種種不可調和的矛盾。

1 梁孝王武者，孝文皇帝❶子也，而與孝景帝❷同母。母，竇太后❸也。

2 孝文帝凡四男：長子曰太子，是為孝景帝；次子武；次子參；次子勝❹。孝文帝即位二年，以武為代王❺，以參為太原王❻，以勝為梁王❼。二歲❽，徙代王為淮陽王❾，以代盡與太原王，號曰代王❿。參立十七年，孝文後二年⓫卒，謚為孝王。子登嗣立，是為代共王⓬。立二十九年，元光⓭二年卒，子義立，是為代王。十九年⓮，漢廣關⓯，以常山為限⓰，而徙代王王清河⓱。清河王徙，以元鼎三年也。

3 初，武為淮陽王，十年[18]而梁王勝卒，諡為梁懷王[19]。懷王最少子，愛幸異於他子。其明年，徙淮陽王武為梁王。梁王之初王梁，孝文帝之十二年也。梁王自初王通歷已十一年[20]矣。

4 梁王十四年[21]，入朝。十七年、十八年[22]，比年[23]入朝，留[24]。其明年，乃之國[25]。二十一年，入朝。二十二年，孝文帝崩[26]。二十四年，入朝。二十五年，復入朝[27]。是時，上未置太子也。上與梁王燕飲[28]，嘗從容言[29]曰：「千秋萬歲後，傳於王[30]。」王辭謝[31]，雖知非至言[32]，然心內喜。太后亦然。

5 其春，吳、楚、齊、趙七國反[33]。吳、楚先擊梁棘壁[34]，殺數萬人。梁孝王城守[35]睢陽，而使韓安國、張羽[36]等為大將軍，以距[37]吳、楚。吳、楚以梁為限[38]，不敢過而西[39]。與太尉亞夫等相距三月[40]，吳、楚破[41]。而梁所破殺虜略[42]與漢中分[43]。

6 明年[44]，漢立太子[45]。其後梁最親，有功，又為大國，居天下膏腴[46]地。地北界泰山[47]，西至高陽[48]，四十餘城，皆多大縣[49]。

7 孝王，竇太后少子也，愛之，賞賜不可勝道。於是孝王築東苑[50]，方三百餘里[51]，廣睢陽城七十里[52]。大治宮室，為複道[53]，自宮連屬於平臺[54]三十餘里。得賜天子旌旗，出從千乘萬騎[55]。東西馳獵，擬於天子[56]。出言趩，入言警[57]。招延四方豪桀，自山以東，游說之士莫不畢至：齊人羊勝、公孫詭、鄒陽之屬[58]。公孫詭多奇邪[59]計，初見王，賜千金[60]，官至中尉[61]，梁號之曰「公孫將軍」。梁多作兵器，弩弓[62]矛數十萬，而府庫金錢且百巨萬[63]，珠玉寶器多於京師[64]。

8 二十九年，十月，梁孝王入朝。景帝使使持節，乘輿駟馬[65]，迎梁王於關下[66]。既朝，上疏，因留[67]，以太后親故[68]。王入則侍景帝同輦[69]，出則同車游獵，射禽獸上林[70]中。梁之侍中、郎、謁者著籍引[71]，出入天子殿門，與漢宦官無異[72]。

9 十一月，上廢栗太子[73]，竇太后心欲以孝王為後嗣[74]。大臣及袁盎等有所關說[75]於景帝，竇太后義格[76]，亦遂不復言以梁王為嗣事由此。以事祕，世莫知。乃辭歸國。

10 其夏四月[77]，上立膠東王為太子[78]。梁王怨袁盎及議臣，乃與羊勝、公孫詭之屬[79]陰使人刺殺袁盎及他議臣十餘人[80]。逐其賊[81]，未得也。於是天子意梁王[82]。逐賊，果梁使之[83]。乃遣使冠蓋相望於道[84]，覆按梁[85]，捕公孫詭、羊勝。公孫詭、羊勝匿[86]王後宮。使者責二千石急[87]，梁相軒丘豹[88]及內史韓安國進諫王[89]，王乃令勝、詭皆自殺，出之[90]。上由此怨望[91]於梁王。梁王恐，乃使韓安國因長公主謝罪太后[92]，然後得釋[93]。

11 上怒稍解，因上書請朝[94]。既至關，茅蘭說王[95]，使乘布車[96]，從兩騎入[97]，匿於長公主園[98]。漢使使迎王，王已入關。車騎盡居外，不知王處。太后泣曰：「帝殺吾子！」景帝憂恐。於是梁王伏斧質於闕下[99]，謝罪。然後太后、景帝大喜，相泣，復如故[100]，悉召王從官入關。然景帝益疏王[101]，不同車輦矣。

12 三十五年冬，復朝。上疏欲留。上弗許。歸國，意忽忽不樂。北獵良山[102]，有獻牛足出背上，孝王惡之[103]。六月中，病熱。六日卒[104]，謚曰孝王。

13 孝王慈孝，每聞太后病，口不能食，居不安寢，常欲留長安侍太后，太后亦愛之。及聞梁王薨，竇太后哭極哀，不食，曰：「帝果殺吾子！」景帝哀懼，不知所為。與長公主計之，乃分梁為五國，盡立孝王男五人為王[105]，女五人皆食湯沐邑[106]。於是奏之太后，太后乃說，為帝加壹湌[107]。

【章　旨】以上為第一段，寫梁孝王劉武的生平事跡，主要寫了與其兄漢景帝的尖銳矛盾。

【注　釋】❶孝文皇帝　名恆，劉邦之子，先被劉邦封為代王；周勃、陳平等誅滅諸呂罷，擁立劉恆為帝，西元前一七九—前一五七年在位。❷孝景帝　名啟，文帝之子，西元前一五六—前一四一年在位。❸竇太后　原為呂后宮女，後被賜與代王。代王入朝為帝，竇氏遂為皇后。❹次子參二句　劉參、劉勝，都是一般姬妾所生，史不書其母姓。又，此所謂「勝」，應依《漢書》作「揖」。❺以武為代王　此時代國的國都為中都，在今山西平遙西南，而轄境則除了中都周圍尚有今山西北部與河北西北部一帶地區。❻以參為太原王　太原國的國都晉陽，在今山西太原西南。❼以勝為梁王　梁國的國都睢陽，在今河南商丘南。「勝」字亦應作「揖」。❽二歲　即文帝四年。❾徙代王為淮陽王　將劉武改封為淮陽王，國都陳縣，即今河南淮陽。❿以代盡與太原王二句　改劉參為代王，除領有原來的太原郡外，尚領有原代國的全部國土。⓫孝文後二年　孝文帝後元二年，西元前一六二年。⓬代共王　謚曰「共」。共，通「恭」。⓭元光　「元光」是武帝的第二個年號，西元前一三四—前一二九年。⓮十九年　相當於武帝元鼎三年。「元鼎」是武帝的第五個年號，西元前一一六—前一一一年。⓯廣關　將函谷關由原來的河南靈寶東北，向東移至今河南新安西，以擴大長安所在的關中地區的面積。⓰以常山為限　意思是新的函谷關擴遷至新安縣城東後，就順著當地的山勢，修築成一座關塞。常山，指新安城東舊有的矮山。⓱徙代王王清河　將代王劉義改封為清河王。清河國的國都清陽，在今河北清河東南。⓲武為淮陽王二句　即文帝十一年。⓳梁王勝卒二句　梁王勝（應作「揖」）因騎馬摔死。⓴通歷已十一年　《索隱》曰：「謂自文帝二年初封代，後徙淮陽，又徙梁，通數文帝二年至十二年徙梁，為十一年也。」㉑梁王十四年　西元前一六五年。㉒十七年十八年　即文帝之後元二年、三年。㉓比年　連年。㉔留　指留在京師。㉕其明年二句　第二年才返回梁國。按：諸侯王連年入朝，以及留在京師，都是當時規定之所不能允許的，梁王能夠如此，足見他的地位之特殊。㉖孝文帝崩　孝文帝死於後元七年六月。㉗復入朝　應在此年之十月（當時以「十月」為歲首）。㉘燕飲　清閒安樂地宴飲，以別於某種典禮的宴飲。燕，安也。㉙從容言　不經意地說。從容，輕鬆、隨便的樣子。㉚千秋萬歲後二句　千秋萬歲後，婉言自己死後。傳於王，即傳位於梁孝王。㉛辭謝　推辭不受。㉜至言　真誠的，出自內心的話。㉝其春二句　按：事在景帝三年之春正月。此次帶頭叛亂的是吳王劉濞，響應而起的是楚王劉戊、趙王劉遂、膠西王劉卬、濟南王劉辟光、菑川王劉賢、膠東王劉雄渠，「齊國」並未參與叛亂。因為膠東、膠西、濟南、菑川四國都在原來大齊國的領土，所以統稱之為「齊」，其實這樣很容易造成混亂。㉞棘壁　古邑名，在今河南永城西北，當時屬梁。㉟城守　築城而堅守。㊱韓安國張羽　韓安國，梁國人，字長孺，先在梁為中大夫。張羽，事跡不詳，除本文外尚略見於〈韓長孺列傳〉。㊲距　通「拒」。㊳以梁為限　由於梁國的攔截。以，因；因為。限，阻；攔截。㊴不敢過而西　沒辦法越過梁國西攻長安。㊵與太尉亞夫等相距三月　太尉亞夫，即周亞夫，削平七國之亂的最高統帥，當時率大軍屯駐於睢陽東北之昌邑。㊶吳楚破　據〈絳侯周勃世家〉，吳楚進攻睢陽，周亞夫屯兵昌邑。睢陽請救，周亞夫不應。「而使輕騎兵弓高侯等絕吳、楚兵後食道」；吳楚兵攻昌邑，亞夫堅壁不出。「吳兵既餓，乃引而去。太尉出精兵追擊，大破之。」「凡相攻守三月，而吳、楚破平」。㊷破殺虜略　總言破敵之功與俘獲敵兵之眾。虜略，通「虜掠」，指俘獲敵軍將士與繳獲敵方物資。㊸與漢中分　和朝廷軍隊的戰果相等。按：梁之所以如此堅決抵抗，一是為了保衛自己的領土，二是他與中央皇帝的血緣最親。㊹明年　景帝四年，西元前一五三年。㊺漢立太子　此時所立之太子為景帝之長子劉榮，栗姬所生，故歷史上亦稱之為「栗太子」。㊻膏腴　肥沃。㊼北界泰山　北與泰山郡為界，泰山郡的郡治奉高，在今山東泰安東。㊽高陽　鄉亭名，在今河南杞縣東南，當時上屬於陳留郡的圉縣。劉邦時代的酈食其就自稱是「高陽酒徒」。㊾皆多大縣　瀧川曰：「《漢書》刪『皆』字。」㊿東苑　也稱「兔園」，因其位置在梁國都城睢陽以東，故以「東園」稱之，「兔」在十二生肖中也是代表東方。(51)方三百餘里　《索隱》曰：「蓋言其奢，非實詞。」(52)廣睢陽城七十里　擴大城圈至方圓七十里。(53)複道　空中通道。(54)自宮連屬於平臺　從城裡的宮庭直通城東的平臺。(55)得賜天子旌旗二句　《索隱》引《漢官儀》曰：「天子法駕三十六乘，大駕八十一乘，皆備千乘萬騎而出也。」千乘，千輛車。(56)擬於天子　可以和天子相比。擬，相比；相等。(57)出言趩二句　趩，清道戒嚴。警，警衛；戒備。這裡是互文見義，即出入都要清道戒嚴，加強警備。(58)自山以東游說之士三句　按：句子不順。似應作「自山以東游說之士，齊人羊勝、公孫詭、鄒陽之屬，莫不畢至。」山以東，戰國秦漢以來，習慣稱關中以外的地區為「山東」，即秦以外的其他六國之地。所謂「山」，指今河南靈寶東南之崤山。莫不畢至，梁孝王廣招賓客遊士，除本文所說的羊勝、公孫詭、鄒陽外，其他比較著名的還有枚乘、嚴忌、司馬相如等。(59)奇邪　《索隱》引鄭玄云：「奇邪，譎怪非常也。」(60)千金　千斤黃金。漢代以黃金一斤為「一金」，「一金」可抵銅錢一萬。(61)中尉　在諸侯國主管軍事的長官。(62)梁多作兵器二句　陳直曰：「梁都睢陽，其地出強弓。」(63)百巨萬　即今所謂「上百億」。巨萬，萬萬，即「億」，單位為銅錢。(64)多於京師　即比皇帝的倉庫裡還要多。(65)使使持節二句　意謂派使者手持旌節，駕著皇帝的副車前往迎接。乘輿，皇帝的車駕。(66)迎梁王於關下　到函谷關去迎接梁王。(67)既朝三句　行過朝拜之禮後，給皇帝上書，而留在京城。疏，奏章，因內容為條列疏陳理由，故稱作「疏」。(68)以太后親故　因為皇太后也是梁王的母親。(69)入則侍景帝同輦　入，指在宮廷內。輦，人拉的車子。(70)上林　即上林苑，秦漢時代的皇家獵場，舊址在今陝西西安西南，區域廣達數縣。(71)侍中郎謁者著籍引　都是王者身邊的侍從官員，「郎」又有「侍郎」、「郎中」與「中郎」的不同稱呼，負責陪侍與警衛王者；謁者掌管收發、傳達以及贊禮等事。著籍引，〈外戚世家〉作「著引籍」，意思相同，即將某個人的姓名登入門衛室的出入名簿，允許其自由出入。(72)與漢宦官無異　張文虎曰：「疑衍『宦』字。」(73)上廢栗太子　栗太子之母栗姬因拒絕長公主劉嫖之為其女向太子求婚事，被劉嫖勾結王夫人將栗姬鬥倒，並使太子劉榮被廢。(74)欲以孝王為後嗣　想讓劉武做景帝的接班人。嗣，繼承人；接班人。(75)大臣及袁盎等有所關說　袁盎勸景帝不能擅改傳子規定的話，見〈袁盎鼂錯列傳〉。關說，開列理由，加以陳說。關，通。(76)義格　指想立梁王為接班人的議題被擱置起來。格，止。77其夏四月　仍是景帝七年的四月，因為當時仍以十月為歲首。78立膠東王為太子　膠東王，即日後的漢武帝，名徹，王夫人所生，景帝四年被立為膠東王，國都即墨（今山東平度東南）。王夫人與長公主劉嫖鬥倒栗姬與太子劉榮後，劉徹遂被立為太子，王夫人被立為皇后，事在景帝七年四月。79乃與羊勝公孫詭之屬　梁玉繩曰：「〈文三王傳〉『屬』下有『謀』字，是。」80刺殺袁盎及他議臣十餘人　據〈袁盎鼂錯列傳〉，梁王派的第一批刺客至關中後，聽人多稱讚袁盎，故未忍下手，且告其為備；後來梁王又派第二批刺客，遂狙殺袁盎於安陵門外。81逐其賊　追查刺客的行蹤。逐，追查；追拿。82意梁王　猜想是梁王所為。意，疑；猜想。83逐賊二句　按：李笠《史記訂補》以為上句「逐」字乃涉下句「逐」字誤衍，正確的文字應作：「其賊未得也，於是天子意梁王，逐賊，果梁使之。」84冠蓋相望於道　極言其所派出的使者之多，後一批可以望見前一批的衣飾與車蓋。冠蓋，冠指使者的禮帽；蓋指使者車上的大傘。85覆按梁　到梁國反覆地進行調查、勘核。86匿　躲藏。87責二千石急　嚴厲地逼著梁國的大臣們交出兇手。當時諸侯國的一些執政大臣都是二千石，或比二千石一級，如丞相、內史、中尉等是也。88梁相軒丘豹　姓軒丘，名豹。按：諸侯相是由朝廷委派去諸侯國的，理應站在朝廷立場。89內史韓安國進諫王　內史，在諸侯國管理民政的長官。韓安國，以處理此次梁國事件蒙朝廷欣賞，後調入朝廷任御史大夫。進諫王，韓安國泣諫梁王事，詳見〈韓長孺列傳〉。90王乃令勝詭皆自殺二句　此用韓安國之計也，韓安國語重心長的勸導梁孝王交出羊勝、公孫詭。出之，將其屍體交了出來。91怨望　怨恨。望，也是「怨」的意思。92乃使韓安國因長公主謝罪太后　因，通過；憑藉。長公主，名嫖，景帝與梁孝王的大姐。93然後得釋　歸有光曰：「按安國傳，因長公主謝太后事在前，非為詭、勝事，疑世家誤也。」王先謙曰：「此與〈鄒陽傳〉合，互證安國傳，梁兩次皆安國因長公主入言得釋，或疑此文為誤，非也。」94因上書請朝　王先謙曰：「〈史表〉，三十一年來朝。」按：梁孝王三十一年相當於景帝中元二年（西元前一四八年）。95既至關二句　既至關，指到達函谷關。茅蘭，孝王臣，事跡不詳。96乘布車　乘一般士民之車。顧炎武曰：「謂微服而行，使人不知耳。」97從兩騎入　帶著兩個衛士悄悄地混進了京城。98匿於長公主園　不敢直入府第，故先潛入其園林。99伏斧質於闕下　自己趴在砧板上，古人請罪的一種姿態。質，殺人時下墊的砧板。闕下，宮門前，因皇宮正門有雙闕，故云。100相泣二句　凌稚隆引鄧以瓚曰：「為計良工，敘得情態亦盡。」吳見思曰：「欲寫其強合，正寫其中離也。」101益疏王　對梁王越來越疏遠。益，逐漸。102良山　《漢書》作「梁山」，在今山東梁山南，當時為梁國之北境。103孝王惡之　牛足出其背上，生物的怪胎，漢人害怕「災異」，以為這類現象的出現，即預示著將有人的禍變降臨，故梁王惡之。104六月中三句　按：《漢書‧文三王傳》與此同，而《史記》、《漢書》之〈景帝紀〉皆謂「夏四月，梁王薨」，彼此歧異。王叔岷曰：「當《史》、《漢》〈景紀〉作「四月」。《通鑑》亦作「四月」。蓋孝王四月薨，故支子四王以五月立也。」(105)乃分梁為五國二句　長子劉買為梁王；其餘劉明為濟川王、劉彭離為濟東王、劉定為山陽王、劉不識為濟陰王。按：此即賈誼早已建議的「眾建諸侯而少其力」。(106)女五人皆食湯沐邑　五個女兒也都各自享有一塊領地。湯沐邑，原指諸侯朝見天子，天子在京城附近劃給諸侯一小塊領地，以其出產作為諸侯在京期間生活日用的開銷。後來遂衍申為劃給皇后、公主等人的一份領地。(107)加壹湌　意即勉強吃了一點東西。湌，同「餐」。

【語譯】梁孝王劉武，是孝文帝的兒子，同孝景帝是同胞兄弟。他們的母親，就是竇太后。

2 孝文帝一共有四個兒子：長子是太子，也就是日後的孝景帝；二兒子是劉武；三兒子是劉參；四兒子是劉勝。孝文帝即位後的第二年，封劉武為代王，封劉參做太原王，封劉勝做梁王。過了兩年，又改封代王劉武為淮陽王，把代國所有的全部地盤都併給了太原王劉參，讓劉參改稱代王。劉參在位十七年，於孝文帝後元二年死，被諡為孝王。其子劉登繼位，即代共王。劉登在位二十九年，於孝武帝元光二年死，其子劉義繼位為代王。劉義在位十九年，孝武帝要把關中地區的領域向東拓寬到常山一線，因而把劃入線內的代王劉義改封為清河王。清河王是在漢武帝元鼎三年被改封的。

3 劉武被改封為淮陽王，在位十年時梁王劉勝死了，被諡為梁懷王。梁懷王是孝文帝最小的兒子，特別受到孝文帝的寵愛。梁懷王死後的第二年，改封淮陽王劉武為梁王。劉武改封梁王是在孝文帝前元十二年。梁王劉武從開始被封為代王，中經淮陽王，再到梁王，加起來總共已經十一年了。

4 梁王十四年，進京朝見孝文帝。十七、十八兩年，連續進京朝見，十八年還留在京都。一直到第二年才回國。二十一年又進京朝見。二十二年，孝文帝死了。二十四年，進京朝見孝景帝。二十五年，又進京朝見。這時，孝景帝還沒有立太子。有一天孝景帝在同梁王一起飲酒的時候，順口說道：「等我死了之後，把這皇位傳給你。」梁王推辭不要，他知道他哥哥說的不是真心話，但是內心裡還是覺得高興。他們的母親竇太后也覺得高興。

5 那年春天，吳、楚、齊、趙等七國共同起兵造反。吳國、楚國的軍隊首先進攻梁國的棘壁，殺了梁國幾萬人。梁孝王一面加固國都睢陽城的防衛，一面派了韓安國、張羽等為大將軍，率兵到梁國東境抵抗吳、楚軍隊。吳、楚的軍隊由於受到了梁國的抗擊，再也不能越過梁國向西跨進一步。就這樣他們同太尉周亞夫的軍隊相持了三個月，最後被打敗。在這次平定吳、楚等七國的叛亂中，梁國所斬殺俘獲的敵人同朝廷軍隊的戰績相等。

6 第二年，漢景帝立了太子。這時的梁國在諸侯國中與朝廷的關係最親近，而且又在平叛中有大功，領土的面積又最大，它占據著全國最富饒的地方。它的北界是泰山，西界至高陽，共有四十餘城，所屬的縣分也多數面積大、人口多。

7 梁孝王，是竇太后最小的兒子，竇太后最寵愛他，對他的賞賜多得數不清。於是孝王大興土木，修築東苑獵場，這所獵場，占地面積縱橫三百餘里。同時又把國都睢陽城擴展為方圓七十里。他大修宮殿，又從他的宮中直通城外離宮的平臺修建了一條長三十餘里的空中通道。梁王出行時的儀仗中可以使用只有天子才能使用的旌旗，後面跟隨千車萬馬。他到處馳騁射獵，其排場之大可以同皇帝比擬。每次的外出與回宮時，都要和皇帝一樣的「警蹕」，清除道路上的行人。他還大肆地招攬各地豪傑，崤山以東，各郡國的遊說之徒幾乎都到他這裡來了：其中著名的有齊國的羊勝、公孫詭、鄒陽等人。公孫詭是個一肚了邪門歪道的傢伙，他一見梁王，梁王就賜給了他千金之賞，封他做中尉，梁國人稱他為「公孫將軍」。梁國製造了很多兵器，強弩、硬弓、長矛多達幾十萬件，而府庫裡儲存的金錢有上百億，珠玉寶器比京師的還多。

8 二十九年，十月，梁孝王進京朝見景帝。景帝派人拿著符節，趕著皇帝的車駕，到函谷關去迎接他。梁王見過景帝後，上書請求，而留下來，因為母親疼愛他。梁王在宮廷裡出出進進，和景帝同乘一個輦；到上林苑打獵時，也和景帝同乘一輛車。梁王的侍中、郎、謁者等人都登入門衛室的出入名簿，使他們可以隨意進出皇帝的殿門，跟朝廷的宦官們沒有差別。

9 十一月，景帝廢了栗太子，這時竇太后心裡想讓景帝立梁孝王做繼承人。但因為有大臣以及袁盎等人勸說景帝，竇太后的想法沒得實現，而景帝從此也不再說要立梁王為繼承人的事。由於這件事很祕密，所以外面的人不知道。於是梁王只好離開京城回國了。

10 那年夏天的四月，景帝立膠東王劉徹做了太子。梁王怨恨袁盎以及其他的一些議臣，於是他和羊勝、公孫詭之流暗中派人刺殺袁盎以及其他的議臣十多個人。朝廷追捕兇手，沒有抓獲。但是景帝疑心是梁王指使人幹的。接著一深入追查，兇手果然是梁王所派。於是朝廷就接二連三地派使者到梁國審察驗證，並要逮捕公孫詭、羊勝。而公孫詭、羊勝被梁王隱藏在後宮裡。朝廷使者嚴厲地逼梁國的大臣們交出兇手，梁王的丞相軒丘豹和內史韓安國勸說梁王交出兩人來，梁王無法，只好命令羊勝、公孫詭自殺，而後交出了他們的屍體。景帝從此怨恨梁王。梁王心裡害怕，於是派內史韓安國通過姐姐長公主向竇太后說情，然後才得到了緩解。

11 景帝的怨氣稍稍消退後，梁王上書請求進京朝見。待至到達函谷關前，侍臣茅蘭勸梁王，讓他乘坐布車，只帶著兩個人悄悄進城，藏在姐姐長公主的花園內。等到朝廷派使者到關前迎接梁王，梁王已經進關。隨從的車騎全都留在關外，不知梁王去向。太后一聽立刻淚流滿面說：「皇上把我的兒子殺了！」景帝見此情景也很著急害怕。這時梁王自己趴在砧板上請罪，請求皇帝治罪。這樣一來太后、景帝都很高興，他們母子兄弟面對面地哭了一回，又恢復了原來的關係。景帝把梁王的那些隨從官員也全都叫進宮來。但是景帝從此還是越來越疏遠梁王，再也不與他同車共輦了。

12 梁王三十五年冬天，又進京朝見，上書請求留住京師。景帝不允許。梁王回國後，心中悶悶不樂。有一天，梁王到北面的良山打獵，有人獻給他一頭牛，腳是從背上長出來的，梁王看了很討厭。六月間，梁王患了熱病。六天後就死了，被謚為孝王。

13 梁孝王仁慈孝順，每當他聽說太后有病，就吃不下飯，睡不好覺。經常想留在長安侍奉太后，太后也很寵愛他。當太后聽說梁王病死時，哭得非常悲哀，不吃飯，說：「皇帝果然把我兒子殺了！」景帝既哀痛又害怕，不知怎麼辦好。於是就去和姐姐長公主商量，他們最後決定把梁國分為五份，將梁孝王的五個兒子全立為王，五個女兒也都每人賜給一份領地，作為她們的湯沐邑。景帝把這個意思奏明太后後，太后才高興起來，看在他們的面子上吃了一頓飯。

1 梁孝王長子買為梁王❶，是為共王；子明為濟川王❷；子彭離為濟東王❸；子定為山陽王❹；子不識為濟陰王❺。

2 孝王未死時，財以巨萬計，不可勝數❻。及死，藏府❼餘黃金尚四十餘萬斤，他財物稱是❽。

3 梁共王三年❾，景帝崩❿。共王立七年卒，子襄立⓫，是為平王。

4 梁平王襄十四年⓬，母曰陳太后。共王母曰李太后，李太后，親平王之大母也⓭。而平王之后姓任，曰任王后。任王后甚有寵於平王襄。

5 初，孝王在時，有罍樽⓮直⓯千金。孝王誡後世，善保⓰罍樽，無得以與人。任王后聞而欲得罍樽。平王大母李太后曰：「先王有命，無得以罍樽與人。他物雖百巨萬⓱，猶自恣也⓲。」任王后絕欲得之⓳，平王襄直使人開府⓴取罍樽，賜任王后。李太后大怒，漢使者來，欲自言。平王襄及任王后遮止，閉門㉑。李太后與爭門，措指㉒，遂不得見漢使者。李太后亦私與食官長及郎中尹霸等士通亂㉓，而王與任王后以此使人風止㉔李太后。李太后內有淫行，亦已㉕。後病薨。病時，任后未嘗請病㉖；薨，又不持喪㉗。

6 元朔中，睢陽人類犴反㉘者，人有辱其父，而與淮陽太守客出同車㉙。太守客出下車，類犴反殺其仇於車上而去。淮陽太守怒，以讓㉚梁二千石，二千石以下求㉛反甚急，執反親戚㉜。反知國陰事㉝，乃上變事㉞，具告知王與大母爭樽狀㉟。時丞相以下見知之㊱，欲以傷梁長吏㊲，其書聞天子。天子下吏驗問㊳，有之。公卿㊴請廢襄為庶人，天子曰：「李太后有淫行，而梁王襄無良師傅，故陷不義。」乃削梁八城，梟㊵任王后首于市。梁餘尚有十城。襄立三十九年卒㊶，諡為平王。子無傷立為梁王㊷也。

7 濟川王明者，梁孝王子，以桓邑侯㊸孝景中六年為濟川王㊹。七歲㊺，坐射殺其中尉㊻，漢有司請誅，天子弗忍誅㊼，廢明為庶人，遷房陵㊽，地入于漢，為郡㊾。

8 濟東王彭離者，梁孝王子，以孝景中六年為濟東王。二十九年㊿，彭離驕悍，無人君禮(51)，昏暮私與其奴、亡命(52)少年數十人行剽(53)，殺人取財物以為好(54)。所殺發覺者百餘人，國皆知之，莫敢夜行。所殺者子上書言(55)。漢有司請誅。上不忍，廢以為庶人，遷上庸(56)，地入于漢，為大河郡(57)。

9 山陽哀王定(58)者，梁孝王子，以孝景中六年為山陽王。九年卒(59)，無子，國除，地入于漢，為山陽郡[60]。

濟陰哀王不識[61]者，梁孝王子，以孝景中六年為濟陰王。一歲卒，無子，國除，地入于漢，為濟陰郡[62]。

【章　旨】以上為第二段，寫梁孝王諸子孫的結局，大多數都在武帝實行「推恩法」的過程中被取消封國，改其地為郡縣。

【注　釋】❶長子買為梁王　繼其父位，為梁國之正統。❷子明為濟川王　國都濟陽，在今河南蘭考東北。❸子彭離為濟東王　國都無鹽，在今山東東平東。❹子定為山陽王　國都昌邑，在今山東金鄉西北。❺子不識為濟陰王　國都定陶，在今山東定陶西北。❻財以巨萬計二句　按：既曰「以巨萬計」，又曰「不可勝數」，似有語病。❼藏府　倉庫。❽他財物稱是　稱是，與此相稱；與此成比例。稱，相稱；相對應。❾梁共王三年　即景帝後元三年，西元前一四一年。❿景帝崩　事在景帝後元三年正月，葬陽陵（在今咸陽東北之張家灣村）。⓫共王立七年卒二句　事在武帝建元四年，西元前一三七年。⓬梁平王襄十四年　相當於武帝元朔六年。「元朔」是武帝的第三個年號，西元前一二八—前一二三年。⓭李太后二句　李太后，梁平王劉襄的親奶奶。大母，祖母。⓮罍樽　酒器。樽，蓋家傳之珍貴禮器。⓯直　通「值」。⓰善保　好好保管。⓱雖百巨萬　即使是價值百萬金。雖，即使。⓲猶自恣也　也隨你的便，想拿就拿。猶，尚。恣，隨意；任意。⓳絕欲得之　一定要得到它。絕，王先謙曰：「『絕』猶『極』也。」⓴平王襄直使人開府　直，徑；隨即，謂不再商量、請示。㉑遮止二句　攔阻，關門不讓她出來。遮，攔。㉒措指　手指頭被門壓到了。措，通「笮」。擠壓。㉓與食官長及郎中尹霸等士通亂　梁玉繩曰：「此句傳寫有誤，當云『與食官長及郎中尹霸、士通等亂』。」瀧川引沈家本曰：「『士』字衍。」㉔風止　向其示意，以制止其告狀。㉕亦已　也就擱下不提了。已，完；終止。㉖請病　請安問病。㉗不持喪　不按禮法奉行對長輩的喪儀。㉘類犴反　姓「類」，名「犴反」。《索隱》曰：「『反』字或作『友』。」㉙而與淮陽太守客出同車　辱類犴反之父者與淮陽太守之客同車。淮陽，漢郡名，郡治陳縣，即今河南淮陽。淮陽郡屬朝廷，東北與梁國接壤。㉚讓　責備，意即令梁國交出兇手。㉛求　偵捕。㉜執反親戚　執，拘留；關押。親戚，此處指父母。㉝知國陰事　知道梁國王室的陰私不法。㉞上變事　指給朝廷上書。變事，《漢書》作「變」，意同，指舉報重大叛逆事件的文書。㉟具告知王與大母爭樽狀　瀧川曰：「『告』下『知』字《漢書》無，此衍。」㊱時丞相以下見知之　瀧川曰：「『時』上添『且曰』二字看。」意即類犴反的舉報文書不僅告發了梁王的忤逆不孝，同時還告發了梁國諸大臣的知情不舉。丞相，《漢書》無「丞」字，是，當時諸侯的「相」已經不能再稱「丞相」。見知，瀧川曰：「律文。」即指武帝時的「見知故縱」之法。而張文虎曰：「中統、游、凌本，『見』作『具』。」具知，全都知道得很清楚。兩者皆通，各有所長。㊲欲以傷梁長吏　目的是要傷害梁國的各級官吏，因為他們應淮陽太守之請，「二千石以下求反甚急」。㊳下吏驗問　派官吏下來查問。㊴公卿　三公九卿，這裡指朝廷的主要決策官員。㊵梟　懸首於高竿以示眾。㊶襄立三十九年卒　梁玉繩曰：「此下十九字刪，褚生妄增也，『三十九年』亦誤。」按：《漢書・諸侯王表》作「建元五年平王襄嗣，四十年薨。」梁平王四十年即武帝天漢四年，西元前九七年。㊷子無傷立為梁王　《漢書・諸侯王表》作「太始元年，貞王毋傷嗣，十一年薨。」太始元年為西元前九六年。「太始」是武帝的第九個年號。梁貞王劉無傷在位十一年，卒於昭帝始元元年（西元前八六年），為史公所不及見，故只書其即位為梁王而止。㊸桓邑侯　封地桓邑縣，具體方位不詳。㊹孝景中六年為濟川王　劉明於其父死之同月中兄弟五人同時被分割梁地以封王。㊺七歲　劉明為濟川王的第七年，即武帝建元三年。㊻坐射殺其中尉　〈漢興以來諸侯王年表〉作「殺中傅」。王先謙曰：「『中傅』是，此『中尉』，蓋因後人少見『中傅』而妄改。」中傅，官名，猶「少傅」也。中尉在諸侯國主管民政，由諸侯王自己任命；太傅、少傅負責輔導諸侯王，由朝廷委派，地位顯得崇高。㊼漢有司請誅二句　王叔岷曰：「《漢書》『忍』下無『誅』字，疑涉上『誅』字而衍。」㊽遷房陵　遷，流放；發配。房陵，漢縣名，縣治即今湖北房縣。㊾地入于漢二句　濟川國撤除後，其地入漢改為陳留郡，郡治也由濟陽改遷陳留，在今河南開封東南。㊿二十九年　劉彭離為濟東王的第二十九年，即武帝元鼎元年。(51)無人君禮　沒有個當人君長的樣子。(52)亡命　沒有名字，即一貫為非作歹，而不敢以真名實姓告人者。(53)剽　搶劫。(54)好　興趣；愛好。(55)上書言　給朝廷上書，舉報濟東王的土匪行徑。(56)上庸　漢縣名，縣治在今湖北竹山西南。(57)大河郡　後又改稱東平郡，郡治仍在無鹽（今山東東平東南）。(58)山陽哀王定　山陽王劉定，死後謚曰「哀」。(59)九年卒　劉定死於為山陽王的第九年，即武帝建元五年。(60)山陽郡　郡治仍在昌邑（今山東金鄉西北）。(61)濟陰哀王不識　濟陰王名「不識」，死後謚曰「哀」。(62)濟陰郡　郡治仍在定陶（今山東定陶城西北）。

【語　譯】梁孝王的兒子劉買繼立為梁王，即梁共王；次子劉明為濟川王；三子劉彭離為濟東王；四子劉定為山陽王；五子劉不識為濟陰王。

2 梁孝王還沒有死的時候，財寶要用億來計算，簡直多得數不清。等到他死後，光是府庫裡的黃金就存著四十多萬斤，其他的財物也和這個差不多。

3 梁共王三年，景帝去世。梁共王在位七年死，其子劉襄繼位，即梁平王。

4 梁平王劉襄十四年，劉襄的母親是陳太后。梁共王的母親是李太后，李太后是梁平王的親祖母。而平王的妻子姓任，稱任王后。任王后特別受平王劉襄的寵愛。

5 當初梁孝王還活著時，得到了一個酒器，價值千金。梁孝王曾告訴後代，要好好地保存這件寶物，不能把它送給別人。後來任王后知道了便想要這個酒器。梁平王的祖母李太后說：「先王有話，不讓把這個酒器送給別人。其他的東西即使價值一百億，也可以隨你挑。」任王后就是非要不可，於是劉襄就派人到庫中取出酒器，給了任王后。李太后非常生氣，正好這時朝廷有人到梁國來，李太后就想把這件事情告訴朝廷的來使。劉襄和任王后阻攔她，關上門不讓她出來。李太后要奪門而出，結果被壓傷了手指，因而沒能見到朝廷使臣。又由於李太后曾與她的食官長和郎中尹霸等人通姦，因而劉襄與王后以此為把柄派人阻止李太后。李太后心裡有愧，於是只好作罷。後來病死了。在李太后生病的時候，任王后從來沒去探過病；到李太后死時，任王后又不給李太后服行喪禮。

6 到了武帝元朔年間，有人侮辱了睢陽人類犴反的父親，類犴反為了給他的父親報仇，趁那個人跟淮陽太守的門客同車出遊，當太守的門客下車後，類犴反就在了車上把他的仇人殺死，而後逃走了。淮陽太守很生氣，要求梁國的官員交出兇手，梁國的官吏們捉拿類犴反，先逮捕了類犴反的父母。類犴反知道梁國的醜事，當他被逼得走投無路時，就向朝廷上書告發了梁平王跟他祖母李太后爭奪酒器的事情。並說當時梁國丞相以及他以下的官員都知道這件事，類犴反的目的就是想利用這件事情來打擊梁國的官吏。上告書送到武帝那裡。武帝派人調查，情況屬實。於是朝廷的公卿們請求把劉襄削爵為民，武帝說：「李太后是有淫亂行為，而梁王劉襄是因為我們沒有派好的師傅加以教導，所以陷入了不義。」於是下令只削減了梁國的八個城，至於任王后則被梟首示眾了。此後梁國還有十多個城。劉襄在位三十九年死，被諡為平王。其子劉無傷繼立為梁王。

7 濟川王劉明，是梁孝王的二兒子，在孝景帝中元六年由桓邑侯升為濟川王。七年後，因為射死了他的中尉，朝廷有關官員請求將他處死，武帝不忍，只是把他貶為了庶民，讓他搬到房陵居住，濟川國的領土被朝廷收回，另行設了郡。

8 濟東王劉彭離，是梁孝王的三兒子，在孝景帝中元六年被封為濟東王。劉彭離即位二十九年，他生性驕橫兇悍，沒有人君的樣子，常在晚上跟他的奴僕以及一些無賴青年等幾十個人結伙外出，攔路殺人搶東西，以此為樂。被他們所殺的人不計其數，光是被人發現的就有一百多個了，整個濟東國都知道，沒有人敢在夜間行走。後來有個被殺人家的兒子到朝廷上書告發。朝廷負責的官員們請求處死劉彭離。武帝於心不忍，只是把劉彭離削爵為民，讓他搬到上庸縣居住，濟東國的領土被朝廷收回，另設為大河郡。

9 山陽哀王劉定，是梁孝王的四兒子，在孝景帝中元六年被封為山陽王。即位九年去世，因為沒有兒子，封國被廢除，領地被朝廷收回，另設為山陽郡。

10 濟陰哀王劉不識，是梁孝王的五兒子，在孝景帝中元六年被封為濟陰王。即位一年就死了，因為沒有兒子，封國被廢除，領地被朝廷收回，另設為濟陰郡。

太史公曰：梁孝王雖以親愛之故，王膏腴之地，然會漢家隆盛，百姓殷富，故能植其財貨❶，廣宮室，車服❷擬於天子❸。然亦僭矣❹。

【章旨】以上為第三段，是作者的論贊，作者譴責了梁孝王的僭越名分，驕奢淫逸。

【注釋】❶植其財貨　植，通「殖」。繁衍；集聚。❷車服　車服，指封建社會按尊卑制度給各級貴族所規定的車駕服飾而言。❸擬於天子　和皇帝的排場差不多。❹然亦僭矣　僭，越分。葉玉麟曰：「『然亦僭矣』句下，吳（汝綸）云《漢書》有『怙親無厭，生禍告罰，卒以憂死，悲夫』十四字，疑亦史文，今脫。按：十四字仍應補入史公贊，文氣乃完足。」

【語　譯】太史公說：梁孝王固然是由於受寵愛，封在一個肥沃的地方，但他也正好是趕上了漢王朝的興隆繁盛，百姓們家富人足，所以他才能積累這麼多的財富，才能如此毫無節制地擴大宮室，以至於他的車馬服飾都竟然和皇帝相同。可是這樣也太過分了。

1 褚先生❶曰：臣為郎時❷，聞之於宮殿中老郎吏好事者稱道之❸也。竊以為❹令梁孝王怨望❺，欲為不善者，事從中生❻。今太后❼，女主也，以愛少子故，欲令梁王為太子❽。大臣不時❾正言其不可❿狀，阿意治小⓫，私說意⓬以受賞賜，非忠臣也。齊如⓭魏其侯竇嬰之正言⓮也，何以有後禍？景帝與王燕見⓯，侍太后飲，景帝曰：「千秋萬歲之後，傳王。」太后喜說。竇嬰在前，據地⓰言曰：「漢法之約，傳子適孫⓱。今帝何以得傳弟，擅亂高帝約乎？」於是景帝默然無聲，太后意不說。

2 故成王與小弱弟立樹下⓲，取一桐葉以與之，曰：「吾用封汝⓳。」周公聞之，進見曰：「天王⓴封弟，甚善。」成王曰：「吾直與戲耳㉑。」周公曰：「人主無過舉㉒，不當有戲言，言之必行之。」於是乃封小弟以應縣㉓。是後成王沒齒不敢有戲言，言必行之。孝經㉔曰：「非法不言，非道不行㉕。」此聖人之法言㉖也。今主上㉗不宜出好言於梁王㉘。梁王上有太后之重㉙，驕蹇㉚日久，數聞景帝好言㉛，千秋萬世之後傳王，而實不行㉜。

3 又諸侯王朝見天子，漢法，凡當四見耳。始到，入小見㉝；到正月朔旦㉞，奉皮薦璧玉㉟，賀正月，法見㊱；後三日，為王置酒㊲，賜金錢財物；後二日，復入小見，辭去。凡留長安不過二十日。小見者，燕見於禁門內㊳，飲於省中㊴，非士人所得入㊵也。今梁王西朝㊶，因留，且半歲㊷，入與人主同輦，出與同車。示風以大言㊸，而實不與，今出怨言，謀畔逆，乃隨而憂之，不亦遠乎㊹？非大賢人，不知退讓。今漢之儀法，朝見賀正月者，常一王與四侯俱朝見㊺，十餘歲一至㊻。今梁王常比年入朝見，久留。鄙語㊼曰：「驕子不孝㊽。」非惡言也㊾。故諸侯王當為置良師傅，相忠言之士㊿，如汲黯、韓長孺等(51)，敢直言極諫，安得有患害(52)？

4 蓋聞梁王西入朝，謁竇太后，燕見，與景帝俱侍坐於太后前，語言私說(53)。太后謂帝曰：「吾聞殷道親親，周道尊尊(54)，其義一也(55)。安車大駕(56)，用梁孝王為寄(57)。」景帝跪席舉身(58)，曰：「諾。」罷酒出，帝召袁盎諸大臣通經術(59)者曰：「太后言如是，何謂也？」皆對曰：「太后意欲立梁王為帝太子(60)。」帝問其狀，袁盎等曰：「殷道親親者，立弟；周道尊尊者，立子。殷道質[61]，質者法天[62]，親其所親，故立弟；周道文，文者法地，尊者敬也，敬其本始[63]，故立長子。周道，太子死，立適[64]孫；殷道，太子死，立其弟。」帝曰：「於公何如[65]？」皆對曰：「方今漢家法周，周道不得立弟，當立子。故春秋[66]所以非宋宣公[67]。宋宣公死，不立子而與弟，弟受國死[68]，復反之與兄之子[69]。弟之子爭之[70]，以為我當代父後，即刺殺兄子。以故國亂，禍不絕。故春秋曰：『君子大居正。宋之禍，宣公為之[71]。』臣請見太后白之。」袁盎等入見太后[72]：「太后言欲立梁王。梁王即終，欲誰立[73]？」太后曰：「吾復立帝子[74]。」袁盎等以宋宣公不立正[75]，生禍，禍亂後五世不絕[76]，小不忍害大義狀報太后。太后乃解說[77]，即使梁王歸就國[78]。而梁王聞其義出於袁盎諸大臣所[79]，怨望，使人來殺袁盎。袁盎顧[80]之曰：「我所謂袁將軍[81]者也，公得毋誤乎[82]？」刺者曰：「是矣！」刺之，置其劍，劍著身[83]。視其劍，新治。問長安中削厲工[84]，工曰：「梁郎某子[85]來治此劍。」以此知而發覺之。發使者捕逐之，獨梁王所欲殺大臣十餘人。文吏窮本之[86]，謀反端頗見[87]。太后不食，日夜泣不止。景帝甚憂之，問公卿大臣，大臣以為遣經術吏往治[88]之，乃可解[89]。於是遣田叔、呂季主[90]往治之，此二人皆通經術，知大禮(91)。來還(92)，至霸昌廄(93)，取火悉燒梁之反辭(94)，但空手來對景帝。景帝曰：「何如？」對曰：「言梁王不知也(95)。造為之者，獨其幸臣羊勝、公孫詭之屬為之耳(96)，謹以伏誅死(97)。梁王無恙也(98)。」景帝喜說，曰：「急趨謁太后(99)。」太后聞之，立起坐飡(100)，氣平復(101)。故曰，不通經術、知古今之大禮，不可以為三公(102)及左右近臣。少見之人，如從管中闚天(103)也。

【章旨】以上為第四段，是褚先生補敘的有關梁孝王的事跡。

【注釋】❶褚先生　名少孫，西漢元帝、成帝時期人，在皇帝身邊任郎官之職，是司馬遷《史記》最早的閱讀者、研究者、補寫者與傳播者。❷臣為郎時　大約在宣帝（西元前七三—前四九年）後期至元帝（西元前四八—前三三年）時期。❸稱道之　指稱說有關梁孝王的事情。❹竊以為　此轉述當時「老郎吏好事者」們的口氣。❺怨望　怨恨；不滿。❻事從中生　完全是由宮中（指太后和皇帝）釀成的。❼今太后　仍是當年「老郎吏們」的口氣，指竇太后。❽欲令梁王為太子　想讓梁孝王為漢景帝的繼承人。❾不時　不及時。時，及時；把握時機。❿正言其不可　正式、嚴肅的說清不能以梁孝王為接班人。⓫阿意治小　曲順著太后的意思，不考慮大的方面。治小，張大可曰：「不顧大局。」⓬私說意　自己一心討好上頭。說，同「悅」。⓭齊如　（假如）都像。齊，全都。⓮魏其侯竇嬰之正言　即後文所述，其事已見於〈魏其武安侯列傳〉。竇嬰，竇太后之姪，在平定吳楚七國之亂中有功，封魏其侯。⓯燕見　安閒的相見，與正式場合的以禮相見對比而言。燕，安也。⓰據地　兩手撐地的跪伏。⓱傳子適孫　語略不順，似應作「傳適子孫」。大意謂父親傳給兒子，兒子傳給孫子。適，通「嫡」。⓲故成王與小弱弟立樹下　故，昔；從前。成王，周成王，名誦，武王之子。小弱弟，名叔虞。⓳吾用封汝　我把這個封給你。用，以；以此。⓴天王　《春秋》對周天子的尊敬稱呼，今褚少孫拿來用到周公的說話中。㉑吾直與戲耳　我只不過是和他開個玩笑。直，只；只不過。㉒無過舉　不能有錯誤的舉動。㉓乃封小弟以應縣　應縣，古地名，據《正義》，在今河南魯山東南。㉔孝經　儒家所傳的「經典」之一，是今「十三經」中的一種。㉕非法不言二句　《孝經·卿大夫章》云：「非先王之法言不敢道，非先王之德行不敢行。是故非法不言，非道不行。」㉖法言　能給後人作為行動準則的言論。㉗今主上指漢景帝。㉘不宜出好言於梁王　不應該對梁孝王說那種許諾的話。㉙重　寵愛；溺愛。㉚驕蹇　驕縱；傲慢。㉛數聞景帝好言　又多次聽過景帝的許諾。㉜而實不行　實際上景帝又不兌現。按：以上是「老郎吏好事者」們所講故事的第一層，中心是批評漢景帝不應該隨便許諾，以致使梁孝王產生非分之想。㉝小見　報到式的拜見。㉞正月朔旦　正月初一的早晨。㉟奉皮薦璧玉　把璧玉放在皮革做的襯墊上用盤子托著。薦，墊。㊱法見　禮法規定的隆重的朝見。按：褚少孫是元、成間人，當時已經使用太初曆，「賀正月」即賀歲始；若在文帝、景帝時，當時尚沿用秦曆，以「十月」為歲首，則諸侯例皆於九月末進京，於十月初一「奉皮薦璧玉」以賀十月矣。㊲為王置酒　主語是皇帝，即所謂賜宴也。㊳燕見於禁門內　這是一種不拘禮法的家庭內部的和樂團聚。禁門，宮門。㊴省中　即指宮中。㊵非士人所得入　不是一般官僚士大夫進得去的。㊶西朝西行進京朝見皇帝。㊷因留二句　差不多一住就是半年。且，將。㊸示風以大言　即口不應心的說什麼「千秋萬歲後傳於王」云云。㊹不亦遠乎　豈不是太離譜了嗎？遠，指違背事理而言。㊺二王與四侯俱朝見　指一個君王帶著他的四個已經封了侯的兒子一同進京朝見。㊻十餘歲一至　十來年才能進京一回。㊼鄙語　猶今之所謂「俗話說」。㊽驕子不孝　寵慣了的孩子不可能孝順。㊾非惡言也　不是一句假的話。㊿當為置良師傅二句　句子稍彆扭，意思是朝廷應派「忠言之士」如下述的汲黯、韓長孺一類的人去給諸侯王充當太師、太傅與丞相之職。此中的「師」字應削，因為漢初的諸侯國有「傅」、有「相」，都由朝廷為之選派，很少有「師」。(51)如汲黯韓長孺等　汲黯，武帝時的直臣，曾任內史、淮陽太守等職，經常頂撞漢武帝。韓長孺，即前文所說之韓安國。(52)敢直言極諫二句　讓諸侯們身邊有極言敢諫之人，那諸侯們還能因做壞事而受懲處嗎？按：以上是「老郎吏好事者」們所講故事的第二層，介紹了漢代諸侯王進京朝見的制度，批評了朝廷不給諸侯指派極言敢諫之士的失誤。(53)語言私說　意思是一起話家常，說得心裡很高興。說，通「悅」。(54)殷道親親二句　親親，親其所當親。尊尊，尊其所當尊。(55)其義一也　基本的精神是一樣的，換言之就是二者採用哪一項都可以。(56)安車大駕　婉稱自己死後。中井曰：「『安車大駕』，疑當作『大車晏駕』。」瀧川曰：「安車，太后自言；大駕，猶言『遠行』。」(57)用梁孝王為寄　意思是「我把梁王託付給你」。用，以。寄，託付。(58)跪席舉身　在坐席上跪起來，挺直上身。(59)通經術　深諳治國經邦之大計。但因此語乃出於元、成之間的褚少孫之口，故此「經術」二字帶有儒學色彩，主要指儒家的倫理綱常。(60)意欲立梁王為帝太子　意思是想讓你立梁王為接班人。但褚少孫在這裡的表達似欠妥，「弟」恐不能稱「太子」。(61)殷道質　殷朝講究質樸。(62)法天效法天。(63)敬其本始　意即敬其始祖。本始，始祖，猶《詩經》稱后稷為周朝之「生民」。(64)適　通「嫡」。(65)於公何如　猶今所謂「依你們看應該怎麼樣呢?」(66)春秋　儒家的「五經」之一，相傳為孔子所作，內容是關於春秋時代的一部歷史大事記，據說其中有孔子對許多人物、事件的褒貶之詞。(67)非宋宣公　批評宋宣公的做法。宋宣公，名力，春秋初期的宋國國君，西元前七四七—前七二九年在位。(68)弟受國死　宣公弟名和，史稱穆公，西元前七二八—前七二〇年在位。(69)復反之與兄之子　穆公臨死時，沒有傳子，又把政權還給了其兄宣公的兒子與夷，史稱殤公。西元前七一九—前七一一年在位。(70)弟之子爭之　穆公之子名馮，不滿其父將政權還給其堂兄，於九年後發動政變，殺死殤公，自立為君，史稱莊公，西元前七一〇—前六九一年在位。(71)君子大居正三句　語見《春秋公羊傳》隱公三年。大居正，重視確立接班人。大，看重；重視。(72)入見太后　李笠曰：「『見太后』下脫『曰』字。」(73)梁王即終二句　到梁王去世時，那時立誰?即，若。欲誰立，欲立誰。(74)復立帝子　再反回來立景帝的兒子。(75)不立正　沒有立應該立的合法繼承人。(76)禍亂後五世不絕　據〈宋微子世家〉，宣公在位十九年，死後傳於其弟穆公。穆公在位九年，臨死又回傳與宣公之子殤公。殤公在位十年，國內政變，弒殤公，另立穆公之子莊公。莊公十九年卒，傳於其子湣公。湣公立十一年，被其權臣所殺，權臣改立湣公之弟公子游。不久又有人將公子游殺死，改立了湣公的另一個弟弟御說，是為桓公。此後宋國的政局始定。(77)解說　解去怒容，露出笑意。(78)歸就國　謂回歸其梁國封地。(79)聞其義出於袁盎諸大臣所　義，通「議」。即上文袁盎之大段議論。所，處。(80)顧　視；回視。(81)袁將軍　袁盎在文帝時曾為中郎將，是皇帝的衛隊長，連皇帝都稱他為「將軍」。(82)得毋誤乎　莫非弄錯了嗎?得毋，莫非。(83)置其劍二句　意即扔下了他的劍，劍還在死者的身上插著。(84)削厲工　打造並磨礪刀劍的工匠。(85)梁郎某子　梁國的郎官某某人。(86)窮本之　猶如今之所謂盤根究底，窮本探源。(87)謀反端頗見　圖謀反叛的事情露出了苗頭。(88)治　查辦。(89)乃可解　事情才可能處理好。(90)田叔呂季主　田叔，漢初名臣，先曾在趙王張敖處為吏，後入漢為漢中守，處理梁事後，又曾為魯相。呂季主，事跡不詳，僅此一見。(91)大禮　猶言「大體」，辦事情顧大局。(92)來還　查辦梁國的問題後返回長安。(93)霸昌廄　驛站名，在今陝西臨潼東北，離長安已經很近。(94)悉燒梁之反辭　把梁國謀殺朝廷命官的一切口供通通燒掉。(95)言梁王不知也　口供都說梁王不知道。有人以為「言」字衍文，如削「言」字，則成了田叔以為梁王不知，意思上有區別。(96)造為之者二句　按：詞語繁複，應削去開頭的「造為之者」四字，或削去後面的「為之」二字，兩者不能同時保留。(97)謹以伏誅死　意謂二首惡已經伏誅。以，通「已」。(98)梁王無恙也　梁王還是好好的。(99)急趨謁太后　趕緊去告訴皇太后。趨謁，猶言進見。「趨」是臣子在君父面前走路的一種特有姿勢，類似小步快跑。謁，拜見；稟告。(100)立起坐飡　立刻坐起來，開始吃飯了，言外之意是在此之前竇太后一直躺著不吃飯。(101)氣平復　心氣順了過來，不像以前那麼憋悶了。(102)三公　指丞相、太尉、御史大夫。

⑩管中闚天　極言其眼光、心胸之短淺、狹小。按：以上為「老郎吏好事者」所講梁孝王故事的第三層，講其與漢景帝的劇烈衝突，與田叔等解決此項問題的過程，可與〈田叔列傳〉相互參照。

【語　譯】褚先生說：我當郎官的時候，從宮中那些好講古的老郎官那裡聽說過關於梁孝王的事。他們認為使梁孝王心懷不滿，想謀取帝位的原因，起因還是在宮廷內部。當時的太后是個掌有實權的女人，由於她偏愛小兒子梁孝王，就存心想讓梁王做接班人。大臣們沒有及時進言講明不可以這樣做，他們不考慮大的方面，只顧阿諛奉承，以取悅太后，獲取獎賞。這些人都不是忠臣。如果大家都能像魏其侯竇嬰那樣直言進諫，怎麼會有後來的禍患呢？景帝與梁孝王在內宮以兄弟之禮相見，一起陪太后宴飲時，景帝竟對梁孝王說：「待我百年之後，我把皇位傳給你。」太后聽了很高興。竇嬰在場，他立刻上前伏地進諫說：「漢家的制度規定，皇位傳給嫡子嫡孫。您怎能把帝位傳給弟弟，破壞了高祖的規定呢？」於是景帝遂默不作聲，而太后心中不快。

2　從前周成王和他的幼弟在樹下玩耍，成王撿起一片樹葉給他弟弟，說：「我把這個封給你。」周公聽說後，進前對成王說：「天子封賞弟弟是件好事。」成王說：「我只是跟他開個玩笑。」周公說：「君主是不能做錯事，開玩笑的。應當說到做到。」於是成王就把應縣封給他的小弟叔虞。從此以後成王終身不敢再說玩笑話，說了就得兌現。《孝經》中說：「不合禮法的話不說，不合正道的事不做。」這是聖人留下的格言。如今皇上就不該盡對梁王說好聽的。梁王上有太后作靠山，早就驕縱慣了，又多次聽到景帝向他許諾，說去世後把皇位傳給他，而實際上景帝又不想實行。

3　再者，諸侯王朝見天子，漢朝的法制規定，一共只能見四次面。剛到長安，入宮進行一次「小見」；到了正月初一，手捧皮革墊著的璧玉，進宮向皇上恭賀新春，這是規定的「法見」；三天之後，皇帝為諸侯王舉行酒宴，賞賜錢財；再過兩天，諸侯王們再進宮「小見」，而後辭別離京。在長安停留總共不過二十天。「小見」，是在宮中私下相見，皇上與諸侯王們在內宮飲宴，那個地方不是外廷的士人所能進去的。如今梁王到長安來朝見皇上，一留就是半年之久，進宮與皇上共坐一輦，出行又與皇上同乘一車。皇上說了要把皇位傳給梁王這樣的大話，而實際上卻又不給，致使梁王口出怨言，心生叛逆，而皇上到這時才感到憂慮，這與正確的處事方法不也差得太遠了嗎？不是傑出的聖賢，是不懂得謙讓的。根據漢朝的禮法，到長安來向皇帝賀新春的，經常是一個諸侯王帶著四個侯同時入見，十多年才輪到一次。如今梁王連年進京，長住久留。俗話說：「驕子不孝。」這真不是一句假話。所以對諸侯王應該為他們配置好的老師，讓能進忠言的人去給他們任國相，就像汲黯、韓長孺等，敢於直言力諫。倘能如此，又怎麼會有禍患呢？

4 聽說梁王西入長安，拜見竇太后，在後宮與皇帝相見時，梁王與景帝都在太后面前侍坐，一起話家常，很高興。太后對景帝說：「我聽說殷代的立法行事，重視親其所親；周代的立法行事，重視尊其所尊，二者的道理是一樣的。我辭世後就將梁王託付給你了。」景帝在坐墊上跪起來，說：「是。」酒宴結束後，景帝把袁盎等精通經術的大臣叫來問道：「太后說的這話，是什麼意思？」大家說：「太后的意思是要立梁王為太子。」景帝問這話具體怎麼講，袁盎等說：「殷代的立法行事重視親其所親，是把弟弟立為繼承人；周代的立法行事重視尊其所尊，是把兒子立為繼承人。殷代的法度比較質樸，質樸是效法於天，以親人為親，所以立弟；周代的法度是崇尚禮儀，講禮儀是效法於地。尊就是敬，敬自己宗族的本原，所以立長子為繼承人。按周朝的法度，太子去世，就立嫡孫為繼承人；按殷朝的法度，太子死了，就立其弟為繼承人。」景帝說：「依你們看，我該怎麼辦？」大家說：「如今漢朝是仿效周朝，按周朝的法度不能立弟，應當立子。《春秋》之所以非難宋宣公，就是因為他死後不立自己的兒子而把君位傳給了弟弟，他的弟弟接受此位，死後又將君位反過來傳給兄長的兒子。而弟弟的兒子起來與之爭奪，認為應當代父登位，因而刺殺了兄長的兒子。為此，宋國內亂不止，災禍不絕。所以《春秋》說：『君子尊崇居於正位的嫡子。宋國的禍亂，是宣公造成的。』臣等請求進見太后說明這個道理。」於是袁盎等人入宮見太后，說：「太后想立梁王為太子。梁王死後，您想立誰呢？」太后說：「我再立皇帝的兒子。」袁盎等就把宋宣公不立嫡子，致生禍亂，五世不安，即小不忍而傷大義的情狀告訴太后。太后這才臉色和緩下來，欣然接受，便立即讓梁王返回封國。而梁王聽說這些議論都是出自袁盎等大臣，於是怨恨之極，派人進京刺殺袁盎。袁盎看到刺客說：「我是大家所謂的袁將軍，你們沒有搞錯嗎？」刺客說：「我們要刺殺的正是你！」一劍刺過去，拋下劍就跑了，那劍還插在袁盎的身上。人們檢查那把劍，發現是新鑄造的。人們查問長安城中鑄劍的工匠，工匠們說：「梁國郎官某人讓我們製作了這把劍。」朝廷因此發現了線索。派人去追捕刺客，且由此得知梁王想要刺殺的大臣竟有十幾個人。法官們順藤摸瓜，窮追根源，梁王謀反的事情遂露出了苗頭。太后心情沉重，不思飲食，終日哭泣不止。景帝很是憂愁，問公卿大臣該怎麼辦，大臣們認為必須派遣精通經術的官員前去辦理此案，方能妥善解決。於是景帝派了田叔、呂季主前去查辦，這兩個人都精通經術，懂得顧全大局。他們從梁國辦案回來，到了長安附近的霸昌廄，取火把梁王謀反的供辭全部燒掉，只是空手回來面見景帝。景帝問：「情況怎麼樣？」二人回答道：「都說梁王並不知道這件事。都是他的寵臣羊勝、公孫詭等人幹的，這些人已經伏法了。梁王沒什麼事。」景帝一聽高興地說：「快去報告太后。」太后聽說後，立即起來進飲食，心氣恢復了平靜。所以說，不通曉經術，不懂得古今禮法的大原則，就不能擔任三公之職，以及在君主身旁當近臣。見識淺薄的人，有如管中窺天。

【研　析】〈梁孝王世家〉的核心部分是記述了梁孝王與漢景帝之間的劇烈複雜的權力之爭，揭示了漢景帝與梁孝王兄弟之間、漢景帝與竇太后母子之間的種種不可調和的矛盾。這種皇室內部由爭奪王位繼承權而引起的勾心鬥角，貫穿整個階級社會，是一個帶有必然規律的問題。本文所表現的這場權位之爭的興起、激化，以及其最後的結局，幾乎都與《左傳》第一次所披露的由爭奪國家繼承權而使整個家庭倫理完全扭曲的「鄭伯克段于鄢」的故事完全相同，其歷史意義是極其典型而又極其深刻的。司馬遷之所以寫〈伯夷列傳〉歌頌「讓」，我想其中重要的一條就是針對漢代這種令人深惡痛絕的現實問題而發。

梁孝王對朝廷所做貢獻最主要的就是在吳、楚七國對朝廷發動叛亂的時候，率領梁國軍民堅決抗擊吳、楚叛軍。對此，本文寫得比較簡單，詳情可參考〈吳王濞列傳〉與〈絳侯周勃世家〉等篇，從那裡我們也可以進一步體會漢景帝與梁孝王的矛盾。

〈梁孝王世家〉還寫了梁孝王之孫梁平王劉襄因寵愛縱容其王后任氏而與祖母李太后之間的一場糾紛，事情正好發生在漢武帝借機打擊諸侯王的時機點上，結果鬧得任王后被朝廷所誅，劉襄被朝廷所譴責，梁國被削去八城。所以要提到這件事情，就是因為這段文章寫得非常生動而描述當時梁國宮廷的矛盾鬥爭非常曲折細緻，都是些極瑣碎的小問題，但讀起來耐人尋味。

作品最後附有褚少孫補寫的一段他所知道的梁孝王與漢景帝鬧矛盾的故事，內容沒有什麼新東西，觀點也相當迂腐，無甚可取。但其中交代了一些漢代諸侯王進京朝見皇帝的禮節、規矩，比較重要。他說：「諸侯王朝見天子，漢法凡當四見耳。始到，入小見；到正月朔旦，奉皮薦璧玉賀正月，法見；後三日，為王置酒，賜金錢財物；後二日，復入小見，辭去。凡留長安不過二十日。」這段文字不見於他處，可使我們明白西漢朝廷的一些制度，也可以更加清楚的明白梁孝王在當時的受寵和不守規矩已經到了何等的程度。

卷五十九

五宗世家第二十九

【題解】〈五宗世家〉分別記述了景帝五個妃子所生的十三個兒子的封王建國，以及他們各自發展傳國的興衰始末。由於這十三個兒子是五個母親所生，所以司馬遷便稱之為「五宗」。對此，後人不以為然，所以到班固的《漢書》裡，就對之改稱為〈景十三王傳〉了。至於王皇后所生的劉徹，因為他是「太子」，後來又做了皇帝，與此十三人不在一個等級，所以不計在內。

〈五宗世家〉是揭露西漢貴族腐朽糜爛生活最集中、最赤裸的一篇。

1 孝景皇帝子凡十三人為王❶，而母五人。同母者為宗親❷。栗姬子曰榮、德、閼于❸；程姬❹子曰餘、非、端；賈夫人❺子曰彭祖、勝；唐姬❻子曰發；王夫人❼兒姁子曰越、寄、乘、舜。

2 河間獻王德❽以孝景帝前二年❾用皇子為河間王❿。好儒學，被服造次⓫必於儒者。山東⓬諸儒多從之游⓭。

3 二十六年卒⓮，子共王不害立⓯。四年卒⓰，子剛王基⓱代立。十二年卒⓲，子頃王授代立⑲。

4 臨江⑳哀王閼于以孝景帝前二年用皇子為臨江王㉑。三年卒㉒，無後，國除，為郡㉓。

5 臨江閔王榮㉔以孝景前四年為皇太子㉕。四歲廢㉖，用故太子為臨江王㉗。

6 四年㉘，坐侵廟壖垣為宮㉙。上徵榮㉚。榮行，祖㉛於江陵北門，既已，上車，軸折車廢㉜。江陵父老流涕竊言曰：「吾王不反矣！」㉝榮至㉞，詣中尉府簿㉟。中尉郅都㊱責訊㊲王。王恐，自殺。葬藍田㊳，燕數萬銜土置冢上㊴，百姓憐之。

7 榮最長，死無後，國除，地入于漢，為南郡。

8 右三國本王㊵，皆栗姬之子也。

【章旨】以上為第一段，是本篇的總綱，與栗姬所生劉德、劉閼于、劉榮三王之始末。

【注釋】❶凡十三人為王　景帝共十四子，劉徹為帝，不在其內，其餘共十三人以皇帝之子被封為王。❷宗親　同一宗派的親屬。❸栗姬子曰榮德閼于　栗姬，因其子劉榮曾一度被立為太子，故栗姬之地位崇高，後因妒忌驕慢，被長公主與王夫人所鬥倒，太子劉榮也連帶被廢。閼于，梁玉繩曰：「《史》、《漢》紀、表、傳俱云『臨江哀王閼』，無『于』字，蓋誤也。」❹程姬　事跡不詳，《史記》中僅此處提及。❺賈夫人　即賈姬，又見於〈酷吏列傳〉。按：漢初時妃嬪的位號尚未細分，嫡妻稱皇后，其他妃妾都稱做「夫人」。❻唐姬　事跡不詳，《史記》中僅此處一見。❼王夫人　名兒姁，武帝生母王皇后之胞妹，〈外戚世家〉有提及。❽河間獻王德　劉德，栗姬的次子，「獻」字是諡。❾孝景帝前二年　孝景帝前元二年，西元前一五五年。❿用皇子為河間王　以皇帝兒子的身分被封為河間王，河間國的國都樂成，在今河北獻縣東南。⓫被服造次　被服，指穿戴。造次，指一舉一動。王先謙曰：「造當訓行，次當訓止。被服造次必于儒者。」《集解》引馬融曰：「造次，急遽也。」⑫山東　崤山以東，泛指關中以東的全國各地。⑬多從之游　多喜歡投奔他，與之交遊。⑭二十六年卒　事在武帝元光五年，西元前一三〇年。按：關於河間獻王劉德的事跡，梁玉繩引陳大令曰：「漢代賢王，河間稱首。修學好古，表章六經。且毛公治《詩》，貫公傳《左》，獻王皆以為博士，《史》俱不言，何疏略也。」⑮子共王不害立　王先謙曰：「『不害』，表作『不周』。」共，通「恭」。⑯四年卒　即武帝元朔三年，西元前一二六年。⑰剛王基　按：〈漢興以來諸侯王年表〉作「剛王堪」。⑱十二年卒　即武帝元鼎三年，西元前一一四年。⑲頃王授代立　瀧川曰：「頃王授薨于天漢三年（西元前九八年），『頃王』二字，後人所加。」按：史公知其事而不書，蓋此處乃遵「止于太初」之例也。⑳臨江　臨江國的都城即今湖北荊州江陵西北之紀南城。㉑用皇子為臨江王　蓋與河間王劉德等同時受封也。㉒三年卒　事在景帝五年，西元前一五二年。㉓國除二句　領土收回朝廷，改設為南郡，郡治仍為江陵。㉔臨江閔王榮　劉榮，為劉德、劉閼于之兄。「閔」字通「湣」，是謚。㉕孝景前四年為皇太子　劉榮為栗姬所生，因皇后薄氏無寵被廢，劉榮於諸姬所生子中年齡最長，故於景帝前元四年被立為皇太子。㉖四歲廢　為皇太子的第四年被廢黜，事在西元前一五〇年。劉榮之母栗姬妒忌驕慢，長公主劉嫖為其女向太子劉榮求婚，栗姬不允；於是長公主遂轉而聯合王夫人將栗姬鬥倒，皇太子也牽連被廢。㉗用故太子為臨江王　以「故太子」的身分被封為臨江王。㉘四年　應作「三年」，即景帝中元二年，西元前一四八年。㉙坐侵廟壖垣為宮　坐，因，因事而犯罪。侵廟壖垣為宮，在為自己建造宮室時侵占了先祖廟宇四周的領地。根據規定，當時在漢王朝的京城與各郡、各諸侯國的京城裡，都建有開國皇帝劉邦與太宗文帝的廟。壖垣，正式院牆以外的，為標誌其周圍屬地而建立的小矮牆。按：漢代朝廷為打擊諸侯王，經常使用「侵壖垣」與「酎金」不合規定這兩個罪名。㉚徵榮　調劉榮進京。㉛祖　祖道，祭路神，古人出門遠行常有此儀式。王先謙引王文彬曰：「祖，始行也。于『祖』時致祭，故謂之『祖』。」㉜軸折車廢　古人常以此類寫法預示前途兇險。廢，壞。㉝父老流涕竊言曰二句　按：既是「竊言」，他人何由知之？作者極力鋪陳，以顯示其對劉榮的同情。㉞榮至　劉榮到達京城長安。㉟詣中尉府簿　到中尉府回答審問，蓋當時景帝將劉榮交由中尉審訊也。中尉，主管首都治安的武官，官秩為中二千石。簿，這裡指對簿，即接受審問，回答問題。師古曰：「簿者，獄辭之文書也。」這裡用如動詞。㊱郅都　當時比較正直，但卻執法嚴酷的官吏。㊲責訊　斥責，審訊。㊳藍田　漢縣名，縣治在今陝西藍田西。「藍田」也是山名，在今藍田縣東南。㊴燕數萬銜土置冢上　徐克范曰：「太子榮不聞失德，（景帝）徒以嗛栗姬故，聽長公主之譖，輕易國本。夫壖垣，廟境外之虛邊也，罪亦細矣，何遽使中尉簿責蹙令自殺耶？方太子之被徵也，祖江陵北門，江陵父老俱流涕，是必有以感人者。帝奈何立之而廢之、而殺之，史稱帝「苛薄」，信哉！」㊵本王　也稱「初王」，指受封開國之王，以區別其後世子孫繼位為王者。

【語譯】孝景帝共有十三個兒子被封為王，他們分別由五個母親所生。同母所生稱一宗。栗姬生的兒子有劉榮、劉德、劉閼于；程姬生的兒子有劉餘、劉非、劉端；賈夫人生的兒子有劉彭祖、劉勝；唐姬生的兒子有劉發；王兒姁生的兒子有劉越、劉寄、劉乘、劉舜。

2 河間獻王劉德在孝景帝前元二年以皇子的身分被封為河間王。劉德喜好儒家學說，服飾衣著、言行舉止都仿效儒生。崤山以東的儒生們大都追隨他，與他交往。

3 劉德在位二十六年去世，其子共王劉不害繼位。劉不害在位四年去世，兒子剛王劉基繼位。劉基在位十二年去世，兒子頃王劉授繼位。

4 臨江哀王劉閼于在孝景帝前元二年以皇子身分被封為臨江王。劉閼于在位三年去世，因沒有後嗣，封國被廢除，改設為南郡。

5 臨江閔王劉榮在孝景帝前元四年被立為皇太子。四年後被廢，以前太子的身分被封為臨江王。

6 劉榮為臨江王的第四年，因侵占宗廟四周的領地來為自己建造宮室而獲罪。皇上召他入京。劉榮出發前，在江陵北門祭祀路神。祭完一上車，車軸便折斷壞掉。江陵父老暗暗落淚說：「我們的大王怕是回不來了！」劉榮到長安後，去中尉府接受審訊。中尉郅都責問劉榮。劉榮一害怕，就自殺了。死後葬在藍田，下葬時，有幾萬隻燕子飛來，銜著土放在他的墳上，百姓們都很同情他。

7 劉榮在孝景帝的兒子裡年齡最大，死後因無子嗣，封國被廢除，領地收歸朝廷，改為南郡。

8 以上三國的開國之王，都是栗姬生的兒子。

1 魯共王餘❶以孝景前二年用皇子為淮陽王❷。二年❸，吳、楚反❹破後，以孝景前三年徙為魯王❺。好治宮室苑囿❻、狗馬，季年好音❼。不喜❽辭辯。為人吃❾。

2 二十六年卒❿，子光代為王。初好音、輿馬，晚節嗇⓫，惟恐不足於財。

3 江都易王非⓬以孝景前二年用皇子為汝南王⓭。吳、楚反時，非年十五，有材力⓮，上書願擊吳⓯。景帝賜非將軍印，擊吳。吳已破，二歲⓰，徙為江都王，治吳故國⓱。以軍功賜天子旌旗。元光五年，匈奴大入漢為賊⓲。非上書願擊匈奴，上不許。非好氣力⓳，治宮觀⓴，招四方豪桀，驕奢甚。

4 立二十六年卒，子建立為王㉑。七年，自殺㉒。淮南、衡山謀反㉓時，建頗聞其謀，自以為國近淮南㉔，恐一日發，為所并㉕，即陰作兵器㉖，而時佩其父所賜將軍印，載天子旗以出㉗。易王死，未葬，建有所說易王寵美人淖姬㉘，夜使人迎，與姦服舍中㉙。及淮南事發㉚，治黨與㉛，頗及江都王建。建恐，因使人多持金錢㉜，事絕其獄㉝。而又信巫祝，使人禱祠妄言㉞。建又盡與其姊弟姦㉟。事既聞，漢公卿請捕治建。天子不忍，使大臣即訊王㊱。王服所犯，遂自殺㊲。國除，地入于漢，為廣陵郡。

5 膠西于王端㊳以孝景前三年吳、楚七國反破後，端用皇子為膠西王㊴。端為人賊戾㊵，又陰痿㊶。一近婦人，病之數月。而有愛幸少年為郎㊷。為郎者頃之與後宮亂㊸，端禽滅之㊹，及殺其子母㊺。數犯上法㊻，漢公卿數請誅端。天子為兄弟之故，不忍。而端所為滋甚。有司再請削其國㊼，去太半㊽。端心慍㊾，遂為無訾省㊿。府庫壞漏盡，腐財物以巨萬(51)計，終不得收徙(52)。令吏毋得收租賦(53)。端皆去衛(54)，封其宮門，從一門出游(55)。數變名姓(56)，為布衣，之他郡國(57)。

6 相、二千石往者(58)，奉漢法以治(59)，端輒求其罪，告之(60)。無罪者，詐藥殺之(61)。所以設詐究變(62)，彊足以距諫，智足以飾非。相、二千石從王治(63)，則漢繩以法(64)。故膠西小國，而所殺傷(65)二千石甚眾。

7 立四十七年(66)卒，竟無男代後。國除，地入于漢，為膠西郡。

8 右三國本王，皆程姬之子也。

【章旨】以上為第二段，寫程姬所生劉餘、劉非、劉端三王之始末。

【注釋】❶魯共王餘　劉餘。魯國的都城即今山東曲阜。❷用皇子為淮陽王　蓋與河間王劉德、臨江王劉閼于同時受封也。淮陽國的都城陳縣，即今河南淮陽。❸二年　淮陽王劉餘二年即景帝前元三年。❹吳楚反　吳、楚等七國造反在景帝前元三年正月，至三月被討平。❺徙為魯王　事在景帝前元三年六月。時七國反平，楚國（都彭城，今徐州）被滅，朝廷乃分楚國之魯郡，立以為魯國，移淮陽王劉餘為魯王，都曲阜。❻苑囿　園林、獵場。❼季年好音　晚年愛好音樂。❽不喜　不善。❾為人吃　說話口吃。❿二十六年卒　西元前一二九年。⓫晚節嗇　晚年吝嗇。結合下句之所謂「惟恐不足於財」，則實際上是「貪婪」。⓬江都易王非　劉非。江都國的都城廣陵，在今江蘇揚州西北。「易」字是謚，〈謚法解〉：「好更改舊曰易。」⓭用皇子為汝南王　與河間王劉德等同時受封。汝南國的國都上蔡，在今河南上蔡西南。⓮材力　有材質、有力氣，即體壯力大。⑮上書願擊吳　吳王劉濞是七國之亂的罪魁禍首，吳國的軍隊亦為叛軍的主要力量。⑯二歲　景帝三年。⑰徙為江都王二句　吳王劉濞造反被殺後，滅其國，改稱為「江都」，移封劉非為王，並以吳國的都城廣陵為江都國的國都。按：「治吳故國」《漢書》作「治故吳國」。⑱元光五年二句　王先謙曰：「匈奴入邊在二年、六年。」「元光」是武帝的第二個年號。匈奴，秦漢時代活動於今內蒙及蒙古國一帶的少數民族，元光二年，武帝用王恢之策，欲引誘、伏擊匈奴於馬邑，結果未成，於是匈奴於元光六年「入上谷，殺略吏民」，事見〈匈奴列傳〉。⑲好氣力　好勇任性。⑳宮觀　這裡即指宮殿。觀，原指宮門前的雙闕，也指高臺之上的亭榭。㉑立二十六年卒二句　事在武帝元朔元年。㉒七年二句　劉建自殺在武帝元狩二年，西元前一二一年。㉓淮南衡山謀反　淮南王劉安、衡山王劉賜都是淮南王劉長之子，劉長於文帝六年因謀反被發配，自殺而死；文帝十二年封劉長之子劉安為淮南王（都壽春，今安徽壽縣）、劉賜為衡山王（都邾，今湖北黃岡西北）。至武帝元狩元年，劉安、劉賜又圖謀叛亂，事覺，皆自殺。㉔國近淮南　江都的國都廣陵（今揚州西北），淮南的國都壽春（今安徽壽縣），兩國的領土接壤。㉕為所并　被其吞併。㉖陰作兵器　預作準備，欲到時伙同劉安等共同謀反。㉗時佩其父所賜將軍印二句　時，不時的；常常。其父所賜，朝廷賜與其父者。天子旗，亦朝廷賜其父之物。㉘淖姬　姓淖的某姬妾。㉙與姦服舍中　服舍，守喪者所棲息的廬舍。《漢書．景十三王傳》作「召易王所愛美人淖姬等凡十人與奸」。㉚淮南事發　淮南王劉安等謀反的事情被發現。㉛治黨與　追查同黨。黨與，通「黨羽」。與，參與；交結。㉜多持金錢　謂賄賂查辦其事的官員。㉝事絕其獄　語略不順，大意謂通過行賄、收買，以撇開自己與淮南事件的牽連。㉞禱祠妄言　祭祀禱祝時有詛咒朝廷的話。㉟盡與其姊弟姦　梁玉繩曰：「『姊弟』乃『女弟』之誤。『盡』字衍。」按：梁說雖與《漢書》合，但卻不一定是司馬遷的原意。《漢書》記淖姬事為「召易王所愛美人淖姬等凡十人與姦」，在本文中司馬遷說只與淖姬一人；至於「姊弟」，《漢書》只說到「女弟徵臣」一人，而司馬遷則一方面是用了「姊弟」（同「姐妹」），同時又用了個「盡」字。對此，可以猜想是司馬遷對事實的記憶有些顛倒，而不是個別用字的錯誤。㊱使大臣即訊王　派大臣到江都王那裡去上門訊問，是一種留面子的處理方式。即，就。㊲王服所犯二句　按：《漢書》敘劉建之諸多不法事，較《史記》瑣細。㊳膠西于王端　劉端。膠西國的都城高密，在今山東高密西。「于」字是諡。㊴端用皇子為膠西王　原來的膠西王為齊悼惠王之子劉卬，事跡見〈齊悼惠王世家〉。劉卬因響應吳、楚的叛亂而被消滅，於是劉端遂以景帝兒子的身分被封為膠西王。按：中井積德以為「以」字衍，竊以為「端」字應削。㊵賊戾　殘忍兇暴。㊶陰痿　即今所謂「陽痿」。㊷有愛幸少年為郎　有一個他所喜歡的少年男子在他身邊為侍從官員。郎，帝王身邊的侍從人員，有侍郎、中郎、郎中之分。㊸頃之與後宮亂　不久這個為郎者便與劉端的妃嬪發生了關係。

㊹端禽滅之　劉端首先殺掉了這個為郎的少年男子。㊺及殺其子母　而且將自己後宮與之相亂的妃嬪連其私通所生的孩子一併殺死。㊻數犯上法　數，屢屢。上法，朝廷制訂的法令。㊼有司再請削其國　有司，主管該項事務的官吏。削其國，削減其所屬的領地。㊽去太半　三分之二為太半，一為少半。㊾慍　惱怒。㊿無訾省　王先謙曰：「若今言『諸事不理』。」言端含怒，遂一切漫無思省，故致財物腐不徙，吏不收租賦也。」訾，思。(51)巨萬　萬萬，即今所謂「億」。單位是銅錢。(52)終不得收徙　師古曰：「不收，又不徙置他處。」存心讓其爛掉。(53)毋得收租賦　該在本國內為朝廷徵收租稅的事情，也放著不辦。(54)去衛　將身邊的警衛人員全部遣散。(55)從一門出游　梁玉繩曰：「漢傳『游』作『入』。」(56)為布衣　化裝成普通百姓的樣子。(57)之他郡國　到其他郡縣、其他諸侯國去肆意遊蕩。(58)相二千石往者　指由朝廷派到膠西去的官員。漢代建國初期，朝廷只給各諸侯國派「太傅」、「丞相」，其他官員都由各諸侯王自己委任。吳、楚七國之亂後，各諸侯國的二千石一級的官員，如內史、中尉、御史等也一律由朝廷委派。(59)奉漢法以治　利用朝廷的法律來約束、制裁劉端。(60)端輒求其罪二句　劉端總是尋找這些官僚的把柄，向朝廷控告他們。(61)詐藥殺之　狡猾地暗中下藥將其毒死。(62)設詐究變　意即想盡一切辦法來與朝廷派去的官員們作對。究，窮盡。(63)從王治　順著膠西王的意思處理膠西國的事情。(64)漢繩以法　朝廷就要整治他們。(65)殺傷　被殺死者與受到傷害者。(66)立四十七年　事在武帝元封三年，西元前一〇八年。

【語譯】魯共王劉餘孝景帝前元二年以皇子身分被封為淮陽王。劉餘為淮陽王的第二年，吳、楚七國叛亂。叛亂平定後，景帝前元三年劉餘被改封為魯王。劉餘喜好建造宮室園林和畜養狗馬，晚年喜歡音樂。他不喜言談。說話口吃。

2　劉餘在位二十六年去世，兒子劉光繼承王位。劉光起初也喜好音樂車馬，晚年變得很吝嗇，唯恐錢財不夠用。

3　江都易王劉非孝景帝前元二年以皇子身分被封為汝南王。吳、楚七國叛亂時，劉非只有十五歲，很有勇力，上書天子請求參加平叛。景帝賜給他將軍印，讓他領兵攻吳。吳國被滅後，過了兩年，劉非被改封為江都王，以吳國的都城為都城。因為劉非立有軍功，皇帝賞賜他幾面天子的旌旗。元光五年，匈奴大舉入侵。劉非又上書天子自請領兵擊匈奴，皇上沒有答應。劉非為人喜好武力，喜歡修造宮室，招納四方豪傑，比較驕橫奢侈。

4 劉非在位二十六年去世，兒子劉建繼位。劉建在位七年，因犯罪自殺。原因是淮南王、衡山王謀反的時候，劉建對他們的陰謀有所知曉，他認為自己的封地挨近淮南，恐怕淮南王一旦起兵，自己的領地會被他們吞併，於是便暗地裡打造兵器，經常佩帶著他父親獲得的將軍印，打著天子的旌旗到處活動。再有就是當他父親去世，還未下葬時，劉建就看上了他父親生前寵愛的美人淖姬，晚上就派人把淖姬接到了他守喪的廬舍中姦淫。等到淮南王謀反的事情敗露後，朝廷追究他們的同黨，有些事情涉及到江都王劉建。劉建恐懼，便讓人多帶金錢，去賄賂主事的官員，從而躲過了災難。劉建相信巫祝，常派人在祭祀鬼神時詛咒朝廷。劉建又與自己的所有姐妹通姦。這些情況被朝廷發覺後，公卿大臣請求逮捕劉建進行審問。天子不忍，派了一位大臣到江都國就地審訊。劉建對所犯的罪行供認不諱，自殺身亡。於是江都國被廢除，領地收歸朝廷，改設為廣陵郡。

5 膠西于王劉端於孝景帝前元三年吳、楚七國叛亂被平息後，以皇子的身分被封為膠西王。劉端為人兇狠暴戾，又有陽痿病。每接近一次女人，就要病上幾個月。他有一個受寵的年輕近侍。這個人後來與膠西王後宮的女人發生了姦情，劉端得知後捕殺了這個近侍，並將那個與他私通的後宮女人及其所生的孩子都殺了。劉端還多次觸犯天子的法令，朝廷的大臣們再三要求處死他。皇帝看在兄弟的情分上，不忍心下手。而劉端的胡作非為則是越來越變本加厲。大臣們又提出削減膠西的封地，於是天子把膠西的封地削去了一大半。劉端心中怨怒，於是便什麼事都不管。致使倉庫破漏，損壞的財物數以億計，而且到最後也不收拾，也不把東西換個地方。劉端還下令不讓官吏們向百姓徵收租稅，更不向朝廷交納。他解散了自己的衛隊，封閉了所有的宮門，只留一個門供他出入。他多次更名改姓，扮作一個平民，到其他郡國遊蕩。

6 受朝廷任命到膠西來任國相和其他二千石的官員們，如果他們要依照朝廷法令行事，劉端就搜集他們的過錯，告發他們。抓不到過錯的，就用藥將他們毒死。劉端想盡辦法與朝廷派來的官員作對，他有的是辦法頂回官吏們的勸說，他能極其巧妙地為自己文過飾非。而那些受命前來膠西任職的官員倘若順著劉端的旨意行事，那麼朝廷就要治他們的罪。所以膠西雖然是個小國，可在那裡被殺死或受到傷害的朝廷官員卻是不少。

7 劉端在位四十七年，死後因為沒有兒子繼承所以封國被廢除，領地收歸朝廷，改設為膠西郡。

8 以上三國的開國之王，都是程姬的兒子。

1 趙王彭祖以孝景前二年用皇子為廣川王❶。趙王遂反破❷後，彭祖王廣川四年❸，徙為趙王❹。十五年❺，孝景帝崩❻。彭祖為人巧佞❼，卑諂足恭❽，而心刻深❾，好法律❿，持詭辯以中人⓫。彭祖多內寵姬及子孫。相、二千石欲奉漢法以治，則害於王家⓬。是以每相、二千石至⓭，彭祖衣皁布衣⓮，自行迎，除二千石舍⓯。多設疑事以作動之⓰，得二千石失言，中忌諱⓱，輒書之⓲。二千石欲治⓳者，則以此迫劫⓴。不聽，乃上書告，及汙以姦利㉑事。彭祖立五十餘年，相、二千石無能滿二歲㉒，輒以罪去㉓。大者死，小者刑㉔，以故二千石莫敢治㉕。而趙王擅權，使使即縣㉖，為賈人榷會㉗，入多於國經租稅㉘。以是趙王家多金錢，然所賜姬諸子，亦盡之矣㉙。彭祖取故江都易王寵姬王建所盜與姦㉚淖姬者為姬，甚愛之。

2 彭祖不好治宮室、禨祥㉛，好為吏事㉜，上書願督國中盜賊㉝。常夜從走卒㉞行徼邯鄲中㉟。諸使過客㊱以彭祖險陂㊲，莫敢留邯鄲。

3 其太子丹與其女及同產姊㊳姦，與其客江充有郤㊴。充告丹，丹以故廢㊵。趙更立太子㊶。

4 中山靖王勝㊷以孝景前三年用皇子為中山王㊸。十四年㊹，孝景帝崩。勝為人樂酒，好內㊺，有子枝屬百二十餘人㊻。常與兄趙王相非㊼，曰：「兄為王，專代吏治事㊽。王者當日聽音樂聲色㊾。」趙王亦非之，曰：「中山王徒日淫，不佐天子拊循㊿百姓，何以稱為藩臣(51)！」

5 立四十二年卒(52)，子哀王昌立。一年卒(53)，子昆侈代為中山王(54)。

6 右二國本王，皆賈夫人之子也。

【章　旨】以上為第三段，寫賈夫人所生劉彭祖、劉勝二王與其子孫的始末。

【注　釋】❶用皇子為廣川王　與劉德、劉餘、劉非等同時受封。廣川王，國都信都，即今河北冀縣。❷趙王遂反破　劉遂是劉邦之孫，趙幽王劉友之子。劉友為趙王，被呂后迫害致死，呂后以趙國封其姪呂祿，大臣誅諸呂，擁立文帝，文帝復立劉遂為趙王。景帝三年，劉遂因響應吳、楚叛亂而被消滅。❸彭祖王廣川四年　即景帝五年。❹徙為趙王　劉遂因隨同劉濞等造反被滅後，趙國改設為郡。一年後復立趙國，移封劉彭祖為趙王。❺十五年　指趙王彭祖之十五年，西元前一四一年。❻孝景帝崩　事在景帝年四十八歲。中山王下云「十四年，孝景帝崩」誤。❼巧佞　乖巧，善於見人說好話。❽卑諂足恭　裝出一副謙卑恭敬樣，討好於人。❾心刻深　王駿觀曰：「刻，薄也；深者，淺之對，不可測也。言其心刻薄深險，不可測也。」即人們通常所謂的「口蜜腹劍」、「笑面虎」。❿好法律　喜歡鑽研法律條文。⓫持詭辯以中人　憑著口才曲解法律把人陷入法網。中，中傷；陷害。⓬害於王家　對劉彭祖的家族不利。⓭每相二千石至　謂每當朝廷給趙國委派的相與其他二千石一級的長官，如中尉、內史等到達趙國。⓮衣皁布衣　穿著黑色的平民的衣服。王念孫曰：「皁布單衣，賤者之服也。」⓯自行迎二句　即前文所說的「巧佞卑諂足恭」。⓰多設疑事以作動之　提出許多疑難問題使其吃驚。作動，瀧川曰：「使困惑聳動也。」按：《漢書》於此作「詐動」。⓱失言二句　多嘴說了觸犯皇帝忌諱的話。⓲輒書之　立刻將其記下來。⓳二千石欲治　當這些朝廷命官想按朝廷的規定查辦趙國的事務時。⓴則以此迫劫　劉彭祖就拿出他所記錄的這些命官們的把柄以逼迫他們就範。迫劫，逼迫；挾持。㉑姦利　以非法手段獲取利益。㉒無能滿二歲　誰在趙國也待不了兩年。㉓輒以罪去　總是以犯罪被召回朝廷。㉔大者死二句　楊樹達曰：「彭祖告主父偃受諸侯金，告張湯與魯謁居有奸，偃、湯皆以此被誅，其中傷人之力且及中朝矣。」㉕二千石莫敢治　派到趙國的這些朝廷命官，誰也不敢觸動劉彭祖。㉖即縣　到趙國所管的各縣。㉗為賈人榷會　一說是去為商賈當經紀人，以收取佣金；而且對此實行壟斷，不許別人做。榷，獨木橋，用以比喻壟斷。會，經紀人。一說是給商人核算商品總值，向其徵稅。王先謙曰：「會，會計也。總計賈人財物而徵榷之，故曰榷會。」㉘入多於國經租稅　中井曰：「王國租稅有常經，今乃『榷會』所入之利，多于其常經租稅之入也。」常經，即正常。㉙所賜姬諸子二句　謂劉彭祖所搜刮來的這些錢，通通花在了他的那些寵姬與她們所生的那些孩子身上。㉚盜與姦　偷著與之發生姦情。㉛不好治宮室禨祥　意即不喜歡大興土木，不迷信「災異」、「祥瑞」一類的各種妖言。禨祥，猶言「吉祥」；也可以兼言兩面，即「吉凶」。㉜好為吏事　這裡指愛好警政、司法方面的各種事務。㉝上書願督國中盜賊　上書向朝廷請求願意親自在趙國捕盜賊。督，查辦。㉞夜從走卒　晚上帶著幾個走卒。從，使之跟著。㉟行徼邯鄲中　在趙國都城邯鄲巡邏。行徼，巡邏。徼，巡察。㊱諸使過客　因公事來趙國的使者以及各種過往旅客。㊲險陂　陰險邪惡。陂，傾側。㊳與其女及同產姊　梁玉繩：「『女』下缺『弟』字。」同產姊，同胞姐姐。㊴與其客江充有郤　江充，武帝時期的陰險人物，任「直指繡衣使者」，曾在統治階層內掀起過多次動亂。後以巫蠱加害衛太子，被衛太子所殺。㊵充告丹二句　據《漢書・景十三王傳》，「江充告丹淫亂，又使椎埋攻剽，為奸甚眾」，武帝遂將其下獄。後雖放出，但不准其復為趙國太子。㊶趙更立太子　據《漢書》，趙國更立之太子為劉昌，後繼其父位，史稱頃王。按：史文結束於「趙更立太子」，是史公結束此文時，劉彭祖尚為趙王也。㊷中山靖王勝　劉勝，「靖」字是謚。㊸孝景前三年用皇子為中山王　景帝前元三年六月吳、楚七國之亂被討平後，中山王劉勝與膠西王劉端同時受封，中山國為此時所新置。㊹十四年　西元前一四一年。㊺好內　耽於妻妾。㊻有子枝屬百二十餘人　瀧川曰：「并孫數之，故曰『枝屬』。《漢書》刪『枝屬』二字。」王先謙引《官本考證》曰：「似并孫數之。」㊼相非　彼此指責短處。㊽專代吏治事　指上文所述劉彭祖之「好為吏事」及「常夜從走卒行徼邯鄲中」云云。㊾王者當日聽音樂聲色按：語略不順。凌稚隆曰：「《漢書》『音樂』下有『御』字。」(50)拊循　安撫；撫慰。拊，通「撫」。(51)藩臣　指諸侯王，古稱諸侯國為中央王朝之屏障藩籬，故稱諸侯王為天子之「藩臣」。(52)立四十二年卒　指西元前一一三年。《索隱》曰：「《漢書》建元三年，濟川、中山王等來朝，聞樂而泣。天子問其故，王對以大臣內讒，肺腑日疏，其言甚雄壯，詞切而理文。天子加親親之好，可謂漢之英藩矣。」(53)子哀王昌立二句　劉昌卒於武帝元鼎五年，西元前一一二年。(54)子昆侈代為中山王　按：劉昆侈在位二十一年，西元前九〇年卒。

【語　譯】趙王劉彭祖在孝景帝前元二年以皇子的身分被封為廣川王。趙王劉遂謀反失敗後，也就是在劉彭祖任廣川王的第四年，劉彭祖被改封為趙王。他為趙王的第十五年，孝景帝駕崩。劉彭祖為人巧言善辯，謙卑諂媚，表面上對人恭敬，內心卻很陰險刻毒。他喜好玩弄法律條文，好用詭辯之術以中傷、陷害他人。劉彭祖的後宮有許多寵姬和子孫。朝廷派來的官員如果想按朝廷的法律來處理趙國的事情，就勢必要侵害趙王的利益。因此，每當前來任國相以及其他的官員到達，劉彭祖就穿上平民的黑色布衣，親自去迎接，並為他們打掃館舍。他故意提出許多疑難問題來為難他們，一旦發現他們說錯了話，犯了忌諱，就偷偷把它記錄下來。等到這些官員想奉法辦事的時候，劉彭祖就拿出這些材料來威脅他們。如果對方不就範，他就上書告發，或者就用非法獲取利益的名義來誣衊他們。為此，在劉彭祖為趙王的五十多年中，到趙國來任國相或其他職務的官員沒有一個能任滿兩年的，大都是獲罪丟官。重的被殺，輕的受刑。所以到趙國來的二千石一級的官員們都不敢依法治事，而劉彭祖則極端專權霸道。他派人到所屬各縣去充當市場的經紀人，壟斷交易，他的收入比朝廷一年能在趙國徵收的賦稅還要多。因此趙王有的是錢，可是這些錢都用在賞賜寵姬和分給兒子們，全都花光了。劉彭祖又把以前受江都易王劉非所寵，後來又與劉非的兒子劉建發生姦情的那個淖姬弄來做姬妾，對她很是寵愛。

2　劉彭祖不喜歡修建宮室，也不迷信鬼神，而是喜歡做那種治安、司法方面的事務。他上書天子，自告奮勇請求在趙國主管治安，負責緝捕盜賊的事情。他經常在夜間帶著士卒在邯鄲城中巡邏。那些來往的使臣和過客們都因為劉彭祖的陰險邪惡，而不敢在邯鄲留宿。

3 劉彭祖的太子叫劉丹，劉丹因為和自己的女兒與自己的同胞姐姐有姦情，又與自己的門客江充有嫌隙，被江充所告發，劉丹因此被廢。劉彭祖改立了太子。

4 中山靖王劉勝在孝景帝前元三年以皇子身分被封為中山王。劉勝為中山王的第十四年，孝景帝駕崩。劉勝生性嗜酒，好養姬妾，共有子孫一百二十多人。劉勝經常與他的哥哥趙王劉彭祖互相指責。劉勝說劉彭祖：「哥哥身為王，卻專門替下屬官吏們效力。當國王就應該天天聽音樂，享受歌舞女色。」劉彭祖則反過來攻駁劉勝：「中山王只顧整天淫樂，不幫著天子撫慰百姓，這哪像個藩國之臣！」

5 劉勝在位四十二年去世，兒子哀王劉昌繼位。劉昌在位一年去世，兒子劉昆侈代立為王。

6 以上兩國的開國之王，都是賈夫人所生的兒子。

1 長沙定王發❶，發之母唐姬，故程姬侍者。景帝召程姬，程姬有所辟❷，不願進，而飾侍者唐兒，使夜進。上醉，不知，以為程姬而幸之，遂有身。已乃覺非程姬也。及生子，因命曰發❸。以孝景前二年用皇子為長沙王❹。以其母微，無寵，故王卑溼貧國❺。

2 立二十七年卒❻，子康王❼庸立。二十八年卒❽，子鮒鮈立為長沙王❾。

3 右一國本王，唐姬之子也。

【章旨】以上為第四段，寫唐姬所生長沙王劉發與其子孫的始末。

【注釋】❶長沙定王發　劉發，「定」字是謚。長沙國的國都臨湘，即今湖南長沙。❷有所辟　《釋名》曰：「天子諸侯群妾，以次進御，有月事者止不御，更不口說，故以丹注面為識，令女史見之。」❸發　發覺。❹以孝景前二年用皇子為長沙王　蓋與劉德、劉非、劉餘等同時受封。長沙原是劉邦功臣吳芮的封國，吳芮傳國至其玄孫吳產，吳產死於文帝後元七年，無子國除。至景帝二年，重立長沙國，封其子劉發為長沙王。❺卑溼貧國　地勢低下、氣候潮溼的貧困之國，這是當時北方人對長沙國的看法。❻立二十七年卒　事在武帝元光六年，西元前一二九年。按：《漢書》稱長沙定王發為二十八年卒。❼康王　瀧川曰：「康王，《漢書》作『戴王』。」❽二十八年卒　即武帝太初四年，西元前一〇一年。按：《漢書》稱長沙康王庸為二十七年卒。❾子鮒鮈立為長沙王　武帝天漢元年，西元前一〇〇年。據《漢書》，鮒鮈為王十七年死，是死於昭帝始元四年，西元前八三年。

【語譯】長沙定王劉發，他的母親唐姬，本來是程姬的侍女。有一次，景帝召程姬侍寢，程姬因來月經，不願前去，就給自己的侍女唐兒梳妝打扮，讓她去了。當時景帝喝醉了，沒有注意，以為是程姬而和她睡在一起，結果唐兒有了身孕。景帝過後才發覺那天來的不是程姬。等兒子生下來，就取名叫劉發。劉發在孝景帝前元二年以皇子身分被封為長沙王。因為他的母親出身卑賤，又不受寵，所以被封在一個地勢低下、氣候潮溼的貧困之國為王。

2 劉發在位二十七年去世，兒子康王劉庸繼位。劉庸在位二十八年去世，兒子劉鮒鮈繼位為長沙王。

3 以上這個國家的首封之王，是唐姬的兒子。

1 廣川惠王越❶以孝景中二年用皇子為廣川王❷。

2 十二年卒❸，子齊立為王❹。齊有幸臣桑距，已而有罪，欲誅距。距亡❺，王因禽其宗族❻。距怨王，乃上書告王齊與同產❼姦。自是之後，王齊數上書告言漢公卿及幸臣所忠等❽。

3 膠東康王寄⑨以孝景中二年用皇子為膠東王⑩。二十八年卒⑪。淮南王謀反⑫時，寄微聞其事，私作樓車鏃矢⑬，戰守備，候淮南之起⑭。及吏治淮南之事，辭出之⑮。寄於上最親⑯，意傷之，發病而死⑰，不敢置後⑱，於是上聞⑲。寄有長子者名賢，母無寵；少子名慶，母愛幸，寄常欲立之。為不次⑳，因有過，遂無言㉑。上憐之，乃以賢為膠東王，奉康王嗣㉒。而封慶於故衡山地，為六安王㉓。

4 膠東王賢立十四年卒㉔，謚為哀王，子慶為王㉕。

5 六安王慶以元狩二年用膠東康王子為六安王㉖。

6 清河哀王乘㉗以孝景中三年用皇子為清河王㉘。十二年卒㉙，無後，國除，地入于漢，為清河郡。

7 常山憲王舜㉚以孝景中五年用皇子為常山王㉛。舜最親㉜，景帝少子，驕怠多淫，數犯禁。上常寬釋之。立三十二年卒㉝，太子勃代立為王。

8 初，憲王舜有所不愛姬生長男棁，棁以母無寵故，亦不得幸於王。王后脩生太子勃。王內多㉞，所幸姬生子平、子商。王后希得幸㉟。及憲王病甚，諸幸姬常侍病，故王后亦以妒媢㊱不常侍病，輒歸舍㊲。醫進藥，太子勃不自嘗藥，又不宿留侍病。及王薨，王后、太子乃至。憲王雅㊳不以長子棁為人數㊴，及薨，又不分與財物。郎[40]或說太子、王后，令諸子與長子棁共分財物。太子、王后不聽。太子代立，又不收恤[41]棁，棁怨王后、太子。漢使者視憲王喪[42]，棁自言憲王病時王后、太子不侍，及薨，六日出舍[43]，太子勃私姦，飲酒，博戲，擊筑，與女子載馳，環城過市[44]，入牢視囚[45]。天子遣大行騫[46]驗[47]王后及問王勃，請逮勃所與姦諸證左[48]，王又匿之。吏求捕，勃大急，使人致擊笞掠，擅出漢所疑囚者[49]。有司請誅憲王后脩及王勃。上以脩素無行，使棁陷之罪[50]，勃無良師傅[51]，不忍誅。有司請廢王后脩，徙王勃，以家屬處房陵[52]，上許之。

9 勃王數月，遷于房陵，國絕[53]。月餘，天子為最親，乃詔有司，曰：「常山憲王蚤[54]夭，后妾不和[55]，適孽誣爭[56]，陷于不義以滅國。朕甚閔[57]焉。其封憲王子平三萬戶，為真定王[58]；封子商三萬戶，為泗水王[59]。」

10 真定王平元鼎四年用常山憲王子為真定王[60]。

11 泗水思王商[61]以元鼎四年用常山憲王子為泗水王。十一年卒[62]，子哀王安世立。十一年卒，無子[63]。於是上憐泗水王絕，乃立安世弟賀[64]為泗水王。

12 右四國本王，皆王夫人兒姁子也。其後漢益封其支子[65]為六安王、泗水王二國。凡兒姁子孫，於今為六王[66]。

【章　旨】以上為第五段，寫王皇后之妹王兒姁所生劉越、劉寄、劉乘、劉舜四王與其子孫之始末。

【注　釋】❶廣川惠王越　劉越，「惠」字是諡。❷用皇子為廣川王　景帝前元二年曾封劉彭祖為廣川王，孝景五年劉彭祖移封為趙王，廣川國遂入漢為信都。至景帝中元二年，復立廣川國，以封劉越，國都仍在冀縣。❸十二年卒　為武帝建元四年，西元前一三七年。❹子齊立為王　據〈漢興以來諸侯王年表〉，史稱劉齊為「繆王」。繆，通「謬」。廣川王劉齊之元年為武帝建元五年，西元前一三六年。❺距亡　桑距逃跑了。❻禽其宗族　將其家族全部逮捕。禽，通「擒」。❼王齊與同產　王齊，廣川王劉齊。同產，此指同胞姐妹。❽上書告言漢公卿及幸臣所忠等　告言，告發；舉報。所忠，人名，武帝的近臣，曾多次為武帝使者外出辦事。按：廣川繆王劉齊在位四十五年，死於西元前九二年，而史文僅一句而止，此句之後疑有脫誤。❾膠東康王寄　劉寄，「康」字是諡。膠東國的國都即墨，在今山東平度東南。❿以孝景中二年用皇子為膠東王　蓋與廣川王劉越同時受封。膠東原是劉邦子齊悼惠王劉肥的兒子劉雄渠的封國，因劉雄渠隨同吳、楚等國造反，被誅滅，其後遂封劉徹為膠東王。後來劉徹被立為皇太子，於是又封劉寄為膠東王。⓫二十八年卒　為武帝元狩二年，西元前一二一年。⓬淮南王謀反　此指淮南王劉安之謀反，事在武帝元狩元年，西元前一二二年。⓭樓車鏃矢　樓車，可供登高以覘敵情的戰車。鏃矢，箭頭。鏃，金屬製作的箭頭。⓮候淮南之起　意謂待淮南起事時他也一起行動。⓯辭出之　即從犯事者的口供中將他牽扯了出來。王先謙引周壽昌曰：「出之，出其罪也，『出』猶『脫』也。」⓰寄於上最親　劉寄之母與武帝之母是親姐妹。⓱發病而死　劉寄死於武帝元狩二年。⓲不敢置後　不敢確立繼承人，深感自己罪大也。⓳於是上聞　這時武帝聽說了此事。「聞」原作「問」。《漢書》作「聞」。王先謙曰：「淮南反謀不以聞，而私作兵器，為有過也。」梁玉繩：「『問』乃『聞』之譌。」據改。⓴為不次　不合長幼次序。㉑因有過二句　因為自己有想隨同淮南王謀反的過失，因而沒敢講出自己的想法。㉒以賢為膠東王二句　事在武帝元狩三年，西元前一二〇年。奉康王嗣，意即承認劉賢為其父的嫡系，繼承其父的王位，主持其父的祭祀。㉓封慶於故衡山地二句　衡山原是淮南王劉安之弟劉賜的封國，國都邾縣（今湖北黃岡）。劉賜於武帝元狩元年因與其兄劉安謀反，事覺自殺，國除。至此武帝又改其地曰六安國，以封劉寄之幼子劉慶，國都即今安徽六安之城東北。㉔膠東王賢立十四年卒　即武帝元封四年，西元前一〇七年。㉕子慶為王　劉賢之弟名「慶」，則其子絕不會也名「慶」。〈漢興以來諸侯王年表〉與《漢書·諸侯王表》皆作「通平」，疑是。據《漢書·諸侯王表》，劉通平之元年為武帝元封五年，西元前一〇六年，在位二十四年，死於昭帝始元四年，西元前八三年。㉖六安王　據《漢書·諸侯王表》，劉慶於武帝元狩二年被封為六安王，在位三十八年，死於昭帝始元三年。㉗清河哀王乘　劉乘，「哀」字是諡。清河國的國都清陽，在今河北清河東南。㉘用皇子為清河王　是年改清河郡為清河國，封劉乘為清河王。㉙十二年卒　為武帝建元五年，西元前一三六年。㉚常山憲王舜　劉舜，「憲」字是諡。㉛用皇子為常山王　常山曾先後是惠帝子劉不疑、劉義、劉朝的封國，先後被呂后與周勃等所殺，國土入漢為郡。至景帝中元五年，復立常山國，封劉乘為王。㉜舜最親　劉舜之母與武帝母為親姐妹，故劉舜與武帝的關係最親。㉝立三十二年卒　為武帝元鼎三年，西元前一一四年。㉞內多　謂姬妾眾多。㉟希得幸　很少能與劉舜接觸。希，通「稀」。㊱妒媢　即妒嫉。《索隱》曰：「媢，丈夫妒也。」㊲輒歸舍　常常回去休息。輒，即；往往。㊳雅　平素；一向。㊴不以長子棁為人數　不把長子棁看成自己的兒子。王叔岷曰：「『人數』，謂不齒于人之數也。」㊵郎　官名，即郎中、中郎之類，指憲王生前的侍從人員。㊶收恤　親近撫恤。㊷漢使者視憲王喪　朝廷派使者來參加、觀察憲王的喪事。㊸及薨二句　老王爺剛死了六天，王后與太子就離開了服喪的廬舍。舍，服舍。㊹私姦六句　以上諸事皆發生在守喪期間，故罪名甚大。㊺入牢視囚　以言其與罪犯交結。㊻大行騫　指張騫。張騫是武帝時的探險家，曾兩次通使西域，事見〈大宛列傳〉。大行，朝官名，也稱典客，九卿之一，主管接待賓客。㊼驗　調查取證。㊽請逮勃所與姦諸證左　向劉勃要求要逮捕他手下的有關人員。所與姦諸證左，與劉勃一起做過壞事可以充當佐證的人。證左，猶言佐證。㊾吏求捕四句　數句詞語生澀。方苞曰：「吏求捕諸證左於勃甚急，勃使人急致擊掠漢吏，勃恐語洩，又擅出漢所疑囚也，使遁匿也。『漢所疑囚』即與姦諸證左。」瀧川曰：「古抄本、楓山本『急』下有『勃』字，『人』下有『急』字，當依正。」㊿使棁陷之罪　意謂由於王后自己的品德不端，以致被劉棁控告成為罪人。王叔岷曰：「『之』猶『以』也。」(51)勃無良師傅　語氣欠完整，蓋謂劉勃因自幼無好的師、傅訓導，故使今日陷於犯罪也。(52)以家屬處房陵　意謂讓其帶著家屬一道發配房陵。房陵，今湖北房縣，秦、漢時代是安置流放罪犯的地方。(53)勃王數月三句　事在武帝元鼎三年，西元前一一四年。(54)蚤　通「早」。(55)后妾不和　王后與眾妃嬪鬧矛盾。(56)適孽誣爭　嫡子與庶子相互誣衊，相互攻擊。適，通「嫡」。指劉勃。孽，庶子，姬妾所生之子，此處指劉棁。(57)閔　通「憫」。憐憫。(58)真定王　國都真定，在今河北正定南。(59)泗水王　國都淩縣，今江蘇泗陽西北。(60)用常山憲王子為真定王　據《漢書．諸侯王表》劉平在位二十五年，卒於武帝征和三年，西元前九〇年。(61)泗水思王商　劉商，「思」字是諡。〈諡法解〉：「道德純一曰思；大省兆民曰思；外內思索曰思；追悔前過曰思。」(62)十一年卒　梁玉繩曰：「十一年，衍『一』字。」按：泗水王劉商之十年即武帝太初元年，西元前一〇四年。(63)十一年卒二句　梁玉繩曰：「十一年，衍『十』字，安世一年卒也。」按：泗水王劉安世卒於太初二年，西元前一〇三年。(64)安世弟賀　史稱「戴王」，太初三年，西元前一〇二年受封為王，在位二十年，卒於昭帝始元四年，西元前八三年。㊅益封其支子　朝廷更封立其庶子為王，指膠東王劉寄之少子劉慶被封為六安王；常山王劉舜之少子劉平被封為真定王、劉商被封為泗水王。㊆凡兒姁子孫二句　按：受封的國號共七個，現存者實為五王，即廣川王劉齊、膠東王劉通平、六安王劉慶、真定王劉平、泗水王劉賀。

【語　譯】廣川惠王劉越在孝景帝中元二年以皇子身分被封為廣川王。

2　劉越在位十二年去世，兒子劉齊繼立為王。劉齊有個寵臣名叫桑距，桑距犯了罪，劉齊想殺他。桑距逃跑了，劉齊便逮捕了桑距全家。桑距怨恨劉齊，便上書朝廷告發劉齊與他的同胞姐妹有姦情。從此之後，廣川王劉齊便多次上書告發朝廷的公卿及皇帝寵信的大臣所忠等。

3　膠東康王劉寄在孝景帝中元二年以皇子身分被封為膠東王。劉寄在位二十八年去世。淮南王劉安謀反的時候，劉寄暗地裡有所知曉，並偷偷製造戰車弓箭等武器，做好戰備，等待參與淮南王的起事。待至淮南王謀反的事情敗露，朝廷派官員前去追查時，淮南王供詞中帶出了劉寄。劉寄與武帝的關係最親，很為自己的行為悔恨憂傷，終至發病而死，因他自知有罪而沒敢立後，這事被上報武帝。劉寄的長子名賢，他的母親不受寵；劉寄的幼子名慶，母親受寵，劉寄想立劉慶為太子，因為不合長幼之序，而且又因為自己有罪，所以沒有向武帝提出立嗣的事。武帝同情他，就將劉賢立為膠東王，作為康王的嫡系。而把劉慶封在原來衡山王劉賜的故地，改稱六安王。

4　膠東王劉賢在位十四年，死後謚為哀王，其子劉慶繼承王位。

5　六安王劉慶在武帝元狩二年以膠東康王兒子的身分封作六安王。

6　清河哀王劉乘於孝景帝中元三年以皇子的身分被封為清河王。在位十二年去世，因為沒有繼承人，封國被廢除，領地收歸朝廷，改設為清河郡。

7　常山憲王劉舜於孝景帝中元五年以皇子身分被封為常山王。劉舜與武帝的關係最親近，是景帝的小兒子，他驕縱荒淫，屢屢觸犯禁令。但武帝總是關照他，不予追究。劉舜在位三十二年去世，太子劉勃繼立為王。

8　當初憲王劉舜有個不受寵的姬妾生了長子劉棁，劉棁因母親不受寵，因而自己也得不到父親的喜愛。劉舜的王后名脩，生了太子劉勃。劉舜的姬妾很多，自從受寵的姬妾生了兒子劉平和劉商之後，王后也很少得到劉舜的親近。等到劉舜病重時，那些受寵的姬妾都常常到劉舜身邊服侍，而王后則出於妒忌而不常去，即使去了也只是打個照面就走。太醫送了藥來，太子劉勃從不親自嘗藥，晚上也不留下來侍候父親。直到劉舜嚥氣了，王后與太子劉勃才趕到。劉舜平素不把劉梲當兒子看待，臨終時又不留話分配財物給他。有人勸說劉勃和王后，讓劉梲與其他兄弟們一起共分財物。劉勃、王后不聽從。劉勃繼位後，又不安撫劉梲，致使劉梲對王后、劉勃心生怨恨。等朝廷派使者來視察劉舜的喪事時，劉梲便向使者告說劉舜病重時王后與太子劉勃都不在身邊，憲王去世僅六天，他們就離開了守喪的廬舍，太子劉勃又私下姦淫女子，飲酒行樂，下棋擊筑戲鬧，和女人一起乘車奔跑，招搖過市，到監獄裡探視囚犯。武帝派大行令張騫去查訊王后的罪狀，並訊問劉勃。張騫要求逮捕劉勃他手下的相關人員，劉勃又把這些人都藏了起來。當吏卒們要逮捕劉勃，劉勃著急了，又派人鞭打提供佐證的人，並放走朝廷所懷疑的囚犯。主事的官員要求處死王后脩和劉勃。武帝認為是王后自己的品行不端，以致被劉梲告成罪人；而劉勃則是從小沒有良師訓導，因而不忍心處死他們。官員們堅持要求廢掉王后、放逐劉勃，讓他帶著家屬到房陵居住，武帝同意了。

9 劉勃當王幾個月，被發配房陵，常山國絕嗣。一個多月後，武帝因常山憲王是自己最親近的幼弟，就下詔給主事的官員，說：「常山憲王死得早，王后與姬妾不和睦，嫡子與庶子互相誣衊紛爭，以致陷於不義，封國滅絕。我為此十分憐憫。現在改封憲王的兒子劉平三萬戶，讓他為真定王；封憲王的另一個兒子劉商三萬戶，讓他為泗水王。」

10 真定王劉平在武帝元鼎四年以常山憲王兒子的身分被封為真定王。

11 泗水思王劉商在武帝元鼎四年以常山憲王兒子的身分被封為泗水王。在位十一年去世，兒子哀王劉安世繼位。劉安世在位十一年去世，沒有兒子。天子哀憐他絕嗣，就立劉安世的弟弟劉賀為泗水王。

12 以上四國的開國之王，都是王夫人兒姁所生的兒子。後來朝廷又增封她的旁支子孫為六安王、泗水王。總計兒姁的子孫到這時止，還有六人為王。

太史公曰：高祖時，諸侯皆賦❶，得自除內史以下❷，漢獨為置丞相❸，黃金印。諸侯自除御史、廷尉正、博士❹，擬於天子❺。自吳、楚反後，五宗王世❻，漢為置二千石❼，去「丞相」曰「相」，銀印。諸侯獨得食租稅❽，奪之權❾。其後諸侯貧者，或乘牛車也。

【章　旨】以上為第六段，是作者的論贊。

【注　釋】❶諸侯皆賦　《集解》引徐廣曰：「國所出有，皆入于王也。」❷自除內史以下　自行任命內史以下的各種官吏。自除，自己任命。內史，在諸侯國裡主管民政的官員，秩二千石。❸漢獨為置丞相　按：置丞相是肯定的，此外還往往為諸侯國置太傅。❹御史廷尉正博士　御史，相當於朝廷的御史大夫，主管監察。廷尉正，主管司法。博士，帝王的侍從官員，以備顧問、參謀之用。❺擬於天子　謂其驕奢豪華的程度可以和皇帝相比。❻五宗王世　這五個宗派的子孫被封為王時。❼漢為置二千石　諸侯國裡二千石一級的官員全部由朝廷任命。❽獨得食租稅　只能享用該國百姓上交的租稅。❾奪之權　奪去了他們的軍事、政治、司法等一切權力。王叔岷曰：「『之』猶『其』也。」

【語　譯】太史公說：高祖在位的時候，各諸侯王都可以享有國中的全部收入，自己任命內史以下的官員，朝廷只為他們配置丞相一官，用的是黃金印。諸侯王自己任命御史、廷尉正、博士等官，那時諸侯王驕奢豪華的程度可與皇帝相比。自從吳、楚等國叛亂後，到五宗諸王時代，二千石一級的官員一律由朝廷派遣，撤銷王國中的「丞相」，改稱為「相」，王國的「相」用銀印。諸侯王只能享用國中的租稅，剝奪了他們的軍政大權。此後諸侯王中有些貧窮的，只坐得起牛車了。

【研　析】〈五宗世家〉寫出了漢景帝十三個兒子的種種腐敗現象，真是五花八門，狼藉得不堪入目，其實這是一點也不奇怪的，歷代的王公貴族，不這樣的大概為數不多。一般說來，「承平」時代的諸侯王們不可能「有所作為」，這不僅因為他們多數沒有這種才具，即使有，最高統治者也不會允許他們去從軍、從政，立德立功，因為這些人一旦有了資本，往往就企圖謀反篡權，因此最高統治者對於這些人歷來是嚴格監督防範的。《史記》對諸侯王與朝廷之間的這種矛盾在〈齊悼惠王世家〉已經寫了不少，至於本篇所寫的中山靖王的「樂酒好內」，河間獻王的「被服造次必於儒者」，其實倒更像是一種出於防身的韜晦之術。

〈五宗世家〉的人物眾多，篇幅又不長，因此對於每個人物的具體描寫當然就更為簡單了。但使人驚奇的是這篇作品在抓取人物特徵，並用簡練的筆觸以表現人物的個性上，卻取得了其他長篇鉅製也無法與之相比的成就。如其中寫膠西王劉端存心與朝廷作對的桀傲情景；「笑面虎」趙王劉彭祖口蜜腹劍，且又以捕捉盜賊為最大樂趣的情景；其他如江都王劉非的好武，河間王劉德的好文，中山王劉勝的好酒等等，無不各具面目。再如常山王劉勃家庭內部相互噬嚙的紛紜複雜，以及臨江王劉榮無辜被廢，直到被陷害至死的淒惋悲哀，都無不令讀者怵目驚心，為之三歎。清代方苞說：「每段俱約略點染，而神貌各別，此正如寫生妙手，頰上三毛。」吳汝綸說：「敘家人瑣事，此篇與〈外戚世家〉皆極神妙，此境後人正不易到。」

卷六十

三王世家第三十

【題解】〈三王世家〉是班固、張晏早就說過的「十篇有錄無書」中的一篇，至於後來怎麼又冒出來了？究竟是什麼人弄成了今天所見的這種樣子？人們的看法不一。「三王」是指漢武帝的三個兒子劉閎、劉旦、劉胥。三個人的傳記是已經不存在了，有可能是褚少孫找來了漢武帝當時封這三個兒子的策文，和他聽來的有關這三個人的一些事跡，補寫成目前的樣子，但有人認為司馬遷本來就是如此寫〈三王世家〉的，有人則認為是出自「第三者」之偽託。作品雖然作者難定，但頗有價值，能讓我們明白不少事情。

1 「大司馬臣去病❶昧死❷再拜上疏皇帝陛下：陛下過聽❸，使臣去病待罪行間❹。宜專邊塞之思慮❺，暴骸中野❻無以報，乃敢惟他議❼以干用事者❽，誠見陛下憂勞❾天下，哀憐百姓以自忘❿，虧膳貶樂⓫，損郎員⓬。皇子賴天⓭，能勝衣趨拜⓮，至今無號位⓯、師傅官⓰。陛下恭讓不恤⓱，羣臣私望⓲，不敢越職而言。臣竊不勝犬馬心❿，昧死願陛下詔有司，因盛夏吉時⓴定皇子位。唯陛下幸察㉑。臣去病昧死再拜以聞皇帝陛下。」三月乙亥㉒，御史臣光守尚書令㉓奏未央宮[24]。制[25]曰：「下御史[26]。」

2 六年，三月戊申朔[27]，乙亥[28]，御史臣光守尚書令、丞非[29]，下御史書到，言[30]：「丞相臣青翟[31]、御史大夫臣湯[32]、太常臣充[33]、大行令臣息[34]、太子少傅臣安行宗正事[35]昧死上言：大司馬去病上疏曰：『陛下過聽，使臣去病待罪行間。宜專邊塞之思慮，暴骸中野無以報，乃敢惟他議以干用事者，誠見陛下憂勞天下，哀憐百姓以自忘，虧膳貶樂，損郎員。皇子賴天，能勝衣趨拜，至今無號位、師傅官。陛下恭讓不恤，羣臣私望，不敢越職而言。臣竊不勝犬馬心，昧死願陛下詔有司，因盛夏吉時定皇子位。唯願陛下幸察[36]。』制曰：『下御史。』臣謹與中二千石、二千石臣賀等議[37]：古者裂地立國，竝建諸侯[38]以承[39]天子，所以尊宗廟，重社稷[40]也。今臣去病上疏，不忘其職，因以宣恩[41]，乃道天子卑讓自貶以勞[42]天下，慮[43]皇子未有號位。臣青翟、臣湯等宜奉義遵職[44]，愚憧而不逮事[45]。方今盛夏吉時，臣青翟、臣湯等昧死請立皇子臣閎、臣旦、臣胥[46]為諸侯王。昧死請所立國名[47]。」

3 制曰：「蓋聞周封八百[48]，姬姓竝列[49]，或子、男、附庸[50]。禮：『支子不祭[51]。』云『竝建諸侯，所以重社稷』，朕無聞焉。且天非為君生民也[52]。朕之不德，海內未洽[53]，乃以未教成者[54]彊君連城[55]，即股肱何勸[56]？其更議以列侯家之[57]。」

4 三月丙子，奏未央宮。「丞相臣青翟、御史大夫臣湯昧死言：臣謹與列侯臣嬰齊[58]、中二千石、二千石臣賀、諫大夫博士臣安[59]等議曰：伏聞周封八百，姬姓竝列，奉承[60]天子。康叔[61]以祖考顯[62]，而伯禽以周公立[63]，咸為建國諸侯[64]，以相傅為輔[65]。百官奉憲[66]，各遵其職，而國統[67]備矣。竊以為『竝建諸侯，所以重社稷』者，四海諸侯各以其職奉貢祭[68]。支子不得奉祭宗祖，禮也。封建使守藩國[69]，帝王所以扶德施化[70]。陛下奉承天統[71]，明開聖緒[72]，尊賢顯功[73]，興滅繼絕[74]，續蕭文終之後于酇[75]，褒厲[76]羣臣平津侯[77]等。昭六親之序[78]，明天施[79]之屬，使諸侯王封君得推私恩分子弟戶邑，錫號尊建百有餘國[80]。而家皇子為列侯[81]，則尊卑相踰[82]，列位失序，不可以垂統[83]於萬世。臣請立臣閎、臣旦、臣胥為諸侯王。」三月丙子，奏未央宮[84]。

5 制曰：「康叔親屬有十[85]，而獨尊[86]者，褒有德[87]也。周公祭天命郊[88]，故魯有白牡、騂剛之牲[89]。羣公不毛[90]，賢不肖差也[91]。『高山仰之，景行嚮之[92]』，朕甚慕焉[93]。所以抑未成[94]，家以列侯可[95]。」

6 四月戊寅[96]，奏未央宮。「丞相臣青翟、御史大夫臣湯昧死言：臣青翟等與列侯、吏二千石、諫大夫、博士臣慶[97]等議：昧死奏請立皇子為諸侯王。制曰：『康叔親屬有十，而獨尊者，褒有德也。周公祭天命郊，故魯有白牡、騂剛之牲。羣公不毛，賢不肖差也。「高山仰之，景行嚮之」，朕甚慕焉。所以抑未成，家以列侯可。』臣青翟、臣湯、博士臣將行[98]等伏聞[99]康叔親屬有十，武王繼體[100]，周公輔成王[101]，其八人皆以祖考之尊建為大國[102]。康叔之年幼[103]，周公在三公之位[104]，而伯禽據國於魯[105]，蓋爵命之時，未至成人[106]。康叔後扞祿父之難[107]，伯禽殄淮夷之亂[108]。昔五帝異制[109]，周爵五等[110]，春秋三等[111]，皆因時而序尊卑。高皇帝撥亂世反諸正[112]，昭至德[113]，定海內，封建諸侯，爵位二等[114]。皇子或在繈緥而立為諸侯王[115]，奉承天子，為萬世法則，不可易[116]。陛下躬親[117]仁義，體行[118]聖德，表裏文武[119]。顯慈孝之行，廣賢能之路，內褒有德，外討彊暴。極臨北海[120]，西溱月氏[121]，匈奴、西域[122]，舉國奉師[123]。輿械之費[124]，不賦於民[125]。虛御府之藏[126]以賞元戎[127]，開禁倉[128]以振貧窮，減戍卒之半[129]。百蠻[130]之君，靡不鄉風承流稱意[131]。遠方殊俗，重譯[132]而朝，澤及方外[133]。故珍獸至，嘉穀興[134]，天應[135]甚彰。今諸侯支子封至諸侯王，而家皇子為列侯[136]，臣青翟、臣湯等竊伏孰計之[137]，皆以為尊卑失序，使天下失望，不可。臣請立臣閎、臣旦、臣胥為諸侯王。」四月癸未[138]，奏未央宮，留中不下[139]。

7 「丞相臣青翟、太僕臣賀行御史大夫事[140]、太常臣充、太子少傅[141]臣安行宗正事昧死言：臣青翟等前奏大司馬臣去病上疏言，皇子未有號位，臣謹與御史大夫臣湯、中二千石、二千石、諫大夫、博士臣慶等昧死請立皇子臣閎等為諸侯王。陛下讓文、武[142]，躬自切[143]，及皇子未教[144]。羣臣之議，儒者稱其術[145]，或誖其心[146]。陛下固辭弗許，家皇子為列侯。臣青翟等竊與列侯臣壽成[147]等二十七人議，皆曰以為尊卑失序[148]。高皇帝建天下，為漢太祖，王子孫，廣支輔[149]。先帝法則弗改[150]，所以宣至尊[151]也。臣請令史官擇吉日，具禮儀上，御史奏[152]輿地圖[153]，他皆如前故事[154]。」制曰：「可。」

8 四月丙申，奏未央宮。「太僕臣賀行御史大夫事昧死言：太常臣充言卜入四月二十八日乙巳，可立諸侯王。臣昧死奏輿地圖，請所立國名。禮儀別奏[155]。臣昧死請。」

9 制曰：「立皇子閎為齊王[156]，旦為燕王[157]，胥為廣陵王[158]。」

10 四月丁酉，奏未央宮。六年，四月戊寅朔[159]，癸卯，御史大夫湯下丞相，丞相下中二千石、二千石，下郡太守、諸侯相，丞書從事下當用者[160]，如律令[161]。

【章　旨】以上為第一段，寫群臣請立武帝三子劉閎、劉旦、劉胥為王的過程。

【注　釋】❶大司馬臣去病　霍去病，武帝時名將，以伐匈奴功被封為驃騎將軍，加號大司馬。大司馬，古官名，「三公」之一，武帝時只是用為加官。❷昧死　冒著殺頭的危險。漢臣上疏特用的戒懼性謙詞。❸過聽　錯誤地聽信。❹待罪行間　即指受任大司馬驃騎將軍之職。行間，行伍之間。所謂「過聽」、「待罪」，都是客氣的說法。❺專邊塞之思慮　專門考慮國家邊塞的安全。❻暴骸中野　指戰死沙場。中野，原野上。❼惟他議　考慮自己職分以外的事情。❽以干用事者　以麻煩主管該項事務的官員。干，犯；打擾。用事者，主管該項工作的人。❾憂勞　猶言憂慮。❿自忘　猶言忘身。⓫虧膳貶樂　降低伙食標準，裁減歌舞人員。⓬損郎員　減少自己侍奉、警衛人員的數量。郎，指中郎、郎中、侍郎等，都是帝王身邊的侍從、警衛人員。⓭賴天　猶言託天之靈。⓮勝衣趨拜　謂幼兒漸長，身體能夠撐起衣服，能走路、行禮。趨，小步疾行，古時臣子在君父面前行路的一種特定姿勢。⓯號位　指「王」、「侯」一類的封號。⓰師傅官　指太師、太傅、少師、少傅等，都是古代帝王、太子，或諸侯王、王太子身邊主管教育、訓導的官員。⓱恭讓不恤　恭敬謙讓，不把自己兒子們的「私事」放在心上。不恤，不考慮。⓲私望　私下觀望。⓳不勝犬馬心　猶言實在克制不住自己犬馬報主的一片心情。⓴盛夏吉時　據《左傳》、《禮記》，夏天是合於行賞、封侯的時節。㉑唯陛下幸察　意即請您考慮我的建議。唯，祈請語。幸，謙詞。㉒三月乙亥　陰曆三月二十八。這一年為武帝元狩六年（西元前一一七年）。「元狩」是武帝的第四個年號。㉓御史臣光守尚書令　光是人名，其姓不詳。其正式的職務是御史，同時又權且擔任尚書令的職務。瀧川引錢大昕曰：「位卑官高曰『守』，位高官卑曰『行』（代理）。」御史，此處大約是指「侍御史」，皇帝身邊的侍應人員。守，兼任。尚書令，少府的屬官，為皇帝掌管文件，並管收發傳達。㉔奏未央宮　蓋霍去病將上疏交給尚書令，尚書令送呈皇帝也。未央宮，漢代皇帝所居住的宮殿，蕭何建造，在當時長安城的西南部。㉕制　特指皇帝的命令，此章程由秦始皇開始。㉖下御史　張大可曰：「下到御史府討論。漢制，詔令下達的程序，由御史府討論後轉丞相執行。」㉗三月戊申朔　三月的初一是「戊申」。朔，指每個月的第一天。㉘乙亥　前文稱霍去病的領銜上書是在「乙亥」，現在御史把皇帝的批件送交丞相，丞相組織討論後的聯名上書仍是在「乙亥」，也就是同一天，可見漢廷諸臣為武帝封子的奔走效力有多麼積極。㉙御史臣光守尚書令丞非　任御史並兼任尚書令者名光，又有任尚書丞者名非。《索隱》曰：「或尚書左右丞，非，其名也。」王駿圖以為此所謂「丞」乃指「御史丞」，而非「尚書丞」。瀧川曰：「『丞』下奪『臣』字。『非』，尚書丞名。」㉚下御史書到二句　下御史書到，按：此處行文欠明暢，其意蓋謂皇帝將其要辦的事情下達給御史府，御史形成文件轉發給丞相府，丞相組織有關官員討論後，向皇帝提出有關執行的具體意見。言，即丞相等上書所言。(31)青翟　莊青翟，時為丞相。(32)御史大夫臣湯　張湯，武帝時的著名酷吏。事跡見〈酷吏列傳〉。御史大夫，「三公」之一，主管監察。(33)太常臣充　《索隱》曰：「趙充也。」梁玉繩曰：「元狩六年，俞侯樂賁為太常。而曰『太常臣充』，《索隱》曰『趙充』，未知所出。」太常，也叫「奉常」，「九卿」之一，掌管宗廟祭祀。(34)大行令臣息　李息，武帝時的伐匈奴將領，事跡見〈衛將軍驃騎列傳〉。大行令，也叫「典客」、「大鴻臚」，主管接待賓客與少數民族事宜。(35)太子少傅臣安行宗正事　《索隱》曰：「任安也。」按：據〈田叔列傳〉，任安無任「太子少傅」事，更不可能「行宗正事」，為「宗正」者必須劉氏族人。行宗正事，代理「宗正」的職務。(36)唯願陛下幸察　瀧川引中井曰：「『唯』下『願』字疑衍。」按：轉抄霍去病原文，原文無「願」字。(37)臣謹與中二千石句　「議」下當有「曰」字。陳仁錫曰：「古本『議』下有『曰』字。」王叔岷曰：「《史通》引『議』下有『曰』字。」中二千石，即「十足」的二千石，月俸一百八十斛，朝官中的「九卿」屬於這一級。比之低一級的是「二千石」，月俸一百二十斛，朝官裡的太子太傅、少傅、詹事、內史、典屬國，以及各郡國的守、相大都屬於這一級。臣賀，公孫賀，時為太僕，「九卿」之一，後來官至丞相。事跡見〈衛將軍驃騎列傳〉。(38)竝建諸侯　同時建立很多諸侯王。(39)承　拱衛。(40)尊宗廟二句　意即提高中央王朝的威望，維護中央王朝的安全。宗廟，皇族的祖廟。社稷，皇帝祭祀土、穀之神的地方。通常即以「宗廟」、「社稷」代指國家政權。(41)宣恩　宣揚皇帝的恩德。(42)勞　憂勞；關心。(43)慮　主語是霍去病。(44)奉義遵職　意思為這原本是我們應該管的分內的事情。(45)愚憧而不逮事　愚憧，即今所謂「愚蠢」。不逮事，考慮問題跟不上。逮，及。(46)臣閎臣旦臣胥　臣閎，劉閎，王夫人所生。臣旦，劉旦，李姬所生。臣胥，劉胥，李姬所生。(47)請所立國名　請皇帝明示想封他們在哪些國家。(48)周封八百　相傳武王滅殷後，曾分封功臣、子弟以及當時歸附的諸侯，共建立了「八百個國家」。(49)姬姓竝列　許多姬姓國也並列其中，意思是同時也分封了一些姬姓的子弟為諸侯。(50)或子男附庸　意即（除了有的封國是公爵、侯爵外），也有的封國是子爵、男爵，甚而還有不能獨立，託管於他國的「附庸」。(51)支子不祭　支子，嫡子以外的其他兒子，劉閎、劉旦、劉胥就都屬於這一類。不祭，不能主持祭祀祖先，言外之意即這些人不能封王。(52)天非為君生民也　意思是為了治民的需要而設君，不能為了供奉君長而生民。(53)未洽　如雨水之未透，指帝王的恩德教化尚未普施於民。(54)未教成者　指劉閎、劉旦、劉胥。(55)彊君連城　勉強地讓他們去充當連城之君。(56)即股肱何勸　意謂「這樣做結果將對其他大臣們產生何種影響！」即，則。股肱，大腿，胳膊。這裡指左膀右臂一樣的大臣。勸，勉勵；鼓舞。(57)以列侯家之　意即不能封他們為「王」，可以低一等給他們封「侯」建「家」。「家」在這裡用為動詞。按：春秋時代的諸侯稱「國」，各諸侯國的大夫稱「家」；漢代的諸侯王相當於春秋時的諸侯國，則漢代的列侯只能相當於諸侯國的六卿、三桓，只能稱「家」。58列侯臣嬰齊　名「嬰齊」，其姓不詳。59諫大夫博士臣安　有人認為此指任安，不知何據，〈田叔列傳〉中寫任安事，未言其曾為「諫大夫」與「博士」。「博士」是皇帝身邊的侍從官，以備參謀顧問之用。與太學教官之稱「博士」者不同。60奉承　侍奉；拱衛。61康叔　名封，周武王的胞弟，事跡見〈衛康叔世家〉。62以祖考顯　就因為他的祖父是周文王，父親是周武王，於是便被封在了衛國（國都朝歌）。考，古代敬稱死去的父親。63伯禽以周公立　伯禽就因為是周公的兒子，於是便被封到了魯國。64咸為建國諸侯　咸，皆。建國諸侯，開國的國君。65以相傅為輔　朝廷派出丞相與太傅去輔佐他們治理國家。此與前文霍去病之所謂「皇子……至今無號位師傅官」句相應。按：漢代的諸侯國，由朝廷派「傅相」；西周之封建諸侯，從未聽說周室為之派「傅相」，此亦漢臣之以今推古而已。66奉憲　奉法。67國統　國家的綱領秩序，此指被封建的諸侯國而言。68各以其職奉貢祭　各自按照自己的職守，給朝廷進貢助祭。漢代諸侯國要按規定給朝廷進貢，還要參加朝廷舉行的祭祖活動，並交納「酎金」等。奉，進獻。69封建使守藩國　把這些支子封在一些小國，使之成為中央的屏藩。70帝王所以扶德施化　皇帝可以通過他們弘揚朝廷的功德，幫朝廷施行教化。扶，助。71奉承天統　意即繼承祖輩之業為皇帝。72明開聖緒　指皇帝明確表達了自己的意旨、心願。緒，心緒；意願。73顯功　意即褒獎對國有功的家族。74興滅繼絕　語出《論語》：「興滅國，繼絕世」。意即把那些已經滅絕的、斷嗣的諸侯國再重建起來，並使之再世代相衍地傳下去。75續蕭文終之後于酇　蕭何的後代有的因無子，有的因犯罪，曾多次被撤銷封地，後又多次蒙皇帝的恩典，得以續封。蕭文終，即蕭何，劉邦的開國功臣，謚曰「文終侯」。被封為酇侯，封地酇縣，即今河南永城西之酇鄉。76褒厲　獎勵。77平津侯　指公孫弘，武帝時以宰相被封為平津侯。按：漢初的丞相都是劉邦的開國功臣，本身都是列侯；至武帝時開始有以儒生或官吏累遷為相者，為提高他們的地位，故武帝例皆封之為侯，公孫弘是頭一個。78昭六親之序　昭，顯；使之分明。六親之序，六種親屬的關係準則。「六親」說法不一，有說指父、母、兄、弟、妻、子；有說指父子、夫婦、兄弟。79天施　凌稚隆曰：「一本作『天地』」。瀧川曰：「天施，天恩之所施。」80推私恩分子弟戶邑二句　指武帝聽主父偃建議實行「推恩法」，使各諸侯國給其所有子嗣每人都分一塊國土，封之為侯。武帝的目的是使諸侯國化整為零，以削弱其勢力。錫號，賜給王號或侯號。錫，賜。81家皇子為列侯　使皇子建「家」為列侯。82尊卑相踰　卑者反居於尊者之上。諸侯之支子能封至諸侯王，而皇帝之子反而為列侯，故曰「尊卑相踰，列位失序」。83垂統　作為一種法度綱常傳於後世。84三月丙子二句　八字前已出過，今又重出，故瀧川引岡白駒說，以為前面的八個字，是「上疏發句之文」；此疏末八字，「乃記奏之日月也」。瀧川又曰：「楓山本無此八字。」[85]康叔親屬有十　周武王的同胞兄弟共有十人，康叔排行第九。[86]獨尊　指康叔先在周王朝任司寇，後又被封在衛國。[87]褒有德　獎勵品德之高者。[88]周公祭天命郊　大意謂由於周公長年佐助周天子，德高勳重，故魯國也可以祭天命郊。祭天命郊，在郊外舉行祭天之禮，其名曰郊，這原是只有帝王才能進行的一種活動，但由於周公地位特殊，故允許魯國也能郊祀祭天。[89]魯有白牡騂剛之牲　魯，周公受封的國家，國都曲阜。白牡，純白毛色的公牛。騂剛，純紅毛色的公牛。都是用作祭祀的犧牲。牲，犧牲，指牛羊豬等動物祭品。[90]羣公不毛　指周公、康叔以外的其他武王的兄弟，只能用毛色不純的公牛的祭祀。《集解》引何休《公羊傳》注：「不毛，不純色也。」[91]賢不肖差也　這是由人的優秀與否所體現出的差別。[92]高山仰之二句　高山，讓我仰望；美好的德行，讓我嚮往。[93]朕甚慕焉　我很仰慕周公、康叔那種人，也很欣賞古代那種區別待人的做法。[94]抑未成　對尚未成材的孩子應加裁抑。[95]家以列侯可　還是把他們封作列侯為好。[96]四月戊寅　陰曆四月初一，即丞相二次上書，武帝又二次駁回的第三天。[97]博士臣慶　據《萬石張叔列傳》，石慶當時在朝任太子太傅，是否兼任博士，留質多聞。有人以為是蕭何的後代「蕭慶」，檢《高祖功臣侯者年表》，似乎不是。[98]博士臣將行　名將行，其姓不詳。[99]伏聞　猶言「竊聞」，「伏」字是謙詞。[100]武王繼體　指武王繼其父文王為君。[101]周公輔成王　成王，名誦，武王之子，即位時年齡很小，故周公代其處理一切政事。[102]其八人皆以祖考之尊建為大國　其八人，其餘八人，即伯邑考、管叔鮮、蔡叔度、曹叔振鐸、成叔武、霍叔處、康叔封、冉季載。其中伯邑考死於文王前，故武王滅商分封天下時，除周公外，只還有七人。皆以祖考之尊建為大國，都是只靠著他們是文王的兒子被封為大國諸侯。[103]康叔之年幼　武王克殷後分封諸侯時，於諸弟中只封了周公、管叔、蔡叔、叔振鐸、叔武、叔處；而康叔與季載皆年幼未封。[104]周公在三公之位　周代稱太師、太傅、太保為三公，也有說以司徒、司馬、司空為三公，大體相當於漢代的丞相、太尉、御史大夫。周公先佐武王，後佐成王，位居首輔，故稱「在三公之位」。[105]伯禽據國於魯　由於周公留於朝廷輔政，故封其子伯禽為魯公，前往魯國封地，成為魯國實際的開國之君。[106]爵命之時二句　此指康叔、伯禽二人而言。據文意，似莊青翟、張湯等以為武王之弟「八人」與周公之子伯禽蓋同時受封，而康叔、伯禽其時皆「未至成人」者。然《管蔡世家》、《衛康叔世家》之所述與此不同。又《魯周公世家》載伯禽赴魯與到魯後三年執政之情狀，似伯禽亦非「未至成人」也。[107]康叔後扞祿父之難　武王滅殷後，封紂子武庚祿父於故殷地，又派管叔鮮、蔡叔度等在其周圍以監視之。後來管、蔡聯合武庚祿父一道造反，被周公削平，而後才封康叔於衛，以統治殷代餘民。此云康叔先受封，「後扞祿父之難」，與事實不合。扞，抵禦；制止。[108]殄淮夷之亂　據《魯周公世家》：「伯禽即位之後，有管、蔡等反也，淮夷、徐戎亦並興反。於是伯禽率師伐之於肸。」殄，消滅。淮夷，當時居住在今安徽、江蘇北部淮水流域的少數民族。109五帝異制　五帝，司馬遷用以指黃帝、顓頊、帝嚳、堯、舜。異制，各人的章程制度不同。110周爵五等　指公、侯、伯、子、男。111春秋三等　《集解》引鄭玄曰：「春秋變周之文，從殷之質，合伯、子、男為一，則殷爵三等者，公、侯、伯也。」瀧川曰：「隱五年《公羊傳》云：『諸侯者何？天子三公稱公；王者之後稱公；其餘大國稱侯，小國稱伯、子、男。』春秋三等，蓋用《公羊》說。」112撥亂世反諸正　這裡指滅秦滅項，建立漢王朝，實行新政策。113昭至德　顯示出了前所未有的崇高德惠。昭，顯揚。114封建諸侯二句　指只有諸侯王與列侯兩級。115或在繈緥而立為諸侯王　如趙王如意、淮南王長封王時皆年齡不大。繈緥，裹嬰兒的小被子。這裡以「在繈緥」極喻其年幼。116不可易　謂高祖的章程不可更改。易，改。117躬親　猶言躬行，身體力行。躬，親自。118體行　猶今之所謂身體力行。119表裏文武　同時具有文王、武王兩者的德能。120極臨北海　指討伐匈奴。極，盡；盡頭。北海，說法不一，有說指今蒙古境內的大沙漠，即所謂「瀚海」。也有說「北海」指今俄國境內的貝加爾湖。121西溱月氏　指張騫通西域。「溱」原作「湊」。王念孫《讀書雜志・史記第三》：「「湊」當為「溱」，故《正義》音臻，而訓為至。《漢書・王褒傳》「萬祥畢溱」、〈谷永傳〉「暴風三臻」、〈王莽傳〉「聖瑞畢溱」，師古並云「溱」與「臻」同。作「湊」者字之誤耳。」今據改。溱，通「臻」。抵達。月氏，古國名，在今帕米爾高原以西的阿富汗北境。張騫通西域時曾到達此地。122匈奴西域　匈奴，秦漢時代的北方民族名，大致活動在今內蒙自治區與蒙古人民共和國一帶。西域，指當時建立在今新疆及新疆以西的諸小國，如龜茲、疏勒、烏孫、大宛等。123舉國奉師　盡出其國之所有以供應漢朝軍隊，極言其歸附、支援之狀。按：此語出自元狩六年的漢臣之口有些可疑。124興械之費　指一切軍費支出。興械，車馬兵器。125不賦於民　不向國內的百姓徵收賦稅。按：此語不合事實，武帝由於發動對四夷的戰爭而導致國內經濟危機的情景，見〈平準書〉。126虛御府之藏　拿出皇家府庫的儲存。127元戎　兵車，這裡即指從軍將士。128禁倉　宮廷裡的糧倉。禁，宮禁；宮廷。129減戍卒之半　〈衛將軍驃騎列傳〉稱元狩二年匈奴渾邪王率眾四萬降漢後，武帝曾下令「減隴西、北地、上郡戍卒之半，以寬天下之繇」。此僅指局部地區，並非泛指全國。130百蠻　指當時的東越、南越以及西南夷的諸小國。131鄉風承流稱意　意即一切都順承漢王朝的意旨行事。鄉風，對著從漢王朝方向吹來的風而懷思不已。鄉，通「向」。承流，像魚兒一樣的迎著流水排列在水面上。132重譯　經過幾層翻譯，極言其相距之遙遠，語言之不通。133方外　國境線以外。134珍獸至二句　珍獸、嘉穀指「麒麟」、「鳳凰」、「嘉禾」等「祥瑞」之物。135天應　上天對人世的感應。136家皇子為列侯　意即封皇帝的諸子為列侯。家，這裡用如動詞，即授予爵號、領地，以開始其作為列侯的世襲。137竊伏孰計之　「竊」、「伏」皆謙詞。孰，通「熟」。熟計，反覆思考。138四月癸未　開始曰「四月戊寅，奏未央宮」；

結尾又曰「四月癸未，奏未央宮」，前後不一何也？豈又瀧川引岡白駒所謂前者為「上疏發句之文」，後者為「記奏之月日」耶？139留中不下　沒有批示下達，意即被擱起來了。140太僕臣賀行御史大夫事　梁玉繩曰：「是時張湯為御史大夫，用事，無因有賀以參之。」洪亮吉曰：「此時張湯尚為御史大夫，而云賀行其事，湯豈以病在告耶？」141太子少傅　官名，負責太子的教導、訓育工作，秩二千石。142讓文武　推讓自己不敢上比文王、武王，不敢按文王、武王的章程封立自己的兒子。143躬自切　猶今所謂對自己要求很嚴。144皇子未教　應前制詞之「以未教成者彊君連城」而言。145稱其術　憑著自己學過的東西發表見解。146詩其心　指說話沒有表達出真正的意思。147列侯臣壽成　《集解》引徐廣曰：「蕭何之玄孫酇侯壽成，後為太常也。」148皆曰以為尊卑失序　按：「曰」字疑衍。149廣支輔　廣建支子，以為藩輔。150法則弗改　法則，用如動詞，意即遵照執行。151宣至尊　宣揚皇帝的恩德。152奏　進呈。153輿地圖　即地圖。《索隱》曰：「謂地為輿者，天地有覆載之德，故謂天為『蓋』，謂地為『輿』。故地圖稱『輿地圖』。」154他皆如前故事　其他事情都按過去的章程辦。155禮儀別奏　分封典禮的具體儀式，另行奏上。156皇子閎為齊王　國都臨淄，即今山東淄博之臨淄東北。157旦為燕王　國都薊縣，即今北京市。158胥為廣陵王　國都廣陵，在今江蘇揚州西北。159六年二句　元狩六年的陰曆四月初一是戊寅日。按：從敘事的角度講，此七字完全沒用。其所以中間插入此七字，是為了強調下面所敘事情的鄭重。160丞書從事下當用者　大家都要按照皇帝的詔書行事，下達命令給有關的辦事人員。用，用事；辦事。王叔岷曰：「王國維〈敦煌漢簡跋〉二引世家此文并云：『丞當作承。承書從事下當用者，乃漢時公文常用語。〈三王世家〉、〈孔廟置百石卒史碑〉、〈無極山碑〉并有此文，猶後世所謂主者施行也。』其說是也。唯『丞』亦非誤字，『丞』、『承』古通。」161如律令　按照命令行事。

【語　譯】「大司馬臣霍去病冒死再拜上書皇帝陛下：陛下誤聽人言，讓我在軍中供職。我本應專心考慮邊塞的事務，即使戰死沙場也無法報答君恩，現在竟考慮自己職分以外的事情來干擾主事的官員，實在是因為看到陛下為天下操勞，體恤百姓以致忘卻了自身，減少膳食，減少娛樂，削減侍從人員。皇子們託賴天賜之福，漸漸長大，而至今未有諸侯王的封號，未設輔佐的官員。陛下恭謹謙讓，不把皇子們的事放在心上，群臣們心裡有想法，卻又不敢越職奏請。作為臣子，我實在按捺不住報效主子的一片忠心，冒死進言，望陛下命令有司，趁著盛夏吉時定下皇子們的爵位。請陛下考慮。臣霍去病冒死啟奏。」三月二十八，侍御史代理尚書令臣光，將霍去病的奏章呈給皇上。武帝下令說：「交御史府處理。」

2 元狩六年，三月初一是朔日，三月二十八，侍御史代理尚書令臣光、尚書丞非立刻就將霍去病的奏章下到了御史府，說：「丞相臣莊青翟、御史大夫臣張湯、太常臣趙充、大行令臣李息、太子少傅代理宗正臣安冒死進言：大司馬霍去病上書說：『陛下誤聽人言，讓我在軍中供職。我本應專心考慮邊塞的事務，即使戰死沙場也無法報答君恩，今竟敢議論他事以干擾他人之所主管者，實在是因為看到陛下憂勞天下、憐恤百姓直至忘我，縮減伙食，減少娛樂，削減侍從人員。皇子們仰仗天賜之福，業已慢慢長大，而至今未有爵號之封，師傅之設。陛下恭謹忘私不加考慮，群臣看到而不敢越職懇請。臣私下難抑報效之心，冒死進言，希望陛下命令主管部門乘盛夏吉日確定皇子們的封號。願陛下明察。』皇帝批覆：『交御史處理。』臣謹與中二千石、二千石臣公孫賀等商量：古代分地建國，同時建立許多諸侯王以拱衛天子，是為了提高中央王朝的威望，維護中央王朝的安全。如今霍去病呈上奏章，表明他沒有忘記自己的職分，而想宣揚皇帝的恩德，他說皇帝謙恭禮讓，只顧自我貶損而為天下操勞，他考慮到皇子們至今沒有封號。這本來是我與張湯分內的事，由於我們生性愚鈍，未能及時處理。方今正是盛夏吉時，我們冒死請求封立皇子劉閎、劉旦、劉胥為諸侯王。冒死請求確定他們封國的名稱。」

3 武帝批示說：「聽說周代封立了諸侯八百，姬姓的宗室也同時受封，或為子、男，或為附庸。禮法規定：『長子以外的其他兒子不得主持祭祀』。你們說建立諸侯國是為了突出中央的權威，此事我沒有聽說過。況且，上天不是為了供奉君主而降生百姓。我的德澤淺薄，尚未普施於民，今天你們就讓這些還沒有教導好的皇子勉強地去當連城之君，這樣做將對其他大臣產生何種影響！你們還是重新商議，我看可以封他們做個列侯。」

4 三月二十九，丞相又向皇上奏請說：「丞相臣青翟、御史大夫臣湯冒死進言：我們與列侯臣嬰齊、中二千石、二千石臣公孫賀、諫議大夫博士臣安等商議過：我們聽說周朝分封諸侯八百，姬姓亦在其中，共同捍衛天子。康叔是憑藉祖父、父親而獲得顯貴，伯禽是憑藉父親周公而受封，他們都是開國的國君，朝廷派出傅相前去佐助，官員們依法行事，各守其職，封國的綱紀秩序亦都完備。我們所以認為『封立諸侯，可以提高朝廷的威望』，是因為四海之內所有諸侯都各自按照自己的職守給朝廷進貢和參加祭祀活動。支子不能奉祭宗廟，是禮制所規定的。但如果把他們封在一些小國，讓他們成為中央的屏障，皇帝可以通過他們播揚朝廷的功德，他們也可以幫助朝廷施行教化。您繼承祖業登位以來，已經按照您的想法採取了許多措施，您尊重賢者，褒獎功臣，使將滅者得興，使已絕者得繼，您讓蕭何的後代得又繼封於酇縣，為了鼓勵群臣您把公孫弘破格封侯。您為了讓六親的秩序分明，為了讓上天的恩情廣布，您讓各諸侯王都推恩分封他們的各個兒子為侯，至今新封的列侯已經有一百多個。您現在想把您的兒子也封為列侯，這就弄得尊卑倒置，亂了秩序，不能成為一種流傳後世的法度了。所以我們還是請求立劉閎、劉旦、劉胥為諸侯王。」三月二十九日當天，奏章又進呈到了皇帝跟前。

5 武帝批覆道：「康叔的同胞兄弟有十人，而他之所以能夠獨享尊榮，是因為周天子褒揚有德之人。周公之所以享有在郊外祭天的待遇，魯國的祭祀之所以能用白色和紅色的公牛來祭祀。而其他兄弟不能，這是因為有賢與不賢的差別。『高山讓我仰望，美德讓我嚮往』，我很仰慕周公、康叔那種人，也很欣賞古代那種區別待人的做法。因此對尚未教育好的孩子應該加以裁抑，還是把他們封為列侯好。」

6 四月初一，莊青翟等又給武帝上奏說：「丞相臣莊青翟、御史大夫臣張湯冒死進言：我們與列侯、吏二千石、諫議大夫、博士臣慶等商議：我等前曾冒死上奏請求封立皇子為諸侯王。皇帝批覆說：『康叔兄弟十人，而康叔特別受到尊崇的原因是在於周天子褒揚有德。周公能享有郊外祭天，魯國祭祀能用純色牲口而他人不能，是因為十個人有賢與不賢之差別。「高山讓我仰望，美德讓我嚮往」，我很仰慕武王的這種做法，為了要裁抑教育未成的孩子，還是封他們為列侯好。』臣下們聽說康叔的同胞兄弟有十人，武王繼承了王位，周公輔佐成王，其他八人都因他們的祖父與父親地位尊貴而被封為大國諸侯。康叔年紀幼小，周公身在三公之位，故派伯禽到魯國上任，大概康叔與伯禽在獲得爵位的時候都尚未成年。後來康叔制止了祿父造反，伯禽平定了淮夷之亂。當初五帝的制度各不相同，周代的爵位分為五等，到春秋時只分三等，這都是根據當時情況來安排的尊卑次序。高皇帝撥亂反正，表現了最高的德操，他平定海內，分封諸侯，爵位只有兩等。當時的皇子們有的還在襁褓之中就被封諸侯王，以便來奉承天子，這已成為萬世法則，是永遠不能更改的。陛下奉行仁義，聖德崇高，具有文王武王兩者的德能。您表彰慈愛孝順，廣泛任用賢能，您對內褒揚有德之士，對外討伐強暴之敵。北至瀚海，西到月氏，使匈奴、西域皆出其所有，咸來歸附。一切軍費開支，都不向民間徵取。您以國庫所藏犒賞將士，您開放宮廷的糧倉以周濟貧民，您裁減了戍邊軍隊的一半以寬天下之徭役。使南方的百蠻之君，無不聞風歸化，順著漢王朝的意旨行事。使遠方風俗不同的國度，經過幾重翻譯欣喜來朝，您的恩澤已經遍及域外。也正因此，珍奇的禽獸出現了，吉祥的禾穀生長了，上天的瑞應顯示得十分明顯。如今諸侯的支子們有的尚被封為王，而您竟想封您的兒子為列侯，臣莊青翟、張湯等反覆考慮，都認為這是尊卑失序，這將使天下失望，是不可以的。我們請求封劉閎、劉旦、劉胥為諸侯王。」四月初六，奏章送到武帝面前，武帝將其擱置起來。

7 「丞相臣莊青翟、太僕代理御史大夫臣公孫賀、太常臣充、太子少傅代理宗正臣安冒死進言：臣莊青翟等日前曾啟奏大司馬霍去病的上書，提說皇子至今尚無爵位的事情。我恭謹地與御史大夫臣張湯、中二千石、二千石、諫議大夫、博士臣慶等冒死請求立皇子劉閎等為諸侯王。陛下謙讓曰不敢與文、武相比，應當嚴格自律以及皇子尚未完成教育等等。群臣討論的時候，有的儒生按著自己學過的東西發言，有的人沒有把要表達的意思表達清楚。陛下堅決推辭，不肯答應，堅持要封皇子為列侯。我們與列侯臣蕭壽成等二十七人商議，都認為這樣做是尊卑失序。高皇帝創建天下，為漢代的開國之君，他分封子孫為王，廣建支子為藩輔。以後的幾位先帝都奉行而不加更改，這都是為了宣揚皇帝至高無上的權威。作為臣子，我們懇請陛下讓史官選擇良辰吉日，提出具體的典禮儀式，讓御史呈上地圖，還有一些其他的事情都按過去的章程辦理。」武帝這次批覆說：「可以。」

8 四月十九，奏章送到武帝面前，說：「太僕代理御史大夫臣公孫賀冒死進言：太常臣充經過占卜說四月二十八日乙巳，可立諸侯王。臣冒死呈上地圖，請指示三皇子封國的名稱。至於分封典禮的具體細節另行奏上。臣冒死請示。」

9 武帝批覆說：「立皇子劉閎為齊王，劉旦為燕王，劉胥為廣陵王。」

10 四月二十，奏呈武帝。元狩六年的四月初一是朔日，四月二十六日，御史大夫張湯將皇帝的批示下達丞相，丞相下達給朝廷裡的中二千石、二千石，同時下達給各郡郡守與各諸侯國的國相，大家都要按照皇帝的詔書行事，並將命令下達給有關的辦事人員，大家都按章程辦。

1
「維❶六年四月乙巳，皇帝使御史大夫湯廟立❷子閎為齊王，曰：於戲❸！小
子閎，受茲青社❹。朕承祖考❺，維稽❻古，建爾國家，封于東土，世為漢藩輔❼。
於戲！念哉❽。恭朕之詔❾，惟命不于常❿。人之好德，克明顯光⓫。義之不圖，
俾君子怠⓬。悉爾心⓭，允執其中⓮，天祿永終⓯。厥有僁不臧⓰，乃凶于而國⓱，
害于爾躬⓲。於戲！保國乂民⓳，可不敬與⓴！王其戒之㉑！」

2
右齊王策㉒。

3
「維六年四月乙巳，皇帝使御史大夫湯廟立子旦為燕王，曰：於戲！小子旦，
受茲玄社㉓。朕承祖考，維稽古，建爾國家，封于北土，世為漢藩輔。於戲！葷
粥氏㉔虐老獸心㉕，侵犯寇盜㉖，加以姦巧邊萌㉗。於戲！朕命將率，徂征㉘厥罪。
萬夫長、千夫長㉙，三十有二君皆來㉚，降期奔師㉛。葷粥徙域㉜，北州以綏㉝。
悉爾心，毋作怨㉞，毋俷德㉟，毋乃廢備㊱。非教士不得從徵㊲。於戲！保國乂民，
可不敬與！王其戒之！」

4 右燕王策㊳。

5 「維六年四月乙巳，皇帝使御史大夫湯廟立子胥為廣陵王，曰：於戲！小子胥，受茲赤社㊴。朕承祖考，維稽古，建爾國家，封于南土，世為漢藩輔。古人有言，曰：『大江㊵之南，五湖㊶之間，其人輕心㊷。楊州保疆㊸，三代要服㊹，不及以政㊺。』於戲！悉爾心，戰戰兢兢㊻，乃惠乃順㊼，毋侗好軼㊽，毋邇宵人㊾，維法維則㊿。書(51)云『臣不作威(52)，不作福(53)』，靡有後羞(54)。於戲！保國艾民，可不敬與！王其戒之！」

6 右廣陵王策(55)。

【章旨】以上為第二段，直錄武帝封立劉閎、劉旦、劉胥的三篇策文。

【注釋】❶維　古代官樣文書上的慣用發語詞。❷廟立　在宗廟裡封之為王。❸於戲　同「嗚呼」，感歎詞。❹受茲青社　意即你來接過這一份代表東方的青色土。❺朕承祖考　我繼承著祖父、父親傳下來的皇位。❻稽　考。按：此語乃故意模仿《尚書・堯典》開頭的「曰若稽古」。❼世為漢藩輔　要世世代代的成為漢王朝中央的屏藩與拱衛者。❽於戲二句　你可要牢牢地想著啊。念，想；記。❾恭朕之詔　言敬聽我詔。❿惟命不于常　按：「惟命不于常」乃《周書・康誥》語，意思即天命不是一成不變的。⓫人之好德二句　按：「明」字用如動詞，意思是好德之人就能夠使其光輝明亮。⓬義之不圖二句　如果不常思做好事，那就會使君子們對你失望。俾，使。怠，鬆懈；人心瓦解。⓭悉爾心　要盡心竭力。⓮允執其中　謂不偏不倚，行中和之政。允，準確；真正。⓯天祿永終　這樣你就能享用完上天賜給你的祿命。⓰厥有愆不臧　如果你盡幹壞事，不幹好事。愆，罪。臧，善。⓱凶于而國　那你的國家就要出亂子了。而，你；你的。⓲害于爾躬　你自身也就要倒霉了。

躬，自身。⓳艾民　安民。艾，治；安撫。⓴可不敬與　能不兢兢業業，盡心盡力嗎？㉑王其戒之　你可要警惕啊！㉒右齊王策　《索隱》曰：「此封齊王策文也。又按《武帝集》，此三王策皆武帝手制。」㉓玄社　指代表北方的黑色土。在社稷壇上，北方的土是黑色的。㉔葷粥氏　匈奴族的祖先，這裡即指當時與燕國接壤的匈奴族。㉕虐老獸心　這是當時漢人對匈奴的看法。〈匈奴列傳〉說匈奴族的習俗是「貴壯健，賤老弱」，「壯者食肥美，老者食其餘。」㉖侵犯寇盜　指一再進犯掠虜漢王朝的北部邊境。㉗姦巧邊萌　意即引誘蠱惑邊民作亂。邊萌，邊境之民。萌，通「甿」。民也。㉘朕命將率二句　將率，同「將帥」。徂征，往征；前往討伐。㉙萬夫長千夫長　指匈奴族的軍中長官。㉚三十有二君皆來　指來降服漢朝。〈衛將軍驃騎列傳〉記渾邪王率眾降漢後，稱霍去病之功有所謂「獲首虜八千餘級，降異國之王三十二人」。㉛降期奔師　謂匈奴人偃旗息鼓，軍隊潰散。降期，《漢書》作「降旗」，即偃旗。奔師，軍隊潰散。㉜葷粥徙域　指匈奴人逃到了大漠以北。㉝綏　安定。㉞毋作怨　不要做招人怨恨的事。㉟毋俷德　不要敗壞自己的品德。俷，一作「菲」。薄；敗壞也。㊱毋乃廢備　《漢書》作「無廢乃備」。《索隱》曰：「言無乏武備，常備匈奴也。」乃，你；你的。㊲非教士不得從徵　《索隱》引韋昭曰：「士非素教習，不得從軍徵發。故孔子曰『不教人戰，是謂棄之』是也。」後文褚少孫解釋此句作「非習禮義，不得在其側」，意思亦通。㊳右燕王策　按：燕王劉旦為王三十八年，於昭帝元鳳元年（西元前八〇年）因謀反被誅，國除。㊴赤社　指代表南方的紅色土。在社稷壇上南方的土是紅色的。㊵大江　長江。㊶五湖　說法不一，但基本都是指今太湖與其周邊的一些小湖。㊷輕心　浮躁；易生事。㊸楊州保疆　意謂古楊州這一帶的封疆，即上述五湖所在的大江以南的今江蘇南部、浙江以及更南的地區。楊，通「揚」。保疆，中井曰：「所保之封疆也。」《集解》引李奇曰：「保，恃也。」意即仗恃其地理形勢而不服王化。二義皆可通。㊹三代要服　謂自夏、商、周以來，一直處於「要服」地位。要服，據《尚書·禹貢》，由天子的京城向外輻射，第一個五百里叫甸服，第二個五百里叫侯服，第三個五百里叫綏服，第四個五百里叫要服，再往外叫荒服。「要服」即口頭約定的服從，無法實行有效的管轄，也就是下文所說的「不及以政」。㊺不及以政　後文褚少孫解之曰：「不大及以政教，以意御之而已。」意即不能實行嚴格有效的管轄。㊻戰戰兢兢　小心謹慎的樣子。㊼乃惠乃順　意指對國人實行惠政，順應他們的願望。㊽毋侗好軼　不要總是佚樂遊蕩。王念孫曰：「侗，長久之長，亦長大之長。」或曰，「侗」與「童」通，李慈銘曰：「言毋童心好逸游也。」軼，通「逸」。安樂。㊾毋邇宵人　不要親近小人。邇，近。宵，意思同「小」。㊿維法維則　法、則，這裡都用如動詞，即緊依法則之意。(51)書　《尚書》。(52)作威　對人施展威嚴。(53)作福　降福祿於人。(54)靡有後羞　不會招來日後的犯罪受辱。(55)右廣陵王策　據《漢書·武五子傳》，廣陵王劉胥在位六十四年，宣帝五鳳四年（西元前五四年)「坐祝祖上，自殺」。

【語　譯】「元狩六年四月二十八，皇帝派御史大夫張湯於祖廟冊封兒子劉閎為齊王，皇帝說：嗚呼！小子閎，接受這塊青色土。我繼承先人的基業，依據古代制度，現在封你為諸侯，封你在東方的齊國，你要世世代代做漢朝中央的屏藩輔佐。你可要牢牢地記著啊。你要仔細地聽我說，天命不是一成不變的。只有好德之人，才能光耀無比。如果不行仁義，君子們就會對你失望懈怠。你只有盡心盡力，公正不阿，才能享盡上天賜予的祿命。倘若你只做壞事，不做好事，那你的國家就要出亂子，你自己也要跟著倒霉。嗚呼！要注意保國安民，怎麼能不兢兢業業呢！一定要小心謹慎！」

2 以上是武帝冊封劉閎為齊王的文告。

3 「元狩六年四月二十八，皇帝派御史大夫張湯於祖廟冊封兒子劉旦為燕王，皇帝說：嗚呼！小子旦，接受這塊黑色的土。我繼承先人的基業，依據古代制度，封你為諸侯，封你在北方的燕國，你要世世代代做漢朝中央的屏藩輔佐。嗚呼！匈奴族虐待老人，不講仁義，經常侵擾我邊疆，擄掠燒殺，鼓動邊民叛亂。嗚呼！我派將帥前往征討。他們有許多軍官、有三十二個王爺降服漢朝。他們軍隊潰散，偃旗息鼓，遠逃漠北，從而使北部邊疆得以安寧。你可要全心全意，不做招人怨恨的事，不要敗壞自己的品德，不要放鬆戒備。不要徵調沒經訓練的人從軍作戰。嗚呼！要注意保國安民，怎麼能不兢兢業業呢！一定要小心謹慎！」

4 以上是武帝冊封劉旦為燕王的文告。

5 「元狩六年四月二十八，皇帝派御史大夫張湯於祖廟冊封兒子劉胥為廣陵王，皇帝說：嗚呼！小子胥，接受這塊紅色的土。我繼承先人的基業，依據古代制度，封你為諸侯，封你在南方的廣陵國，你要世世代代做漢朝中央的屏藩輔佐。自古以來人們常說：『長江以南，五湖一帶的民眾生性浮躁。廣袤的楊州地區自三代以來一直是口頭上服從，實際上是王法管不到的地方。』嗚呼！你必須盡心盡力，兢兢業業，對國人要實行惠政，要順應他們的願望。不要貪圖安逸，不要親近小人，要認真遵守法紀。《尚書》上講『做臣子的只有不作威、不作福』，才不會招來日後的恥辱。嗚呼！要注意保國安民，怎麼能不兢兢業業呢！一定要小心謹慎！」

6　以上是武帝冊封劉胥為廣陵王的文告。

太史公曰：古人有言，曰「愛之欲其富，親之欲其貴❶。」故王者壃土建國❷，封立子弟，所以褎親親❸，序骨肉❹，尊先祖，貴支體❺，廣同姓❻於天下也。是以形勢彊而王室安❼。自古至今，所由來久矣，非有異也，故弗論箸也❽。燕、齊之事❾，無足采者❿，然封立三王，天子恭讓，羣臣守義⓫，文辭爛然，甚可觀也⓬。是以附之世家⓭。

【章　旨】以上為第三段，是作者的論贊，作者交代了自己寫作此傳的原因。有人認為這是司馬遷的「原文」，亦有人稱此論贊為後人模仿史公口吻所偽造。

【注　釋】❶愛之欲其富二句　二句見《孟子．萬章》。萬章問孟子，舜弟象「日以殺舜為事」，舜為帝後，為何還要封象？孟子說：「仁人之于弟也，不藏怒焉，不宿怨焉，親愛之而已矣。親之，欲其貴也；愛之，欲其富也。」❷壃土建國　劃出領土，建立國家。壃，通「疆」。理；劃出界線。❸褎親親　褎獎自己的親屬。「親親」當作「親戚」，與下「骨肉」、「先祖」、「支體」一例。❹序骨肉　意即表達兄弟之間的骨肉之情。❺貴支體　支體，這裡即指子孫。❻廣同姓　廣建同姓為王為侯。❼形勢彊而王室安　各地建有諸侯，共同拱衛王室，致使中央王朝穩如磐石。❽非有異也二句　論箸，同「論著」，意即論述。按：以上乃迂腐之談，李斯早已駁斥之：「周文武所封子弟同姓甚眾，然後屬疏遠，相攻擊如仇讎，諸侯更相誅伐，周天子弗能禁止。」始皇曰：「天下共苦戰鬥不休，以有侯王。賴宗廟，天下初定，又復立國，是樹兵也，求其寧息，豈不難哉！」❾燕齊之事　實指封建「燕」、「齊」、「廣陵」三國之事。❿無足采者　不值得拿來一提；沒有更多新鮮的。采，採錄。⓫天

子恭讓二句　指武帝假惺惺地推讓三回，群臣謙卑而又懇切地連續請求，其實都是在裝樣子、在演戲。⓬文辭爛然二句　按：若此篇為司馬遷所作，於此亦可以窺見司馬遷的審美觀。因其明說本篇的內容「無足采者」，可取的就在於其「文辭爛然」，因而將其載入了《史記》。⓭是以附之世家　歸有光曰：「〈三王世家〉本不缺，讀此贊文可見。太史公亦不及見三王後事，褚先生淺陋，遂謂「求其世家不可得」也。序亦云「三子之王，文辭可觀也。」然亦有人認為前面的資料為後人所編，而所謂「太史公曰」者，亦後人所偽造。

【語譯】太史公說：古話常說：「愛誰就希望誰富，親誰就希望誰貴。」帝王們所以劃分疆土，建立國家，封立子弟，目的就是褒獎自己的親屬，表達骨肉的情誼，使先祖獲得尊崇，讓子孫獲得顯貴，使自己的家族廣布於天下。從而使中央王朝的勢力強大、長治久安。這是自古以來歷朝歷代都這麼做的，沒有什麼不同，所以不用多說。燕王、齊王、廣陵王受封的事情原也沒有什麼值得說，但是在封立三王的過程中，天子所表現的謙讓，群臣所表現的恪守道義，皇帝詔書其所呈現的文辭優美，實在是令人愛讀。所以我將它們收入了〈三王世家〉。

1 褚先生❶曰：臣幸得以文學為侍郎❷，好覽觀太史公之列傳❸。傳中稱三王世家文辭可觀❹，求其世家，終不能得❺。竊從長老好故事者取其封策書，編列其事而傳之❻，令後世得觀賢主之指意。

2 蓋聞孝武帝之時，同日而俱拜三子為王，封一子於齊，一子於廣陵，一子於燕。各因子才力智能，及土地之剛柔❼，人民之輕重❽，為作策以申戒❾之。謂王「世為漢藩輔，保國治民，可不敬與！王其戒之。」夫賢主所作❿，固非淺聞者所能知，非博聞彊記⑪君子者，所不能究竟其意⑫。至其次序分絕⑬，文字之上下⑭，簡⑮之參差長短，皆有意，人莫之能知。謹論次其真草詔書，編于左方⑯，令覽者自通其意而解說之⑰。

3 王夫人者，趙⑱人也。與衛夫人並幸武帝⑲，而生子閎。閎且⑳立為王時，其母病，武帝自臨問之。曰：「子當為王，欲安所置之㉑？」王夫人曰：「陛下在，妾又何等可言者？」帝曰：「雖然，意所欲㉒，欲於何所王之？」王夫人曰：「願置之雒陽㉓。」武帝曰：「雒陽有武庫、敖倉㉔，天下衝阸㉕，漢國之大都㉖也。先帝以來，無子王於雒陽者。去雒陽，餘盡可。」王夫人不應。武帝曰：「關東㉗之國，無大於齊者㉘。齊東負海㉙而城郭大，古時獨臨菑中十萬戶㉚，天下膏腴地㉛莫盛於齊者矣。」王夫人以手擊頭，謝曰：「幸甚！」㉜王夫人死而帝痛之，使使者拜之曰：「皇帝謹使使太中大夫明㉝奉璧㉞一，賜夫人為齊王太后㉟。」子閎王齊，年少，無有子，立，不幸早死。國絕，為郡。天下稱齊不宜王云。

4 所謂「受此土㊱」者，諸侯王始封者，必受土於天子之社㊲，歸立之，以為國社㊳，以歲時祠之㊴。春秋大傳㊵曰：「天子之國有泰社㊶。東方青，南方赤，西方白，北方黑，上方黃㊷。」故將封於東方者取青土，封於南方者取赤土，封於西方者取白土，封於北方者取黑土，封於上方者取黃土。各取其色物[43]，裹以白茅[44]，封以為社[45]。此始受封於天子者也。此之為主土。主土者，立社而奉之[46]也。「朕承祖考」，祖者，先也；考者，父也。「維稽古」，維[47]者，度也，念也；稽者，當也[48]，當順古之道也。

5 齊地多變詐，不習於禮義[49]，故戒之曰：「恭朕之詔，唯命不可為常。人之好德，能明顯光。不圖於義，使君子怠慢。悉若心[50]，信執其中[51]，天祿長終。有過不善，乃凶于而國，而害于若身。」齊王之國[52]，左右維持以禮義[53]，不幸中年早夭。然全身[54]無過，如其策意[55]。

6 傳[56]曰「青采出於藍，而質青於藍[57]」者，教使然也[58]。遠哉賢主，昭然獨見：誡齊王以慎內[59]；誡燕王以無作怨，無俷德；誡廣陵王以慎外[60]，無作威與福[61]。

7 夫廣陵在吳、越[62]之地，其民精而輕[63]，故誡之曰：「江、湖之間，其人輕心。楊州葆疆，三代之時，迫要[64]使從中國俗服[65]，不大及以政教，以意御之[66]而已。無侗好佚，無邇宵人，維法是則，無長好佚樂馳騁弋獵淫康，而近小人。常念法度，則無羞辱矣。」三江[67]、五湖有魚鹽之利，銅山[68]之富，天下所仰[69]。故誡之曰「臣不作福」者，勿使行財幣，厚賞賜，以立聲譽，為四方所歸也[70]。又曰「臣不作威」者，勿使因輕以倍義[71]也。

8 會孝武帝崩[72]，孝昭帝[73]初立，先朝廣陵王胥[74]，厚賞賜金錢財幣直[75]三千餘萬，益地百里，邑萬戶[76]。

9 會昭帝崩，宣帝[77]初立，緣恩行義[78]，以本始元年[79]中，裂漢地[80]，盡以封廣陵王胥四子：一子為朝陽侯[81]；一子為平曲侯[82]；一子為南利侯[83]；最愛少子弘，立以為高密王[84]。

10 其後胥果作威福，通楚王使者[85]。楚王宣言[86]曰：「我先元王，高帝少弟也，封三十二城。今地邑益少[87]，我欲與廣陵王共發兵，立廣陵王為上[88]；我復王楚三十二城，如元王時。」事發覺，公卿有司請行罰誅。天子以骨肉之故[89]，不忍致法於胥。下詔書無治廣陵王，獨誅首惡楚王[90]。傳曰「蓬生麻中，不扶自直[91]；白沙在泥中，與之皆黑[92]」者，土地教化使之然也。其後胥復祝詛謀反[93]，自殺，國除[94]。

11 燕土墝埆[95]，北迫[96]匈奴，其人民勇而少慮，故誡之曰：「葷粥氏無有孝行而禽獸心，以竊盜侵犯邊民。朕詔將軍往征其罪，萬夫長、千夫長，三十有二君皆來。降旗奔師，葷粥徙域遠處，北州以安矣。」「悉若心，無作怨」者，勿使從俗以怨望[97]也。「無偭德」者，勿使王背德也[98]。「無廢備」者，無乏武備，常備匈奴也。「非教士不得從徵」者，言非習禮義不得在於側[99]也。

12 會武帝年老長，而太子不幸薨[100]，未有所立。而旦使來上書，請身入宿衛於長安[101]。孝武見其書，擊地，怒曰：「生子當置之齊、魯禮義之鄉[102]，乃置之燕、趙[103]，果有爭心，不讓之端見矣[104]！」於是使使即斬其使者於闕下[105]。

13 會武帝崩，昭帝初立[106]，旦果作怨而望大臣[107]。自以長子[108]當立，與齊王子劉澤等謀為叛逆[109]。出言曰：「我安得弟在者[110]？今立者乃大將軍子也[111]。」欲發兵。事發覺，當誅。昭帝緣恩寬忍[112]，抑案不揚[113]。公卿使大臣[114]請，遣宗正[115]與太中大夫公戶滿意[116]、御史[117]二人，偕往使燕[118]，風喻之[119]。到燕，各異日，更見責王[120]。宗正者，主宗室諸劉屬籍[121]。先見王，為列陳道[122]昭帝實武帝子狀。侍御史[123]乃復見王，責之以正法[124]，問：「王欲發兵，罪名明白，當坐之[125]。漢家有正法，王犯纖介小罪過，即行法直斷耳[126]，安能寬王[127]？」驚動以文法[128]。王意益下，心恐[129]。公戶滿意習於經術，最後見王，稱引古今通義[130]，國家大禮[131]，文章爾雅[132]。謂王曰：「古者天子必內有異姓大夫，所以正骨肉也[133]；外有同姓大夫，所以正異族也[134]。周公輔成王，誅其兩弟[135]，故治[136]。武帝在時，尚能寬王。今昭帝始立[137]，年幼，富於春秋[138]，未臨政[139]，委任大臣[140]。古者誅罰不阿親戚[141]，故天下治。方今大臣輔政，奉法直行，無敢所阿，恐不能寬王。王可自謹，無自令身死國滅，為天下笑。」於是燕王旦乃恐懼服罪，叩頭謝過[142]。大臣欲和合骨肉[143]，難傷之以法[144]。

14 其後旦復與左將軍上官桀等謀反[145]，宣言曰「我次太子[146]，太子不在，我當立，大臣共抑我[147]」云云。大將軍光輔政，與公卿大臣議曰：「燕王旦不改過悔正，行惡不變。」於是脩法直斷，行罰誅。旦自殺，國除，如其策指。有司請誅旦妻子。孝昭以骨肉之親，不忍致法，寬赦旦妻子，免為庶人。傳曰「蘭根與白芷[148]，漸之滫中[149]，君子不近，庶人不服[150]」者，所以漸然也[151]。

15 宣帝初立，推恩宣德，以本始元年中盡復封燕王旦兩子[152]：一子為安定侯[153]；立燕故太子建為廣陽王[154]，以奉燕王祭祀。

【章　旨】以上為第四段，是褚先生補寫的有關封立劉閎、劉旦、劉胥為王的逸事。

【注　釋】❶褚先生　名少孫，西漢元帝、成帝時期人，在皇帝身邊任郎官之職，是司馬遷《史記》最早的閱讀者、研究者、補寫者與傳播者。❷以文學為侍郎　由於通曉經術在皇帝身邊任郎官。文學，這裡指經術。漢代又以「文學」，或稱「賢良文學」作為選拔讀書人的科目名。侍郎，與中郎、郎中同為帝王的侍從人員，上屬郎中令。❸太史公之列傳　此指〈太史公自序〉。❹傳中稱三王世家文辭可觀　〈太史公自序〉稱寫作〈三王世家〉的緣由云：「三子之王，文辭可觀，作〈三王世家〉。」

❺求其世家二句　謂褚先生想讀〈三王世家〉之原文而不可得也。❻從長老好故事者取其封策書二句　看此語，則彷彿前面的群臣上書與天子之封策，概非《史記》原書之所有，甚至所謂「太史公曰」者，皆褚少孫以後之人所補輯也。❼土地之剛柔　指山川土地的性質不同，如有的多山，有的多水等。❽人民之輕重　指風俗習性的好動好靜，以及桀傲善良之不同。輕，浮躁好動。重，樸實沉穩。❾中戒　講道理以告誡之。❿賢主所作　指三篇封策文。⓫博聞彊記　知道的東西多，且又能牢記不忘。⓬究竟其意　徹底的明白其意旨。⓭次序分絕　指文章的前後安排與段落、文句的開合停頓。⓮文字之上下　文字的前後安排。⓯簡　竹簡，當時書寫所用的材料，這裡指文章的篇幅。⓰論次其真草詔書二句　論次，闡發；編排。真草詔書，指詔書的草稿與抄正稿。瀧川曰：「草，草稿也。」顧炎武認為「草」指「草書」，說「褚先生親見簡策，而孝武時詔即已用草書也」。陳直曰：「真草詔書，謂有兩本。」編于左方，意即排列在後面。古人寫字由右而左，故稱「後」曰「左」。王叔岷引余嘉錫曰：「因詔書文章爾雅，人莫能知，故就其真草所載之文而解釋于左方。」⓱令覽者自通其意而解說之　余嘉錫曰：「覽者觀其所釋，則自能通知詔書之意而解說之矣。」⓲趙　當時的諸侯國名，國都即今河北邯鄲。⓳與衛夫人竝幸武帝　衛夫人，即衛皇后，名子夫，元朔元年（西元前一二八年）被立為皇后。⓴且　將。㉑欲安所置之　你想把他封在什麼地方？㉒雖然二句　儘管如此，你還是談談你怎麼想的。㉓雒陽　在今河南洛陽東北，當時為河南郡的郡治所在地。㉔武庫敖倉　武庫，國家的兵器庫，在洛陽城裡。敖倉，國家的大糧倉，在今河南滎陽東北的黃河邊上，西距雒陽不遠，因黃河之沖刷南移，其地已入黃河中。㉕衝阸　交通要衝，軍事重地。㉖漢國之大都　漢王朝直接管轄的重要都會。㉗關東　函谷關以東，戰國以來用以泛指東方的六國之地。函谷關在今河南靈寶東北，為關中地區與東方之間的重要門戶。㉘無大於齊者　劉邦最早封韓信為齊王，後將韓信改封楚國，遂封其私生子劉肥為齊王，轄有今山東東部的六個郡，共七十城，諸封國之大，無出其右者。㉙東負海　東面靠著大海。㉚獨臨菑中十萬戶　中，滿；達到。按：早在《戰國策》中蘇秦等就描繪過臨淄的繁榮景象，入漢後亦屢屢被說客所吹誇。㉛膏腴地　肥沃的土地。㉜王夫人以手擊頭三句　吳見思曰：「閨房私語，已定王齊，覺以前詔奏，皆屬虛文。」㉝太中大夫明　太中大夫名「明」，姓氏不詳。太中大夫，郎中令的屬官，在帝王身邊掌議論。㉞奉璧　捧著玉璧。㉟賜夫人為齊王太后　因其子已為齊王，此時又追封其母為齊王太后。據此知古代其子為王者，其母並不能當然的成為「太后」，亦如栗姬之子已為「太子」，而栗姬並未成為「皇后」。㊱受此土　即前文封策所謂「受茲青社」、「受茲玄社」云云。㊲受土於天子之社　從中央王朝的社稷壇上領來一包土。㊳國社　此即諸侯國的社稷壇。㊴歲時祠之　按年關、按四時進行祭祀。㊵春秋大傳　舊注曰「未詳」，倉修良《史記辭典》以為指董仲舒的《春

秋繁露》。錄之以備參酌。㊶天子之國有泰社　在中央王朝的都城裡立有泰社。泰社，最大的社稷壇，與諸侯國的社稷相比而言。㊷東方青五句　此指社稷壇上的五色土。所謂「上方黃」，其實是「黃色土」居於壇臺的中央。㊸各取其色物　不同方位的受封者各領其相應顏色的土。㊹裹以白茅　用一種特定的白色茅草襯墊著放在盤子裡。㊺封以為社　帶到各自的國家堆土建成一座社稷壇。㊻立社而奉之　建起社稷壇從而祭祀它。奉，祭祀。㊼維　通常解作發語詞，褚先生這裡解作「思維」之維，意思亦通。㊽稽者二句　古人多釋「稽」為「考」，而褚先生釋「稽」為「當」、為「順」，蓋因「考古」之後，則當「順其道而行之」，故二者的意思亦可相通。㊾不習於禮義　指此地離魯國不遠，但儒家思想卻對之影響不大。㊿悉若心　即前面的「悉爾心」。若，爾；你。(51)信執其中　信，與前文之「允」同義，即「確實」、「真正」的意思。(52)齊王之國　劉閎到達齊國後。(53)左右維持以禮義　左右，左右之人，指齊國的主要官員。維持，輔佐；護持。(54)全身　保持了身命的完好無損。(55)如其策意　完全按照皇帝詔策的意思做了。(56)傳　漢代用以稱前代賢人的著作，此處乃指《荀子》。(57)青采出於藍二句　二句見《荀子．勸學》，原文作「青取之于藍而青于藍」。(58)教使然也　這都是教育的結果。(59)慎內　指加強自己的道德修養。(60)慎外　指警告他注意自己在外的活動。(61)無作威與福　意即不要作威作福。(62)吳越　春秋時代的吳國與越國。吳國的國都在今江蘇蘇州，越國的國都在今浙江紹興。劉胥的廣陵國即在當年的吳國境內。(63)精而輕　剽悍好動。精，精悍；剽悍。(64)迫要　逼迫，要脅。(65)使從中國俗服　讓他們穿中原地區的衣服，用中原地區的習俗。(66)以意御之　瀧川曰：「古抄本、楓、三本「意」作「德」。」王叔岷曰：「『意』蓋『悳』之誤。悳，古『德』字。」(67)三江　這裡指今江蘇南部、浙江北部的三條河，說法不一。(68)銅山　可以開採銅礦的山。(69)天下所仰　天下人靠以應用，指銅錢或銅製品。(70)行財幣四句　按：此類行為，吳王劉濞已有前車之覆。吳王劉濞靠著國內產銅，大造錢幣，招納四海亡命；吳楚造反時，又以重賞為誘餌，以鼓動天下叛亂。(71)因輕以倍義　因為輕舉妄動而做出違背正義的事情。倍，通「背」。(72)孝武帝崩　事在西元前八七年。(73)孝昭帝　劉弗陵，武帝幼子，鉤弋夫人所生，西元前八六—前七四年在位。(74)先朝廣陵王胥　首先讓廣陵王劉胥進京朝見新皇帝，這是對諸侯的一種榮寵。(75)直　通「值」。(76)益地百里二句　據《漢書．武五子傳》：「昭帝初立，益封胥萬三千戶。元鳳中入朝，復益萬戶，賜錢二千萬，黃金二千斤，安車駟馬寶劍。」(77)宣帝　劉詢，武帝的曾孫，戾太子之孫。西元前七三—前四九年在位。(78)緣恩行義　因宣帝與劉胥是骨肉之親，故對劉胥施加恩義。(79)本始元年　西元前七三年。(80)裂漢地　另從朝廷的管轄區分出領土。與武帝時所行的「推恩法」，讓各諸侯王分自己的領土以封自己的兒子為侯不同。(81)一子為朝陽侯　此子名「聖」，封地朝陽縣。(82)一子為平曲侯　此子名「曾」，封地平曲縣，《正義》以為或在今河北文安北。(83)一子為南利侯　此子名「昌」，封地南利縣，在今河南上蔡東。(84)少子弘二句　國都在今山東高密西南。(85)通楚王使者　意即與楚王通使往來。楚王，劉延壽，高祖弟楚元王劉交的後代，武帝天漢元年（西元前一〇〇年）為楚王，國都彭城（即今江蘇徐州）。宣帝地節元年（西元前六九年），因陰謀欲立廣陵王劉胥為帝而被誅。(86)宣言　揚言，散布不滿言論。(87)今地邑益少　楚元王之孫劉戊因與吳王劉濞等共同造反被誅滅，後雖另立元王子劉禮為楚王，但領地已大被削減。劉延壽是劉禮的曾孫，此時的楚國較前更加小得多。(88)我欲與廣陵王共發兵二句　按：他本「發兵」下有一「云」字，文理不通；且「云」下用句號，亦使語氣不連貫。今削去「云」字，改用逗號。(89)天子以骨肉之故　此時的天子為漢宣帝。骨肉，劉胥與宣帝之祖父（戾太子）是親兄弟，故稱其關係曰「骨肉」。(90)獨誅首惡楚王　楚王劉延壽因不滿宣帝而欲立廣陵王劉胥被誅事，見《漢書・楚元王傳》。(91)蓬生麻中二句　二語見《荀子・勸學》。(92)白沙在泥中二句　《荀子・勸學》原文作「白沙在涅，與之俱黑。」涅，黑泥。(93)祝詛謀反　按：劉胥先是不滿意其少弟劉弗陵為帝，後又不滿意其姪孫劉詢為帝，多次採用巫術詛咒皇帝速死。(94)自殺二句　事在宣帝元鳳四年（西元前七七年）。(95)墝埆　貧瘠。(96)迫　挨近。(97)怨望　怨恨。望，也是「怨恨」的意思。(98)無俷德者二句　按：褚少孫訓「俷」為「背」，與前文之解釋略異。勿使王背德也，「王」原作「上」。張文虎《禮記》卷四：「『上』乃『王』字誤。」今據改。(99)非習禮義不得在於側　按：褚少孫將「無廢備」與「非教士不得從徵」分別解釋，與前文所注不同，但意思也還可通。(100)武帝年老長子二句　武帝十六歲即位，至太子死年，年六十五歲。太子不幸薨，指武帝征和二年（西元前九一年）戾太子被江充以巫蠱事逼反，武帝派兵往討，太子起兵與戰，兵敗被殺。(101)請身入宿衛於長安　請求將燕國交回朝廷，而入朝給其父武帝充當護衛。這實際是想謀取太子地位，劉旦以為戾太子既死，按次序下面就應該輪到他了。(102)當置之齊魯禮義之鄉　前文剛說過「齊地多變詐，不習於禮義」，今此又說「齊魯禮義之鄉」，何其抵牾？「禮義之鄉」主要指「魯」，「齊」乃連帶言之。(103)乃置之燕趙　深深後悔當初之安置錯誤。(104)不讓之端見矣　不禮讓的苗頭已經表現出來啦。見，通「現」。(105)即斬其使者於闕下　極言其處置之迅速果斷。即斬，走上前去將其殺死，以言其不必審問、無需遲疑。闕下，宮門前，因宮門外有雙闕，故云。(106)武帝崩二句　事在武帝後元二年（西元前八七年）。昭帝即位時年八九歲，大權皆在輔政大臣霍光等之手。(107)旦果作怨而望大臣　語略生澀。作怨而望，意即怨恨。(108)自以長子　認為自己是武帝現存兒子中的最長者。(109)與齊王子劉澤等謀為叛逆　事在昭帝始元元年（西元前八六年）八月。劉澤，齊懿王劉壽之子，齊厲王劉次昌（或作「次景」）之弟。劉次昌於武帝元朔二年因犯罪自殺國除，故劉澤降為平民。劉澤不滿自己現時的處境，欲攀附劉旦以圖富貴，遂勾結中山王劉昆侈之弟劉長等造作妖言，以劉旦為旗幟組織叛亂，被青州刺史雋不疑所誅滅。(110)我安得弟在者　我哪裡還有這麼小的弟弟？(111)今立者乃大將軍子也　大將軍，指霍光，漢武帝的託孤大臣，時為大司馬大將軍。(112)緣恩寬忍　由於和劉旦是親兄弟，故而寬弘隱忍。(113)抑案不揚　指將問題壓下，沒有張揚。(114)公卿使大臣　中井曰：「『使』字疑衍。」瀧川曰：「古抄本、楓、三本無『使』字。」按：「使」字應削。(115)宗正　主管劉氏宗族事務的官員，以劉姓年高有德者任之，此時不知其人為誰。(116)太中大夫公戶滿意　姓公戶，名滿意，官任太中大夫。(117)御史　御史大夫的屬官，主管監察、彈劾。(118)偕往使燕　共同前往燕國。(119)風喻之　示意讓劉旦主動認罪。(120)各異日二句　錯開時間，各自分別地會見並譴責劉旦。更，輪番。(121)主宗室諸劉屬籍　屬籍，類似今之所謂「家譜」。(122)列陳道　按：三字意思重複，即為之講說。(123)侍御史　即上文所說的「御史二人」，御史大夫的屬官，負責舉劾非法。(124)責之以正法　依照國家大法譴責其罪狀。(125)當坐之　意即該當治罪。坐，因；因犯罪被懲治。(126)王犯纖介小罪過二句　意思是即使你犯了很小的罪過，也要受到國法的懲處。(127)安能寬王　四字上應增「今天你犯了如此彌天大罪」數字，下面始接「國家怎麼還能寬恕你？」(128)驚動以文法　以法律條文對之進行恫嚇。(129)王意益下二句　劉旦的氣焰越來越低，開始害怕了。(130)古今通義　古往今來例應遵奉的準則。(131)國家大禮　中井曰：「『禮』，當作『體』。」大體，猶言「大局」。(132)文章爾雅　謂公戶滿意說起話來溫文爾雅、引經據典，氣度不凡。文章，指公戶滿意的一套套言辭。爾雅，中井曰：「猶言蘊藉閑正也。」(133)內有異姓大夫二句　按：此「異姓」，應作「同姓」。《索隱》曰：「內云『有異姓大夫以正骨肉』，蓋錯也。『內』，合言『同姓』，宗正是也。」正骨肉，糾察皇族內部的犯罪者。(134)外有同姓大夫二句　按：此「同姓」，應作「異姓」。《索隱》曰：「『外』合言『異姓』，太中大夫是也。」正異族，糾察其他族姓的犯罪者。(135)誅其兩弟　指西周成王時，管叔、蔡叔伙同紂子武庚祿父造反，被周公討平，管叔與武庚被殺，蔡叔被流放事。(136)故治所以能得到太平。(137)今昭帝始立　陳仁錫曰：「『昭帝』當為『皇帝』。」(138)年幼二句　按：語意重複，「富於春秋」四字當省。富於春秋，指年輕，未來的時光尚長。(139)未臨政　尚未親自管理政權。(140)委任大臣　指霍光等當時執政。(141)誅罰不阿親戚　不因親戚而曲法。阿，曲。(142)於是燕王旦乃恐懼服罪二句　淩稚隆引董份曰：「宗正主屬籍，故辨正王以宗系之事；御史主執法，故按訊王發兵之罪；滿意通儒術，故曉之以理，使王自知其罪。」(143)和合骨肉　調和劉旦與昭帝的兄弟關係。(144)難傷之以法　遂又將其放過。(145)復與左將軍上官桀等謀反　事在昭帝元鳳元年。上官桀，姓上官，名桀，時任左將軍。上官桀本來與霍光等都是昭帝的佐命大臣，且與霍光是親戚。後來內部發生矛盾，上官桀與劉旦勾結朝臣桑弘羊、武帝女蓋長公主等群起誣告霍光謀反，企圖擁立劉旦為帝，以消滅昭帝、霍光等，結果事敗被誅。(146)我次太子　我的年歲只比戾太子劉據小。按：劉旦其實也比齊王劉閎小，但當時劉閎也已去世。(147)抑我　壓制我。(148)蘭根與白芷　都是香草名。(149)漸之滫中　浸泡在臭水裡。漸，浸染；浸泡。滫，淘過米的水，泛指臭水。中井曰：「以滫喻燕趙惡俗也。」150不服　不佩帶在身。151所以漸然也　這是慢慢受浸染形成的。152盡復封燕王旦兩子　蓋與廣陵王胥之四子同時受封也。153一子為安定侯　此子名「賢」，蓋與景帝之孫膠東王劉賢同名。安定侯，封地安定縣，在今河北東鹿東北。154故太子建為廣陽王　國都即今北京市，蓋仍封燕地，而將「燕國」改稱「廣陽國」也。

【語　譯】褚先生說：我有幸能以賢良文學充任侍郎，我喜歡讀〈太史公自序〉。〈自序〉中說〈三王世家〉的文辭可觀，但我尋找〈三王世家〉這篇文章，卻怎麼也找不到。我私下從喜好軼聞舊事的長老那裡找來當初武帝分封三王的詔策，從而把當時的事情編排成為一篇文章，讓後世學者能從此領略到一些賢明君主的用心。

2 聽說當時武帝曾在一天之內同時封了三個兒子為王，一個封在齊國，一個封在廣陵國，一個封在燕國。武帝分別根據兒子們的才能智力、所封疆土的特點、以及國人的風俗習性，為他們寫了詔書以告誡他們說：「要世世代代的做漢朝中央政權的藩輔，要注意保國安民，兢兢業業！必須謹慎從事。」三篇封策文不是淺薄的人所能理解，如果不是博聞強記的君子，就無法了解它的深刻涵義。至於詔策的段落次序，詞句的前後安排，篇幅的參差長短，都有深意，人們一下子無法弄清楚。我只是把皇帝詔書的草稿與抄正本編排在下面，讓讀者自己去領會、解釋其中的涵義。

3 王夫人是趙國人。與衛夫人一起受寵於武帝，生了兒子劉閎。劉閎將要封王的時候，王夫人病了，武帝親自去看她，問她說：「你的兒子將要封王，你希望把他封到哪裡？」王夫人說：「全由陛下作主，我有什麼可說的呢？」武帝說：「雖說如此，你還是可以說說心裡話，你想把他封在什麼地方？」王夫人說：「我希望把他封在洛陽。」武帝說：「雒陽城內有國家的軍火庫和大糧倉，是天下的交通要衝，軍事重地，也是王朝中央直接管轄的重要都會。自先帝以來，從來沒有哪一個皇子被封在洛陽。除了雒陽，其他地方都可以。」王夫人不作聲。武帝又說：「東方各國沒有比齊國更大的了。齊國東邊靠著大海，都城臨淄的城池廣大，在很早以前臨淄的居民就有十萬戶，要論土地的肥沃沒有任何別的國家比齊國好了。」王夫人以手擊頭，表示感謝說：「好極了！」王夫人死後武帝很是傷心，派使臣前去弔祭說：「皇帝謹派使臣太中大夫明捧著玉璧，賜夫人為齊王太后。」王夫人的兒子劉閎被封為齊王。齊王在還很年輕、還沒有兒子的時候就死了。於是齊國的建制被取消，改設為齊郡。人們都說齊地不宜於封王。

4 詔策中的所謂「受此土」，是指諸侯王接受分封的時候，要從天子的社稷壇上領過一包泥土，而後去建立自己國家的社稷壇，每年按著年關、四季按時祭祀。《春秋大傳》上說：「天子京城中的社稷壇叫做『泰社』。東方的土是青色的，南方的土是紅色的，西方的土是白色的，北方的土是黑色的，中央的土是黃色的。」所以封在東方國家的人取青土，封在南方國家的人取赤土，封在西方國家的人取白上，封在北方國家的人取黑土，封於中央地區的人取黃土。不同方位的受封者各取其相應顏色的土，用白色茅草包起來，帶到各自的封國以建立自己國家的社稷壇。這就是開始受封於天子時的情形。從天子處領來的土叫主土。主土是要建造壇臺來供奉的。所謂「朕承祖考」，祖，是先祖；考，指父親。「維稽古」，維，是思考的意思；稽，是應當的意思，是說應當遵循古制。

5 齊地之人多變詐，不願多學禮義，所以武帝告誡齊王說：「要認真的聽從我的詔命，要知道天命無常。只有崇尚道德才能煥發光輝。為人不義，則使人心渙散。只有盡心盡力，中正公允，天賜的俸祿才能長久保持。有過不改與不行善政，你的封國就有兇險，你自己也將大禍臨頭。」齊王到達齊國後，周圍的官員都以禮義相輔佐，可惜他中年早逝。但他一生沒有過錯，他是按照皇帝詔策的意思去做的。

6 古人曾說「青染料是從藍草中提煉出來的，但它比藍草還要藍」，這是比喻人受教育的結果。賢明的君主善於謀深察遠，具有獨到的見識：他告誡齊王要加強自己的道德修養；告誡燕王不要結怨，不要敗德；告誡廣陵王要謹慎與外族交往，不要作威作福。

7 廣陵國地處吳越之間，那裡的民風精悍而輕浮，所以武帝告誡廣陵王說：「長江太湖一帶的民風浮躁。揚州自古靠近南部的邊荒，故而自三代起只是要求他們接受中原的習俗、服飾，並不嚴格要求他們服從內地的法令，只在道德上加以感化而已。你不要放縱逸樂，不要親近小人，要嚴格遵守法令，只要能不貪求逸樂、騎馬、打獵、姦淫之事，不親近小人。時常想著法度，那就不會給自己帶來恥辱。」三江、五湖盛產魚鹽，銅山的蘊藏天下人都非靠它不可。武帝之所以告誡廣陵王「臣不作福」，就是不讓他用錢幣，用厚賞來建立自己的聲譽，以招納四方來歸。武帝之所以告誡他「臣不作威」，就是警告他不要輕浮背義。

8 武帝去世後，昭帝即位。昭帝首先讓廣陵王入朝，賞賜給他金錢財物價值三千多萬，增封給他的領地多達上百里，居民一萬多戶。

9 昭帝去世後，宣帝繼位，宣帝念骨肉之親又對劉胥廣施恩典，本始元年從朝廷管轄的領土中劃出土地，對廣陵王劉胥的四個兒子全部分封：封劉聖為朝陽侯；封劉曾為平曲侯；封劉昌為南利侯；封最受其父疼愛的小兒子劉弘為高密王。

10 後來劉胥果然作威作福，與楚王劉延壽相互勾結。劉延壽揚言道：「我的祖先楚元王是高帝的小弟，封地有三十二城。現在的封地越來越少，我要和廣陵王一起發兵，擁立廣陵王為皇帝；我也恢復楚國的三十二城，與楚元王時一樣。」事情被揭露後，公卿及主事大臣請求予以懲罰。宣帝因念及骨肉親情，不忍對劉胥加之以法。下令說不要處治廣陵王，只殺掉首惡劉延壽就行了。古書上說「蓬草長在麻地裡，不用扶持就長得很直；白沙落在汙泥裡，就變得像汙泥一樣黑」，指的就是風氣環境對他的影響啊。後來劉胥又詛咒宣帝，策劃謀反，事發自殺，封國被撤銷。

11 燕國土地貧瘠，北邊靠近匈奴，那裡的百姓勇猛而頭腦簡單，所以武帝在策書上告誡劉旦說：「匈奴人不講孝義，心如禽獸，常侵擾我邊疆。我曾派軍討伐，他們的許多軍官以及三十二個王爺降服了漢朝。匈奴人從此偃旗退兵，逃到了大漠以北，我國的北部地區得以安定。」又告誡劉旦「悉若心，無作怨」，這就是警告他，不讓他順從流俗對朝廷心懷怨恨。所謂「無俷德」，就是警告劉旦不要背棄德義。所謂「無廢備」，就是不要放鬆武備，要警惕匈奴的進犯。所謂「非教士不得從徵」，是說不懂禮義的人不能留在身邊重用。

12 後來武帝年老，而太子又不幸去世，還沒有確定誰來繼任。這時劉旦便派使者來京上書，請求親自到宮廷來「充當警衛」。武帝看了劉旦的上書，生氣地把它扔在地上，憤怒地說：「看來生兒子的確應當放到齊魯禮義之鄉去接受教育，如今把他放在了燕趙之地，果然變得如此野心勃勃，爭權奪位的狼子野心已經露出來啦！」於是立即派人出去將劉旦的使者斬首於宮門外。

13 武帝去世後，昭帝繼位，劉旦怨恨朝廷中的大臣。覺得他是武帝現存兒子中的最長者，應當由他繼位，於是便與齊王之子劉澤等策劃叛亂。劉旦揚言說：「我哪裡會有這麼小的弟弟？如今繼位的是大將軍霍光的兒子。」劉旦正準備起兵叛亂。被朝廷發覺，於法當斬。昭帝念及兄弟之情，寬大隱忍，將問題壓下沒有聲張。公卿大臣們堅決要求予以查辦，於是昭帝便派了宗正劉某與太中大夫公戶滿意帶著兩名御史一同前往燕國，想示意燕王旦令其主動認罪。宗正劉某等到達燕國後，他們錯開日子，分別地譴責燕王。宗正是主管劉氏宗族事務的官員。他先去見劉旦，向劉旦講了昭帝確實是武帝的兒子。而後侍御史就去見劉旦，依照國家法律譴責了他的罪狀，問道：「您想發兵作亂，罪行是很清楚的，應當治罪。漢家法律規定，犯小罪都要受國法的懲罰，如今您犯了如此大罪，怎麼能寬恕過您呢？」用法律條文對他進行恫嚇。燕王旦的氣焰越來越低，開始害怕了。公戶滿意深通經術，最後去見劉旦，他引述古往今來應當遵守的大法，講及當前的國家大局；他溫文爾雅，引經據典，氣度不凡。他對劉旦說：「古時候的天子，在宮廷內一定設有同姓大夫，來解決同姓大臣的問題；在宮廷外一定有異姓大夫，以糾正其他族姓的犯罪者。周公輔佐成王，殺了他的兩個弟弟，所以國家得到治理。武帝在世時還能寬恕您。如今昭帝剛繼位，他年紀小，還沒有親自執政，國事都委託給大臣。古時候誅討懲罰都不偏袒親戚，所以天下大治。現在大臣輔政，奉法行事，絕不敢有所偏袒，恐怕您是不可能得到寬恕了。您可是要小心一點，別讓自己鬧得身死國滅，為天下所恥笑。」這時劉旦才真的害怕了，他叩頭認罪。大臣們為了調和昭帝與劉旦的兄弟關係，並未將他繩之以法。

14 後來燕王旦又與左將軍上官桀等勾結謀反，揚言道「我的年齡僅次於原來的太子。太子不在了，我應當繼位。是大臣們共同壓制我」等等。當時大將軍霍光輔政，他和公卿大臣們商議道：「燕王旦並不是真正悔改，他的惡行依舊。」於是按照法律判罪，判了劉旦的死刑。結果劉旦自殺，封國被撤銷，就像當初詔策上說的一樣。主事的官員還請求殺掉劉旦的妻與子。昭帝念及骨肉之親，不忍執法，寬恕了他的妻子兒女，把他們貶為平民。古書上說「蘭根和白芷在臭水裡泡過，君子就不再靠近，平民也不再佩帶」，之所以這樣，就是因為慢慢泡臭了的緣故。

15 宣帝繼位後廣施恩德，在本始元年又加封了燕王劉旦的兩個兒子：封劉賢為安定侯；封劉旦原來的太子劉建為廣陽王，令其繼續對燕王的祭祀。

【研　析】〈三王世家〉的作者，自古爭論不休，其主要問題在於其中的「太史公曰」與「褚先生曰」兩個贊語的說法有矛盾。而能將其統一起來的，則是劉咸炘與朱東潤兩家。劉咸炘《太史公書知意》說：「吾疑此篇竟是後人所補，非出褚生。何也？褚生豈不知史公不及見三王後事？而乃云『無足采』，雖愚未必至是。且褚語明言『編在左方』，今乃在前，是右方矣。吾疑褚生本載疏策於其讖語之後，『王夫人者』云云之前，作偽者乃移前加論耳。」朱東潤先生《史記考索》說：「〈三王世家〉則因褚先生自言『論次其真草詔書編於左方』，其非遷作，尤無異議。就其贊文觀之，則作於元鳳元年燕王旦坐謀反自殺，及元鳳四年廣陵王胥坐祝詛自殺之間。然贊稱『太史公曰』，尋他篇亦多如此。此非褚先生故遺闕漏以待後人之發覆，直以一則古人有言公之義，二則好事之徒相次撰續，襲『太史公』舊稱而名之，此則《史記》諸贊之不出於一人，有明驗矣。」

就本篇的文章看，的確是很有價值，而且也是很有特色的。首先它可以讓我們看到帝王與群臣之間的那種虛應故事，純粹是在演戲。封劉閎為齊王，是武帝與王夫人在臥室中早已定下來的；而運作起來，則首先由霍去病很像是出以「忠」心、實則是出於「諂媚」的懇切提出，而後交由丞相們討論；接著是丞相們毫不遲緩地提出請求，請皇帝批准；而皇帝則又很像是「大公無私」、謙虛謹慎，一連幾次地駁回丞相們的建議。作品的「太史公曰」中說這些是「天子恭讓，羣臣守義」，其實正如吳見思所說：「閨房私語，已定王齊，覺以前詔奏，皆屬虛文。」妙哉斯言！自古以來最高統治者間的這種「虛文」不知有多少，即如王莽、曹丕、司馬炎、劉裕等的篡位，不也是一定要「禪讓」多少次，「辭讓」多少次，最後才「接受」下來嗎？

三篇策文的寫法，完全是模仿《尚書》，詞語古奧，讀起來有一種莊嚴肅穆之感。明代鄧以瓚說：「三策俱規模《尚書》，策文未必上手制，蓋相如等視草者。」陳仁子說：「《書》稱誥、命，所以可傳萬世者，雖以其詞，亦以其人。武帝子凡五，齊王、燕王、廣陵王三子同日受封，今讀其策命詞語，申以風土之宜，教以輔佐之義，語言溫厚，直有成周訓誥風度。班史謂『號令文章燦然可觀』者，此其尤也。惜三子或夭或自殺，竟無伯禽、康叔之業。三復策書，吾重為三子愧。」

另外，通過這篇文章可以讓我們看到漢王朝決定一件重要事情的具體程序，而這一套是其他任何作品中所沒有記載過的。清代郭嵩燾《史記札記》說：「武帝三王以元狩六年封，時武帝即位已十四年矣。君臣相與遜讓，以文辭爭勝，史公錄之，亦見漢世典章。凡詔令之行，由尚書令下之御史，由御史下之丞相，與其一時議事之制，備具於篇，實一朝之故實也。」單是這一點，這篇作品就足以讓我們刮目相看了。

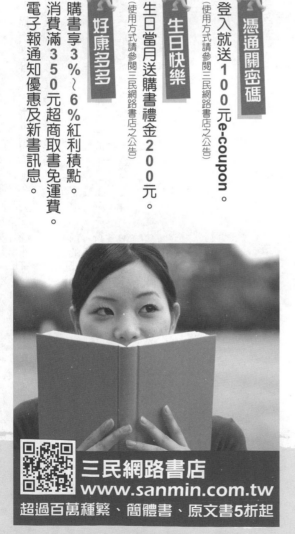